Ladislaus Weinek

Astronomische Beobachtungen an der K.K. Sternwarte zu Prag

Ladislaus Weinek

Astronomische Beobachtungen an der K.K. Sternwarte zu Prag

ISBN/EAN: 9783742891815

Hergestellt in Europa, USA, Kanada, Australien, Japan

Cover: Foto ©Thomas Meinert / pixelio.de

Manufactured and distributed by brebook publishing software (www.brebook.com)

Ladislaus Weinek

Astronomische Beobachtungen an der K.K. Sternwarte zu Prag

ASTRONOMISCHE BEOBACHTUNGEN

AN DER

K. K. STERNWARTE ZU PRAG

IN DEN JAHREN

1888, 1889, 1890 und 1891,

NEBST

ZEICHNUNGEN UND STUDIEN DES MONDES.

Auf öffentliche Kosten herausgegeben

von

Professor Dr. L. WEINEK,
Director der k. k. Sternwarte in Prag.

Appendix zum 49., 50., 51. und 52. Jahrgang.
(Mit 9 Tafeln in Heliogravure, Photolithographie, Lithographie und Farbendruck, 1 graphischen Uebersicht und 4 Abbildungen im Texte.)

PRAG.
K. u. k. Hofbuchdruckerei A. Haase. — Selbstverlag.
1893.

Inhalts-Verzeichniss.

	Seite
Vorwort	III
Beobachtung von Mondculminationen im Jahre 1888	1
Polhöhen-Messungen nach der Horrebow-Talcott'schen Methode von 1889 bis 1892	12
Beobachtungen des Cometen Sawerthal (1888 I)	25
" " Barnard (1889 I)	26
Beobachtung von Jupiterstrabanten-Erscheinungen	27
" " Sternbedeckungen durch den Mond	31
" " Sternschnuppen	31
Die totale Mond-Finsterniss am 28. Januar 1888	32
Die particlle Mond-Finsterniss am 12. Juli 1889	33
Die Jupiter-Bedeckung durch den Mond am 7. August 1889	34
Die partielle Sonnen-Finsterniss am 16. Juni 1890	35
Der Mercurdurchgang am 9. Mai 1891	36
Die totale Mond-Finsterniss am 15. November 1891	37
Mondzeichnungen nach der Natur in den Jahren 1888, 1889 und 1890	40
Mondzeichnungen nach Photographieen der Lick-Sternwarte	47
1. Mare Crisium (4-fache Vergrösserung)	52
2. Archimedes (10-fache Vergrösserung)	56
3. Arzachel (10-fache Vergrösserung)	63
4. Petavius (20-fache Vergrösserung)	69
Photographische Entdeckungen auf dem Monde	76
a. Rille durch das Innere von Thebit	76
b. Krater südöstlich von Chladni	78
c. Rillen im südwestlichen Inneren von Cleomedes	81
d. Rillen im Mare Crisium südlich von Eimmart	83
e. Rillen im Inneren und westlich von Tarantius	84
f. Rillen im Mare Crisium nördlich und westlich von Picard	85
Optische Entdeckungen auf dem Monde	86
a. Krater nordwestlich von Billy	86
b. Krater nordwestlich von Lindenau C	88
Nachtrag. Fortsetzung und Schluss der Polhöhen-Messungen im Jahre 1892	89
Uebersicht der, in Prag von 1884 bis 1891 nach der Natur gezeichneten, Mond-Krater und Mondlandschaften	91

VORWORT.

Es gereicht mir zu besonderer Befriedigung, in diesem Bande trotz der bekannten, höchst ungünstigen Prager Sternwarten-Verhältnisse der astronomischen Welt zwei Arbeiten vorlegen zu können, welche vielleicht auch für die Zukunft einigen Werth beanspruchen dürfen. Die Anregung zu denselben erhielt ich einerseits von Herrn Professor Dr. Th. Albrecht, Sectionschef im kgl. preuss. geodätischen Institute zu Potsdam, andererseits von Herrn Professor Edward S. Holden, Director der Lick-Sternwarte am Berg Hamilton in Californien. Die erste bezieht sich auf eine mehr als dreijährige Messungsreihe der Polhöhe von Prag nach der sehr genauen Horrebow-Talcott'schen Methode zum Nachweise minimaler Schwankungen der Erdaxe innerhalb kurzer Fristen, die zweite auf vergrösserte, möglichst treue und detaillirte Darstellungen einzelner Mondgegenden nach den ausgezeichneten photographischen Aufnahmen im Focus des 36-zölligen Riesen-Refractors der Lick-Sternwarte. In beiden Fällen wurde mir die wohlwollende Unterstützung des k. k. Unterrichts-Ministeriums zu Theil.

Die erwähnten Polhöhen-Messungen waren an der antiquirten Sternwarte nur durch den, von mir im Jahre 1886 ausgeführten, Bau eines neuen Meridian-Zimmers möglich geworden. Sie begannen in demselben am 5. Februar 1889, wobei abwechselnd ich und Herr Adjunct Dr. G. Gruss als Beobachter fungirten, wurden im Verein mit Berlin, Potsdam und Strassburg bis zum 3. Mai 1890 fortgesetzt, hierauf mit Berlin allein weitergeführt und vom Mai 1891 bis Ende Mai 1892 in Cooperation mit zahlreichen europäischen und aussereuropäischen Stationen, namentlich mit der, von der Internationalen Erdmessungs-Commission nach Honolulu auf den Sandwich-Inseln gesandten, deutschen Expedition angestellt. Zur Charakterisirung des Werthes der Prager Betheiligung an diesen Messungen sei es gestattet, die bezüglichen Worte des Herrn Professor Dr. F. R. Helmert, Directors des kgl. preuss. geodätischen Institutes und des Centralbureaus der Internationalen Erdmessung zu Potsdam, in der ersten Sitzung der, vom 15. bis 21. September 1890 zu Freiburg in Baden abgehaltenen, Conferenz der Permanenten Commission der Internationalen Erdmessung hier anzuführen. Dieselben lauten: „Kurz gesagt bestehen die gewonnenen Ergebnisse (der Polhöhen-Messungen vom 1. Januar 1889 bis Ende April 1890) darin, dass die drei Stationen Berlin, Potsdam und Prag mit Sicherheit innerhalb der Beobachtungsperiode eine gleichzeitige Schwankung der geographischen Breite von $^1/_2$ Sekunde erkennen lassen. Strassburg hat wegen instrumenteller Mängel kein Resultat ergeben. Zum Glück liegt, wie bemerkt, eine gute Beobachtungsreihe aus Prag vor, die der Initiative des Herrn Directors Weinek zu verdanken ist und die nunmehr die grösste Wichtigkeit besitzt, indem sie die Berlin-Potsdamer Ergebnisse ihres localen Charakters entkleidet. Ich glaube mich nicht zu täuschen, wenn ich annehme, dass die Permanente Commission die Bemühungen der Prager Sternwarte voll würdigt." Später hat die Vergleichung der Resultate von Honolulu mit jenen von Berlin, Prag und Strassburg unzweifelhaft ergeben, dass die beobachteten Polhöhenschwankungen durch entsprechende Schwankungen der Erdaxe veranlasst worden sind. — Leider können die Originalbeobachtungen der Prager Messungsreihe und deren definitive Bearbeitung im vorliegenden Baude noch nicht publicirt werden; es muss dies einer späteren Zeit vorbehalten bleiben, bis die neue, scharfe Positionsbestimmung der benützten Sterne, sowie die Untersuchung des verwendeten Micrometers vollendet sein wird und bis die Mittel für die Veröffentlichung des sehr umfangreichen Materials (von 3565 Breiten in 319 Nächt(en) bewilligt erscheinen. Hier ist nur die provisorische, von Herrn Professor Albrecht umsichtigst durchgeführte, Discussion desselben in ihren Hauptzügen gegeben.

Meine Zeichnungen (richtiger Tuschirungen) und Studien nach Mond-Diapositiven (Positiven auf Glas) der Lick-Sternwarte nahmen ihren Anfang im Juni 1890, nachdem ich für die zweckmässige, transparente Betrachtung derselben mittelst stark vergrössernder Oculare einen passenden Apparat construirt hatte. Da Herr Professor Holden fortlaufend eine grosse Anzahl von Mondplatten als kostbares Geschenk an die Prager Sternwarte sandte, so konnte ich darunter die detailreichsten und plastisch-schönsten für die Darstellung specieller Mondgegenden auswählen und allmählig von 4-fachen bis zu 10- und 20-fachen Vergrösserungen der Originale übergehen. Wenn auch im letzten Falle die Fertigstellung eines Bildes in der Grösse von 12:18 Centimeter mehr als 120 Arbeitsstunden erforderte, so war doch gerade dieser Umstand für die geistige Vertiefung in die Landschaft und für die Auffindung ihres zartesten Details besonders günstig. Diese Studien, welche zugleich zu mannigfaltigen photographischen Entdeckungen von Krater- und Rillen-Formationen führten, zeigten bald, dass auch die gegenwärtig besten Mondkarten der Ergänzung und Verbesserung fähig sind, und liessen deutlich die hohe Bedeutung der trefflichen Mond-Aufnahmen der Lick-Sternwarte für die Selenographie erkennen. Solche Studien, wenn sie ebenso eingehend als umfassend betrieben und von absolut treuen, vergrösserten Abbildungen begleitet werden, für welche naturgemäss Auge und Hand die reichste Schulung und Uebung besitzen müssen, erscheinen mir geeignet, eine neue Aera für unsere Erkenntniss der Oberflächenbeschaffenheit des Mondes herbeizuführen. Herrn Professor Holden bin ich für die Anregung zu diesen interessanten Arbeiten, für dessen jederzeit freundliches Entgegenkommen und die ununterbrochene Zusendung neuer Mond-Photographien zu grösstem Danke verpflichtet. — Die Reproduction der bemerkten Tuschirungen geschah auf dem Wege des vorzüglichen heliographischen Verfahrens und wurde bereitwilligst von dem k. u. k. militär-geographischen Institute in Wien übernommen. Hierfür ebensowohl als für die meisterhafte Herstellung der Copieen habe ich dem hochgeschätzten Wiener Institute gleichfalls meinen verbindlichsten Dank auszusprechen.

Was die anderen, hier mitgetheilten astronomischen Beobachtungen der Jahre 1888, 1889, 1890 und 1891 betrifft, so beziehen sich diese auf Mond-Culminationen, Cometen-Positionen, Jupitertrabanten-Erscheinungen, Stern- und Planeten-Bedeckungen durch den Mond, Sternschnuppen-Aufzeichnungen, Mond- und Sonnen-Finsternisse und auf den Mercurdurchgang des Jahres 1891. Ihr beschränktes Gebiet erklärt sich völlig aus der Unzweckmässigkeit der baulichen Anlage der Prager Sternwarte, sowie aus der sehr bescheidenen instrumentellen Ausrüstung dieses Observatoriums. Bei der totalen Mond-Finsterniss vom 28. Januar 1888 machte ich den Versuch, den prächtigen Eindruck der Erscheinung mit möglichster Treue in Farben festzuhalten und übergab das gewonnene Aquarell der Prager k. u. k. Hoflithographie A. Haase zur Reproduction in Farbendruck. Letzterer ist trotz der Schwierigkeit der Aufgabe im Allgemeinen gut gelungen.

Endlich habe ich auch meine Detailzeichnungen von Mondkratern und Mondlandschaften am Fernrohr, welche im Jahre 1884 begonnen wurden, in den Jahren 1888, 1889 und 1890 fortgesetzt, doch später dieses Unternehmen wegen des, immer unerfreulicher sich gestaltenden, Missverhältnisses zwischen Zeitaufwand und Erfolg zum vorläufigen Abschluss gebracht. Achtzehn dieser Zeichnungen sind ebenfalls vom k. u. k. militärgeographischen Institute durch Heliogravure, die übrigen beiden von der Prager Firma A. Haase durch Lithographie reproducirt worden. Im Ganzen wurden während der Jahre 1884—1891 sechzig Mondlandschaften nach der Natur erhalten. Ihre graphische und tabellarische Uebersicht ist am Ende dieses Bandes gegeben.

Prag, im November 1892.

L. Weinek.

Beobachtung von Mondculminationen im Jahre 1888.

Diese Beobachtungen wurden im neuen Meridianzimmer am Fraunhofer-Starke'schen geraden Passageninstrumente (vide: „Astronomische Beobachtungen an der k. k. Sternwarte zu Prag in den Jahren 1885, 1886 und 1887, enthaltend Originalzeichnungen des Mondes", Prag 1890) zum grösseren Theile von Adjunct Dr. G. Gruss, zum kleineren von mir angestellt. Von Ersterem ist hauptsächlich die Aug' und Ohr-Methode an 11 Fäden des focalen Netzes, von mir die Registrir-Methode an sämmtlichen 17 Fäden in Benützung des Fuess'schen Chronographen angewendet worden. Die Vergrösserung des Fernrohrs war 82-fach.

Der Beobachtung und Rechnung wurde das System der Mondsterne des Greenwich'er Nautical Almanac zu Grunde gelegt.

Was die Ermittlung der Instrumentalfehler betrifft, so ist die Neigung bei jeder Culmination zwei bis drei Mal abgelesen worden; dagegen wurden der Collimations- und Azimuthfehler aus den Zeitbestimmungen mit demselben Instrumente, welche vom 28. April 1888 bis 13. Januar 1889 durchschnittlich vier Mal im Monate geschahen, durch Interpolation hergeleitet. Nur die, vor diesem Zeitraume liegenden, Culminationen vom 22. und 24. April sind direct mit den Instrumentalfehlern des 28. April reducirt worden. Bei den erwähnten Zeitbestimmungen erwies sich der Collimationsfehler so wenig veränderlich, dass es ausreichend erschien, denselben während der ganzen Periode bloss acht Mal aus Polstern-Beobachtungen in beiden Kreislagen des Instrumentes zu ermitteln.

Die Reduction der Culminations-Beobachtungen des ersten (praecedens = I), bezw. zweiten (sequens = II) Mondrandes erfolgte nach der bekannten Formel:

$$\alpha = T + \Delta T + f.F + (iI + kK + cC).F.\cos\delta' \pm \frac{1}{15}B.S.\sec\delta \left\} \begin{matrix} \text{Bd. I.} \\ \text{II.} \end{matrix} \right.$$

Dabei haben die einzelnen Grössen die folgende Bedeutung:

α = geocentrische Rectascension des Mondmittelpunktes für den Moment der Meridianpassage,

δ = geocentrische Declination des Mondmittelpunktes,

δ' = scheinbare, mit Parallaxe behaftete, Declination des Mondmittelpunktes,

S = geocentrischer Halbmesser des Mondes in Bogenmass,

T = beobachtete Uhrzeit für die Passage des Mittelfadens,

ΔT = Stand der Uhr,

f = Aequatoreal-Fadendistanz des beobachteten Fadens,

i, k, c = Neigung, Azimuth, Collimation (corrigirt w. tägl. Aberration),

I, K, C = die bekannten Coëfficienten der Instrumentalfehler i, k, c nach der Tobias Mayer'schen Formel, berechnet für δ',

ferner:
$$F = A.B.\sec\delta;\quad A = 1 - \varrho\sin\pi\cos(q'-\delta);\quad B = \frac{60{,}1643}{60{,}1648 - \Delta\alpha},$$

worin $\Delta\alpha$ der Zuwachs der geocentrischen Rectascension des Mondes für eine mittlere Zeitminute, ϱ die geocentrische Distanz des Beobachtungsortes, gemessen mit dem Aequatoreal-Halbmesser der Erde, q' die geocentrische Breite des Beobachtungsortes und π die Aequatoreal-Horizontalparallaxe des Mondes ist. S' und π sind dem Berliner Astronomischen Jahrbuche, die übrigen, auf den Mond bezüglichen, Daten hingegen ausschliesslich der „Connaissance des temps", welche sich auf die Hansen'schen Mondtafeln stützt, entnommen worden. Endlich diente zur Berechnung von δ' die genäherte Formel: $\delta' = \delta - \varrho\pi\sin(q'-\delta)$.

Die für die Reduction verwendeten Werthe der Fadendistanzen, des Libellenpaars und der Zapfenungleichheit sind in der oben citirten Publication auf den Seiten 8 und 10 gegeben.

In der folgenden Zusammenstellung enthält die 1. Columne das Datum der Beobachtung, die 2. den Beobachter, die 3. die Kreislage des Instrumentes, die 4. die Bezeichnung der Sterne und des Mondrandes, die 5. die auf den Mittelfaden reducirte Passagezeit des Gestirnes nach den Angaben der Hohwü'schen Sternzeituhr, die 6. die Anzahl der Fäden, an welchen die Passagen beobachtet wurden, wobei ein angefügtes (r) bedeutet, dass die Fadendurchgänge mittelst des Fuess'schen Chronographen registrirt worden sind, die 7. die durch die Instrumentalfehler bedingte Reduction auf den Meridian, die 8. die Uhrzeit der Meridianpassage, die 9. die scheinbaren Rectascensionen der Sterne nach dem Nautical Almanac, die 10. die aus den beobachteten Sternen abgeleitete Correction der Uhr; in letzterer ist für den Mond als ΔT das Mittel der, aus den Sternen des Beobachtungstages folgenden, Uhrcorrectionen, verbessert wegen des Ganges der Uhr, genommen. Am Schlusse jeder Tagesbeobachtung ist endlich die geocentrische Rectascension des Mondmittelpunktes unter Kennzeichnung des Mondrandes, aus welchem dieselbe abgeleitet worden, angeführt und daneben die entsprechende mittlere locale Zeit, sowie der mittlere Fehler der Mondbeobachtung gesetzt. Zuweilen fiel die Meridianpassage des Mondes sehr nahe mit der Zeit des Vollmondes zusammen. In diesem Falle wurde die Beobachtung auf beide Mondränder ausgedehnt und der defecte Rand durch strenge Berechnung seiner Phase auf den vollen Rand reducirt. Letztere Correction ist durch ihre getrennte Anführung in α besonders kenntlich gemacht. — Die mit L. (Loewy), B. J. (Berliner Astronomisches Jahrbuch) und H. (Hilfiker) überschriebenen Columnen erläutern sich ferner in nachstehender Weise. In Columne L. sind die Secunden der Rectascensionen der Nautical Almanac-Sterne nach Loewy's: „Éphémérides des étoiles de culmination lunaire et de longitude pour 1888" (Paris 1887) gegeben. In jenem Falle aber, wo im genannten Cataloge für den beobachteten Stern der scheinbare Ort nicht enthalten war, wurde derselbe aus dem angeführten mittleren Orte für 1888,0 und aus der, im definitiven Loewy'schen Cataloge: „Détermination des ascensions droites des étoiles de culmination lunaire et de longitude" (in: Annales du Bureau des Longitudes, Tome IV, Paris 1890) verzeichneten, Eigenbewegung berechnet. In Columne B. J. sind die Secunden der Sternrectascensionen nach dem Fundamentalsystem des Berliner Astronomischen Jahrbuches für 1888 angeführt und zwar einestheils, indem dieselben direct aus erwähntem Jahrbuche entnommen werden konnten (diese sind durch das Zeichen * charakterisirt), anderntheils, indem die in dem Loewy'schen definitiven Cataloge vorkommenden Mondsterne mit Hülfe einer von Dr. Hilfiker entworfenen Tabelle, welche sich in „Catalogue d'étoiles lunaires par le Dr. J. Hilfiker" (Neuchatel 1891, p. 23) und in Nr. 3070 der Astronomischen Nachrichten findet, auf das Berliner Jahrbuch reducirt wurden. In Columne *H.* sind endlich die Secunden der Sternrectascensionen nach dem bemerkten Hilfiker'schen Cataloge gegeben.

Dieser Uebersicht der Beobachtungen und ihrer Reductionen sind noch Bemerkungen angefügt, welche wesentlich den Charakter der Witterung während der Beobachtung betreffen. Um hierbei nicht die einzelnen Objecte desselben Tages mit ihren Namen anführen zu müssen, wurden diese nach ihrer Reihenfolge mit den Zahlen 1—5 bezeichnet. Beobachtungstage, an welchen die bezüglichen Notirungen fehlen, sind fortgelassen worden.

Datum	Beobachter	Kreislage	α u. ℂ	T	Zahl der Durchgänge	Reduction auf den Meridian	Red. T	α app f. d. ο (Naut. Alm.)	Λ T	L.	B. J.	H.
1886												
April 22	Gruss	Ost	45 Leonis	10 23 3,912	11	+0,348	10 23 4,260	10 21 44,57	−1 19,690	44,51	44,53	—
			ℂ I	11 10 14,322	9	+0,307	11 10 14,629		−1 19,750	—	—	—
			π Virginis	11 34 1,471	7	+0,311	11 34 1,782	11 32 41,99	−1 19,792	41,95	41,97	42,06
			ν Virginis	11 41 26,640	11	+0,272	11 41 26,912	11 40 7,14	−1 19,772	7,07	7,08	7,13

α (ℂ I) = 11 10 3,84 für 9 4 49,76 M. Z. Prag. (t − = ± 0,055)

April 24	Weineck	Ost	a Virginis	12 16 1,394	11	−0,482	12 16 0,912	12 14 40,76	−1 20,152	40,77	40,77	40,78
			B. A. C. 4254	12 34 1,522	11	−0,494	12 34 1,028	12 32 40,98	−1 20,048	40,92	40,92	—
			ℂ I	13 5 27,731	11	−0,561	13 5 27,178		−1 20,227	—	—	—
			80 Virginis	13 31 3,603	11	−0,570	13 31 3,033	13 29 42,90	−1 20,073	43,02	43,02	42,94
			B. A. C. 4572	13 39 26,671	9	−0,571	13 39 26,100	13 38 5,47	−1 20,630	5,81	5,81	—

α (ℂ I) = 13 5 16,41 für 10 51 52,16 M. Z. Prag. (t − = ± 0,036)

April 28	Gruss	Ost	29 Ophiuchi	16 56 41,774	11	−0,694	16 56 41,080	16 55 19.40	−1 21,680	19,85	19,39	19,34
			B. A. C. 5771	17 3 8,411	11	−0,681	17 3 7,730	17 1 45,53	−1 22,200	—	—	—
			ℂ II	17 15 43,971	11	−0,736	17 15 43,235		−1 21,991	—	—	—
			μ Sagittarii	18 8 27,619	11	−0,721	18 8 26,898	18 7 4,80	−1 22,098	—	*4,87	—

α (ℂ II) = 17 18 8,33 für 14 43 19,84 M. Z. Prag. (t − = ± 0,038)

April 29	Gruss	Ost	μ Sagittarii	18 8 27,719	11	−0,599	18 8 27,120	18 7 4,83	−1 22,290	—	*4,90	—
			ℂ II	18 19 42,644	11	−0,626	18 19 42,018		−1 22,347	—	—	—
			ξ' Sagittarii	18 52 26,300	8	−0,601	18 52 25,699	18 51 3,49	−1 22,209	3,50	3,56	3,63

α (ℂ II) = 18 17 7,29 für 15 43 12,41 M. Z. Prag. (t − = ± 0,002)

Mai 22	Gruss	West	80 Virginis	13 31 10,797	11	−0,243	13 31 10,554	13 29 42,95	−1 27,604	43,00	43,00	42,92
			ℂ I	13 34 56,569	10	−0,256	13 34 56,313		−1 27,551	—	—	—
			94 Virginis	14 1 51,160	11	−0,296	14 1 50,864	14 0 23,32	−1 27,544	23,29	23,29	23,32
			κ Virginis	14 8 24,579	11	−0,315	14 8 21,264	14 6 56,75	−1 27,514	—	*56,75	—

α (ℂ I) = 13 34 37,90 für 9 31 9,38 M. Z. Prag. (t − = + 0,070)

— 4 —

Datum	Beobachter	Kreislage	* u. ☾	T	Zahl der beob. Paare	Reduction auf den Meridian	Red. T	α app. f. d. ☾ (Naut. Alm.)	Δ T	L.	B. J.	H.
1886												
Mai 23	Grosse	West	94 Virginis α Virginis ☾ I	h m s 14 1 51,260 14 8 24,752 14 34 4,289	11 11 11	−0,316 −0,335 −0,352	h m s 14 1 50,944 14 8 24,417 14 34 3,937	h m s 14 0 23,32 14 6 56,75	m s −1 27,624 −1 27,667 −1 27,650	23,29 —	23,30 *56,75	23,52 —

α (☾ I) − 14 33 46,85 für 10 26 6,73 M. Z. Prag. (ε − α 0,005)

| Mai 25 | Weinek | West | 49 Librae
φ Ophiuchi
☾ II | 15 55 32,649
16 28 14,040
16 42 13,687 | 11
4
3 | −0,513
−0,512
−0,577 | 15 55 32,136
16 26 13,528
16 42 13,110 | 15 54 4,08
16 24 45,60 | −1 28,056
−1 27,928
−1 27,997 | —
45,40
| —
45,43
| —
45,38
|

α (☾ II) − 16 39 31,68 für 12 23 39,29 M. Z. Prag. (ε − α 0,194)

| Mai 27 | Grosse | West | 16 Sagittarii
21 Sagittarii
☾ II
B. A. C. 6671
f Sagittarii | 18 10 4,389
18 20 11,981
18 52 49,339
19 35 46,163
19 41 20,500 | 10
11
11
11
11 | −0,598
−0,606
−0,650
−0,618
−0,590 | 18 10 3,791
18 20 11,375
18 52 48,679
19 35 45,545
19 41 19,910 | 18 8 34,98
18 18 42,21
19 34 15,99
19 39 50,91 | −1 28,801
−1 29,165
−1 29,130
−1 29,555
−1 29,000 | —
42,37
—
50,95 | —
42,43
—
51,01 | —
42,45
—
50,98 |

α (☾ II) − 18 50 6,56 für 14 26 0,80 M. Z. Prag. (ε − α 0,060)

| Juni 19 | Weinek | West | ☾ I | 14 8 13,973 | 11(r) | −0,718 | 14 8 13.255 | | −1 37,142 | | | |

α (☾ I) − 14 7 44,85 für 8 13 50,40 M. Z. Prag. (ε − α 0,030)

| Juni 22 | Weinek | West | φ Ophiuchi
24 Scorpii
☾ I
58 Ophiuchi
B. A. C. 6068 | 16 26 24,678
16 36 46,716
17 12 6,695
17 38 24,304
17 51 0.847 | 17(r)
17(r)
17(r)
17(r)
17(r) | −0,804
−0,821
−0,849
−0,820
−0,813 | 16 26 23,874
16 36 45,895
17 12 5,846
17 38 23,484
17 51 0,034 | 16 24 45,80
16 35 7.68
17 36 45,19
17 49 21,54 | −1 38,074
−1 38,205
−1 38,284
−1 38,294
−1 38,494 | 45,60
7,66
—
45,17
21,54 | 45,03
7,70
—
45,23
21,59 | 45,58
7,68
—
45,21
— |

α (☾ I) 17 11 40,80 für 11 5 37,47 M. Z. Prag. (ε − α 0,031)

| Juli 23 | Weinek | West | 58 Ophiuchi
B. A. C. 6060
☾ I
☾ II
29 Sagittarii
t² Sagittarii | 17 38 24,505
17 51 1,098
18 17 26.647
18 19 53,841
18 44 42,644
18 52 44,268 | 17(r)
17(r)
17(r)
17(r)
17(r)
17(r) | −0,793
−0,783
−0,820
−0,820
−0,789
−0,791 | 17 38 23,712
17 51 0.315
18 17 26,027
18 19 53,021
18 44 41,855
18 52 43,477 | 17 36 45,20
17 49 21,55
18 43 3,27
18 51 4,83 | −1 38,512
−1 38,765
−1 38,628
−1 38,628
−1 38,585
−1 38,617 | 45,18
21,55
—
—
3,33
4.83 | 45,24
21,60
—
—
3,44
4.89 | 45,22
—
—
—
3.42
4.96 |

α (☾ I) − 18 17 0,03 − 0,04 für 12 6 50,95 M. Z. Prag. (ε − α 0,042)
α (☾ II) − 18 17 0,80 für 12 6 50,92 M. Z. Prag. (ε − α 0,031)

— 5 —

Datum	Beobachter	Kreislage	* u. C	T	Zahl der beob. Fäden	Reduction auf den Meridian	Red. T	α app. f. d. * (Naut. Alm.)	Δ T	L.	B. J.	H.
1868												
Juli 17	Gruss	West	C I γ Librae	14 45 29,644 15 31 6,161	11 10	—0,796 —0,771	14 45 28,848 15 31 5,390	15 29 17.29	—1 48,088 —1 48,100	17,23	*17,30	—

α (C I) = 14 44 49,48 für 7 0 52,44 M. Z. Prag. (ε = ± 0,058)

| Juli 18 | Gruss | West | C I
τ Ophiuchi | 15 43 54,136
16 26 34,789 | 11
11 | —0,843
—0,805 | 15 43 53,293
16 26 33,984 | 16 24 45,73 | —1 48,242
—1 48,254 | 45,53 | 45,56 | 45,51 |

α (C I) = 15 43 15,33 für 7 55 12,82 M. Z. Prag. (ε = ± 0,090)

| Juli 21 | Gruss | West | 21 Sagittarii
C I | 18 20 33,509
18 52 11,729 | 11
11 | —0,883
—0,914 | 18 20 32,626
18 52 10,815 | 18 18 42,88 | —1 49,754
—1 49,746 | 43,03 | 43,09 | 43,11 |

α (C I) = 18 51 33,70 für 10 51 12,59 M. Z. Prag. (ε = ± 0,071)

| Juli 22 | Gruss | West | f Sagittarii
57 Sagittarii
C I
C II
σ Capricorni
π Capricorni | 19 41 42,854
19 47 34,589
19 55 26,591
19 57 49,510
20 14 48,845
20 22 47,680 | 11
11
11
11
11
11 | —0,922
—0,917
—0,956
—0,966
—0,910
—0,903 | 19 41 41,932
19 47 33,672
19 55 25,635
19 57 48,554
20 14 47,935
20 22 46,777 | 19 39 51,98
19 45 43,72
20 12 58,23
20 20 56,89 | —1 49,952
—1 49,952
—1 49,873
—1 49,873
—1 49,705
—1 49,887 | 52,02
43,80
58,11 | 52,08
43,86
58,17 | 52,05
43,75
58,16 |

α (C I) = 19 54 47,85 für 11 50 19,97 M. Z. Prag. (ε = ± 0,066)

α (C II) = 19 54 47,09 + 0,37 für 11 50 20,06 M. Z. Prag. (ε = ± 0,046)

| Juli 26 | Gruss | West | A¹ Aquarii
e¹ Aquarii
C II
27 Piscium
33 Piscium | 23 1 13,406
23 11 55,379
23 40 31,416
23 54 50,224
0 1 29,906 | 11
11
11
11
11 | —0,792
—0,803
—0,803
—0,753
—0,771 | 23 1 12,614
23 11 54,576
23 40 30,613
23 54 49,471
0 1 29,135 | 22 59 21,14
23 10 3,12
23 52 58,30
23 59 37,73 | —1 51,474
—1 51,456
—1 51,379
—1 51,171
—1 51,406 | 3,14
57,90
37,64 | 3,19
57,95
37,69 | 3,19
57,95
37,08 |

α (C II) = 23 37 35,56 für 15 16 48,03 M. Z. Prag. (ε = ± 0,058)

| August 24 | Gruss | West | 15 Ceti
20 Ceti
C II
33 Ceti
f Piscium | 0 34 25,678
0 49 21,787
0 55 55,798
1 6 52,324
1 14 5,878 | 11
11
11
11
11 | —0,986
—0,992
—1.005
—0,957
—0,046 | 0 34 24,692
0 49 20,795
0 55 54,793
1 6 51,367
1 14 4,932 | 0 32 23,05
0 47 18,96
1 4 49,68
1 12 3,27 | —2 1,642
—2 1,535
—2 1,706
—2 1,687
—2 1,662 | 22,96
18,99
49,70
3,21 | 23,02
19,05
49,76
3,27 | 23,03
19,05
49,70
3,26 |

α (C II) = 0 52 50,92 für 14 37 49,72 M. Z. Prag. (ε = ± 0,066)

— 6 —

Datum	Beobachter	Kreislage	* u. ℂ	T	Zahl der beob. Fäden	Reduction auf den Meridian	Red. T	∝ app. f. d. * (Naut. Alm.)	Δ T	L.	B. J.	H.
1888												
August 25	Gruss	West	83 Ceti	1ʰ 6ᵐ 52.678ˢ	11	—0,994	1ʰ 6ᵐ 51.684ˢ	1ʰ 4ᵐ 49.70ˢ	—2ᵐ 1,984ˢ	49,75	49.79	49,78
			ƒ Piscium	1 14 6,206	11	—0,950	1 14 5,256	1 12 3.29	—2 1,966	8,24	8,30	8,31
			ℂ II	1 42 50,416	11	—0,972	1 42 49,444		—2 2,002			
			ℓ' Ceti	2 9 8,535	11	—0,918	2 9 7,617	2 7 5,56	—2 2,057	5,59	5,64	5,61
			ξ Arietis	2 20 53,486	10	—0,905	2 20 52,581	2 18 50,58	—2 2,001	50,53	50,58	50,60

∝ (ℂ II) — 1ʰ 39ᵐ 45.57ˢ für 15 20 40,78 M. Z. Prag. (ε = ± 0,062)

September 13	Gruss	Ost	ℂ I	18 9 15,219	11	—0,437	18 9 14,782		—2 8.299			
			ξ² Sagittarii	18 53 13,400	11	—0,420	18 53 12,980	18 51 4,68	—2 8,300	4,68	4,74	4,81
			ο Sagittarii	19 0 8,819	11	—0,423	19 0 8,396	18 58 0,08	—2 8,316	0,30	0,26	—

∝ (ℂ I) = 18 8 18,13 für 6 35 45,07 M. Z. Prag. (ε = ± 0,075)

September 14	Gruss	Ost	ξ² Sagittarii	18 53 13,710	9	—0,422	18 53 13,288	18 51 4,66	—2 8,028	4,66	4,72	4,79
			ν Sagittarii	19 0 9.187	11	—0,419	19 0 8,718	18 58 0,06	—2 8,658	0,16	0,24	—
			ℂ I	19 10 49,364	11	—0,424	19 10 48,940		—2 5,612			
			ƒ Sagittarii	19 42 0,700	11	—0,406	19 42 0,294	19 39 51,74	—2 8,554	51,77	51,83	51,80
			57 Sagittarii	19 47 52.528	11	—0,403	19 47 52.125	19 45 43,51	—2 8,615	43,59	43,65	43,54

∝ (ℂ I) = 19 9 51,47 für 7 33 12,47 M. Z. Prag. (ε = ± 0,038)

September 15	Gruss	Ost	ƒ Sagittarii	19 42 1,081	10	—0,452	19 42 0,629	19 39 51,72	—2 8,909	51,75	51,81	51,78
			57 Sagittarii	19 47 52,720	11	—0,444	19 47 52,276	19 45 43,49	—2 8,786	43,57	43,63	43,52
			ℂ I	20 11 3,099	11	—0,462	20 11 2,637		—2 8,879			
			ν Capricorni	20 35 52,020	11	—0,443	20 35 51,577	20 33 42,66	—2 8,917	42,63	42,70	—

∝ (ℂ I) = 20 10 5,68 für 8 29 18,85 M. Z. Prag. (ε = ± 0,051)

September 17	Gruss	Ost	γ Capricorni	21 36 5,665	11	—0,478	21 36 5,187	21 33 55,52	—2 9,667		55,55	—
			δ Capricorni	21 43 4,183	11	—0,478	21 43 3,705	21 40 53,81	—2 9,895		53,90	—
			ℂ I	22 4 7,837	11	—0,469	22 4 6.868		—2 9,717			
			58 Aquarii	22 27 57,516	4	—0,420	22 27 57,098	22 25 47,46	—2 9,638	47,44	47,49	47,52
			70 Aquarii	22 44 49,166	11	—0,415	22 44 48,751	22 42 39,08	—2 9,671	39,00	—	—

∝ (ℂ I) = 22 3 3,51 für 10 14 8,35 M. Z. Prag. (ε = ± 0.050)

September 18	Gruss	Ost	58 Aquarii	22 27 58,039	11	—0,406	22 27 57.633	22 25 47,46	—2 10,173	47,43	47,46	47,51
			70 Aquarii	22 44 49,602	11	—0,385	22 44 49,217	22 42 39,07	—2 10,147	39,00	39,05	—
			ℂ I	22 56 29,838	11	—0,383	22 56 29,455		—2 10,327			
			B.A.C.8184	23 25 57,676	11	—0,342	23 25 57,334	23 23 46,95	—2 10,384			
			B A.C.8214	23 31 58,349	11	—0,358	23 31 57,991	23 29 47,88	—2 10,611	—	—	—

∝ (ℂ I) = 22 55 23.76 für 11 2 24.12 M. Z. Prag. (ε = ± 0.080)

— 7 —

Datum	Beobachter	Kreislage	* u. C	T	Zahl der beob. Fäden	Reduction auf den Meridian	Red. T	α app. f. d. * (Naut. Alm.)	Δ T	L.	B.	J.	H.
1888													
September 19	Gruss	Ost	B. A. C. 8184	23ʰ 25ᵐ 57,994ˢ	11	−0,522	23ʰ 25ᵐ 57,472ˢ	23ʰ 23ᵐ 46,95ˢ	−2ᵐ 10,522ˢ	*	*	*	*
			B. A. C. 8214	23 31 58,649	11	−0,535	23 31 58,114	23 29 47,33	−2 10,784	—	—	—	—
			C I	23 46 30,184	11	−0,493	23 46 29,691		−1 10,391				
			C II	23 49 36,884	11	−0,493	23 49 36,391		−2 10,390				
			27 Piscium	23 55 9,676	11	−0,467	23 55 9,209	23 52 59,18	−2 10,029	58,77	58,82	58,82	
			4 Ceti	0 4 13,076	11	−0,462	0 4 12,614	0 2 2,34	−2 10,274	2,28	2,33	—	

α (C D) = 23ʰ 45ᵐ 22,83ˢ für 11ʰ 46ᵐ 18,90ˢ M. Z. Prag. (ε = ± 0,059)

α (C II) = 23ʰ 46ᵐ 22,77ˢ + 0,35ˢ für 11ʰ 46ᵐ 19,39ˢ M. Z. Prag. (ε = ± 0,063)

September 20	Gruss	Ost	27 Piscium	23 55 10,003	11	−0,491	23 55 9,512	23 52 59,19	−2 10,322	58,78	58,83	58,83
			4 Ceti	0 4 13,367	11	−0,488	0 4 12,879	0 2 2,35	−2 10,529	2,28	2,33	—
			C II	0 36 50,139	11	−0,494	0 36 49,645		−2 10,609			
			33 Ceti	1 7 1,413	11	−0,461	1 7 0,952	1 4 50,18	−2 10,922	50,16	50,22	50,16
			f Piscium	1 14 14,958	11	−0,455	1 14 14,503	1 12 3,74	−2 10,763	3,68	3,74	3,75

α (C II) = 0ʰ 23ᵐ 36,74ˢ für 12ʰ 32ᵐ 29,21ˢ M. Z. Prag. (ε = ± 0,058)

September 21	Gruss	Ost	C II	1 24 0,712	11	−0,492	1 24 0,220		−2 10,977			
			r Piscium	1 37 50,164	10	−0,479	1 37 49,685	1 35 38,56	−2 11,125	—	*38,59	—
			B. A. C. 551	1 44 51,853	10	−0,495	1 44 51,358	1 42 40,52	−2 10,838	40,38	40,43	—

α (C II) = 1ʰ 20ᵐ 47,37ˢ für 13ʰ 15ᵐ 36,20ˢ M. Z. Prag. (ε = ± r 0,056)

September 22	Gruss	Ost	r Piscium	1 37 50,513	11	−0,507	1 37 50,006	1 35 38,58	−2 11,426	—	*38,60	—
			B. A. C. 551	1 44 52,303	11	−0,508	1 44 51,795	1 42 40,54	−2 11,255	40,40	40,45	—
			C II	2 10 51,530	11	−0,478	2 10 51,052		−2 11,410			
			B. A. C. 765	2 22 59,489	11	−0,456	2 22 58,963	2 20 47,62	−2 11,363	47,55	—	—
			μ Ceti	2 41 7,593	11	−0,461	2 41 7,132	2 38 55,54	−2 11,592	55,51	*55,56	—

α (C II) = 2ʰ 7ᵐ 37,70ˢ für 13ʰ 58ᵐ 22,96ˢ M. Z. Prag. (ε = ± 0,054)

September 26	Gruss	West	i Tauri	4 47 5,180	11	−0,467	4 47 4,713	4 44 51,32	−2 13,393	51,31	51,31	—
			B. A. C. 1563	5 1 11,600	11	−0,466	5 1 11,134	4 58 58,10	−2 13,034	—	—	—
			C II	5 26 44,546	11	−0,478	5 26 44,068		−2 13,298			
			B. A. C. 9135	5 43 56,690	11	−0,453	5 43 56,237	5 41 42,89	−2 13,347	—	—	—
			π¹ Orionis	5 50 0,493	9	−0,453	5 50 0,040	5 47 46,65	−2 13,390	46,68	46,68	—

α (C II) = 5ʰ 23ᵐ 25,24ˢ für 16ʰ 57ᵐ 54,79ˢ M. Z. Prag. (ε = ± 0,091)

October 15	Gruss	West	C I	22 40 14,799	11	−0,508	22 40 14,291		−2 22,080			
			A¹ Aquarii	23 1 44,310	10	−0,545	23 1 43,765	22 59 21,67	−2 22,095	—	—	—
			ψ¹ Aquarii	23 12 26,352	11	−0,530	23 12 25,822	23 10 3,74	−2 22,082	3,74	3,79	3,79

α (C D) = 22ʰ 38ᵐ 57,05ˢ für 8ʰ 59ᵐ 50,63ˢ M. Z. Prag. (ε = ± 0,068)

— 8 —

Datum	Beobachter	Kreislage	∗ u. C	T	Zahl der beob. l'Aben	Reduction auf den Meridian	Red. T	∗ app. f. d. ∗ (Naut. Alm.)	Δ T	L.	B. J.	H.
1888												
October 18	Gruss	West	15 Ceti	0 34 46,860	11	—0,634	0 34 46,226	0 32 23,55	—2 22,676	23,47	23,53	23,54
			26 Ceti	1 0 26,978	11	—0,654	1 0 26,324	0 58 5,71	—2 22,614	5,84	5,90	—
			C I	1 5 18,907	11	—0,671	1 5 18,236		—2 22,649			
			f Piscium	1 14 27,315	11	—0,682	1 14 26,633	1 12 3,96	—2 22,653	3,92	3,96	3,99

α (C I) = 1 5 57,32 für 11 12 39,43 M. Z. Prag. (ε = ± 0,088)

October 21	Gruss	West	λ Ceti	2 56 9,487	11	—1,015	2 56 8,472	2 53 45,87	—2 22,602	45,43	45,46	45,54
			B. A. C. 987	3 7 39,407	11	—1,056	3 7 38,351	3 5 15,80	—2 23,551	15,55	15,69	—
			C II	3 28 32,462	11	—1,097	3 28 31,365		—2 22,665			
			B. A. C. 1272	4 4 1,317	11	—1,012	4 4 0,205	4 1 37,57	—2 22,635	37,51	—	—
			46 Tauri	4 11 51,498	11	—1,091	4 11 50,407	4 9 27,55	—2 22,877	27,57	27,57	27,57

α (C II) = 3 25 5,82 für 13 21 37,09 M. Z. Prag. (ε = ± 0,057)

October 24	Gruss	West	l Tauri	5 33 24,654	11	—1,253	5 33 23,401	5 30 59,79	—2 23 611	59,71	∗59,70	—
			z¹ Orionis	5 50 12,345	11	—1,242	5 50 11,103	5 47 47,49	—2 23,618	47,52	47,52	—
			C II	5 59 52,537	11	—1,279	5 59 51,258		—2 23,609			
			η Geminorum	6 10 34,363	11	—1,279	6 10 33,084	6 8 9,46	—2 23,824	—	∗ 9,50	—
			μ Geminorum	6 16 38,418	11	—1,270	6 16 37,139	6 16 13,55	—2 23,589	—	∗13,53	—

α (C II) = 5 56 21,72 für 15 40 40,48 M. Z. Prag. (ε = ± 0,072)

November 10	Gruss	West	30 Capricorni	21 14 10,999	11	—0,783	21 14 10,216	21 11 42,07	—2 28,146	41,92	41,96	—
			C I	21 30 53,381	11	—0,792	21 30 52,589		—2 28,255			
			45 Capricorni	21 40 24,771	11	—0,748	21 40 24,023	21 37 55,85	—2 28,173	—	—	—
			ν Capricorni	21 49 42,243	11	—0,735	21 49 41,508	21 47 13,06	—2 28,448	13,11	13,17	13,17

α (C I) = 21 29 32,37 für 6 8 23,70 M. Z. Prag. (ε = ± 0,030)

November 11	Gruss	West	45 Capricorni	21 40 24,988	9	—0,817	21 40 24,171	21 37 55,84	—2 28,331	—	—	—
			ν Capricorni	21 49 42,452	11	—0,816	21 49 41,636	21 47 13,04	—2 28,596	13,09	13,15	13,15
			C I	22 24 40,589	11	—0,829	22 24 48,780		—2 28,552			
			A¹ Aquarii	23 1 50,806	11	—0,776	23 1 50,030	22 59 21,30	—2 28,640	—	—	—
			ψ¹ Aquarii	23 12 32,896	11	—0,776	23 12 32,122	23 10 3,48	—2 28,642	3,48	3,53	3,53

α (C I) = 22 23 25,99 für 6 58 12,58 M. Z. Prag. (ε = ± 0,056)

November 12	Gruss	West	A¹ Aquarii	23 1 50,997	11	—0,825	23 1 50,172	22 59 21,38	—2 28,792	3,47	3,52	3,52
			ψ¹ Aquarii	23 12 33,088	11	—0,834	23 12 32,254	23 10 3,46	—2 28,794	—	—	—
			C I	23 15 33,635	11	—0,856	23 15 32,779		—2 28,894			
			B. A. C. 8274	23 45 19,060	11	—0,836	23 45 18,224	23 42 49,64	—2 29,584 (?)	—	—	—
			27 Piscium	23 55 28,276	11	—0,834	23 55 27,444	23 52 59,03	—2 28,414	58,63	58,68	58,68

α (C I) = 23 14 7,74 für 7 44 50,12 M. Z. Prag. (ε = ± 0,035)

— 9 —

Datum	Beobachter	Kreislage	α u. C	T	Zahl der beob. Fäden	Reduction auf den Meridian	Red. T	α app. f. d. ☾ (Naut. Alm.)	Δ T	L.	B. J.	II.
1868				h m s		s	h m s	h m s	m s	s	s	s
November 18	Weinek	West	B. A. C. 8274	28 45 19,192	11	—0,931	23 45 18,261	23 42 48,63	—2 29,681 (!)	—	—	—
			27 Piscium	28 55 28,878	11	—0,935	23 55 27,443	23 52 59.02	—2 28,423	58,63	58,68	58,68
			C ☽	0 3 53,966	11	—0,955	0 3 53,011		—2 29,074			
			B. A. C. 81	0 21 18,478	11	—0,910	0 21 17,568	0 19 48,24	—2 29,328	48,57	48,62	48,71
			14 Ceti	0 32 20,097	11	—0,912	0 32 19,185	0 29 50,27	—2 28,915	50,26	50.32	50,32

α (C ☽) = 0 2 26,43 für 8 29 5,00 M. Z. Prag. (ε — ± 0,081)

November 26	Gruss	Ost	i Leonis	10 28 47,875	11	—0,543	10 28 46,832	10 26 14,90	—2 31,932	14,78	14,81	14,85
			l Leonis	10 45 56,270	10	—0,521	10 45 55,749	10 43 23,83	—2 31,919	—	*23,88	—
			C ☽	11 1 59.911	11	—0,547	11 1 59,364		—2 31,930			

α (C ☽) = 10 58 21,26 für 18 32 5,55 M. Z. Prag. (ε = ± 0,062)

December 9	Gruss	Ost	70 Aquarii	22 45 14,433	9	—0,665	22 45 13,768	22 42 38,27	—2 35,498	38,19	38,24	—
			74 Aquarii	22 50 12,876	9	—0,670	22 50 12,206	22 47 36,57	—2 35,636	36,48	36,53	36,56
			C ☽	22 58 17,592	11	—0,695	22 58 16,897		—2 35,569			

α (C ☽) = 22 56 46,64 für 5 41 22,27 M. Z. Prag. (ε = ± 0,060)

December 11	Gruss	Ost	29 Piscium	23 58 44.076	11	—0,555	23 58 43,521	23 56 7,06	—2 36,461	7,02	7,07	7,08
			C ☽	0 35 53,709	8	—0,568	0 35 53,141		—2 36,481			
			f Piscium	1 14 40,898	5	—0,586	1 14 40,312	1 12 3,81	—2 36,502	3,75	3,81	3,82

α (C ☽) = 0 34 19,89 für 7 10 46,72 M. Z. Prag. (ε = ± 0,072)

December 13	Gruss	Ost	γ Piscium	1 38 10 413	11	—0,555	1 38 15,858	1 35 38,76	—2 37,098	—	*38,81	—
			B. A. C. 551	1 45 18,093	10	—0,535	1 45 17,558	1 42 40,78	—2 36,778	40,66	—	—
			C ☽	2 8 22.002	11	—0,545	2 8 21,457		—2 37,022			
			ξ² Ceti	2 24 52,840	11	—0,522	2 24 52,318	2 22 15,16	—2 37,158	—	*15,19	—
			μ Ceti	2 41 33,800	10	—0,518	2 41 33,282	2 39 56,23	—2 37,052	56,21	*56,28	—

α (C ☽) = 2 6 40,15 für 8 35 7,01 M. Z. Prag. (ε = ± 0,044)

December 14	Gruss	Ost	ξ² Ceti	2 24 58,040	11	—0,572	2 24 52,468	2 22 15,16	—2 37,308	—	*15,19	—
			μ Ceti	2 41 34,212	11	—0,589	2 41 33,623	2 39 56,22	—2 37,403	56,21	*56.28	—
			C ☽	2 54 57,011	11	—0,620	2 54 56,391		—2 37,243			
			B. A. C. 997	3 7 53,957	11	—0,623	3 7 53,334	3 5 16,16	—2 37,174	16,02	—	—
			f Tauri	3 27 22,421	11	—0,623	3 27 21,798	3 24 44,71	—2 37,068	44,08	*44,05	—

α (C ☽) = 2 53 21,57 für 9 17 35,70 M. Z. Prag. (ε = ± 0.056)

Datum	Beobachter	Kreislage	* u. C	T	Zahl der beob. Fäden	Reduction auf den Meridian	Red. T	* app. f. d. * (Naut. Alm.)	∠ T	L.	R. J.	H.
1888												
December 15	Gruss	Ost	C I	3 43 42.765	11	— 0.727	3 42 42.038			— 2 37.223			
			63 Tauri	4 19 40.980	9	— 0.795	4 19 40.185	4 17 3.06		— 2 37.105	3.01	3.01	—
			ι Tauri	4 24 46.320	10	— 0.827	4 24 45.493	4 22 8.14		— 2 37.353	—	*3.20	—

α (C I) = 3 41 7.96 für 10 1 21.56 M. Z. Prag. (ε = ± 0.068)

December 18	Weineck	Ost	ξ Tauri	5 33 40.075	(7.r)	— 0.952	5 33 39.123	5 31 0.91		— 2 38.213	0.84	*0.84	—
			χ¹ Orionis	5 50 27.984	(7.r)	— 0.943	5 50 27.041	5 47 48.69		— 2 38.351	48.72	48.72	48.73
			C II	6 18 10.341	(7.r)	— 0.979	6 18 9.362			— 2 38.257			
			d Geminorum	6 47 33.285	(7.r)	— 0.942	6 47 32.343	6 44 54.15		— 2 38.193	54.03	—	—
			57 Geminorum	7 0 10.904	(t.r)	— 0.944	7 0 9.960	6 57 31.63		— 2 38.270	—	*31.64	—

α (C II) = 6 14 24.87 für 12 22 25.61 M. Z. Prag. (ε = ± 0.043)

1889												
Januar 14	Gruss	West	B. A. C. 1935	5 44 30.577	10	— 0.674	5 44 29.903	5 41 45.05		— 2 44.853	—	—	—
			χ¹ Orionis	5 50 34.572	11	— 0.709	5 50 33.863	5 47 48.83		— 2 45.638	48.90	48.90	48.91
			C I	5 57 1.804	11	— 0.776	5 57 1.088			— 2 44.848	—	—	—
			ρ Geminorum	6 19 0.580	11	— 0.778	6 18 59.812	6 16 15.13		— 2 44.682	—	—	—
			15 Geminorum	6 23 55.490	11	— 0.753	6 23 54.737	6 21 9.91		— 2 44.827	—	—	—

α (C I) = 5 55 22.36 für 10 17 16.60 M. Z. Prag. (ε = ± 0.057)

Bemerkungen.

1888
April 22. 3. der letzte Faden wurde durch Wolken beobachtet, 4. die beiden letzten Fäden durch Wolken.
April 24. 1. leidlich. 2. ziemlich gut. 3. gut, 4. die ersten und die letzten Fäden unsicher, 5. bei den beiden letzten Fäden Wolken, sonst ziemlich gut.
April 29. 2. Mondrand stark wallend. 3. Wolken, später ganz trübe.
Mai 23. Ganz heiter.
Mai 25. Theilweise bedeckt, 3. durch Wolken beobachtet, hierauf ganz trübe.
Mai 25. 1. klar, letzte Fäden etwas unsicher. Um 16 20' lebhaftes Wolkenziehen aus West. 2. durch Wolken, 3. durch Wolken, später dichte Wolkendecke; nichts mehr zu erhalten.
Mai 27. 3. Mondrand stark wallend, leichte Wolken, Mondhof.
Juni 19. Wegen Wolken nur den Mond erhalten, jedoch Beobachtung gut.
Juni 22. 1. gut, 2. gut, 3. Mond unruhig, sonst ziemlich gut, 4. ziemlich gut, 5. ziemlich gut. Es verschleiert sich im Süden.
Juni 23. 1. sehr unruhig. 2. sehr unruhig, 3. Rand I ist sehr nahe voll, so dass mit dem Auge kaum etwas von einem Defect entdeckt werden kann, Rand II ist voll. Mond unruhig, doch Beobachtung ziemlich gut, 4. unruhig, ziemlich gut, 5. durch Wolken, leidlich. Im Süden treten nun viele Wolken auf.
Juli 17. 91 Virginis, ε Virginis und η Librae nicht gesehen, obwohl der Himmel völlig heiter war, 1. gut.
Juli 18. Theilweise bedeckt. γ Librae, ε Librae und 24 Scorpii wegen Wolken nicht erhalten, 1. ohne Feldbeleuchtung beobachtet, Mondrand wallend, 2. mit Beleuchtung des Feldes durch Wolken.

Juli	21.	In der Nähe des Mondes Wolken, sonst klar. Mondhof. Bei 15 Sagittarii trübe, 2. Mondrand stark wallend, hierauf trübe.
Juli	26.	Ganz heiter. 3. Mondrand unruhig.
August	24.	Ganz heiter.
August	25.	Ganz heiter. 3. Mondrand stark wallend.
September	13.	B. A. C. 6060 und 6098 nicht gesehen. Am Horizont Nebel und Dunst. 1. Mondrand wallend.
September	14.	Ganz heiter. 3. Mond ruhig.
September	17.	Kurz vor der Beobachtung ganz trübe, während derselben leichtes Gewölk. 5. theilweise durch Wolken.
September	19.	3. Mondrand wallend, Rand II noch nicht voll.
September	20.	3. Mondrand stark wallend.
September	21.	Ganz heiter, Mondrand sehr ruhig.
September	26.	Ganz heiter, Sternbilder schlecht, Mondrand stark wallend.
October	16.	3. durch Wolken beobachtet.
October	18.	Kurz vor der Beobachtung ganz trübe, 3. Mondrand stark wallend, 4. theilweise durch Wolken. Hierauf abermals trübe.
October	24.	3. Mondrand ruhig.
November	10.	θ Capricorni verloren, da das Oel der Beleuchtungslampe gefroren war und die Passagefäden unsichtbar blieben, 2. die drei letzten Fäden sind unsicher. Ganz klar.
November	11.	Ganz klar.
November	13.	Ganz klar. Der Kälte wegen functionirt die elektrische Leitung unexact; deshalb nicht registrirt, sondern mit Auge und Ohr beobachtet. 3. unruhig.
December	9.	1. und 2. durch Wolken beobachtet. Nach der Passage von 3. ganz trübe.
December	11.	Rasch wechselnde Bewölkung. 1. durch Wolken, bei 5 Ceti trübe, 2. durch Wolken, bei 33 Ceti trübe, 3. durch Wolken.
December	13.	Ganz klar; Feldbeleuchtung mangelhaft, Sterne unruhig mit grossen Scheiben, 3. Mondrand stark wallend.
December	14.	Ganz klar; Feldbeleuchtung gut.
December	15.	Kurz vor der Beobachtung trübe; schlechte Beleuchtung.
December	16.	Klar. Unbequeme Beobachtung am geraden Instrumente wegen der grossen Höhe des Mondes.

Schliesslich sei noch die Vergleichung der beobachteten Rectascensionen des Mondmittelpunktes mit den nach Hansen und Newcomb sich ergebenden Mondörtern angeführt. Erstere wurden direct aus der „Connaissance des temps" für 1888 entnommen, letztere durch Benützung der in demselben Jahrbuche auf Seite 756 und 757 gegebenen Tabelle: „Corrections aux coordonnées de la Lune, d'après Newcomb" abgeleitet. R—B stellt den Unterschied zwischen Rechnung (R) und Beobachtung (B) dar.

Datum	☾ Rand	R—B		Beobachter	Datum	☾ Rand	R—B		Beobachter
		Hansen	Newcomb				Hansen	Newcomb	
1888					1888				
April 22	I	+ 0.84	− 0.28	Gruss	Juli 17	I	+ 0.96	− 0.21	Gruss
24	I	+ 0.97	− 0.15	Weinek	18	I	+ 0.83	− 0.38	„
28	II	+ 1.32	+ 0.09	Gruss	21	I	+ 1.41	+ 0.17	„
29	II	+ 1.39	+ 0.15	„	22	I	+ 1.25	+ 0.04	„
Mai 22	I	+ 0.95	− 0.18	„	23	II	+ 1.51	+ 0.30	„
23	I	+ 1.14	− 0.02	„	26	II	+ 1.13	+ 0.14	„
25	II	+ 1.27	+ 0.04	„	August 24	II	+ 1.15	+ 0.20	„
27	II	+ 1.58	+ 0.34	„	25	II	+ 1.06	+ 0.13	„
Juni 19	I	+ 0.65	− 0.49	Weinek	September 13	I	+ 1.33	+ 0.06	„
22	I	+ 1.24	− 0.01	„	14	I	+ 1.46	+ 0.23	„
23	I	+ 1.36	+ 0.11	„	15	I	+ 1.51	+ 0.29	„
29	II	+ 1.43	+ 0.18	„	17	I	+ 1.32	+ 0.29	„

Datum	☾ Rand	R−B Hansen	R−B Newcomb	Beobachter	Datum	☾ Rand	R−B Hansen	R−B Newcomb	Beobachter
1888					1888				
September 18	I	+1,60	+0,56	Gruss	November 11	I	+1,42	+0,32	Gruss
19	I	+1,52	+0,53	"	12	I	+1,55	+0,51	"
19	II	+1,28	+0,29	"	13	I	+1,59	+0,59	Weinek
20	II	+0,96	+0,03	"	26	II	+1,20	+0,12	Gruss
21	II	+1,16	+0,22	"	December 9	I	+1,18	+0,09	"
22	II	+1,31	+0,37	"	11	I	+1,21	+0,22	"
26	II	+1,21	+0,15	"	13	I	+1,00	+0,04	"
October 15	I	+1,47	+0,40	"	14	I	+1,19	+0,22	"
18	I	+1,38	+0,43	"	15	I	+0,96	−0,03	"
21	II	+1,16	+0,13	"	18	II	+1,09	+0,01	Weinek
24	II	+1,21	+0,13	"	1889				
November 10	I	+1,34	+0,18	"	Januar 14	I	+1,06	−0,08	Gruss

Sämmtliche voranstehende Rechnungen sind doppelt und unabhängig vom Assistenten R. Lieblein ausgeführt worden.

Polhöhen-Messungen nach der Horrebow-Talcott'schen Methode von 1889 bis 1892.

Da die Prager Sternwarte noch keine ausreichend scharfe Breitenbestimmung besass, fasste ich alsbald nach der Erbauung des neuen Meridianzimmers den Gedanken, eine längere Reihe von Polhöhen-Messungen in demselben nach den neuesten und bewährtesten Methoden in Angriff zu nehmen.

Um in Kürze die Geschichte der Prager Breitenbestimmungen zu geben, ist als älteste Beobachtung diejenige von Tycho Brahe anzuführen. Dieselbe wurde am 2. December 1600 „in domo Caesaris horto vicina, ubi instrumenta mea adhuc disponebantur" (Historia coelestis ex observationibus Tychonis Brahe ab A. 1582 usque ad A. 1601, p. 860) an der Sonne zur Zeit ihres Meridiandurchganges angestellt und ergab die Breite: 50° 5' 5",[*]) welche mit − 26",4 auf die Prager Sternwarte reducirt, als Breite der letzteren gibt: 50° 4' 38",6. Im Jahre 1601 bestimmte Tycho noch mehrere Breiten aus Sonnen- und Sternhöhen und nahm schliesslich als Resultat seiner Messungen den Betrag 50° 6' 0" (a. a. O. p. 907) an, welchem er die Bemerkung beifügt „Potest itaque infallibiter assumi". Aus diesem folgt für die jetzige Prager Sternwarte:

$$\varphi = 50° 5' 33,\!''6 \qquad \text{Tycho Brahe.}$$

Weitere Breitenmessungen erfolgten erst im Jahre 1778 und zwar an der gegenwärtigen Sternwarte selbst. Mit Uebergehung dieser ersten, minder genauen Beobachtungen von P. Zeno (Director von 1777−1781) und Strnad (1791−1799) werde gleich der bezüglichen Arbeiten David's (1799−1836) gedacht.

David ermittelte 1794 noch als Adjunct mit einem 3-füssigen Quadranten die Polhöhe der Prager Sternwarte aus gleich hohen Sternen gegen Süden und Norden zu

---

[*]) In der Historia coelestis befindet sich daselbst ein Druckfehler, indem 55" statt 5" steht.

50° 5′ 19″ (Neuere Abhandlungen der kgl. böhmischen Gesellschaft der Wissenschaften 2. Bd. p. 160). Ferner fand derselbe 1808 mit einem 12-zölligen Reichenbach'schen Vollkreise aus Zenithdistanzen des Polarsternes in unterer Culmination und von α Aquilae die Polhöhe 50° 5′ 18¼″ (Triesnecker's Sammlung astronomischer Beobachtungen. 1808. p. 43). Endlich mass er vom 1. September 1817 bis 17. Mai 1822 in Benützung des erwähnten 12-zölligen Vollkreises, eines 8-zölligen Reichenbach'schen Theodoliten und eines Reichenbach'schen Universalinstrumentes, dessen Verticalkreis etwa 12 Zoll im Durchmesser hat und mittelst Nonien 4 Bogensecunden abzulesen gestattet (Vgl. Prager astron. Beob. i. J. 1884. p. 4), und in Anwendung des Repetitionsverfahrens Zenithdistanzen von α Lyrae, α Coronae, α Bootis, α Aquilae und α Ursae minoris, welche im 8. Bande der Abhandlungen der kgl. böhmischen Gesellschaft der Wissenschaften unter dem Titel: „Astronomische Beobachtungen von den Jahren 1820 und 1821, an der k. Sternwarte zu Prag und zu Lemberg angestellt" p. 74 und 75 in ihren Endresultaten zusammengestellt sind. Letztere 12 Polhöhen ergeben im Mittel:

$$\varphi = 50° 5′ 18{,}5″ \quad \text{David},$$

welcher Werth bis auf den heutigen Tag in den astronomischen Jahrbüchern beibehalten erscheint.

Böhm (1852—1868) unterzog abermals die Breite einer Revision, indem er mit dem bemerkten Reichenbach'schen Universalinstrumente ohne Repetition nur Zenithdistanzen des Polarsternes vom 20. December 1855 bis 3. Juli 1856 mass. Diese 42 Breiten sind in der Abhandlung desselben: „Ueber die geographische Breite von Prag" (Prag 1857. Aus den Abhandlungen der k. böhm. Ges. d. Wiss. V. Folge. 10. Band) in zwei Gruppen gesondert. Die erste zu 20 Breiten gibt $\varphi = 50° 5′ 20{,}45″$ mit einem wahrscheinlichen Fehler 0″,65, die zweite zu 22 Breiten gibt $\varphi = 50° 5′ 18{,}11″$ mit einem wahrscheinlichen Fehler 0″,62. In beiden Fällen folgt als wahrscheinlicher Fehler einer einzelnen Bestimmung 2″,91. Durch Verbindung beider Resultate ergibt sich:

$$\varphi = 50° 5′ 19{,}22″ \quad \text{Böhm}.$$

Derselbe führt a. a. O. p. 29 noch zwei Bestimmungen von Oberst Richter mit 50° 5′ 19″,86 und Prof. Hallaschka mit 50° 5′ 19″,23 an, welche jedoch nicht an der Sternwarte selbst gemacht wurden, sondern auf trigonometrischen Uebertragungen beruhen.

In die letztere Kategorie gehört auch die Ermittlung der Breite der Prager Sternwarte von Major von Sterneck (dermal Oberstlieutenant) im VII. Bande 1887 der „Mittheilungen des k. k. militär-geographischen Institutes" p. 75 unter Zugrundelegung der geographischen Ortsbestimmung auf dem, zur Prager Sternwarte nahen und von ihr nordöstlich liegenden, Dablic-Berge in Verbindung mit einer 1877 von Hauptmann von Sterneck ausgeführten trigonometrischen Vermessung der Lage und Höhe einiger Punkte der Stadt Prag. Hieraus folgt nämlich auf geodätischem Wege mit Beziehung auf Dablic als geographische Breite der Sternwarte:

$$\varphi = 50° 5′ 16{,}2″ \quad \text{v. Sterneck},$$

ein Werth, welcher um 2″,3 kleiner als die David'sche Breite ist. — Ferner folgt aus derselben Uebertragung als östliche Länge der Prager Sternwarte von Greenwich:

$$\lambda = 0^h \ 57^m 40{,}3^s \quad \text{v. Sterneck,}$$

während in den Nautical Almanac ein um 1,6 grösserer Betrag d. i. $\lambda = 0^h \ 57^m \ 41{,}9$ aus älteren Bestimmungen, die wesentlich von David herrühren, übergegangen ist. Dagegen führt die Angabe des Berliner astronomischen Jahrbuches zu dem Werthe $\lambda = 0^h \ 57^m \ 41{,}5$. Endlich sei bemerkt, dass Hansen's Discussion von correspondirenden Sternbedeckungen, welche den Titel trägt: „Längenunterschiede aus Sternbedeckungen der Jahre 1836, 1835, 1834 und 1833" und in Bd. 17 der Astr. Nachr. Nr. 392—395 enthalten ist, für Prag-Sternwarte die Länge $\lambda = 0^h \ 57^m \ 41{,}09$ mit dem mittleren zu befürchtenden Fehler von 3,67 ergab.

Schon die Aufklärung der erwähnten Breitendifferenz von 2,"3, welche v. Sterneck geneigt ist, Störungen der Richtung der Lothlinie in Dublic wegen dessen Lage am Südrande eines ausgedehnten Plateaus zuzuschreiben, machte es wünschenswerth, auch an der Prager Sternwarte die Polhöhenermittlung in vollkommenerer Weise, als es die älteren Instrumente und Methoden zuliessen, vorzunehmen.

Im October 1886 beabsichtigte ich, mit diesen Bestimmungen am Pistor & Martins-schen Passageninstrumente (vide die Beschreibung und Aufstellung desselben in den Prager astron. Beob. i. d. J. 1885, 1886, 1887. p. 9) durch Beobachtung geeigneter Sternpassagen im ersten Vertical zu beginnen und setzte mich diesbezüglich mit Herrn Professor Dr. Th. Albrecht, Sectionschef im kgl. preuss. geodätischen Institute in Berlin, in Verbindung. Derselbe hatte die Freundlichkeit, mich, gestützt auf seinen reichen Schatz von Erfahrungen, auf die nothwendige Transformirung des Frictionsrollen-Trägers an gedachtem Instrumente nach Art eines Wagebalkens zur Vermeidung von Spannungen bei der Umdrehung des Fernrohrs aufmerksam zu machen, gleichzeitig auch die Horrebow-Talcott'sche Methode**) der Breitenmessung im Meridiane besonders zu empfehlen und mich andererseits darüber zu orientiren, dass nach der letztgenannten Methode vom Januar 1889 an mindestens in der Dauer eines Jahres fortlaufende Polhöhenbestimmungen in Berlin, Potsdam und Strassburg zur Entscheidung der Frage nach kleinen Schwankungen der Erdaxe, welche die Breite eines Ortes innerhalb kurzer Fristen veränderlich gestalten würden, geschehen sollen. Diese Mittheilung erschien massgebend, dass ich mich ebenfalls für die Horrebow-Talcott'sche Methode und für eine Cooperation mit den erwähnten Sternwarten entschied, bei dem k. k. Unterrichts-Ministerium um die Mittel zur entsprechenden Umänderung des Instrumentes nachsuchte und mich beeilte, dasselbe Herrn Mechaniker C. Bamberg in Friedenau bei Berlin zu übersenden, was am 30. October geschah. Am 23. Januar 1889 war das umgearbeitete Passageninstrument wieder in meinen Händen.

---

*) Diese Länge wird durch eine briefliche Mittheilung des Directors der Krakauer Sternwarte, Herrn Prof. Karlinski, an mich vollauf bestätigt, welcher durch Verbindung der. von Major v. Sterneck zusammengestellten, Ergebnisse trigonometrischer Messungen aus den Jahren 1804—1812 und 1877 mit der telegraphischen Längenbestimmung: Leipzig-Dublic für die geographische Länge des astronomischen Thurmes der Prager Sternwarte erhielt:

$$\lambda = 0 \ 57 \ 40{,}36 \ \text{östl. v. Greenwich}$$
$$0 \ 48 \ 19{,}83 \quad \text{„ v. Paris}$$
$$0 \ 4 \ 5{,}48 \quad \text{„ v. Berlin.}$$

**) Nach Auwers würde dieselbe richtiger als Rösner'sche Methode zu bezeichnen sein.

Die **Transformation** betraf hauptsächlich die folgenden drei Punkte:

1. Die Anbringung der für die Horrebow-Talcott'sche Methode wesentlichen Querlibelle, welche an der Ocularseite des gebrochenen Instrumentes auf einem, die Horizontalaxe umschliessenden, Messingringe sitzt und mit diesem durch eine nach unten führende Schraube an die Axe festgeklemmt werden kann. Ist diese Verbindung hergestellt, so gestattet eine zweite, an der rechten Libellenseite auf eine Nase wirkende, Schraube mit Gegenfeder die genaue Einstellung der Blase in die Libellenmitte. Da die Erfahrung gelehrt hat, dass auch feine Libellen in Folge microscopischer Ausscheidungen im Inneren der Glasröhre mit der Zeit unzuverlässig werden, so wurden nach Prof. Förster's Vorschlage zwei Libellen zur gegenseitigen Controle nebeneinander postirt. Die dem Beobachter zugekehrte ist von 0—40 partes getheilt und in verticaler Richtung corrigirbar, die abliegende von 50—90 getheilt und fest. Für die erstere ist aus einer Reihe von Messungen mittelst des Ocularmicrometers und eines, dem Passageninstrumente gegenübergestellten, Collimators der Werth eines pars zu 0",78, für die zweite zu 0",92 ermittelt worden. Ungünstig erwies sich die Schraubencorrection an der Libelle 0—40, welche durch zwei, auf der linken Seite von unten nach oben unter einem Winkel von etwa 90° gegen die geschützte Glasröhre wirkende, kleine Schrauben bewerkstelligt wird, von denen aber nur die eine dem Beobachter gut zugänglich ist. Auch die Lage der erwähnten Gegenfeder nach unten, auf welcher somit die seitliche Nase der Doppellibelle ruht, erschien nicht ganz vortheilhaft. Beide Uebelstände sind später durch Bamberg bei anderen Instrumenten beseitigt worden, der erste, indem an die Stelle der beiden Schräubchen eine einzige verticale Schraube gebracht und der zweite, indem die Gegenfeder nach oben, die Feinschraube nach unten verlegt wurde. — Es muss bemerkt werden, dass die corrigirbare Libelle 0—40 sich im Allgemeinen nicht ausreichend constant verhalten hat und dass aus diesem Grunde, sobald die schnelle Sternfolge beim Beobachten nur die Ablesung einer einzigen Libelle zuliess, die feste Libelle 50—90 der anderen vorgezogen wurde. — Ueber dieser Doppellibelle wurde in Prag noch ein drehbarer Spiegel angebracht, um beide Libellenangaben vom Oculare aus mit Leichtigkeit ablesen zu können.

2. Die Herstellung eines neuen Ocularkopfes mit feiner Micrometerschraube. Demselben wurden zwei Oculare beigegeben, deren Vergrösserung ich zu 74- und 103-fach ermittelte. Bei Lampenbeleuchtung des Feldes durch die Horizontalaxe hindurch zeigte sich, dass nur mit der schwächeren Vergrösserung der Micrometerrechen deutlich zu sehen ist, weshalb beim Beginne der Beobachtungen nur dieses verwendet werden konnte. Später, nachdem die Uebung der Beobachter eine grössere geworden und durch Drehung des starken Oculares eine Stellung ausfindig gemacht wurde, bei welcher wenigstens einige Spitzen der Rechenzacken zum Vorschein kamen, wurde ausschliesslich die 103-fache Vergrösserung benützt. Dies erfolgte vom 25. Mai 1890 an. — Für gewöhnliche Passagebeobachtungen besitzt das Ocularfeld 11 feste, sog. Vertical-Fäden (V) und senkrecht dazu in der Mitte zwei nahe Horizontal-Fäden (H), zwischen welche der Stern bei Zeitbestimmungen gebracht wird. Parallel zu letzteren verschiebt sich der bewegliche Faden (B), dessen Beobachtungs-Spielraum zu beiden Seiten von H durch je einen festen Faden (G) in der Entfernung von 10 Schraubenumdrehungen begrenzt erscheint. Die Axe der Micrometerschraube liegt naturgemäss senkrecht zum beweglichen Faden, also bei Zenithdistanz-Messungen parallel zum Fadensystem V. Der in 100 Theile getheilte Schraubenkopf befindet sich bei verticalem Stande des gebrochenen Fernrohrs zur linken Hand des Beobachters.

— 16 —

Heisst der vom Schraubenkopf abliegende feste Greuzfaden G_1, der zunächst liegende G_2, so findet das Wachsen der Trommeltheile von G_1 nach G_2 hin statt, und es wurde dementsprechend die Rechenzacke bei G_1 mit 0,0, bei H mit 10,0 und bei G_2 mit 20,0 Umdrehungen bezeichnet. — Der ganze Ocularkopf kann um 90 Grade gegen zwei Anschlagstifte hin gedreht werden, wodurch bei verticaler Fernrohrlage der Schraubenkopf nach unten zu stehen kommt und der bewegliche Faden B parallel zum Systeme V wird. Die Schraubenaxe liegt dann parallel zu H und G. In dieser letzten Stellung des Ocularkopfes ist die Micrometerschraube von 0,0 bis 20,0 Umdrehungen durch Passagebeobachtungen des Polarsternes am beweglichen Faden, welcher von 0,2 zu 0,2 Umdrehungen fortbewegt wurde, mehrfach untersucht worden. Als vorläufiger Winkelwerth einer Schraubenumdrehung ergub sich daraus der Betrag $61''{.}5293$. Indem ferner Coïncidenzen zwischen dem beweglichen Faden und den festen Passagefäden gemessen wurden, resultirten die folgenden aequatorealen Fadendistanzen für das System V:

1	2	3	4	5	7	8	9	10	11
23,99	19,99	16,99	8,03	4.06	3.97	7,97	15,98	19,96	23,97

welche durch das nachstehende Schema für Süd- und Polsterne, sowie für beide Kreislagen des Instrumentes charakterisirt sind:

$$\text{Kr. Ost.} \left\{ \begin{array}{l} \text{Südstern} \quad : 1-11 \\ \text{Polstern } OC: 1\ -11 \\ \quad \ \ UC: 11-\ 1 \end{array} \right\}$$

$$\text{Kr. West.} \left\{ \begin{array}{l} \text{Südstern} \quad : 11-\ 1 \\ \text{Polstern } OC: 11-\ 1 \\ \quad \ \ UC: 1-11 \end{array} \right\}$$

Zur Modification der Helligkeit des Gesichtsfeldes wurde in den Gang der Lichtstrahlen, welche von der Lampe aus die Horizontalaxe durchziehen, vor dem Prisma ein Drahtnetz eingeschaltet, dessen Neigung gegen das auffallende Licht durch Drehung eines Knopfes von aussen her geändert werden kann.

3. Die Umänderung des Frictionsrollenträgers nach Art eines Wagebalkens, auf dass sich zu beiden Seiten der Horizontalaxe ein völlig gleicher Druck der Frictionsrollen nach oben, somit eine gleiche Belastung der beiden Axenlager von selbst herstelle und derart eine inconstante Seitenbiegung der Axe nicht Platz greifen könne.

Die detaillirte Beschreibung eines solchen, für die Anwendung der Horrebow-Talcott'schen Methode geeigneten Passageninstrumentes mit Abbildung und ausführlicher technischer Erläuterung findet sich im Aprilhefte 1891 der „Zeitschrift für Instrumentenkunde" (Berlin, Verlag von J. Springer) von Dr. H. Homann in Friedenau bei Berlin unter dem Titel: „Bamberg's tragbares Durchgangsinstrument", worauf hiermit verwiesen werde. — Es sei noch erwähnt, dass das Prager Instrument gleichzeitig mit der genannten Umarbeitung von Mechaniker Bamberg einer vollständigen Revision aller seiner Theile unterzogen worden ist.

Die Aufstellung desselben auf dem östlichen Pfeiler des neuen Meridianzimmers (vide Prager astron. Beob. i. d. J. 1885, 1886, 1887. p. 1) mit dem Arrangement der Polhöhenmessung ist aus der ersten, diesem Bande beigegebenen Lichtdrucktafel ersichtlich. Man erkennt, dass der Pfeiler ziemlich hoch aufgeführt ist, um mit dem Objective des kleinen Instrumentes thunlichst nahe zur 0,6 Meter breiten Spaltöffnung zu gelangen, dass zwei drehbare Lampenstative an der isolirten Holzverkleidung des Pfeilers nach Osten und Westen angebracht sind, um das Gesichtsfeld in beiden Kreislagen rasch und in constanter Weise beleuchten zu können, ebenso, dass an der südöstlichen und nordwestlichen von den vier Holzsäulen, welche den Pfeiler als Dachstützen umgeben, sich zwei weitere drehbare Arme mit kleinen Tischchen befinden, auf welche die Lampen zur Beleuchtung der Schraubentrommel und der Doppellibelle kommen. Bei der Messung selbst waren stets alle Klappen im Meridiane geöffnet, wodurch sich die Beobachtung völlig wie im Freien abspielte.

Das Programm dieser von Berlin, Potsdam, Prag und Strassburg in demselben Zeitraum geplanten Polhöhenmessungen, welche auf die Anregung von Fergola in Neapel im Jahre 1883 und von Förster in Berlin im Jahre 1888 in den Conferenzen der Europäischen Gradmessung bezw. Internationalen Erdmessung, namentlich im Hinblick auf Dr. Küstner's Berliner Beobachtungen vom 2. April 1884 bis 28. Mai 1885, veröffentlicht in: „Neue Methode zur Bestimmung der Aberrations-Constante nebst Untersuchungen über die Veränderlichkeit der Polhöhe" (Berlin 1888), zurückzuführen sind, ist in Beilage IX der „Verhandlungen der vom 3. bis 12. October 1889 in Paris abgehaltenen neunten allgemeinen Conferenz der Internationalen Erdmessung und deren Permanenten Commission" (Berlin 1890) von Prof. Albrecht erschöpfend auseinandergesetzt. Uebersichtsweise ist dasselbe von Prof. Helmert in Bd. 120 der Astr. Nachr. Nr. 2871, von Prof. Albrecht in Bd. 126 der Astr. Nachr. Nr. 3010 und in „Provisorische Resultate der Beobachtungsreihen in Berlin, Potsdam und Prag betreffend die Veränderlichkeit der Polhöhe. Auf Wunsch der Permanenten Commission zusammengestellt von Th. Albrecht" (Berlin 1890). Letztere Abhandlung möge in der Folge abgekürzt mit P. R. bezeichnet werden) dargestellt. — Um dieses Programm und dessen Durchführung auch hier kurz zu charakterisiren, sei es gestattet, die bezüglichen Stellen der Albrecht'schen Publicationen wörtlich zu wiederholen.

„Bei der Aufstellung des Beobachtungsprogramms war massgebend, dass die etwaigen Veränderungen der Polhöhe unabhängig von den Fehlern der angenommenen Declinationen der Sterne ermittelt werden konnten. Es wurden deshalb für jede der Stationen 9 Sterngruppen von je 8—9 Sternpaaren ausgewählt und an jedem klaren Abend je zwei derselben beobachtet."

„Das Uebergreifen der einzelnen Gruppen ermöglicht es, die Resultate jeder einzelnen Sterngruppe auf diejenigen der benachbarten Gruppe frei vom Einfluss einer Veränderung der Polhöhe reduciren zu können."

„Die Auswahl der Sternpaare ist so getroffen worden, dass die Zwischenzeit der je zwei mit einander zu combinirenden Sterne 3^m—15^m betrug, die Differenz der Zenithdistanzen sich innerhalb der Grenzen von $\pm$ 12' bewegte und die absolute Zenithdistanz den Betrag von 27° nicht überschritt. Bevorzugt wurden diejenigen Sterne, deren Eigenbewegung in Declination bekannt war. Innerhalb eines jeden Paares wurden die Sterne möglichst von gleicher Helligkeit gewählt, der weniger sicheren Pointirung wegen aber Sterne 1. und 2. Grössenclasse ausgeschlossen. Die Sternpaare wurden ferner so ausgewählt, dass für jede Sterngruppe das arithmetische Mittel der Zenithdistanz-Differenzen der einzelnen Paare nahezu Null betrug, um innerhalb einer jeden Gruppe eine Elimination des Winkelwerthes einer Schraubenrevolution herbeizuführen."

„Die Declinationen der Sterne sind thunlichst neueren zuverlässigen Sterncatalogen entnommen worden. Dieselben sind insoweit, als sie dem Berl. Astr. Jahrb., der Auwers'schen Neubearbeitung des Bradley'schen Catalogs und dem Safford'schen Catalog entnommen bezw. von Becker und Küstner neu bestimmt wurden, unverändert so angenommen, wie sie sich aus den genannten Quellen ergeben. Diejenigen Declinationen aber, welche aus den Greenwicher und Radcliffe-Catalogen, sowie dem Catalog von Fedorenko entnommen worden sind, wurden unter Berücksichtigung der bezüglichen Relationen auf das Declinationssystem des Fundamental-Catalogs bezogen. Eigenbewegungen sind bei allen denjenigen Sternen bei Berechnung der mittleren und scheinbaren Declinationen angewendet worden, bei welchen solche in dem neuen Bradley'schen Cataloge, dem Berl. Astr. Jahrb., dem Pulkowaer und dem Safford'schen Cataloge angegeben sind."

Herr Prof. Albrecht hatte die Güte, auch für Prag die zu beobachtenden neun Gruppen und deren Sternpaare zusammenzustellen. Dieselben sind mit den Sternpositionen für 1889,0 und ihrem Quellennachweis in P. R. p. 8—10 gegeben. Hiernach wurden sodann in Prag die Einstellungstabellen für die einzelnen Gruppen angefertigt. Als Beispiel diene bloss das 1. und 2. Sternpaar in Gruppe I. Gemäss P. R. p. 8 lauten die Positionen:

Gruppe I.

Stern	Bradl.	Pulk.	Grösse	A. R. 1889,0	Decl. 1889,0	Eigenbew. in Decl.	Quelle
Paar 1. { 46 Cassiopejae	258	272	4,6	$1^h 52^m 51^s$	$+ 70° 22' 4{,}''82$	$- 0{,}''007$	Auwers
6 Trianguli	301	309	5,4	2 5 56	$+ 29$ 46 56,67	$- 0,055$	Auwers
Paar 2. { γ Trianguli	316	326	4,3	2 10 43	$+ 33$ 20 0,33	$- 0,034$	Jahrbuch
ι Cassiopejae	382	—	4,0	19 56	$+ 66$ 54 0,68	0,000	Jahrbuch

Hieraus ergibt sich als Einstellungstabelle:

*	Gr.	J	z_0 1889,0	J	z_0	$360°-z_0$	$½ \Delta z_0$	oben unten	im
Paar 1 {	4,6	$1^h 52^m 51^s$	13°	N	20° 17,6	289° 42,4	— 0,8	o	N
	5,4	2 5 56					+ 0,8	u	S
„ 2 {	4,3	10 43	9^m	S	16 47,1	343 12,9	— 1,8	o	S
	4,0	19 56					+ 1,8	u	N

wobei zur Orientirung für o (oben) und u (unten), wenn mit l der linke Theil des Feldes, mit r der rechte Theil desselben bezeichnet wird, das Schema diente:

• Süd	Kr. W	Kr. O	• Nord	Kr. W	Kr. O
o	l	r	u	r	l
u	r	l	o	l	r

In dieser Tabelle bezeichnet z_0 das Mittel der Zenithdistanzen beider Sterne, welche ein Paar bilden. Diese mittlere Zenithdistanz wird eingestellt, wozu man aber noch zu wissen braucht, auf welcher Seite des Zenithes der erste Stern des fraglichen Paares den Meridian passirt. Dieselbe erscheint durch den vor z_0 bezw. $360°-z_0$ gesetzten Buchstaben N (Nord) oder S (Süd) charakterisirt. Um ferner zu wissen, wo im Felde d. i. auf welcher Seite der Fäden H und wie weit von diesen entfernt der Stern zu erwarten ist, dienen die Columnen mit o und u, sowie mit $½ \Delta z_0$. Letztere Angaben in Bogenminuten geben gleichzeitig die Anzahl der von der Mitte des Feldes gerechneten Schraubenrevolutionen, da eine

Umdrehung der Mikrometerschraube nahezu 1' gleichkommt. Die Columnen J endlich kennzeichnen die Zeitintervalle zwischen den zwei Sternen desselben Paares und zwischen zwei einander folgenden Sternpaaren, um sofort zu übersehen, ob mit grösserer oder geringerer Eile die Beobachtungs-Manipulationen vorzunehmen sind.

Für die Beobachtungen selbst war eine Instruction ausgegeben worden, welche in der Hauptsache verlangte, dass die Aufstellung des Instrumentes bis auf 15" genau im Meridiane bewerkstelligt werde, dass die Axe bis auf 10" nivellirt sei und dass die Collimation mit der Zapfenungleichheit zusammen 10" nicht überschreite. Zur Prüfung dieser Bedingungen war angeordnet worden, in jedem Monate mindestens einmal die Aufstellungsfehler des Instrumentes zu ermitteln. Bei jedem Sterndurchgange sollten 4—5 Zenithdistanzpointirungen in bestimmten Abständen vom Passage-Mittelfaden und symmetrisch zu diesem zur Elimination des Einflusses der Fadenschiefe vorgenommen werden. Die Doppellibelle war vor und nach den Sternbisectionen abzulesen. Ausserdem war die Temperatur am Fernrohr, die Temperatur der äusseren Luft, die Neigung der Horizontalaxe, der Zustand des Himmels und die Güte der Bilder zu notiren. Endlich hatten sich die Untersuchungen am Instrumente auf die Ermittlung der fortschreitenden und periodischen Fehler der Mikrometerschraube und auf die Bestimmung des Theilwerthes beider Querlibellen am Anfang und Ende der Messungsreihe zu beziehen.

In Prag wurden die Polhöhenmessungen von mir und Adjunct Dr. Gruss unter beständigem Wechsel der Beobachter von Abend zu Abend ausgeführt. Nur im Falle meiner Verhinderung, sei es, dass der günstige Mond mich zur Fortsetzung meiner Kraterzeichnungen an den Steinheil'schen Refractor rief, sei es, dass ich von Prag abwesend war, was stets im Monate August bis Mitte September geschah, erfolgten diese Messungen durch Dr. Gruss allein, während das Umgekehrte zur Zeit der Beurlaubung des Letzteren im Monate Juli stattfand.

Bevor die **Uebersicht** der in Prag erhaltenen Polhöhen, deren detaillirte Veröffentlichung einer späteren Zeit vorbehalten bleibt, bis die definitive Bearbeitung des sehr umfangreichen Materials abgeschlossen ist und die Mittel für diese Publication bewilligt erscheinen, gegeben werde und zwar nur hinsichtlich der, in den verschiedenen Monaten gewonnenen Anzahl von Sternpaaren d. i. Breiten und ihrer Beobachtungsnächte, sei noch kurz die Manipulation der Messung selbst auseinandergesetzt.

Eine halbe Stunde oder auch länger vor dem Beginn der Beobachtung wurden die Klappen des Meridianzimmers geöffnet, damit die Luft des inneren Raumes sich mit jener des äusseren ausgleiche. Unmittelbar vor der eigentlichen Messung wurde die Neigung der Horizontalaxe ermittelt und das am Fernrohr angebrachte kleine Thermometer abgelesen. Die Temperatur der freien Luft hingegen brauchte nicht speciell notirt zu werden, da dieselbe den Angaben des Sternwarte-Thermographen entnommen werden konnte. Weiter folgte: 1. Einstellung der mittleren Zenithdistanz z, des ins Auge gefassten Sternpaares am Höhenkreise. 2. Festklemmen des Libellenträgers an die Horizontalaxe und Fein-Einstellung der Doppellibelle mittelst der dazu vorhandenen Schraube, 3. Einstellung des beweglichen Fadens auf diejenige Stelle des Feldes, wo der Stern zu erwarten ist, Regulirung der Feldbeleuchtung nach der Sterngrösse, 4. eine halbe Minute vor dem Sternantritte an die Passagefäden Ablesung der Doppellibelle, 5. Bisection des eingetretenen Sternes durch den beweglichen Faden in -24^s, -12^s, 0^s, $+12^s$, $+24^s$ (Aequatoreal-Secunden) Abstand vom Mittelfaden mit jedesmaliger Ablesung des Kopfes der Mikrometerschraube, 6. eine halbe Minute nach der letzten Bisection abermalige Ablesung der Doppellibelle, 7. Umlegen des Instrumentes, 8. Fein-Einstellung der Doppellibelle mittelst der Höhenschraube, 9. Einstellung des beweglichen Fadens auf den Sternort im Felde, Regulirung der Beleuchtung, 10. Ablesung der Doppellibelle, 11. Fünfmalige Bisection des Sternes, wie vordem, 12. wiederholte Ablesung der Doppellibelle, Notirung der Güte der Sternbilder und etwaiger störender Umstände während der Beobachtung. — War die Zwischenzeit zwischen den beiden Sternen desselben Paares oder zwischen zwei aufeinander folgenden Sternpaaren zu kurz, so wurde nur die feste Querlibelle 50—90 und zwar bei Südsternen nach absolvirter Sternbisection, bei langsamen Nordsternen um die Zeit der Mittelfaden-Passage abgelesen und die Bisection selbst bloss in — 12, 0, + 12, Abstand oder auch nur am Mittelfaden vorgenommen. Am Schlusse der Beobachtung beider, für den betreffenden Abend normirten Gruppen oder auch öfter wurde nochmals die Temperatur am Fernrohr und die Neigung der Horizontalaxe aufgezeichnet. Endlich sei noch bemerkt, dass derselbe Beobachter die Kreislage seiner Reihe von Abend zu Abend wechselte.

In der nachstehenden Uebersicht bedeutet W = Weinek, G = Gruss, während das Uebrige ohne weitere Erläuterung verständlich ist.

Uebersicht der Prager Polhöhenmessung vom 5. Februar 1889 bis Ende 1891.*

	Januar		Februar		März		April		Mai		Juni		Juli		August		September		October		November		December		Jahr		Jahres-summe
	W	G	W	G	W	G	W	G	W	G	W	G	W	G	W	G	W	G	W	G	W	G	W	G	W	G	W+G
																	1889										
Sternpaare	—	—	16	13	43	36	30	41	100	102	94	145	39	22	—	113	44	47	29	58	34	95	7	14	436	656	1122
Nächte	—	—	4	1	3	6	2	4	7	8	6	10	3	2	—	7	4	4	3	6	6	8	1	8	39	59	98
																	1890										
Sternpaare	7	17	05	114	40	53	42	51	25	30	17	14	45	81	—	41	34	60	25	64	8	16	31	39	339	536	875
Nächte	2	3	5	9	4	7	3	4	2	4	1	2	4	2	—	3	2	5	2	5	1	2	4	6	30	51	81
																	1891										
Sternpaare	11	15	39	90	41	37	20	60	57	57	51	19	44	30	—	70	44	120	44	98	41	60	6	5	398	604	1002
Nächte	1	3	3	6	3	3	2	6	4	5	4	2	3	2	—	5	4	10	4	10	3	5	1	1	32	60	92

Zusammen: Sternpaare 1173 1886 3059 / Nächte 101 170 271

In dem genannten Zeitraume sind somit von mir 1173 Breiten in 101 Nächten, von Dr. Gruss 1886 Breiten in 170 Nächten und insgesammt 3059 Breiten in 271 Nächten gemessen worden.

Der Theilwerth beider Libellen wurde von mir am 8. Februar, 7. Juli, 9. und 27. December 1889 mittelst eines Collimators bestimmt, da in Prag wegen hindernder Dächer im Norden und Süden des Meridianzimmers die Anvisirung entfernter terrestrischer Gegenstände ausgeschlossen war. — Zur Untersuchung der Mikrometerschraube wurde die Meridianpassage des Polarsternes, zumeist in den Nachmittagsstunden, wo die Güte des Sternbildes ziemlich befriedigend ist, am beweglichen Faden bei Fortführung desselben

---

*) Die Fortsetzung dieser Uebersicht befindet sich als Nachtrag am Ende dieses Bandes.

von 0,2 zu 0,2 Schraubenumdrehungen zwischen den Grenzen 0.0 und 20,0 Umdrehungen im Winter und Sommer beobachtet und zwar: von mir am 3., 9. Februar, 5., 7., 18., 21., 28., 30. Juni und 7. Juli 1889, ferner am 1., 4., 9., 13., 15., 20. Februar 1890; von Dr. Gruss am 8., 9., 25., 26. Juni 1889 und am 2., 12., 14., 26. Februar 1890. Im Allgemeinen ist hierbei die 103-fache Vergrösserung angewendet worden. Diese Beobachtungen sind im Jahre 1892 abermals aufgenommen worden, um über die Constanz oder Veränderlichkeit der Schraubenfehler den nothwendigen Anhalt zu gewinnen. — Ausserdem wurden von mir noch Coincidenzen des beweglichen Fadens mit den 11 festen Passagefäden am 29. Januar und 4. Februar 1889 gemessen.

Die Reduction der Prager Beobachtungen konnte zunächst nur in provisorischer Form geschehen d. i. ohne Berücksichtigung der Schraubenfehler, deren Untersuchung erst im Jahre 1892 zum Abschluss gelangen sollte. Nach Ableitung der scheinbaren Declinationen des Sternpaares aus den mittleren, Berücksichtigung der Fadenschiefe und Krümmung des Parallels für jene Mikrometerablesungen, welche ausserhalb des Mittelfadens erhalten worden sind, Vereinigung aller zum arithmetischen Mittel, Ermittlung der Neigung der Doppellibelle und des Betrages der Refraction wurde die Polhöhe nach der bekannten Formel für die Horrebow-Talcott'sche Methode (Prof. Dr. Th. Albrecht. Formeln und Hülfstafeln für geographische Ortsbestimmungen nebst kurzer Anleitung zur Ausführung derselben. II. Auflage. Leipzig 1879, p. 42) berechnet. Diese in Prag, von dem Adjuncten und beiden Assistenten doppelt ausgeführte, Reduction wurde alsdann Herrn Prof. Albrecht in Berlin zur weiteren Discussion, welche einheitlich mit jener für die anderen Stationen vorzunehmen war, zum Nachweis der Breiten- bezw. Erdaxen-Schwankung innerhalb kurzer Periode übergeben. Der Gang der letzteren Discussion mit ihrem fundamentalen Ergebniss ist in den oben citirten Publicationen und in Bd. 128, Nr. 3055 der Astr. Nachr. enthalten und soll hier nur kurz durch wörtliche Anführung der betreffenden Stellen unter Hervorhebung der aus den Prager Beobachtungen folgenden Resultate skizzirt werden.

Die nach der bemerkten Formel abgeleiteten Polhöhen waren vor Allem mit den Fehlern der angenommenen Sterndeclinationen behaftet. „Es liess sich daher aus ihnen ein unmittelbarer Aufschluss über das Verhalten der Polhöhe während der Beobachtungsperiode noch nicht gewinnen. Um dieses zu ermöglichen, war es nothwendig, zunächst eine Ausgleichung der Declinationen innerhalb jeder der Sterngruppen vorzunehmen und alsdann mit Hülfe der übergreifenden Werthe die Beziehungen der mittleren Declinationssysteme der einzelnen Gruppen untereinander festzustellen."

„Die Ausgleichung der Declinationen der Sterne innerhalb jeder der Sterngruppen wurde für die Zwecke der vorläufigen Reduction in der vereinfachten Weise vorgenommen, dass die Mittelwerthe der Resultate der einzelnen Sternpaare für alle diejenigen Tage gebildet wurden, an denen sämmtliche Sterne der betreffenden Gruppe beobachtet worde sind. Alsdann wurden diese Werthe innerhalb jeder Gruppe zu einem Mittelwerth vereinigt und die Differenzen zwischen den Einzelmitteln und diesem Hauptmittel als Reductionen der Declinationen der einzelnen Sternpaare auf das mittlere Declinationssystem der betreffenden Gruppe betrachtet." (Vide P. R. p. 46.)

„Nachdem diese Reductionen an sämmtliche Resultate angebracht worden waren, wurden die Polhöhen innerhalb der übergreifenden Theile jeder Sterngruppe, von der Zahl der Beobachtungen als Gewichten ausgehend, so zu Mittelwerthen vereinigt, dass jedem Mittel in der einen Gruppe ein ebensolches in der benachbarten zeitlich genau entspricht.

Bildet man alsdann die Differenz von je zwei zusammengehörigen Werthen, so erhält man die Reduction des mittleren Declinationssystems der einen Gruppe auf das analoge der anderen Gruppe und zwar völlig unabhängig vom Einfluss einer Veränderlichkeit der Polhöhe."

„Die Wiederkehr derselben Sterngruppen am Schlusse der Beobachtungsreihe giebt nun ein Mittel an die Hand, diese Reduction einer Ausgleichung unterwerfen zu können und sie dadurch wenigstens theilweise vom Einfluss der Beobachtungsfehler zu befreien. Die Reductionsgrössen müssen sich zwischen denselben beiden Sterngruppen am Beginn und am Schluss der Beobachtungsreihe identisch ergeben und es muss die Bedingung erfüllt sein, dass der Schlussfehler, d. i. die Summe der Reductionen bis zur Wiederkehr derselben Sterngruppe, Null beträgt."

Die Schlussfehler bei Wiederholung derselben Sterngruppe nach Ablauf des Beobachtungsjahres 1889/90 betrugen für Prag und Sterngruppe II... $-0''.12$, III... $-0''.25$, IV... $-0''.27$, V... $-0''.42$, im Mittel $-0''.27$, für Berlin im Mittel $-0''.31$, für Potsdam $-0''.28$. Hierbei ist zu bemerken, dass die Strassburger Resultate wegen unexacter Functionirung des dortigen Instrumentes ausser Acht gelassen werden mussten.

„Da diese Differenzen erheblich grösser sind, als nach Massgabe der Genauigkeit der Einzelresultate zu erwarten war, und ihre Mittelwerthe auf allen drei Stationen fasst vollkommen mit einander übereinstimmen, so ist die Entstehung dieser Beträge offenbar noch auf eine anderweitige, allen drei Stationen gemeinsame Fehlerursache zurückzuführen. Als solche wird nach Herrn Dr. Küstner die Unrichtigkeit der angewandten Aberrationsconstante anzusehen sein. In der That kann man durch Annahme einer um $0''.07$ grösseren Aberrationsconstante den mittleren Schlussfehler zum Verschwinden bringen. Dass aber die Struve'sche Aberrationsconstante $20''.4451$ thatsächlich zu klein ist, erscheint schon aus dem Grunde sehr glaubhaft, weil auch die Beobachtungen von Nyrén auf die Nothwendigkeit einer Vergrösserung derselben hinweisen."

Ausgehend von den oben genannten Differenzen der je zwei zusammengehörigen Mittelwerthe wurden hierauf die Bedingungsgleichungen aufgestellt (Vgl. P. R. p. 50), aus diesen die Normalgleichungen gebildet (P. R. p. 52) und durch deren Auflösung die Verbesserung der, aus der unmittelbaren Beobachtung hervorgegangenen, Reductionsgrössen zweier benachbarter Sterngruppen auf einander erhalten. Bringt man dieselben an, „so geben diese Zahlen ein Mittel an die Hand, die Werthe der einen Gruppe auf diejenigen einer anderen reduciren zu können, ohne der Gefahr von Fehlern ausgesetzt zu sein, welche aus der Unsicherheit in der Kenntniss der Declinationen der Sterne hervorgehen. Da es für den Nachweis der Veränderlichkeit der Polhöhe gleichgiltig ist, auf welche Gruppe das ganze Beobachtungsmaterial bezogen wird, wurde für Berlin und Potsdam die Gruppe I und für Prag die Gruppe IX (P. R. p. 54) gewählt, weil innerhalb dieser Gruppen die meisten Beobachtungen von Sternpaaren erhalten worden waren".

„In Prag hatten zwei Beobachter an den Beobachtungen theilgenommen; es stellte sich heraus, dass zwischen den Resultaten beider ein persönlicher Unterschied von $0''.16$ bestand, dergestalt, dass alle Beobachtungen von Weinek um $0''.08$ zu verkleinern und alle diejenigen von Gruss um $0''.08$ zu vergrössern sind, um sie auf das Mittel der Resultate beider Beobachter zu beziehen" (P. R. p. 55).

Nach Ermittlung all' dieser Correctionen konnten die ausgeglichenen und auf ein und dasselbe Declinationssystem bezogenen Polhöhen zu Tagesmitteln und schliesslich zum

Zwecke thunlichster Elimination der zufälligen Fehler durch Zusammenziehung mehrerer auf einander folgender Beobachtungstage zu weiteren Mittelwerthen von nahezu gleichem Gewicht vereinigt werden. Diese letzteren sind in nachstehender Tabelle für Prag zusammengestellt. Es ist noch zu erwähnen, dass die Prager Breiten bis zum 4. Mai 1890 (incl.) mit dem Schraubenwerthe 61″,4707, vom 23. Mai 1890 an jedoch mit dem verbesserten Werthe 61″,5293 reducirt worden sind, dass aber dieser Umstand für die Homogeneität der Resultate nicht störend erscheint, weil, wie oben bemerkt, die Sternpaare innerhalb jeder Gruppe so ausgewählt worden sind, dass aus dem Gruppenmittel der Winkelwerth der Schraube wieder hinausfällt.

1889	Mittelwerthe der Polhöhe	Zahl der Sternpaare	Zahl der Nächte	1890	Mittelwerthe der Polhöhe	Zahl der Sternpaare	Zahl der Nächte	1891	Mittelwerthe der Polhöhe	Zahl der Sternpaare	Zahl der Nächte
März 3	50 5 15.29	41	4	Januar 26	50 5 15.59	43	6	Januar 29	50 5 15.74	36	5
„ 10	15.80	43	5	Februar 5	15.52	46	5	Februar 10	15.62	46	4
April 8	15.90	44	4	„ 18	15.46	47	8	„ 19	15.50	43	4
Mai 1	16.02	54	4	„ 24	15.46	52	4	März 7	15.71	51	4
„ 7	15.90	47	5	März 15	15.68	50	6	„ 19	15.64	49	4
„ 19	15.97	45	3	„ 30	15.61	52	5	April 14	15.75	37	5
„ 24	15.87	48	3	April 5	15.62	53	4	„ 28	15.70	43	3
„ 31	15.93	42	3	„ 27	15.89	51	5	Mai 7	15.65	43	3
Juni 5	15.82	45	3	Juni 6	15.83	56	6	„ 17	15.74	45	3
„ 8	16.06	46	3	Juli 16	16.04	60	5	„ 31	15.78	43	5
„ 18	15.96	42	3	August 8	16.17	57	4	Juni 21	15.68	49	3
„ 24	16.16	50	3	September 16	15.98	52	4	Juli 11	15.80	41	3
„ 29	15.92	44	3	„ 22	15.99	55	4	August 2	16.07	52	4
Juli 14	16.06	49	4	October 15	16.16	45	4	„ 27	16.08	47	3
August 2	16.06	45	3	„ 30	15.95	42	3	September 5	16.17	49	4
„ 19	16.04	43	3	December 1	15.96	41	5	„ 15	16.31	42	5
September 1	16.04	47	3	„ 24	50 5 15.70	42	6	„ 24	16.23	36	3
„ 18	15.99	42	5		S 844	79		„ 30	16.24	51	8
„ 26	15.98	43	8					October 9	16.20	43	4
October 6	16.02	41	4					„ 17	16.13	47	6
„ 27	15.88	42	5					„ 27	16.20	42	4
November 10	15.83	43	5					November 6	16.23	43	3
„ 18	15.75	43	8					„ 20	16.18	50	4
December 6	50 5 15.74	39	8					1892			
	S 1069	92						Januar 1	50 5 15.94	40	5

Die Gesammtzahl der zur Rechnung herangezogenen Sternpaare ist hiernach 2944 gegen die obige Summe von 3059 beobachteten Paaren, so dass 115 Breitenmessungen in Folge ungünstigen Wetters (Schleier, Unruhe, Wind) oder anderer Beobachtungsumstände in Wegfall kamen.

Aus diesen Zahlen ist die periodische Veränderlichkeit der Polhöhe mit einer Amplitude von etwa 1/6 Bogensecunde innerhalb 13 Monaten deutlich zu erkennen. Indem Prof. Albrecht die analogen Mittelwerthe auch für Berlin und Potsdam bezüglich des Beobachtungsjahres: Januar 1889—April 1890 bildete, dieselben graphisch zur Darstellung brachte und die entsprechenden wahrscheinlichsten Schwankungscurven construirte, konnte nachgewiesen werden, dass an den genannten drei Stationen ein völlig paralleler Verlauf der Curven stattgefunden hatte. Auch aus der 5-monatlichen Beobachtung der Gruppe I allein in den Herbst- und Wintermonaten liess sich dieser Nachweis, da hierbei ein Sternwechsel nicht erfolgt war, mit grosser Sicherheit führen. Diese Gruppe ergab für Prag die Werthe:

	Polhöhe	Paare	Nächte
1889, September 27	50° 5′ 16″,04	37	5
„ November 4	15,85	26	5
„ November 16	15,69	21	4
1890, Januar 13	15,55	25	6

Prof. Albrecht beschliesst seine bezügliche Abhandlung in Bd. 126, Nr. 3010 der Astr. Nachr. mit den Worten: „Wenn auch durch diese Beobachtungsreihen die Veränderlichkeit der Polhöhe zunächst nur für ein beschränktes Gebiet von Mittel-Europa nachgewiesen ist, so spricht doch der parallele Verlauf der Curven für eine generelle Entstehungsursache, deren Einfluss sich voraussichtlich weit über die Grenzen des Untersuchungsgebietes hinaus erstreckt. Die räumliche Ausdehnung des Gebietes ist überdies gross genug (der Bogen Berlin-Prag umfasst 2½°), um mit Bezugnahme auf den langsamen Verlauf der Aenderungen den Erklärungsgrund localer meteorologischer Einflüsse ausschliessen zu können. Zudem liegen die Stationen Berlin und Potsdam zwar räumlich nahe bei einander — die gegenseitige Entfernung beträgt 26 Kilometer —, dieselben besitzen aber durchaus verschiedenen klimatischen Charakter. Die Station in Berlin ist inmitten der Stadt gelegen, während diejenige in Potsdam allseitig von Waldung umgeben ist."

In Nr. 3055, Bd. 128 der Astr. Nachr. hat ferner Prof. Albrecht in Berlin und Prag während eines mehr als zweijährigen Beobachtungs-Zeitraumes erhaltenen Mittelwerthe graphisch ausgeglichen und für Prag die folgende Tabelle der wahrscheinlichsten Polhöhen, fortschreitend von 20 zu 20 Tagen, ermittelt:

1889	Ausgeglichene Polhöhe	Red. a. d. N. P.	1890	Ausgeglichene Polhöhe	Red. a. d. N. P.	1891	Ausgeglichene Polhöhe	Red. a. d. N. P.
März 1	50° 5′ 15″,87	−0,05	Januar 15	50° 5′ 15″,57	+0,25	Januar 10	50° 5′ 15″,74	+0,08
„ 21	90	−0,08	Februar 4	54	+0,28	„ 30	68	+0,14
April 10	93	−0,11	„ 24	59	+0,29	Februar 19	65	+0,17
„ 30	96	−0,14	März 16	58	+0,24	März 11	65	+0,17
Mai 20	99	−0,17	April 5	67	+0,15	„ 31	68	+0,14
Juni 9	16,01	−0,19	„ 25	78	+0,04	April 20	74	+0,08
„ 29	04	−0,22	Mai 15	87	−0,05			
Juli 19	05	−0,23	Juni 4	94	−0,12			
August 8	05	−0,23	„ 24	99	−0,17			
„ 28	04	−0,22	Juli 14	16,03	−0,21			
September 17	01	−0,19	August 3	05	−0,23			
October 7	15,96	−0,14	„ 23	07	−0,25			
„ 27	90	−0,08	September 12	07	−0,25			
November 16	82	0,00	October 2	06	−0,24			
December 6	74	+0,06	„ 22	03	−0,21			
„ 26	65	+0,17	November 11	15,98	−0,16			
			December 1	90	−0,08			
			„ 21	82	0,00			

Die letzte Columne eines jeden Jahres stellt hierbei die Reduction der ausgeglichenen Polhöhen auf den Normalwerth der Polhöhe (N. P.) dar. Als solcher wurde für den bemerkten Zeitraum

$$\varphi = 50° 5' 15{,}82''$$

angenommen und dieser Werth folgend abgeleitet. Aus der erwähnten Curve des Verlaufes der ausgeglichenen Polhöhen ergeben sich nämlich gleichzeitig die Eintrittszeiten und absoluten Beträge ihrer Maxima und Minima, welche für Prag lauten:

Maximum 1889, August 1	$\varphi = 50° 5'$	$16{,}02''$
Minimum 1890, Februar 16		$15{,}53$
Maximum 1890, September 9		$16{,}07$
Minimum 1891, Februar 27		$15{,}65$

und der angeführte Normalwerth ist das arithmetische Mittel aller dieser, in die Beobachtungsperiode fallender, Maxima und Minima. — Die analoge Reihe für Berlin und dieselben Tage hat abermals den nahezu vollständigen Parallelismus der in Prag und Berlin beobachteten Erscheinung bestätigt. — Prof. Albrecht findet ferner für Prag, dass die Abweichung der einzelnen Tagesresultate von den, in der obigen Tabelle enthaltenen, ausgeglichenen Polhöhen im Mittel derjenigen Tage, an welchen wenigstens der dritte Theil (d. i. 6 oder mehr Sternpaare) der programmmässig zu beobachtenden Sterne erhalten worden, $\pm 0{,}14''$ beträgt und dass der mittlere Fehler der Beobachtungen einer Station $\pm 0{,}04''$ ist.

Man erkennt, dass die voranstehenden, nach der Horrebow-Talcott'schen Methode provisorisch abgeleiteten, Prager Breiten, welche sich von den definitiven Werthen kaum wesentlich unterscheiden dürften, am besten mit der, von Major von Sterneck durch Uebertragung von Dablic aus ermittelten, Breite übereinstimmen.

Beobachtungen des Cometen Sawerthal (1888 I).

Instrument: Fraunhofer'sches Fernrohr von 3,6 Zoll (97,6 Mill.) Oeffnung mit Ringmicrometer. Vergrösserung 48-fach.

Datum	M. Z. Prag	$\Delta\alpha$	$\Delta\delta$	Vergl.	α app.	log. p.Δ	δ app.	log. pΔ	Beob.	
1888 Mai 8.	14 23 34	+ 0 11,32	− 8' 25,3''	3:3	23 41 46,54	9,644 n	+30° 43' 15,5''	0,773	Gruss	1
Mai 8.	14 41 45	+ 0 13,22	− 8 0,3	3:3	23 41 48,44	9,644 n	+30 43 40,5	0,755	Schwarz	1
Mai 12.	13 46 8	− 0 41,50	− 1 58,0	4:4	23 50 20,44	9,647 n	+32 32 49,2	0,794	Gruss	2
Mai 17.	13 49 4	+ 1 7,73	−17 35,6	3:3	0 0 35,09	9,661 n	+34 39 8,1	0,773	Gruss	3
Mai 18.	13 26 11	...	+ 0 27,7	6	...	...	+35 4 ..	0,793	Schwarz	4
Mai 18.	13 28 34	+ 1 1,61	...	6	0 2 32...	9,657 n	...	..	Schwarz	4
Mai 18.	14 2 16	+ 1 8,97	+ 1 0,3	6:6	0 2 35...	9,665 n	+35 4 ..	0,756	Gruss	4

— 26 —

Mittlere Oerter der Vergleichsterne für 1888,0.

*	Gr.	α 1888,0	Red. ad l. app.	δ 1888,0	Red. ad l. app.	Autorität
1	8,5	23ʰ 41ᵐ 35ˢ,74	—0ˢ,52	+30° 51′ 52″,4	—11″,8	Leid. A. G. Z. 118.154, 123.94.
2	8,5	23 51 2,40	—0,46	+32 34 59,0	—11,8	Leid. A. G. Z. 131.41.
3	8.8	23 59 27,72	—0,36	+34 56 55,8	—12,1	W, 23ʰ 1269—70.
4	9,5	0 1 31...	—0,34	+35 3 ..	—12.1	

Bemerkungen.

1888 Mai 8. Comet mit hellem Kerne von 9,0 Grösse und schönem Schweife, dessen Länge nahezu 20' beträgt; Positionswinkel 270°. Schweif in der Mitte dunkler.

Mai 13. Um 14ʰ M. Z. Prag wurde der Comet mit den umliegenden Sternen (seine genäherte Position war α = 23ʰ 52ᵐ,5, δ = +32° 59′,7) von Weinek am Fraunhofer'schen Fernrohr bei 54-facher Vergrösserung gezeichnet. Die Helligkeit des Kopfes glich jener eines Sternes 8,8 Grösse; die Länge des Schweifes war — 2,2 Ringdurchmesser — 31′,3. Der Schweif, dessen Positionswinkel auf 270° geschätzt wurde, erschien deutlich gekrümmt mit der convexen Seite nach Norden.

Mai 17. Comet hell mit gekrümmtem Schweife von 50' Länge.

Beobachtungen des Cometen Barnard (1889 I).

Instrument: Steinheill'sches Aequatoreal von 6 Zoll (162,6 Mill.) Oeffnung mit Ringmicrometer. Vergrösserung 74-fach.

Datum	M. Z. Prag	Δα	Δδ	Vergl.	α app.	log. pΔ	δ app.	log. pΔ	Beob.	*
1889 Nov. 2.	13ʰ 52ᵐ 18ˢ	+0ᵐ 4ˢ,42	—1′ 18″,8	7:7	3ʰ 18ᵐ 40ˢ,88	8,769 n	+2° 25′ 40″,9	0,814	Gruss	1
Nov. 7.	12 56 47	—0 14,29	+2 1,8	8:8	4 53 28.75	8,881 n	+0 54 5,8	0,824	Weinek	2
Nov. 7.	13 17 11	—0 19,40	+1 43,3	8:8	4 53 23,64	8,628 n	+0 53 47,7	0,824	Gruss	2
Nov. 8.	13 30 10	+1 15,29	—0 4,3	6:6	4 47 41,..	7,993	+0 32 ..	0,826	Weinek	3
Nov. 9.	11 59 21	+0 26,25	—6 3,2	6:6	4 42 20,63	9,137 n	+0 14 56,0	0,828	Schwarz	4
Nov. 9.	12 10 37	+0 23,72	—5 55,5	4:4	4 42 18,15	9,076 n	+0 15 3,7	0,828	Gruss	4
Nov. 10.	12 2 6	—0 20,53	+1 25,2	7:7	4 36 24,02	9,070 n	—0 4 51.1	0,830	Schwarz	5
Nov. 10.	12 16 4	—0 24,26	+1 9,9	6:6	4 36 20,29	8,078 n	—0 5 6,4	0,830	Gruss	5
Nov. 12.	11 39 9	—0 35,28	+5 16,9	7:7	4 24 12,36	9,087 n	—0 45 40,7	0,834	Schwarz	6
Nov. 12.	11 52 15	—0 38,56	+5 6,7	4:4	4 24 9,08	9,005 n	—0 45 52,9	0,834	Gruss	6
Nov. 13.	11 45 49	+0 8,00	+7 35,5	5:5	4 16 29,25	8,969 n	—1 6 7,8	0,836	Gruss	7
Nov. 13.	12 0 33	+0 4,15	+7 7,8	12:12	4 16 25,40	8,839 n	—1 6 35,5	0,837	Schwarz	7
Nov. 27.	9 29 38	—0 13.89	—5 16,7	7:7	2 42 36,07	8.564 n	—5 28 22,9	0,861	Schwarz	8
Nov. 27.	9 42 8	—0 17,49	—5 21,1	4:4	2 42 32.47	8,706 n	—5 29 27,3	0,861	Gruss	8
Nov. 30.	9 4 46	—0 29,79	—8 47,8	5:5	2 22 37,..	8,797 n	—6 5 22,9	0,864	Gruss	9
Nov. 30.	9 19 40	—0 32.50	—9 8,0	9:9	2 22 58,66	8.573 n	—6 5 43,1	0,864	Schwarz	9
Dec. 27.	7 24 11	—0 40,91	+3 43,3	8:8	0 28 45,15	8,850	—7 30 56,6	0,871	Schwarz	10

Mittlere Oerter der Vergleichsterne für 1888,0.

*	Gr.	α 1888,0	Red. ad L. app.	δ 1888,0	Red. ad L. app.	Autorität
1	9,5	5^h 18^m 33^s,85	+2,61	+2° 26' 55,0	+3,7	Schj. 1757.
2	9,5	4 53 40,27	+2,77	+0 51 59,7	+4,8	DM. +0° 911, bestimmt doch Anschluss an Schj. 1608.
9		4 54 11,55	..	+0 59 52,8	..	Schj. 1603.
3	8,6	4 46 23,..	+2,80	+0 32 ..	+5,1	DM. +0° 878.
4	9	4 41 51,60	+2,88	+0 20 54,0	+5,2	W, 4^h 862.
5	9,4	4 36 41,70	+2,85	−0 6 21,8	+5,5	BB. VI — 0° 757.
6	9,0	4 24 44,75	+2,89	−0 51 5,5	+5,9	Copeland u. Börgen 1199 } 1201
7	8,5	4 16 18,84	+2,91	−1 13 49,2	+6,4	Copeland u. Börgen 1164 } 1165
8	8,5	2 42 47,07	+2,69	−5 29 14,7	+8,5	Schj. 785.
9	8	2 23 28,84	+2,82	−5 56 43,9	+8,8	W, 2^h 860.
10	9,3	0 29 27,81	+2,06	−7 34 49,4	+9,3	Schj. 196.

Bemerkungen.

1888 November 7. Comet nahezu rund, nach Norden etwas länglich. Comadurchmesser = 4'½'. Helligkeit des deutlichen Kernes etwa 9,2 Grösse (Weinek).

November 8. Der Kern des Cometen erscheint ausgebreiteter und verwaschener als Nov. 7. Comadurchmesser = 5½'. Oftmalige Schleierbildung und Auslöschen der Sterne (Weinek).

November 12. Comet mit deutlichem Kerne 8. Grösse und einem fächerförmigen Schweifansatz im Positionswinkel von etwa 10°. Heller Mondschein, vollkommen klar.

November 27. Comet hell, mit deutlichem Kerne 8,5 Grösse, Durchmesser 5½'. In der Nähe des Vergleichsternes steht ein blutrother Stern: SD.— 5° 519, Gr. 8,3.

December 27. Comet etwas verwaschen. Coma = 1½'. Schweifansatz im Positionswinkel 310°. Neblig (Schwarz).

Beobachtung von Jupiterstrabanten-Erscheinungen.

In der folgenden Zusammenstellung sind für die beobachteten Trabanten-Erscheinungen die im Nautical-Almanac gebrauchten Bezeichnungen angesetzt. Demnach bedeutet:

Ec. D. = Eclipse. Disappearance = Verfinsterung des Trabanten. Verschwinden.
Ec. R. = Eclipse. Reappearance = Verfinsterung des Trabanten. Wiedererscheinen.
Oc. D. = Occultation. Disappearance = Bedeckung des Trabanten. Verschwinden.
Oc. R. = Occultation. Reappearance = Bedeckung des Trabanten. Wiedererscheinen.
Tr. J. = Transit. Ingress = Vorübergang des Trabanten. Eintritt.
Tr. E. = Transit. Egress = Vorübergang des Trabanten. Austritt.
Sh. J. = Shadows Ingress = Eintritt des Trabanten-Schattens.
Sh. E. = Shadows Egress = Austritt des Trabanten-Schattens,

wobei die vorangestellten Zahlen I, II, III, IV den vier verschiedenen Trabanten des Planeten Jupiter angehören.

— 28 —

Ferner ist unter den Abkürzungen für die benützten Instrumente zu verstehen:
St. = Steinheil'scher Refractor. Oeffnung 162,6 Millimeter. Als Aequatoreal aufgestellt.
R. = Reinfelder'sches Fernrohr. Oeffnung 108,6 Millimeter. Transportabel.
Fr. = Fraunhofer'sches Fernrohr. Oeffnung 97,6 Millimeter. Transportabel.
fr. = Kleineres Fraunhofer'sches Fernrohr. Oeffnung 83,7 Millimeter. Transportabel.
V. = Voigtländer'sches Fernrohr. Oeffnung 62,7 Millimeter. Transportabel.

Datum		Erscheinung	M. Z. Prag	Instr.	Vergr.	Beobachter	Bemerkungen	
1888.								
1888 Februar	28.	I Ec. D.	17 1 49	Fr.	160	Gruss	Bild und Luft gut.	
März	22.	I Ec. D.	17 9 6	St.	139	Weinek	Erstes Schwächerwerden.	Im Allgemeinen klare Luft, nur bei Jupiter etwas schleierhaft. Dämmerung.
			10 53	St.	139	Weinek	Verschwinden, äusserst schwach.	
			17 9 8	Fr.	160	Gruss	Deutliche Lichtabnahme.	
			10 30	Fr.	160	Gruss	Völliges Verlöschen. Etwas unsicher.	
April	7.	I Ec. D.	15 24 38	Fr.	160	Gruss	Deutliches Schwächerwerden.	
			25 44	Fr.	160	Gruss	Völliges Verlöschen. Bild ziemlich gut.	
April	16.	I Ec. D.	11 48 1	Fr.	160	Gruss	Ganz heiter. Temperatur = — 4°,5 C.	
			11 46 58	R.	196	Schwarz	Bild und Luft gut.	
			11 47 51	V.	111	Kostlivý		
Juni	1.	I Ec. R.	14 16 9	Fr.	160	Schwarz	Erstes Erscheinen.	Jupiter stark wallend.
			17 49	Fr.	160	Schwarz	Volles Licht.	
* Juni	11.	III Ec. R.	9 58 1	Fr.	160	Schwarz	Trabant bereits deutlich. Rascher Wolkenzug.	
Juli	24.	III Ec. R.	9 54 43	Fr.	115	Schwarz	Erstes Erscheinen. Leichtes Gewölk. Bild gut.	
1889.								
1889 Mai	5.	I Ec. D.	12 58 10	Fr.	160	Schwarz	Erstes Schwächerwerden.	Jupiter stark wallend. Ganz heiter.
			12 59 50	Fr.	160	Schwarz	Gerade noch sichtbar.	
			13 0 53	Fr.	160	Schwarz	Langsames Verschwinden.	
Mai	6.	II Ec. D.	14 9 33	St.	139	Weinek	Entschiedenes Schwächerwerden.	
			11 24	St.	139	Weinek	Feines Verlöschen.	
Mai	31.	II Ec. D.	11 7 49	Fr.	160	Kostlivý	Schwächerwerden.	Bild erzittert. Beobachtung gut.
			8 5	Fr.	160	Kostlivý	Vollständiges Verschwinden.	
Juni	4.	III Ec. D.	15 47 27	Fr.	160	Schwarz	Erstes Schwächerwerden.	
			51 50	Fr.	160	Schwarz	Sehr fein.	
			52 10	Fr.	160	Schwarz	Verschwinden.	
		I Ec. D.	16 3 46	Fr.	160	Schwarz	Trabant I = Trabant III an Helligkeit.	Luft gut.
			5 14	Fr.	160	Schwarz	Verschwinden. Sehr gut.	
Juni	7.	II Ec. D.	13 42 11	Fr.	160	Kostlivý	Erstes Erscheinen.	Luft gut. Bild ruhig.
			43 27	Fr.	160	Kostlivý	Verschwinden.	
Juni	20.	I Ec. D.	13 20 50	Fr.	160	Kostlivý	Verschwinden. Bild loidlich.	
Juni	29.	IV Ec. R.	10 50 45	Fr.	160	Kostlivý	Erstes Erscheinen.	Jupiter wallend. Fortwährendes Wolkenziehen.
			53 35	Fr.	160	Kostlivý	Constante Helligkeit.	

Datum	Erscheinung	M. Z. Prag	Instr.	Vergr.	Beobachter	Bemerkungen
			1889.			
1889 Juli 15.	I Ec. R.	10 14 34	St.	189	Schwarz	Erstes Erscheinen. Leidlich. Die Nähe des Austrittsortes zur Jupiterscheibe erschwert die Beobachtung. Luft gut. Wolkenziehen.
August 7.	I Ec. R.	10 28 10	Fr.	115	Schwarz	Erstes Erscheinen. ⎫ Beobachtung gut.
		29 0	Fr.	115	Schwarz	Volles Licht. ⎬
		10 29 15	R.	62	Láska	Volles Licht. ⎭ Starker Wind.
			1890.			
1890 Mai 7.	II Ee. D.	16 5 12	Fr.	54	Bernau	Schwächerwerden. ⎫ Ganz heiter.
		6 24	Fr.	54	Bernau	Vollständiges Auslöschen. ⎭
Juli 9.	I Ec. D.	14 47 3	Fr.	115	Bernau	Vollständiges Auslöschen. Ziemlich heiter. Jupiter etwas unruhig. Mondschein.
August 1.	III Ec. R.	13 48 11	Fr.	160	Schlosser	Erstes Erscheinen. Heiter, ruhig. Mondschein.
September 20.	I Ec. R.	6 41 27	St.	152	Weinek	Erstes Erscheinen. Sehr schwach. Vielleicht etwas verspätet wegen Luftunruhe.
		43 41	St.	152	Weinek	Constante Helligkeit, nahe gleich jener des II. Mondes.
	III Oc. D.	9 43 57	Fr.	160	Schlosser	Völliges Verschwinden. Heiter. Jupiter ziemlich unruhig. Mondschein.
September 23.	II Ec. R.	9 15 26	St.	152	Weinek	Sehr fein. ⎫ Beob. gut.
		17 32	St.	152	Weinek	Volles Licht, etwas schwächer als Mond I. ⎬ Etwas Schleier um Jupiter, sonst ruhig.
		9 15 52	Fr.	160	Gruss	Erstes Erscheinen. ⎫ Jupiter ziemlich gut.
		17 54	Fr.	160	Gruss	Volles Licht. ⎬ obwohl tief.
October 4.	I Ec. R.	10 33 7	Fr.	160	Schlosser	Hervortreten des Trabanten. Halb heiter. Starker Wind. Jupiter sehr unruhig. Stark wechselnde Bewölkung.
October 13.	I Ec. R.	6 56 24	St.	152	Weinek	Aeusserst fein, gut.
		58 20	St.	152	Weinek	Constantes Licht von gleicher Intensität mit Trabant II. Bild ziemlich ruhig; doch viel Nebel und Rauch über der Stadt.
		6 57 7	Fr.	160	Bernau	Erstes sehr feines Hervortreten des Trabanten. Jupiter etwas unruhig. Schleierhaft.
December 14.	I Ec. R.	5 45 33	Fr.	160	Bernau	Erstes Hervortreten des Trabanten. Sehr fein.
		47 33	Fr.	160	Bernau	Gleiche Helligkeit mit Trabant II. Jupiter etwas unruhig. Mondsichel; am Horizont Dunst und Nebel.
			1891.			
1891 Mai 29.	III Ec. R.	14 19 28	Fr.	160	Lichlein	Erstes feines Austreten. Rauch und Dunst über der Stadt. Mondschein. Bilder mittelmässig.
Juni 2.	II Ec. D.	15 26 11	Fr.	160	Lieblein	Jupiterbild etwas blass, sonst jedoch scharf. Zeitweiliges Wolkenziehen über die Planetenscheibe. Anbrechender Tag. Mondsichel am Horizont.

Datum	Erscheinung	M. Z. Prag	Instr.	Vergr.	Beobachter	Bemerkungen
1891.						
1891 Juni 28.	I Ec. D.	14 20 26	Fr.	160	Berann	Eintritt in den Halbschatten. Ganz klar.
		20 42	Fr.	160	Berann	Vollständiges Verlöschen des Bilder deutlich. Trabanten.
		14 20 8	fr.	96	Lieblein	Vollständiges Auslöschen. Bilder gut. Ganz klar. Mondschein.
Juli 18.	III Ec. D.	14 50 19	Fr.	160	Lieblein	Bilder sehr gut, Dunst am Horizont. Der Morgen graut.
Juli 29.	II Ec. D.	12 2 53	Fr.	160	Lieblein	Vollständiges Auslöschen. Luft sehr schleierhaft. Beobachtung durch Wolkenschleier.
	III Sh. E.	12 23 0	Fr.	160	Lieblein	Schatten vollständig ausgetreten. Jupiter sehr wallend.
	III Tr. J.	12 37 4	Fr.	160	Lieblein	Jupiter wallend. Luft sehr schlecht.
August 15.	I Ec. D.	9 10 30	Fr.	160	Lieblein	Erstes Schwächerwerden. Jupiter ziemlich tief und wallend. Luft
		11 6	Fr.	160	Lieblein	Vollständiges Auslöchen. schleierhaft; Beobachtung ungünstig.
August 17.	IV Sh. J.	13 2 2	Fr.	160	Lieblein	Schatten schon fast zur Hälfte eingetreten. Jupiter sehr
		5 25	Fr.	160	Lieblein	Schatten eben vollständig eingetreten. scharf, Luft sehr gut.
September 29.	I Tr. J.	11 43 5	Fr.	160	Lieblein	Aeussere Berührung. Unsicher. Luft leidlich.
		46 28	Fr.	160	Lieblein	Mitte.
		47 59	Fr.	160	Lieblein	Innere Berührung.
	I Sh. J.	12 24 8	Fr.	160	Lieblein	Schatten vollständig eingetreten.
September 30.	I Oe. D.	8 58 21	Fr.	160	Lieblein	Aeussere Berührung. Bilder unruhig.
		9 1 36	Fr.	160	Lieblein	Mitte. Jupiter wallend.
		3 51	Fr.	160	Lieblein	Innere Berührung.
October 1.	I Tr. E.	8 25 8	Fr.	160	Lieblein	Feiner Ausschnitt, Trabant eben ausgetreten. Bilder unruhig, Jupiter
		29 56	Fr.	160	Lieblein	Aeussere Berührung, Trabant vollständig ausgetreten. wallend.
	I Sh. E.	9 5 30	Fr.	160	Lieblein	Schatten vollständig ausgetreten.
October 2.	I Ec. R.	7 24 48	Fr.	160	Lieblein	Erstes feines Hervortreten. Jupiter etwas tief, zeitweilig
		25 56	Fr.	160	Lieblein	Constante Helligkeit. schleierhaft.
October 9.	I Ec. R.	8 20 12	Fr.	160	Lieblein	Erstes feines Hervortreten. Nebel; Jupiter unruhig und
		23 9	Fr.	160	Lieblein	Bereits constante Helligkeit. wallend. Im Augenblicke der Beobachtung schleierhaft.
November 6.	I Ec. R.	10 31 57	Fr.	160	Lieblein	Erstes Hervortreten. Jupiter etwas tief und wallend. Luft schlecht.
November 23.	I Tr. J.	7 53 30	Fr.	160	Lieblein	Aeussere Berührung. Jupiter zieml. deutlich.
		57 17	Fr.	160	Lieblein	Mitte. Jupiter wallend und schleierhaft.
November 28.	II Ec. R.	8 0 13	Fr.	160	Lieblein	Innere Berührung.
		10 57 34	Fr.	160	Lieblein	Erstes Hervortreten des Trabanten. Jupiter sehr tief, $^{1}/_{2}$° vor dem Untergange — deshalb sehr undeutlich und wallend.
December 21.	IV Ec. R.	7 44 24	Fr.	160	Lieblein	Erstes Hervortreten. Jupiter etwas tief,
		46 26	Fr.	160	Lieblein	Constante Helligkeit. doch ziemlich scharf. Nebel.

Beobachtung von Sternbedeckungen durch den Mond.

Im Folgenden bezeichnet: (d. R.) den dunklen Mondrand, (h. R.) den hellen Mondrand, an welchem der Ein- oder Austritt des Sternes vor sich ging. Die Abkürzung für die verwendeten Instrumente ist dieselbe, wie bei den Jupiterstrabanten-Erscheinungen. Die erhaltenen Sternbedeckungen sind wenig zahlreich, einerseits wegen der Ungunst des Wetters, andererseits, weil die fortlaufenden Polhöhenmessungen in den Jahren 1889, 1890, 1891 mich und Adjunct Gruss zumeist verhinderten, an diesen Beobachtungen Theil zu nehmen.

Datum	Stern	Gr.	Ein- oder Austritt	M.Z. Prag	Instr.	Vergr.	Beob.	Bemerkungen
1888.								
1888 October 24.	χ₁ Orionis	4,6	Austritt(d.R.)	10ʰ 40ᵐ 42,2ˢ	Fr.	160	Kostlivý	Etwas verspätet. Neblig. Lärm.
November 12.	ν₁ Aquarii	5,0	Eintritt(d.R.)	6 22 50,1	St.	139	Welnek	Ziemlich gut. ⎫ Etwas Wolken-
				22 50,7	Fr.	160	Gruss	Gut. ⎬ ziehen, das je-
				22 50,6	fr.	60	Schwarz	Gut. ⎭ doch nicht stört.
				1889.				
1889 Februar 9.	ι Tauri	5,4	Eintritt(d.R.)	8 3 19,4	Fr.	100	Kostlivý	Sturm, Erschütterung der Fern-
				3 19,3	St.	139	Schwarz	rohre, unruhiges Bild.
Mai 5.	68 Geminorum	5,5	Eintritt(d.R.)	11 4 58,5	Fr.	160	Schwarz	Sehr gut.
				1891.				
1891 November 7.	ω Sagittarii	5,0	Eintritt(d.R.)	6 41 4,2	Fr.	160	Lieblein	Mond etwas tief. Nebel. Störender Lärm.

Beobachtung von Sternschnuppen.

Die folgenden, die Perseiden betreffenden, Sternschnuppen-Aufzeichnungen geschahen auf Anregung der „Vereinigung von Freunden der Astronomie und kosmischen Physik" in Berlin als correspondirende Beobachtungen im Verein mit mehreren Orten Oesterreichs und Deutschlands und wurden von Assistent Lieblein ausgeführt. Die Anzahl derselben konnte in Prag wegen sehr ungünstiger Witterung nur gering sein.

1891, August 10.

Nr.	M. Z. Prag	Gr.	Bemerkungen	Anfangspunkt α 1891,0 δ 1891,0		Endpunkt α 1891,0 δ 1891,0	
1	10ʰ 45ᵐ 51ˢ	2	Deutlicher Schweif.	231,2	+ 72	250,2	+ 40
2	57 0	3		180,2	61	186,5	64
3	11 6 8	1,5	Deutlicher Schweif.	180,2	77	208,8	66
4	14 55	3,5 (?)		220,0	75	177,2	70
5	19 20	2,5 (?)		18,3	68	20,2	72
6	23 52	2		239,0	59	207,8	54
7	28 20	3		222,5	+ 73	213,8	+ 67

Um 11¼ʰ M. Pr. Z. wurde die Beobachtung ganz aussichtslos. Fortwährendes Wolkenziehen.

1891, August 11.

Nr.	M. Z. Prag	Gr.	Bemerkungen	Anfangspunkt α 1891,0 δ 1891,0		Endpunkt α 1891,0 δ 1891,0	
1	10^h 19^m 50^s	2		187,5	+68°	159,8	+64°
2	28 8	2,5	Deutlicher Schweif. Wolkenziehen.	195,2	67	207,2	54
3	46 16	1		254,8	64	249,0	42
4	58 25	3	Aus Westen und Süden kommen Wolken.	182,2	55	199,0	52
5	11 3 28	3		44,2	86	295,8	87

Ein grosser Theil der Sternschnuppen ging durch den fortwährenden Wechsel der Bewölkung verloren. Um 11^h 15^m M. Pr. Z. liessen die Wolkenlücken eine sichere Orientirung nicht mehr zu, weshalb die Beobachtung abgebrochen werden musste.

Die totale Mond-Finsterniss am 28. Januar 1888.

Die vollständige Verfinsterung des Mondes sollte für Prag eine halbe Stunde vor Mitternacht eintreten. Um 6^h mittlerer Prager Zeit erschien zunächst der Himmel wolkenlos; doch funkelten die Sterne lebhaft und liessen auf keinen Bestand der Klarheit schliessen. Um 7^h leuchtete der Mond in seltener Klarheit und Stärke. Bald jedoch kamen aus Westen vereinzelte, später grössere Wolkenmassen, die endlich um 10^h den ganzen Himmel überzogen. Günstiger Weise zerriss diese Wolkendecke mehrmals, vereitelte aber völlig die Beobachtung der, von der Pulkowa'er Sternwarte für die Dauer der Totalität vorgeschlagenen, Sternbedeckungen, welche, bis auf Sterne 11. Grösse sich erstreckend, zur scharfen Ermittlung des dunklen Monddurchmessers und der Mondparallaxe dienen sollten. Um Mitternacht war der Himmel bereits aussichtslos. Es gelang nur die folgende Zeitnotirung für den Eintritt des 1. und 2. Mondrandes in den Kernschatten. Der erste Moment charakterisirt den Beginn der Finsterniss in Bezug auf den Kernschatten der Erde, der zweite den Beginn der Totalität. Die Beobachtungs-Zeiten sind in mittlerer Prager Zeit angeführt.

Eintritte	Beobachter			Bemerkungen
	Weinek	Gruss	Kostlivý	
C Rand I	—	—	10^h 27^m	Unsicher.
C Rand II	11^h 28^m 46^s	11^h 28^m 50^s	—	Ziemlich gut.

Ausserdem wurde noch von Kostlivý mit der Bemerkung „unsicher" die Passage der Kernschattengrenze durch die Mitte von Hipparchus um 10^h 48^m verzeichnet. Ich selbst beobachtete am Steinheil'schen Refractor mit 60-facher Vergrösserung, Gruss am grösseren Fraunhofer mit 54-facher Vergrösserung und Kostlivý am kleineren Fraunhofer mit 60-facher Vergrösserung.*)

Auch bei dieser Finsterniss hat mich die hochinteressante Färbung der verdunkelten Mondscheibe besonders gefesselt und mir schliesslich um 11^h 18^m Anregung zum Zeichnen und Notiren der Farben gegeben, worauf die erhaltene Skizze sofort am nächsten Morgen

---

*) Die Oeffnungen dieser Instrumente sind auf Seite 23 gegeben.

in ein sorgfältig ausgeführtes Aquarell umgesetzt wurde. Dieses Bild ist auf der 5. Tafel des vorliegenden Bandes in farbiger Lithographie reproducirt und in Anbetracht der bekannten technischen Schwierigkeiten des Farbendruckes als ziemlich gelungen zu bezeichnen. Einige Mängel werden aus der nachstehenden Beschreibung ersichtlich sein. Um die genannte Zeit ging die Grenze des Kernschattens durch die Mitte des Mare Nectaris, durch das Mare Tranquillitatis und östlich vom Mare Crisium bis zum Mare Humboldtianum. Nach der hellen Mondseite hin tonte das Schwarzgrau des Kernschattens in Folge des Halbschattens der Erde rauchbraun ab, während es nach der verfinsterten Seite hin, südlich von Tycho und nördlich vom Lacus Mortis, in einen leuchtenden bläulichen Ton, dagegen weiter, im NO. von der Mondmitte, in ein wundervolles Roth überging, das als eine dumpfe Mischung von Rouge de Saturne und Carmin erschien und fast alle gröberen Details der Mondlandschaften erkennen liess. Besonders schön lagerte diese rothe Färbung über dem Mare Imbrium, über Plato, Sinus Iridum, über Copernicus, Kepler, Aristarchus und reichte östlich bis über Gassendi hinaus, während westlich von dieser Wallebene das Mare Nubium und Mare Humorum in ein düsteres schwarzbraunes Dunkel gehüllt waren. Wie beim voll beleuchteten Monde machte sich auch beim verfinsterten die Ringebene Aristarchus vor allen anderen Objecten durch ihr auffallendes Leuchten bemerkbar. — Namentlich dieser letzte Umstand kommt in der Reproduction nicht ausreichend zur Geltung. Auch sollte das allmähliche Verlaufen der Erdschattengrenze nach der hellen Mondseite hin weicher und ausgedehnter sein.

Aus dem oben Angeführten geht hervor, dass dieses Bild auf mein Farbengedächtniss gegründet wurde. Wollte man jedoch in ähnlichen Fällen, wo es sich darum handelt, Farbenerscheinungen des Nachthimmels mit Treue wiederzugeben, von der Erinnerung unabhängig und völlig exact vorgehen, so möchte sich vielleicht die folgende Methode als zweckentsprechend empfehlen. Man würde vorerst das nächtliche Bild am Fernrohr selbst und bei Lampenlicht fertig stellen. Hierbei werden naturgemäss die bei Tageslicht erprobten Farbenmischungen nicht mehr anwendbar sein, da jedes künstliche Licht den Farbeneffect ändert. Dieselben müssen deshalb durch das Experiment gefunden werden. Dieses, bei Lampenlicht gemalte, Bild würde andererseits bei Tageslicht einen ganz falschen Eindruck von der Wirklichkeit geben. Daher ist es bei Tage mit der gleichen Lampe, wie bei Nacht, unter Ausschluss jedes anderen Lichtes zu beleuchten, etwa in der Art, dass man das Bild und die Lampe in einem geschlossenen und nur zur Betrachtung desselben mit einem kleinen Fenster versehenen Kasten unterbringt, um es sodann, gleichsam als neues Original, in gewöhnlicher Weise bei Tageslicht zu copiiren.

Die partielle Mond-Finsterniss am 12. Juli 1889.

Nur in ihrem letzten Theile konnte diese Finsterniss in Prag beobachtet werden, da noch um 8^h Abends ein heftiges Gewitter stattfand, welches später eine gleichmässig dichte Wolkendecke über den Mond breitete. Erst gegen $9^h\!/_4$ hellte der Himmel von Westen her etwas auf, ohne jedoch die Mondscheibe deutlich erkennen zu lassen. Endlich um $10^h\!/_2$ wurde das Wetter günstiger, und es konnte mit der Beobachtung der Passage der Erd-Kernschatten-Grenze über einzelne Mondformationen begonnen werden. Da die Erscheinung sich in der Nähe des Meridianes abspielte, konnte ich den Steinheil'schen Refractor benützen; Gruss beobachtete am grösseren Fraunhofer und Kostlivý am Reinfelder. Die Vergrösserungen waren der Reihe nach: 60-, 54- und 62-fach. Die erhaltenen Zeitmomente sind in mittlerer Prager Zeit angegeben.

Austritte		Beobachter		
		Woinek	Gruss	Kostlivý
Kirch β		—	$10^h 36^m 24^s$	—
Cap Laplace (Sinus Iridum)		$10^h 36^m 29^s$	—	—
Plato	Rd. 1 (SO)	43 57	43 57	—
	Mitte	44 48	—	—
	Rd. 2 (NW)	45 29	44 59	$10^h 45^m 41^s$
Posidonius Rd. 2		48 23	—	—
Hercules Rd. 2		56 17	—	—
Atlas Mitte		57 7	—	—
Endymion	Rd. 1 (SO)	—	—	59 39
	Mitte	59 56	11 0 4	—
	Rd. 2 (NW)	—	—	—
☾ Rand II, Kernschatten		11 2 59	3 13	—
„ Halbschatten		5 10	4 49	11 5 16

Der Austritt des Halbschattens aus der Mondscheibe war sehr schwierig zu beobachten, da derselbe am dunkel nuancirten Mare Humboldtianum erfolgte, und deshalb das Freiwerden der Scheibe vom Halbschatten leicht zu spät aufgefasst werden konnte. — Zu Beginn der Beobachtung zeigte sich die Färbung des Erdschattens eher rauchgrau als rauchbraun und ging in der Gegend von Meton am Nordpol in ein sanftes Roth über. Während der ganzen Dauer der Sichtbarkeit des Mondes wandte ich meine volle Aufmerksamkeit der Umgebung desselben zu, konnte jedoch die Erdschatten-Grenze ausserhalb der Mondscheibe mit Sicherheit nicht wahrnehmen, woran möglicher Weise der constant schleierhafte Himmelsgrund Schuld trug. Kurz nach dem Finsterniss-Ende wurde der Mond abermals von dichten Wolken verdeckt.

Die Jupiter-Bedeckung durch den Mond am 7. August 1889.

An dieser interessanten Beobachtung konnte ich leider nicht Theil nehmen, da ich von Prag abwesend war. Auch Assistent Kostlivý befand sich auf Urlaub. So weit der ungünstige Luftzustand in Prag es zuliess, beobachteten die Erscheinung Gruss, Schwarz und Láska. Die Planeten- und Trabanten-Eintritte fanden am dunklen, die Austritte am hellen Mondrande statt.

1. Beobachter Gruss. Steinheil'scher Refractor. Oeffnung 162,6 mm. Vergr. 139.

M. Z. Prag.   Bemerkungen.

Eintritte (d. R.)
- $8^h 12^m 46^s.7$ Trabant III verschwindet allmählich; Dauer seiner Lichtabnahme 1^s.
- 17 31,1   Berührung des 1. Jupiter-Randes.
- 19 22,3   Berührung des 2. Jupiter-Randes. Vollständiges Verschwinden des Planeten.
- 22 57,2   Trabant II ist völlig verschwunden; $^s/_1^s$ früher deutliche allmähliche Lichtabnahme.

Anm. Hierauf dichte Wolken, welche die weitere Beobachtung vereiteln.

Austritte
(h. R.)
| 8ʰ 14ᵐ 14ˢ,8 Trabant III erscheint; zu spät beobachtet.
| 20 11.8   Berührung des 1. Jupiter-Randes. Wiedererscheinen des Planeten.
| 21 51,5   Berührung des 2. Jupiter-Randes. Voller Austritt des Planeten.
| 26 47,7   Trabant II erscheint.

Anm. Im Verlaufe des Austrittes der Jupiterscheibe zog sich über dieselbe längs des Mondrandes ein dunkler Schattenstreifen. Zu dieser Zeit erschien der Planet in blassgrünem Lichte mit rothen Aequatorealstreifen.

2. Beobachter Schwarz. Fraunhofer'sches Fernrohr. Oeffnung 97,6 mm. Vergr. 115.

Eintritte
(d. R.)
| 8ʰ 12ᵐ 47ˢ,9 Eintritt des III. Trabanten.
| 12 46,2   Völliges Verschwinden desselben.
| 17 31,1   Berührung des 1. Jupiter-Randes.
| 18 13,9   Passage der Jupiter-Mitte.
| 19 22,1   Berührung des 2. Jupiter-Randes.
| 22 57,6   Verschwinden des II. Trabanten.

Austritte
(h. R.)
| 9ʰ 20ᵐ 10ˢ,8 Berührung des 1. Jupiter-Randes.
| 20 50,7   Passage der Jupiter-Mitte.
| 21 50,5   Berührung des 2. Jupiter-Randes.

Anm. Beim Austritte hatte der Planet neben dem Monde ein trüb-grünliches Aussehen.

3. Beobachter Láska. Reinfelder'sches Fernrohr. Oeffnung 108,6 mm. Vergr. 62.

Eintritte
(d. R.)
| 8ʰ 12ᵐ 48ˢ,9 Eintritt des III. Trabanten.
| 19 23,3   Völliges Verschwinden von Jupiter.

Austritt
(h. R.)
| 9ʰ 21ᵐ 56ˢ,5 Deutliche Trennung der Planetenscheibe vom Mondrande.

Die partielle Sonnen-Finsterniss am 16. Juni 1890.

Da die Nacht vom 16. zum 17. Juni vollständig klar war, so konnte in derselben die, für die Sonnenfinsterniss-Beobachtung nothwendige, Zeitbestimmung bewerkstelligt werden. Die Finsterniss sollte am Vormittage des 17. Juni (bürgl. Datums) um 9ʰ 20ᵐ ihren Anfang nehmen und kurz vor Mittag ihr Ende erreichen. Das Wetter war trotz leichten Wolkenziehens der Beobachtung günstig, indem zur Zeit des Ein- und Austrittes des Mondes die Sonnenumgebung völlig klar erschien. Als Instrumente dienten die unten genannten Fernrohre, deren Bezeichnungsweise aus Seite 28 verständlich ist. Da auf dem Sternwarten-Thurme zu Thüren hinaus, welche nach den vier Cardinalrichtungen der Windrose liegen, beobachtet werden muss, da andererseits die Galerie desselben relativ schmal ist, so konnten nur drei Fernrohre auf einmal verwendet werden, welche für den Eintritt innerhalb der Ostthüre, für den Austritt innerhalb der Südthüre, sowie theilweise auf der Galerie Aufstellung fanden. Wegen des Lärmes der Stadt in den Vormittagsstunden mussten die Uhrschläge der Lepaute'schen Sternzeituhr möglichst laut nachgezählt werden, was beim Eintritt vom Sternwarten-Diener Neubauer, beim Austritt vom Assistenten Schlosser geschah, da Ersterer um diese Zeit mit der Abgabe des Mittagszeichens beschäftigt war.

Erscheinung	M. Z. Prag	Instr.	Vergr.	Beobachter	Bemerkungen
Mond-Eintritt	21ʰ 20ᵐ 16ˢ,8	Fr.	115	Weinek	Sehr feiner Ausschnitt, vielleicht 1ˢ—2ˢ zu spät.
	20 21.8	R.	126	Gruss	Feiner Ausschnitt; zu spät um etwa 4ˢ—5ˢ.
	20 36,9	fr.	47	Schlosser	Feiner Ausschnitt, zu spät.
Mond-Austritt	23ʰ 58ᵐ 41ˢ,3	St.	139	Weinek	Ziemlich gut, unruhig wegen Wolkenziehens.
	58 38,6	Fr.	115	Gruss	Gut.
	58 29,9	fr.	47	Berann	

Nebenbei sei noch der folgenden, für den Physiker zwar selbstverständlichen, doch immerhin erwähnenswerthen Wahrnehmung gedacht. Beim Passiren der drei Dachböden, welche in den Sternwarten-Thurm führen, konnte man zwischen Ein- und Austritt auch ohne Fernrohr ein reizendes Abbild der Sonnenfinsterniss sehen. Ueberall nämlich, wo die Dachziegeln kleine Ritzen oder Oeffnungen frei liessen, projicirte sich auf den Boden ein gut begrenztes Sonnenbild, das aber nicht, wie sonst, kreisrund war, sondern rechts unten einen dunklen Kreisausschnitt zeigte und die Sonne gleichsam in einer Phase darstellte. Noch schöner präsentirte sich dieses Miniature-Abbild der Sonnenfinsterniss in dem 1. Stockwerke des Thurmes, wo eine Sonnenuhr in grösstem Maasstabe (errichtet von Director Anton Strnad zu Ende des vorigen Jahrhunderts) durch ein feines Loch in der Südwand des Thurmes das deutliche Bild der Sonnenscheibe auf den Steinboden wirft, und die Passage desselben durch die angezeichnete Mittagslinie in älteren Zeiten zur Bestimmung des wahren Mittages diente.

Der Mercurdurchgang am 9. Mai 1891.

Für Prag war nur der Austritt des Planeten Mercur aus der Sonnenscheibe zu sehen. Derselbe sollte nach dem Berliner Jahrbuch für beide Austritts-Contacte d. i. für die innere und äussere Berührung des Sonnenrandes mit dem Mercurrande am 9. Mai um 17ʰ 41ᵐ 6ˢ und 17ʰ 46ᵐ 7ˢ M. Pr. Z., nach dem Nautical Almanac um 17ʰ 41ᵐ 24ˢ und 17ʰ 46ᵐ 24ˢ M. Pr. Z. stattfinden.

Am Morgen des 10. Mai (bürg. Datums) befand sich die Sonne kurz nach ihrem Aufgange in einer schmalen, am Horizonte lagernden Wolkenbank und wurde überdies für die Beobachtung von der Galerie des Sternwarten-Thurmes aus von einer Kirche (der Prager Niclas-Kirche) verdeckt. Ich erblickte Sonne und Mercur zuerst um 16ʰ 32ᵐ M. Pr. Z., gleichzeitig einen grossen Sonnenfleck in südlicher heliographischer Breite mit einem Kernfleck, welcher an Ausdehnung den scheinbaren Mercurdurchmesser um ein Drittel übertraf, und mit einer Penumbra, die etwa drei Mercurdurchmesser betrug, ferner vier kleinere Kernflecke in nördlicher heliographischer Breite. Die Ränder von Sonne und Mercur wallten beträchtlich, doch war zu hoffen, dass mit dem Höhersteigen der Sonne der Luftzustand sich erheblich bessern würde. Immerhin liess derselbe auch während des Mercuraustrittes trotz der vollkommenen Klarheit des Himmels zu wünschen übrig. Es beobachteten: Weinek am grösseren Fraunhofer, Gruss am Reinfelder, Berann am kleineren Fraunhofer und Lieblein am Voigtländer. Die Objectiv-Oeffnungen dieser Instrumente sind der Reihe nach: 97,6, 108,6, 83,7 und 62,7 Millimeter; die benützten Vergrösserungen waren: 160-, 196-,

96- und 111-fach. Der Sternwarten-Diener Neubauer zählte während der ganzen Dauer der Erscheinung die Secunden der Lepaute'schen Sternzeituhr, welche zur Beobachtung absichtlich gewählt wurde, da deren augenblickliche Beziehung zur mittleren Zeit sämmtlichen Beobachtern unbekannt war, laut nach. Die einzelnen Zeitnotirungen erfolgten völlig unabhängig von einander.

Erscheinung	Mercur-Austritt		Bemerkungen
	M. Z. Prag	Beobachter	
Tropfenbildung	17^h 39^m 52^s	Weinek	Deutliche breite Tropfenbildung, 3^s vorher starke Trübung. Unruhig. Bild wenig gut.
Innere geometrische Berührung	40 37	"	
Passage der Mercur-Mitte	43 2	"	Unsicher. Die Ecken zwischen Mercur- und Sonnenrand erscheinen abgestampft.
Aeussere (letzte) Berührung	44 56	"	Etwas unsicher wegen Unruhe des Sonnenrandes.
Tropfenbildung	17^h 38^m 46^s	Gruss	
Innere geom. Berührung	39 13	"	Unsicher, Fernrohr erzittert. Sonnenrand wallend.
Mercur-Mitte	42 13	"	
Aeussere Berührung	44 44	"	Ziemlich gut.
Tropfenbildung	17^h 39^m 12^s	Berann	
Innere geom. Berührung	39 50	"	Wenig sicher.
Aeussere Berührung	43 45	"	
Tropfenbildung	17^h 40^m 10^s	Lieblein	
Innere geom. Berührung	40 45	"	
Mercur-Mitte	42 9	"	
Aeussere Berührung	43 8	"	Unsicher.

Die nothwendige Zeitbestimmung war in der Nacht vom 9. zum 10. Mai erhalten worden. Die Uhrvergleichungen geschahen vor und nach dem Phänomen.

Die totale Mond-Finsterniss am 15. November 1891.

Wegen ungünstigen Wetters konnte in Prag nur der erste Theil dieser Finsterniss beobachtet werden. Nach Aufgang des Mondes war der Himmel wohl klar, zeigte jedoch nicht die gewünschte Durchsichtigkeit; er hatte ein weissliches Aussehen und der Mond einen leichten Schleier. Bei dem niedrigen Luftdrucke stand zu befürchten, dass das Wetter sich bald verschlechtern würde. In der That trat kurz nach Mitternacht dichter Nebel ein, welcher die Beobachtung der, von W. Döllen in Dorpat für die Dauer der Totalität vorgeschlagenen, Sternbedeckungen und des Finsterniss-Endes ganz vereitelte.

Ich selbst beobachtete am Steinheil'schen Refractor mit 152- facher Vergrösserung, Gruss am grösseren Fraunhofer mit 54-facher Vergrösserung und Lieblein am Reinfelder mit 196-facher Vergrösserung. Assistent Pin übernahm es, die Secunden der Lepaute'schen Sternzeituhr laut zu zählen, was um so nothwendiger wurde, je störender sich das tactmässige Schnauben der nahen, an der eingestürzten Carlsbrücke arbeitenden, Dampfmaschine in der stillen Nacht erwies. Gruss und Lieblein hatten mit ihren Instrumenten einen sehr ungünstigen Stand auf der Thurmgalerie, da vom überhängenden Thurmdache ein unausgesetzter Tropfenregen niederging, und die Objective, sowie sämmtliche Metalltheile beider Fernrohre fortwährend anliefen. Aus diesem Grunde sind den genannten Beobachtern viele Momente der Schatten-Passage beim Eintritt verloren gegangen. Das Steinheil'sche Objectiv befand sich zufolge des hohen Mondstandes etwas innerhalb der südlichen Thurmthüre und beschlug weniger; dafür war die Stellung des Beobachters am Fussboden eine höchst unbequeme.

Im Folgenden beziehen sich die Passagen des Erdschattens über einzelne Mondformationen auf die Kernschatten-Grenze d. i. das Verschwinden der betreffenden Objecte im dunkelsten Schatten. Da die Vergrösserung bei Steinheil mit Rücksicht auf die Sternbedeckungen etwas zu stark genommen worden, so wurde diesem Umstande dadurch begegnet, dass das Fernrohr bei jedem Antritt zur deutlichen Erkennung der Schattengrenze etwas bewegt wurde. Die Zeitmomente sind in mittlerer Prager Zeit angesetzt.

Eintritte		Beobachter			Bemerkungen
		Weinek	Gruss	Lieblein	
		h m s			
C Rand I		11 32 46	—		Ad W: Unsicher, wahrscheinlich zu spät.
	Rd. 1.	37 4	—	11^h 36^m 58^s	
Grimaldi	Mitte	88 48	—	—	
	Rd. 2.	89 51		39 36	
Aristarchus, Mitte		37 19	—	—	
Kepler, Mitte		41 49	—	—	
Cap Laplace (Sinus Iridum)		45 19	—	—	
	Rd. 1.	48 14	—	47 6	
Copernicus	Mitte	49 19	—	—	
	Rd. 2.	50 1	—	48 23	
	Rd. 1.	48 40	—	—	
Gassendi	Mitte	49 43	—	—	
	Rd. 2.	50 45	—	—	
	Rd. 1.	50 17	h m s	—	Ad G: Gut.
Plato	Mitte	50 57	11 50 7	—	
	Rd. 2.	51 23	50 48	—	Ad G: Gut.
	Rd. 1.	52 29	—	—	
Archimedes	Mitte	53 11	—	—	
	Rd. 2.	53 51	—	—	
	Rd. 1.	12 1 7	—	58 52	
Manilius	Mitte	1 23	59 7	—	Ad G: Objectiv beschlagen.
	Rd. 2.	1 50	—	—	
	Rd. 1.	—	—	12 1 19	
Menelaus	Mitte	4 40	12 1 50	—	Ad G: Objectiv beschlagen.
	Rd. 2.	—	—	—	
	Rd. 1.	5 59	—	—	
Posidonius	Mitte	7 7	—	—	
	Rd. 2.	7 42	—	—	

Eintritte		Beobachter			Bemerkungen
		Weinck	Gruss	Lieblein	
Plinius	Rd. 1.	—	—	$12^h\ 6^m\ 20^s$	
	Mitte	$12^h\ 8^m\ 0^s$	—	—	
	Rd. 2.	—	—	—	
Dionysius, Mitte		8 17	—	—	
Tycho	Rd. 1.	9 42	$12^h\ 8^m\ 45^s$	—	
	Mitte	11 6	9 19	—	
	Rd. 2.	11 31	9 59	—	
Proclus, Mitte		17 45	—	—	Ad W: Unsicher, wohl verspätet.
Picard, Mitte	Mare	20 5	—	—	
Prom. Agarum	Crisium	21 47	22 27	—	
Goclenius	Rd. 1.	21 23	—	—	
	Mitte	—	—	—	
	Rd. 2.	22 8	—	—	
☾ Rand II		12 34 18	—	—	
Austritte					
☾ Rand I		$13^h\ 59^m\ 27^s$	—	—	Ad W: Unsicher wegen Nebels.

Zu dieser letzten Beobachtung ist zu bemerken, dass dieselbe nicht mehr am Steinheil'schen Refractor, sondern am grösseren Fraunhofer in Anwendung 54-facher Vergrösserung erfolgte, da der Mond um diese Zeit bereits ausserhalb des Bereiches jenes Instrumentes getreten war.

Um $11^h\ 30^m$ befand sich der Mond in starkem Nebelschleier; doch besserte sich der Luftzustand allmählich. Um $12^h\ 1^m$ erblickte ich zuerst eine schwach röthliche Färbung des Mondes im Erdschatten nordwestlich von Plato. Um $12^h\ 26^m$ konnte in derselben einiges Detail wahrgenommen werden. Jetzt zeigte sich auch südlich von Tycho ein leuchtender, blaugrauer Ton, welcher besonders intensiv erschien, nachdem das letzte Mondlicht ausgelöscht war. Mit dem Eintritt der Totalität wurde das Wetter rasch so ungünstig, dass nicht ein einziger Stern in der Umgebung des Mondes erkannt werden konnte. Zur erwähnten Zeit waren die Plejaden über dem Monde und östlich die drei Gürtelsterne des Orion mit freiem Auge kaum zu sehen. Sirius hingegen war völlig unsichtbar. Der Nebel wurde bald so dicht, dass die unter der Thurmgalerie liegenden Dächer schon auf 20 Meter Entfernung als ganz verschwommene Massen erschienen. Auzuführen ist jedoch, dass der Mond trotz dieses starken Nebels und ungeachtet seiner vollständigen Verfinsterung fast die ganze Zeit über am Himmel sichtbar blieb, namentlich in seinem südlichen Theile, wo das blaugraue Licht über dessen Landschaften lagerte. Das Ende der Totalität konnte nur unsicher durch Nebel erhalten werden. Hiermit musste die Beobachtung ihren Abschluss finden.

Mondzeichnungen nach der Natur in den Jahren 1888, 1889 und 1890.

Die Fortsetzung meiner, im Jahre 1884 begonnenen, Zeichnungen von Mondkratern und Mondlandschaften wurde in Folge der stetigen Zunahme der Declinationsextreme des Mondes von Jahr zu Jahr schwieriger, da die ungünstigen Prager Sternwartenverhältnisse die Benützung des Steinheil'schen 6-Zöllers nur im Meridiane oder in dessen nächster Nähe und nur bis zu Declinationen von $+ 24°$ gestatten.

Am 24. Juni 1885 war die Länge des aufsteigenden, sich rückläufig bewegenden, Knotens der Mondbahn $180°$; am 14. October 1894 wird sie $0°$ sein. Bezeichnet ε die Schiefe der Ekliptik und i die Neigung der Mondbahn, so lautet bekanntlich im ersten Falle die Maximal- bezw. Minimaldeclination des Mondes $\pm (\varepsilon - i) = \pm 18\frac{1}{4}°$, im zweiten Falle $\pm (\varepsilon + i) = \pm 28\frac{1}{4}°$.

Bei hoher Declination des Mondes passirte derselbe den Meridian in Bezug auf das angeführte Instrument entweder über dem halbkreisförmigen oberen Rande der Thür, zu welcher hinaus beobachtet werden muss, oder so nahe daran, dass die Dauer seiner Sichtbarkeit für ein sorgfältiges Zeichnen unzureichend erschien, während anderseits die Güte des Bildes durch den, am Thürrande stattfindenden, Temperaturausgleich zwischen Innenraum des Thurmes und Aussenluft stark beeinträchtigt wurde, und die unbequeme Lage des Beobachters jedes Zeichnen überaus erschwerte. Bei niedriger Declination hingegen befand sich der Mond so tief im Dunste und Rauche der Stadt, dass sein Bild für jede Beobachtung zu unbestimmt und zu unruhig wurde. Hierzu trat noch eine doppelte Einschränkung hinsichtlich der Verwendbarkeit der Nächte, einestheils dadurch, dass ich im Laufe der Jahre bereits die wichtigsten Objecte an der Beleuchtungsgrenze fixirt hatte und die weniger augenfälligen günstigere Luftzustände erforderten, anderntheils durch den Umstand, dass seit dem Beginne der ruhmreichen Thätigkeit der Lick-Sternwarte am Berg Hamilton (Californien) im Jahre 1888 die photographische Aufnahme des Mondes beträchtliche Fortschritte gemacht hat, und insoferne auch der Zeichner darauf bedacht sein musste, nur die besten Nächte für das Studium der Mondoberfläche zu verwerthen.

Auf solche Weise ist es erklärlich, dass die verfehlten Zeichenversuche die gelungenen durchschnittlich um mehr als das Doppelte übernagen und dass schliesslich, nachdem in sieben Jahren 60 Detailzeichnungen des Mondes*) erreicht worden, das immer unerfreulicher sich gestaltende Missverhältniss zwischen Zeitaufwand und Erfolg zum vorläufigen Abschluss dieser Untersuchungen führte. — 1888 erhielt ich im Ganzen acht, 1889 sieben und 1890 fünf Abbildungen. Dieselben sind sämmtlich mit dem 6-zölligen Steinheil'-schen Refractor und seit Mai 1889 in Anwendung eines vorzüglichen, reflexfreien euryscopisch-aplanatischen Micrometer-Oculars von Hartmann & Braun in Bockenheim-Frankfurt

---

*) Die Übersicht derselben von 1884—1891 ist am Ende dieses Bandes gegeben.

a. M. mit 152-facher Vergrösserung ausgeführt worden. 1891 wurden keine weiteren Zeichnungen nach der Natur gewonnen.

Die Methode des Zeichnens blieb dieselbe, wie sie in den Prager astronomischen Beobachtungen von 1884 (1. Band) und von 1885, 1886, 1887 (2. Band) geschildert wurde. Der Massstab ist für jede Abbildung etwas verschieden, da bei Anfertigung derselben das Hauptgewicht auf ein möglichst genaues Relativzeichnen und auf die exacteste plastische Durchführung des Gesehenen gelegt wurde.

Die Reproduction von achtzehn dieser Zeichnungen geschah auf heliographischem Wege durch das k. und k. militär-geographische Institut in Wien (Fig. 1—18 auf Tafel I, II, III), während die letzten zwei (Fig. 19 und 20) von der Prager Firma A. Haase lithographirt wurden. Beide Leistungen sind als vorzügliche zu bezeichnen, und ich fühle mich namentlich dem genannten trefflichen Wiener Institute für die bereitwillige Uebernahme der ebenso schwierigen, als mühsamen Arbeit zu grösstem Danke verpflichtet.

Es folge nun das Verzeichniss der in den Jahren 1888, 1889 und 1890 von mir am Fernrohr erhaltenen Mondzeichnungen mit kurzen Bemerkungen über die Dauer der Aufnahme (in mittlerer Prager Zeit) und den Zustand der Luft, ferner die Aufzählung der Fehler der Reproduction (F. d. R.), welche selbst bei dem ausgezeichneten heliographischen Verfahren, namentlich in Anbetracht des sehr peniblen Druckes, zurückbleiben; hierbei ist zur Orientirung im Bilde, ebenso wie im umkehrenden Fernrohre, oben Süd, rechts Ost, unten Nord und links West zu denken. Zur schnellen Uebersicht der Verhältnisse jeder Aufnahme ist noch das Alter (A), die Declination (δ) und Höhe (h) des Mondes angeführt. δ und h sind als scheinbare, d. i. mit Refraction und Parallaxe behaftete, Grössen gegeben. Die Bezeichnungen der Mondkrater und Mondlandschaften sind der Beer-Mädler'schen „Mappa Selenographica" entnommen.

Verzeichniss der Abbildungen.

Tafel I.

Fig. 1. **Philolaus.** Sonnenaufgang. 1888 März 23,8^h—9^h. A = 11^d,14, δ = +17°,7, h = 57°,6. Klar, Mond hoch. Bild ziemlich ruhig und zeitweise von grosser Schönheit. Sehr unbequeme Lage beim Zeichnen am Steinheil'schen Refractor wegen des hohen Mondstandes. F. d. R.: Die Heliogravure macht einen etwas verschwommenen Eindruck, während das Original, besonders in seinem feinsten Detail, sehr klar und deutlich ist. Der Ostwall von *Philolaus* leuchtet auf letzterem mehr, als in der Reproduction.

Fig. 2. **Harpalus, Foucault.** Sonnenaufgang. 1888 April 22, 8^h—9^h. A = 11^d,45, δ = +8°,2, h = 48°,1. Zu Beginn ziemlich gute Luft, später Wolkenziehen und Unruhe des Bildes, so dass die Arbeit nach einer Stunde abgebrochen werden musste. Das Gezeichnete ist jedoch als vollständig zu betrachten. F. d. R.: Von dieser Reproduction gilt das Gleiche, wie bei Fig. 1. Das Terrain nördlich von *Harpalus* und *Foucault* ist zu dunkel und zu wellig gerathen.

Fig. 3. **Guttemberg.** Sonnenuntergang. 1888 April 29, 14^h—15^h. A = 18^d,71, δ = —21°,7, h = 18°,2. Ganz klar, jedoch Mond sehr tief. Gegen Ende des Zeichnens kommen Wolken aus Westen. Bild im Allgemeinen sehr unruhig; nur wenige gute Momente. F. d. R.: Das Original ist klarer und leuchtet besser.

Fig. 4. **Schikard.** Sonnenaufgang. 1888 Mai 22, $8\frac{1}{4}^h$—$10\frac{1}{4}^h$. A = $11^d,80$, $\delta = -5°,3$, h = $34°,6$. Ziemlich unruhig, weshalb die Auffassung des zahlreichen Details sehr schwierig ist; nur wenige leidliche Momente. Die Schattenspitzen des NW.-Walles konnten nur für kurze Augenblicke erkannt werden, dürften jedoch in der Hauptsache richtig wiedergegeben sein. Gegen Schluss des Zeichnens stand der Mond am westlichen, offenen Flügel der Südthüre. Bei dieser Aufnahme erwies sich die Drehung des Mondes gegen die Verticale während der Arbeit als besonders störend. F. d. R.: Auch hier ist das Leuchten der Heliogravure zu gering. Am SO.-Walle sind mehrere feine Zeichnungen verloren gegangen. Südöstlich von Krater *b* (Mädler) zeigt das Original zwei kleine Krater, ferner darüber hinaus eine von SW. nach NO. streichende, lichte Terrainwelle. Letztere fehlt in der Reproduction ganz, während der zu *b* näher liegende kleine Krater zu schwach und unbestimmt wiedergegeben ist. Die Rundung des Inneren von *Schikard* ist wegen des Mangels der feineren Töne unvollkommen.

Fig. 5. **Landsberg** und dessen südöstliche Umgebung. Sonnenaufgang. 1888 September 15, $7\frac{1}{4}^h$—9^h. A = $9^d,60$, $\delta = -21°,1$, h = $18°,8$. Wenig durchsichtige Luft, da über der Stadt viel Rauch lagert. Mond tief und unruhig; zuweilen erscheint derselbe in ganz mattem, fahlen Lichte. F. d. R.: Die nördliche Partie des Bildes ist auf dem Originale feiner und weicher. Das Korn der Reproduction wirkt störend.

Fig. 6. **SW.-Partie des Mare Crisium, Promontorium Agarum.** Sonnenuntergang. 1888 October 21, $12\frac{1}{4}^h$—$14\frac{1}{4}^h$. A = $16^d,41$, $\delta = +13°,6$, h = $53°,5$. Um den Mond findet häufige Schleierbildung statt. Nur wenige ganz klare und gute Momente, sonst unruhiges Bild. Das feinere Detail ist nur selten zu erkennen. F. d. R.: Die Heliogravure erscheint zu dumpf und gibt insoferne das Leuchten des Originales nur mangelhaft wieder. Das Innere des *Mare Crisium* ist zu fleckig, der Höhenzug östlich vom *Prom. Agarum* zu undeutlich gerathen. Der östliche der beiden Olbers'schen Krater dagegen ist zu stark hervorgehoben.

Tafel II.

Fig. 7. **Manilius, Haemus-Gebirge.** Sonnenaufgang. 1888 November 10, $5\frac{1}{4}^h$—$7\frac{1}{4}^h$. A = $6^d,73$, $\delta = -18°,0$, h = $21°,9$. Ganz klar, doch tiefer Mond. Im Allgemeinen leidlich gute, öfter unruhige Luft. Uebereus zahlreiches Detail, das in zwei Stunden kaum vollständig wiederzugeben ist. F. d. R.: Das Original ist in der Zeichnung feiner, in den Contrasten klarer und insoferne leuchtender.

Fig. 8. **Guerike, Parry.** Sonnenaufgang. 1888 November 12, $6\frac{3}{4}^h$—$8\frac{1}{4}^h$. A = $8^d,78$, $\delta = -10°,1$, h = $29°,8$. Vollkommen klar. Im Anfange ziemlich gute Luft, später sehr unruhig. Die Zeichnung ist mit grösster Sorgfalt und Correctheit ausgeführt. Kalt, steife Finger. F. d. R.: Die Schönheit des Originales kommt wegen des Fehlens der feinsten Töne und Abschattirungen in der Reproduction nur unvollkommen zur Geltung. Das Innere von *Fra Mauro* ist zu licht wiedergegeben.

Fig. 9. **Westwall von Gassendi.** Sonnenaufgang. 1889 Mai 10, 8^h—$9\frac{1}{4}^h$. A = $10^d,74$, $\delta = +7°,4$, h = $47°,3$. Von $8\frac{1}{4}^h$—$8\frac{1}{2}^h$ treten Wolken auf, welche sehr stören und den Mond zuweilen ganz auslöschen. Häufige Unruhe; nur wenige klare und gute Momente. Um

9$\frac{3}{4}^h$ ist der Mond am Westflügel der Thüre und nichts mehr zu machen. Es wird das erste Mal das euryscopische Ocular zum Zeichnen benützt. F. d. R.: Das Original ist dunkler und detailreicher, seine Plastik bedeutend grösser. Am NW.-Walle in der Umgebung des bekannten Passes ist die feine Zeichnung und Charakterisirung des Walles fast ganz verloren gegangen.

Fig. 10. **Sirsalis.** Sonnenaufgang. 1889 Mai 12, 9$\frac{1}{4}^h$—11$\frac{1}{4}^h$. A = 12^d,80, δ = — 3°,5, h = 36°,4. Ganz klar, doch im Allgemeinen unruhig. Es ist viel Detail zu sehen, welches nur schwer zu verfolgen und festzuhalten ist. Mühsames Zeichnen. Die vollkommene Wiedergabe des reichen Details würde bessere Luft und mindestens die doppelte Zeit erfordern. F. d. R.: Die Heliogravure ist zu licht gerathen. Insoferne fehlen viele zarte Abschattirungen und Zeichnungen des Originales. Auf letzterem erscheint die grosse Rille mit dem Terrain, welches sie durchzieht, deutlicher und plastischer.

Fig. 11. **Schiller, Bayer.** Sonnenaufgang. 1889 Juni 9, 8$\frac{1}{4}^h$—10$\frac{1}{4}^h$. A = 10^d,12, δ = — 6°,5, h = 33°,4. Anfangs ziemlich gute und ruhige Luft, dann Schleierbildung, Wolkenziehen und theilweise sehr unruhiges Bild. Das Detail konnte deshalb nicht mit vollkommener Genauigkeit eingetragen werden. Um 10$\frac{1}{4}^h$ ist der Mond am Westflügel der Thüre, daher Schluss des Zeichnens. F. d. R.: Die Contraste des Originales sind grösser, die Wälle detaillirter und leuchtender.

Fig. 12. **Hainzel** und dessen südliche Umgebung. Sonnenaufgang. 1889 Juli 8, 8^h—10^h. A = 10^d,46, δ = — 14°,7, h = 25°,2. Zu Beginn ziemlich gute Luft, später sehr unruhig, wodurch die Wahrnehmung des feinen Details, welches vordem gesehen worden, vereitelt wird. Von 9$\frac{1}{4}^h$ an befindet sich der Mond zwischen Wolken; um 10^h ist es ganz trübe. Das Bild ist wohl in der Hauptsache fertig, hätte aber zur vollkommenen Ausführung noch eine halbe Stunde mit klarer, ruhiger Luft benöthigt. F. d. R.: Auch hier lässt die Klarheit und Plastik im Vergleich zum Originale viel zu wünschen übrig. Die Wallzeichnung von *Hainzel* erscheint besonders mangelhaft wiedergegeben.

Tafel III.

Fig. 13. **Mersenius.** Sonnenaufgang. 1889 Juli 9, 8$\frac{1}{4}^h$—10$\frac{3}{4}^h$. A = 11^d,48, δ = — 18°,9, h = 21°,0. Ganz klar, nur viel Rauch über der Stadt. Mond sehr tief. Anfangs ziemlich gute Luft, später unruhig, welcher Umstand mehrfache Unterbrechungen in der Arbeit veranlasst und die lange Dauer des Zeichnens erklärt. F. d. R.: Diese Reproduction zählt zu den besten, obwohl sie das Leuchten des Originales gleichfalls nicht erreicht. Die Plastik derselben ist von grosser Schönheit.

Fig. 14. **Licetus** und **SO.** von **Stöfler.** Sonnenuntergang. 1889 October 15, 16^h—18^h. A = 21^d,05, δ = + 23°,0, h = 62°,9. Klare, doch allgemein sehr unruhige Luft. Wenige gute Momente, welche höchstens eine Minute lang andauern. Gegen Ende des Zeichnens treten einige Wolken auf, wobei die Luft besser wird. Mond sehr hoch, überaus unbequeme Lage des Beobachters am Erdboden. Nur das hauptsächlichste Detail konnte verzeichnet werden, da wegen Luftunruhe viel Zeit verloren ging. F. d. R.: In den hellen Partieen sind die schwachen Terrainschattirungen zu licht wiedergegeben. Aus diesem Grunde steht die Heliogravure an Plastik dem Originale nach.

Fig. 15. **Gemma Frisius, Poisson.** Sonnenuntergang. 1889 November 13, $15\tfrac{1}{2}^h-17\tfrac{1}{4}^h$. $A = 20^d, 55$, $\delta = +21^\circ, 5$, $h = 61^\circ, 4$. Ganz klar, über der Stadt eine dichte Rauchschichte. Mond hoch, ziemlich gute Luft. Viel feines Detail, welches kaum zu bewältigen ist. Die längere Dauer des Zeichnens erklärt sich aus der Menge des Details und aus der Unbequemlichkeit während der Arbeit. F. d. R.: Da auch dieses Bild etwas zu licht gehalten ist, so sind viele feine Zeichnungen, namentlich im Süden, verloren gegangen. Das Original ist klarer, leuchtender, detailreicher und plastischer.

Fig. 16. **NW.-Umgebung von Zagut.** Sonnenuntergang. 1890 Februar 9, $15\tfrac{1}{2}^h-17^h\tfrac{1}{4}$. $A = 20^d, 16$, $\delta = -3^\circ, 7$, $h = 36^\circ, 2$. Zuerst Hof um den Mond, dann ganz klar; doch im Allgemeinen unruhig. Kalt, $-5^\circ, 8$ C. Feineres Detail ist kaum zu sehen. Das wegen Luftunruhe nur schwierig Wahrgenommene dürfte nicht ganz vollständig sein; doch ist das Bild in den Hauptformationen als richtig zu betrachten. *Zagut* selbst wurde erst gegen Ende gezeichnet und konnte nur angedeutet werden. F. d. R.: Hier fehlen ebenfalls die feineren Abschattirungen; das Leuchten des Originales ist nur unvollkommen erreicht.

Fig. 17. **Walter.** Sonnenuntergang. 1890 Februar 11, $16\tfrac{1}{2}^h-18^h$. $A = 22^d, 19$, $\delta = -13^\circ, 9$, $h = 26^\circ, 0$. Ganz klar, sehr kalt. Mond tief. Unruhige und gute Momente wechseln ab. Der Rauch der nahen, im Süden liegenden, Brauerei verdunkelt oft den Mond. Diese Zeichnung ist eigentlich die Fortsetzung eines am 14. November 1889 um 16^h begonnenen Bildes von *Walter*, dessen Weiterführung jedoch damals in Folge dichter Nebelbildung (um $16\tfrac{1}{4}^h$) völlig vereitelt wurde. Dasselbe war in etwas grösserem Massstabe, als gewöhnlich, entworfen worden. F. d. R.: Die Wälle sind am Originale leuchtender und klarer. In der Hauptsache ist die Heliogravure gut gelungen.

Fig. 18. **Maginus.** Sonnenaufgang. 1890 Februar 27, $6\tfrac{1}{2}^h - 8\tfrac{1}{2}^h$. $A = 8^d, 33$, $\delta = +22^\circ, 1$, $h = 62^\circ, 0$. Klar, ziemlich ruhig. Mond sehr hoch. Ueberaus unbequeme Lage, welche das Zeichnen des vielfachen, feinen Details sehr erschwert. Langsames Fortschreiten des Bildes, bis endlich der Mond an den rechten Thürflügel kommt, und das Zeichnen aufhören muss. Die Südpartie von *Maginus* wurde zuletzt in Angriff genommen und konnte nicht mehr vollkommen ausgeführt werden; sie ist deshalb nur in ihren Hauptzügen dargestellt. F. d. R.: Die Reproduction würde plastischer sein, wenn die Nuancirung etwas dunkler genommen wäre. Wie dieselbe vorliegt, fehlen mehrere feine Schattirungen auf den Wällen fast vollständig. Im Inneren zeigt die Heliogravure über dem langen Schatten der Centralhöhe A (Mädler) eine lichte Linie, die unrichtig ist. Dieser Schatten soll auf beiden Seiten von gleich dunklem Tone der Innenfläche umgeben sein. Die NW.-Partie des Bildes ist zu licht, weshalb die Plastik des dortigen Walles nicht zur Anschauung gelangt.

Fig. 19. **Billy, Hansteen.** Sonnenaufgang. 1890 April 1, $8\frac{1}{4}^h - 11^h$. A = $11^d,99$, $\delta = +14^\circ,9$, h = $54^\circ,8$. Ganz klar, über der Stadt Rauch. Zumeist unruhig, wodurch längere Pausen im Zeichnen entstehen; doch auch einige Momente mit guter Luft. F. d. R.: Die Lithographie gibt das Leuchten des Originales gut wieder. Die feineren Zeichnungen erscheinen jedoch etwas verschwommen, so namentlich die kleinen Krater des Bildes, deren helle Wälle kaum erkenntlich sind. Im Süden sollte das ebene Terrain etwas dunkler sein.

Fig. 20. **Vendelinus.** Sonnenuntergang. 1890 September 30, $13^h - 14\frac{3}{4}^h$. A = $164,71$, $\delta = +11^\circ,7$, h = $51^\circ,0$. Klar, doch zu Beginn Schleier um den Mond. Zeitweilig äusserst unruhiges Bild, so dass Alles halbe Minuten lang völlig verwaschen erscheint. Stürmisch. Gegen Ende ist die Luft durchsichtiger und ruhiger. Das Detail im Inneren der Wallebene war Anfangs nicht deutlich zu sehen; später störte der fortschreitende Schattenwurf des Ostwalles. Im NO. von *Vendelinus* befindet sich sehr viel feines Detail, welches kaum erkannt werden kann. F. d. R.: Das Leuchten des Bildes ist gut gelungen. Von dem feinsten Detail der lithographischen Reproduction gilt wieder dasselbe, wie bei Fig. 19.

Bemerkungen.

Zu meiner Zeichnung vom 10. Mai 1889 (Tafel II, Fig. 9) ist zu bemerken, dass dieselbe jene nordwestliche Partie des Walles von *Gassendi* enthält, auf dessen mauerartigem Kamm C. M. Gaudibert in Vaison (Vaucluse) einen Tag später, am 11. Mai 1889, einen neuen Krater „schwarz wie Tinte" (L'Astronomie, juillet 1889, p. 275) mit einem Telescop von $9\frac{1}{2}$ Zoll Oeffnung entdeckt hat und welchen dieser hervorragende französische Selenograph für eine Neubildung zu halten geneigt ist. Auf meinem Bilde, für welches der Ostwall von *Gassendi* noch ganz im Schatten liegt und die Lichtgrenze durch etwa 39° östlicher Länge geht, ist der genannte Krater nicht zu sehen, wohl aber der an denselben schliessende Querwall, auf welchen Gandibert aufmerksam gemacht und den Dr. H. J. Klein im „Sirius", 1889, Heft 10, p. 218 näher beschreibt. Nach Gaudibert's Darstellung des Verlaufes seiner Entdeckung (L'Astronomie, septembre 1889, p. 343) dürfte dieser Krater auch vergeblich auf meiner Zeichnung vom vorhergehenden Abend zu suchen sein. Denn Gaudibert erblickte ihn am 11. Mai 1889 erst nach zweistündiger Beobachtung, nachdem der Krater durch die fortschreitende Beleuchtung seiner Umgebung aus dem Schatten einer westlich gelegenen Felswand getreten war. Man kann deshalb schliessen, dass derselbe auf einer Felsterrasse nicht allzutief des Kammes liege und eine bestimmte Sonnenhöhe, von etwa 13°, benöthige, um als Krater erkannt zu werden. Doch auch dann erscheint er ostwärts mit dem Schatten des Ringwalles in Verbindung (vgl. Gandibert's Detailzeichnung a. a. O. p. 343) und dürfte sich zufolge seiner Kleinheit bei nur etwas unruhiger Luft kaum andern, wie in einer dunkler Einschnitt in die helle Kammlinie darstellen oder aber leicht ganz übersehen werden. Gandibert erwähnt weiter, dass am 10. Juni 1889, als die Lichtgrenze schon weit jenseits *Schikard* lag, d. i. etwa zwei Tage nach Sonnenaufgang für *Gassendi*, der Krater nicht mehr schwarz, sondern dunkelgrau erschien, so dass also bei einer Sonnenhöhe von $25^\circ - 30^\circ$ die Sichtbarkeitverhältnisse wieder ungünstiger werden. — Um mir selbst ein Urtheil über dieses neuentdeckte Object zu bilden, betrachtete ich mehrfach *Gassendi* bei günstiger Beleuchtung mit dem Steinheil'schen 6-Zöller. Am 5. October 1889, als die Lichtgrenze durch *Mersenius* ging, suchte ich unter Anwendung verschiedener Vergrösserungen anderthalb Stunden umsonst nach dem Krater, obwohl meine ganze Aufmerksamkeit auf die kleine Stelle des Nordwestwalles concentrirt war und ich die Gandibert'sche Skizze zur Hand hatte. Freilich stand der Mond tief ($\delta = -16^\circ$), und die anfangs etwas unruhige Luft wurde bald nebig und schleierhaft. Am 3. November 1889 um 8^h mittl. Prager Zeit ging die Sonne gerade für den Westwall von *Gassendi* auf, fast ganz so, wie auf meiner Zeichnung vom 10. Mai 1889. Der Querwall war wieder gut und leicht zu sehen, diesmal mit einem feinen Einschnitt am Ort des Kraters, welcher aber mehr geahnt, als deutlich erkannt wurde, da wieder die Luft schleierhaft und rauchertüllt gewesen ($\delta = -6\frac{1}{2}^\circ$). Am 1. Februar 1890, 0^h mittl. Prager Zeit, wo die Lichtgrenze über den Westwall von *Schikard* und östlich von *Herodot* ging, stand der Mond mit einer Declination von + 23¹/₂° zu weit vor dem Meridiane, um den 6-Zöller benützen zu können, weshalb ich das grössere Fraunhofer'sche Fernrohr von 3,6 Zoll Oeffnung mit 160-facher Vergrösserung verwendete. Mit diesem glaubte ich ziemlich sicher den fraglichen Krater zu sehen, ohne jedoch zu einer klaren Anschauung der Form und Lage zu kommen, da wieder die Luft trotz des hohen Mondstandes unruhig und über der Stadt viel Nebel war. Am 1. April 1890, 8ʰ mittl. Prager Zeit ging die Lichtgrenze abermals über den Westwall von *Schikard*, zugleich stand der Mond in günstiger Declination ($\delta = + 16°$) so nahe zum Meridian, dass ich das Steinheil'sche Instrument mit dem oxryscopischen Oculare in Gebrauch nehmen konnte. Ich sah nun den Gaudibert'schen Krater deutlich, tiefschwarz und rund, und fertigte eine Skizze desselben mit seiner nächsten Umgebung an. Der Schatten des fast geradlinig verlaufenden Kammes am Nordwestwalle von *Gassendi*, von der Südwestecke der nördlich an *Gassendi* schliessenden Ringebene A bis zur Scharte P (vgl. Klein's schöne *Gassendi*-Karte im „Sirius", 1890, Heft 1), hatte sich völlig zurückgezogen, und der kleine schwarze, runde Fleck lag, den erwähnten Kamm tangirend, nach der Innenseite des *Gassendi*. Ich schätzte seinen Durchmesser auf 1,63 bis 1,95 Kilometer (0",87 bis 1",05). Derselbe, in Schmidt's grosse Mondkarte eingetragen, würde somit eine Grösse von 0,91 bis 1,09 Millimeter haben. Da der Krater g (Klein) = n (Neison) im südlichen Inneren von *Gassendi*, welchen ich an demselben Abend gleichfalls ohne Mühe wahrgenommen, bei Schmidt einen Durchmesser von 1,2 Millimeter hat (dieser ist schon von Schröter beobachtet worden, während er bei Lohrmann und Mädler fehlt), so könnte man sich in der That darüber wundern, dass Schmidt, welcher noch kleinere Objecte verzeichnet hat, den Gaudibert'schen Krater übersehen habe, wenn nicht dem gegenüberzuhalten wäre, dass jener Krater auch nach meinen Erfahrungen nur unter bestimmten Beleuchtungsverhältnissen, welche gerade bei *Gassendi* sehr in die Wagschale fallen, als solcher zu erkennen ist. — In der Gaudibert'schen Zeichnung der ganzen Wallebene, die derselbe a. a. O. p. 342 gibt, beträgt der meridionale Durchmesser von *Gassendi* 98 Millimeter, der innere Kraterdurchmesser 0,7 Millimeter. Auf Klein's *Gassendi*-Karte ist das Verhältniss 110 : 0,6. Nach meiner Schätzung hingegen wäre dieser Durchmesser doppelt so gross anfzufassen, was auch in ziemlich gutem Einklange mit Gaudibert's Specialkarte a. a. O. p. 343 steht. — Nebenbei werde hier noch bemerkt, dass *Gassendi*'s innerer Meridiandurchmesser bei Mädler 23—24 Millimeter, bei Schmidt 57—58 Millimeter beträgt, was dem Verhältnisse des Massstabes beider Karten, welches 1 : 2 ist, nicht entspricht. Bekanntlich hat Schmidt seiner Mondkarte die Lohrmann'schen Messungen zu Grunde gelegt, und Mädler weicht trotz gleichen Karten-Massstabes von Lohrmann beträchtlich ab, indem Letzterer jenen Durchmesser zu 27—29 Millimeter darstellt. — Schliesslich sei noch erwähnt, dass meine erste *Gassendi*-Abbildung vom 6. April 1884 (Prager astron. Beob. v. 1884, Tafel II, Fig. 12) den Gaudibert'schen Krater ebenfalls nicht zeigt. Es darf dies aber insoferne nicht Wunder nehmen, als der damalige Luftzustand mich auch keinerlei Krater oder Rille im Inneren der Wallebene erkennen liess und bei dem kleinen Massstabe des Bildes der fragliche Krater auf die Grösse eines Zehntel-Millimeters oder die Breite eines feinen Bleistiftstriches haben würde. Ueberdies war für jenes Bild der Sonnenstand zur günstigen Wahrnehmung des Kraters noch nicht hoch genug.

Tafel III, Fig. 16 zeigt im unteren Theile des Bildes und nahe zur Mitte zwischen dem Krater *Lindenau* C (Mädler) und dem *Altai*-Gebirge einen grösseren Krater, dessen Wall nur matt beleuchtet erscheint und welcher einen Durchmesser von etwa 1,2 geogr. Meilen hat. Derselbe fehlt trotz seiner nicht unbedeutenden Grösse bei Schmidt und den übrigen Selenographen.

Ferner findet sich in ähnlicher Weise auf Fig. 19 der folgenden Tafel nordwestlich von *Billy* ein von mir am 1. April 1890 eingezeichneter Krater von etwa ¹/₂ geogr. Meilen Durchmesser (im Bilde der tiefere von den zwei, nahe gleich grossen und fast senkrecht unter einander auf ebenem Terrain liegenden, kleinen Kratern), welcher sich gleichfalls weder bei Schmidt, noch bei Anderen nachweisen lässt.

Von letzteren beiden Objecten wird später noch ausführlich die Rede sein. Hier sollten dieselben nur im Anschluss an jene Tafeln dieses Bandes, welche meine Mondzeichnungen am Fernrohr darstellen, kurz erwähnt werden.

Mondzeichnungen nach Photographieen der Lick-Sternwarte.

Herr Professor Edward S. Holden, Director der Lick-Sternwarte am Mt. Hamilton in Californien, hatte im November 1889 die Güte, mir das freundliche Anerbieten zu machen, eine Reihe der besten, im Focus des 36-zölligen Refractors dieser Sternwarte aufgenommenen,[*] Mondnegative nach Prag senden zu wollen, damit dieselben hier ebensowohl als Grundlage für meine Zeichnungen von Mondkratern und Mondlandschaften am Fernrohr, wie auch zu selbstständigen Specialstudien der Mondoberfläche dienen möchten. Auf diesen Vorschlag ging ich um so freudiger ein, als nach Obigem die Verwendbarkeit des Prager 6-Zöllers für den Mond immer beschränkter wurde und derart mir die Möglichkeit geboten war, an den schönen Erfolgen des gegenwärtig grössten Instrumentes der Welt Theil nehmen zu können. Bis zur genannten Zeit hatte ich 54 Mondzeichnungen am Fernrohr ausgeführt und durfte insoferne auch annehmen, für eine solch' neue Aufgabe die nothwendige Uebung der Hand und des Auges reichlich zu besitzen.

Seit Beginn des Jahres 1890 sandte mir hierauf Herr Professor Holden fortlaufend zahlreiches Plattenmaterial für fast jeden Tag der Lunation, und ich bin demselben ebensosehr für die Anregung zu diesen Arbeiten, wie auch für die werthvolle Schenkung der trefflichen Lick-Platten an die Prager Sternwarte zu grösstem Danke verbunden.

Der erste Anblick eines, von Herrn Professor Burnham an der Lick-Sternwarte im Jahre 1888 aufgenommenen, Mondpositives auf Glas unter starker Ocular-Vergrösserung machte es mir sofort klar, dass die transparente Betrachtung solcher Platten jeder Copie auf Papier bei Weitem überlegen ist und fähig erscheint, ein überaus mannigfaltiges Detail zu enthüllen, wenn auch die Klarheit und Schärfe desselben in einigen Fällen noch Manches zu wünschen übrig liess. Vor Allem zeigte sich die Plastik der photographischen Mondlandschaften in wundervoller Schönheit, und es konnte keinem Zweifel unterliegen, dass eine vergrösserte, möglichst treue Wiedergabe einzelner Mondpartieen nach diesen Platten für die Förderung der Selenographie von höchstem Werthe sein musste.

Ich trug mich deshalb sehr bald mit dem Gedanken, solche vergrösserte Darstellungen in Angriff zu nehmen. Da jede Vergrösserung auf nur photographischem Wege

---

[*] Der grosse Refractor der Lick-Sternwarte hat eine Objectiv-Oeffnung von 36 engl. Zoll (0,914 Meter) und eine optische Brennweite von 56 engl. Fuss, 6 Zoll (17,221 Meter). Für photographische Zwecke wird vor das optische, aus zwei Linsen bestehende, Objectiv eine dritte Linse von 33 engl. Zoll (0,838 Meter) Durchmesser als „photographic corrector" gebracht. Dieselbe verwandelt nach Rutherfurd's Methode das Fernrohr in eine gigantische Camera von 33 Zoll Oeffnung und 47 Fuss, 6,2 Zoll (14,488 Meter) Brennweite. Da in Folge der dreifachen Linsen-Combination der chemische Focus um nahe 9 engl. Fuss (2,738 Meter) sich näher zum Objective, als der optische, befindet, so ist an dieser Stelle das Rohr zur Aufnahme der photographischen Cassette durchbrochen, gleichzeitig aber auch die Einrichtung getroffen, dass der nun überflüssige Oculartheil des Rohres nach Belieben ganz abgenommen werden kann.

mit zahlreichen Mängeln behaftet ist und namentlich an Schärfe und Intensität dem Originale nachsteht, so schloss ich von Vornherein diese Methode aus und betrat den Weg des vergrösserten Zeichnens und Tuschirens (Uebermalen mit Tusche) bei aufmerksamster, transparenter Betrachtung der Originalplatte, welches in diesem Falle mit höchster Vollkommenheit und, so zu sagen, absoluter Treue bewerkstelligt werden kann, da jederzeit eine Fortsetzung der Arbeit, eine Controle und Verbesserung derselben möglich ist. In letzterer Beziehung boten sich mir zwei Methoden dar.

Die erste Methode besteht darin, dass man mittelst der Camera obscura sehr blasse photographische Vergrösserungen einzelner Particeen der Originalplatte auf geeignetem Papier herstellt und diese bis zur vollen Intensität des Originales retouchirt. Um dessen Leuchten einigermassen zu erreichen, ist es nothwendig, diese Copieen möglichst schwach zu nehmen, wodurch aber vom Bilde nur die Hauptzüge übrig bleiben und das Retouchiren fast einem vollständigen Neumalen gleichkommt. Die zweite Methode baut das ganze Bild auf zeichnerischem Wege neu auf, verlangt aber nicht allein die grösste Fertigkeit in der Führung des Stiftes und Pinsels, sondern auch die entsprechenden Vorkehrungen, um die beabsichtigte Vergrösserung mit mathematischer Genauigkeit zu erhalten.

Für beide Methoden war ein geeigneter Apparat zur transparenten Betrachtung der Glaspositive (Diapositive) unerlässlich. Derselbe wurde, nachdem das k. k. Unterrichts-Ministerium die dafür nothwendige Summe bewilligt hatte, dem Dresdener Präcisions-Mechaniker, Herrn G. Heyde in Auftrag gegeben und von diesem im Mai 1890 zu meiner vollen Zufriedenheit fertiggestellt. Später, nachdem der Apparat einige Zeit in Gebrauch gewesen, erfuhr derselbe noch einige Verbesserungen, welche in Prag von Herrn Mechaniker R. Eitel ausgeführt wurden. Die Beschreibung dieses Apparates soll weiter unten folgen.

Bei der ersten oder photographischen Methode leistete mir der hiesige k. u. k. Hof- und Kammerphotograph, Herr H. Eckert die bereitwilligsten und erspriesslichsten Dienste, indem derselbe mir zahlreiche, vierfache Vergrösserungen einzelner Mondlandschaften auf sog. Salzpapier, das für ein Aquarellmalen am tauglichsten erschien, anfertigte, welche dann als Grundlagen für die bemerkten Retouchirungen dienen sollten. Ausserdem stellte er mir, sobald ich dessen nur bedurfte, vorzügliche Glaspositive nach den, von der Lick-Sternwarte geschickten, Modnegativen her. Herrn Eckert gebührt um so grösserer Dank für die hiermit verknüpften Mühen, als derselbe seine werthvolle Unterstützung der Prager Sternwarte unter Ablehnung jeder Vergütung widmete. Auch Herrn Stud. med. L. Mach in Prag, welcher auf dem Gebiete der wissenschaftlichen Photographie ebenso reiche Uebung als Erfahrung besitzt, habe ich gleichfalls für die Herstellung einiger schöner Glaspositive des Mondes nach den Lick-Negativen zu danken. — Nach der erwähnten photographischen Methode führte ich das *Mare Crisium*, von Secchi im Süden bis *Berzelius* im Norden, nach der Lick-Aufnahme vom 23. August 1888 vierfach vergrössert mit Tusche aus und benöthigte zu dieser, wegen der Kleinheit des Details sehr mühsamen, Arbeit $34^3/_4$ Stunden. Ich fand es dabei ungünstig, dass das sog. Salzpapier, wie es allgemein zur photographischen Malerei verwendet wird, überaus hygroscopisch ist und deshalb ein sehr vorsichtiges, zeitraubendes Trocken-Malen beansprucht, dass andererseits jedes photographische Papier in Folge des chemischen Processes, den es durchzumachen hat, an Weisse einbüsst und insoferne kein genügendes Leuchten der hellen Mondpartieen zulässt. Wesentlich aus letzterem Grunde wandte ich mich bald der zweiten Methode zu, da bei ihr das photographische Papier durch bestes, weisses Zeichenpapier ersetzt wird.

Da diese zweite Methode ein möglichst exactes Vergrösserungszeichnen erfordert, so wurde zunächst an das bekannte Verfahren gedacht, dass man das Original mit einem Strichnetze überzieht, dieses, beliebig vergrössert, auf das Papier überträgt und dann innerhalb eines kleinsten Quadrates oder Rechteckes das Gesehene nach seinem Verhältniss einträgt. Je stärker die Vergrösserung genommen wird, desto enger ist natürlich das Strichnetz auf dem Originale zu ziehen, sobald man volle Gewähr für die Richtigkeit der Vergrösserung in allen Theilen verlangt. Da es selbstverständlich nicht anging, auf dem Glaspositive ein Liniennetz zu verzeichnen, so wurden zunächst Versuche mit Pauspapieren gemacht, welche ein Millimeternetz trugen; doch zeigte sich auch die beste Sorte derselben für den beabsichtigten Zweck nicht durchsichtig genug. Es blieb deshalb nur übrig, eine planparallele Glasplatte, welche füglich auf einen schmalen Streifen reducirt werden konnte, mit einer Quadratmillimeter-Theilung zu versehen, diese mit der Strichseite auf das Original zu pressen und sodann die Zeichnung innerhalb des vergrösserten Netzes zu entwerfen. Ich muss es als besonders günstigen Umstand betrachten, dass Herr Mechaniker Heyde die Anfertigung solcher Scalen sofort in Angriff nahm und nach einigen vergeblichen Versuchen auf dem Wege der Aetzung zu gutem Resultate gelangte. Auf solche Art wurde die zehnfache Vergrösserung von *Archimedes* nach der Lick-Aufnahme vom 15. August 1888 mit östlichem Schattenwurfe und ein zweites Bild dieser Wallebene nach der Lick-Aufnahme vom 27. August 1888 mit westlichem Schattenwurfe ausgeführt. Ersteres erforderte $44^3/_4$, letzteres 43 Arbeitsstunden. In gleicher Weise ist nach denselben beiden Platten die Wallebene *Arzachel* zweimal und mit entgegengesetztem Schattenwurfe, zehnfach vergrössert, in $42^3/_4$ bezw. $49^1/_4$ Arbeitsstunden gezeichnet worden. Hierauf wurde die Vergrösserung noch weiter gesteigert und die prächtige Wallebene *Petavius* nach der Lick-Aufnahme vom 31. August 1890 in zwanzigfacher Vergrösserung dargestellt, welche bedeutend umfangreichere Arbeit insgesammt $120^1/_2$ Zeichenstunden beanspruchte. Dieser erste Versuch einer 20-fachen Vergrösserung nach den Lick-Platten kann als vollkommen gelungen betrachtet werden und hat in mir den Entschluss gereift, künftig nur solche vorzunehmen. Er dürfte aber zugleich diejenige Grenze bilden, welche mit Rücksicht auf die Kleinheit des Ocular-Gesichtsfeldes, auf das Korn der Platte und gewisse Unbestimmtheiten der photographischen Aufnahme, wenigstens in ihrem jetzigen Stadium der Entwicklung, nicht gut überschritten wird. — Da solche Zeichnungen nach gelungenen Mondphotographieen wohl geeignet sind, eine neue Aera für die Topographie des Mondes herbeizuführen, und die Leistung des Einzelnen in Anbetracht der äusserst mühevollen und langwierigen Arbeit stets nur eine engbegrenzte sein kann, so wäre es überaus wünschenswerth, dass auch andere Selenographen sich der Herstellung ähnlicher Zeichnungen unterziehen möchten. Dazu erscheint aber nebst reicher Erfahrung in der Beobachtung des Mondes die grösste Fertigkeit im Zeichnen und Malen unbedingt nothwendig; denn gerade bei dieser Arbeit, die Jedermann auf ihre Vollkommenheit zu prüfen vermag, ist vom Werthvollen zum Werthlosen nur ein Schritt.

Die erwähnten Zeichnungen oder richtiger Tuschirungen des *Mare Crisium*, von *Archimedes-Arzachel* und *Petavius* sind auf den letzten Tafeln dieses Bandes (6., 7. und 9. Tafel) heliographisch reproducirt. Diese Heliogravuren stammen ebenfalls vom k. u. k. militär-geographischen Institute in Wien, und fühle mich abermals veranlasst, ebensowohl der Direction dieses Institutes für die bereite Uebernahme der Arbeit, als auch dem Heliogravure-Abtheilungsleiter, Herrn Official R. Maschek für

— 50 —

die sorgfältige und meisterhafte Durchführung derselben den verbindlichsten Dank auszusprechen.

Es folge nun die Beschreibung des Zeichenapparates und die Discussion der einzelnen, aus den Lick-Photographieen gewonnenen, Mondlandschaften.

Apparat zum vergrösserten Zeichnen nach Diapositiven.

Derselbe wurde nach meinen Angaben von Mechaniker G. Heyde in Dresden angefertigt und später, nachdem einige Erfahrungen mit ihm gewonnen worden, in Prag durch Mechaniker R. Eitel verbessert. Die hier gegebene Zinkographie stellt den Apparat in seiner ersten Gestalt dar. Die Beschreibung soll sich jedoch auf seine definitive Form beziehen.

Der Apparat besteht aus einem rechteckigen Holzrahmen, welcher auf einem niedrigen Kasten aufgesetzt ist. Dieser Rahmen trägt innerhalb zweier horizontaler Leisten die zu besichtigende Glasplatte.

Beide Leisten sind in verticaler Richtung beweglich, die obere zur Einführung des Diapositives, indem dieselbe mittelst einer daran befestigten Messingstange in die Höhe gezogen wird, die untere, um die eingefügte Platte nach Bedarf höher oder tiefer stellen zu können, damit das betrachtete Object stets die gleiche Augenhöhe erhalte. Ist diese Orientirung geschehen, so wird die untere Leiste durch zwei seitliche Schrauben festgemacht. Derart können grosse und ganz kleine Platten mit derselben Bequemlichkeit zur Untersuchung herangezogen werden. Da die Lick-Platten eine Höhe von 253 mm. und eine Breite von 202 mm. haben, so wurden diese Grössen als Maximaldimensionen angenommen. In Anbetracht derselben erhielt der Rahmen eine Höhe von 49,3 cm. und eine Breite von 26,5 cm. Die Gesammthöhe des Apparates mit dem Kasten ist 60,3 cm. Dem Rahmen kann eine beliebige Neigung nach rückwärts gegeben werden; diese Beweglichkeit erschien jedoch fürs Zeichnen unwesentlich, da letzteres bei verticaler Lage des Rahmens sehr gut zu bewerkstelligen war. Hinter dem

Diapositive kann eine mattirte Glastafel in den Rahmen geschoben werden, welche das auf die Platte fallende Licht zerstreut. Dasselbe wird auf das transparente Glaspositiv entweder durch eine Lampe mit Reflector geworfen oder durch einen parabolischen Spiegel, welcher dem, zur linken Hand des Zeichners befindlichen, Fenster zugekehrt wird. Dieser Spiegel kann auf einer, an der rechten Rahmenseite befestigten, Stange vertical verschoben, ferner um eine horizontale Axe gedreht und auch der Platte mehr oder weniger genähert werden. Für mein Zeichnen wurde stets nur Tageslicht und der parabolische Spiegel verwendet.

Von grösster Wichtigkeit erschien die zweckmässige Montirung des Oculars, mit welchem die Platte vergrössert betrachtet werden sollte. Massgebend war dabei, dass die Einstellung desselben auf eine bestimmte Stelle der Platte leicht und sicher geschähe, dass ferner das justirte Ocular in constanter Entfernung von der Platte erhalten bleibe. Es wurde deshalb die Einrichtung einer doppelten Coordinatenbewegung in zwei zu einander senkrechten Richtungen getroffen. Im Bilde sieht man zunächst zwei verticale Stangen, welche auf beiden Seiten des Rahmens befestigt sind. Diese dienen dem Oculartrüger, einem Rechteck mit zwei längeren horizontalen Stangen, als Führung im verticalen Sinne. Das Ocular selbst gleitet an einer der beiden Horizontalstangen nach rechts oder links, wodurch es in Verbindung mit der Verticalbewegung des Rechteckes nach allen Stellen der Platte gelangt. Zweckdienlich ist es, jede der Horizontalstangen mit mehreren Ocularen zu versehen, um schnell hintereinander dasselbe Object mit verschiedenen Vergrösserungen in Augenschein nehmen oder auch entferntere Objecte gleichzeitig zum Vergleich heranziehen zu können. Natürlich ist es auch zu empfehlen, die Ocularhülsen zum beliebigen Vertauschen der Oculare einzurichten. Zunächst wurden drei Oculare dem Apparate beigegeben. Zwei rühren von Mechaniker Heyde her und haben nach dessen Angaben die Aequivalent-Brennweiten von 41,15 mm. und 25,20 mm. Das dritte wurde bei Reinfelder & Hertel in München bestellt und als Micrometer-Ocular, bestehend aus zwei achromatischen Objectiven, mit einer Brennweite von $^1/_2$ Pariser Zoll = 13,53 mm. in vorzüglicher Qualität geliefert. Nehme ich meine deutliche Sehweite zu 28 cm. an, so entsprechen diesen Ocularen die Linear-Vergrösserungen: 7,8, 12,1 und 21,7.

Für das Zeichnen nach bestimmtem Vergrösserungs-Massstabe wird weiter ein Glasstreifen mit Quadratmillimeter-Theilung so auf die Glasplatte gelegt, dass die Strichseite zur Vermeidung jeder störenden Parallaxe möglichst innig die photographische Schicht berühre. Dies geschieht durch Benützung zweier Federn, welche ihre Führung in der oberen und unteren Leiste haben, und welche nach erfolgter Orientirung der Glasscala festgezogen werden, da es wesentlich ist, dass die Scala nach begonnener Arbeit völlig unverrückt bleibe. Das Bild zeigt dieses Arrangement in sehr deutlicher Weise.

Beim Zeichnen wird die Schieblade des Kastens herausgezogen und auf diese ein kleines Zeichentischchen mit einem Widerhalt für das Zeichenbrett und zwei seitlichen, verstellbaren Backen als Stütze für die Arme des Zeichners gesetzt. Da das Tischchen auf der Lade höher oder tiefer befestigt werden kann, so gibt dieser Umstand im Verein mit der Beweglichkeit der Schieblade ausreichenden Spielraum für die bequemste Neigung der kleinen Zeichentafel. Damit der Apparat nicht ins Kippen gerathe, wird der Kasten an seiner Rückseite mit Bleigewichten beschwert. Zur Unterbringung derjenigen Zeichen- und Malutensilien, welche schnell zur Hand sein sollen, können noch seitlich am Kasten zwei kleine Consolen angebracht werden.

Schliesslich sei noch erwähnt, dass ich im Jahre 1892 einen zweiten, bedeutend grösseren Apparat gebaut habe, welcher namentlich gestattet, zwei Platten gleichzeitig neben einander zu betrachten und diesen eine beliebige Drehung gegen die Verticale zu geben.

Mare Crisium.

(Vgl. 6. Tafel.)

Der wundervoll plastische Effect einer, von Professor Burnham auf der Lick-Sternwarte am 23. August 1888*) aufgenommenen, Mond-Photographie in ihren westlichen Partieen und vor Allem der überraschend schöne Eindruck, den das hochinteressante *Mare Crisium* mit seiner Umgebung auf mich machte, gaben mir die Anregung dazu, dass ich gerade mit diesem Bilde meine Mondzeichnungen nach den ausgezeichneten Lick-Photographieen begann. Ich bemerke, dass die Schönheit der gleichen Mondlandschaft mich auch am 14. März 1884 zur Inangriffnahme meiner, in den Prager Sternwarten-Annalen publicirten, Zeichnungen einzelner Mondgegenden am Fernrohr begeistert hat.

Das hier dargestellte Bild des nordwestlichen Mondrandes reicht von *Secchi* im Süden bis *Berzelius* im Norden und ist, wie erwähnt, derart erhalten worden, dass die betreffende Partie der Originalplatte vier mal vergrössert photographirt und dann in möglichst lichter Nuancirung auf sog. Salzpapier übertragen wurde. Dieses vergrösserte Positiv auf Papier bildete die Grundlage meiner Tuschirung, welche $34^3/_4$ Stunden in Anspruch nahm. Obwohl die photographische Papier-Copie so blass hergestellt wurde, dass sie nur mehr eine Andeutung der Contouren gab, so wäre doch das prächtige Leuchten der Originalplatte nicht erzielt worden, wenn es nicht gelungen wäre, dem Schattenwurf auf dem Monde die grössten Tiefen zu geben, wozu stark gummirte schwarze Farben nothwendig waren, die ich mir günstiger Weise aus Düsseldorf und Leipzig verschaffen konnte. Die heliographische Reproduction ist im Allgemeinen als vorzüglich zu bezeichnen, wenn auch dieselbe die feinsten Töne und Uebergänge der Tuschirung nur unvollkommen wiedergibt, was besonders von dem westlichen Inneren des *Mare Crisium* gilt, das sich auf dem Originale etwas weiter fortsetzt und dort noch einige Höhenzüge schwach erkennen lässt.

Vergleicht man zunächst übersichtsweise das mächtige Bergland, welches das *Mare Crisium* nach Süden, Osten und Norden einrahmt, in seiner herrlichen Plastik auf der Photographie, in seiner Gliederung und Gruppirung, seinen Plateaus und Thälern mit den Abbildungen von Schmidt, Mädler und Lohrmann, so findet man, dass Jeder dieser hervorragenden Selenographen einzelne Partieen mit grosser Treue dargestellt, jedoch Keiner das Ganze mit Vollkommenheit erfasst hat. Am meisten nähert sich Mädler der Wahrheit, und es ist zu bewundern, wie viel derselbe bei so complicirtem Terrain auf dem Wege der schematischen Zeichnung völlig richtig zur Anschauung gebracht hat. An Detail überragt bekanntlich Schmidt alle seine Vorgänger; doch ist dasselbe in manchen Fällen der Verbesserung fähig. Es werde deshalb die speciellere Vergleichung mit den Schmidt'schen Sectionen XI und XII, welche den Westrand des Mondes von *Langrenus* bis *Geminus* geben, vorgenommen. Die Bezeichnungsweise ist den letzteren entlehnt (als

---

*) Die Ortszeit der Aufnahme war leider nicht notirt worden.

Nummer oder Buchstabe) und stellenweise derselben auch noch die bekanntere von Mädler oder Neison angefügt.

Beginnen wir mit dem Inneren des *Mare Crisium*.

Schmidt hat wohl zahlreichere Bergzüge von meridionaler Richtung als die Photographie; doch sind dieselben nicht immer correct eingetragen. Der mittelste Höhenzug mit der südlichen Gabelung in der Höhe von Nr. 20 (*Picard*) zeigt letztere in Wirklichkeit mehr offen, den westlichen Ast mehr nach Westen ausgebogen und deren südlichen Abschluss nicht so convex. Andererseits ist im Süden und Südwesten von Krater F der Hauptcharakter der Höhenzüge ein anderer als bei Schmidt. Dort treten von Erhebungen umgrenzte Gebiete auf, die annähernd eine elliptische Form mit der Längsrichtung im Meridiane haben.

Sehr bemerkenswerth ist auf der vierfachen Vergrösserung die dunkle verwaschene Linie, welche bei Cap *Azout* (Nr. 2) △ beginnt, fast parallel zur Ostküste bis zum Krater *Picard s* verläuft, sich dann der Ostküste nähert, um schliesslich östlich vom Krater B wieder abzubiegen und die Richtung gegen Krater F hin zu nehmen. Während sämmtliche Selenographen den genannten Zug als niedrige Höhen darstellen, gibt die Photographie den Eindruck, als hätte man es hier mit einem terrassenartigen Abfall der Ostseite des Inneren nach Westen hin zu thun. Diese Anschauung drängte sich mir bereits auf, als ich die oben erwähnte Zeichnung des *Mare Crisium* vom 14. März 1884 am Fernrohr ausführte; andererseits spricht Dr. H. J. Klein im „Sirius", 1891, Heft 8 den gleichen Gedanken aus. Dieselbe Auffassung wird bestätigt durch die Betrachtung einer Lick-Aufnahme vom 20. Juli 1890 (Mondalter 4ᵈ 3ʰ) mit entgegengesetztem Schattenwurf, wenn auch für diese die Sonne schon etwas hoch steht (die Lichtgrenze liegt am Ostwall von *Guttamberg*). Dort ist namentlich die Terrassirung östlich vom Krater F bis Krater A (*Peirce* bei Neison) sehr deutlich zu erkennen und der weitere Verlauf wenigstens in einzelnen Partieen gut zu verfolgen.

Bei Mädler (nicht in der „Mappa Selenographica", sondern auf seiner Specialkarte des östlichen Randes des *Mare Crisium* in dessen Werke „Der Mond") und bei Neison sind die Krater A und B durch einen niedrigen Höhenzug mit einander verbunden. Dieser findet sich jedoch nicht bei Schmidt. Auch die Photographie hat nichts Aehnliches.

Krater *Eimmart s* (c bei Neison) zeigt auf der Lick-Aufnahme nach Süden eine deutliche kurze Verlängerung des Walles, ferner eine Senkung des SW.-Walles, wovon bei Schmidt keine Andeutung ist.

Die beiden, 1793 von Olbers in Bremen entdeckten, kleinen Krater, welche östlich von Nr. 21 (*Promontorium Agarum*) liegen, sind durch ihre beleuchteten östlichen Wände erkennbar. Eine Lick-Aufnahme vom 31. August 1890 mit etwas höherem Sonnenstande stellt sie vollkommen deutlich als Krater dar. Von den übrigen Kratern sagt Schmidt in dessen Beschreibung der Lohrmann'schen Karte in 25 Sectionen, p. 24: „Die Ebene ist von nur wenigen Kratern durchbrochen, von denen *Picard* am ansehnlichsten ist. Ein 6-füssiger Refractor lässt aber im Ganzen gegen 30 Krater, meist von der kleinsten Art wahrnehmen." Diese letzteren sind auf der vierfachen Vergrösserung nicht zu sehen, jedoch einige wohl bei stärkerer Vergrösserung und transparenter Betrachtung des Original-Positivs.

Die hellen Querstreifen im östlichen Theile des *Mare Crisium*, welche gegen Nr. 19 (*Proclus*) hin convergiren, sind südlich von A und zwischen A und B, namentlich auf dem Originale, gut erkennbar.

Die Meerenge (Pass), östlich von Krater *Picard e*, zeigt auf der Photographie nur den kleinen Krater am nördlichen Vorgebirge, diesen aber sehr klar. Die dort liegende östliche Bucht erscheint nicht, wie bei Schmidt, nach Norden hin offen, sondern geschlossen.

Betrachten wir weiter das Gebirgsland der **Umgebung** und gehen wir vom südlichen (oberen) zum nördlichen (unteren) Theile über.

Die Ringebene Nr. 4 (*Apollonius*) zeigt am Westwalle zwei Krater. Bei Schmidt sind dieselben zu weit südlich gesetzt.

Nordöstlich von *Apollonius* liegen zwei, einander nahe Krater. Der östliche f ist bei Mädler ziemlich richtig, der westliche zu klein gezeichnet. Nach der Photographie haben beide fast die gleiche Grösse.

Das grosse Thal *b*, östlich von *Apollonius*, mit der südlichen, umschlossenen Wallebene ist auf der Heliogravure in besonderer Deutlichkeit, Plastik und Schönheit zu sehen.

In der westlichen Länge + 50° und nördlichen Breite + 5°,5 (nach Mädler) d. i. westlich von der Ringebene Nr. 14 (*Taruntius*) verzeichnen Schmidt, Mädler und Lohrmann einen Krater ebenso kräftig und fast gleich gross mit zwei, südwestlich davon liegenden, zu einander nahen Kratern, deren östlicher bei Schmidt und Mädler mit *n* bezeichnet ist, während jener auf dem Original-Positiv viel verschwommener und umrahmt von hellem Wallkranze, dagegen auf der Heliogravure nur andeutungsweise, westlich von dem hellen Höhenzuge und in der Linie der Krater A und G, erscheint. Man muss deshalb schliessen, dass derselbe einen anderen Charakter als *n* oder A und G habe. Auf der Lick-Aufnahme vom 31. August 1890, sowie auch auf der angeführten Platte vom 20. Juli 1890 (mit entgegengesetztem Schattenwurf) ist er etwas besser, doch in demselben Verhältnisse zu sehen. Er scheint nach den Photographieen eine geringe Tiefe und wenig schroffe Wälle über der Ebene des *Mare Foecunditatis* zu besitzen. — In dieser Beziehung bieten die vielen Krater des Bildes interessante Vergleiche dar.

Der von *Proclus* nach NO. gehende sehr helle Lichtstreifen ist bei Mädler am besten dargestellt, wie bei diesem überhaupt die Lichtverhältnisse der Umgebung des *Mare Crisium* am richtigsten wiedergegeben sind.

Nördlich von dem sehr deutlich sichtbaren Krater am Ostwalle der Ringebene Nr. 18 (*Macrobius*) scheint am NO.-Walle nicht allein eine Ausbiegung, wie bei Schmidt, sondern ein kraterartiges Hochthal zu sein, da der einschliessende Innenwall und sein Schattenwurf erkenntlich sind.

Nordöstlich von *Macrobius* erstreckt sich nach Schmidt ein langes Hochthal, dessen westlicher terrassenartiger Abfall auf der Photographie durch eine lange Schattenlinie in sehr markirter Weise sichtbar ist. Der in diesen Absturz eingesprengte Krater ist ebenfalls gut erkenntlich.

Im Südwesten von *Macrobius c* hat Schmidt eine grosse Ringebene, welche jedoch ein, nach der Mitte vertieftes, Hochplateau zu sein scheint. Dasselbe zeigt am nordöstlichen Rande eine Kraterformation, die bei Schmidt nur als eine Ausbiegung des inneren Walles aufgefasst ist. Dort liegt, nach Süden anschliessend, die auch bei Schmidt dargestellte lange Kraterschlucht, von welcher westlich ein grösserer, gut sichtbarer Krater sich befindet.

Der Abfall des Hochgebirges an der Nordküste des *Mare Crisium* gegen die Wallebene Nr. 15 (*Cleomedes*) hin ist auf der Heliogravure sehr deutlich durch ein langes helles Band charakterisirt und scheint sehr schroff zu sein. Schmidt hat dort eine Unterbrechung durch eine kurze Querhöhe, welche auf der Photographie um Abhange selbst nicht sichtbar ist.

Am SO.-Walle von *Cleomedes* hat der längliche Krater (C bei Neison) nach NO. hin einen hellen Ansatz, welcher den Westwall einer dort befindlichen zangenartigen Bergformation bildet. Mädler und Neison haben daselbst unrichtiger Weise einen zweiten östlichen Krater. Im Norden des Inneren von *Cleomedes* sieht man deutlich, wie Krater A in die Wand des östlich liegenden länglichen Kraters eingelagert ist. Mädler und Neison geben an dieser Stelle fehlerhaft drei getrennte Krater. Besser hat dieselbe Lohrmann, am besten Schmidt aufgefasst, wie dies die angeführte Lick-Aufnahme vom 31. August 1890 zu erkennen gibt. Nordöstlich von A zieht sich in der Richtung von der Kraterebene Nr. 16 (*Tralles*) nach der Wallebene Nr. 14 (*Burckhardt*) ein langes tiefes Gebirgsthal, das bei Schmidt und Mädler ganz fehlt. Dagegen ist bei Schmidt mehr nördlich, mit paralleler Richtung zum Ostwall von *Cleomedes*, eine ähnlich gestaltete Bergformation eingetragen. Ueberhaupt ist hier, am Nordende von *Cleomedes*, der Gebirgsanstieg aus dem Inneren bei Schmidt nicht richtig dargestellt.

Südlich von der SW.-Ecke des *Cleomedes* liegt ein grösserer Krater. An diesem zeigt die Photographie einen starken Gebirgsabfall nach Westen, welcher mit dem Ostwalle des südlicher liegenden grossen Passes zum *Mare Crisium* in Verbindung ist. Schmidt hat diese Partie ganz eben und unrichtig.

Nordöstlich von *Tralles* und anschliessend daran liegt nach Schmidt ein ausgedehntes achterförmiges Doppelkrater-Gebilde m, welches bei Mädler und Neison ganz fehlt. Die Heliogravure lässt es ausgezeichnet erkennen, zeigt aber zugleich, dass das Südende nicht, wie bei Schmidt offen, sondern geschlossen ist, indem sich dort eine Höhe des südlichen Plateaus vorlagert und eindringt.

Südöstlich von *Burckhardt* schliesst sich an diese Wallebene eine längliche, ausgedehnte Kraterformation, die bei Neison fehlt. Bei Schmidt ist das Südende derselben gemäss der Photographie nicht richtig abgegrenzt.

Nahe in der Mitte zwischen *Burckhardt* und *Geminus* (Nr. 13) d sieht man auf der Heliogravure drei Krater in der Form eines Dreieckes gelagert. Schmidt hat an dieser Stelle drei ähnliche Objecte, die aber sämmtlich nicht geschlossen, sondern geöffnet erscheinen. Der Charakter des Hochlandes ist hier von Schmidt nicht getroffen worden.

Zwischen *Geminus* d und Nr. 17 (*Newcomb* bei Neison) liegen auf der Photographie vier leicht zu sehende Krater, die nach Südwest einen Halbkreis bilden. Der östlichste davon ist bei Schmidt falsch eingetragen. Er muss südöstlicher innerhalb des dortigen Gebirgsabfalles liegen. Auch die relativen Grössen dieser vier Krater sind nicht ganz richtig bei Schmidt.

Am Nordwall von *Geminus* gegen den Westwall von *Burckhardt* hin zeigt die Photographie eine kraterartige Formation, welche Schmidt als solche nicht hat.

Westlich von *Burckhardt* und *Geminus* erkennt man auf der Heliogravure deutlich ein langes schluchtenartiges Gebilde mit der Richtung nach SW., welches an die grosse *Petavius*-Rille erinnert. Schmidt führt dieses Object in seinem Rillen-Cataloge von 1866 unter Nr. 8 als thalförmige Rille an, welche schon 1824 von Lohrmann entdeckt wurde. Auch Mädler verzeichnet dieselbe.

Südlich von Nr. 22 (*Berzelius*) d und nordöstlich von *Geminus* zeigt die vierfache Vergrösserung eine Doppelkrater-Formation, welche am südlichen Abfalle eines an d schliessenden Bergplateaus liegt. Schmidt und Mädler haben dieses Object nicht, dafür aber ein längliches Kraterthal am östlichen Plateaurande, das auf der Photographie nicht sichtbar ist.

Die Ringebene *Berzelius* erscheint nach Süden gemäss der Photographie keineswegs so abgeschlossen, wie es Schmidt darstellt. Der östliche Wall verbindet sich dort mit dem südlichen Ausläufer, und der Uebergang vom Inneren nach Aussen erfolgt nach der Heliogravure ohne schroffen Anstieg.

Es seien hiermit nur einige Vergleichungen dieser trefflichen Aufnahme der Lick-Sternwarte vom 23. August 1888 gegeben. Dieselbe bietet ein unerschöpfliches Studium dar und hat als treues Document der Natur für alle Zeiten bleibenden Werth.

Archimedes.

(Vgl. 5. und 7. Tafel.)

Um das photographische Detail deutlicher zur Anschauung zu bringen und die Vergleichung mit Schmidt's grosser Mondkarte eingehender vornehmen zu können, ging ich nach Vollendung des *Mare Crisium*-Bildes von vierfacher zu zehnfacher Vergrösserung über. Ich beschränkte mich dabei auf eine einzelne Ringebene, beabsichtigte aber zugleich, dieselbe zur genaueren Erkenntniss ihres Reliefs zweimal mit entgegengesetztem Schattenwurf zu zeichnen. So wählte ich die schöne Ringebene *Archimedes* auf den Mondphotographieen der Lick-Sternwarte vom 15. August (Lichtgrenze am Ostwalle von *Parry*) und 27. August (Lichtgrenze am Westwalle von *Azophi*) 1888. Dieselben sind gleichfalls von Professor Burnham aufgenommen worden.[*]) Bei der Durchführung dieser Arbeit bediente ich mich der oben erörterten zweiten Vergrösserungsmethode d. h. ich legte die Quadratmillimeter-Glasscale mit der Strichseite auf die Schicht der photographischen Platte, presste die Scala zur Vermeidung jeglicher Parallaxe durch zwei starke Federn an das Diapositiv und betrachtete derart die, gleichsam mit dem Strichnetz überzogene, *Archimedes*-Landschaft mittelst der 21,7-fachen Linear-Vergrösserung. Alsdann wurde auf bestem Zeichenpapier das vergrösserte Netz mit Quadraten, deren Länge und Breite je 10 Millimeter betrug, in schwachen Linien entworfen und innerhalb desselben die Arbeit, zunächst mit Bleistift, begonnen. Erst, nachdem dieselbe in den Contouren und in der Schattirung, welch' letztere natürlich nicht zu kräftig sein durfte, fertiggestellt war, wurde die Scala vom Diapositive entfernt und hierauf die Zeichnung mit Tusche bezw. gummirter schwarzer Farbe bis zur höchsten Vollendung gedeckt. Um an dieselbe die letzte Feile anzulegen, wurde zum Schlusse die 22-fache Vergrösserung durch die 8-fache ersetzt, und die Kraft und das Leuchten des Diapositivs unter dieser schwächeren Vergrösserung auf das Bild übertragen. Es braucht wohl kaum hervorgehoben zu werden, dass das, in Anwendung dieser Methode nothwendige, Verhältniss-Zeichnen im Rahmen eines Quadratcentimeters mit voller Sicherheit und ohne Schwierigkeit ausgeführt werden kann. — Zu dem *Archimedes*-Bilde I in

---

[*]) Auch bei diesen fehlt eine nähere Zeitangabe, da sie Versuchsplatten waren.

der Grösse von 5 : 7 Centimeter benöthigte ich insgesammt 44²/₄, zu dem Bilde II in gleicher Grösse 43 Arbeitsstunden. Beide Zeichnungen sind auf der 5. und 7. Tafel dieses Bandes in lithographischer und heliographischer Reproduction wiedergegeben. Obwohl die zweite von grösserer Exactheit ist, wurde doch auch die erstere, welche für die „Publications of the Astronomical Society of the Pacific" (Vol. III, Nr. 19, 1891) angefertigt worden, zum Vergleiche aufgenommen. Diese Lithographie, welche eine sehr beachtenswerthe Leistung der Prager Firma A. Haase ist, beruht auf fünffachem Drucke in verschiedenen Tönen und kann schon deshalb, trotz aller Mühe und Sorgfalt des Steinzeichners, nicht ohne Fehler sein. Dieselbe gibt jedoch im Uebrigen den Charakter und die Stimmung der Originalzeichnung gut wieder. Bei Weitem treuer ist naturgemäss die Heliogravure. Wenn aber auch die Ausführung derselben als eine vorzügliche zu bezeichnen ist, so weist sie doch ebenfalls Mängel auf, indem die zarten Nuancirungen auf den hellen Wällen von *Archimedes*, sowie die Uebergangstöne von dunklen zu hellen Partieen und umgekehrt nur unvollkommen reproducirt erscheinen und auch die Feinheit der Heliogravure dem Originale nachsteht.

Gehen wir zur Discussion der Zeichnungen I und II über, deren erstere östlichen, die zweite westlichen Schattenwurf bei nahe gleicher Sonnenhöhe hat.

Fürs Erste erkennt man durch den unmittelbaren Anblick, dass die Ringebene auf I etwas grösser, als auf II erscheint, obwohl beide Bilder genau 10-fache Vergrösserungen der Original-Aufnahmen sind. Hieraus ist zu schliessen, dass auch der Monddurchmesser der Photographie vom 15. August 1888 grösser als jener der Photographie vom 27. August 1888 sein muss. In der That ergibt sich der Monddurchmesser, gemessen in der Richtung des Null-ten Meridianes (Richtung vom Ostwall von *Autolycus* zum Westwall von *Ptolemaeus* nach Mädler's „Mappa Selenographica"), für die Platte vom 15. August zu 130,0 Millimeter, dagegen für die Platte vom 27. August zu 119,7 Millimeter. Dies erklärt sich andererseits daraus, dass erstere Platte in der Nähe des Mond-Perigaeums (dasselbe fand statt am 14. August um 0ʰ mittl. Greenwich-er Zeit), dagegen letztere in der Nähe des Mond-Apogaeums (am 28. August um 1ʰ M. Gr. Z.) aufgenommen wurde. Abstrahirt man für eine genäherte Betrachtung von den Correctionen der Refraction, Parallaxe und Libration, so wird man daher das arithmetische Mittel der Dimensionen von I und II als zugehörig zur mittleren Entfernung des Mondes von der Erde ansehen können, für welch' letztere bekanntlich die 1 Meter grossen Mondkarten von Lohrmann und Mädler und die 2 Meter grosse Karte von Schmidt entworfen sind. *Archimedes* befindet sich bei Schmidt auf Sect. IV. — Was speciell die Librationswirkung beim Monde betrifft, so zeigt eine einfache Ueberlegung, dass für diese Ringebene wegen ihrer nahen Lage zum mittelsten Mondmeridian hauptsächlich nur die Libration in Breite in Betracht kommt. Da nun am 15. August der Mondmittelpunkt sich 4° über der Ekliptik, am 27. August 5° unter der Ekliptik befand, so muss auf ersterem Bilde mehr von den südlichen Partieen des Mondes, auf dem zweiten mehr von den nördlichen zu sehen sein. Da aber *Archimedes* in etwa 30° nördlicher selenographischer Breite liegt, so folgt daraus, dass diese Ringebene auf I dem sichtbaren Nordrande des Mondes näher liegen muss, als auf II. was auch der Anblick beider Diapositive bestätigt. Aus diesem Grunde müssen die meridionalen Dimensionen auf I perspectivisch verkürzt, auf II verlängert gegen jene sein, welche bei mittlerer geocentrischer Breiten-Libration (Mondmittelpunkt in der Ekliptik) stattfinden, erscheinen und zwar im vorliegenden Falle um wenig verschiedene Beträge, so dass das Mittel von I und II in roher Approximation auch als befreit von der Librationswirkung betrachtet werden kann.*)

Um nun für eine möglichst detaillirte Vergleichung mit Schmidt's Sect. IV auch ohne Entwurf von Contourzeichnungen nach I und II und Benennung der zahlreichen Objecte eines jeden Bildes durch Buchstaben oder Nummern verständlich zu sein, wird es sich empfehlen, die einzelnen Objecte durch Polarcoordinaten in Bezug auf einen leicht zu ermittelnden Coordinaten-Anfangspunkt zu charakterisiren. Als solcher würde sich der Mittelpunkt der Ringebene darbieten, falls deren Peripherie genügend regelmässig erschiene. Dies ist aber nicht der Fall. Ich habe deshalb die Mittelpunkte der beiden, im SO. und NW. von *Archimedes* befindlichen Krater A (im Bilde rechts oben) und C (im Bilde links unten) durch eine gerade Linie verbunden, dieselbe halbirt und diesen Halbirungspunkt, welcher nahe zur Mitte von *Archimedes* liegt, als Coordinaten-Anfangspunkt (O) angenommen. Indem weiter diese Linie AOC, sowie der durch O gehende Mondmeridian in Schmidt's Karte gezogen wurde, ergab sich als Winkel zwischen der Richtung OA und O-Süd der Betrag von 51°. Dieser, von AC aus im richtigen Sinne auf I und II eingetragen, kennzeichnete endlich auf jedem Bilde die Lage des Mondmeridianes durch O und derart die Cardinalrichtungen: Nord, Süd, Ost, West für die bemerkte Landschaft. Wird ferner der Winkel zwischen O-Nord und O-Object, gezählt von Nord über Ost herum, der Positionswinkel p des Objectes genannt, so erscheint die Lage desselben durch diesen Winkel p und den linearen Abstand d des Objectes von O vollständig bestimmt. Macht man die Einzeichnung des Meridianes auf beiden Bildern, so sieht man, dass derselbe auf II im oberen Theile um 15° nach Ost gedreht erscheint, was der Lage der Beleuchtungsgrenze zur verticalen Plattenkante auf beiden Diapositiven entspricht. Die letztere Verticalrichtung war aber bestimmend für die Orientirung der 10-fach vergrösserten Abbildungen.

Durch Vergleichung der Distanz AC auf I und II mit derselben Entfernung auf Schmidt's Karte unter der Voraussetzung, dass letztere correct gegeben ist, folgt sofort der Massstab meiner 10-fachen Vergrösserungen. Es ist AC bei Schmidt = 83,5 (bei Mädler 43,0), auf I = 61,0, auf II 57,0 Millimeter. Da von I und II das Mittel zu nehmen ist, um die Reduction auf die mittlere Mondentfernung zu erhalten, so sind die Dimensionen des Mittels beider Bilder im Verhältniss von 59,0 : 83,5 kleiner als bei Schmidt. Jede Längengrösse der Schmidt'schen Karte gibt daher durch Multiplication mit 0,7 ziemlich nahe die entsprechende Dimension im Massstabe meiner 10-fachen Vergrösserungen. Hieraus folgt weiter, dass I und II einem Mondbilde von 1,4 Meter Durchmesser angehören, welches etwa die Mitte zwischen der Mädler'schen und Schmidt'schen Mondkarte einnehmen würde. Da ferner bei Schmidt 1ᵐᵐ = 0,95687 = 1783,2 Meter ist, so ergibt sich, dass auf I und II: 1ᵐᵐ = 1,367 = 2,547 Kilometer = 0,343 geogr. Meilen ist. Eine Bestätigung dieser genäherten Beziehung zwischen Längen- und Winkelmass folgt auch aus der photographischen Brennweite des Lick-Refractors. Diese, zu 570,2 inches = 14,48295 Meter angenommen, resultirt als Winkel, welcher 1ᵐᵐ auf dem Dipositive entspricht, der Werth von 14,2419, also für die 10-fache lineare Vergrösserung 1ᵐᵐ = 1,2422. Wir können daher für I und II: 1ᵐᵐ = 1,4 annehmen.

---

*) Für eine strenge Berechnung der Libration fehlten, wie erwähnt, die genauen Aufnahmszeiten beider Platten.

In der folgenden Tabelle sind nun die bemerkenswerthesten Objecte auf I und II
mit Schmidt's Sect. IV durch Ablesung ihrer Positionswinkel (p) und Distanzen (d) verglichen worden. Um letztere auf ihre Uebereinstimmung prüfen zu können, sind die Dimensionen bei Schmidt mit $^{7}/_{10}$, auf I mit $^{59}/_{51}$, auf II mit $^{59}/_{57}$ multiplicirt und die so erhaltenen Zahlen als reducirte Distanzen bezeichnet. Das von Schmidt Verschiedene ist aus den, der Tabelle folgenden, Bemerkungen zu ersehen.

Tafel der Objecte. — *Archimedes*.

| Quadrant | Object Nr. | Schmidt | | I | | II | | S | I | II | Allgemeine Position und Beschreibung der Objecte |
		p	d	p	d	p	d	Reducirte d.			
NO.	1	7°	13,5	6°,5	27,1	5°	25,5	30,4	26,2	26,4	Kleiner Krater nordöstlich vom Berge E.
	2					14—61	11—12				Nordöstlicher Innenwall.
	3			70	12,0				11,8		Innere Grenzlinie des NO.-Walles.
SO.	4	120	50,5			120	33,7	35,3		34,9	Kraterartiges Object östlich vom Krater A.
	5	129	41,8	129	30,5	129	28,5	30,3	29,5	29,5	Krater A.
	6					132	17,1			17,7	Kraterartiges Object auf dem SO.-Walle.
	7	141	40,0			140	29,8	28,0		30,8	Object südwestlich vom Krater A. Fehler der Platte?
	8	156	20,5	156	14,7	156	14,4	14,3	14.2	14,0	Aeusserer südlicher Gebirgskamm.
	9					162	24,3			25.2	Fehler der Platte?
	10			165	31,0	166	31,2		30.0	32,3	Object im Gebirgsstock südlich von *Archimedes*.
SW.	11			183	32,0	183	30,7		31,0	31,8	Object in derselben Bergmasse.
	12	210	50,0					35,0			Rille y, südwestlich von *Archimedes*.
	13			210—232	8				7.9		Südwestlicher Innenwall.
	14			235	5,1				4,9		Heller Fleck im Innern. Fehler der Platte?
	15	237	20,0	236	16,5			14,0	15,0		Querschlucht im SW.-Walle.
	16			237	21,7				23,9		Höhenzug südwestlich von *Archimedes*. Fehler der Platte?
	17	247	39,3	249	24,0			27,5	23,2		Terrassenartiger Abfall, westlich von *Archimedes*.
	18			250	17,8				17,0		Jochartige Verbindung zwischen westlichem Aussen- und Innen-Wall.
NW.	19	273	37,0			277	21.0	25,9		21,7	Höhenkranz westlich von *Archimedes*.
	20	281	30,0	281	21,2			21,0	20,5		Kraterartiges Object am westlichen Aussenwalle.
	21					304	34,7			35,9	Kratergrube. Fehler der Platte?
	22	309	41,8	309	30,5	309	28,5	29,3	29,5	29,5	Krater C.
	23	332	36,4	338	28,7	331	26,1	25.5	24,9	27,0	Krater d.

Bemerkungen.

1. Dieser bei Schmidt verzeichnete kleine Krater, nordöstlich vom Berge E, mit einem Durchmesser von etwa 2,5 Kilometer erscheint auf I hell (wie Krater d, nordwestlich von E) und dürfte vielleicht auf II mit dem kleinen dunklen Fleckchen von der angeführten

Position identisch sein. Die Uebereinstimmung von p und d ist bei I besser, als bei II, wobei zu beachten ist, dass wegen Libration die erstere Distanz zu vergrössern, die zweite zu verkleinern ist, um die Reduction auf mittlere Libration auszuführen.

2. Der innere NO.-Wall zeigt in diesem Bereiche auf II zwei ausgedehnte Vertiefungen, deren nördlichere einen kraterartigen Eindruck macht, während Schmidt diesen Innenwall seinem ganzen Verlaufe nach getrennt vom Aussenwall und ohne Quer-Joch oder -Sattel zeichnet.

3. An dieser Stelle sieht man auf I einen hohlen fingerförmigen Ansatz von $1^1/_6{}^{mm}$ Ausdehnung, mit welchem der Innenwall in das Innere der Ringebene dringt. Schmidt hat nichts Aehnliches.

4. Dieses Object, östlich vom Krater A, erscheint auf II wie eine Kratergrube und stimmt mit dem nördlichsten der dort von Schmidt verzeichneten kleinen Krater überein.

5. Der NW.-Rand von Krater A zeigt sich auf II nicht scharf begrenzt. Während der Durchmesser dieses Kraters, senkrecht zur Richtung nach der Sonne, auf I und II nahezu gleich $4,0^{mm}$ ist, findet dies nicht mehr statt in der Sonnenrichtung selbst, indem letzterer auf I 4,7 (red. 4,5), auf II 5,2 (red. 5,4) Millimeter beträgt, wodurch eine Unsicherheit in der Lage des angenommenen Coordinaten-Anfangspunktes von $0,25^{mm}$ entsteht.

6. Auf dem SO.-Walle liegt hier gemäss II eine ziemlich rund umgrenzte seichte Vertiefung von etwa $1^1/_2{}^{mm}$ Durchmesser, welche einen ähnlichen Charakter, wie das sub 4 angeführte Object hat. Bei Schmidt findet sich keine Andeutung desselben. Dagegen ist der bei Schmidt am SO.-Walle verzeichnete kleine Krater mit $p = 109°$, $d = 25,4^{mm}$ auf II nicht zu erkennen.

7. Dieses Object auf II sieht wie ein Krater mit hellem Hofe aus, könnte aber auch ein Fehler der Platte sein, da Flecke von gleicher Ausdehnung, Rundung und Intensität zahlreich auf dem Diapositive vom 27. August 1888, wo ihre Grösse nur $0,1^{mm}$ beträgt und an Orten des Mondes, welche solche Krater durchaus nicht beherbergen, vorkommen. Es sei jedoch bemerkt, dass dieser Fleck ziemlich gut mit dem Ende des, bei Schmidt an A schliessenden, südwestlichen Thales stimmt.

8. An dieser Stelle ist der Lauf der äusseren Kammlinie des SW.-Walles auf I und II übereinstimmend, doch verschieden von Schmidt.

9. Scheint ein Fehlerpünktchen der photographischen Platte II zu sein. Schmidt hat an dieser Stelle keinerlei Krater.

10. Hier erkennt man auf II in der Bergmasse, südlich von *Archimedes*, eine 4^{mm} ausgedehnte vertiefte elliptische Ebene mit centraler Erhebung, deren Position durch die angeführten p und d charakterisirt ist und welche sich ebenfalls auf I vorfindet. Die Differenz in d erklärt sich vollständig aus der Librationswirkung. Dieses kraterartige Plateau im Hochgebirge, das einem Gebirgssee-Becken nicht unähnlich ist, findet sich weder bei Schmidt, noch bei Lohrmann, Mädler oder Neison.

11. Dieses Object sieht auf I wie eine Kraterformation aus, welche es aber nach dem Schattenwurfe nicht sein kann. Es stellt vielmehr, wie auch aus II erkenntlich, eine Erhebung mit östlichem Schatten dar. Analoge Täuschungen bieten noch einige Objecte dieser Platte, südlich von dem genannten, die aber hier nicht mehr abgebildet sind.

12. Von dieser bekannten Rille ist auf I und II nichts Sicheres zu erkennen. Es mag dies an den Expositionsverhältnissen der beiden photographischen Platten liegen.

13. Dieser Theil des SW.-Walles zeigt auf I stark ausgezackte Formen, welche sich auf II nicht wieder finden. Es kann daraus geschlossen werden, dass jene Zacken tiefer, wie der Kamm liegen, was auch durch die Schmidt'sche Zeichnung des SW.-Walles bestätigt wird.

14. An diesem Orte zeigt I im Innern von *Archimedes* einen hellen Fleck mit scheinbarem, östlichen Schattenwurf. Hätte dieses Object der Platte einen realen Untergrund auf dem Monde, so wäre dasselbe überaus interessant, da Mädler („Der Mond" p. 263) schreibt: „Noch bemerken wir, dass Mayer's kleine Mondkarte im *Archimedes* einen hellen Fleck hat, der einen Centralberg zu bezeichnen scheint. Ein solcher ist aber hier mit aller Gewissheit nicht vorhanden. Wahrscheinlich hat er den mittleren hellen Streifen undeutlich gesehen und ihn für eine Centralhöhe gehalten." Da eine zweite photographische Platte desselben Abends in Prag nicht vorhanden ist, wurde die Entscheidung dieser Frage Herrn Professor Holden überlassen, welcher sich nach genauester Prüfung der, an der Lick-Sternwarte vorhandenen, Mondaufnahmen gegen die Realität jenes hellen Fleckes aussprach.

15. Dieses Querthal im SW.-Walle bei Schmidt ist auf I deutlich zu identificiren.

16. Diese Position kennzeichnet auf dem Bilde I die Mitte eines hellen, Schatten werfenden Höhenzuges südöstlich von *Archimedes* mit einer Längenausdehnung von etwa 3^{mm} und nahe meridionaler Richtung, welches Object bei Schmidt ganz fehlt. Die Karte desselben zeigt dort Alles eben. Sollte hier nicht abermals, wie bei Object 14, ein Fehler der photographischen Platte vorliegen, was jedoch geringe Wahrscheinlichkeit für sich hat, so müsste die Realität jener Höhe als besonders interessantes Factum erscheinen. Auf II ist davon nichts Sicheres wahrzunehmen.

17. Dieses Object auf I, dessen Mitte durch p und d gegeben ist, macht den Eindruck eines terrassenartigen Abfalles mit einer Schattenlänge von 4^{mm} im Westen von *Archimedes* und dürfte mit der von Schmidt dort verzeichneten Höhe, die von NO. nach SW. zieht, identisch sein.

18. An diesem Orte sieht man auf I eine sattelartige Verbindung zwischen dem westlichen Aussen- und Innenwall von *Archimedes*. Zu beiden Seiten derselben liegen beträchtliche Tiefen oder Schluchten. Bei Schmidt fehlt jede Andeutung davon.

19. Auf der Schmidt'schen Karte ist dieser Höhenkranz in Form eines Dreieckes gegeben. Auf II nähert sich derselbe mehr einem Oval in der Richtung des Meridianes. Positionswinkel und Distanz der Mitten stimmen nicht genügend überein.

20. Dieses Object stellt sich auf I als eine kraterartige Vertiefung dar, die bei Schmidt nicht als solche aufgefasst erscheint.

21. Auf II sieht man an dieser Stelle eine Art kleiner Kratergrube, welches Object aber auch ebenso gut ein Fehler der photographischen Platte sein könnte.

22. Dieser, bei Schmidt mit C bezeichnete, Krater zeigt auf I nach Osten gegen den Berg E hin einen höhenartigen Ansatz, auf II nach Norden und fast anschliessend eine seichte Grube, welche Objecte bei Schmidt nicht vermerkt sind.

23. Dieser Krater, bei Schmidt mit d bezeichnet, erscheint auf I als heller Fleck, auf II jedoch als wirklicher Krater. Der Unterschied der Distanzen auf I und II erklärt

sich aus der Librationswirkung. Man wäre zunächst geneigt, aus diesem verschiedenartigen Charakter auf beiden photographischen Platten zu schliessen, dass nur die östliche Wand dieses Kraters steil abfällt, während die westliche eine sanfte Böschung nach Innen besässe. Dem ist aber entgegen zu halten, dass ich diesen Krater bei niedrigerem Sonnenstande, als es I darstellt, optisch leicht als solchen erkennen konnte (Vgl. meine *Archimedes*-Zeichnung vom 8. April 1884 in „Astr. Beob. a. d. k. k. Sternwarte zu Prag i. J. 1884"). Andererseits findet sich dieser Krater auf einer Lick-Aufnahme vom 14. Juli 1891 mit fast gleichlangem östlichen Schattenwurfe vollkommen deutlich mit innerem, westlichen Schatten abgebildet, so dass die Expositionsdauer der Platte eine wesentliche Rolle zu spielen scheint.

Berg E. — Derselbe ist interessant durch seine verschiedene Form auf I und II. Von ihm geht nach NW. ein langer Höhenzug, der aber nicht so einförmig, wie bei Schmidt verläuft; namentlich ist die dunkle Durchquerung desselben, östlich vom Krater d, auf beiden Abbildungen bemerkenswerth.

Was das Innere von *Archimedes* betrifft, so erscheint dasselbe nach beiden Photographieen durchaus nicht als die „spiegelglatte" Ebene Mädler's. Naturgemäss ist bei Betrachtung des mannigfaltigen photographischen Details dasjenige, was den Unebenheiten des Bodens angehört, so lange nicht zu trennen von dem, was der Nuancirung des Materials oder dem Korn und etwaigen Fehlern der Platte zukommt, als nicht mindestens zwei hintereinander aufgenommene Platten mit etwas verschiedener Expositionsdauer zur Vergleichung vorliegen. Desshalb muss für den Fall ist, so möge hier eine Discussion des inneren Details von *Archimedes* ganz unterlassen bleiben. Es sei nur erwähnt, dass die bekannten hellen Zonen der Sohle gut erkennbar sind, dass jedoch von den feinen, bei Schmidt und Anderen verzeichneten, Kratern im Inneren mit Sicherheit nichts wahrzunehmen ist.

Die gesammte Vergleichung dieser photographischen Abbildungen mit der Schmidt'schen Karte bestätigt von Neuem die Vorzüglichkeit der letzteren, zeigt aber auch, dass dieselbe verbesserungsfähig ist.

Interessant erschien mir noch die Vergleichung von I und II unter gleichen Beleuchtungsverhältnissen mit dem **optischen** Anblick am 6-zölligen Steinheil'schen Refractor der Prager Sternwarte. II wurde am 31. März 1891 um 16^h/$_4$^{m} mittl. Prager Zeit, I nu 17. April 1891 um 8^h/$_4$^{m} mittl. Prager Zeit mit dem Himmel verglichen. Obwohl beide Male die Luft ziemlich unruhig und wenig durchsichtig war und insoferne nur die Anwendung einer 152-fachen Vergrösserung zuliess, konnte ich doch constatiren, dass die Photographie nicht alles Gesehene dargestellt hat. Auf ihr sind beispielsweise klare und leicht sichtbare Terrassen-Zeichnungen auf hell beleuchtetem Walle ganz verloren gegangen, während in dunkel nuancirten Partieen reichliches und ebenso leicht erkennbares Detail fast vollständig fehlt. Auch die Grenzlinie der hellen Kämme und ihres Schattenwurfes erschien stellenweise nicht ganz correct, indem helle Einschnitte in den dunklen Schatten oder dunkle Schattenformen auf hellem Grunde sich im Vergleich zur optischen Wahrnehmung völlig abgestumpft und abgerundet zeigten. Man vermag dies nur zu erklären, wenn man annimmt, dass für die gewählte mittlere Expositionsdauer der Aufnahme, welche das beste Durchschnittsbild liefert, die hellen *Archimedes*-Wälle überexponirt und derart die dunklen Terrassenlinien derselben in Folge der Wirkungsweise der Diffraction und etwaiger

Reflexe an der rückwärtigen Plattenfläche*) vom Lichte der Umgebung überdeckt worden sind (man vergleiche die photographische Abbildung eines schmalen Blitzableiters auf hellem Wolkengrunde, welcher bei Ueberschreitung einer gewissen Expositionsdauer im Bilde ganz verschwindet), andererseits, dass die im Halbschatten liegenden Wallpartieen eine Unterexposition erfahren haben. — Es sei zugleich erwähnt, dass am 17. April Krater d in seinem Inneren noch einen Schatten zeigte, während dieser auf I fehlt. Jedoch ist auch zu bemerken, dass mehrfaches Detail der Bilder I und II auf optischem Wege nicht erkannt werden konnte.

Aus dem Vorangehenden ist man berechtigt zu schliessen, dass die photographische Abbildung des Mondes, wie sie nun auf der Lick-Sternwarte immer grösserer Vollkommenheit entgegengeht und bereits namhafte Erfolge aufzuweisen hat, ein überaus werthvolles Hülfsmittel für die optische Beobachtung bildet, andererseits berufen ist, dieselbe mit Rücksicht auf die Verschiedenheit der chemischen und optischen Albedo der Mondoberfläche wesentlich zu ergänzen. Doch ist zu beachten, dass eine photographische Aufnahme allein nicht als vollständig treues Abbild des Mondes, worunter wir hier die Darstellung alles Gesehenen verstehen, zu betrachten ist, da für eine bestimmte Expositionsdauer stets einige Partieen über- andere unterexponirt sein werden. Erst eine Reihe von Aufnahmen, welche zweckmässig auf ganz kleine Mondgegenden beschränkt würden, mit verschiedener Expositionsdauer wird in ihrer Gesammtheit eine treue Copie des Gesehenen darstellen; denn ebenso, wie es gelingt, die dunklen Sonnenflecken auf hellem Sonnengrunde zu photographiren, so müsste es auch durch Verminderung der Expositionsdauer möglich sein, die bemerkten dunklen Terrassenlinien auf hellen Wällen oder feine schwarze Rillen, die von hellem Lichte umgeben sind, photographisch abzubilden. Obwohl gegenwärtig selbst die ausgezeichneten Lick-Photographieen hinsichtlich Schärfe und Klarheit noch Manches zu wünschen übrig lassen, was sich namentlich unter starker Vergrösserung offenbart, so geben sie doch ein wunderbar schönes Relief ausgedehnter Terrainübersichten, welches auch vom besten Zeichner wegen der Fülle des Gesehenen und des schnellen Wechsels des Schattenwurfes auf dem Monde niemals mit gleicher Treue festgehalten werden könnte, gleichzeitig aber auch ein überraschend feines Detail in einzelnen Partieen, welches zur Controle und Verbesserung der vorhandenen Mondkarten für den Selenographen von grösstem Werthe ist.

Arzachel.
(Vgl. 7. Tafel.)

Die zehnfachen Vergrösserungen dieser Ringebene sind mit III und IV bezeichnet. III hat östlichen, IV westlichen Schattenwurf. Die Fertigstellung des ersteren Bildes

---

*) Professor Cornu in Paris veröffentlicht in Dr. Eder's „Jahrbuch für Photographie und Reproductionstechnik für das Jahr 1892" (Halle a. S., Verlag Knapp) auf Seite 82 einen sehr bemerkenswerthen Artikel über „Lichthöfe in der Photographie" und erklärt dieselben (vgl. auch „Comptes rendus" Bd. CX, p. 551) durch die, während der Bildaufnahme an der Rückseite der Glasplatte stattfindende, Reflexion als Function ihrer Dicke experimentell und constructiv und gibt auch auf Seite 60 die Methode an, um von solchen Lichthöfen im Bilde ganz befreit zu werden. Einige photographische Aufnahmen Cornu's von brennenden Lampen auf dunklem Grunde und von Gegenständen, die sich auf helle Fenster projiciren, sind dem angeführten Jahrbuche beigegeben und lassen den hohen Werth der Cornu'schen Methode erkennen.

erforderte 42²/₄, des letzteren 49¹/₄ Arbeitsstunden; die Methode des Zeichnens war dieselbe, wie bei *Archimedes*. — Hinsichtlich der heliographischen Reproduction ist das Gleiche, wie vordem zu bemerken.

Um die Discussion für *Arzachel* in derselben Weise, wie für *Archimedes* zu führen, wurde wieder ein Coordinaten-Anfangspunkt (O) im Inneren dieser Wallebene gewählt. Es erschien als das Sicherste, denselben in das Centrum des, zur *Arzachel*-Mitte nahe liegenden, tiefen Kraters A (Schmidt, Mädler) zu verlegen. Für die Einzeichnung des Meridianes wurde O mit der Mitte eines zweiten runden, nur etwas kleineren Kraters, welcher am südwestlichen Aussenwall der Ringebene *Alphonsus* d (Neison) liegt und auf III rechts unten, auf IV nahe zur Mitte unten zu suchen ist, verbunden und die Beziehung dieser Linie zum Meridiane aus Schmidt's Karte, Sect. VIII ermittelt. Bekanntlich hat Schmidt seiner grossen Mondkarte die Lohrmann'schen Positionsbestimmungen zu Grunde gelegt und das übrige Detail nach Verhältniss eingetragen. Schmidt's Karte trägt daher die Fehler der Lohrmann'schen Karte und diejenigen, welche durch jedes Verhältnisszeichnen bald da, bald dort entstehen, an sich. Da aber der letztgenannte Krater hart am Rande eines grösseren, von Bergen eingeschlossenen Thales (Ringebene) liegt, so konnte dessen Position bei Schmidt als nahe richtig vorausgesetzt werden. Der Meridian durch A liegt nun nach Schmidt im nördlichen Theile der Bilder III und IV, d. i. in deren unterem Theile um 15° östlich oder nach rechts von der angeführten Kraterlinie.

Es sei hier gleich bemerkt, welche beträchtliche Differenz zwischen Schmidt (Lohrmann) und Mädler in dieser Gegend besteht. Die erwähnte Linie bildet auf Mädler's „Mappa Selenographica" einen Winkel von 26° mit dem Meridiane, statt von 15°. Ferner lautet die Mädler'sche Position der Kratermitte von A: östliche Länge = — 2°14′, südliche Breite = — 18°4′ (Mädler, „Der Mond", p. 304), während sie aus Lohrmann's Karte folgt: östliche Länge = — 1°,19, südliche Breite = — 17°,89). Während also die Breiten nahe übereinstimmen, weichen die Längen um einen vollen Grad ab. Man sieht auch bei Mädler den Meridian mit der Länge — 5° fast genau durch die Mitte von *Thebit* gehen, während er bei Lohrmann im Osten von *Thebit* vorbeizieht. Wird andererseits der Winkel an A gemessen, unter welchem von dort der erwähnte zweite Krater und ein dritter gleich grosser Krater westlich von *Arzachel*, der auf III am linken unteren Bildrande liegt, erscheinen, so ist dieser bei Schmidt (Lohrmann) 82°, bei Mädler 53° und auf III 69°. Die letzte Zahl würde aber wegen Libration noch etwas zu verkleinern sein, so dass der photographische Werth als in der Mitte liegend zwischen dem Schmidt'schen und Mädler'schen Werthe angesehen werden kann. — Das Angeführte dürfte hinreichend, um den Massstab der Uebereinstimmung der Schmidt'schen Karte mit den Photographieen III und IV nicht zu hoch zu nehmen. Dagegen wird aber eine völlige Uebereinstimmung zwischen III und IV zu verlangen sein, welche thatsächlich auch zutrifft.

Um die auf III und IV identischen Objecte am leichtesten zu finden, ist es das Einfachste, sich die dunklen Stellen von III in helle Stellen von IV umgesetzt zu denken, also das eine Bild gewissermassen als Positiv, das andere als dessen Negativ zu betrachten. Der Einklang beider Bilder ist dann ein überraschender. Für den ersten Anblick erkennt man gleichzeitig, dass III in der Richtung des Meridianes gedehnt oder in die Länge gezogen, dagegen IV zusammengedrückt oder verkürzt erscheint. Es entspricht dies vollständig der bei *Archimedes* erwähnten Librationswirkung in Breite, nur dass dieselbe, weil

Arzachel in südlicher Breite liegt, entgegengesetzt wie bei *Archimedes* zum Ausdruck gelangen muss. I war verkürzt, III ist gedehnt, II war gedehnt, IV ist verkürzt, obwohl I und III, ebenso II und IV gleichen Beobachtungstagen angehören, erstere dem 15. August 1888, letztere dem 27. August 1888.

Nachdem dies vorausgeschickt worden, möge wieder die Vergleichung der augenfälligsten Objecte auf III und IV mit der Schmidt'schen Karte vorgenommen werden. Zu diesem Zwecke ist in der folgenden Tabelle jedes Object, wie bei *Archimedes*, durch Positionswinkel und Distanz in Bezug auf den Mittelpunkt von A charakterisirt. Die reducirten Distanzen wurden mit denselben Factoren, wie bei *Archimedes*, berechnet, obwohl der Reductionsfactor 0,7 für Schmidt bei *Arzachel* nicht ganz zuzutreffen scheint, was ebenso sehr an einer fehlerhaften Länge AC auf Schmidt's *Archimedes*-Zeichnung, als auch an neuen Positionsfehlern auf Schmidt's *Arzachel*-Zeichnung liegen mag.

Tafel der Objecte. — *Arzachel.*

Quadrant	Object Nr.	Schmidt p	Schmidt d	III p	III d	IV p	IV d	S	Reducirte d. III	Reducirte d. IV	Allgemeine Position und Beschreibung der Objecte
NO	1	14°	49,1	—	—	—	—	34,4	—	—	Krater am inneren SW-Rand von *Alphonsus*.
	2	25	46,0	—	—	29°	29,5	32,2	—	30,5	Krater a (Mädler), östlich von 1.
	3	—	—	30°	10,5—15,5	47	9,5—14,0	—	10,2—15,0	9,8—14,5	Object am NO.-Innenwall von *Arzachel*.
	4	—	—	63	11.5—16,5	70	11,0—15,0	—	11,1—16,0	11,1—15,5	Ebenso wie 3.
	5	59	31,7	61,5	19,0	71	16,5	22,2	19,4	17,1	Krater b (Schmidt, Mädler) am NO. Kamme.
	6	84	38,0	—	—	—	—	26,6	—	—	Krater südöstlich von b am östlichen Aussenwall.
SO	7	106—140	35,0	115—145	22,5	110—145	20,2	24,0	21,6	20,9	Grosses Thal c (Neison) am SO.-Kamm.
	8	109	19,2	—	—	111	12.5	13,4	—	12.9	Kleiner dunkler Fleck im SO.-Inneren von *Arzachel*. Krater.
	9	131	59,7	—	—	132	39,0	41,8	—	40,4	Krater nördlich von *Thebit*.
SW	10	—	—	192—208	18,7	—	—	—	18,1	—	Thal am SW.-Kamm von *Arzachel*.
	11	184	61,5	—	—	195	35,3	43,1	—	30,5	Ostwall der Ringebene e (Schmidt, Mädler) nördlich von *Purbach*.
	12	—	—	—	—	199	16,0	—	—	16,6	Dunkler Fleck am SW.-Kamme. Fehler der Platte.
	13	230	22,5	237	16,5	236	15,1	15,6	16,0	15,6	Biegung am SW.-Aussen-Kamm.
	14	252	15,2	—	—	255	11.2	10,6	—	11,5	Kraterartiges Object am westlichen Innenwall.
	15	268	35,3	276	26,7	—	—	24,7	25,8	—	Krater westlich von *Arzachel* im NO. der Ringebene o (Schmidt, Mädler).
	16	—	—	282	14.5	—	—	—	14,0	—	Kraterartige Formation am westlichen Aussenwall.
NW	17	286	37,0	299	28,5	290	26,5	25,8	27,0	26,4	Grössere Kraterformation nördlich von Object 15.
	18	295	20,6	300	14,5	302	13,7	14,6	14,0	14.2	Spitze in der nordwestlichen Kammlinie.
	19	322	44,4	—	—	326	28,0	31,1	—	29,0	Rille oder Thal westlich von Object 21.
	20	330	6,5	337	5.1	—	—	4,5	4,9	—	Geschlängelte Rille im NW.-Inneren.
	21	345	43,1	345	28,7	345	24,7	30,2	27,8	25,6	Krater am SW.-Aussenwalle der Ringebene d (Neison).

Bemerkungen.

1. An diesem Orte ist bei Schmidt ein kleiner Krater verzeichnet, welcher das Ende einer Kraterrille darstellt, die am Nordwalle von *Arzachel* entspringt und in den SW.-Rand des Inneren von *Alphonsus* mündet. Dieser ist auf IV, obgleich die Beleuchtung nicht ungünstig erscheint, als solcher nicht zu erkennen. Die lichte Stelle in p = 18°, d = 28,6^{mm} dürfte zu dessen Ostwall gehören. Nördlich davon ist der südlichste der bekannten, dunklen Flecken in *Alphonsus* zu sehen. Zwischen p = 0° und p = 16° liegt auf IV der SW.-Wall von *Alphonsus* in voller Beleuchtung und zeigt dort einen anderen Charakter als bei Schmidt.

2. Dieser Krater hat bei Schmidt ein birnförmiges Aussehen mit der Längsrichtung nach dem Krater A hin. Auf IV zeigt er eine elliptische Form, mit der kleinen Axe in der Richtung der Librations-Verkürzung, und dürfte in Wirklichkeit eine runde Form besitzen. Positionswinkel und Distanz stimmen unvollkommen überein, obwohl hinsichtlich der Identität des Objectes kein Zweifel bestehen kann.

3. Auf III sieht man hier eine dunkle, auf IV eine helle Durchquerung des nordöstlichen Innenwalles von *Arzachel*, welche einen Bergsattel darzustellen scheint. Die Distanz bezieht sich auf Anfang und Ende, der Positionswinkel auf die Mitte. Letzterer zeigt auf III und IV eine grosse Differenz, welche sich aber aus der Librationswirkung vollkommen erklären lässt. Schmidt hat keine solche Durchquerung.

4. Dieses Object erscheint auf III und IV ganz ähnlich dem Objecte 3 und fehlt abermals bei Schmidt. Die Objecte 3 und 4 sind auf beiden Photographieen mit Sicherheit zu identificiren und bilden ein charakteristisches Merkmal des nordöstlichen Innenwalles von *Arzachel*.

5. Dieser, bei Schmidt und Mädler mit b bezeichnete, Krater am Nordost-Kamme ist auf III unschwer zu ergänzen und auf IV ebenfalls leicht zu erkennen, wenn man wieder IV als Negativ von III, oder umgekehrt, betrachtet. Die Schmidt'sche Distanz ist zu gross, während die Distanzen auf III und IV gut übereinstimmen, namentlich, wenn man sich noch die erstere wegen Libration etwas verkleinert, die letztere etwas vergrössert denkt. Der grosse Unterschied der Positionswinkel auf III und IV rührt wieder von der Librationswirkung her. Auf einer anderen Lick-Aufnahme vom 14. Juli 1891 (Mondalter 9^d 0^h) ist auch der südöstliche Kraterwall vorzüglich erkennbar; dieselbe zeigt für dieses Object günstigere Expositionsverhältnisse.

6. Schmidt zeichnet an diesem Orte einen kleinen Krater am östlichen Aussenwalle von *Arzachel*. Auf III ist die dortige helle, nach b hin concave, Stelle als der südöstliche Kraterwall anzusehen, wie dies besonders deutlich auf der soeben angeführten Platte vom 14. Juli 1891 zur Anschauung gelangt. Auf IV ist der Krater als solcher nicht zu erkennen. Nach Neison sind diese Wallkrater von *Arzachel* überhaupt schwer wahrnehmbar. Zwischen Object 5 und 6 sieht man auf III einen hellen Bergrücken, welcher die Form eines Zweier hat und auch auf IV deutlich sichtbar ist. Schmidt hat daselbst den Gebirgscharakter nicht getroffen, noch weniger Mädler, welcher dort ebenes Land verzeichnet.

7. Auf III erkennt man hier in ausgezeichneter Weise das Hochgebirgsthal e (Neison), welches Schmidt in seinem Rillen-Cataloge von 1866 unter Nr. 308 als Rilleuthal anführt und welches 1824 von Lohrmann entdeckt wurde. Es wird nach III in p = 136° durch ein

deutliches breites Joch, welches Schmidt nicht hat, in zwei Theile getrennt. Das nördliche Thal hat in p = 123° nach der inneren Seite eine deutliche Einbiegung, die auch Schmidt darstellt. Dieses nördliche Thal ist besonders schön auf IV zu sehen. Die Distanz d bezieht sich auf den mittleren Abstand des Doppelthales, der Positionswinkel auf Anfang und Ende desselben. Auch hier erscheint das Schmidt'sche d zu gross. An dieses Doppelthal schliesst sich, ebenfalls getrennt, nach SW. ein drittes Thal, das sich bis p = 165° erstreckt und ziemlich gleich lang mit dem nördlichsten Thale ist. Vom Nordwall desselben geht gemäss III ein langer Gebirgszug nach SW., der bei Schmidt nicht correct aufgefasst ist. Am südlichen Abfall dieses Zuges liegt der Mädler'sche Wallkrater Δ, welcher auf III in p = 174°, d = 25,8ᵐᵐ etwas schwierig, viel besser jedoch auf der erwähnten Lick-Aufnahme vom 14. Juli 1891 zu erkennen ist.

8. Oestlich vom Centralgebirge im Inneren von *Arzachel* erkennt man hier auf IV einen kleinen dunklen Fleck, der einen kraterartigen Eindruck macht. Schmidt verzeichnet dort einen sehr kleinen Krater, dessen Position ziemlich gut stimmt.

9. Dieser Krater nördlich von *Thebit* zeigt auf IV nach Westen hin als Fortsetzung ein deutliches Bergplateau mit starkem Absturz, welches bei Schmidt gleichfalls nicht vermerkt ist. Hier sei erwähnt, dass der nördliche Ausläufer von *Thebit* zwischen diesem Krater und p = 180° auf der Heliogravure am wenigsten gelungen und zwar zu hart wiedergegeben ist.

10. Auf III ist an diesem Orte ein deutliches achterförmiges Thal zu erkennen, welches Schmidt nicht hat. Zum Mindesten fehlt bei demselben das klare Querjoch in p = 209°, das den südwestlichen Innenwall mit dem Aussenwall verbindet. Darüber hinaus setzt sich das Thal in beträchtlicher Länge nach Norden fort. Neison thut davon Erwähnung und bezeichnet es mit f.

11. Die angeführte Position bezieht sich auf die Mitte des Ostwalles der Ringebene e bei Schmidt im Norden von *Purbach*. Der Schmidt'sche Positionswinkel stimmt schlecht mit IV überein, wobei zu bemerken ist, dass in diesem Falle die Librationswirkung an dem Unterschiede nichts ändert, da dieses Object nahe zum Meridiane von A und in grösserer Distanz vom Coordinaten-Anfangspunkte liegt. Diese Ringebene zeigt noch im Inneren nach Westen hin eine Senkung des Bodens in parallelem Verlauf zum Ostwall, welche bei Schmidt nicht angedeutet ist.

12. Auf IV ist an dieser Stelle am südwestlichen Innenkamm ein kleiner tiefschwarzer Fleck zu sehen, der kein Plattenfehler zu sein scheint und dort entweder einen schroffen Querabfall des Walles oder einen kleinen Krater anzeigt. Die etwas nördlicher, an derselben Kammlinie liegenden, drei kleinen Schmidt'schen Krater dürften auf IV an den kleinen Ausbiegungen des dortigen Schattens zu erkennen sein.

13. Diese Position gibt die starke Biegung des Aussenkammes, wo derselbe eine nördlichere Richtung einschlägt. Hinsichtlich p und d stimmen III und IV gut überein. Bei Schmidt ist die Identificirung etwas unsicher, da dessen Zeichnung den allgemeinen Verlauf der äusseren Kammlinie nicht klar zum Ausdruck bringt. Es dürfte aber die richtige Stelle genommen sein. Der Positionswinkel weicht wieder nicht unbedeutend ab.

14. Dieses Object am westlichen Innenwalle macht auf IV einen kraterartigen Eindruck und dürfte mit dem angeführten Schmidt'schen Wallthale identisch sein.

15. Dieser runde Krater am nordöstlichen Aussenwall der Ringebene c (Schmidt, Mädler), im Westen von *Arzachel*, ist auf III vorzüglich zu sehen; auf IV fällt er ausser-

halb des Bildes. Da die Identificirung desselben zweifellos ist, so überrascht die grosse Abweichung der Positionswinkel bei Schmidt und auf III, die von gleichem Sinne und völlig gleichem Betrage, wie bei Object 11 ist. Es liegt also hier ebenfalls ein Positionsfehler bei Schmidt vor, welchem naturgemäss die ganze nächste Umgebung unterworfen ist. Nördlich schliesst an diesen Krater eine grössere Ringebene, die auf III gut sichtbar ist und im östlichen Inneren eine kleine Vertiefung hat, während Schmidt die Sohle ganz eben darstellt.

16. An diesem Orte zeigt sich auf III am westlichen Aussenkamm eine kraterartige Formation, die als Hochgebirgsthal zu interpretiren wäre.

17. Auf IV ist hier eine sehr deutliche grössere Kraterformation zu erkennen, die auch auf III unschwer zu identificiren ist. Die Differenz im Positionswinkel ist bei Schmidt ebenso gross, wie dies für Object 15 der Fall war.

18. An dieser Stelle macht der nordwestliche Aussenkamm auf III und IV eine scharfe Ecke, deren Position auf beiden Photographieen nahe übereinstimmt. Bei Schmidt findet sich diese Ecke nicht so deutlich, wie bei Mädler charakterisirt. Nördlich davon scheint ein absteigendes Thal zu liegen, das auf IV besonders deutlich ist.

19. Hier ist auf IV der Beginn des Kraterthales e (Neison), welches sich bis westlich von der hohen Bergspitze *Alphonsus* E erstreckt, deutlich zu sehen. Südlich davon liegt ein augenfälliger Höhenabfall in Hufeisenform, der auch auf III erkenntlich ist.

20. Diese Position gibt auf III das nordöstliche Ende der, von Schmidt um 16. Mai 1853 mit dem Berliner Fraunhofer'schen Refractor entdeckten, geschlängelten Rille im Inneren von *Arzachel*, welche in dessen Rillen-Cataloge mit Nr. 309 bezeichnet ist. Ihre geschwungene Form ist auf III deutlich wahrzunehmen, weniger gut ihr Charakter als Rille. Die Positionswinkel weichen wegen der grossen Nähe des Coordinaten-Anfangspunktes, dessen Lage bei Schmidt nicht ganz correct zu sein scheint, beträchtlich von einander ab.

21. Dieser Krater hat auf IV nach NW. eine etwas zugespitzte Form, die aber durch die heliographische Reproduction übertrieben wurde. Westlich davon ist der Boden keineswegs so eben, wie dies Schmidt darstellt. Auf III sieht man auch deutlich unter gleichem Positionswinkel den Rillenzug, welcher am Nordwestwalle von *Arzachel* entspringt und in sanfter Krümmung auf diesen Krater losgeht.

Was das Innere von *Arzachel* betrifft, so zeigt namentlich die Aufnahme IV ein überaus reiches und klares Detail. Dieses Innere ist auch nach III im nördlichen und östlichen Theile durchaus nicht eben, wie es nach Schmidt den Anschein hat. Zwei winzige Krater in der Richtung von Krater A gegen Object 3 hin, deren einer nahe zu A, der andere völlig am Rande des Inneren liegt, sind auf dem Originale von IV ohne Mühe zu erkennen, jedoch auf der Heliogravure nur andeutungsweise wiedergegeben. Auf III hat Krater A am SO.-Walle einen kleinen hellen Ansatz, welcher dem, dort von Schmidt verzeichneten, kleinen Wallkrater angehört; südlich davon ist auf demselben Bilde der nahe liegende grössere Krater durch seinen östlichen Wall und schwachen Schatten, weniger gut auf IV durch seinen westlichen lichten Wall, wahrzunehmen. Das Kraterthal am südlichen Ausläufer des Centralgebirges ist gleichfalls auf III besser, als auf IV zu erkennen. Vom nördlichen Ende desselben geht auf IV nach Westen eine deutliche lichte Trennungslinie zum Fusse des Gebirges, welche dieses in zwei Theile gruppirt und auf III als dunkle Linie erscheinen sollte, jedoch dort ganz fehlt. Es liegt dies an der, für *Arzachel* nicht ganz günstigen, Expositionsdauer der Platte vom 15. August 1888. In dieser Beziehung ist die schon oben angeführte Platte vom 14. Juli 1891, $8^h 16^m 26^s,5$ P. s. t. (Pacific standard time = Greenwich-er mittl. Zeit, weniger 8 Stunden) viel detaillirter. Sie gibt die bemerkte dunkle Trennungslinie deutlich, den zwischen dieser und A liegenden Krater kräftig und am lichten Ostwall von *Arzachel* zahlreiche dunkle Terrassen-Zeichnungen, ja selbst in den tiefen Schatten noch mehrfaches Detail. Hätte ich diese Platte schon zur Zeit meiner Arbeit von III in Händen gehabt, so hätte ich dieselbe für *Arzachel* unbedingt derjenigen vom 15. August 1888 vorgezogen und dadurch ein gleichwerthiges Pendant zu IV erhalten. Da auf beiden genannten Platten von 1888 und 1891 die Schattenlänge nahe gleich ist (die Librationswirkung ist verschieden, indem auf der Platte von 1891 beispielsweise Krater A, ebenso die Objecte 5, 15, 21 nicht mehr länglich, sondern rund erscheinen), also für beide die Ringebene *Arzachel* nahe gleich weit von der Lichtgrenze abliegt, so ist die hohe Bedeutung der Expositionsdauer für die treue Wiedergabe des minimalen Details zu erkennen und deshalb von Wichtigkeit, für das genaue Studium einer Mondgegend bei bestimmter Phase eine Reihe photographischer Aufnahmen gleichen Sonnenstandes zu besitzen.

Zum Schlusse dieser Vergleichung kann allgemein behauptet werden, dass von Schmidt der Charakter der Gebirgslandschaft von und um *Arzachel* wohl in einzelnen Zügen, keineswegs aber ganz getroffen wurde, was in dem Umstande seine Erklärung findet, dass dieses Bergland überaus complicirt und dessen Zusammenhang sehr schwierig zu erfassen ist. Immerhin ist Schmidt's Darstellung bewundernswerth.*)

Petavius.
(Vgl. 9. Tafel.)

Während der Ausführung meiner 10-fach vergrösserten Zeichnung von *Arzachel* nach der schönen, detailreichen Lick-Aufnahme vom 27. August 1888 kam mir der Gedanke, die Vergrösserung noch weiter zu treiben, einestheils, um für das feinste Detail eine freiere Pinselführung zu erhalten, anderntheils, um dieses Detail mit Rücksicht auf die Unvollkommenheiten eines jeden Reproductionsverfahrens besser zur Anschauung zu bringen. Ich machte gleich den Schritt zu einer zwanzigfachen Vergrösserung, obwohl ich die Schwierigkeit einer solch' mosaikartigen Arbeit bei nun beträchtlich reducirtem Ocular-Gesichtsfelde nicht verkannte, und beschaffte mir von der optischen Anstalt Reinfelder & Hertel in München ein ausgezeichnetes achromatisches Micrometer-Ocular von $1/_6$ Pariser Zoll = $13,53^{mm}$ Aequivalent-Brennweite, welches für meine deutliche Sehweite von 28 Centimeter eine 21,7-fache Linear-Vergrösserung und in Anbetracht der photographischen Brennweite des Lick-Refractors von 14,483 Meter eine 1070-fache Gesammtvergrösserung des Mondes ergibt. Nach den, bei *Archimedes* angestellten, Betrachtungen entspricht einer 20-fachen Vergrösserung der Lick-Platten ein Mondbild von etwa 2,8 Meter Durchmesser. Zufolge der oben auseinandergesetzten Vergrösserungs-Methode in Benützung eines Quadratmillimeter-Netzes auf Glas erhielten jetzt die kleinsten Quadrate der vergrösserten Zeichnung

---

*) Es sei auch einer interessanten optischen Täuschung bei Betrachtung der Bilder III und IV erwähnt, welche für viele Augen stattfinden dürfte und auf welche mich Herr Professor Holden aufmerksam gemacht hat. Hält man die *Archimedes-Arzachel*-Tafel richtig, so dass die Zahlen III und IV nach oben liegen, so erscheint das Innere der Ringebene auf III convex, auf IV concav. Kommen die Zahlen III und IV nach unten zu stehen, so wird der Effect ein umgekehrter. Liegen sie aber nach rechts oder links, so ist das Innere auf beiden Bildern concav.

— 70 —

die Seitenlänge von 2 Centimeter, und innerhalb eines solchen konnte das Verhältniss-Zeichnen bei ausreichender Uebung noch als sicher genug betrachtet werden.

Vertrauend, dass meine Begeisterung die Schwierigkeit dieses Unternehmens, das ebenso sehr das sorgfältigste Studium des Originales als auch die höchste Vollendung in der Ausführung verlangte, überwinden werde, begann ich am 23. Juni 1891 mit der 20-fachen Vergrösserung der prächtigen Wallebene *Petavius* nach der vorzüglichen Lick-Aufnahme vom 31. August 1890, $14^h\,27^m$ P. s. t., welche von Professor Holden exponirt und von Professor Campbell hervorgerufen wurde. Eine zweite, um 2 Minuten früher aufgenommene, Platte desselben Abends diente zur Controle und Elimination der etwaigen Plattenfehler der erstgenannten Photographie. Ich wählte gerade dieses Object, weil Mädler dasselbe auf einer Specialkarte in fast gleich grossem Massstabe dargestellt hat und es lehrreich erschien, zu dieser schematischen Zeichnung ein möglichst vollkommenes plastisches Pendant zu erhalten, andererseits beide Abbildungen auf ihre Uebereinstimmung zu prüfen. Die Zeichnung, in der Grösse von 12 zu 18 Centimeter, wurde, nachdem ich in der Folgezeit zwei Monate von Prag abwesend war, am 23. November 1891 vollendet und erforderte insgesammt $120\frac{1}{2}$ Arbeitsstunden, dürfte aber als vollständig gelungen zu betrachten sein. Weniger ist dies der Fall bei der heliographischen Reproduction, welche bezüglich des Leuchtens, der Feinheit der Uebergangstöne, des Reichthums und der Klarheit des Details dem Originale beträchtlich nachsteht. Es diene zur Charakteristik der Reproduction, dass ich, um letztere gleichsam als unfertige Zeichnung auf die Vollkommenheit des Originales zu bringen, nach meinen Erfahrungen noch mindestens 30—40 Arbeitsstunden benöthigen würde. Trotzdem ist die Leistung des k. u. k. militär-geographischen Institutes in Wien als eine ganz vorzügliche zu bezeichnen; was an ihr im Vergleich zur Original-Taschirung mangelhaft erscheint, ist nur auf Rechnung des heliographischen Verfahrens selbst und der grossen technischen Schwierigkeiten des Druckes zu setzen. Die hier angefügte Tabelle gibt die Uebersicht der gesammten, aufs Zeichnen verwendeten, Zeit.

Uebersicht der auf die *Petavius*-Zeichnung verwendeten Zeit.

Datum 1891		a. m.	p. m.	Stundenzahl	Datum 1891		a. m.	p. m.	Stundenzahl
Juni	23	—	$2\frac{1}{4}-4^h$	1,5	October	27	—	$2^h-2\frac{1}{2}^h$	0,5
	24	$9^h-11\frac{1}{2}^h$	$2\frac{1}{4}-4\frac{1}{4}$	5,0		28	9^h-12^h	$2\frac{1}{4}-3\frac{1}{2}$	4,0
	25	$7-8$	$2\frac{1}{4}-3\frac{1}{2}$	2,5		29	$9-10\frac{1}{2}$	—	1,5
	26	$9-10\frac{1}{4}$	$2\frac{1}{4}-6$	4,0		30	$9-10\frac{1}{2}$	$2-3\frac{1}{2}$	2,5
	27	$8-9\frac{1}{4}$	$2\frac{1}{4}-4$	3,0		31	—	$2-3\frac{1}{2}$	1,5
September	28	$9\frac{1}{4}-12$	—	2,25	November	1	$10\frac{1}{4}-11\frac{1}{2}$	$2-2\frac{1}{2}$	1,5
October	4	—	$2\frac{1}{4}-5\frac{1}{2}$	1,0		2	$8-12$	—	4,0
	6	—	$2-3\frac{1}{2}$	1,5		3	$8\frac{1}{4}-9\frac{1}{2}$	$2-3$	2,0
	7	$9-11$	$2\frac{1}{4}-3\frac{1}{2}$	3,0		4	$9-11$	$2\frac{1}{4}-3\frac{1}{2}$	3,0
	8	$10-11\frac{1}{2}$	—	1,75		5	$9-9\frac{1}{2}$	$2-3\frac{1}{2}$	2,0
	9	$9\frac{1}{2}-11$	$2-3\frac{1}{2}$	3,0		6	$9-11\frac{1}{2}$	$2-3$	3,5
	10	—	$1\frac{1}{4}-3\frac{1}{2}$	2,0		7	—	$2-3\frac{1}{2}$	1,5
	11	$11\frac{1}{4}-12$	$2\frac{1}{4}-3\frac{1}{2}$	1,5		8	$10-11\frac{1}{2}$	$2\frac{1}{4}-3\frac{1}{2}$	2,5
	13	—	$2-3\frac{1}{4}$	1,5		9	$10-12$	$2\frac{1}{4}-3$	2,5
	15	—	$2-3\frac{1}{2}$	1,5		10	$10-11\frac{1}{2}$	$2-2\frac{1}{2}$	1,5
	16	$10-12$	$2-3\frac{1}{2}$	3,5		11	$10-12$	$2-2\frac{1}{2}$	2,5
	17	$9-10\frac{1}{2}$	$2-3\frac{1}{2}$	3,0		12	—	$2-2\frac{1}{2}$	0,5
	18	$10-12$	$2-3$	3,0		13	$9-11\frac{1}{2}$	$2-3$	3,5
	19	$9-12$	$2-3$	4,0		14	$11-12$	$2-2\frac{1}{2}$	1,5
	20	—	$2-3\frac{1}{2}$	1,5		15	$9-12\frac{1}{2}$	$2-3$	4,25
	21	$10-11\frac{1}{2}$	$2\frac{1}{4}-3\frac{1}{2}$	3,0		16	$10\frac{1}{4}-11\frac{1}{2}$	—	1,0
	22	$9-10$	$2-3\frac{1}{2}$	2,5		17	—	$2-2\frac{1}{2}$	0,5
	23	$9\frac{1}{4}-11\frac{1}{4}$	$2-3$	3,0		18	$10-11$	$2\frac{1}{4}-2\frac{1}{2}$	1,5
	24	—	$2-3$	1,0		19	—	$1\frac{1}{4}-2\frac{1}{2}$	1,0
	25	$9\frac{1}{4}-12$	$2-3\frac{1}{2}$	4,0		20	$10-12\frac{1}{2}$	—	2,25
	26	$11-12$	$2\frac{1}{4}-3\frac{1}{2}$	2,0		23	$10-12\frac{1}{2}$	—	2,5

Nach dieser Tabelle wurde an 52 Tagen mit einem täglichen Durchschnitt von 2,32 Stunden an *Petavius* gearbeitet. Beim Zeichnen lag ein besonderer Reiz darin, diese Wallebene allmählig in ihrer Gesammtheit zu überblicken, während das Ocular stets nur kleine Bruchtheile derselben vor Augen führte. Naturgemäss wurde es gerade in Folge dieses schrittweisen Arbeitens nothwendig, das Bild zum Schlusse mit schwacher Linear-Vergrösserung zu studiren und zu vergleichen, um die relativen Lichtverhältnisse getreu wiederzugeben. Dies geschah in Anwendung des Oculars von 41,15^{mm} Aequivalent-Brennweite mit der Linear-Vergrösserung 7,8, welches auch den Anhalt für die Tiefe der Schatten im Bilde gab.

Es werde wieder nur das Hauptsächliche, was die Zeichnung anders als bei Mädler und Schmidt zeigt, hervorgehoben. Denn Alles aufzuzählen, ist ohne Beigabe einer Pause der zu vergleichenden Abbildungen und Einführung neuer Bezeichnungsweisen für die einzelnen Objecte nicht möglich. Das Eingehen auf das feinere Terraindetail der 20-fachen Vergrösserung würde auch heissen, eine neue Karte von *Petavius* entwerfen; so zahlreich ist das Neue, was das Licht auf der chemischen Schicht des Originales selbst verzeichnet hat. Die Vergleichung geschehe vornehmlich mit Mädler's grosser Specialkarte von *Petavius*, welche derselbe 1832 in Dorpat „in vier ausgezeichnet heiteren Nächten" am 9., 10. Januar und 4., 6. März angefertigt hat (Vgl. die 8. Tafel dieses Bandes, welche die, auf die Grösse meiner Zeichnung reducirte, Mädler'sche Karte darstellt), und mit Schmidt's Section X. Zur Abkürzung der Schreibweise werde erstere mit M, letztere mit S und meine 20-fach vergrösserte Tuschirung mit W bezeichnet.

Der Wall von *Petavius* ist in seinem Zusammenhange am besten auf Mädler's „Mappa Selenographica", die Gliederung desselben auf Mädler's Specialkarte dargestellt. Am wenigsten gelungen erscheint in dieser Beziehung die Schmidt'sche Karte, auf welcher es oft Schwierigkeiten bereitet, die charakteristischesten Züge zu identificiren. Schmidt's Zeichnungsweise gibt zumeist nur helle, getrennte Kammlinien und lässt den dazu senkrechten Gebirgsabfall völlig ausser Acht.

Das convexe Innere mit der bekannten grossen Rille ist von den genannten Selenographen nur in seinen Hauptzügen, am richtigsten bei Schmidt aufgefasst worden. Die 20-fache Vergrösserung gibt diesbezüglich das reichste Detail und die feinsten Terrainabstufungen, welche noch kein Auge fixirt hat. Andererseits zeigt sie in südlichen Inneren mehrere zarte Rillenzüge,*) die unter der Annahme ihrer Realität der photographischen Abbildung ein rühmliches Zeugniss für ihre Leistungsfähigkeit ausstellen. Das Centralgebirge kommt auf M besser als auf S zur Anschauung, obwohl auch M in dieser Hinsicht zu wünschen übrig lässt.

Gehen wir zu Einzelheiten über. Die angeführten selenographischen Positionen: λ (westlich +) und β (nördlich +) sind der Karte M entnommen, indem das fragliche Object genähert in dieselbe eingetragen wurde.

1. Fürs Erste fällt es auf, dass Schmidt die Ringebene *Petavius* a (*Wrottesley* bei Neison) zu nördlich eingezeichnet hat. Bei Mädler ist sie ihrer Lage nach auf der Specialkarte correcter als auf der „Mappa Selenographica" dargestellt.

---

*) Ich gebrauche hier diese Bezeichnung im allgemeinsten Sinne und meine damit auch seichte, gerade oder gewundene, Vertiefungen auf dem Monde von zumeist grosser Länge, jedoch relativ geringer Breite.

2. An *Wrottesley* schliesst nördlich in der Richtung des Westwalles dieser Ringebene ein langer Gebirgsabfall. Die Contourirung desselben ist auf M ziemlich richtig, auf S unexact. Am Hochplateau dieses Abfalles zeichnen Mädler und Schmidt grosse ebene Flächen, die nach W nicht existiren. In $\lambda = +57°,3$, $\beta = -22°,5$ (Mitte) fehlt auf M ein langer terrassenartiger Abfall, während der westlich liegende Pass sehr deutlich zur Anschauung gelangt. In $\lambda = +56°,3$, $\beta = -23°.0$ sieht man auf W eine Kette von drei Kratern, deren südlichster jedoch als solcher zweifelhaft erscheint; sie liegen am östlichen Kamme des erwähnten Abfalls. Ferner macht das Object in $\lambda = +56°,9$, $\beta = -23°.1$ ebenfalls den Eindruck eines Kraters, so dass also in diesem Bereiche 3 bis 4 Krater liegen würden, welche weder auf M, noch auf S verzeichnet sind.

3. In $\lambda = +55°,3$, $\beta = -22°,7$ (Mitte) verläuft in der Richtung des Ostwalles von *Wrottesley* und nördlich davon ein zweiter Höhenabfall, der namentlich bei schwacher Vergrösserung der erwähnten Lick-Aufnahme und auch derjenigen vom 23. August 1888 den Eindruck eines rillenartigen Thales macht. Schmidt hat dort ein complicirtes System von kleinen Kratern. Auf M ist diese Stelle nicht mehr abgebildet.

4. Dieses letztgenannte Thal führt nach Norden hin auf einen kleinen Krater, der auf der photographischen Platte nur eine Grösse von 0,15 Millimeter hat, jedoch deutlich sichtbar und auf S leicht zu identificiren ist. Südöstlich davon liegt ein grösserer Krater (am rechten unteren Bildrande von W), den Schmidt zu nahe zu ersterem zeichnet. Es rührt dies von der fehlerhaften Position von *Wrottesley* auf S her. Nach W scheinen von dem ersteren kleinen Krater nach NO. einige feine Risse oder Rillen auszugehen.

5. Am unteren Bildrande von W ist das Südende der Ringebene *Petavius* B zu erkennen. Mädler (Mappa selenographica) und Neison haben daselbst einen kleinen Wallkrater, der auf W nicht zu sehen und auch auf S nicht verzeichnet ist.

6. Der westliche, südliche und nördliche Wall von *Wrottesley* hat gemäss W nach Innen einen breiten allmähligen Abfall, der bei Schmidt wohl angedeutet, bei Mädler jedoch zu schroff aufgefasst ist. Dieser Abfall gibt dem Inneren ein trichterförmiges Aussehen. Die Centralspitze Γ (Mädler) ist auf M einfach, auf S dreifach. W zeigt zwei Höhen, deren südliche aber nur niedrig sein kann. Auf der nördlichen könnte die Quertrennung, welche Schmidt hat, in Folge der Exposition verloren gegangen sein. Am NO.-Kamm dieser Ringebene scheint nach W ein kurzer Pass zu sein, von welchem gegen NO. eine feine Rille ausgeht. Schmidt hat nichts Aehnliches.

7. In $\lambda = +55°,8$, $\beta = -24°,7$ am südlichen Wallkamme von *Wrottesley* zeigt W einen grossen Krater. M hat ihn nicht; dagegen verzeichnet S dort drei kleine Krater. Südlich davon sieht man auf W noch eine seichte kraterartige Formation, die auf S und M fehlt.

8. Der Krater c am südlichen Innenwalle von *Petavius* liegt nach W so, wie dies Mädler angibt, am Kamme des bemerkten Walles und durchschneidet nicht denselben, wie es nach Schmidt den Anschein hat. Am Südwestwalle dieses Kraters zeigt W eine helle Zeichnung, die sich nach Westen fortsetzt und einem absteigenden Joche nicht unähnlich ist. M und S deuten dieses Object nicht an.

9. In $\lambda = +60°,3$, $\beta = -26°,7$ sieht man auf W am südwestlichen Innenwalle von *Petavius* eine geschwungene Querhöhe, die M ebenfalls verzeichnet, jedoch S nicht hat. Nördlich davon hat M in unmittelbarer Nähe zwei grössere Krater, die auf W trotz des

darüber fallenden Schattens der erwähnten Querhöhe ziemlich gut erkennbar sind, jedoch auf S ganz fehlen. Auf meiner kleinen *Petavius*-Zeichnung vom 18. Juni 1886 (in: „Astr. Beob. a. d. k. k. Sternwarte zu Prag i. d. J. 1885, 1886 u. 1887") sind diese Krater gleichfalls gut zu sehen und zwar ohne den Schatten jener Höhe, welcher sich nur bei stark südlichem Sonnenstande einzustellen scheint. — Nördlich hiervon hat M in $\lambda = + 60°,9$, $\beta = - 26°,2$ ein langes Kraterthal von nahe meridionaler Richtung, welches auf W nicht als solches sichtbar ist. S hat es gleichfalls nicht. Der weitere West- und Nordwest-Wall von *Petavius* ist in seinen Hauptzügen und namentlich in seiner inneren Begrenzung auf M richtig wiedergegeben, nicht so auf S, wo auch einzelne Formationen desselben zu südlich eingetragen sind.

10. Südlich von der Centralspitze A zeigt W eine Gabelung des Gebirges, die einen kraterartigen Eindruck macht, jedoch weder auf M, noch auf S so aufgefasst ist.

11. Im südlichen Innern sind auf W vornehmlich zwei ausgeprägte Terrainwellen in der Richtung des Meridianes sichtbar, deren östliche sich über die grosse Rille hinaus nach Norden fortsetzt und auf S in der Hauptsache richtig dargestellt ist. In $\lambda = + 60°,7$, $\beta = - 25°,9$ zeigt W am inneren SW.-Rande zwei grosse halbkreisförmige Senkungen, die auf M und S fehlen. Ueberhaupt ist das „beulenartige" Innere im südlichen Theile von den genannten Selenographen nur unvollkommen, im nördlichen Theile jedoch fast gar nicht wiedergegeben.

12. In $\lambda = + 60°,2$, $\beta = - 25°,3$ hat Mädler auf seiner Specialkarte westlich vom südlichen Ausläufer des Centralgebirges einen kleinen Krater, der auf W nicht erkennbar ist. Auf dessen „Mappa Selenographica" sind dort zwei Krater verzeichnet; doch bemerkt Neison dazu, dass dieselben zweifelhaft sind und dass die Oberfläche daselbst zeitweise zwei kleine Vertiefungen zu haben scheint.

13. Dagegen zeigt W in $\lambda = + 59°,6$, $\beta = - 26°,0$ eine kleine Kraterformation, ferner in $\lambda = + 58°,7$, $\beta = - 25°,7$ eine längliche Kraterfurche, durch welche eine feine Rille mit theilweise sichtbaren, hellen Rande zieht, die am SW.-Walle, nördlich von den sub 9 angeführten Kratern, entspringt und sich in geschwungener Linie quer durch das südliche Innere bis zur grossen Rille, sowie auf dem SW.-Absturz derselben verfolgen lässt. Nördlich von der Mitte der grossen Rille zeichnet S einen winzigen Krater, der auf W angedeutet erscheint. Im südlichen Inneren sind noch weitere feine Rillen, deren eine in eine Art Kratergrube mündet, ebenso im nördlichen Inneren erkennbar.

14. Die grosse *Petavius*-Rille hat eine grössere Breite, als dies Mädler darstellt. Sie besitzt gemäss W in $\lambda = + 58°,2$, $\beta = - 25°,3$ d. i. nahe zu ihrer Mitte ein Knie, das von Keinem der Selenographen vermerkt ist. Ferner zeigt sie nahe zum Centralgebirge einen hellen Querstreifen, der einer Felsenbrücke nicht unähnlich ist. Beide Ufer der grossen Rille erscheinen hügelig, welcher Umstand besonders deutlich an der Ostseite zu erkennen ist.*) Ihr gekrümmter Verlauf mit der convexen Seite nach NO. ist auf M richtig aufgefasst. Auf S ist derselbe geradlinig.

Sollte das ganze, wundervoll zarte Detail im Inneren von *Petavius* (man beachte bloss, dass die feinen Rillen im südlichen Inneren auf W eine Breite von etwa 0,1 mm., also auf der Originalplatte von 0,005 mm. haben) durch die optische Beobachtung oder

---

*) Es sei bemerkt, dass dieser Charakter bereits vor Jahren von T. G. Elger in Bedford hervorgehoben, jedoch von anderen Selenographen geläugnet wurde.

— 74 —

durch wiederholte photographische Aufnahmen volle Bestätigung finden, so müssen die photographischen Resultate der Lick-Sternwarte als von höchster Bedeutung für die Selenographie betrachtet werden. Dann wird auch die, auf die Herstellung dieses zum ersten Mal in so grossem Massstabe ausgeführten plastischen *Petavius*-Bildes verwendete, Mühe keine vergebliche gewesen sein.

Da die rillenartigen Objecte im südlichen Inneren von *Petavius* auf der Heliogravure theilweise undeutlich, theilweise gar nicht wiedergegeben erscheinen, so habe ich dieselben in Anbetracht des Interesses, das ihre Mannigfaltigkeit und eigenthümliche Form, die in einzelnen Theilen dem Laufe irdischer Flussbette ähnelt, darbietet, hier noch durch eine schematische Zeichnung und zwar in 40-facher Vergrösserung nach der angeführten Lick-Aufnahme dargestellt. In derselben sind alle jene Rillentheile, welche auf dem Diapositive mit völliger Sicherheit zu erkennen sind, mit r bezeichnet, die anderen aber, welche weniger deutlich und insoferne fraglich erscheinen, mit ϱ. Im Uebrigen dürften die Objecte a—g nach ihrem unmittelbaren Anblicke in folgender Weise zu charakterisiren sein.

a zeigt sich als ein längliches Kraterthal mit deutlichem NW.-Walle. Dasselbe ist oben sub 13 angeführt und liegt nach Mädler's Specialkarte in $\lambda = +58°,7$, $\beta = -25°,7$.

b ist ein kleiner Krater mit lichtem Westwall. Derselbe wurde gleichfalls oben sub 13 erwähnt und hat die Position: $\lambda = +59°,6$, $\beta = -26°,0$. Oestlich davon befindet sich eine grosse, von Rillen umschlossene, Fläche mit hellen Wällen an der von der Sonne abgewandten Seite, die besonders interessant ist.

c ist eine grössere, seichte seeartige Vertiefung mit etwas Schattenwurf im Osten.

d ist ein lichter Fleck, welcher unter der Voraussetzung, dass hier kein Plattenfehler vorliegt, eine niedrige Höhe darstellen würde.

e scheint ein rillenartiges kurzes Thal zu sein, welches von zwei lichten, ziemlich deutlichen Wällen begrenzt wird.

f präsentirt sich als eine vorspringende Höhe am Ostufer der grossen Rille.

g ist endlich der sub 13 bemerkte kleine Schmidt'sche Krater, nördlich von der Mitte der grossen Rille.

Um auch die wesentliche Frage, ob die verzeichneten rillenartigen Objecte dem Monde oder der photographischen Platte (als Fehler irgendwelcher Art) angehören, also reell oder nicht reell sind, zu erörtern, muss ich noch das Folgende anführen. Zu Beginn meiner

Studien nach den Lick-Platten habe ich mich zunächst sehr skeptisch den feineren photographischen Rillen gegenüber verhalten. Ich beleuchtete deshalb die Platten auf die verschiedenste Weise, wandte sehr starke Vergrösserungen an und erkannte, dass die fraglichen Objecte keine Risse oder Striche im Glase selbst sein können. Dann studirte ich das Korn der Platten und lernte im Laufe der Zeit, von diesem völlig unabhängig zu arbeiten. Wo endlich zwei Platten vorhanden waren, die kurz hintereinander aufgenommen worden, suchte ich die gefundenen Rillen zu identificiren, was auch in mehreren Fällen, wenigstens für einzelne Theile, vollkommen gelang. Derart übte ich mein Auge durch viele Monate und erreichte eine Sicherheit, welche dem Nachweise durch eine zweite photographische Platte fast gleichkam. Hierbei ergab sich, dass rillenartige Objecte, die auf der, der Sonne zugewandten, Seite dunkel erscheinen, auf der abgewandten aber eine schwache, parallel laufende Lichtlinie zeigen, unzweifelhafte Vertiefungen auf dem Monde seien. Ebenso sind feine dunkle Linien, die nur in der Nähe von Kratern oder Kratergruben auftreten und in dieselben münden oder von diesen ausgehen, als wirkliche Rillen aufzufassen, während letztere umgekehrt bei dunklen Flecken, die sie durchziehen, auf deren kraterartigen Charakter schliessen lassen. — Nach meinen Erfahrungen vermag ich nun die, im südlichen Inneren von *Petavius* dargestellten, Rillen nur als reell anzusehen, was besonders von denjenigen Theilen gilt, welchen der Buchstabe r beigefügt ist. Trotzdem erscheint natürlich eine Verificirung derselben auf dem Wege der optischen Beobachtung oder durch andere photographische Aufnahmen unerlässlich. Dabei möchte ich der letzteren Methode den Vorzug geben, da es sehr gut denkbar wäre, dass ein photographisch entdecktes Object in Anbetracht seiner Farbe sich der optischen Wahrnehmung ganz entziehen könnte. — Es wurde oben erwähnt, dass mir noch eine zweite photographische Aufnahme des Mondes vom 31. August 1890, $14^h 25^m$ P. s. t. zur Verfügung stand, welche in zwei, leider zu kräftigen, Positiv-Copieen auf Glas nach Prag gelangt war. Die sehr dunkle Nuancirung dieser Diapositive, sowie das grobe Korn derselben lassen wohl einen sicheren Nachweis jener Rillen nicht zu; immerhin glaube ich aber, auf dem lichteren Exemplare einzelne Stellen der beiden hauptsächlichsten Systeme, welche an b und d vorbeiziehen, wieder zu erkennen. Ohne Zweifel spielt auch bei der Rillenabbildung die passende Expositionsdauer der Platte und die Feinheit der photographischen Zeichnung die grösste Rolle.

Eine optische, möglichst eingehende Untersuchung des südlichen Inneren von *Petavius* mit mächtigen Instrumenten wäre nun dem Vorenstehenden gemäss überaus wünschenswerth und dürfte vielleicht neue Gesichtspunkte für unsere Erkenntniss der Oberflächenbeschaffenheit des Mondes eröffnen.

Photographische Entdeckungen auf dem Monde.

a) Rille durch das Innere von *Thebit*.*)

Während der Ausführung meiner 10-fach vergrösserten Tuschirung von *Arzachel* nach der Lick-Aufnahme vom 27. August 1888 fiel mir an der, im Ocularfelde gleichzeitig sichtbaren, Ringebene *Thebit* eine sehr deutliche dunkle Zeichnung im Inneren auf, welche in nahe meridionaler Richtung die ganze Sohle durchzog und nur als schluchtartige Vertiefung aufgefasst werden konnte. Ihre Länge schätzte ich auf etwa 28 Kilometer. Nachdem ich mich überzeugt, dass andere Selenographen dieses Object nicht gesehen hatten, fertigte ich eine 10-fache Vergrösserung von *Thebit* an, copiirte dieselbe für Herrn Professor Holden und richtete an diesen am 9. April 1891 das folgende Schreiben (Astr. Nachr. Bd. 128, Nr. 3055, p. 139): „Anbei sende ich Ihnen eine schnell ungefertigte, ziemlich treue Copie meiner 10-fach vergrösserten Tuschirung von *Thebit* (südlich von *Arzachel*), welche ich in den letzten Tagen nach der schönen Lick-Aufnahme vom 27. August 1888 ausgeführt habe. Ich wählte, trotzdem ich noch inmitten anderer Arbeiten stehe, auch dieses Object, weil dasselbe im Inneren, von $\frac{\gamma}{\gamma}$ gegen ϵ (vgl. Neison) hin, eine Art Rille zeigt, die einem Bruch in der Sohle täuschend ähnlich sieht und weder bei Lohrmann oder Mädler, noch bei Schmidt irgendwie angedeutet ist. Diese Art Rille in *Thebit*, welche im nördlichen Theile gegen Osten hin zwei Abzweigungen zu besitzen scheint, stellt sich auf der genannten Photographie noch deutlicher als die von *Triesnecker* westlich liegende Rille dar und zeigt dem Ansehen nach einen völlig gleichen Charakter. In der Nacht vom 31. März zum 1. April d. J., wo die Beleuchtungsverhältnisse für den Mond nahe dieselben, wie am 27. August 1888 waren, konnte ich mich mit dem Steinheil'schen 6-Zöller trotz des niedrigen Mondstandes ($\delta = -25°$) und grosser Luftunruhe ziemlich sicher von der Realität jenes Bruches im Inneren von *Thebit* auch optisch überzeugen. Meine sofort mit Dr. H. J. Klein in Cöln eingeleitete Correspondenz ergab, dass auch dieser erfahrene Mondbeobachter eine solche *Thebit*-Rille nicht kennt**) und dass auch bei Gruithuisen nichts darüber zu finden ist. Wir hätten also in diesem Falle eine photographisch entdeckte Rille, die jedoch nicht neu entstanden zu sein braucht, da man ihre bisherige Nichtwahrnehmung auch aus der,

---

*) Die Abbildung derselben, sowie der nachfolgenden weiteren Rillen- und Krater-Entdeckungen auf photographischem Wege, kann leider hier nicht gegeben werden, da einerseits die Zeichnungen noch zu vollenden bezw. grösser, als ursprünglich geplant, darzustellen sind, da andererseits diese Entdeckungen sich im Laufe der Zeit beträchtlich summirt haben und insoferne auf mehreren Tafeln gleichzeitig publicirt werden sollen.

**) Auch der sehr eifrige und erfolgreiche englische Mondbeobachter, Thos. Gwyn Elger in Bedford, welcher bald von mir verständigt wurde, konnte nichts auf eine *Thebit*-Rille Bezügliches finden.

möglicher Weise kurzen, Sichtbarkeitsdauer derselben und aus dem Umstande, dass die Astronomen gegen Morgen nicht gerne beobachten, erklären kann. — Ich bemerke noch, dass Mädler und Neison den vom Krater A nordwestlich liegenden kleinen Krater unrichtig an den Aussenwall von *Thebit* verlegt haben. Er liegt nach der Photographie am Innenwalle und so, dass er auch als zur Sohle gehörig (vgl. Schröter) betrachtet werden kann. Schmidt und Lohrmann zeichnen ihn ziemlich richtig. Dagegen muss der Höhenzug im Inneren von *Thebit* nach der Photographie entschieden anders als bei Schmidt aufgefasst werden." — Herr Professor Holden antwortete am 29. April, dass er die *Thebit*-Rille auf dem Original-Negativ vom 27. August 1888 verificirt habe und auf anderen Negativen Spuren von derselben erkenne. Ich selbst besitze an photographischen Platten aus die Zeit des letzten Mondviertels, welche für die Sichtbarkeit der *Thebit*-Rille günstig erscheinen, ausser der angeführten Aufnahme nur zwei Diapositive, das eine vom 28. August 1888 (ohne Zeitnotirung), das zweite vom 3. November 1890, $14^h\ 0^m$ P. s. t. Auf beiden, welche an Feinheit der Zeichnung der Platte vom 27. August 1888 nachstehen, sind nur einzelne Partieen der *Thebit*-Rille und auch diese nicht mit voller Sicherheit zu identificiren.

Um das lange Rillenthal, wie es wohl am richtigsten bezeichnet wird, genauer zu beschreiben, halte ich mich an die Schmidt'sche Bezeichnungsweise auf Sect. VIII seiner grossen Mondkarte. Werden die Mittelpunkte der östlichen Wallkrater A und x (letzterer heisst bei Neison l) durch eine Gerade verbunden, so steht der Hauptrillenzug in der westlichen Hälfte von *Thebit* nahe senkrecht zu dieser Richtung; dabei zeigt er sich leicht gekrümmt und zwar mit der concaven Seite gegen A hin. Die Distanz desselben vom Westwalle des Kraters A ist nur um ein Geringes grösser als der Durchmesser von A. Die Hauptrichtung der Rille wird auch erhalten, indem man den Westwall des, ausserhalb des südlichen *Thebit*-Walles liegenden, Kraters E mit der Höhe ε im nördlichen Inneren verbindet. Im Norden schliesst die Rille an das westliche Ende der erwähnten Höhe ε, zieht von da aus zunächst südlich, dann südöstlich und biegt hierauf nach einem Laufe von etwa 18 Kilometern plötzlich unter einem Winkel von 120° nach Westen ab, um weiter ziemlich geradlinig in südwestlicher Richtung bis an den Fuss des inneren Südwalles von *Thebit* zu gehen. Vielleicht ist an dieser Stelle ihr eigentlicher Ursprung zu suchen. Am Westwalle jener starken Biegung steht eine kleine deutliche Höhe, und westlich davon, nahe zum Rande der Sohle, dürfte eine Art Kratergrube vorhanden sein, von welcher ein ziemlich breites Rillenthal mit lichtem Westwall nach NO. fast bis zur grossen Rille zieht. Die *Thebit*-Rille zeigt ihrer ganzen Länge nach unf der Ostseite, also nach der Sonne hin, eine kräftige dunkle Schattirung als östliches Senkungsgebiet und auf der Westseite eine hellere Nuancirung, wie diese sonst der Sohle eigen ist, als westliches Erhebungsgebiet. Am steilsten erscheint die Böschung der Rille in der südlichen und mittleren Partie; doch dürfte sie im Allgemeinen nicht schroff zu nennen sein, sodass der Rilleneindruck schon bei etwas hohem Sonnenstande verloren ginge. Im nördlichen Drittel der Rille besitzt dieselbe zwei rillenähnliche Abzweigungen mit nordöstlichem Laufe, denen nach Westen hin zwei Terrainwellen mit nordwestlicher Richtung entsprechen, die bis zum Fusse des nordwestlichen *Thebit*-Walles führen. Eine weitere Rille findet sich am Ostwalle des oben erwähnten kleinen, nordwestlich von A liegenden, Kraters und geht von dort in südlichem und südwestlichem Laufe mit schwach convexer Krümmung gegen A hin in einer Länge von 10 Kilometern nach einem Hügel des Inneren. Dieselbe scheint auch mit der einen östlichen Abzweigung der grossen Rille und zwar mit der südlicher gelegenen in Verbindung zu stehen und in dieser Fortsetzung, westlich vom bemerkten Hügel, einen Rillenzweig nach Norden zu haben. — Die *Thebit*-Rille kann gemäss der Photographie hinsichtlich ihrer Form gut mit einem Baumstamme verglichen werden, dessen oberer Theil nach Süden weist und dort ein auffälliges Knie nach Osten hin bildet, während der nördliche Theil die Wurzel mit Ausläufern nach Ost (Rillen) und West (Terrainwellen) darstellt.

Es seien noch meine Beobachtungen dieser Rille am Steinheil'schen 6-Zöller mit 152-facher Vergrösserung kurz angeführt. Dieselben beziehen sich auf die Zeit vor dem letzten Viertel, wo die Lichtgrenze zwischen *Julius Caesar* und *Hipparchus* lag, vermochten jedoch wegen ungünstiger Luft über die Natur des rillenartigen Objectes nichts zu entscheiden. Deshalb erscheint es nothwendig, dasselbe noch weiterhin optisch zu prüfen und namentlich mit grösseren Fernrohren eingehend zu studiren.

1891, März 31, 16¼ʰ M. Z. Prag. Lichtgrenze am Ostwall von *Julius Caesar*. Den Bruch in der Sohle von *Thebit* ziemlich deutlich gesehen. Mond klar, sehr niedrig und unruhig.

1891, Mai 28, 15¼ʰ M. Z. Prag. Lichtgrenze westlich von *Bessel*. Die Rille für kurze Momente ziemlich sicher wahrgenommen. Mond klar, niedrig, unruhig.

1891, Mai 29, 15¼ʰ M. Z. Prag. Lichtgrenze ausserhalb des Westwalles von *Hipparchus*. Die Rille sicher gesehen. Mond schleierhaft; Luft ab und zu leidlich.

1892, Febr. 18, 15ʰ M. Z. Prag. Lichtgrenze am Westwall von *Julius Caesar*. Die *Thebit*-Rille ist mit ziemlicher Sicherheit zu erkennen. Luft unruhig, Wolkenziehen. Mond tief.

b) Krater südöstlich von *Chladni*.

Am 22. Mai 1891 fiel mir auf der trefflichen Lick-Platte vom 15. August 1888 (Mondalter 8[1]) bei aufmerksamer Betrachtung des, von *Triesnecker* südöstlich liegenden, *Sinus Medii* in dessen nördlichem Theile ein kleiner runder, tiefschwarzer Fleck auf, an welchen sich nach NW. in der Richtung zur Sonne hin ein hell beleuchtetes Gebiet, nach SO. ein weniger heller Lichtring in Halbkreisform anschloss. Es konnte namentlich bei Anwendung 22-facher Linear-Vergrösserung keinem Zweifel unterliegen, dass dieser schwarze Fleck kein Fehler der Platte sei, sondern den Schattenwurf eines Kraters mit sehr deutlichem Westwall und minder deutlichem Ostwall darstelle. Da dieses Object sich weder bei Schmidt, noch bei Mädler, Lohrmann oder Neison vorfand, so musste es als neu angesehen werden.

Auf Schmidt's Sect. I würde die Position des Kraters lauten: $\lambda = +0^\circ{,}06$ (westliche Länge), $\beta = +2^\circ{,}24$ (nördliche Breite); derselbe liegt südöstlich vom Krater A, welcher auf Mädler's „Mappa Selenographica" mit gleichem Buchstaben als *Triesnecker* A, hingegen auf der grossen Lohrmann'schen Karte mit *Chladni* bezeichnet ist. Schmidt hat dort ganz ebenes Terrain. Um den Kraterort noch etwas strenger zu charakterisiren, verbinden wir auf Sect. I den Mittelpunkt des genannten Kraters A mit dem Mittelpunkte des südlich liegenden Kraters B (von letzterem liegt fast genau westlich ein etwas kleinerer Krater, der bei Neison c heisst) und nehmen den Halbirungspunkt dieser Linie AB als Coordinaten-Anfangspunkt O an. Der Meridian durch O bildet dann einen Winkel von 7° mit der Richtung AB und zwar so, dass jener östlich an A und westlich an B vorbeigeht. Wird ebenso, wie bei *Archimedes*, die Distanz des fraglichen Objectes vom Coordinaten-Anfangspunkte d und dessen Positionswinkel zu O, gezählt von der Nordrichtung des Meridians über Osten, p genannt, so sind diese Grössen zunächst auf dem Diapositive oder auf seiner Vergrösserung zu ermitteln und dann im richtigen Verhältnisse auf die Schmidt'sche

Karte zu übertragen. Ich fertigte deshalb sofort eine 10-fache Vergrösserung der Umgebung von A und B an, zeichnete in diese den Meridian ein und fand für dieselbe: AB = 33,7^{mm}, p = 75°, d = 8,5^{mm}, ferner den inneren Kraterdurchmesser mindestens = 1,8^{mm} (auf der Originalplatte = 0,18^{mm}), während der Schattendurchmesser in der Sonnenrichtung 1,3^{mm} beträgt. Bei Schmidt ist AB = 49,0^{mm}. Dem entsprechend musste auf Sect. I p = 75°, d = 12,4^{mm} und der Kraterdurchmesser = 2,62^{mm} = 4,67 Km. = 0,63 geogr. Meilen genommen werden. Es war nun in der That zu verwundern, warum dieses Object, dessen Grösse nahe in der Mitte zwischen den Kratern B und c liegt, bei Schmidt fehlt, um so mehr, als derselbe auf Sect. I auch Krater von nur 0,5^{mm} Durchmesser zur Darstellung bringt. — Ich stellte hierauf eine Copie meiner 10-fachen Vergrösserung her und schickte diese am 23. Mai an Herrn Professor Holden mit dem Ansuchen, den fraglichen Krater, welchen ich auf anderen Platten gleicher oder entgegengesetzter Phase nicht auffinden konnte, photographisch und, wenn möglich, mit dem grossen Refractor der Lick-Sternwarte optisch zu verificiren. Da ich damals den Krater, namentlich auf der vorzüglichen Lick-Platte vom 27. August 1888, bei entgegengesetztem Schattenwurfe nicht zu erkennen vermochte, so schrieb ich gleichzeitig, dass der Krater nicht trichterförmig, sondern mit flacher Sohle aufzufassen sei, dass ferner sein SO.-Wall niedrig, dagegen sein NW.-Wall hoch mit sanfter Böschung nach Aussen sein dürfte, so dass dem Objecte die Bezeichnung eines Kraterthales oder einer Kratergrube zukäme. Die Helligkeit des nach Aussen allmählig abfallenden NW.-Walles erscheint auf der Photographie fast so gross, wie jene des südöstlich von A liegenden nahen Höhenzuges. — Es sei noch bemerkt, dass ich mit 42-facher Ocular-Vergrösserung*) auf der Platte vom 15. August 1888 erkannte, dass der östliche niedrige Kraterwall von drei deutlichen Rillen durchzogen wird, die mit Bezug auf das Kratercentrum als S.-, SO.- und O.-Rillen gekennzeichnet werden könnten und deren allgemeine Richtung nur wenig vom Meridiane abweicht. Die SO.-Rille scheint sich vom Nordwalle des Kraters meridional fortzusetzen, wobei sie in der Entfernung eines Kraterdurchmessers einen winzigen, jedoch deutlich dunklen Krater mit schwacher Wallzeichnung (von etwa ¹/₆ Durchmesser des grossen) durchzieht.

Professor Holden constatirte fürs Erste, dass der fragliche Krater auf den Lick-Negativen vom 24. August, 22. September und 3. November 1890, welche der Reihe nach einem Mondalter von 9^d 11^h, 8^d 4^h und 21^d 5^h entsprechen, sichtbar ist, also wirklich existirt. Ich kam erst später in den Besitz von Diapositiven nach diesen Platten und vermochte die Holden'schen Wahrnehmungen zu bestätigen, wobei aber hervorzuheben ist, dass auf keiner dieser Abbildungen der Krater im Inneren tieferen Schatten besitzt, sondern nur durch eine etwas dunklere Nuancirung desselben, durch eine ziemlich deutliche Wallzeichnung und durch die in ihn mündenden Rillen erkenntlich ist. Besonders sind es zwei Rillen, welche Professor Holden aus der sehr detailreichen Lick-Aufnahme vom 22. September 1890 nachgewiesen hat, und in deren Kreuzungspunkte der Krater steht; die eine geht in südwestlicher Richtung gegen den Westwall von Krater B hin, die andere zieht vom Westwall des neuen Kraters in fast genau westlicher Richtung und setzt sich auf der Ostseite desselben noch eine kurze Strecke fort. Am unsichersten erscheint mir die Identi-

---

*) Im Jahre 1892 wurden ausser den auf p. 51 erwähnten drei Ocularen noch zwei weitere mit ¹/₂ und ¹/₄ Pariser Zoll Aequivalent-Brennweite von Reinfelder & Härtel in München beschafft. Dieselben ergeben eine 82,0- und 42,4-fache Linear-Vergrösserung.

ficirung auf dem Diapositive vom 24. August 1890. Dagegen konnte ich den Krater weiter noch auf einer Lick-Platte vom 13. Juli 1891 (Mondalter 8^d0^h) und auf der angeführten Platte vom 27. August 1888 (Mondalter 20^d) mit 42-facher Vergrösserung, abermals ohne inneren Schatten, doch völlig sicher erkennen. Vornehmlich die letztere zeigt an der genau richtigen Stelle die innere runde Form in der Grösse von 0,15^{mm} auf dem Diapositive (ich mass dieselbe in Anwendung eines Strichnetzes, das in halbe Millimeter getheilt ist und welches mit dem Objecte unter der stärksten Ocular-Vergrösserung betrachtet wurde) durch deutliche Contourirung, namentlich nach W. und NW. hin, eine etwas hellere Beleuchtung des NW.-Walles, sowie des östlichen Inneren, endlich auch fast sämmtliche, in diesen Krater mündende, Rillen.

Professor Holden und Professor Campbell untersuchten auch unabhängig von einander zwei Rutherfurd'sche Diapositive vom 9. April und 8. Juli 1870, deren jedes zwei Mondaufnahmen desselben Abends aufweist. Beide Photographieen gelten für die Zeit des ersten Viertels; bei ersterer liegt die Lichtgrenze am Ostwall von *Clavius*, bei der zweiten etwas östlich von *Euclides*. Beide Selenographen stimmen darin überein, dass der neue Krater auf beiden genannten Positiven zu sehen sei. Später, nach der optischen Verificirung des Kraters (derselbe heisse im Folgenden w), welche zeigte, dass westlich von diesem in kaum einem Durchmesser Entfernung ein niedriger Höhenrücken von der Form eines ε (derselbe werde x genannt) sich befindet, dessen östlicher Schatten einen dunklen Fleck bildet, sobald w im Inneren fast ohne Schatten erscheint, wurde Professor Holden wieder zweifelhaft, ob nicht auf den sehr kleinen und deshalb schwierig zu analysirenden Rutherfurd'schen Platten nur das Object x bemerkbar sei. Ich verdanke nun dem grossen Entgegenkommen des Herrn Professor John K. Rees, Directors des Columbia College-Observatory in New-York City, dass mir gleichfalls 14 Positiv-Copieen der Rutherfurd'schen Negative geschickt wurden, darunter auch die beiden erwähnten Aufnahmen vom Juhre 1870. Auf dem einen Bilde vom 9. April 1870, welches den Mond mit einem Durchmesser von 30^{mm} darstellt, vermag ich bei Benützung 42-facher Vergrösserung völlig sicher w zu erkennen, indem dieses Object als deutlicher dunkler Fleck von richtiger Lage und Grösse erscheint und auch von den charakteristischen Rillen gekreuzt wird. — Dagegen zeigt ein Silberdruck von einem, an der Melbourner Sternwarte am 1. September 1873 (Mondalter 9^d,0) aufgenommenen Negative, welcher ein Mondbild von 187^{mm} Durchmesser gibt, nach Professor Holden's Ansicht nur den dunklen Fleck x, welcher Auffassung ich, nachdem Herr Professor Holden mir freundlichst die Melbourner Papier-Copie zugeschickt, vollkommen beipflichte.

Die Gegend des Kraters w wurde zweimal von Professor Holden am 36-zölligen Refractor der Lick-Sternwarte und zwar am 15. Juni 1891, 10^h P. s. t., sowie am 10. October 1891, 7^h P. s. t. durchmustert. Beide Male wurden Skizzen angefertigt und mir übermittelt. Das erste Mal wurde nahe zum Kraterorte w ein kleiner kreisförmiger Krater mit innerem Schatten gefunden, welcher in genauen Mittelpunkte eines von seiner eigenen Lava (?)*) errichteten runden Walles zu liegen schien. Am südöstlichen Saume desselben zeigte sich noch ein anderer kleiner Krater. Nach der betreffenden Skizze hat die Basis

---

*) Dieses Fragezeichen stammt von Professor Holden selbst. Vgl. „Publications of the Astronomical Society of the Pacific", Vol. III, Nr. 17, 1891, p. 287, ebenso Astr. Nachr., Bd. 128, Nr. 3055, p. 142, wo dieses Object vorerst für den Krater w gehalten wurde.

jenes Walles einen Durchmesser von etwa 2 geogr. Meilen. Es stellte sich alsbald heraus, dass dieses Object neu ist und sich in nächster Nähe von w nach SW. hin befindet. Ferner kann angenommen werden, dass bei dieser Beobachtung Krater w ohne merklichen Schattenwurf gewesen sei, da derselbe sonst gemäss der Photographie vom 15. August 1888 sofort die Aufmerksamkeit auf sich gelenkt hätte. — Das zweite Mal wurde am genauen Orte von w eine halbkreisförmige Höhe gefunden, deren convexe Mitte vom Centrum aus nach NW. wies. Westlich von dieser zeigte sich in der Entfernung von nahe einem Durchmesser von w ein etwas weniger ausgedehnter Höhenrücken in e-Form, mit der Hauptrichtung im Meridiane. Der Schatten des letzteren erschien als dunkler Fleck, während w nach der Innenseite fast schattenlos war. Professor Holden erklärt nun in einfachster Weise den Umstand, dass w im Inneren bald von Schatten erfüllt, bald davon frei ist. Beleuchtet die Sonne den NW.-Wall des Kraters w von W. oder SW. her, so muss das Innere völlig ohne Schatten sein; dann ist der kraterartige Charakter des Objectes kaum zu erkennen, wie dies bei der Mehrzahl der bemerkten photographischen Platten stattfindet. Hat aber die Sonne einen mehr nördlichen Stand, sodass sie von NW. her denselben Wall bescheint, so findet tiefer Schattenwurf nach dem Inneren statt. Der SO.-Wall kommt hierbei weniger in Betracht, da er nur als sehr niedrig aufzufassen ist.

Es sei noch angeführt, dass der, von Professor Holden südwestlich von w beobachtete, Berg mit dem centralen Krater an der Spitze auch auf der Lick-Aufnahme vom 15. August 1888 ohne Schwierigkeit zu identificiren ist. Er erscheint auf dieser als augenfälliges helles Gebiet von ziemlich runder Begrenzung im Durchmesser von etwa drei Krater (w)-Durchmessern, dessen Mitte am leuchtendsten ist (fast ebenso, wie der äussere NW.-Wall von w) und dort einen kleinen mattdunklen Fleck zeigt, welcher der centrale kleine Krater sein dürfte. Sein Durchmesser beträgt 0,13 geogr. Meilen. Von letzterem gehen bei Betrachtung mit 42-facher Vergrösserung feine Rillen nach allen vier Cardinalrichtungen aus. Südöstlich von demselben ist auch der Holden'sche Saumkrater durch einen dunkleren Fleck erkenntlich. Die Abschattirung des Berges nach seiner Basis hin, besonders auf dessen östlicher Seite, welche sich in den absteigenden Mulden oder Thälern entsprechend vertieft, gibt dem Objecte deutliche Plastik und macht die Annahme einer konischen Form des Walles sehr wahrscheinlich.

c) Rillen im südwestlichen Inneren von *Cleomedes*.

Dieses Rillensystem wurde von mir am 19. November 1891 auf der Lick-Platte vom 31. August 1890, 14ʰ 27ᵐ P. s. t. (Mondalter 16ᵈ 18ʰ) entdeckt. Dasselbe findet sich in einzelnen Theilen auf der Lick-Platte vom 31. August 1890, 14ʰ 25ᵐ P. s. t., weniger sicher auf einer dritten Lick-Platte vom 23. August 1886 (Mondalter 16ᵈ) wieder. Wenn auch die Beschreibung dieser Rillen ohne beigegebene Abbildung nur unvollkommen sein kann, so möge doch im Folgenden ein bezüglicher Versuch gemacht werden. Abkürzend sollen hierbei die angeführten Platten der Reihe nach: I, II und III heissen.

Die Hauptrille, welche an mehreren Stellen helle Wälle besitzt und für das geübte Auge auch ohne weiteren Nachweis völlig unzweifelhaft erscheint, entspringt am Fusse einer Höhe des südlichen Innenrandes von *Cleomedes*, die westlich vom Nordende des grossen Wallkraters C (Neison) liegt. Sie geht zunächst nordwestlich, biegt dann etwa dort, wo die Richtung des Westwalles vom Krater B (Schmidt, Mädler, Neison) dieselbe schneiden würde, nach Norden um, bildet daselbst ein, gegen B hin concav abgerundetes, Knie, zieht zwischen den Kratern B und i (Neison)···n (Schmidt), jedoch näher zu i als zu B, hindurch und theilt sich in der Verlängerung des Ostwalles von i in zwei Arme mit nordwestlichem Laufe, welche schliesslich bis zum Fusse des Westwalles von *Cleomedes* führen und sich hier wieder vereinigen. Südlich von dem erwähnten Knie scheint in geringer Entfernung eine Kratergrube von 0,29 geogr. Meilen zu liegen, die sich auf II deutlicher als auf I zeigt. Mehrere andere Zweige münden in diese grosse, das ganze südwestliche Innere von *Cleomedes* durchziehende, Rille oder durchqueren dieselbe; dies ist namentlich der Fall bei einer Rille, welche am Nordwalle des Kraters i beginnt, von dort nach NO. geht, dann eine kurze Strecke in der Distanz der Breite (Dimension, senkrecht zum Meridiane) des Kraters B parallel zu dessen Ostwall verläuft und weiter in grossem sanften Bogen nach NW. fast bis zum Fusse des westlichen *Cleomedes*-Walles zieht. Eine dritte Rille entspringt etwas nördlicher als die erstgenannte Rille am bemerkten Hügel, nimmt ihren Lauf zwischen dieser und dem Krater B hin und scheint westlich von der Mitte des letzteren ihr Ende zu erreichen. Endlich liegt noch südöstlich von B eine grosse Rillenschlinge, die gegen B hin abgeschlossen ist, wenn sie auch dort durch Abzweigungen, von denen ein Ast durch einen winzigen Krater am Fusse des Südwalles von B geht, mit der dritten Rille in Verbindung steht, hingegen nach der SO.-Ecke des *Cleomedes*-Inneren offen erscheint und dort, nördlich von C, ihren Ursprung haben dürfte. Der östliche Theil der Schlinge hat im Abstande von 0,24 geogr. Meilen eine völlig parallele, jedoch etwas verschwommene Begleitlinie. — Besonders interessant stellt sich westlich von der Nordspitze des Centralgebirges α (Neison) in der Distanz von 0,8 geogr. Meilen eine grössere, fünfeckige und ziemlich regelmässige Zeichnung auf I dar, die auch auf II und III in ihren Haupttheilen wiederzuerkennen ist. Das Innere, welches in der Mitte von einer dunklen Linie in der Richtung SO. nach NW. durchschnitten wird, hat einen Durchmesser von 0,55 geogr. Meilen. Dieses Object macht den Eindruck einer Krater-Formation, welche von nur sehr niedrigen Wällen umschlossen ist. Südlich und nahe dazu zeigt sich eine ausgedehnte, halbkreisförmige dunkle Linie, die ihre concave Seite nach B wendet und welche mit der obigen zweiten Rille in Verbindung steht. Fast genau nördlich von dem erwähnten Fünfeck befindet sich noch in der Entfernung von 0,7 geogr. Meilen ein, auf I gleichfalls sehr deutlich sichtbares, nahe kreisrundes Object von 0,38 geogr. Meilen Durchmesser, das im Inneren nach O. lichter, nach W. dunkler abschattirt ist und auf eine convexe Form desselben schliessen lässt. Dieses letztere Object kann weder auf II, noch auf III mit Sicherheit erkannt werden. Beide Formationen, welche besonders bei Anwendung 42-facher Vergrösserung sich augenfällig von der Sohle abheben, erscheinen noch durch eine dunkle, verwaschene Schattenlinie von meridionalem Laufe mit einander verbunden.

Zum Schlusse sei noch vier winziger Kraterformationen gedacht, welche sich bei Schmidt nicht vorfinden und gemäss der Platte I westlich vom Krater A (Schmidt, Mädler, Neison) in halber Höhe des ansteigenden, nordwestlichen Innenwalles von *Cleomedes* in meridionaler Gruppirung liegen. Werden dieselben von Nord nach Süd mit 1—4 bezeichnet, so lauten nach ihrer Reihenfolge nach: 0,22, 0,17, 0,07 und 0,04 geogr. Meilen, so dass 1 > 2 > 3 > 4 ist, ferner ihre Abstände von einander: 1—2 ⌣ 1,03, 2—3 = 0,82 und 3—4 ⌣ 1,06 geogr. Meilen. Nur Krater 1 zeigt einen deutlichen hellen SW.-Wall; 2, 3 und 4 sind dunkle (nicht schwarze) Flecke, deren Kraternatur bei 42-facher

Vergrösserung nicht zu verkennen ist. Alle vier Krater stehen durch eine feine Rille in Verbindung; überdies geht von dem kreisrunden Krater 2 noch eine zarte, klare Rille in südöstlicher Richtung den Abhang hinab bis ins Innere von *Cleomedes*. Krater 1 kann auch auf Platte II mit Sicherheit identificirt werden.

Eine optische Verificirung der angeführten rillen- und kraterartigen Objecte ist noch nicht erfolgt.

d) Rillen im *Mare Crisium* südlich von *Eimmart* s.

Dieselben wurden auf der Lick-Aufnahme vom 28. August 1888 (Mondalter = 16^d) um 21. November 1891 entdeckt. Zur Kennzeichnung ihrer Lage mögen sie auf den, im nordwestlichen Inneren des *Mare Crisium* liegenden, Krater *Eimmart* s (Schmidt) = c (Neison) bezogen werden; hierbei diene als Masseinheit der meridionale innere Durchmesser dieses Kraters, welcher im Nachstehenden μ heisse.

Geht man zunächst vom Ostwalle des Kraters s genau südlich, so trifft man auf einen langen Höhenrücken, dessen Richtung nahe mit dem Meridiane zusammenfällt. Von diesem Rücken aus ziehen nach Osten zwei deutliche, rillenartige Objecte mit lichten Nord- und dunklen Südrändern, deren nördliche vom äusseren Südrande des Kraters s in der Distanz von 2,4 μ, die südliche von 3,0 μ liegt, so dass der Abstand beider Rillen von einander am Höhenrücken 0,6 μ beträgt. Dieselben convergiren auf ihrem östlichen Laufe, der etwa nach der Mitte zwischen den Kratern: *Peirce* A (Neison) und F gerichtet ist, und vereinigen sich in einer Entfernung von dem genannten Rücken, welche in ihrer perspectivischen Verkürzung gleich 1,4 μ ist. Beide Rillenzüge sind deutlich auf der Lick-Platte vom 31. August 1890, 14^h 25^m P. s. t., weniger gut, doch ebenfalls sicher, auf der Lick-Platte vom 31. August 1890, 14^h 27^m P. s. t. wahrzunehmen, somit als reell aufzufassen. Dieselben werden von vielen anderen Spalten oder Rissen durchquert, die theilweise fraglich erscheinen. Westlich von der nördlichen Rille und fast anschliessend daran liegen am westlichen Abfall des Höhenrückens zwei interessante Ringformationen von 1,03 und 0,60 geogr. Meilen Durchmesser, die nach W. in einander greifen und nur durch ihre Contourirung, welche kaum als ein Spiel der Lagerung des Kornes der chemischen Schicht zu betrachten sein dürfte, erkenntlich sind. Ein dritter Ring, der den ersten im Westen tangirt und diesem an Grösse gleichkommt, ist unvollständig. Mit 42-facher Vergrösserung erscheint der erste oder östlichste Ring von fünf- bis sechseckiger Form. Andeutungen des letzteren finden sich auch auf beiden Platten vom 31. August 1890. Südlich und im Abstande von 0,6 μ von der südlichen Rille zeigt die Photographie einen intensiv dunklen, rautenförmigen Fleck mit rillenartigem Ansatze nach Norden und heller westlicher Randzeichnung. Dieses Object dürfte ein Kraterthal von etwa 0,34 geogr. Meilen Ausdehnung sein. Oestlich davon scheinen zwei kleine Kratergruben zu liegen; die nähere ist kleiner, die entferntere grösser. An beiden ist ein lichter Westwall schwach zu bemerken. — Nördlich von den erwähnten Rillen sieht man auf dem Diapositive noch einige drei- und viereckige Figuren, deren Wesen unklar ist.

Die optische Verificirung der beiden grossen, von W. nach O. ziehenden, Rillenthäler ist noch vorzunehmen, hat aber ziemlich sichere Aussicht auf Erfolg.

— 84 —

e) Rillen im Inneren und westlich von *Taruntius*.

Die Hauptrille westlich von *Taruntius* erstreckt sich gemäss der Lick-Aufnahme vom 23. August 1888 (dieselbe wurde auf Seite 81 mit III bezeichnet) vom SW.-Walle dieser Ringebene mit der Richtung gegen den S.-Wall von *Apollonius* in ziemlich geradliniger Bahn bis zum Ostrande des, vom *Mare Crisium* südlich liegenden, Hochgebirges. Sie zieht an dem, auf Seite 54 mit der Position: $\lambda = +50°, \beta = +5°,5$ (nach Mädler) angeführten, Krater (welcher im Folgenden B heissen möge) südlich in einer Entfernung von nahe zwei Durchmessern dieses Kraters vorüber. Da die Sonnenstrahlen in die Richtung ihres Laufes fallen, erscheint sie zumeist als feine helle Linie, welche jedoch stellenweise gut begrenzt ist.

Die Entdeckung dieser Rille geschah am 22. November 1891. Dieselbe ist auch auf der Lick-Platte vom 31. August 1890, $14^h 27^m$ P. s. t. (I) fast ihrer ganzen Länge nach und auf der, um zwei Minuten früher aufgenommenen, Platte (II) desselben Abends zum Theile nachweisbar.

Auf dem Diapositive III sind noch mehrere neue Objecte im Bereiche der bemerkten Rille sichtbar, die hier Erwähnung finden sollen. 1. Vom SW.-Walle des *Taruntius* geht eine zweite deutliche Rille nach NW. und hat eine Länge von einem halben *Taruntius*-Durchmesser. In diese scheint die erste Rille kurz vor Erreichung des Ringwalles zu münden. 2. Eine andere ziemlich deutliche Rille liegt von dem mittleren Laufe der grossen Rille südlich im Abstande von 0,6 eines meridionalen *Taruntius*-Durchmessers, hat nordöstliche Richtung und biegt weiter nach Norden um. 3. Eine fernere, minder deutliche Rille, die nahe zum Westende der grossen Rille von dieser nach NO. sich abzweigt, dürfte bis zum Krater A (Schmidt, Mädler, Neison) führen. Dieselbe wird im ersten Drittel ihres Laufes von einer Rille mit südöstlicher Richtung durchkreuzt. Letztere scheint bis zur grossen Rille zu gehen. 4. Oestlich und westlich vom Krater B liegen nahe zu diesem zwei kleine Kratergraben. Genau südlich von ersterer befindet sich in fast gleicher Breite mit dem äusseren S.-Walle von B ein dritter kleiner Krater mit lichtem Westwall, welcher auf I besser als auf III hervortritt. 5. Südlich vom Krater A zeigt sich in der Distanz eines Durchmessers von A dem Aussehen nach eine Kraterrille mit der Richtung N.-S. und in der Mitte zwischen dieser und A ein rillenartiges Thal mit dem Zuge W.-O. Südlich von letzterem in der Richtung des Ostwalles von A und nahe dazu dürfte gleichfalls ein kleiner Krater liegen, dessen Durchmesser 0,10 geogr. Meilen beträgt.

Die feinen Rillen im Inneren von *Taruntius* finden sich auf III hauptsächlich in der westlichen Hälfte dieser Ringebene vor. Auf den Platten I und II sind nur einzelne Theile derselben sichtbar. Die deutlichste dieser Rillen, welche auch helle Wallzeichnung besitzt, geht vom inneren Südrande zuerst nordwestlich, biegt aber bald in sanftem Bogen nach Norden um und theilt sich hier in drei Arme; der mittelste derselben ist der längste und wendet sich nordöstlich nach dem Centralberge, läuft an dessen westlichem Abfall vorbei, zweigt sich abermals dreifach ab und scheint im westlichsten Arme bis zum SW.-Wall von *Taruntius* zu ziehen. — Nahe zum südlichen Innenrande der Ringebene hat Schmidt auf Sect. XI einen winzigen Krater, welcher auf III gut zu erkennen ist. Ein zweiter ähnlicher Krater, dessen Realität jedoch wegen einer dortigen Unreinheit der Platte III nicht ausser Zweifel steht, zeigt sich im südöstlichen Inneren näher zum Wallrande als zum Centralberge; an seinem Orte gibt I einen mattdunklen Fleck. Vom Centralberge

südlich dürfte in der Entfernung eines Durchmessers des nordöstlichen Wallkraters C (Schmidt, Mädler, Neison) auch ein minimaler Krater liegen, welcher mit dem Schmidt'schen Krater durch eine feine Rille verbunden ist. Ein ebensolcher Krater der kleinsten Art in der Grösse von 0,08 geogr. Meilen (derselbe würde auf Schmidt's Mondkarte nur einen Durchmesser von $^1/_6$ Millimeter haben) befindet sich auch auf dem SW.-Gipfel des centralen Berges und ein, nur um Weniges grösserer, Krater westlich von der Linie der beiden zuletzt erwähnten Krater am südwestlichen Fusse eines hellen Hügels. Die Entscheidung über die Natur dieser Krater-Objecte ist ziemlich sicher, da bei Betrachtung derselben mit 42-facher Vergrösserung von allen zarte Rillen auszugehen scheinen.
— In der Mitte zwischen Krater C und dem Centralberge erblickt man noch auf III eine interessante elliptische Figur, deren Contourzeichnung auch mit der stärksten Linear-Vergrösserung deutlich bleibt; ihre grosse Axe ist nahe in den Meridian gelagert und hat eine Ausdehnung von 0,77 geogr. Meilen. Im Centrum derselben zeigt sich ein kleiner dunkler Fleck und südöstlich davon, fast tangirend, eine dunkle Linienzeichnung, welche die ganze südliche Hälfte des Ovals schräg durchzieht und sich ausserhalb desselben nach beiden Seiten, namentlich gegen den Krater C hin bis zu dessen SW.-Walle, fortsetzt.

Im Uebrigen muss auf meine 20-fach vergrösserte Abbildung dieser Gegend, die nach Thunlichkeit bald veröffentlicht werden soll, verwiesen werden. Wieder ist hervorzuheben, dass die angeführten Rillen und Krater optisch noch nicht verificirt worden sind.

f) **Rillen im *Mare Crisium* nördlich und westlich von *Picard*.**

Diese Entdeckung erfolgte am 1. December 1891 auf der Lick-Platte vom 31. August 1890, $14^h\ 25^m$ P. s. t. Bereits oben wurde bemerkt, dass dieses Diapositiv sehr dunkel copiirt ist und ein auffallend grobes Korn besitzt. Aus letzterem Grunde müssen auch dessen Ergebnisse mit Vorsicht aufgenommen werden. Trotzdem möchte ich die folgenden rillenartigen Objecte für reell halten.

Eine grosse Rille mit λ-förmiger Abzweigung schliesst an den nördlichen Aussenwall von *Picard* und hat im Allgemeinen meridionale Richtung. Wird der, im Meridian liegende, Durchmesser von *Picard* gleich μ gesetzt, so befindet sich der Abzweigungspunkt in 1,16 μ Entfernung vom Nordwalle. Der östliche λ-Schenkel hat eine Länge von 0,9 μ, der westliche, welcher einer gestreckten Fünf ähnelt, die Länge von 1,0 μ. In ihrem ganzen Laufe zeigt die Rille die westliche Seite heller, die östliche dunkler, als die Umgebung. Sie dürfte eine Maximalbreite von 0,21 geogr. Meilen, jedoch nur eine geringe Tiefe haben. Ihr Charakter und ihre Uebersicht tritt besonders deutlich bei schwacher Ocular-Vergrösserung hervor.

Eine zweite Rille von der Länge μ liegt westlich von *Picard* in geringem Abstande vom Westwalle, hat ebenfalls meridionale Richtung, zeigt einen lichten Westwall und scheint nach Süden in ein rautenförmiges Kraterthal zu endigen. Dieselbe dürfte mit dem östlichen λ-Schenkel der ersten Rille in Verbindung stehen bezw. in diesen übergehen.

Endlich finden sich noch mehrere Rillen ausserhalb des Ostwalles von *Picard*, wo sich nach der Photographie das Terrain, wie zerschnitten darstellt.

Auf der Lick-Aufnahme vom 31. August 1890, $14^h\ 27^m$ P. s. t. und auf derjenigen vom 23. August 1888 kann nur der östliche λ-Schenkel mit einiger Sicherheit wahrgenommen werden. Insoferne ist der photographische Nachweis noch als mangelhaft zu bezeichnen. Die optische Verificirung dieser Objecte steht ebenso, wie in den vorhergehenden Fällen, noch aus.

Optische Entdeckungen auf dem Monde.

a) Krater nordwestlich von *Billy*.

Anfang October 1891, als ich die wohlgelungene lithographische Reproduction meiner Zeichnung am Fernrohr von *Billy* und *Hansteen* (5. Tafel, Nr. 19) erhielt, verglich ich dieselbe mit Schmidt's Section XX, ebenso mit Mädler, Lohrmann, Neison und fand, dass ein von mir deutlich gezeichneter kleiner Krater, nordwestlich von *Billy*, welcher sich völlig frei von der fast ganz ebenen Umgebung abhebt, bei den genannten Selenographen nicht vorhanden ist. Seine Position wäre nach Schmidt's Karte: $\lambda = -49°,2$ (östliche Länge), $\beta = -12°,6$ (südliche Breite). Schmidt hat dort einen niedrigen Hügel. In der hier gegebenen Abbildung, welche eine rohe Copie der erwähnten Zeichnung ist, erscheint dieses Object mit x bezeichnet. B ist *Billy*, H *Hansteen*. Der Meridian liegt nahe parallel zur scheinbaren Längsrichtung dieser beiden Ringebenen und zwar so, dass nach links oben Süd, nach rechts unten Nord zu denken ist. In geringer südöstlicher Entfernung von x zeigt Schmidt's Sect. XX einen anderen kleinen Krater, welcher im Folgenden z heissen möge, und nordwestlich von x in nur etwas grösserem Abstande eine, von SO. nach NW. ziehende, Krater-Rille. Nach meiner Zeichnung ist der fragliche Krater x fast

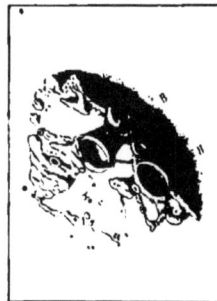

ebenso gross und deutlich, wie Krater z. Letzterer hat nach Schmidt einen inneren Durchmesser von 1 mm. = 1,78 Km. = 0,24 geogr. Meilen. Da Schmidt den nahen Krater z und noch kleinere Objecte der Umgebung abgebildet hat, so muss es Wunder nehmen, warum derselbe den bemerkten Krater x, unter der Voraussetzung seiner damaligen Existenz, übersehen hat, um so mehr, als dessen optische Hülfsmittel von der gleichen Art, wie die Prager waren.

Am 14. October 1891 um 8^h mittl. Prager Zeit konnte ich den Krater x am Steinheil'schen 6-Zöller mit 152- und 271-facher Vergrösserung abermals deutlich erkennen. Er zeigte Schattenwurf nach Osten und erschien von nahe gleicher Grösse, wie x.

Zur weiteren Verificirung dieses Objectes wandte ich mich am 18. October 1891 an Herrn Professor Edward S. Holden am Mt. Hamilton und an den hervorragenden englischen Mondbeobachter, Herrn Thos. Gwyn Elger in Bedford. In Folge dieses Ansuchens beobachtete Herr Professor Holden die Umgebung von *Billy* am 12. November 1891 um 6^h P. s. t. (= 14^h mittl. Greenwicher Zeit) mit dem 12-zölligen Refractor der Lick-Sternwarte. Hierbei stand aber die Sonne für den Mond etwas niedriger, als dies für meine Zeichnung vom 1. April 1890 der Fall war. Nebst anderem, sehr interessanten Detail theilte mir Herr Professor Holden mit, dass das Object x ihm nur als heller Hügel erschienen sei, bemerkt aber dazu: „Es ist möglich, dass auf der Spitze desselben sich ein Krater befinde."*) Herr Elger beobachtete die in Betracht kommende Mondgegend zuerst am 13. November 1891 und führt über das Object wörtlich an (Uebersetzung):**) „Ich sah einen schwachen, weissen Fleck an der Stelle des Kraters, auf welchen Sie in Ihrem Schreiben vom 18. October Bezug nehmen und von welchem Sie eine Zeichnung und Skizze geschickt haben. Ich bin meine Beobachtungsbücher bis zurück zum Jahre 1865 durchgegangen, fand wohl viele Zeichnungen von *Billy* und *Hansteen*, doch keine unter ihnen, welche die Gegend mit dem Flecke zeigt." Am 11. Januar 1892 um 8^h 25^m mittl. Greenwicher Zeit fand Herr Elger günstigere Beobachtungsverhältnisse und konnte das Object x mit seinem $8^1/_2$-zölligen Silberglas-Reflector in Benützung 284- und 350-facher Vergrösserung unzweifelhaft als Krater erkennen. Er schreibt diesbezüglich am 12. Januar 1891:***) „Letzte Nacht um 7^h M. Pr. Z. Ich richtete meinen 4-zölligen Cooke'schen Achromaten mit 200-facher Vergrösserung auf diese Formationen und sah alle Details in schöner Klarheit. Die Flecke a (= x), b (= x), c und d auf den beigeschlossenen Zeichnungen (Anm. Auf diesen liegen c und d näher zu x, als zu x. und zwar c südöstlich, d nordöstlich von x) erschienen schwach neblig ohne irgend eine bestimmte Umgrenzung und ohne irgendwelche Anzeichen, dass sie Krater seien. Da es mir zunächst an Zeit fehlte, vermochte ich erst um 8^h 25^m mit dem $8^1/_2$-zölligen Silberglas-Reflector jene Objecte zu besehen und, indem ich letzteren mit 284-facher Vergrösserung darauf richtete, war sofort der kraterartige Charakter von a (x) und b (x), so weit es mich betrifft, ausser Zweifel gestellt; denn ich unterschied genau ein schwaches, dunkles (nicht schwarzes) Centrum in jedem von beiden Objecten. Mit 350-facher Vergrösserung waren dieselben sehr schön und klar als Krater zu erkennen. In der That könnte kein geübter Mondbeobachter dieselben als solche übersehen. Nachdem ich einige Zeit diese Objecte betrachtet hatte, richtete ich abermals das 4-zöllige Cooke'sche Fernrohr darauf (dasselbe ist am anderen Ende der

---

*) „It is possible that there is a crater."

**) Das Originalschreiben lautet: „I saw a faint white spot on the site of the crater you refer to in your letter of October 18 and of which you sent a drawing and tracing. I have gone over my observation books, extending from 1865, and find many drawings of *Billy* and *Hansteen*, but none of them show the region in which the spot stands."

***) „Last night at 7^h G. M. T. I turned my 4 inch Cooke achromatic, charged with a power of 200, on these formations and saw all the details beautifully defined. The spots a, b, c and d in the enclosed diagrams resembled faint nebulous spots without any very definite outline and without any indications of being craters. As I was pressed for time, I did not look at them with my $8^1/_2$ inch Silver-on-glass Reflector till 8^h 25", when on turning this upon them with a power of 284 the crateriform character of a and b, so far as I am concerned, was at once placed beyond doubt, for I distinctly saw a faint dark (not black) centre to each. With a power of 350 they were very beautifully defined as craters — indeed no one of all used to lunar observation could help seeing them as such. After gazing for a time at these features with the $8^1/_2$ inch, I again brought the 4 inch Cooke to bear upon them (this telescope is mounted on the other end of the declination axis of the Reflector) and this time (as definition had improved in the interval) I could see both a and b as craterlets through, of course, not so well as in the larger instrument. c is undoubtedly your craterlet. Most likely all four are of the same character, as are probably the three in a row W. of *Hansteen*. . . . I may add, that b was somewhat brighter than a, c and d about = in brightness and rather fainter than a.

Declinations-Axe des Reflectors angebracht) und konnte jetzt (nachdem die Präcision des Bildes sich in der Zwischenzeit verbessert hatte) beide Objecte: a (x) und b (x) als kleine Krater, wenn auch natürlich nicht so gut, wie am grösseren Instrumente, erkennen. a (x) ist zweifellos Ihr kleiner Krater. Sehr wahrscheinlich haben alle vier Objecte, wie auch die drei, welche westlich von *Hansteen* in einer Reihe liegen, denselben Charakter... Ich kann noch hinzufügen, dass b (x) etwas heller als a (x) ist; c und d sind von ungefähr gleicher Helligkeit und ein wenig schwächer als a (x)."

Dieser Krater x wurde ferner auf Elger's Anregung von den Mitgliedern der „Lunar Section" der „British Astronomical Association" in London eifrig beobachtet und auch mit relativ kleinen Instrumenten mehrfach als solcher erkannt. Von anderen erfahrenen Selenographen, die gleichfalls die Kraternatur des Objectes x sicher nachgewiesen haben, sind anzuführen: C. M. Gaudibert in Vaison (Vaucluse), V. Nielsen in Kopenhagen und J. N. Krieger in Gern-Nymphenburg (Bayern).

Was die photographische Verificirung des Kraters x betrifft, so vermochte ich unter den Diapositiven der Lick-Sternwarte noch keines ausfindig zu machen, welches denselben mit vollkommener Klarheit und Schärfe darstellen würde.

b) Krater nordwestlich von *Lindenau* C.

Nördlich von *Lindenau* liegt eine kleine Ringebene, die Mädler mit C bezeichnet und welche nach ihm die Position: $\lambda = +24°,6$ (westlich), $\beta = -28°,2$ (südlich) hat. Nordwestlich davon und nahe in der Mitte zwischen C und dem *Altai*-Gebirge fand ich am 5. Februar 1892*) auf meiner Zeichnung vom 9. Februar 1890 (Tafel III, Nr. 16, Mondalter 20^d 4^h), die hier in schematischer Abbildung wiedergegeben ist und in welcher der Meridian vom Westwall des Kraters C durch das westliche Drittel von *Lindenau* führt, einen relativ grossen runden Krater x mit deutlichem, wenn auch nur matt leuchtendem, Walle, den Schmidt und andere Selenographen nicht darstellen. Da x einen inneren Durchmesser von etwa 1,2 geogr. Meilen besitzt und auf Schmidt's Sect. IX mit der linearen Grösse von 5 Millimeter einzutragen wäre, so überrascht das Fehlen dieses Objectes bei Schmidt ganz besonders. Auf Sect. IX wäre die Position von x: $\lambda = +26°,4$, $\beta = -27°,0$. Schmidt hat dort einen niedrigen Höhenzug von C nach dem *Altai*-Gebirge (welcher jedoch, sobald die Position von C als richtig angenommen wird, mehr östlich und nahe in der Richtung des Ostwalles von C liegen sollte) und in der nordöstlichen Umgebung bedeutend kleinere Krater eingezeichnet.

Auf dem angeführten Bilde sieht man noch nordöstlich von x einen runden, in den Grenzen verwaschenen, dunklen Fleck y mit schwach nuancirtem westlichen Walle, welcher

---

*) Obwohl diese Entdeckung in das Jahr 1892 fällt, wurde dieselbe doch in den vorliegenden Band aufgenommen, da dieser die heliographische Reproduction der in Betracht kommenden Mondlandschaft enthält.

dem Objecte x an Grösse nahe gleichkommt und eine Art Kratergrube zu sein scheint. Da die Wälle von x und y nur niedrig sein können, so dürfte die Sichtbarkeit dieser Kraterobjecte an einen sehr tiefen Sonnenstand über dem Horizonte jener Mondgegend gebunden sein.

Optisch vermochte ich den Krater x trotz mehrfacher Versuche im Jahre 1892 nicht wieder zu erkennen, da zur Meridianzeit des Mondes, auf welche ich mit dem Steinheil'schen 6-Zöller angewiesen bin, die Luft zu unruhig oder die Lichtgrenze zu entfernt vom Objecte war.

Da mir gegenwärtig noch keine günstige Lick-Aufnahme für das Mondalter - $20^d\,4^h$, deren Lichtgrenze am Westwalle von *Theophilus* läge, zur Verfügung steht, so musste ich für den photographischen Nachweis unter den Lick-Platten mit entgegengesetztem Schattenwurfe Umschau halten. Eine solche vom 17. November 1890. $6^h\,8^m\,35^s$ P. s. t. (Mondalter $= 5^d\,12\tfrac{1}{2}^h$, Lichtgrenze am Westwall von *Sacrobosco*) zeigt nun an dem genauen Orte von x einen mattdunklen, ziemlich runden Fleck von nahe richtiger Grösse, welcher mit 42-facher Vergrösserung noch eine leidlich gute Begrenzung und im Centrum eine feine Erhebung aufweist. Auch das Object y erscheint auf derselben Platte als schwachdunkler Fleck. Fast in der Mitte zwischen x und C zieht gemäss der Photographie eine Rille, welche auf dem Höhenrücken, westlich von C, entspringt, sich am Fusse desselben theilt, wobei der nördliche Arm völlig durch das Centrum von x und darüber hinaus geht, während der südliche an der Stelle, wo der verlängert gedachte Westwall von C ihn schneiden würde, durch eine kraterartige Formation nach NO. zieht und sich kurz darauf wieder in zwei Theile sondert. Der eine Zweig erstreckt sich in nördlichem Laufe bis zum *Altai*-Gebirge und vereinigt sich vorher, östlich von x, mit dem erwähnten Arme, der andere aber bis zum südlichsten der drei, nordöstlich von C in einer Reihe liegenden, grösseren Krater und dürfte auf diesem Wege durch mehrere feine Kratergruben führen. — Auf einer zweiten, um 4 Minuten später aufgenommenen, Lick-Platte kann x nur schwierig, dagegen das Rillensystem in mehreren Theilen ziemlich sicher identificirt werden.

Nachtrag.
Fortsetzung und Schluss der Polhöhen-Messungen im Jahre 1892.

Die Breitenbestimmungen wurden in Prag bis Ende Mai 1892 fortgesetzt, um, vom Monate Mai 1891 an, eine vollständige Jahresreihe als Parallelbeobachtung mit den gleichzeitigen Breitenbeobachtungen der Station Honolulu auf den Sandwich-Inseln zu besitzen. Der letzte Ort, welcher in nahe 180° Längenunterschied gegen Mittel-Europa liegt, war nämlich von der, vom 15. bis 21. September 1890 zu Freiburg in Baden abgehaltenen, Conferenz der Permanenten Commission der Internationalen Erdmessung gewählt und dorthin im Frühjahr 1892 eine deutsche Expedition mit Dr. Markuse, dem Berliner Beobachter in der Periode 1889/90, geschickt worden. Der Genannte konnte in Honolulu seine Polhöhenmessungen nach der Horrebow-Talcott'schen Methode am 1. Juni 1891 beginnen und vollendete sie Ende Mai 1892. An derselben Station wurden zu gleicher Zeit ähnliche

Messungen von dem Amerikaner Preston im Auftrage der „Coast and Geodetic Survey" der Vereinigten Staaten angestellt.

Uebersicht der Prager Polhöhenmessung vom 1. Januar bis 24. Mai 1892
(Fortsetzung zu p. 20)

1892	Januar		Februar		März		April		Mai		Summe		
	W	G	W	G	W	G	W	G	W	G	W	G	W + G
Sternpaare . .	28	89	34	54	50	104	47	79	32	45	191	315	506
Nächte	3	4	8	4	4	10	5	7	4	4	19	29	48

Im ganzen Zeitraume vom 5. Februar 1889 bis incl. 24. Mai 1892 wurden somit beobachtet: von mir 1364 Breiten in 120 Nächten, von Dr. Gruss 2201 Breiten in 199 Nächten, also insgesammt 3565 Breiten in 319 Nächten.

Die, in das Jahr 1892 fallenden, Mittelwerthe der Polhöhe lauten (Fortsetzung zu p. 23):

1892		Mittelwerthe der Polhöhe	Zahl der Sternpaare	Zahl der Nächte	1892		Mittelwerthe der Polhöhe	Zahl der Sternpaare	Zahl der Nächte
Januar	1	50° 5' 15",94	40	5	März	26	50° 5' 15",85	45	3
„	19	15,97	38	4	April	1	15,80	36	3
Februar	15	15,98	44	4	„	7	15,66	42	5
„	26	15,91	47	4	„	16	15,74	43	3
März	13	15,70	39	5	Mai	5	15,75	37	5
„	20	50 5 15,77	45	4	„	17	50 5 15,61	50	5

Die wahrscheinlichste Gangcurve, welche diesen Werthen entspricht, wurde in Verbindung mit jener, die auf den Ergebnissen vom Anfang Mai 1891 bis Ende 1891 basirt, den analogen Gangcurven von Berlin und Strassburg*) gegenübergestellt und ergab wieder einen vollkommen parallelen Verlauf. Dagegen zeigte die gleichzeitige Curve für Honolulu den genau entgegengesetzten Gang d. h., wo die ersteren ein Maximum besitzen, hat letztere ihr Minimum und umgekehrt, während die absoluten Amplituden von nahe gleicher Grösse erscheinen. Es geht hieraus unzweifelhaft hervor, dass die Ursache der beobachteten Polhöhenschwankungen in minimalen Bewegungen der Erdaxe zu suchen ist. Dieses wichtige, aus den Breitenmessungen von Berlin, Prag, Strassburg und Honolulu folgende, Resultat wurde am 27. September 1892 in Brüssel der General-Conferenz der Internationalen Erdmessung vorgelegt.

*) Diese Station ist, nachdem 1890/91 deren Instrument von Mechaniker C. Bamberg in Friedenau bei Berlin einer gründlichen Revision unterzogen worden, seit Mai 1891 wieder vollgewichtig in die Polhöhenmessungen eingetreten.

UEBERSICHT

DER VON

PROF. DR. L. WEINEK IN PRAG

von 1884 bis 1891

NACH DER NATUR GEZEICHNETEN

MONDKRATER

UND

MONDLANDSCHAFTEN.

Graphische Uebersicht.

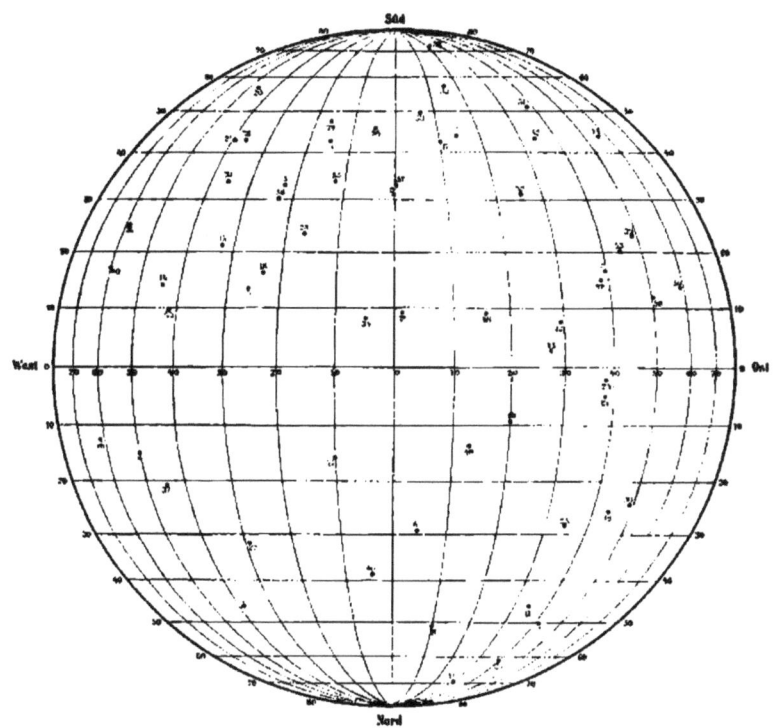

Schwarzer Punkt = Ort der Mitte der Zeichnung auf dem Monde.
Kleine Zahl = Nummer der Zeichnung nach ihrer zeitlichen Reihenfolge.

UEBERSICHT

der von Professor Dr. L. Weinek in Prag von 1884 bis 1891 nach der Natur gezeichneten Mondkrater und Mondlandschaften.

Laufende Nr.	Publications-Nr.	Name der Mondlandschaft	Datum der Aufnahme		Mitte des Zeichnens h m	Dauer des Zeichnens h m	Geogr. Decl. des Mondes	Alter des Mondes
1	I, 5	Mare Crisium	1884, März	14	16 0	1 0	— 11,5	17 6,5
2	6	Hercules	März	15	16 30	1 0	— 14,3	18 9,0
3	7	Theophilus, Cyrillus	März	16	14 30	0 30	— 10,4	19 7,0
4	8	Maurolycus	März	17	16 15	1 0	— 18,0	20 8,7
5	9	Zagut, Rabbi Levi, Lindenau	April	1	8 7	1 15	+ 18,6	5 13,4
6	10	Archimedes	April	3	9 15	1 0	+ 18,6	7 14,5
7	11	Tycho	April	4	8 45	2 0	+ 12,9	8 14,0
8	12	Gassendi	April	6	9 52	1 45	+ 5,8	10 15,1
9	13	Walter, Aliacensis, Werner	Juni	30	9 52	1 45	— 8,7	7 15,4
10	14	Copernicus	Juli	2	10 0	0 30	— 13,2	9 15,5
11	15	Sinus Iridum	Juli	3	10 30	1 30	— 15,7	10 16,0
12	16	Ripheaeus, Euclides	August	1	8 45	1 30	— 18,1	10 6,8
13	17	Kepler, Encke	August	2	9 22	1 45	— 18,6	11 7,5
14	18	Colombo, Magelhaens	August	0	14 52	1 45	— 0,1	18 13,0
15	19	Fracastor	August	10	14 52	1 45	+ 4,2	19 13,0
16	20	Plato	November	10	18 30	0 30	+ 6,7	25 6,0
17	II, 1	Tycho	1885, Januar	8	17 52	1 15	— 10,0	22 15,5
18	2	Catharina, Cyrillus, Theophilus	Februar	4	17 15	1 0	— 6,5	19 19,7
19	3	Aristarchus, Harbinger Berge	Februar	25	9 7	1 45	+ 16,6	10 17,8
20	4	Biela, Rosenberger, Hagecius	April	2	14 37	1 15	— 14,8	17 8,1
21	5	Fabricius, Janssen	April	3	15 22	1 15	— 16,7	18 8,8
22	6	Posidonius	April	4	16 0	1 0	— 17,3	19 9,4
23	7	Snorehoeoe	Juni	3	12 45	1 30	— 11,1	20 10,8
24	8	Kacke	Juli	22	12 45	1 30	— 17,5	10 15,5
25	9	Diophantus, Delisle	November	17	7 22	1 15	— 1,3	10 21,4
26	10	Ptolemaeus	1886, Februar	11	6 37	1 15	+ 12,8	7 14,1
27	11	Horrebow und NW.	Februar	14	8 45	1 30	+ 18,1	10 16,5
28	12	Fabricius, Metius	März	23	15 45	1 30	— 14,2	16 4,7
29	13	Baco, Clairaut, Maroeius	März	25	16 45	1 30	— 17,9	20 5,7
30	14	Neander und SW.	Mai	21	15 0	1 0	— 18,1	17 22,3
31	15	Petavius	Juni	18	14 22	1 15	— 17,5	16 0
32	16	Cichus, Capuanus, Mercator, Campanus	August	9	9 0	2 0	— 18,3	9 14,6
33	17	Clavius	September	7	8 15	2 30	— 18,5	9 6,4
34	18	Hipparchus, Albategnius	November	3	6 52	1 45	— 15,4	7 10,7
35	19	Cassini, Theaetetus	1887, Januar	31	6 15	1 30	+ 8,4	7 14,3
36	20	Aristarchus, Herodotus	März	9	8 7	1 45	+ 17,2	11 22,5
37	21	Macrobius	Juli	8	14 45	1 30	— 12,8	17 14,9
38	22	Newton, Short, Moretus, Casatus, Klaproth	Juli	30	9 7	1 30	— 18,4	9 23,3
39	23	Mersenius und S.	August	30	9 22	1 45	— 17,4	11 14,8
40	24	Eratosthenes	December	23	7 15	1 15	+ 2,4	6 22,3
41	III, 1	Philolaus	1888, März	22	9 30	1 30	+ 18,1	11 3,8
42	2	Harpalus, Foucault	April	22	8 0	1 0	+ 8,8	11 10,9
43	3	Guttenberg	April	29	15 7	1 15	— 20,8	18 17,0
44	4	Schickard	Mai	22	9 30	2 0	— 4,5	11 19,1
45	5	Landsberg und SO.	September	15	8 15	1 30	— 20,2	9 14,4
46	6	SW-Partie des Mare Crisium	October	21	13 22	1 45	+ 14,1	16 9,8
47	7	Manilius, Haemus Gebirge	November	10	6 30	2 0	— 17,1	6 17,5
48	8	Guerike, Parry	November	12	7 45	2 0	— 9,3	8 16,8
49	9	Westwall von Gassendi	1889, Mai	10	8 52	1 45	— 8,7	10 17,8
50	10	Sirsalis	Mai	12	10 15	2 0	— 2,8	12 19,2
51	11	Schiller, Bayer	Juni	9	9 15	2 0	— 5,7	10 8,9
52	12	Hainzel und S.	Juli	8	9 0	2 0	— 13,8	10 11,1
53	13	Mersenius	Juli	9	9 30	2 30	— 19,0	11 11,6
54	14	Licetus und SO von Stöfler	October	15	17 0	1 0	+ 23,4	21 1,8
55	15	Gemma Frisius, Poisson	November	13	16 37	2 15	+ 21,9	20 19,2
56	16	NW-Umgebung von Zagut	1890, Februar	9	16 30	2 0	— 3,0	20 3,9
57	17	Walter	Februar	11	17 15	1 30	— 13,1	22 4,5
58	18	Maginus	Februar	27	7 22	1 15	+ 22,5	8 8,0
59	19	Billy, Hansteen	April	1	9 45	2 30	+ 15,4	11 23,8
60	20	Vendelinus	September	30	13 52	1 45	+ 12,3	16 17,0

DAS NEUE MERIDIANZIMMER DER K.K. STERNWARTE IN PRAG

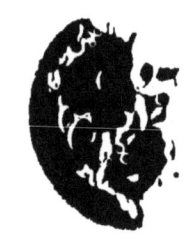

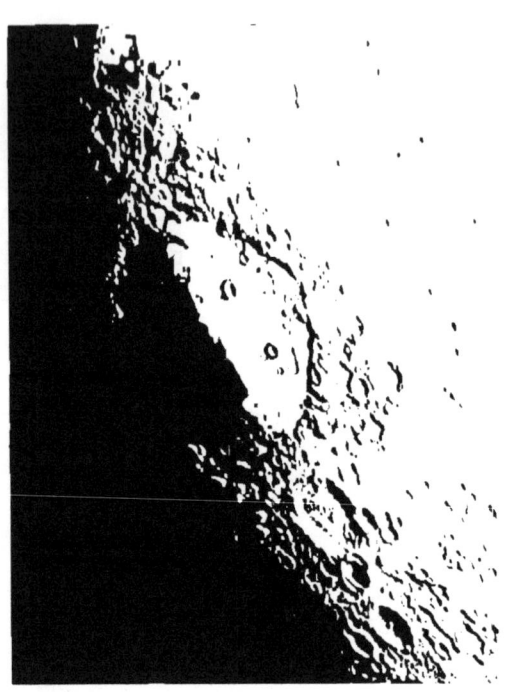

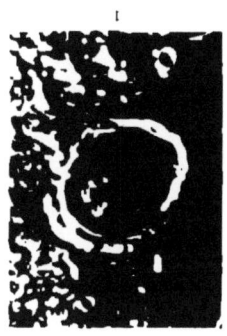
Archimedes
1888 August 15

Archimedes
1888 August 27

Arzachel
1888 August 15

Arzachel
1888 August 27

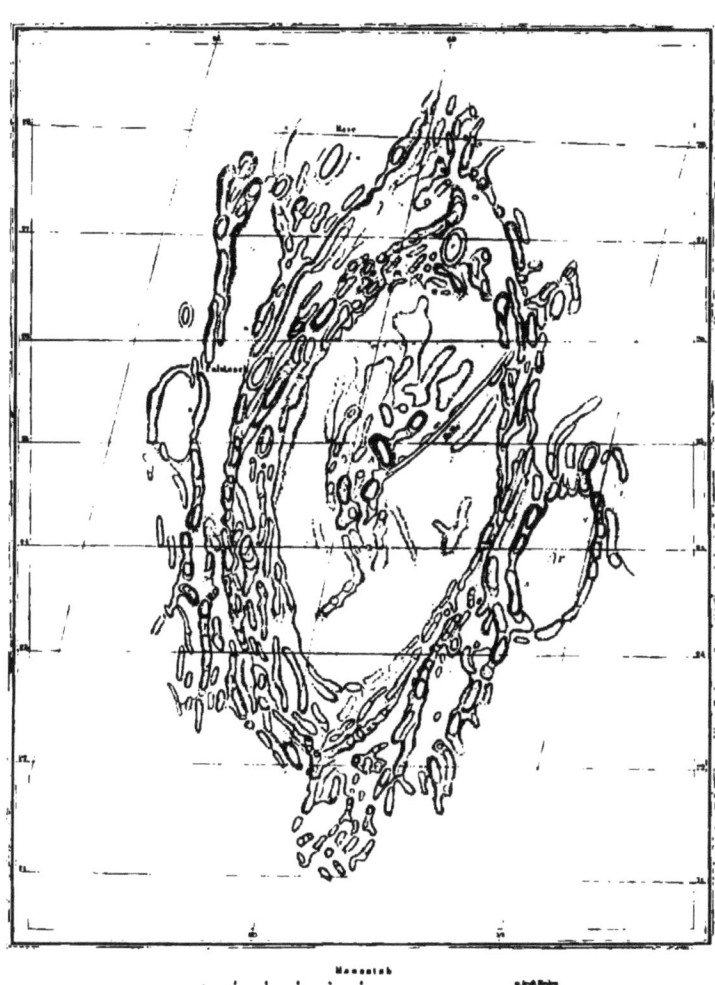

PETAVIUS NACH J H MAEDLER

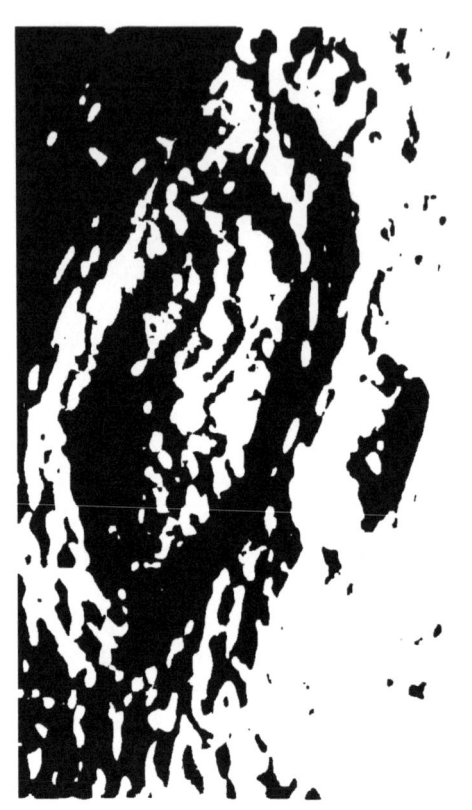

Appendix zu: Astronomische Beobachtungen an der k. k. Sternwarte zu Prag
in den Jahren 1888, 1889, 1890 und 1891. Prag 1893.

PROVISORISCHE RESULTATE

AUS DEN FORTLAUFENDEN

POLHÖHEN-MESSUNGEN

AN DER

K. K. STERNWARTE ZU PRAG

VOM 26. FEBRUAR 1889 BIS 29. MAI 1892,

ABGELEITET VON

ROBERT LIEBLEIN,
K. K. GYMNASIALLEHRER,
VORDEM ERSTER ASSISTENT DER K. K. STERNWARTE IN PRAG.

HERAUSGEGEBEN VON

PROFESSOR DR. L. WEINEK,
DIRECTOR DER K. K. STERNWARTE IN PRAG.

PRAG.
K. U. K. HOFBUCHDRUCKEREI A. HAASE — SELBSTVERLAG.
1 8 9 7.

VORWORT.

Die im Folgenden veröffentlichte Untersuchung verdankt ihr Entstehen einer freundlichen Anregung des Herrn Professor Dr. Th. Albrecht, Sectionschef im königl. geodätischen Institute zu Potsdam, und wurde in ihren Hauptergebnissen der im Herbste 1896 zu Lausanne abgehaltenen Conferenz der Permanenten Commission der Internationalen Erdmessung mitgetheilt. Die Durchführung dieser Arbeit habe ich im April 1896 dem damaligen ersten Assistenten der Prager Sternwarte, Herrn Robert Lieblein, übertragen, welcher dieselbe auch nach seinem, am 1. September d. J. erfolgten Abgange von der Sternwarte bereitwilligst fortführte bezw. vervollständigte. Diese eingehendere Untersuchung, als sie in Lausanne vorlag, ist hier in extenso publicirt. — Gleichzeitig kann ich nicht umhin, meinem Bedauern über das Scheiden des Herrn R. Lieblein von der Sternwarte, dessen grosser Eifer und freudiges Interesse namentlich den Beobachtungen und Reductionen der Prager Polhöhenmessungen in erspriesslichster Weise zu Gute kam, Ausdruck zu geben.

PRAG, im Februar 1897.

L. Weinek.

Provisorische Resultate der Prager Polhöhen-Beobachtungsreihe: 1889 Februar 26 bis 1892 Mai 29 auf Grund einer erneuten, einheitlichen Ausgleichung.

Von Robert Lieblein.

Bekanntlich hatte sich die k. k. Sternwarte zu Prag auf eine Anregung des Herrn Prof. Th. Albrecht in Berlin hin, vom Jahre 1889 angefangen bis Mai 1892 inclusive, in Cooperation mit den Sternwarten Berlin, Potsdam und Strassburg an Breitenbestimmungen betheiligt, welche den Zweck verfolgten, geringe Veränderungen der Polhöhe nachzuweisen. Provisorische Resultate der Prager Beobachtungsreihe finden sich in Nr. 3010[1]), 3055[2]) und 3131[3]) der Astronomischen Nachrichten und ferner mit Bezug auf die Reihe 1889 bis April 1890 in „Provisorische Resultate der Beobachtungsreihen Berlin, Potsdam und Prag, betreffend die Veränderlichkeit der Polhöhe; auf Wunsch der permanenten Commission zusammengestellt von Prof. Th. Albrecht". Den im Nachstehenden mitgetheilten Resultaten kann nun allerdings auch noch nicht der Charakter definitiver Ergebnisse zuerkannt werden, weshalb die nochmalige Veröffentlichung provisorischer Resultate der näheren Begründung bedarf. Um aus den Beobachtungen den Gang der Polhöhe unabhängig von den etwaigen Fehlern der in Verwendung gelangten Declinationen der Sterne zu erhalten, ist, wie bekannt, eine Ausgleichung der Beobachtungen und Reduction derselben auf ein einheitliches Declinationssystem nothwendig. Die zu diesem Zwecke erforderlichen Reductionsgrössen wurden für die im Prager Beobachtungsprogramme vorgeschriebenen Sternpaare von Herrn Prof. Albrecht auf Grund der Prager Beobachtungsreihe 1889 bis April 1890 ermittelt und hierauf auch für die Ausgleichung der weiteren Beobachtungen dieser Station in Verwendung gebracht. Da somit zur Bestimmung dieser Reductionsgrössen eine mehr als zweijährige Beobachtungsreihe unbenützt geblieben war, so lag der Gedanke nahe, eine nochmalige einheitliche Ausgleichung der Prager Beobachtungen unter Benützung des gesammten, nahezu 3 1/4jährigen Materials für die Bestimmung der Reductionsgrössen vorzunehmen. Ausserdem erschien es auch wünschenswerth, bei dieser Ausgleichung einer Vergrösserung des Werthes der Aberrationsconstante Rechnung zu tragen.

Die Beobachtungen wurden nach der Methode Talcott-Horrebow von dem Director der k. k. Sternwarte zu Prag, Herrn Prof. Dr. Ladislaus Weinek, und von dem damaligen Adjuncten, jetzigen Professor der k. k. böhmischen Universität in Prag, Dr. Gustav Gruss, nach einem genau festgesetzten Beobachtungsprogramme ausgeführt, das ausführlich in der schon

---

[1]) Provisorische Resultate der Beobachtungsreihen in Berlin, Potsdam und Prag betreffend die Veränderlichkeit der Polhöhe. Von Th. Albrecht.
[2]) Resultate der fortgesetzten Beobachtungsreihen in Berlin und Prag, betreffend die Veränderlichkeit der Polhöhe. Von Th. Albrecht.
[3]) Resultate der Beobachtungsreihen in Berlin, Prag, Strassburg, Honolulu betreffend die Veränderlichkeit der Polhöhe. Von Prof. Th. Albrecht.

citirten Abhandlung: „Provisorische Resultate der Beobachtungsreihen Berlin, Potsdam, Prag etc.", als auch in „Astronomische Beobachtungen an der k. k. Sternwarte zu Prag in den Jahren 1888, 1889, 1890 und 1891, nebst Zeichnungen und Studien des Mondes", auf öffentliche Kosten herausgegeben von Prof. Dr. L. Weinek, Director der k. k. Sternwarte zu Prag, Prag 1893, erörtert ist. Es mag hier nur erwähnt werden, dass die für Prag vorgeschriebenen 75 Sternpaare sich auf 9 Gruppen zu je 8 bis 9 Sternpaaren vertheilten. Im Ganzen wurden 3682 Sternpaare in 315 Nächten beobachtet. Bei 155 Sternpaaren liessen Bemerkungen in den Originalbeobachtungsbüchern auf eine minder gelungene Beobachtung schliessen, und da nach durchgeführter Reduction die entsprechenden resultirenden Polhöhen grössere Abweichungen zeigten, so wurden obige 155 Sternpaare von der weiteren Bearbeitung ausgeschlossen.

Das im Folgenden bei der Ausgleichung eingeschlagene Verfahren ist übereinstimmend mit jenem, das in der Albrecht'schen Publication: „Resultate der Beobachtungsreihe in Honolulu, betreffend die Veränderlichkeit der Polhöhe, Berlin 1892" vorgezeichnet ist. Zunächst handelte es sich darum, eine Ausgleichung innerhalb jeder Gruppe vorzunehmen und die einzelnen Gruppenmittel auf die mittleren Declinationssysteme der bezüglichen Gruppen zu reduciren. Zu diesem Zwecke wurden Innerhalb jeder Gruppe diejenigen Mittelwerthe abgesondert, welche sich aus einer completen Gruppenbeobachtung ergaben, und diese Mittelwerthe der Polhöhen als auf das mittlere Declinationssystem der betreffenden Gruppe bezogen betrachtet. Die Differenz im Sinne Mittelwerth — Einzelwerth ergab sodann die Reductionsgrösse, um die Polhöhe des betreffenden Sternpaares auf das mittlere Declinationssystem der bezüglichen Gruppe reduciren zu können. Bildet man nun aus den, denselben Sternpaaren entsprechenden Werthen die Mittel, so erhält man für die einzelnen Sternpaare folgende Beträge zur Reduction auf die betreffenden mittleren Declinationssysteme:

Sternpaar:	1	2	3	4	5	6	7	8	9.	Mittel aus:
I.	+0.26	+0.05	−0.63	+0.18	+0.21	+0.55	+0.39	−1.01		33
II.	+0.96	−1.89	−2.29	−1.67	+1.12	+1.14	+1.27	+1.35		21
III.	−0.13	−0.73	−0.01	+0.01	+0.00	+0.25	+0.19	+0.42		31
IV.	+0.25	+1.39	−0.54	−2.51	+0.40	+0.40	+0.93	+0.05		21
V.	+0.95	+0.12	−0 85	+0.10	+0.16	+1.54	−0.18	−0.21	−1.63	20
VI.	−1.26	+0.16	+0.34	+0.48	−0.03	+0.64	+0.12	−0.46		26
VII.	−0.31	+0.09	−0.18	+0.01	−0.55	+0.62	+0.22	−0.31	+0.41	21
VIII.	+0.56	+0.27	−2.49	−0.31	+0.68	−0.03	+0.55	+0.76		20
IX.	+0.34	+0.36	+0.70	−0.27	−1.05	+0.37	−0.14	−0.41	+0.09	32

Aus der Art und Weise der Ableitung dieser Grössen geht hervor, dass ihre algebraische Summe innerhalb jeder Gruppe den Werth Null ergeben muss. Als mittlerer Fehler einer einzelnen Bestimmung einer solchen Reductionsgrösse ergibt sich bei einer Fehlerquadratsumme 231.6442, welche die Abweichungen der 1882 Einzelwerthe gegen die 75 Mittelwerthe liefern, der Betrag ± 0.358, so dass für die oben angeführten Mittelwerthe die mittleren Fehler zwischen den Grenzen $\pm \frac{0.358}{\sqrt{20}} = \pm 0.080$ und $\pm \frac{0.358}{\sqrt{33}} = \pm 0.062$ enthalten sind.

In der nun folgenden Zusammenstellung, in welcher W und G die Beobachter Weinek und Gross bezeichnen, sind die, auf die betreffenden mittleren Declinationssysteme reducirten Gruppenmittel bei gleichzeitiger Angabe der Anzahl der zu diesen Mitteln vereinigten Einzelwerthe enthalten.

— 7 —

			II		III		IV		V		VI		VII	
1889	Februar	26. W.	16.88	8	16.28	8								
	März	3. W.	16.73	4	16.45	7								
	»	4. G.	16.95	2	—									
	»	5. W.	17.01	8	16.05	8								
	»	6. G.	16.47	3	16.49	7								
	»	7. W.			16.18	8	15.93	8						
	»	8. G.			15.89	5	—							
	»	9. G.			15.81	2	—							
	»	16. G.			16.08	5	15.92	6						
	»	21. G.			[16.45	1]	—							
	April	4. G.			16.18	7	15.84	7						
	»	5. W.					15.74	7	16.10	9				
	»	13. G.					16.10	4	—					
	»	16. G.					16.06	6	16.04	7				
	»	29. W.					15.97	8	16.24	8				
	»	30. G.					15.98	6	15.86	8				
	Mai	1. G.					15.97	7	16.11	7				
	»	4. W.					16.45	9	16.73	8				
	»	5. G.					15.72	6	16.25	8				
	»	6. W.					16.30	3	—					
	»	7. W.					15.90	9	16.47	8				
	»	8. G.					16.52	8	[15.63	3]				
	»	10. G.					16.21	4	—					
	»	12. G.					16.02	6	16.31	7				
	»	21. W.					16.23	9	16.76	7				
	»	22. G.					16.00	8	16.38	8				
	»	23. W.					16.17	9	16.47	8				
	»	24. G.					15.82	9	16.30	7				
	»	26. W.					16.22	9	16.41	8				
	»	30. G.							15.91	8	15.48	8		
	»	31. W.							16.85	8	16.03	9		
	Juni	1. G.							16.58	6	16.01	1		
	»	2. W.							16.83	8	15.85	5		
	»	5. G.							16.29	7	15.70	9		
	»	6. W.							16.55	8	15.83	8		
	»	7. G.							16.17	7	15.93	7		
	»	8. G.							16.64	6	15.97	7		
	»	9. G.							16.18	8	16.13	9		
	»	17. W.							16.66	7	16.08	9		
	»	18. G.							16.84	8	15.73	9		
	»	19. G.							16.58	3	15.82	8		
	»	20. W.							16.61	8	16.07	8		

			VII		VIII		IX		I		II		III	
	»	24. G.	16.20	8	16.62	7								
	»	26. W.	16.01	9	16.21	8								
	»	28. G.	15.79	8	15.82	0								
	»	29. W.	16.07	9	16.27	8								
	»	30. G.	15.84	9	16.18	4								
	Juli	4. W.	16.19	7	—									
	»	10. W.	16.00	9	16.44	8								
	»	18. W.	16.01	9	16.34	8								
	»	24. G.	15.87	9	16.23	2								
	»	31. G.	15.92	7	15.96	6								
	August	1. G.			16.39	6	15.90	9						
	»	5. G.			15.92	8	16.08	9						
	»	10. G.			16.10	7	15.65	8						
	»	21. G.			16.35	8	16.15	5						
	»	26. G.			16.04	8	15.93	8						
	»	30. G.			16.06	8	15.95	9						
	»	31. G.			16.08	7	16.09	8						
	September	3. G.			16.05	6	15.81	8						
	»	4. G.			16.12	8	16.18	8						
	»	15. G.			—		15.90	5						
	»	19. W.			—		15.92	5						
	»	20. W.					—		16.00	8				
	»	21. G.					15.84	8	—					
	»	28. W.					15.88	8	16.32	5				
	»	24. W.					16.04	9	16.18	8				
	October	3. G.					15.83	5	16.06	8				
	»	4. G.					16.20	9	16.01	8				
	»	5. G.					15.79	9	—					
	»	6. W.					15.92	9	—					
	»	14. G.					16.04	0	—					

— 8 —

			IX	I	II	III	IV	V
1889 October		19. W.	16.̇18	4	—			
»		23. W.	15.98	8	16.̇15	8		
»		24. G.	15.64	2	15.58	7		
November		1. W.	15.92	8	[16.41	1]		
»		3. G.	15.75	9	[15.45	2]		
»		5. W.	16.72	1	—			
»		6. W.	16.11	5	—			
»		9. G.	15.57	5	—			
»		11. G.	15.57	8	15.84	7		
»		12. G.	15.89	9	15.60	7		
»		13. G.	15.72	8	15.74	8		
»		14. G.	15.70	8	15.69	3		
»		17. G.	15.73	8	15.60	8		
»		20. W.	15.85	9	—			
»		24. W.	16.03	1	—			
»		25. W.	15.79	7	—			
»		26. G.	[15.34	1]	16.26	2		
December		9. G.	—		15.58	2		
»		17. G			15.86	2		
»		18. G.	—		—		16.̇33	8
»		28. W.			15.90	5	16.52	2
1890 Januar		14. G.			15.47	6	16.16	6
»		19. G.			—		16.13	4
»		26. W.			—		16.41	5
»		31. W.			15.41	2	—	
Februar		1. G.			15.60	8	16.41	8
»		2. W.					16.63	5
»		4. G.					—		15.̇78	5
»		7. G.					16.31	8	15.88	7
»		9. G.					16.10	8	
»		10. G.					16.09	6	—
»		11. G.					16.15	7	15.56	4
»		12. W.					16.38	8	15.99	8
»		13. G.					16.17	8	15.65	7
»		14. W.					16.34	8	15.69	8
»		21. G.					16.06	6	15.87	8
»		23. W.					16.45	8	15.71	7
»		26. W.					16.39	8	—
»		27. G.					16.18	8	15.70	5
März		1. G.					16.11	7	—
»		10. G.					[16.71	4]	
»		13. G.					15.90	7	15.̇44	1
»		15. W.					16.10	8	16.00	3
»		17. G.					15.93	8	15.86	1
»		22. W.					15.87	8	15.57	6
»		26. G.					16.05	3	—
»		27. G.					[15.48	1]	
»		28. W.					15.97	7	15.74	8
»		29. G.					15.98	8	15.63	6
»		31. G.					15.80	6	—
April		1. G.					16.02	7	15.70	7
»		3. W.					16.10	8	15.71	8
»		4. G.					15.89	7	15.61	8
»		5. W.							15.66	8	15.̇85	9
»		7. G.							15.64	8	[15.64	2]
»		14. G.							15.69	7	16.14	9
»		30. W.							15.75	8	16.19	7
Mai		1. G.							15.84	5	—
»		3. W.							15.86	6	15.92	4
»		4. G.							15.94	7	16.18	9

			V	VI	VII	VIII	IX	I
»		23. G.	16.̇12	2	—			
»		24. G.	16.16	7	16.̇50	3		
»		25. W.	15.91	9	16.20	8		
Juni		16. W.			16.39	8	15.̇93	8
»		17. W.			16.14	7	15.99	2
»		21. W.			16.30	3		
Juli		2. W.			16.00	8		
»		7. W.			15.94	6	—	
»		15. W.			15.94	5	16.̇16	8
»		17. W.			16.10	9	16.10	8

— 9 —

			VII		VIII		IX		I		II		III	
1890	Juli	26.	G.	16.21	7	16.38	9							
	»	28.	G.	16.17	7	16.49	7							
	August	1.	G.	16.00	6	16.20	2							
	»	15.	G.			16.55	7	15.92	9					
	»	16.	G.			16.17	8	16.17	7					
	September	9.	G.					16.09	7					
	»	16.	G.					15.95	4	15.95	7			
	»	17.	G.					16.01	8	16.01	6			
	»	18.	W.					16.18	9	16.24	8			
	»	19.	G.					15.77	7	16.02	7			
	»	20.	W.					16.23	8	16.19	8			
	»	21.	G.					15.77	7	16.34	7			
	October	1.	G.					16.04	8					
	»	12.	W.							16.16	7			
	»	13.	G.					15.82	7	16.23	7			
	»	14.	G.					16.28	9	16.17	7			
	»	28.	G.							16.25	8			
	»	29.	W.					16.07	9	16.15	8			
	»	30.	G.					15.71	7	16.19	7			
	November	2.	G.					16.02	9					
	»	16.	W.							15.97	8			
	»	18.	G.							16.19	7			
	December	7.	W.							16.10	8	16.84	4	
	»	9.	G.									16.89	6	
	»	12.	G.							16.04	7			
	»	14.	W.							15.81	7			
	»	15.	G.							15.65	6			
	»	27.	W.							15.93	8			
	»	28.	G.							15.78	8			
	»	29.	W.							15.85	9			
	»	31.	G.							15.60	5			

			I		II		III		IV		V		VI	
1891	Januar	20.	G.			16.54	5							
	»	27.	G.			16.41	5							
	»	30.	G.	15.77	5									
	»	31.	W.	15.78	8	16.56	3							
	Februar	2.	G.	15.90	6	16.43	4							
	»	7.	G.			16.42	7							
	»	8.	G.			16.68	8							
	»	10.	W.			16.26	8	15.96	8					
	»	11.	G.			16.11	8	15.90	8					
	»	14.	W.			16.38	8							
	»	18.	G.			16.30	8							
	»	19.	W.			16.41	8	16.13	8					
	»	21.	G.			16.15	7	15.92	7					
	»	26.	G.					15.91	8					
	»	27.	G.					15.79	7					
	März	12.	W.			16.31	8	16.25	8	15.72	8			
	»	15.	G.					15.97	7	15.96	9			
	»	16.	W.					16.27	8	15.84	7			
	»	18.	G.					16.03	7	15.92	3			
	»	20.	G.					15.84	7	15.68	8			
	»	22.	W.					15.82	7	15.73	6			
	April	2.	G.					15.77	7	15.62	7			
	»	16.	G.							15.85	5			
	»	17.	G.							15.77	7	15.54	1	
	»	24.	G.							15.76	5			
	»	25.	W.							15.71	6	16.30	1	
	»	27.	G.							15.67	8	16.10	9	
	»	28.	W.							15.79	8	15.70	7	
	»	30.	G.							15.64	8	15.70	9	
	Mai	2.	W.									15.71	9	16.13	8
	»	9.	G.									15.66	6	15.95	8
	»	10.	W.									15.94	9	16.25	6
	»	12.	G.									15.93	9	16.09	8
	»	13.	W.									15.58	7	16.13	8
	»	25.	G.									16.32	7	15.95	8
	»	26.	W.									15.90	6	14.43	5
	»	28.	G.									15.89	4		
	»	29.	G.									15.90	8		

— 10 —

			VI		VII		VIII		IX		I		II
1891	Juni	2. W.	16.28	8	15.67	9							
	»	11. G.	16.01	4	—								
	»	17. G.	15.89	7	15.76	8							
	»	19. W.	16.47	8	15.96	9							
	»	29. W.			15.68	9	16.07	8					
	Juli	6. W.			15.72	9	16.01	8					
	»	12. W.			16.12	9	16.08	8					
	»	15. W.			15.79	9	15.91	4					
	»	20. G.			15.87	7	16.23	8					
	»	26. G.			15.75	8	16.12	7					
	August	10. G.					16.42	6					
	»	16. G.					16.20	8	16.06	9			
	»	25. G.					16.19	6	16.09	9			
	»	27. G.					15.91	8	16.08	9			
	»	29. G.					16.12	7	15.95	7			
	September	2. G.					16.02	5	16.09	8			
	»	3. G.					16.15	8	16.15	7			
	»	8. G.					16.16	8	16.54	7			
	»	10. G.							16.04	7	—		
	»	11. G							16.24	7	(16.88	2)	
	»	13. G.							16.19	8	16.49	8	
	»	19. G.							15.89	5	—		
	»	20. W.							16.20	4	—		
	»	22. G.							16.39	5	—		
	»	23. W.							16.17	7	16.56	4
	»	24. G.							16.28	7	16.62	8
	»	25. W.							16.26	8	—	
	»	29. G.							16.15	9	16.66	8
	»	30. W.							16.08	9	16.46	8
	October	1. G.							16.10	8	16.50	8
	»	6. W.							16.19	9	—	
	»	7. G.							16.29	9	—	
	»	9. G.							16.01	8	—	
	»	11. W.							16.23	8	16.44	8
	»	12. G.							16.01	7	16.19	8
	»	14. G.							15.83	3	—	
	»	18. W.							16.13	8	—	
	»	19. G.							16.43	3	—	
	»	20. G.							15.99	5	—	
	»	21. G.							16.18	9	16.68	2
	»	22. W.							16.02	9	—	
	»	25. G.							16.22	9	—	
	»	28. G.							16.07	8	16.19	8
	November	3. W.							—		16.60	8
	»	5. G.							16.12	9	—	
	»	6. W.							16.29	9	16.54	8
	»	7. G.							15.96	9	16.43	8
	»	9. G.							16.16	9	16.10	8
	»	23. G.							16.20	9	—	
	»	24. G.							—		16.35	6
	»	28. W.							16.26	9	16.15	7
	December	25. G.									16.19	7	—
	»	26. W.									15.80	6	—

			I		II		III		IV		V	VI
1892	Januar	2. G.	15.69	5	—							
	»	4. W.	16.11	8	—							
	»	6. G.	15.91	8	16.69	6						
	»	18. G.	[15.46	3]	16.94	8						
	»	19. W.	15.95	7	16.74	8						
	»	20. G.	16.25	7	—							
	»	21. W.	16.50	8	—							
	Februar	3. G.			[17.36	1]	16.90	8				
	»	15. G.			16.59	6	16.88	7				
	»	19. W.			16.45	7	—					
	»	21. G.			16.62	7	16.06	7				
	»	23. W.			16.67	6	—					
	»	24. G.			16.31	6	16.26	8				
	»	25. W.			16.58	8	16.30	8				
	März	5. G.					16.16	6	—			
	»	7. G.					15.97	6	—			
	»	8. G.					15.73	4	—			

— 11 —

		III		IV		V		VI	
1892 März	12. G.	16.″06	7	[15.″58	4]				
»	15. G.	15.87	7	—					
»	16. G.	15.88	8	15.85	5				
»	18. W.	15.95	6	—					
»	19. G.	16.04	8	15.97	4				
»	20. W.	16.21	8	15.93	5				
»	21. G.	15.95	9	15.83	7				
»	24. W.	16.27	8	15.92	8				
»	25. G.	16.01	8	16.24	8				
»	28. G.	15.96	8	15.80	8				
»	31. W.	16.19	8	16.13	7				
April	2. G.	16.20	8	15.91	6				
»	3. W.	15.92	8	[15.64	2]				
»	4. G.			15.83	7	15.″55	5		
»	5. G.			15.67	8	15.62	2		
»	7. G			15.69	8	15.69	2		
»	9. W.			15.71	2	—			
»	10. W.			15.51	7	15.69	8		
»	11. G.			15.89	7	15.78	9		
»	17. G.			15.93	7	15.80	9		
»	21. W.			16.04	8	15.64	8		
»	26. G.			16.06	5	[16.12	1]		
»	28. W.			15.74	5				
Mai	8. G.					15.91	8	16.″06	1
»	9. W.					[16.20	4]		
»	11. G.					15.63	8	16.00	7
»	12. W.					16.70	9	16.20	6
»	13. G.					15.77	7	16.16	1
»	14. W.					15.58	2	—	
»	18. W.					15.92	8	15.82	2
»	24. G.					15.66	8	15.03	8
»	26. W.					15.69	9	15.81	8
»	27. G.					15.80	8	15.86	8
»	29. W.					16.04	8	16.16	8

Zum Zwecke der Ermittlung der Beziehungen zwischen den mittleren Declinationssystemen der einzelnen Gruppen war im Beobachtungsprogramme die Beobachtung von zwei unmittelbar aufeinanderfolgenden Gruppen an jedem klaren Abende festgesetzt worden. Vereinigt man nun in der obigen Zusammenstellung der Gruppenmittel innerhalb jeder Gruppe die zwischen den horizontalen Strichen befindlichen Einzelwerthe unter Benützung der Anzahl der beobachteten Sternpaare als Gewichte zu Mittelwerthen, so erhält man eine Reihe von Werthepaaren für die Polhöhe, unter denen die beiden, demselben Paare angehörigen Werthe demselben Zeitpunkte entsprechen, aber einzeln zwei unmittelbar aufeinanderfolgenden Gruppen angehören. Im Folgenden sind diese Mittelwerthe mit der Anzahl der denselben entsprechenden Sternpaare zusammengestellt, wobei die einander zeitlich entsprechenden Werthe in derselben Zeile stehen.

A.

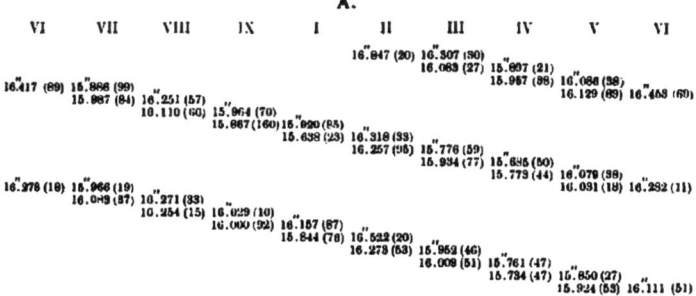

2*

VI	VII	VIII	IX	I	II	III	IV	V	VI
16.310 (27)	15.667 (26)								
	15.848 (51)	16.084 (43)							
		16.109 (46)	16.129 (58)						
			16.152 (231)	16.418 (110)					
				16.098 (33)	16.799 (22)				
					16.545 (42)	16.244 (46)			
						16.042 (100)	15.968 (58)		
							15.799 (55)	15.738 (44)	
								15.788 (76)	15.997 (51)

Bildet man die Differenz je zweier in derselben Zelle stehender Werthe im Sinne: vorangehender Werth — folgender Werth, so erhält man, unabhängig von der Veränderlichkeit der Polhöhe, den Betrag zur Reduction des mittleren Declinationssystems der einen Gruppe auf das mittlere Declinationssystem der unmittelbar vorangehenden Gruppe. Diese Reductionsbeträge sind im Folgenden zusammengestellt und denselben gleichzeitig Gewichte p beigefügt, die aus der Anzahl der beiderseitig beobachteten Sternpaare (a und b) nach der Formel $p = \frac{2ab}{a+b}$ *) berechnet wurden.

B.

VI	VII	VIII	IX	I	II
$+0.531$ (93.7)	-0.264 (67.9)	$+0.146$ (67.9)	-0.053 (110.0)	-0.880 (27.1)	
$+0.312$ (18.5)	-0.189 (34.9)	$+0.225$ (15.5)	-0.157 (89.4)	-0.677 (31.7)	
$+0.443$ (26.5)	-0.236 (46.7)	-0.020 (50.5)	-0.264 (149.0)	-0.706 (26.4)	

II	III	IV	V	VI
$+0.540$ (24.0)	$+0.186$ (23.6)	-0.129 (38.0)	-0.324 (77.7)	
$+0.481$ (72.8)	$+0.249$ (60.6)	-0.306 (40.8)	-0.251 (13.6)	
$+0.321$ (49.3)	$+0.248$ (48.9)	-0.116 (34.3)	-0.187 (52.0)	
$+0.301$ (43.9)	$+0.074$ (73.4)	$+0.055$ (48.9)	-0.214 (60.7)	

Für die Bestimmung der schliesslichen Werthe der Gruppenanschlüsse, mit Hilfe deren die Reduction der gesammten Beobachtungsreihe auf ein einheitliches Declinationssystem erfolgen sollte, wurden in Berücksichtigung des Umstandes, dass vorliegende Ausgleichung doch nur einen provisorischen Charakter trägt, behufs Vereinfachung der weiteren Rechnung die ersten vier Werthe der Gruppenanschlüsse II—VI ausgeschaltet und es wurden im Folgenden bloss die drei vollständigen Kettenreihen, die sämmtlich mit der Gruppe VI beginnen und mit eben dieser Gruppe schliessen, verwendet. Die algebraische Summe der Reductionsbeträge sollte sich nun innerhalb einer vollständigen Kettenreihe gleich Null ergeben. Dies ist jedoch nicht der Fall, es treten vielmehr der Reihe nach die Schlussfehler -0.147, -0.220 und -0.567 auf. Diese Schlussfehler werden einerseits veranlasst durch die Ungenauigkeiten, welche in Folge dieser Declinationsfehler den einzelnen Gruppenanschlüssen anhaften, und die sich in der Summe von neun Werthen in erhöhtem Masse äussern, andererseits durch den Werth der Aberrationsconstante, welcher der Berechnung der scheinbaren Sternörter zu Grunde gelegt wurde, beeinflusst und können bekanntlich durch Vergrösserung dieses Werthes vermindert werden. Bevor jedoch zu einer Vertheilung der Schlussfehler übergegangen wird, soll zunächst dem Umstande Rechnung getragen werden, dass zwei Beobachter an den Messungen theilgenommen hatten.

Behufs Bestimmung der eventuellen persönlichen Gleichung Weinek-Gruss (W—G) wurden innerhalb der Zeiträume, in denen ein und dieselbe Gruppe ununterbrochen beobachtet

---
*) Conform zu pag. 95 der oben citirten Honolulu-Publication.

wurde, die Beobachtungen nach Beobachtern gesondert und unter Benützung der Anzahl der beobachteten Sternpaare als Gewichte Mittelwerthe gebildet, welche, aus Beobachtungen derselben Gruppe hervorgegangen, einander zeitlich entsprachen und einzeln den beiden Beobachtern angehörten. Durch Subtraction dieser Mittelwerthe konnten nun unmittelbar folgende Beträge für die persönliche Gleichung W—G aus den einzelnen Gruppen ermittelt werden:

Gruppe		W-G	p	Gruppe		W-G	p
1889.	V.	+0".159	63.4	1891.	II.	+0".028	34.4
	VI.	+0.304	78.9		III.	+0.163	44.2
	VII.	+0.153	90.7		IV.	—0.012	38.6
	VIII.	+0.147	28.1		VI.	+0.186	38.5
	IX.	+0.129	79.6		IX.	+0.047	96.4
1890.	II.	+0.236	33.9	1892.	I.	+0.116	71.7
	III.	+0.101	58.2		III.	+0.084	39.0
	IV.	+0.116	43.4		IV.	—0.002	53.8
	IX.	+0.183	30.9		V.	+0.035	50.4
	I.	—0.003	69.5		VI.	+0.111	24.4

Die den einzelnen Werthen zukommenden Gewichte p wurden aus der Anzahl der beiderseitig beobachteten Sternpaare berechnet. Als Mittelwerth ergibt sich unter Berücksichtigung der Gewichte der Einzelwerthe: W—G = 0".114, so dass die Beobachtungen von Weinek um 0".057 zu vermindern, jene von Gruss um denselben Betrag zu vermehren sind, um auf das Mittel beider Beobachter zu reduciren. In Berücksichtigung dieser persönlichen Gleichung sind nun die Werthe der Gruppenanschlüsse in (B) der Reihe nach um folgende Beträge zu corrigiren:

— 0".001   +0".006   +0".000   —0".008   —0".011   +0".000   +0".011   +0".016   +0".026
— 0.000   +0.003   +0.000   +0.008   —0.036   —0.008   +0.000   +0.000   —0.006
+0.011   —0.006   +0.000   —0.003   —0.021   —0.043   —0.004   +0.009   +0.003

Es wurde schon erwähnt, dass durch eine Vergrösserung des Werthes der Aberrationsconstante eine Verminderung der Schlussfehler bewirkt werden kann. Bei der Reduction der Prager Beobachtungen gelangte für die Berechnung der scheinbaren Sternörter der Struve'sche Werth der Aberrationsconstante, welcher ja auch vom Berliner astronomischen Jahrbuche acceptirt ist, zur Verwendung. Neuere Bestimmungen dieser Constante lassen jedoch den Werth von Struve zu klein erscheinen (Vergl. die Zusammenstellung in: „Albrecht, Resultate der Beobachtungsreihe in Honolulu etc." Seite 96), so dass man in der That berechtigt ist, einen Theil des Betrages der Schlussfehler als durch Annahme eines zu kleinen Werthes der Aberrationsconstante hervorgerufen anzunehmen. Behufs Ermittlung der Correctionen, welche an die Gruppenanschlüsse in Folge Vergrösserung des Werthes der Aberrationsconstante anzubringen sind, ist in Betracht zu ziehen, dass, wenn wir der Bezeichnungsweise von Bessel folgen, die Aberrationsconstante A bei Berechnung der scheinbaren Oerter in dem Ausdrucke: $c'C + d'D$, und zwar in jedem Summanden als Factor enthalten ist. Dieser Ausdruck geht bei Annahme der Aberrationsconstante $A + \Delta A$ über in:

$$(A + \Delta A) \cdot \frac{c'C + d'D}{A} = c'C + d'D + (c'C + d'D) \cdot \frac{\Delta A}{A}, \text{ so dass durch } (c'C + d'D) \cdot \frac{\Delta A}{A}$$

die Correctionen der Mittelwerthe der Zusammenstellung (A) auf Seite 11 und 12 gegeben sind, wenn wir mit $c'C + d'D$ die numerischen Beträge bezeichnen, mit welchen die Aberrationsglieder auf die einzelnen Mittelwerthe der erwähnten Zusammenstellung eingehen, und welche Beträge zunächst aus den Berechnungen der scheinbaren Oerter extrahirt werden mussten. Da sich aber die

Gruppenanschlüsse unmittelbar durch Subtraction je zweier, in derselben Zeile stehender Werthe der Tabelle A ergeben, so braucht man nur die Differenzen der diesen Werthen entsprechenden Beträge $c'C + d'D$ zu bilden und mit $\frac{\varDelta A}{A}$ zu multipliciren, um sofort die Correction der Gruppenanschlüsse in Folge der vergrösserten Annahme der Aberrationsconstante zu erhalten. Für diese Differenzen der Beträge $c'C + d'D$ ergaben sich folgende Werthe:

VI	VII	VIII	IX	I	II	III	IV	V	VI
$+7''.55$	$+6''.62$	$+8''.42$	$+14''.45$	$+7''.73$	$+11''.47$	$+6''.23$	$+6''.44$	$+6''.13$	
$+6.50$	$+6.58$	$+9.06$	$+15.36$	$+9.00$	$+11.24$	$+7.52$	$+6.08$	$+6.75$	
$+8.30$	$+6.49$	$+8.19$	$+14.17$	$+8.48$	$+10.94$	$+6.49$	$+6.25$	$+5.69$	

Entscheiden wir uns für die Annahme des von Newcomb*) abgeleiteten Werthes der Aberrationsconstante $20''.501$, so wird $\frac{\varDelta A}{A} = 0.00274$, so dass mit diesem Factor die obigen Werthe zu multipliciren sind, um die folgenden Correctionen der Gruppenanschlüsse zu erhalten.

VI	VII	VIII	IX	I	II	III	IV	V	VI
$+0''.021$	$+0''.019$	$+0''.023$	$+0''.040$	$+0''.021$	$+0''.031$	$+0''.017$	$+0''.018$	$+0''.017$	
18	18	25	42	25	31	21	17	18	
23	18	22	39	23	30	18	17	15	

Nach Berücksichtigung dieser beiden Correctionen, derjenigen wegen der persönlichen Gleichung und der in Folge der Vergrösserung der Aberrationsconstante hervorgerufenen, verbleiben noch die Schlussfehler $+0''.099$, $-0''.044$ und $-0''.416$. Mit Rücksicht auf den Umstand, dass es sich noch nicht um eine definitive Bearbeitung handelt, und es wohl kaum möglich ist, alle Factoren, durch welche diese noch restirenden Schlussfehler hervorgerufen worden, strenge in Rechnung zu ziehen, wurde eine gleichmässige Vertheilung sämmtlicher Schlussfehler, also auch des dritten, relativ grossen Fehlers vorgenommen.

In der nachstehenden Tabelle findet sich eine übersichtliche Zusammenstellung der Correctionen und der schliesslichen Werthe der Gruppenanschlüsse. Die erste Zeile jeder der folgenden drei Reihen enthält die schon in (B) mitgetheilten Werthe, die zweite Zeile die Correction wegen der persönlichen Gleichung, die dritte die Correction wegen Vergrösserung des Werthes der Aberrationsconstante, die vierte die Correction behufs Auftheilung des Schlussfehlers, die fünfte Zeile endlich die schliesslichen Werthe für die Gruppenanschlüsse mit den entsprechenden Gewichten.

VI	VII	VIII	IX	I	II	III	IV	V	VI
$+0''.531$	$-0''.264$	$+0''.146$	$-0''.053$	$-0''.680$	$+0''.481$	$+0''.248$	$-0''.306$	$-0''.251$	
-1	$+6$	$+0$	-8	-11	$+0$	$+11$	$+16$	$+26$	
$+21$	$+19$	$+23$	$+40$	$+21$	$+31$	$+21$	$+18$	$+17$	
-11	-11	-11	-11	-11	-11	-11	-11	-11	
$+0''.540(93.7)$	$-0''.250(67.9)$	$+0''.158(67.9)$	$-0''.032(111.0)$	$-0''.681(27.1)$	$+0''.501(72.8)$	$+0''.266(60.6)$	$-0''.283(40.8)$	$-0''.219(13.6)$	
$+0''.312$	$-0''.188$	$+0''.225$	$-0''.157$	$-0''.678$	$+0''.321$	$+0''.248$	$-0''.116$	$-0''.187$	
$+0$	$+3$	$+0$	$+8$	-86	-8	$+0$	$+0$	-6	
$+18$	$+18$	$+25$	$+42$	$+25$	$+31$	$+21$	$+17$	$+18$	
$+5$	$+5$	$+4$	$+5$	$+5$	$+5$	$+5$	$+5$	$+5$	
$+0''.335(18.5)$	$-0''.162(34.9)$	$+0''.254(15.5)$	$-0''.102(89.4)$	$-0''.681(91.7)$	$+0''.349(49.3)$	$+0''.274(48.9)$	$-0''.094(34.3)$	$-0''.170(52.0)$	

*) The Elements of the four Inner Planets, and the Fundamental Constants of Astronomy. Washington 1895.

VI	VII	VIII	IX	I	II	III	IV	V	VI
+ 0".443	− 0".236	− 0".020	− 0".264	− 0".706	+0".301	+ 0".074	+ 0".055	− 0".214	
+ 11	− 6	+ 0	− 8	− 21	− 43	− 4	+ 9	+ 3	
+ 23	+ 18	+ 22	+ 39	+ 23	+ 30	+ 19	+ 17	+ 15	
+ 46	+ 46	+ 46	+ 46	+ 47	+ 47	+ 46	+ 46	+ 46	

+ 0".533 (26.5) − 0".178 (46.7) + 0".048 (50.5) − 0".182 (149.0) − 0".657 (26.4) + 0".385 (43.9) + 0".134 (73.4) + 0".127 (46.9) − 0".150 (60.7)

Obige Tabelle zeigt eine vollkommen befriedigende Uebereinstimmung zwischen den einander entsprechenden Werthen beim Gruppenanschlusse I—II und V—VI, eventuell noch bei VII—VIII. Bei den Gruppenanschlüssen VI—VII, II—III, III—IV stimmen je zwei Werthe gut überein, während die dritten Werthe eine grössere Abweichung zeigen, welche sich jedoch bei VI—VII durch das betreffende geringe Gewicht erklären lässt. Die drei Werthe des Gruppenanschlusses IX—I zeigen trotz der hohen Gewichte keine befriedigende Uebereinstimmung, und auffallend grosse Abweichungen zeigen die Werthe bei IV—V. Es bestätigt sich wiederum die Thatsache, dass man bei Beobachtungen der vorliegenden Art nicht weit genug gehen kann, um zufällige Beobachtungsfehler, wie sie hauptsächlich durch Refractionsstörungen hervorgerufen werden dürften, möglichst zu eliminiren. Unter diesen Umständen gestaltet sich die Beantwortung der Frage ziemlich schwierig, ob bei der weiteren Rechnung die drei Kettenreihen zu Mittelwerthen zu vereinigen sind, oder ob von diesen drei Reihen einzeln Gebrauch gemacht werden solle. Da aber eine einheitliche Ausgleichung der gesammten Beobachtungsreihe wünschenswerth erschien und die Mehrzahl der Gruppenanschlüsse doch die Bildung von Mittelwerthen berechtigt erscheinen lässt, so wurde der letztere Weg eingeschlagen, und es wurden sämmtliche drei Reihen unter Benützung der Gewichte der Einzelwerthe zu folgenden Mittelwerthen vereinigt:

VI	VII	VIII	IX	I	II	III	IV	V	VI
+ 0".506	− 0".211	+ 0".124	− 0".117	− 0".677	+ 0".408	+ 0".211	− 0".074	− 0".170	

Diese Grössen setzen uns in den Stand, sämmtliche Beobachtungen auf ein einheitliches Declinationssystem reduciren zu können. Als solches wurde das mittlere Declinationssystem der Gruppe IX gewählt, da von dieser Gruppe die meisten Beobachtungen erhalten worden waren. Durch entsprechende Combination der oben mitgetheilten Werthe der Gruppenanschlüsse erhalten wir für die einzelnen Gruppen folgende Reductionsgrössen auf das mittlere Declinationssystem der Gruppe IX:

I. − 0".12   III. − 0".39   V. − 0".25   VII. + 0".09

II. − 0".79   IV. − 0".17   VI. − 0".42   VIII. − 0".12

Unter Benützung dieser Werthe wurden die im Folgenden mitgetheilten Tagesmittel gebildet, sie beziehen sich somit sämmtlich auf das mittlere Declinationssystem der Gruppe IX und sind wegen persönlicher Gleichung corrigirt.

1859 Februar	26.	50° 5′ 15″.89	11	1869 April	16.	50° 5′ 15″.80	13	1859 Mai	22.	50° 5′ 15″.02	10
März	3.	15.86	11	»	29.	15.84	17	»	23.	15.08	17
»	4.	16.22	2	»	30.	15.77	12	»	24.	15.77	16
»	5.	15.89	16	Mai	1.	15.89	14	»	26.	15.93	17
»	6.	16.04	10	»	4.	16.20	17	»	30.	15.59	16
»	7.	15.72	16	»	5.	15.74	14	»	31.	16.21	17
»	8.	15.56	5	»	6.	16.00	3	Juni	1.	16.17	7
»	9.	15.51	2	»	7.	15.79	17	»	2.	15.87	11
»	10.	15.78	11	»	8.	16.33	8	»	5.	15.86	16
April	4.	15.79	14	»	10.	16.02	4	»	6.	15.96	17
»	5.	15.67	16	»	12.	15.90	13	»	7.	15.94	14
»	11.	15.99	4	»	21.	16.08	16	»	8.	16.18	12

— 16 —

1889	Juni	9.	50° 5'	16.04	17	1890	März	17.	50° 5'	15.68	9	1891	März	20.	50° 5'	15.53	15
»	»	17.		16.14	16	»	»	22.		15.40	14	»	»	22.		15.44	13
»	»	18.		15.92	17	»	»	26.		15.72	3	»	April	2.		15.47	14
»	»	19.		16.02	12	»	»	29.		15.52	15	»	»	16.		15.74	5
»	»	20.		16.14	16	»	»	29.		15.44	16	»	»	17.		15.63	8
»	»	24.		16.44	15	»	»	31.		15.47	6	»	»	24.		15.65	5
»	»	26.		16.01	17	»	April	1.		15.64	14	»	»	25.		15.56	7
»	»	28.		15.86	14	»	»	8.		15.57	16	»	»	27.		15.75	17
»	»	29.		16.10	17	»	»	4.		15.83	15	»	»	28.		15.48	16
»	»	30.		16.03	13	»	»	5.		15.64	17	»	»	30.		15.52	17
»	Juli	4.		16.22	7	»	»	7.		15.63	8	»	Mai	2.		15.53	17
»	»	10.		16.14	17	»	»	14.		15.79	16	»	»	9.		15.63	14
»	»	18.		16.10	17	»	»	30.		15.78	10	»	»	10.		15.70	15
»	»	22.		16.04	11	»	Mai	1.		15.52	5	»	»	12.		15.74	17
»	»	31.		15.99	13	»	»	3.		15.63	10	»	»	13.		15.60	15
»	August	1.		16.08	15	»	»	4.		15.60	16	»	»	25.		15.84	15
»	»	5.		16.00	17	»	»	23.		15.93	2	»	»	26.		15.76	11
»	»	10.		15.86	15	»	»	24.		16.02	10	»	»	28.		15.70	4
»	»	21.		16.25	13	»	»	25.		15.60	17	»	»	29.		15.71	8
»	»	26.		15.98	14	»	Juni	16.		15.91	17	»	Juni	2.		15.84	17
»	»	30.		16.01	17	»	»	17.		15.75	9	»	»	11.		15.65	4
»	»	31.		16.06	15	»	»	21.		15.83	3	»	»	17.		15.06	16
»	September	3.		15.92	14	»	Juli	2.		16.03	8	»	»	19.		15.89	17
»	»	4.		16.13	16	»	»	7.		15.97	6	»	»	28.		15.87	17
»	»	15.		15.96	5	»	»	15.		15.98	16	»	Juli	6.		15.79	17
»	»	19.		15.86	5	»	»	17.		16.03	17	»	»	12.		16.03	17
»	»	20.		15.89	8	»	»	26.		16.38	15	»	»	15.		15.79	13
»	»	21.		15.90	8	»	»	28.		16.87	14	»	»	20.		16.09	16
»	»	23.		15.95	13	»	August	1.		16.05	14	»	»	26.		15.98	15
»	»	24.		16.99	17	»	»	15.		16.11	16	»	August	10.		16.35	6
»	October	3.		15.96	19	»	»	18.		16.16	15	»	»	16.		16.12	15
»	»	4.		16.11	17	»	September	9.		16.15	7	»	»	25.		16.14	15
»	»	5.		15.85	9	»	»	16.		15.99	11	»	»	27.		16.00	17
»	»	6.		15.86	9	»	»	17.		16.02	14	»	»	29.		16.02	14
»	»	14.		16.10	6	»	»	18.		16.07	17	»	September	2.		16.09	11
»	»	19.		16.12	4	»	»	19.		15.89	14	»	»	3.		16.15	15
»	»	23.		15.95	16	»	»	20.		16.10	16	»	»	8.		16.33	15
»	»	24.		15.56	9	»	»	21.		16.05	14	»	»	10.		16.10	7
»	November	1.		15.86	8	»	October	1.		16.10	8	»	»	11.		16.40	7
»	»	3.		15.81	9	»	»	12.		15.09	7	»	»	13.		16.34	16
»	»	5.		15.96	1	»	»	13.		16.02	14	»	»	19.		15.95	8
»	»	6.		16.05	5	»	»	14.		16.24	16	»	»	20.		16.14	4
»	»	9.		15.63	5	»	»	23.		16.19	8	»	»	22.		16.45	5
»	»	11.		15.72	15	»	»	29.		16.00	17	»	»	23.		16.21	11
»	»	12.		15.77	16	»	»	30.		15.92	14	»	»	24.		16.43	15
»	»	13.		15.73	16	»	November	2.		16.08	9	»	»	25.		15.20	9
»	»	14.		15.72	11	»	»	16.		15.80	8	»	»	29.		16.34	17
»	»	17.		15.71	16	»	»	18.		16.12	7	»	»	30.		16.14	17
»	»	20.		15.79	9	»	December	7.		15.95	12	»	October	1.		16.20	16
»	»	24.		15.98	1	»	»	9.		15.66	6	»	»	6.		16.19	19
»	»	26.		15.73	7	»	»	12.		16.96	7	»	»	7.		16.35	9
»	»	26.		[16.20	2]	»	»	14.		15.64	7	»	»	9.		16.07	8
»	December	9.		15.82	2	»	»	15.		15.59	6	»	»	11.		16.22	17
»	»	17.		15.80	2	»	»	27.		15.70	8	»	»	12.		16.10	15
»	»	18.		15.60	8	»	»	28.		15.67	8	»	»	14.		15.89	3
»	»	28.		15.71	7	»	»	29.		15.66	8	»	»	16.		16.07	8
1890	Januar	14.		15.42	12	»	»	31.		15.54	5	»	»	19.		[16.49	3]
»	»	19.		15.40	4							»	»	20.		15.99	5
»	»	26.		15.56	5	1891	Januar	20.		15.81	5	»	»	21.		16.31	11
»	»	31.		16.24	2	»	»	27.		15.68	5	»	»	22.		15.95	9
»	Februar	1.		15.61	16	»	»	30.		15.71	15	»	»	25.		16.28	9
»	»	2.		15.83	5	»	»	31.		15.63	1	»	»	28.		16.11	16
»	»	4.		15.45	5	»	Februar	2.		15.78	10	»	November	3.		16.43	8
»	»	7.		15.57	15	»	»	7.		15.00	7	»	»	5.		16.18	9
»	»	9.		15.37	8	»	»	8.		15.95	8	»	»	6.		16.26	17
»	»	10.		15.36	6	»	»	10.		15.46	16	»	»	7.		16.18	17
»	»	11.		15.86	11	»	»	11.		15.52	16	»	»	9.		16.18	17
»	»	12.		15.52	10	»	»	14.		15.59	0	»	»	23.		16.32	9
»	»	18.		16.39	15	»	»	18.		15.57	8	»	»	24.		16.29	8
»	»	14.		15.37	16	»	»	19.		15.63	16	»	»	25.		16.10	16
»	»	21.		16.46	14	»	»	21.		15.51	14	»	»	25.		16.06	7
»	»	23.		15.45	15	»	»	26.		15.58	8	»	»	26.		15.73	6
»	»	26.		16.54	8	»	»	27.		15.52	15						
»	»	27.		15.42	13	»	März	12.		15.65	16	1892	Januar	2.		15.83	5
»	März	1.		16.38	7	»	»	15.		15.76	16	»	»	1.		15.94	6
»	»	13.		15.54	8	»	»	16.		15.73	15	»	»	5.		15.90	14
»	»	15.		15.69	11	»	»	18.		15.73	10	»	»	18.		16.21	8

1892 Januar	19.	50° 5′ 15.″84	15	März	18.	50° 5′ 15.″61	6	April	17.	50° 5′ 15.″70	16
»	20.	16.19	7	»	19.	15.76	12	»	21.	15.86	17
»	21.	16.33	3	»	20.	15.74	13	»	26.	15.86	5
Februar	3.	15.97	6	»	21.	15.06	15	»	28.	15.51	6
»	8.	15.96	13	»	24.	15.76	16	Mai	3.	15.75	9
»	16.	15.81	7	»	25.	15.91	16	»	11.	15.59	15
»	21.	15.62	14	»	28	15.66	16	»	12.	15.55	17
»	23.	15.78	8	»	31.	15.82	15	»	18.	15.61	8
»	24.	15.60	14	April	2.	15.83	14	»	14.	15.28	2
»	25.	15.60	16	»	3.	15.48	8	»	18.	15.56	10
März	5.	15.83	8	»	4.	15.58	12	»	24.	15.52	16
»	7.	15.64	6	»	5.	15.53	10	»	26.	15.36	17
»	8.	15.46	4	»	7.	15.56	10	»	27.	15.56	16
»	12.	15.78	7	»	9.	15.48	2	»	29.	15.71	16
»	15.	15.54	7	»	10.	15.44	15				
»	16.	15.66	13	»	11.	15.69	17				

Dem Vorgange Prof. Albrechts folgend, wurden die obigen Tagesmittel zu Monatsmitteln vereinigt, um zu Werthen zu gelangen, welche möglichst wenig von den durch Refractionsstörungen hervorgerufenen Fehlern beeinflusst sind. Als Monatsmittel der Polhöhe ergeben sich die folgenden Beträge, wobei jedoch die Monate December 1889 und Januar 1890, ferner December 1891 und Januar 1892 zu je einem Mittelwerth zusammengezogen erscheinen:

Datum		Monatsmittel der Polhöhe	Anzahl der Sternpaare	Datum		Monatsmittel der Polhöhe	Anzahl der Sternpaare
1889 März	6.	50° 5′ 15.″85	84	1890 November	11.	50° 5′ 16.″00	24
April	16.	15.80	76	December	18.	15.74	67
Mai	17.	15.94	205	1891 Januar	28.	15.69	26
Juni	16.	16.04	211	Februar	15.	15.59	124
Juli	19.	16.09	65	März	17.	15.64	84
August	18.	16.03	106	April	23.	15.68	88
September	15.	15.98	86	Mai	18.	15.68	116
October	11.	15.94	83	Juni	16.	15.90	70
November	12.	15.76	119	Juli	15.	15.94	77
1890 Januar	5.	15.53	42	August	23.	16.09	67
Februar	14.	15.47	103	September	17.	16.23	157
März	21.	15.51	60	October	15.	16.16	135
April	8.	15.61	96	November	13.	16.21	101
Mai	14.	15.77	60	1892 Januar	9.	15.97	73
Juni	17.	15.87	29	Februar	20.	15.83	80
Juli	18.	16.14	76	März	20.	15.72	154
August	13.	16.11	39	April	11.	15.61	132
September	18.	16.03	93	Mai	20.	15.85	126
October	19.	16.06	84				

Die beiliegende graphische Ausgleichung, welcher diese Monatsmittel zu Grunde gelegt wurden, ergibt folgende Werthe für die Polhöhe, fortschreitend von 20 zu 20 Tagen:

1889 März	30.	50° 5′ 15.″82	1890 Mai	4.	50° 5′ 15.″70	1891 Juni	8.	50° 5′ 15.″78
April	19.	15.88	»	24.	15.82	»	28.	15.88
Mai	9.	15.94	Juni	13.	15.93	Juli	18.	15.99
»	29.	15.99	Juli	3.	16.01	August	7.	16.07
Juni	18.	16.04	»	23.	16.07	»	27.	16.13
Juli	8.	16.07	August	12.	16.09	September	16.	16.17
»	28.	16.08	September	1.	16.10	October	6.	16.19
August	17.	16.07	»	21.	16.08	»	26.	16.19
September	6.	16.03	October	11.	16.01	November	15.	16.17
»	26.	15.96	»	31.	15.99	December	5.	16.13
October	16.	15.88	November	20.	15.92	»	25.	16.07
November	5.	15.79	December	10.	15.84	1892 Januar	14.	15.99
»	25.	15.70	»	30.	15.75	Februar	3.	15.89
December	15.	15.62	1891 Januar	19.	15.67	»	23.	15.79
1890 Januar	4.	15.55	Februar	8.	15.61	März	14.	15.70
»	24.	15.50	»	28.	15.58	April	3.	15.63
Februar	13.	15.48	März	20.	15.58	»	23.	15.59
März	5.	15.49	April	9.	15.61	Mai	13.	15.60
»	25.	15.53	»	29.	15.65			
April	14.	15.60	Mai	19.	15.70			

Die Termine der Maxima und Minima und die Beträge für dieselben resultiren aus der ausgeglichenen Curve, wie folgt:

Maximum:	1889. Juli	24.	50° 5' 16″08
Minimum:	1890. Febr.	19.	15.48
Maximum:	1890. August	28.	16.10
Minimum:	1891. März	10.	15.56
Maximum:	1891. October	16.	16.19
Minimum:	1892. Mai	1.	15.59

Der Termin des letzten Minimums konnte wegen Abschlusses der Beobachtungsreihe nur näherungsweise bestimmt werden. Die Periodendauer stellt sich somit der Reihe nach auf 396, 384, 414, 418 Tage, im Mittel auf 403 Tage heraus; für die Amplitude ergeben sich die Werthe 0″60, 0″62, 0″52, 0″61, 0″60, aus welchen der Mittelwerth 0″59 resultirt.

Zur Beurtheilung der Genauigkeit der Beobachtungen sei erwähnt, dass sich mit Rücksicht auf die Abweichungen der 3527 Einzelwerthe von den 309 Mittelwerthen bei einer Fehlerquadratsumme von 507.6887 der mittlere Fehler einer Polhöhe zu $\pm 0″397$ herausstellt. Es wird somit der mittlere Fehler eines Gruppenmittels, dieses aus 8 Einzelwerthen bestehend angenommen, $\pm 0″140$, und der mittlere Fehler eines aus 16 Sternpaaren bestehenden Tagesmittels $\pm 0″099$. Der geringere Genauigkeitsgrad der Prager Beobachtungen gegenüber den Beobachtungen der mit leistungsfähigen Zenithteleskopen ausgerüsteten Stationen erklärt sich aus dem Umstande, dass in Prag für die Beobachtungen nur ein gebrochenes Passagen-Instrument von Pistor und Martins mit 68 mm. Oeffnung zur Verfügung stand.

Die oben mitgetheilten Resultate sind, wie bereits erwähnt, provisorische, und zwar insoferne, als noch nicht die neu bestimmten Declinationen der Sterne bei der Berechnung der scheinbaren Sternörter zur Verwendung gelangten, und als weder auf fortschreitende noch periodische Fehler der Schraube wegen noch nicht vollständig abgeschlossener Untersuchung derselben Rücksicht genommen wurde. Was zunächst den ersteren Umstand anbelangt, so dürfte die Verwendung der definitiven Declinationen auf den Gange der Polhöhe nicht bewirken, weil sich ja dieselbe vermöge des in Anwendung gebrachten Ausgleichsverfahrens auch bei der gegenwärtigen Bearbeitung unabhängig von den angenommenen Declinationen der Sterne ergab. Was ferner die Schraubenfehler betrifft, so dürfte die Berücksichtigung derselben wohl auch keine wesentliche Aenderung in den vorstehend abgeleiteten Monatsmitteln veranlassen, da dieselben nur in geringem Masse von dem angenommenen Werthe der Schraubenrevolution beeinflusst sind, weil man ja durch passende Auswahl der Sterne schon innerhalb jeder Gruppe nach Möglichkeit eine Elimination des Schraubenwerthes zu erzielen bemüht war. Es kann also den Resultaten der vorliegenden Bearbeitung eine starke Annäherung an die Ergebnisse der nunmehr in Angriff genommenen definitiven Rechnung zugesprochen werden.

Es wurde schon im Vorworte erwähnt, dass die Anregung zu dieser Neuausgleichung der Prager Beobachtungsreihe von Herrn Prof. Albrecht ausging, welcher auch mir die Mittheilung machte, dass die neuen Resultate der Prager Reihe einen durchschnittlich besseren Anschluss der beobachteten an die berechneten Werthe zeigen, so dass thatsächlich ein Erfolg dieser neuen Bearbeitung zu verzeichnen sei. Für die Förderung, welche Herr Prof. Albrecht dieser Arbeit durch seinen Rath zu Theil werden liess, bin ich dem Genannten zum Danke verpflichtet.

Zum Schlusse fühle ich mich noch veranlasst, Herrn Prof. Dr. L. Weinek, Director der k. k. Sternwarte zu Prag, für die Bereitwilligkeit, mit welcher er mir die Benützung der zur vorliegenden Zusammenstellung nothwendigen Hilfsmittel der Sternwarte auch nach meinem Abgange von diesem Institute gestattete, den wärmsten Dank auszusprechen.

ASTRONOMISCHE BEOBACHTUNGEN

AN DER

K. K. STERNWARTE ZU PRAG

IN DEN JAHREN

1892—1899

NEBST

ZEICHNUNGEN UND STUDIEN DER MONDOBERFLÄCHE

NACH PHOTOGRAPHISCHEN AUFNAHMEN.

Auf öffentliche Kosten herausgegeben

von

Professor Dr. L. WEINEK,
Director der k. k. Sternwarte in Prag.

(Mit 3 Tafeln in Heliogravure, 11 Tafeln in Phototypie, 2 Tafeln in Lichtdruck, 2 Tafeln in Lithographie und 12 Abbildungen im Texte.)

9451

PRAG.
K. U. K. HOFBUCHDRUCKEREI A. HAASE. — SELBSTVERLAG.
1901.

Inhalts-Verzeichnis.

	Seite
Vorwort	V
Beobachtung von Culminationen des Mondes und des Kraters Mösting A in den Jahren 1892—1899	1
Beobachtung von Marsculminationen während der Opposition 1894	23
Polhöhen-Messungen nach der Horrebow-Talcott'schen Methode von 1895—1899	25
Beobachtungen des Cometen Holmes (1892 III)	27
Beobachtungen des Cometen Gale (1894 II)	28
Beobachtung von Jupitertrabanten-Erscheinungen	28
Beobachtung von Stern- und Planetenbedeckungen durch den Mond	30
Großer Sonnenfleck im Februar 1892; Fleckenzählungen	31
Die partielle Mond-Finsternis am 11. Mai 1892	34
Die totale Mond-Finsternis am 4. November 1892	36
Die partielle Mond-Finsternis am 14. September 1894	37
Die totale Sonnen-Finsternis am 8. August 1896	38
Die partielle Mond-Finsternis am 3. Juli 1898	38
Die totale Mond-Finsternis am 27. December 1898	40
Die partielle Sonnen-Finsternis am 7. Juni 1899	42
Zur Leoniden-Erscheinung 1899	42
Selenographische Studien auf Grund von photographischen Mondaufnahmen der Mt. Hamiltoner (Lick-) und Pariser Sternwarte	43
I. Zeichnerische Vergrößerungen	43
Vendelinus	45
Langrenus	48
Copernicus	50
II. Photographische Vergrößerungen	62
Clavius, Tycho, Ptolemaeus	69
Tycho	70
Das Apenninen-Gebirge	73
III. Einige, auf den Lick-Platten gefundene Objecte, die in den bekannten Mondkarten fehlen bezw. unrichtig verzeichnet sind	76
IV. Weitere vergleichende Studien	95
Der Prager photographische Mond-Atlas	111
1. Entstehung, Plan und Durchführung bezw. Veröffentlichung des Atlas	111
2. Ueber die angewandte Vergrößerungs-Methode	115
3. Der Maßstab der Vergrößerungen	116
4. Die Constanten der zu den Vergrößerungen herangezogenen Platten	119
5. Bestimmung der Höhe der Mondberge auf Grund des Atlas	124
6. Ueber einige Unvollkommenheiten der Reproduction	125
7. Graphische Uebersicht der im Atlas dargestellten Mondgegenden	127
8. Alphabetisches Inhalts-Verzeichnis sämmtlicher, auf den Atlas-Tafeln 1—200 ganz oder zum Theil vorkommenden, Mondobjecte	128

VORWORT.

Im vorliegenden vierten Bande der von mir seit 1884 herausgegebenen astronomischen Beobachtungen an der Prager Sternwarte wurde abermals eine Reihe von Jahren zusammengefasst, da die jährlich zur Verfügung stehende Publications-Dotation wegen ihrer relativ geringen Höhe eine Cumulierung der Beträge nothwendig macht, um die beabsichtigte Veröffentlichung nicht zu dürftig zu gestalten. Wesentlich aus diesem Grunde, zugleich aber auch, um einzelne Arbeiten in abgeschlossener Form der astronomischen Welt vorlegen zu können, wurde die Publication dieses 4. Bandes bis zur Gegenwart verschoben.

Unter den bekannten ungünstigen baulichen und instrumentellen Sternwarten-Verhältnissen in Prag wurde das Hauptaugenmerk auf fortlaufende Polhöhen-Messungen nach der Horrebow-Talcott'schen Methode und auf die Beobachtung von Culminationen des Mondes, sowie des Kraters Mösting A gerichtet. Mit ersteren wurde hauptsächlich der Adjunct der Sternwarte, mit letzteren Einer der beiden Assistenten betraut. Ueberdies wurde den gelegentlichen Erscheinungen der Sonnen- und Mondfinsternisse, der Jupiterstrabanten-Verfinsterungen, der Sternbedeckungen und Sternschnuppen volle Aufmerksamkeit zugewendet.

Die Continuität und der Umfang einzelner Beobachtungsreihen hatte besonders unter dem häufigen Wechsel des Sternwarten-Personales zu leiden. Derselbe erklärt sich aus dem Umstande, dass die Prager Assistentenstellen keinen stabilen Charakter besitzen und insoferne meistens als Durchgangsstationen für das aussichtsreichere Lehramt an Mittelschulen betrachtet werden. Auch wird die Position der Prager Assistenten dadurch erschwert, dass für dieselben bislang keine Naturalwohnungen im Institutsgebäude selbst erlangt werden konnten. Dass andererseits die Sternwarte auch umfangreiche Aufgaben auf meteorologischem und erdmagnetischem Gebiete zu erledigen hat, ist gleichfalls für die astronomische Thätigkeit derselben von beklagenswertem Nachtheil. — Im Zeitraume 1892—1899 wirkten als Assistenten an der Prager Sternwarte die Herren: Robert Lieblein vom 1. November 1890 bis 1. October 1893 und vom 1. October 1894 bis 1. September 1896, Carl Pin vom 1. October 1891 bis 19. Februar 1894, Otto Schally vom 1. October 1893 bis 1. November 1896, Anton Grünwald vom 1. März 1894 bis 1. October 1894, Carl Köppner vom 1. October 1896 bis 1. October 1897, Rudolf Benesch vom 1. November 1896 bis 16. September 1897, Josef Grünwald vom 1. October 1897 bis 1. December 1897, Arthur Scheller vom 1. October 1897 bis 1. September 1898 und Victor Hevler vom 1. September 1898 bis 1. April 1899. — Zur Zeit besteht das wissenschaftliche Personal der Sternwarte aus dem Adjuncten, Herrn Dr. Rudolf Spitaler (seit 1. October 1892), nachdem der frühere Adjunct, Herr Dr. Gustav Gruss, zufolge seiner Ernennung zum Professor der Astronomie an der Prager čechischen Universität mit 1. Mai 1892 die Sternwarte verlassen hatte (derselbe war Adjunct seit dem 1. December 1881), aus dem ersten Assistenten, Herrn Dr. Egon Ritter von Oppolzer (seit 1. December 1897) und dem zweiten Assistenten, Herrn Josef Dörr (seit 1. April 1899).

Hinsichtlich der Prager Polhöhen-Messungen ist in dieser Publication nur die Uebersicht derselben von 1895 bis 1899 gegeben. Die ausführlichen Beobachtungen dieses Zeitraumes, sowie des vorangegangenen von 1889 bis 1892 finden sich in der speciellen, gegenwärtig im Drucke befindlichen, umfangreichen Sternwarten-Publication »Definitive Resultate aus den Prager Polhöhen-Messungen von 1889 bis 1892 und von 1895 bis 1899« vor.

Der zweite Theil der vorliegenden Publication enthält die Fortsetzung meiner selenographischen Studien nach focalen Mondaufnahmen der Mt. Hamiltoner (Lick-) und Pariser Sternwarte. Dieselben zerfallen 1. in zeichnerische, 2. in rein photographische Vergrößerungen und 3. in Vergleichungen verschiedener Mondplatten mit Schmidt's zwei Meter großer Mondkarte. Diese eingehenden Arbeiten dürften den hohen Wert der jetzigen Mondphotographie für die Erkenntnis der Oberflächenbeschaffenheit unseres Trabanten überzeugend bekunden und auch dem, sei es aus Mangel an Gründlichkeit, sei es aus Sorge um die naturgemäße Entwertung des subjectiven, zumeist skizzenhaften und wenig genauen, Zeichnens nach der Natur durch die objective Photographie, propagierten Irrthume, als würden diese Aufnahmen nur gröberes Detail wiedergeben, nachdrücklich steuern. Dass letztere in vielen Fällen auch feines Monddetail darstellen, habe ich bereits in einer besonderen Schrift »Ueber das feinere selenographische Detail der focalen Mond-Photographien der Mt. Hamiltoner und Pariser Sternwarte« (Prag 1897) dargethan. Hier wird diese Anschauung noch weiter begründet und durch mannigfaltige Beispiele der Auffindung unbekannter kleiner Objecte und deren nachträglicher optischer Bestätigung erläutert. Bei diesen Verificierungen unterstützte mich in hervorragendem Maße der hochverdiente französische Selenograph, Herr C. M. Gaudibert in Vaison (Vaucluse), welchem ich für dessen bezügliches unermüdliches Interesse um so mehr Dank schulde, als mir selbst wegen der Kleinheit des hiesigen Aequatoreales, der beengten Verwendbarkeit desselben und der allgemein sehr unruhigen Prager Luft nach dieser Richtung hin die Hände völlig gebunden waren. — Betreff des feineren photographischen Monddetails befinde ich mich in erfreulichem Einklange mit den Erfahrungen der Pariser Sternwarte, denen zufolge für die untere Grenze des photographisch wahrnehmbaren, noch präcise Form zeigenden Monddetails der Betrag von $0''5 = 0.93$ km (für mittlere Mondentfernung) anzunehmen ist. Diese Grenze schließt indessen nicht aus, dass auf den gekörnten Emulsions-Platten noch kleineres reales Detail von weniger bestimmtem Charakter vorhanden sei, welches nicht von einem photo-selenographisch und zeichnerisch geübten Auge ausfindig gemacht bezw. richtig gedeutet werden könnte.

Der reiche Tafelschmuck dieser Publication stammt von dem k. u. k. militär-geographischen Institute in Wien, von der k. u. k. Hof-Photogr. Kunst-Anstalt C. Angerer & Göschl in Wien, von dem artistisch-typographischen Institute C. Bellmann in Prag, sowie von der k. k. Hoflithographie A. Haase in Prag und weist durchwegs ausgezeichnete Leistungen dieser Institute auf.

Von dem Prager photographischen Mond-Atlas, zu dessen Herstellung meine sehr zahlreichen, rein photographischen Mondvergrößerungen mit adäquater Schärfe zu den focalen Originalen geführt haben, konnte hier leider bloß Tafel XVI und auch diese nur in reduciertem Formate gebracht werden; doch dürfte dieselbe ihrem Zwecke genügen.

Prag, im Februar 1901.

L. Weinek.

Beobachtung von Culminationen des Mondes und des Kraters Mösting A in den Jahren 1892 bis 1899.

Diese Beobachtungen wurden in dem, 1886 erbauten Meridianzimmer vorwiegend am Fraunhofer-Starke'schen Passageninstrumente (Objectivöffnung $= 117.5$ mm, Vergrößerung $=$ 82-fach), welches abgekürzt *FS* heißen möge, angestellt. Correspondierende Beobachtungen derselben Art erfolgten noch an einigen Tagen des Jahres 1893, dann in der zweiten Jahreshälfte von 1894 und in der ersten Hälfte von 1895 am Pistor & Martins'schen gebrochenen Passageninstrumente (Oeffnung $= 68$ mm, Vergrößerung $= 103$-fach), das kurz mit *PM* bezeichnet werde. Der größere Theil der Beobachtungen wurde von den Assistenten Robert Lieblein und Otto Schally, der kleinere von dem Adjuncten Dr. Rudolf Spitaler und den Assistenten Carl Köppner, Arthur Scheller und Victor Hevler ausgeführt. Der häufige Wechsel der Assistenten an der Sternwarte, denen vornehmlich diese Culminations-Beobachtungen übertragen waren, zeigte sich wenig günstig für die Güte und den Umfang der erzielten Resultate. Alle Beobachtungen geschahen nach der Aug'- und Ohr-Methode.

Der Beobachtung und Rechnung wurde das System der Mondsterne des Greenwich'er Nautical Almanac zu Grunde gelegt. Die Instrumentalfehler-Bestimmung hingegen basiert nur auf Sternen des Berliner Astronomischen Jahrbuches. Während der Azimuth-Fehler an jedem Beobachtungs-Abende ermittelt wurde, geschah die Bestimmung des Collimationsfehlers in größeren Zwischenräumen, da letzterer sich für längere Zeit constant erhielt. Hierüber und über die Art der Reduction der erhaltenen Mondculminationen findet sich das Nähere in „Astronomische Beobachtungen an der k. k. Sternwarte zu Prag in den Jahren 1888, 1889, 1890 und 1891, nebst Zeichnungen und Studien des Mondes" (Prag 1893) auf Seite 1 und 2 angeführt.

Im Folgenden sind die Beobachtungen an beiden Passageninstrumenten gesondert unter I und II zusammengestellt, wobei die Aufschriften der Columnen ausreichende Erläuterung über den Inhalt derselben geben. Es sei nur bemerkt, dass die Zahlen der mit T überschriebenen Columne die Zeiten der Passage des betreffenden Objectes am Mittelfaden nach der Sternzeit-Pendeluhr von Hohwü (Prager Astr. Beob. 1885—1887, S. 13) und diejenigen der Columne „Red. T" die Zeiten des Meridiandurchganges, gleichfalls in Hohwü'scher Uhrzeit, darstellen. Die Columne JT enthält die aus den einzelnen Mondsternen abgeleitete Correction der Uhr, wobei für den Mondrand und den Krater das Mittel der, aus den erwähnten Sternen folgenden Werte von JT genommen und auch der Uhrgang in Rechnung gezogen wurde.

Tabelle III gibt die Zusammenstellung der beobachteten Rectascensionen des Mondmittelpunktes (α_c) und des Kraters Mösting A (α_*) mit den dazu gehörigen mittleren Prager Zeiten, sowie die Vergleichung der ersteren mit der stündlichen Mond-Ephemeride des Nautical Almanac im Sinne: Beobachtung — Nautical Almanac (B-NA). Um die Vergleichung der beobachteten Rectascensionen des Kraters Mösting A mit der Rechnung bewerkstelligen zu können, wurde für die Zeit seines Meridiandurchganges die Rectascension des Mondmittelpunktes aus der Ephemeride interpoliert und hierauf die Reduktion auf den Krater mit Hilfe der von Professor Dr. Julius Franz im Berliner Astronomischen Jahrbuche für Mösting A gegebenen Ephemeride vorgenommen. — Die Reduction der erlangten Culminationen erfolgte allgemein durch die betreffenden Beobachter selbst. Eine schließliche Revision und Ueberprüfung des ganzen Materiales geschah durch Herrn Gymnasial-Professor Robert Lieblein, früheren ersten Assistenten der Prager Sternwarte, wofür demselben Dank zu zollen ist.

I. Beobachtungen am geraden Passageninstrumente Fraunhofer-Starke.

Datum	Beobachter Einlage	☾, ☾ und Krater	T	Zahl d. beob. Fäden	Reduction auf den Meridian	Red. T	α app. f. d. ☉ (Naut. Alm.)	AT	Bemerkungen
1892									
Mai 4	Lichtein West	☾ I	$10^h\ 3^m 23^s 111$	9	$-0^s 002$	$10^h\ 3^m 23^s 109$		$-5^m\ 4^s 869$	Rand ziemlich gut
		42 Leonis	10 21 7.448	11	$+0.018$	10 21 7.466	$10^h\ 16^m\ 2^s 52$	$-5\ 4.946$	schwach
		B. A. C. 3579	10 28 7.825	11	$+0.027$	10 28 7.852	10 23 3.04	$-5\ 4.812$	schwach
Juni 10	Lichtein Ost	ʊ Ophiuchi	17 20 53.845	11	$+0.785$	17 20 54.630	17 15 24.73	$-5\ 29.900$	
		☾ II	17 45 6.917	11	$+0.779$	17 45 7.696		$-5\ 29.813$	Rand stark wallend
		B. A. C. 6194	18 16 48.909	6	$+0.760$	18 16 49.669	18 11 19.94	$-5\ 29.729$	schwach und flimmernd
Juli 6	Lichtein Weg	d Scorpii	15 59 46.990	9	$+0.402$	15 59 47.392	15 53 58.67	$-5\ 48.722$	unruhig
		ω Scorpii	16 6 19.410	9	$+0.398$	16 6 19.808	16 0 31.44	$-5\ 48.368$	
		☾ I	16 25 17.852	10	$+0.437$	16 25 18.289		$-5\ 48.471$	Rand wallend
		18 Ophiuchi	16 49 0.209	7	$+0.426$	16 49 0.635	16 43 12.32	$-5\ 48.315$	sehr schwach
Juli 7	Lichtein West	B. A. C. 5909	17 20 44.610	11	$+0.421$	17 20 45.031		$-5\ 49.196$	Rand wallend
		B. A. C. 6024	17 30 53.284	11	$+0.405$	17 30 53.689	17 25 4.50	$-5\ 49.189$	sehr schwach
			17 49 27.179	10	$+0.417$	17 49 27.596	17 43 38.37	$-5\ 49.226$	sehr schwach
Juli 9	Lichtein Ost	ε Sagittarii	18 44 47.365	11	$+0.609$	18 44 47.974	18 38 57.19	$-5\ 50.784$	große Scheibe
		ε Sagittarii	18 54 26.903	11	$+0.600$	18 54 27.503	18 48 36.72	$-5\ 50.783$	
		☾ II	19 22 10.619	6	$+0.628$	19 22 11.247		$-5\ 50.794$	I. Rand wegen Wolken verloren,
		h^2 Sagittarii	19 36 0.975	11	$+0.580$	19 36 1.555	19 30 10.74	$-5\ 50.815$	II. Rand beobachtet, ☾ nahe
		ω Sagittarii	19 55 6.304	10	$+0.591$	19 55 6.895	19 49 16.11	$-5\ 50.785$	voll
Aug. 4	Lichtein Ost	ʊ Ophiuchi	17 21 34.015	10	$+0.578$	17 21 34.593	17 15 24.84	$-6\ 9.753$	
		☾ I	17 46 57.460	7	$+0.606$	17 46 58.066	17 40 48.09	$-6\ 9.976$	schwach
			17 54 1.975	10	$+0.569$	17 54 2.544		$-6\ 9.855$	
		λ Sagittarii	18 27 30.186	8	$+0.586$	18 27 30.772	18 21 20.94	$-6\ 9.832$	zwischen Wolken
Aug. 5	Lichtein Ost	λ Sagittarii	18 27 31.370	10	$+0.247$	18 27 31.617	18 21 20.93	$-6\ 10.687$	
		ρ Sagittarii	18 45 7.398	10	$+0.259$	18 45 7.657	18 38 57.27	$-6\ 10.387$	
		☾ I	18 53 52.155	11	$+0.269$	18 53 52.424		$-6\ 10.422$	Rand leidlich
		Mösting A	18 55 5.400	3	$+0.269$	18 55 5.669		$-6\ 10.423$	
		h^2 Sagittarii	19 36 20.899	8	$+0.242$	19 36 21.141	19 30 10.95	$-6\ 10.191$	
Aug. 6	Lichtein Ost	B. A. C. 6666	19 29 24.830	11	$+0.742$	19 29 25.572	19 23 14.15	$-6\ 11.423$	
		h^2 Sagittarii	19 36 21.418	10	$+0.708$	19 36 22.126	19 30 10.95	$-6\ 11.176$	
		☾ I	19 54 51.769	11	$+0.733$	19 54 52.502		$-6\ 11.156$	Rand gut
		Mösting A	19 56 6.404	5	$+0.733$	19 56 7.137		$-6\ 11.156$	
		B. A. C. 7077	20 32 39.733	11	$+0.697$	20 32 40.430	20 26 29.33	$-6\ 11.100$	
		B. A. C. 7108	20 37 39.524	10	$+0.698$	20 37 40.222	20 31 29.28	$-6\ 10.942$	
Aug. 11	Lichtein West	B. A. C. 5	0 9 27.771	11	-0.044	0 9 27.727	3 13.35	$-6\ 14.377$	
		B. A. C. 81	0 25 15.135	11	-0.042	0 25 15.093	0 19 0.76	$-6\ 14.333$	
		☾ II	0 39 16.855	9	-0.052	0 39 16.806		$-6\ 14.494$	Rand gut
		77 Piscium	1 6 30.520	10	-0.070	1 6 30.450	0 15.82	$-6\ 14.630$	
		γ Piscium	1 18 30.205	11	-0.060	1 18 30.145	1 12 15.50	$-6\ 14.645$	
Aug. 12	Lichtein West	77 Piscium	1 6 30.898	10	-0.211	1 6 30.687	0 15.84	$-6\ 14.847$	
		γ Piscium	1 18 30.549	11	-0.193	1 18 30.356	1 12 15.52	$-6\ 14.836$	Rand gut
		☾ II	1 32 21.444	11	-0.202	1 32 21.242		$-6\ 14.871$	
		α Piscium	1 45 58.216	11	-0.207	1 45 58.009	1 39 43.12	$-6\ 14.889$	
		54 Ceti	1 51 24.925	11	-0.215	1 51 24.710	1 45 9.86	$-6\ 14.910$	
Sept. 2	Lichtein West	ε Sagittarii	18 45 25.567	11	-0.025	18 45 25.542	18 38 57.02	$-6\ 28.522$	Wolken
		σ Sagittarii	18 55 5.248	9	-0.031	18 55 5.217	18 48 36.58	$-6\ 28.637$	unruhig
			19 26 50.936	11	-0.039	19 26 50.897		$-6\ 28.607$	Rand sehr wallend
		Mösting A	19 28 3.817	6	-0.039	19 28 3.778		$-6\ 28.607$	
		h^2 Sagittarii	19 36 39.321	11	-0.028	19 36 39.293	19 30 10.81	$-6\ 28.607$	
		ω Sagittarii	19 55 45.098	11	-0.039	19 55 45.059	19 49 16.29	$-6\ 28.769$	
Sept. 12	Lichtein West	B. A. C. 1518	4 56 20.087	10	-0.141	4 56 19.946	4 49 42.81	$-6\ 37.136$	Rand unruhig, Tageslicht
		☾ II	5 7 7.983	11	-0.157	5 7 7.826		$-6\ 37.142$	

Datum	Beobachter	Kreislage	*, ☾ und Krater	T	Zahl d. beob. Fäden	Reduction auf den Meridian	Red. T	α app. f. d. α (Naut. Alm.)	.17'	Bemerkungen
Oct. 1	Lichlein	West	B.A.C. 7077	20ʰ 33ᵐ 19ˢ.396	10	+ 0ˢ.182	20ʰ 33ᵐ 19ˢ.578	20ʰ 26ᵐ 29ˢ.00	— 6ᵐ 50ˢ.578	sehr schwach
			B.A.C. 7108	20 38 19.200	6	+ 0.182	20 38 19.382	20 31 28.97	— 6 50.412	sehr schwach
			☾ I	20 58 34.788	11	+ 0.176	20 58 34.964		— 6 50.581	Rand wallend
			Mösting A	20 59 46.828	5	+ 0.176	20 59 47.004		— 6 50.581	
			α Capricorni	21 43 30.978	11	+ 0.164	21 43 31.142	21 36 40.39	— 6 50.752	
Oct. 3	Lichlein	West	56 Aquarii	22 31 25.216	10	+ 0.263	22 31 25.479	22 24 32.96	— 6 52.519	
			ε¹ Aquarii	22 48 53.894	11	+ 0.259	22 48 54.153	22 42 1.57	— 6 52.583	
			☾ I	22 51 56.660	11	+ 0.257	22 51 56.917		— 6 52.602	Rand gut
			Mösting A	22 53 9.632	6	+ 0.257	22 53 9.889		— 6 52.602	
			ø¹ Aquarii	23 17 9.290	11	+ 0.228	23 17 9.518	23 10 16.86	— 6 52.658	
			B.A.C. 8214	23 36 52.991	11	+ 0.221	23 36 53.212	23 30 0.54	— 6 52.672	
Oct. 4	Lichlein	West	ø¹ Aquarii	23 17 10.922	11	— 0.700	23 17 10.212	23 10 16.85	— 6 53.362	unruhig
			B.A.C. 8214	23 36 54.599	10	— 0.701	23 36 53.898	23 30 0.54	— 6 53.358	
			☾ I	23 46 56.702	11	— 0.714	23 46 55.988		— 6 53.319	Rand unruhig
			Mösting A	23 48 10.254	7	— 0.714	23 48 9.540		— 6 53.319	
			B.A.C. 5	0 10 7.989	11	— 0.683	0 10 7.306	0 3 14.02	— 6 53.284	
			B.A.C. 81	0 25 55.471	11	— 0.689	0 25 54.782	0 19 1.51	— 6 53.272	
Oct. 5	Lichlein	West	B.A.C. 5	0 10 8.639	11	— 0.716	0 10 7.923	0 3 14.02	— 6 53.903	schwach
			B.A.C. 81	0 25 56.189	11	— 0.716	0 25 55.473	0 19 1.51	— 6 53.963	Rand ziemlich ruhig
			☾ I	0 41 49.615	11	— 0.726	0 41 48.889		— 6 53.947	
			☾ II	0 44 7.415	11	— 0.726	0 44 6.689		— 6 53.947	
Oct. 28	Lichlein	Ost	ø Sagittarii	19 56 27.652	11	— 0.139	19 56 27.513	19 49 15.43	— 7 12.083	unruhig
			c Sagittarii	20 3 15.434	11	— 0.143	20 3 15.291	19 56 3.07	— 7 12.221	unruhig
			☾ I	20 34 58.984	11	— 0.147	20 34 58.837		— 7 12.153	unruhig
			ι Capricorni	21 9 37.164	11	— 0.143	21 9 37.021	21 2 24.79	— 7 12.231	unruhig
			ø Capricorni	21 16 43.749	11	— 0.144	21 16 43.605	21 9 31.53	— 7 12.075	unruhig
Oct. 29	Lichlein	Ost	ι Capricorni	21 9 37.545	11	— 0.142	21 9 37.403	21 2 24.77	— 7 12.633	unruhig
			ø Capricorni	21 16 44.272	11	— 0.143	21 16 44.129	21 9 31.51	— 7 12.619	
			☾ I	21 31 5.800	10	— 0.149	21 31 5.651		— 7 12.714	Rand wallend
			ρ Capricorni	21 38 17.368	10	— 0.142	21 38 17.226	21 31 4.46	— 7 12.766	
			ε Capricorni	21 43 53.009	10	— 0.139	21 43 52.870	21 36 40.04	— 7 12.830	
Nov. 26	Lichlein	Ost	ρ Capricorni	21 38 36.332	11	— 0.142	21 38 36.190	21 31 4.08	— 7 32.110	unruhig
			ε Capricorni	21 44 12.149	11	— 0.139	21 44 12.010	21 36 39.66	— 7 32.350	
			☾ I	22 5 45.078	11	— 0.141	22 5 44.937		— 7 32.218	Rand ziemlich gut
			50 Aquarii	22 26 14.510	11	— 0.126	22 26 14.384	22 18 42.18	— 7 32.204	unruhig
			56 Aquarii	22 32 4.698	11	— 0.129	22 32 4.569	22 24 32.36	— 7 32.209	unruhig
Dec. 2	Lichlein	Ost	d Arietis	3 13 5.729	11	+ 0.018	3 13 5.747	3 5 30.73	— 7 35.017	
			e¹ Arietis	3 24 10.822	10	+ 0.018	3 24 10.840	3 16 35.86	— 7 34.980	
			☾ I	3 32 54.832	11	+ 0.012	3 32 54.844		— 7 35.004	Rand unruhig
			Mösting A	3 34 15.302	6	+ 0.012	3 34 15.314		— 7 35.004	
Dec. 28	Lichlein	Ost	B.A.C. 481	1 38 17.055	11	— 0.147	1 38 16.908	1 30 26.60	— 7 50.308	
			ø Piscium	1 47 34.911	11	— 0.133	1 47 34.778	1 39 44.26	— 7 50.518	
			☾ I	2 6 48.275	11	— 0.110	2 6 48.165		— 7 50.405	Rand gut
			Mösting A	2 8 0.679	7	— 0.110	2 8 0.569		— 7 50.405	
			29 Arietis	2 34 52.886	11	— 0.090	2 34 52.796	2 27 2.39	— 7 50.406	
			σ Arietis	2 46 29.638	11	— 0.091	2 46 29.547	2 38 39.15	— 7 50.397	
1893 Jan. 1	Lichlein	Ost	125 Tauri	5 40 59.683	8	— 0.082	5 40 59.601	5 33 7.03	— 7 52.571	unruhig
			136 Tauri	5 54 29.525	11	— 0.121	5 54 29.404	5 46 36.92	— 7 52.484	unruhig
			☾ I	6 20 49.945	11	— 0.232	6 20 49.713		— 7 52.540	Rand unruhig
			Mösting A	6 22 18.320	3	— 0.232	6 22 18.088		— 7 52.540	
Jan. 7	Lichlein	Ost	τ Virginis	11 48 16.102	11	— 0.094	11 48 16.008	11 40 21.65	— 7 54.358	unruhig
			b Virginis	12 2 22.537	11	— 0.118	12 2 22.419	11 54 28.06	— 7 54.359	unruhig
			☾ II	12 7 37.877	10	— 0.129	12 7 37.748		— 7 54.330	unruhig
			η Virginis	12 21 20.100	11	— 0.148	12 21 19.952	12 14 25.70	— 7 54.252	unruhig
			γ¹ Virginis	12 44 8.400	11	— 0.150	12 44 8.250	12 36 13.89	— 7 54.360	unruhig

— 4 —

Datum	Beobachter	Kreisdge	*, C und Kreises	T	Zahl d. beob. Fäden	Reduction auf den Meridian	Red. T	m app. f. d. * (Naut. Alm.)	iT	Bemerkungen
Jan. 27		Liebheim	33 Tauri	3ʰ58ᵐ41ˢ960	10	— 0ˢ495	3ʰ58ᵐ41ˢ465	3ʰ 50'43"36	— 7ʰ58ᵐ105	sehr schwach
		West	A Tauri	4 6 21.036	10	— 0.511	4 6 20.545	3 58 22.25	— 7 58.295	
			C I	4 44 30.783	11	— 0.547	4 44 30.236		— 7 58.290	Rand gut
			B.A.C. 1648	5 22 15.675	11	— 0.398	5 22 15.277	5 14 16.97	— 7 58.307	sehr schwach
			β Tauri	5 27 31.121	11	— 0.368	5 27 30.753	5 19 32.30	— 7 58.453	
Febr. 6		Liebhein	C II	14 2 17.796	11	— 0.514	14 2 17.282		— 8 0.380	Rand wallend und unruhig
		West	96 Virginis	14 11 19.507	7	— 0.488	14 11 19.019	14 3 18.59	— 8 0.429	unruhig
			λ Virginis	14 21 20.032	9	— 0.507	14 21 19.525	14 13 19.19	— 8 0.335	unruhig
Febr. 24		Liebhein	B.A.C. 1648	5 22 27.612	11	— 0.212	5 22 27.400	5 14 16.59	— 8 10.810	
		West	β Tauri	5 27 43.212	11	— 0.220	5 27 42.992	5 19 31.93	— 8 11.062	
			Mösting A	5 30 30.126	5	— 0.233	5 30 29.803		— 8 10.972	gut
			136 Tauri	5 54 47.918	10	— 0.257	5 54 47.661	5 46 36.61	— 8 11.051	
Febr. 25		Liebhein	136 Tauri	5 54 48.798	10	— 0.136	5 54 48.662	5 46 36.59	— 8 12.072	
		West	α Aurigae	6 16 46.384	11	— 0.158	6 16 46.226	6 8 34.21	— 8 12.016	
			C I	6 34 50.316	10	— 0.172	6 34 50.144		— 8 12.043	
			Mösting A	6 36 17.230	7	— 0.173	6 36 17.057		— 8 12.043	
			28 Gemin.	6 46 11.620	11	— 0.177	6 46 11.443	6 37 59.42	— 8 12.023	
			39 Gemin.	7 0 24.821	11	— 0.182	7 0 24.639	6 52 12.59	— 8 12.049	
Febr. 27		Liebhein	ψ¹ Cancri	8 12 15.549	11	— 0.104	8 12 15.445	8 4 1.79	— 8 13.655	
		West	λ Cancri	8 22 25.358	10	— 0.095	8 22 25.263	8 14 11.71	— 8 13.553	
			C I	8 41 48.030	11	— 0.083	8 41 47.947		— 8 13.618	gut
			Mösting A	8 43 12.722	6	— 0.083	8 43 12.639		— 8 13.618	gut
			ξ Cancri	9 11 27.558	11	— 0.020	9 11 27.538	9 3 13.90	— 8 13.638	
			B.A.C. 3138	9 15 45.669	11	— 0.008	9 15 45.661	9 7 32.03	— 8 13.631	
März 4		Liebhein	η Virginis	12 22 44.209	11	— 0.201	12 22 44.008	12 14 27.08	— 8 16.928	
		West	γ¹ Virginis	12 44 32.564	11	— 0.183	12 44 32.361	12 36 15.34	— 8 17.021	
			C II	12 57 32.196	11	— 0.211	12 57 31.987		— 8 17.018	Rand unruhig
			θ Virginis	13 12 42.864	11	— 0.208	13 12 42.656	13 4 25.59	— 8 17.066	
			λ Virginis	13 35 38.020	3	— 0.213	13 35 37.807	13 27 20.75	— 8 17.057	
März 25		Liebhein	54 Aurigae	6 41 19.043	9	— 0.249	6 41 18.794	6 32 48.54	— 8 30.254	
		West	28 Gemin.	6 46 29.411	11	— 0.247	6 46 29.164	6 37 58.94	— 8 30.224	
			β Gemin.	7 20 53.584	11	— 0.255	7 20 53.329		— 8 30.164	Rand ziemlich gut
			λ Gemin.	7 47 17.275	11	— 0.250	7 47 17.025	7 38 46.87	— 8 30.155	große Scheibe
			σ Gemin.	7 55 28.111	11	— 0.256	7 55 27.855	7 46 57.84	— 8 30.015	
März 26		Liebhein	β Gemin.	7 47 17.684	11	— 0.150	7 47 17.534	7 38 46.85	— 8 30.684	
		West	σ Gemin.	7 55 28.575	11	— 0.150	7 55 28.425	7 46 57.82	— 8 30.605	große Scheibe
			C I	8 23 19.420	11	— 0.145	8 23 19.275		— 8 30.680	unruhig
			Mösting A	8 24 45.864	9	— 0.144	8 24 45.720		— 8 30.680	
			32 Cancri	8 35 12.485	11	— 0.135	8 35 12.350	8 26 41.65	— 8 30.700	
			γ Cancri	8 45 37.558	11	— 0.140	8 45 37.418	8 37 6.70	— 8 30.718	unruhig
März 27		Liebhein	32 Cancri	8 35 13.085	11	+ 0.013	8 35 13.098	8 26 41.63	— 8 31.468	gut
		West	γ Cancri	8 45 38.140	11	— 0.022	8 45 38.118	8 37 6.68	— 8 31.438	gut
			C I	9 21 29.195	11	— 0.086	9 21 29.109		— 8 31.354	nun
			Mösting A	9 22 52.552	9	— 0.087	9 22 52.465		— 8 31.354	
			B.A.C. 3292	9 41 27.251	11	— 0.091	9 41 27.160	9 32 55.96	— 8 31.200	gut
			ς Leonis	10 10 2.834	11	— 0.109	10 10 2.725	10 1 31.42	— 8 31.305	gut
März 28		Liebhein	B.A.C. 3292	9 41 27.660	11	— 0.250	9 41 27.410	9 32 55.95	— 8 31.469	
		West	ς Leonis	10 10 3.297	11	— 0.263	10 10 3.034	10 1 31.41	— 8 31.624	
			C I	10 15 13.650	11	— 0.276	10 15 13.383		— 8 31.628	etwas wallend
			Mösting A	10 16 33.397	9	— 0.275	10 16 33.122		— 8 31.628	
			i Leonis	10 35 2.487	11	— 0.268	10 35 2.219	10 26 30.52	— 8 31.699	
			l Leonis	10 52 11.406	11	— 0.283	10 52 11.123	10 43 39.40	— 8 31.723	
März 30		Liebhein	B.A.C. 3837	11 17 2.808	11	— 0.246	11 17 2.562	11 8 29.84	— 8 32.722	
		West	ε Leonis	11 24 11.717	11	— 0.253	11 24 11.464	11 15 38.60	— 8 32.864	
			C I	11 52 24.152	11	— 0.204	11 52 23.888		— 8 32.844	unruhig
			Mösting A	11 53 37.616	7	— 0.263	11 53 37.353		— 8 32.844	
			10 Virginis	12 12 46.980	11	— 0.254	12 12 46.720	12 4 13.79	— 8 32.936	
			ς Virginis	12 23 0.418	11	— 0.257	12 23 0.161	12 14 27.31	— 8 32.851	unruhig

Datum	Beobachter	Kreislage	☉, ☾ und Kranz	T	Zahl d. beob. Fäden	Reduction auf den Meridian	Red. T	α app. ξ. d. ☉ (Naut. Alm.)	ΔT	Bemerkungen
April 1		Lichtlein West	k Virginis	13ʰ 2ᵐ44ˢ517	11	— 0ˢ235	13ʰ 2ᵐ44ˢ282	12ʰ 54ᵐ10ˢ18	— 8ᵐ34ˢ102	gut
			☉ Virginis	13 13 0.355	11	— 0.237	13 13 0.118	13 4 25.98	— 8 34.138	gut
			Mösting A	13 24 12.660	8	— 0.353	13 24 12.427		— 8 34.096	gut
			☾ II	13 25 7.170	6	— 0.252	13 25 6.918		— 8 34.096	gut
			m Virginis	13 44 35.399	11	— 0.241	13 44 35.158	13 36 1.09	— 8 34.068	gut
			B.A.C. 4591	13 50 9.771	11	— 0.243	13 50 9.528	13 41 35.45	— 8 34.078	gut
April 2		Lichtlein West	m Virginis	13 44 35.993	10	— 0.371	13 44 35.622	13 36 1.11	— 8 34.512	
			B.A.C. 4591	13 50 10.353	11	— 0.377	13 50 9.976	13 41 35.46	— 8 34.516	
			Mösting A	14 9 44.605	11	— 0.420	14 9 44.185		— 8 34.488	wallend
			☾ II	14 10 41.377	6	— 0.420	14 10 40.957		— 8 34.488	unruhig
			5 Librae	14 48 39.888	11	— 0.420	14 48 39.468	14 40 5.03	— 8 34.438	unruhig
			a Librae	14 53 33.696	8	— 0.424	14 53 33.272	14 44 58.78	— 8 34.498	unruhig
April 3		Lichtlein West	5 Librae	14 48 40.525	11	— 0.545	14 48 39.980	14 40 5.05	— 8 34.930	unruhig
			a Librae	14 53 34.179	11	— 0.550	14 53 33.629	14 44 58.80	— 8 34.829	grosse Scheibe
			☾ II	14 57 38.494	10	— 0.597	14 57 37.897		— 8 34.855	wallend
			B.A.C. 5109	15 35 4.460	11	— 0.597	15 35 3.863	15 26 28.98	— 8 34.883	sehr unruhig
			42 Librae	15 33.941	11	— 0.646	15 42 33.295	15 33 58.50	— 8 34.795	sehr unruhig
April 7		Lichtlein West	3 Sagittarii	17 49 28.094	11	— 0.484	17 49 27.610	17 40 50.27	— 8 37.340	
			B.A.C. 6127	18 9 56.865	11	— 0.496	18 9 56.369	18 1 19.13	— 8 37.239	
			Mösting A	18 26 36.792	11	— 0.521	18 26 36.271		— 8 37.303	leidlich
			☾ II	18 27 45.910	7	— 0.521	18 27 45.389		— 8 37.303	wallend
			o Sagittarii	18 57 16.129	11	— 0.469	18 57 15.660	18 48 38.34	— 8 37.320	
April 24		Lichtlein Ost	☾ I	9 59 42.414	11	+ 0.033	9 59 42.447		— 8 45.767	unruhig
			Mösting A	10 1 4.760	5	+ 0.031	10 1 4.791		— 8 45.767	unter Wolken
			42 Leonis	10 24 52.042	10	+ 0.007	10 24 52.049	10 16 6.20	— 8 45.849	
			B.A.C. 3579	10 31 52.403	11	+ 0.002	10 31 52.405	10 23 6.70	— 8 45.705	
April 25		Lichtlein Ost	42 Leonis	10 24 52.802	11	+ 0.174	10 24 52.976	10 16 6.19	— 8 46.786	
			B.A.C. 3579	10 31 53.006	10	+ 0.183	10 31 53.189	10 23 6.69	— 8 46.499	
			☾	10 50 26.375	11	+ 0.194	10 50 26.569		— 8 46.641	gut
			Mösting A	10 51 44.718	9	+ 0.194	10 51 44.912		— 8 46.641	sehr gut
			B.A.C. 3837	11 17 16.055	11	+ 0.187	11 17 16.242	11 8 29.70	— 8 46.542	
			o Leonis	11 24 25.028	11	+ 0.187	11 24 25.215	11 15 38.47	— 8 46.745	
April 26		Lichtlein Ost	B.A.C. 3837	11 17 16.619	11	+ 0.311	11 17 16.930	11 8 29.69	— 8 47.240	
			o Leonis	11 24 25.492	11	+ 0.314	11 24 25.806	11 15 38.46	— 8 47.346	
			☾ I	11 37 54.165	11	+ 0.318	11 37 54.483		— 8 47.343	gut
			Mösting A	11 39 9.003	8	+ 0.318	11 39 9.401		— 8 47.343	
			β Virginis	11 53 55.719	11	+ 0.322	11 53 56.041	11 45 8.65	— 8 47.391	
			10 Virginis	12 13 0.865	11	+ 0.317	12 13 1.182	12 4 13.78	— 8 47.402	
April 28		Lichtlein Ost	γ' Virginis	12 45 3.773	11	+ 0.328	12 45 4.101	12 36 15.68	— 8 48.421	
			38 Virginis	12 51 32.028	11	+ 0.320	12 51 32.348	12 47 43.91	— 8 48.438	unruhig
			☾ I	13 7 58.138	11	+ 0.317	13 7 58.455		— 8 48.501	sehr wallend
			Mösting A	13 9 8.749	7	+ 0.317	13 9 9.066		— 8 48.501	
			m Virginis	13 44 49.629	11	+ 0.302	13 44 49.931	13 36 1.31	— 8 48.621	
			B.A.C. 4591	13 50 23.920	11	+ 0.300	13 50 24.220	13 41 35.68	— 8 48.540	
April 29		Lichtlein Ost	m Virginis	13 44 50.247	11	+ 0.436	13 44 50.683	13 36 1.31	— 8 49.373	
			B.A.C. 4591	13 50 24.575	11	+ 0.436	13 50 25.011	13 41 35.69	— 8 49.321	
			☾ I	13 52 51.947	11	+ 0.444	13 52 52.391		— 8 49.290	wallend
			Mösting A	13 54 1.634	7	+ 0.444	13 54 2.078		— 8 49.290	
			B.A.C. 4679	14 7 29.984	11	+ 0.435	14 7 30.419	13 58 41.23	— 8 49.189	
			λ Virginis	14 22 9.694	11	+ 0.428	14 22 10.122	14 13 20.83	— 8 49.292	
Juni 22		Lichtlein West	θ Virginis	13 4 38.785	6	— 0.054	13 4 38.731	13 4 25.86	— 0 12.871	
			☾ I	13 14 47.543	11	— 0.076	13 14 47.467		— 0 12.875	unruhig
			Mösting A	13 15 59.989	7	— 0.077	13 15 59.912		— 0 12.875	
Juni 24		Lichtlein West	λ Virginis	14 13 35.070	11	— 0.168	14 13 34.902	14 13 20.85	— 0 14.052	unruhig und schwach
			5 Librae	14 40 19.825	11	— 0.190	14 40 19.635	14 40 5.57	— 0 14.065	unruhig und schwach
			☾ I	14 46 37.368	11	— 0.228	14 46 37.140		— 0 14.067	sehr wallend
			Mösting A	14 47 48.969	7	— 0.228	14 47 48.741		— 0 14.067	

— 6 —

Datum	Beobachter	Kreislage	*. ☾ und Krater	T	Zahl d. beob. Fäden	Reduction auf den Meridian	Red. T	α app. f. d. ☾ (Naut. Alm.)	ΔT	Bemerkungen
Juli 24		West	α Scorpii	16ʰ23ᵐ25ˢ730	11	— 0ˢ535	16ʰ23ᵐ25ˢ195	16ʰ 22ᵐ53ˢ14	— 0ˢ32ˢ055	sehr wallend
	Liebhein		☾ I	17 1 40.001	11	— 0.553	17 1 39.448		— 0 32.071	
			Mösting A	17 2 54.242	4	— 0.553	17 2 53.689		— 0 32.071	
Aug. 1			24 Piscium	23 48 6.188	10	— 0.089	23 48 6.099	23 47 28.12	— 0 37.979	
	Liebhein	West	27 Piscium	23 53 52.188	11	— 0.091	23 53 52.097	23 53 13.99	— 0 38.107	
			Mösting A	0 6 52.523	10	— 0.076	0 6 52.447		— 0 38.009	unter Wolken
			☾ II	0 7 54.600	7	— 0.076	0 7 54.524		— 0 38.000	unter Wolken
			44 Piscium	0 20 35.125	6	— 0.050	0 20 35.075	0 19 57.16	— 0 37.915	
			B. A. C. 221	0 44 26.271	11	— 0.027	0 44 26.244	0 42 48.20	— 0 38.044	
Aug. 15			☾ I	21 17 41.237	10	— 0.178	21 17 41.059		— 0 50.785	unruhig
	Liebhein	West	B. A. C. 7550	21 38 8.695	11	— 0.156	21 38 8.539	21 37 17.63	— 0 50.909	unruhig
			29 Aquarii	21 57 29.323	11	— 0.122	21 57 29.201	21 56 38.52	— 0 50.681	unruhig, unter Wolken
Aug. 29			B. A. C. 57	0 13 14.353	11	+ 0.003	0 13 14.356	0 12 20.72	— 0 53.636	
	Liebhein	West	44 Piscium	0 20 51.372	11	+ 0.005	0 20 51.377	0 19 57.79	— 0 53.587	
			Mösting A	0 40 4.217	11	+ 0.015	0 40 4.232		— 0 53.578	
			☾ II	0 41 6.639	7	+ 0.015	0 41 6.654		— 0 53.576	
			e Piscium	0 58 19.525	11	+ 0.044	0 58 19.569	0 57 25.97	— 0 53.599	
			e Piscium	1 3 47.508	11	+ 0.028	1 3 47.528	1 2 54.04	— 0 53.485	
Sept. 1			40 Arietis	2 43 29.706	11	+ 0.112	2 43 29.818	2 42 34.45	— 0 55.368	unruhig
	Liebhein	West	p⁵ Arietis	2 50 45.305	11	+ 0.109	2 50 45.414	2 49 49.99	— 0 55.424	
			Mösting A	3 21 50.151	11	0.121	3 21 50.272		— 0 55.360	leidlich
			☾ II	3 22 58.587	7	0.121	3 22 58.708		— 0 55.360	unruhig
			33 Tauri	3 51 40.455	10	+ 0.136	3 51 40.591	3 50 45.35	— 0 55.241	sehr schwach
			A Tauri	3 59 19.443	9	+ 0.131	3 59 19.574	3 58 24.17	— 0 55.404	
Sept. 21			B. A. C. 7077	20 27 40.509	10	— 0.459	20 27 40.050	20 26 33.09	— 1 6.960	
	Liebhein	West	B. A. C. 7108	20 32 40.384	11	— 0.459	20 32 39.925	20 31 33.06	— 1 6.865	
			☾ I	20 54 42.312	10	— 0.452	20 54 41.860		— 1 6.922	sehr wallend
			Mösting A	20 55 54.462	6	— 0.452	20 55 54.010		— 1 6.922	
Sept. 25			20 Piscium	23 43 39.908	11	— 0.699	23 43 39.209	23 42 29.63	— 1 9.579	
	Liebhein	West	24 Piscium	23 48 39.189	11	— 0.703	23 48 38.486	23 47 28.93	— 1 9.556	etwas wallend
			Mösting A	0 19 52.638	10	— 0.720	0 19 51.918		— 1 9.564	ziemlich gut
			☾ II	0 20 55.504	7	— 0.721	0 20 54.783		— 1 9.564	
			e Piscium	1 4 4.714	10	— 0.718	1 4 3.996	1 2 54.48	— 1 9.516	
			e¹ Piscium	1 9 21.760	10	— 0.716	1 9 21.044	1 8 11.43	— 1 9.614	
1884 Sept. 11			B. A. C. 7077	20 31 8.013	9	— 0.114	20 31 7.899	20 26 37.38	— 4 30.519	
	Spinder	Ost	7 Capricor.	20 44 35.604	11	— 0.137	20 44 35.467	20 40 4.92	— 4 30.547	sehr ruhig
			☾ I	21 5 45.170	7	— 0.141	21 5 45.029		— 4 30.556	gut
			Mösting A	21 6 58.920	10	— 0.140	21 6 58.780		— 4 30.560	
			r Capricorni	21 38 47.340	11	— 0.172	21 38 47.168	21 34 16.76	— 4 30.408	
			d Capricorni	21 45 45.995	11	— 0.176	21 45 45.819	21 41 15.07	— 4 30.749	
Sept. 13			• Aquarii	22 29 37.785	11	— 0.218	22 29 37.567	22 25 5.85	— 4 31.717	
	Spinder	Ost	☾ I	22 40 51.096	8	— 0.216	22 40 50.880		— 4 31.723	stark wallend
			Mösting A	22 41 59.200	7	— 0.210	22 41 58.990		— 4 31.720	feine Wolken
			• Aquarii	23 13 25.383	11	— 0.258	23 13 25.125	23 8 53.39	— 4 31.735	
Sept. 14			λ Aquarii	22 51 40.965	11	— 0.306	22 51 40.659	22 47 8.57	— 4 32.189	
	Spinder	Ost	• Aquarii	23 13 25.837	11	— 0.216	23 13 25.621	23 8 53.39	— 4 32.231	
			☾ I	23 26 21.517	7	— 0.227	23 26 21.290		— 4 32.164	ruhig
			Mösting A	23 27 27.510	9	— 0.220	23 27 27.290		— 4 32.160	
			20 Piscium	23 47 5.321	11	— 0.240	23 47 5.081	23 43 33.03	— 4 32.051	
			B. A. C. 8311	23 53 56.745	11	— 0.261	23 53 56.484	23 49 24.30	— 4 32.184	
Sept. 15			Mösting A	0 12 48.560	10	— 0.030	0 12 48.530		— 4 32.550	ziemlich ruhig
	Spinder	West	☾ II	0 13 49.130	6	— 0.035	0 13 49.095		— 4 32.549	sehr gut
			44 Piscium	0 24 34.008	11	— 0.030	0 24 33.978	0 20 1.45	— 4 32.528	
			• Piscium	0 47 46.816	11	— 0.044	0 47 46.772	0 43 14.19	— 4 32.586	
Sept. 17			e' Piscium	1 3 48.416	11	— 0.110	1 3 48.306	1 8 14.79	— 4 33.516	
	Spinder	West	e Piscium	1 36 5.642	11	— 0.153	1 36 5.489	1 31 31.91	— 4 33.579	sehr gut
			Mösting A	1 47 37.050	11	— 0.170	1 47 36.880		— 4 33.570	sehr ruhig
			☾ II	1 48 42.991	8	— 0.171	1 48 42.820		— 4 33.570	
			19 Arietis	2 11 53.271	11	— 0.190	2 11 53.081	2 7 19.48	— 4 33.601	
			27 Arietis	2 29 38.497	11	— 0.214	2 29 38.283	2 25 4.70	— 4 33.583	

Datum	Beobachter	Kreislage	⊙, ☾ und Krater	T	Zahl d. besb. Fäden	Reduction auf den Meridian	Red. T	α app. f. d. ⊙ (Naut. Alm.)	AT	Bemerkungen
Sept. 18	Spörer	West	19 Arietis 27 Arietis Mösting A ☾ II ι Arietis ξ Arietis	2ʰ11ᵐ53ˢ716 2 29 38.906 2 39 25.140 2 40 34.144 2 57 46.387 3 13 25.705	11 11 10 8 11 11	− 0ˢ217 − 0.234 − 0.230 − 0.241 − 0.252 − 0.242	2ʰ11ᵐ43ˢ499 2 29 38.672 2 39 24.910 2 40 33.903 2 57 46.135 3 13 25.463	2ʰ 7ᵐ19ˢ50 2 25 4.72 2 53 12.09 3 8 51.59	− 4ᵐ33ˢ999 − 4 33.952 − 4 33.970 − 4 33.967 − 4 34.045 − 4 33.873	gut ziemlich ruhig
Sept. 19	Spörer	West	ι Arietis ξ Arietis Mösting A ☾ II η Tauri θ Tauri	2 57 46.842 3 13 26.324 3 35 31.610 3 36 43.929 3 45 48.850 4 18 27.885	11 11 11 8 11 11	− 0.271 − 0.263 − 0.270 − 0.279 − 0.273 − 0.288	2 57 46.571 3 13 26.061 3 35 31.340 3 36 43.650 3 45 48.577 4 18 27.597	2 53 12.11 3 8 51.62 3 41 14.01 4 13 53.01	− 4 34.461 − 4 34.441 − 4 34.510 − 4 34.514 − 4 34.567 − 4 34.587	sehr gut ziemlich ruhig
Sept. 21	Spörer	West	β Tauri B.A.C. 1772 Mösting A ☾ II α Aurigae	5 24 14.303 5 37 12.746 5 41 6.420 5 42 21.293 6 13 16.108	11 11 11 8 9	− 0.457 − 0.476 − 0.470 − 0.488 − 0.526	5 24 13.846 5 37 12.270 5 41 5.950 5 42 20.805 6 13 15.582	5 19 38.31 5 32 36.68 6 8 40.11	− 4 35.536 − 4 35.590 − 4 35.530 − 4 35.533 − 4 35.472	sehr ruhig sehr ruhig
Oct. 7	Lichtein	West	B.A.C. 6666 h¹ Sagittarii ☾ I c Sagittarii B.A.C. 7049	19 28 7.241 19 35 3.838 19 54 22.756 20 0 57.103 20 28 6.867	9 9 11 11 11	+ 0.148 + 0.140 + 0.164 + 0.164 + 0.105	19 28 7.379 19 35 3.978 19 54 22.920 20 0 57.267 20 28 6.972	19 23 21.81 19 30 18.39 19 56 11.65 20 23 21.34	− 4 45.569 − 4 45.588 − 4 45.602 − 4 45.617 − 4 45.632	sehr gut
Oct. 15	Lichtein	West	B.A.C. 609 19 Arietis Mösting A ☾ II α Arietis	1 58 39.750 2 12 10.871 2 21 5.586 2 22 13.200 2 41 17.814	6 11 11 8 11	+ 0.300 + 0.336 + 0.367 + 0.367 + 0.371	1 58 40.050 2 12 11.207 2 21 5.953 2 22 13.576 2 41 18.185	1 53 49.01 2 7 19.96 2 36 26.95	− 4 51.040 − 4 51.247 − 4 51.176 − 4 51.176 − 4 51.235	sehr gut gut
Nov. 9	Lichtein	Ost	20 Piscium 24 Piscium ☾ I Mösting A 60 Piscium 2 Piscium	23 47 42.728 23 52 42.020 0 19 20.971 0 20 25.417 0 47 7.975 1 2 39.856	11 11 10 7 11 11	− 0.139 − 0.141 − 0.150 − 0.150 − 0.142 − 0.137	23 47 42.589 23 52 41.879 0 19 20.821 0 20 25.267 0 47 7.838 1 2 39.714	23 42 32.96 23 47 32.31 0 41 58.04 0 57 30.04	− 5 9.629 − 5 9.569 − 5 9.666 − 5 9.666 − 5 9.798 − 5 9.674	unruhig
Nov. 12	Lichtein	Ost	27 Arietis α Arietis ☾ I	2 30 17.866 2 41 39.810 2 51 31.215	11 7 11	− 0.139 − 0.217 − 0.270	2 30 17.727 2 41 39.593 2 51 30.945	2 25 5.52 2 36 27.28	− 5 12.207 − 5 12.313 − 5 12.267	unter Wolken unter Wolken, unruhig
Nov. 14	Lichtein	Ost	ρ Tauri τ¹ Tauri Mösting A ☾ II β Tauri 136 Tauri	4 9 40.844 4 21 26.134 4 57 14.924 4 58 28.853 5 24 53.934 5 51 58.421	11 11 11 8 11 10	− 0.282 − 0.277 − 0.333 − 0.333 − 0.343 − 0.266	4 9 40.562 4 21 25.857 4 57 14.591 4 58 28.520 5 24 53.591 5 51 58.155	4 26.82 4 16 12.27 5 19 39.97 5 46 44.35	− 5 13.742 − 5 13.587 − 5 13.689 − 5 13.687 − 5 13.621 − 5 13.805	sehr gut leidlich große Scheibe
Dec. 3	Lichtein	Ost	33 Capricor. 7 Capricorni ☾ I i Aquarii	21 23 36.368 21 30 40.504 21 43 36.116 22 6 10.160	11 11 10 7	− 0.230 − 0.270 − 0.282 − 0.284	21 23 36.138 21 39 40.234 21 43 35.834 22 6 9.876	21 18 11.64 21 34 15.83 22 0 45.53	− 5 24.498 − 5 24.404 − 5 24.416 − 5 24.346	sehr unruhig unruhig sehr schwach und Wolken
1886 Jan. 7	Lichtein	Ost	ζ Arietis 7 Tauri ☾ I Mösting A 41 Tauri φ Tauri	3 14 37.667 3 33 59.106 3 50 22.480 3 51 33.147 4 5 55.867 4 19 39.896	11 11 10 7 9 11	− 0.211 − 0.230 − 0.202 − 0.202 − 0.140 − 0.089	3 14 37.456 3 33 58.876 3 50 22.278 3 51 32.945 4 5 55.727 4 19 39.807	3 8 52.73 3 28 14.39 4 0 11.00 4 13 54.88	− 5 44.726 − 5 44.486 − 5 44.717 − 5 44.717 − 5 44.727 − 5 44.927	wallend gut
Febr. 10	Lichtein	West	45 Leonis ρ Leonis Mösting A 46 Leonis σ Leonis τ Leonis	10 28 7.395 10 33 18.052 10 55 34.234 10 56 35.844 11 21 44.290 11 28 33.120	4 9 11 7 11 10	− 0.132 − 0.136 − 0.155 − 0.155 − 0.099 − 0.095	10 28 7.263 10 33 17.916 10 55 34.079 10 56 35.689 11 21 44.191 11 28 33.025	10 22 8.14 10 27 18.84 11 15 45.08 11 22 33.92	− 5 59.123 − 5 59.076 − 5 59.104 − 5 59.104 − 5 59.111 − 5 59.105	unruhig unruhig alterend gut unruhig unruhig

Datum	Beobachter	Kepler	a, ☾ und Krater	T	Zahl d. beob. Fäden	Reduction auf den Meridian	Red. T	α app. f. d. ☉ (Naut. Alm.)	ΔT	Bemerkungen
Febr. 13	Lichtein	Lichtein	58 Virginis	13ʰ17ᵐ57ˢ945	11	— 0ˢ372	13ʰ17ᵐ57ˢ573	13ʰ 11ᵐ57ˢ46	— 5ᵐ59ˢ113	unter Wolken
		West	α Virginis	13 25 40.435	11	— 0.373	13 25 40.062	13 19 40.78	— 5 59.282	große Scheibe
			☾ II	13 37 2.388	11	— 0.397	13 37 1.991		— 5 59.198	ziemlich gut
März 4	Lichtein	West	☾ I	5 2 45.020	11	+ 0.146	5 2 45.166		— 6 4.756	
			Mösting A	5 3 57.007	7	+ 0.146	5 3 57.153		— 6 4.756	
			β Tauri	5 25 44.749	8	+ 0.215	5 25 44.964	5 19 40.20	— 6 4.704	
März 5	Lichtein	West	β Tauri	5 25 45.144	11	+ 0.215	5 25 45.359	5 19 40.19	— 6 5.169	
			136 Tauri	5 52 49.798	11	+ 0.181	5 52 49.979	5 46 44.83	— 6 5.149	
			☾ I	6 7 58.206	10	+ 0.174	6 7 58.380		— 6 5.110	leidlich
			Mösting A	6 9 13.213	6	+ 0.174	6 9 13.387		— 6 5.110	
			49 Aurigae	6 34 41.733	11	+ 0.144	6 34 41.877	6 28 36.79	— 6 5.087	sehr unruhig
			28 Geminor.	6 44 12.743	11	+ 0.137	6 44 12.880	6 38 7.84	— 6 5.040	sehr unruhig
März 7	Lichtein	West	ν Geminor.	7 35 34.741	10	+ 0.236	7 35 34.977	7 29 29.01	— 6 5.967	sehr ruhig
			π Geminor.	7 44 14.080	11	+ 0.211	7 44 14.291	7 38 8.35	— 6 5.941	sehr ruhig
			☾ I	8 20 42.475	11	+ 0.182	8 20 42.657		— 6 5.890	gut
			Mösting A	8 22 0.469	7	+ 0.182	8 22 0.651		— 6 5.890	gut
			γ Cancri	8 43 20.426	11	+ 0.153	8 43 20.579	8 37 14.68	— 6 5.899	sehr ruhig
			83 Cancri	9 19 15.046	11	+ 0.107	9 19 15.153	9 13 9.40	— 6 5.753	sehr ruhig
März 8	Lichtein	On	γ Cancri	8 43 20.590	11	+ 0.189	8 43 20.779	8 37 14.67	— 6 6.109	
			83 Cancri	9 19 15.365	11	+ 0.170	9 19 15.535	9 13 9.40	— 6 6.135	
			☾ I	9 23 40.683	11	+ 0.169	9 23 40.852		— 6 6.144	
			Mösting A	9 24 58.158	5	+ 0.169	9 24 58.327		— 6 6.144	
			γ Leonis	9 58 42.535	11	+ 0.154	9 58 42.689	9 52 36.59	— 6 6.099	
			α Leonis	10 8 54.994	11	+ 0.167	10 8 55.161	10 2 48.92	— 6 6.241	
März 9	Lichtein	On	γ Leonis	9 58 43.292	11	+ 0.091	9 58 43.383	9 52 36.58	— 6 6.803	unruhig
			α Leonis	10 8 55.665	11	+ 0.094	10 8 55.759	10 2 48.92	— 6 6.839	unruhig
			☾ I	10 23 7.150	11	+ 0.096	10 23 7.246		— 6 6.810	unruhig
			Mösting A	10 24 23.731	8	+ 0.096	10 24 23.827		— 6 6.810	
			ρ Leonis	10 33 25.751	11	+ 0.093	10 33 25.844	10 27 19.04	— 6 6.804	unruhig
			ε Leonis	11 1 27.010	11	+ 0.093	11 1 27.103	10 55 20.31	— 6 6.793	unruhig
April 8	Lichtein	On	B. A. C. 4043	12 0 9.174	11	+ 0.256	12 0 9.430	11 53 42.99	— 6 26.440	
			☾ I	12 40 23.630	11	+ 0.261	12 40 23.891		— 6 26.335	sehr wallend
			Mösting A	12 41 38.327	6	+ 0.261	12 41 38.588		— 6 26.335	leidlich
			ν Virginis	12 55 21.660	9	+ 0.268	12 55 21.928	12 48 55.63	— 6 26.298	
			α Virginis	13 26 7.741	9	+ 0.279	13 26 8.020	13 19 41.74	— 6 26.280	
April 9	Lichtein	On	ν Virginis	12 55 22.115	11	+ 0.208	12 55 22.323	12 48 55.63	— 6 26.693	gut
			α Virginis	13 26 8.256	11	+ 0.207	13 26 8.463	13 19 41.75	— 6 26.713	gut
			Mösting A	13 35 36.048	6	+ 0.225	13 35 36.273		— 6 26.674	gut
			☾ II	13 36 37.651		+ 0.225	13 36 37.651		— 6 26.674	gut
			B. A. C. 4679	14 5 14.471	11	+ 0.224	14 5 14.695	13 58 48.10	— 6 26.595	gut
			B. A. C. 4700	14 11 35.000	11	+ 0.228	14 11 35.228	14 5 8.53	— 6 26.698	gut
April 10	Lichtein	On	B. A. C. 4679	14 5 15.071	11	— 0.188	14 5 14.883	13 58 48.11	— 6 26.773	
			B. A. C. 4700	14 11 35.450	11	— 0.186	14 11 35.264	14 5 8.54	— 6 26.724	
			Mösting A	14 31 8.336	11	— 0.189	14 31 8.147		— 6 26.774	sehr gut
			☾ II	14 32 9.761	7	— 0.189	14 32 9.572		— 6 26.774	gut
			B. A. C. 4923	14 57 49.125	11	— 0.188	14 57 48.937	14 51 22.14	— 6 26.797	
			B. A. C. 4984	15 9 13.002	11	— 0.190	15 9 12.812	15 3 46.00	— 6 26.812	
April 14	Lichtein	On	γ¹ Sagittarii	18 4 50.431	10	— 0.098	18 4 50.333	17 58 20.67	— 6 29.663	
			δ Sagittarii	18 20 47.810	11	— 0.099	18 20 47.711	18 14 18.11	— 6 29.601	
			Mösting A	18 27 34.456	11	— 0.103	18 27 34.353		— 6 29.595	leidlich
			☾ II	18 28 32.761	6	— 0.103	18 28 32.658		— 6 29.595	wallend
			σ Sagittarii	18 55 16.457	11	— 0.096	18 55 16.361	18 48 46.84	— 6 29.521	
Mai 4	Lichtein	West	37 Serpentis	10 47 24.013	11	+ 0.635	10 47 24.648	10 40 39.42	— 6 45.228	ruhig
			ε Leonis	11 2 4.645	11	+ 0.627	11 2 5.272	10 55 20.07	— 6 45.202	ruhig
			☾ I	11 26 12.421	11	+ 0.660	11 26 13.081		— 6 45.223	unruhig
			Mösting A	11 27 25.190	8	+ 0.660	11 27 25.850		— 6 45.223	unruhig
			β Virginis	11 52 0.020	11	+ 0.644	11 52 0.664	11 45 15.56	— 6 45.104	ruhig
			B. A. C. 4043	12 0 27.608	11	+ 0.651	12 0 28.259	11 53 42.90	— 6 45.359	ruhig

Datum	Beobachter	Kreislage	Libelle	West/Ost	*, ☾ und Krater	T	Zahl d. beob. Fäden	Reduction auf den Meridian	Red. T	α app. (d. ☾ (Naut. Alm.)	ΔT	Bemerkungen
Mai 5			Libelle	West	♂ Virginis	11ʰ 52ᵐ 0ˢ.835	11	+ 0ˢ.563	11ʰ 52ᵐ 1ˢ.398	11ʰ 45ᵐ 15ˢ.55	− 6ᵐ 45ˢ.848	
					B.A.C. 4043	12 0 28.199	11	+ 0.568	12 0 28.767	11 53 42.89	− 6 45.877	
					☾ I	12 18 9.871	11	+ 0.604	12 18 10.475		− 6 45.826	unruhig
					Mösting A	12 19 22.540	9	+ 0.604	12 19 23.144		− 6 45.826	unruhig
					28 Virginis	12 43 19.113	11	+ 0.626	12 43 19.739	12 36 33.95	− 6 45.789	
					τ Virginis	12 55 40.821	11	+ 0.650	12 55 41.471	12 48 55.07	− 6 45.801	
Mai 6					28 Virginis	12 43 19.672	11	+ 0.760	12 43 20.432	12 36 33.95	− 6 46.482	ruhig
					τ Virginis	12 55 41.348	11	+ 0.776	12 55 42.124	12 48 55.67	− 6 46.454	ruhig
					☾ I	13 10 26.629	11	+ 0.806	13 10 27.435		− 6 46.492	unruhig
					Mösting A	13 11 40.488	8	+ 0.806	13 11 41.294		− 6 46.492	ruhig
					B.A.C. 4531	13 35 53.539	11	+ 0.813	13 35 54.352	13 29 7.84	− 6 46.512	ruhig
					85 Virginis	13 46 43.804	10	+ 0.840	13 46 44.644	13 39 58.11	− 6 46.534	ruhig
Mai 9					B.A.C. 4984	15 10 34.125	11	+ 0.095	15 10 34.220	15 3 46.45	− 6 47.770	unruhig
					B.A.C. 5023	15 17 8.291	10	+ 0.094	15 17 8.385	15 10 20.48	− 6 47.905	unruhig
					Mösting A	16 0 22.619	10	+ 0.094	16 0 22.713		− 6 47.925	
					☾ II	16 1 24.626	7	+ 0.094	16 1 24.718		− 6 47.925	sehr wallend
					σ Scorpii	16 21 38.988	10	+ 0.097	16 21 39.085	16 14 51.06	− 6 48.025	unruhig
					τ Scorpii	16 36 11.380	11	+ 0.095	16 36 11.475	16 29 23.49	− 6 47.985	unruhig
Mai 12					d Sagittarii	18 21 9.067	6	+ 0.161	18 21 9.228	18 14 19.01	− 6 50.215	
					τ Sagittarii	18 45 58.269	11	+ 0.171	18 45 58.440	18 39 8.32	− 6 50.120	sehr unruhig
					Mösting A	19 0 21.481	10	+ 0.172	19 0 21.653		− 6 50.107	sehr gut
					☾ II	19 1 19.970	6	+ 0.172	19 1 20.142		− 6 50.107	gut
					τ Sagittarii	19 15 58.355	11	+ 0.181	19 15 58.536	19 9 8.47	− 6 50.066	
					h² Sagittarii	19 37 11.225	11	+ 0.187	19 37 11.412	19 30 21.39	− 6 50.022	sehr schwach, unruhig
Juni 7					A Ophiuchi	17 16 5.143	11	− 0.091	17 16 5.052	17 8 56.75	− 7 8.302	unruhig
					43 Ophiuchi	17 23 56.935	11	− 0.098	17 23 56.837	17 16 48.36	− 7 8.477	sehr unruhig
					Mösting A	17 36 8.163	11	− 0.105	17 36 8.058		− 7 8.408	unruhig
					☾ II	17 37 9.005	6	− 0.105	17 37 8.900		− 7 8.408	leidlich
					B.A.C. 6127	18 8 37.794	11	− 0.101	18 8 37.693	18 1 29.30	− 7 8.393	unruhig
					d Sagittarii	18 21 28.267	6	− 0.108	18 21 28.159	18 14 19.68	− 7 8.479	unruhig
Juni 8					B.A.C. 6127	18 8 38.503	11	− 0.039	18 8 38.464	18 1 29.32	− 7 9.144	
					d Sagittarii	18 21 28.944	6	− 0.051	18 21 28.893	18 14 19.71	− 7 9.183	
					Mösting A	18 35 58.217	11	− 0.052	18 35 58.165		− 7 9.174	unruhig
					☾ II	18 36 57.363	11	− 0.052	18 36 57.311		− 7 9.174	leidlich
Juni 9					τ Sagittarii	18 55 58.416	11	+ 0.244	18 55 58.660	18 48 48.53	− 7 10.130	unruhig
					τ Sagittarii	19 7 36.329	10	+ 0.245	19 7 36.574	19 0 26.38	− 7 10.194	
					Mösting A	19 33 26.195	11	+ 0.259	19 33 26.454		− 7 10.251	
					☾ II	19 34 24.025	6	+ 0.259	19 34 24.284		− 7 10.251	
					τ Sagittarii	19 56 37.625	11	+ 0.273	19 56 37.898	19 49 27.55	− 7 10.348	
					B.A.C. 6864	20 2 22.525	8	+ 0.289	20 2 22.814	19 55 12.49	− 7 10.324	unruhig
Juli 3					42 Librae	15 34 13.936	11	+ 0.429	15 34 14.365	15 34 7.28	− 0 7.085	
					b Scorpii	15 44 49.476	11	+ 0.441	15 44 49.917	15 44 42.72	− 0 7.197	
					☾ I	16 6 40.706	11	+ 0.470	16 6 41.176		− 0 7.095	
					τ Scorpii	16 29 30.609	10	+ 0.461	16 29 31.070	16 29 24.08	− 0 6.990	
Juli 4					τ Scorpii	16 29 30.945	3	+ 0.303	16 29 31.248	16 29 24.08	− 0 7.168	
					☾ I	17 5 57.336	11	+ 0.317	17 5 57.653		− 0 7.188	
					d Ophiuchi	17 20 49.444	9	+ 0.305	17 20 49.749	17 20 42.55	− 0 7.199	
Aug. 6					d Capricorni	21 41 46.524	11	+ 0.300	21 41 46.833	21 41 18.55	− 0 28.283	
					ι Aquarii	22 1 17.466	10	+ 0.321	22 1 17.787	22 0 49.68	− 0 28.107	
					☾ II	22 10 52.952	9	+ 0.332	22 10 53.284		− 0 28.217	leidlich
					σ Aquarii	22 25 36.879	11	− 0.348	22 25 37.227	22 25 9.02	− 0 28.207	
					λ Aquarii	22 47 39.516	11	+ 0.386	22 47 39.902	22 47 11.63	− 0 28.272	
Aug. 7					σ Aquarii	22 25 37.534	11	+ 0.701	22 25 38.235	22 25 9.04	− 0 29.195	
					λ Aquarii	22 47 40.189	11	+ 0.711	22 47 40.900	22 47 11.65	− 0 29.250	
					☾ II	22 55 0.588	11	+ 0.727	22 55 1.315		− 0 29.272	ziemlich wallend
					σ Aquarii	23 9 24.963	11	+ 0.719	23 9 25.682	23 8 56.38	− 0 29.302	sehr flimmernd
					B.A.C. 8184	23 24 38.22	8	+ 0.725	23 24 38.951	23 24 9.61	− 0 29.341	

— 10 —

Datum	Beobachter	Kreislage	α, ☾ und Kreter	T	Zahl d. beob. Fäden	Reduction auf den Meridian	Red. T	α app. f. d. ☾ (Naut. Alm.)	ΔT	Bemerkungen
Aug. 8	Schelly	West	☾ II	23ʰ38ᵐ 1ˢ280	11	+ 0ˢ539	23ʰ38ᵐ 1ˢ819		— 0ᵐ29ˢ739	
			B.A.C. 8311	23 49 56.340	10	+ 0.534	23 49 56.874	23ʰ 49ᵐ27ˢ11	— 0 29.764	
			B.A.C. 57	0 12 56.329	10	+ 0.525	0 12 56.854	0 12 27.16	— 0 29.694	
Aug. 29	Schelly	West	3 Sagittarii	17 41 42.114	11	+ 0.412	17 41 42.526	17 41 0.37	— 0 42.156	
			γ¹ Sagittarii	17 59 3.922	10	+ 0.430	17 59 4.352	17 58 22.33	— 0 42.022	
			☾ I	18 27 22.365	11	+ 0.448	18 27 22.813		— 0 42.103	wallend
			σ Sagittarii	18 49 30.714	10	+ 0.414	18 49 31.128	18 48 49.01	— 0 42.118	
			τ Sagittarii	19 1 8.637	10	+ 0.419	19 1 9.056	19 0 26.94	— 0 42.116	flimmernd
Aug. 30	Schelly	West	σ Sagittarii	18 49 31.202	11	+ 0.395	18 49 31.597	18 48 49.00	— 0 42.597	
			τ Sagittarii	19 1 9.238	11	+ 0.410	19 1 9.648	19 0 26.93	— 0 42.718	
			☾ I	19 23 51.318	11	+ 0.419	19 23 51.737		— 0 42.627	
			ω Sagittarii	19 50 10.696	11	+ 0.406	19 50 11.102	19 49 28.46	— 0 42.642	
			B.A.C. 6864	19 55 55.587	9	+ 0.382	19 55 55.969	19 55 13.42	— 0 42.549	
Sept. 3	Schelly	West	σ Aquarii	22 25 53.558	10	+ 0.408	22 25 53.966	22 25 9.33	— 0 44.636	
			☾ I	22 38 51.743	11	+ 0.414	22 38 52.157		— 0 44.689	wallend
			Mösting A	22 40 0.042	6	+ 0.414	22 40 0.456		— 0 44.680	
			b¹ Aquarii	23 0 29.275	10	+ 0.413	23 0 29.688	22 59 45.04	— 0 44.648	
			φ Aquarii	23 9 41.142	10	+ 0.411	23 9 41.553	23 8 56.77	— 0 44.783	
Sept. 4	Schelly	West	b¹ Aquarii	23 0 30.002	9	+ 0.381	23 0 30.383	22 59 45.05	— 0 45.333	
			φ Aquarii	23 9 41.672	11	+ 0.374	23 9 42.046	23 8 56.78	— 0 45.266	
			Mösting A	23 23 17.490	7	+ 0.374	23 23 17.864		— 0 45.296	
			☾ II	23 24 13.225	11	+ 0.374	23 24 13.599		— 0 45.296	gut
			20 Piscium	23 43 21.208	11	+ 0.361	23 43 21.569	23 42 36.34	— 0 45.229	
			25 Piscium	23 48 30.635	6	+ 0.341	23 48 30.976	23 47 45.62	— 0 45.356	
Sept. 6	Schelly	West	51 Piscium	0 27 48.235	11	+ 0.360	0 27 48.595	0 27 2.20	— 0 46.395	
			60 Piscium	0 42 47.253	11	+ 0.365	0 42 47.618	0 42 1.11	— 0 46.508	
			Mösting A	0 49 45.141	7	+ 0.371	0 49 45.512		— 0 46.454	sehr gut
			☾ II	0 50 45.480	11	+ 0.371	0 50 45.851		— 0 46.454	ziemlich gut
			ε Piscium	0 58 19.044	11	+ 0.367	0 58 19.411	0 57 33.01	— 0 46.401	
			η Piscium	1 26 41.332	11	+ 0.360	1 26 41.692	1 25 55.18	— 0 46.512	
Sept. 9	Schelly	West	ρ Arietis	2 37 17.582	9	+ 0.645	2 37 18.227	2 36 29.95	— 0 48.277	unruhig, flimmernd
			☾ II	3 16 7.621	11	+ 0.667	3 16 8.288		— 0 48.213	etwas unruhig
			17 Tauri	3 39 29.095	11	+ 0.635	3 39 29.730	3 38 41.49	— 0 48.240	unruhig und flimmernd
			5 Tauri	3 42 5.150	11	+ 0.632	3 42 5.782	3 41 17.66	— 0 48.122	unruhig und flimmernd
Sept. 25	Schelly	Schelly	☾ I	18 7 8.571	11	+ 0.616	18 7 9.187		— 0 58.144	
			φ Sagittarii	18 40 6.640	9	+ 0.585	18 40 7.225	18 39 9.05	— 0 58.175	flimmernd
			σ Sagittarii	18 49 46.125	10	+ 0.579	18 49 46.704	18 48 48.59	— 0 58.114	flimmernd
Sept. 27	Schelly	West	μ Sagittarii	19 50 26.938	10	+ 0.372	19 50 27.310	19 49 28.11	— 0 59.200	
			☾ I	20 0 1.888	10	+ 0.390	20 0 2.278		— 0 59.206	
			B.A.C. 7049	20 24 24.260	10	+ 0.406	20 24 24.666	20 23 25.40	— 0 59.266	sehr schwach
			17 Capricorni	20 41 7.335	9	+ 0.428	20 41 7.763	20 40 8.61	— 0 59.153	
Sept. 28	Schelly	West	B.A.C. 7049	20 24 24.880	10	+ 0.276	20 24 25.156	20 23 25.39	— 0 59.766	ruhig
			17 Capricorni	20 41 7.946	10	+ 0.283	20 41 8.229	20 40 8.60	— 0 59.629	ruhig
			ξ Capricorni	20 51 9.805	11	+ 0.295	20 51 10.190		— 0 59.667	unscharf
			β Capricorni	21 10 42.582	10	+ 0.290	21 10 42.872	21 9 43.34	— 0 59.532	ruhig
			α Capricorni	21 17 27.303	10	+ 0.287	21 17 27.590	21 16 27.85	— 0 59.740	ruhig
Sept. 29	Schelly	Ost	γ Capricorni	21 10 43.312	10	+ 0.180	21 10 43.492	21 9 43.33	— 1 0.162	
			ζ Capricorni	21 17 27.943	11	+ 0.183	21 17 28.126	21 16 27.84	— 1 0.286	
			☾ I	21 39 1.390	10	+ 0.188	21 39 1.578		— 1 0.252	wallend
			Mösting A	21 40 15.549	7	+ 0.188	21 40 15.737		— 1 0.252	unruhig
			ι Aquarii	22 1 49.989	11	+ 0.186	22 1 50.175	22 0 49.86	— 1 0.315	
			ε¹ Aquarii	22 6 4.565	10	+ 0.190	22 6 4.755	22 5 4.51	— 1 0.245	
Sept. 30	Schelly	Ost	ι Aquarii	22 1 51.102	11	— 0.213	22 1 50.889	22 0 49.85	— 1 1.039	
			ε¹ Aquarii	22 6 5.665	11	— 0.203	22 6 5.462	22 5 4.50	— 1 0.962	
			☾ I	22 24 21.193	11	— 0.205	22 24 20.988		— 1 1.047	unscharf
			Mösting A	22 25 31.567	10	— 0.205	22 25 31.362		— 1 1.042	etwas unruhig
			λ Aquarii	22 48 13.302	11	— 0.177	22 48 13.125	22 47 12.03	— 1 1.095	
			81 Aquarii	22 57 1.335	11	— 0.172	22 57 1.163	22 56 0.09	— 1 1.073	flimmernd

— 11 —

Datum	Beobachter	Kreislage	#, τ und Krater	T	Zahl d. beob. Fäden	Reduction auf den Meridian	Red. T	α app. f. d # (Naut. Alm.)	ΔT	Bemerkungen
Oct. 1	Schully	Ost	λ Aquarii	22ʰ 48ᵐ 13ˢ.902	11	+ 0ˢ.130	22ʰ 48ᵐ 14ˢ.032	22ʰ 47ᵐ 12ˢ.03	— 1ᵐ 2ˢ.002	
			81 Aquarii	22 57 1.981	10	+ 0.129	22 57 2.110	22 56 0.09	— 1 2.020	
			C I	23 8 3.503	11	+ 0.129	23 8 3.632		— 1 2.032	gut
			Mösting A	23 9 10.874	10	+ 0.129	23 9 11.003		— 1 2.032	ruhig
			B. A. C. 8184	23 25 12.137	11	+ 0.136	23 25 12.273	23 24 10.18	— 1 2.093	
			20 Piscium	23 43 38.378	10	+ 0.153	23 43 38.531	23 42 36.52	— 1 2.011	
Oct. 31	Schully	Ost	C I	1 3 31.367	6	— 0.092	1 3 31.275		— 1 24.395	
			Mösting A	1 4 36.294	10	— 0.092	1 4 36.202		— 1 24.395	sehr unruhig
			n Piscium	1 33 0.403	11	— 0.078	1 33 0.325	1 31 35.93	— 1 24.395	leidlich
Nov. 1	Schully	West	n Piscium	1 33 0.670	11	— 0.213	1 33 0.457	1 31 35.93	— 1 24.527	
			4 Arietis	1 43 57.951	11	— 0.215	1 43 57.736	1 42 33.28	— 1 24.456	leidlich
			C I	1 50 23.743	11	— 0.232	1 50 23.511		— 1 24.485	
			Mösting A	1 51 29.098	9	— 0.232	1 51 28.866		— 1 24.485	ruhig
			69 Arietis	2 13 45.977	11	— 0.188	2 13 45.789	2 12 21.30	— 1 24.489	
			r Arietis	2 37 55.559	11	— 0.140	2 37 55.419	2 36 30.95	— 1 24.469	
Nov. 23	Schully	Ost	γ Capricorni	21 35 58.687	10	— 0.108	21 35 58.579	21 34 19.62	— 1 38.959	unruhig
			ε¹ Aquarii	21 49 48.753	11	— 0.102	21 49 48.651	22 5 3.89	— 1 38.003	
			C II	22 6 42.845	10	— 0.085	22 6 42.760		— 1 38.870	unruhig
			# Aquarli	22 26 47.715	11	— 0.075	22 26 47.640	22 25 8.76	— 1 38.880	unruhig
Nov. 25	Schully	West	λ Aquari	22 48 51.800	8	— 0.044	22 48 51.756	22 47 11.54	— 1 40.216	unruhig
			φ Aquarii	23 10 36.645	11	— 0.042	23 10 36.603	23 8 56.45	— 1 40.153	unruhig
			C I	23 18 20.880	11	— 0.035	23 18 20.845		— 1 40.147	
			Mösting A	23 19 27.683	6	— 0.035	23 19 27.648		— 1 40.147	
			14 Piscium	23 30 28.687	10	— 0.018	23 30 28.669	23 28 48.54	— 1 40.129	unruhig
			20 Piscium	23 44 16.331	10	— 0.013	23 44 16.318	23 42 36.23	— 1 40.085	
Nov. 29	Schully	Ost	ε Arietis	1 53 23.424	10	— 0.123	1 53 23.301	1 51 40.99	— 1 42.311	unruhig
			B. A. C. 632	1 59 43.634	10	— 0.118	1 59 43.516	1 58 1.30	— 1 42.216	unruhig
			C I	2 19 53.460	11	— 0.106	2 19 53.354		— 1 42.304	unruhig und wallend
			Mösting A	2 20 59.876	11	— 0.106	2 20 59.770		— 1 42.304	leidlich
			ρ Arietis	2 38 13.605	11	— 0.097	2 38 13.508	2 36 31.13	— 1 42.378	unruhig
			σ Arietis	2 54 59.404	5	— 0.094	2 54 59.310	2 53 17.00	— 1 42.310	unruhig
1896 Jan. 1	Schully	Ost	ε Geminor.	7 21 19.972	11	— 0.529	7 21 19.443	7 19 18.24	— 2 1.203	unruhig und flimmernd
			ξ Geminor.	7 40 14.094	9	— 0.525	7 40 13.569	7 38 12.22	— 2 1.349	unruhig und flimmernd
			C II	7 59 22.597	11	— 0.532	7 59 22.065		— 2 1.276	leidlich
Jan. 24	Schully	Ost	n Arietis	2 38 38.441	9	— 0.308	2 38 38.133	2 36 30.80	— 2 7.333	
			ε Arietis	2 55 24.349	11	— 0.311	2 55 24.038	2 53 16.70	— 2 7.338	
			C I	3 17 14.927	10	— 0.310	3 17 14.617		— 2 7.389	gut
			Mösting A	3 18 21.350	9	— 0.310	3 18 21.040		— 2 7.389	gut
			17 Tauri	3 40 50.808	8	— 0.228	3 40 50.580	3 38 43.08	— 2 7.500	
			η Tauri	3 43 26.895	11	— 0.221	3 43 26.674	3 41 19.29	— 2 7.384	
Jan. 27	Schully	Ost	C I	6 19 34.581	11	— 0.432	6 19 34.149		— 2 8.310	wallend
			Mösting A	6 20 48.852	11	— 0.432	6 20 48.420		— 2 8.310	unruhig
			39 Geminor.	6 54 33.838	10	— 0.404	6 54 33.434	6 52 25.09	— 2 8.344	
			52 Geminor.	7 10 31.324	11	— 0.397	7 10 30.927	7 8 22.65	— 2 8.277	
Febr. 4	Schully	Ost	B. A. C. 4531	13 31 19.228	9	— 0.129	13 31 19.357	13 29 9.94	— 2 9.417	unruhig
			83 Virginis	13 41 3.439	10	— 0.135	13 41 3.574	13 38 54.25	— 2 9.324	unruhig
			Mösting A	14 6 12.615	5	— 0.135	14 6 12.750		— 2 9.338	unruhig
			C II	14 7 14.711	11	— 0.139	14 7 14.850		— 2 9.338	wallend
			B. A. C. 4867	14 42 26.992	11	— 0.110	14 42 27.102	14 40 17.83	— 2 9.272	unruhig
Febr. 21	Schully	West	17 Tauri	3 40 57.404	11	+ 0.352	3 40 57.756	3 38 42.66	— 2 15.096	
			C I	3 49 21.011	11	+ 0.377	3 49 21.388		— 2 15.071	gut
			τ Tauri	4 16 13.104	11	+ 0.392	4 16 13.496	4 13 58.45	— 2 15.046	
Febr. 22	Schully	West	φ Tauri	4 16 13.379	12	+ 0.398	4 16 13.777	4 13 58.43	— 2 15.347	
			B. A. C. 1444	4 37 5.202	11	+ 0.415	4 37 5.617	4 34 50.35	— 2 15.267	
			C I	4 47 4.664	11	+ 0.428	4 47 5.092		— 2 15.319	wallend
			Mösting A	4 48 13.442	10	+ 0.428	4 48 13.870		— 2 15.319	etwas unruhig
			β Tauri	5 21 59.439	11	+ 0.444	5 21 59.883	5 19 44.60	— 2 15.283	
			B. A. C. 1772	5 34 58.084	11	+ 0.455	5 34 58.539	5 32 43.16	— 2 15.379	

2*

— 12 —

Datum	Beobachter	Kreislage	☾, ☿ und Krater	T	Zeit d. beob. Faden	Reduction auf den Meridian	Red. T	m app f. d. ☾ (Naut. Alm.)	ΔT	Bemerkungen
Febr. 23	Schulty	West	β Tauri B. A. C. 1772 ☾ I Mösting A 49 Aurigae ε Geminor.	5ʰ21ᵐ59ˢ848 5 34 58.256 5 48 24.165 5 49 35.052 6 30 56.193 6 39 49.194	11 11 11 11 11 11	+ 0ˢ441 + 0.463 + 0.439 + 0.489 + 0.468 + 0.453	5ʰ22ᵐ 0ˢ289 5 34 58.719 5 48 24.654 5 49 35.540 6 30 56.661 6 39 49.647	5ʰ 19ᵐ44ˢ58 5 32 43.14 6 28 41.13 6 37 34.02	— 2ᵐ15ˢ709 — 2 15.579 — 2 15.611 — 2 15.611 — 2 15.531 — 2 15.627	
Febr. 24	Schulty	West	ε Geminor. ☾ I Mösting A A Geminor. ε Geminor.	6 39 49.671 6 51 47.455 6 51 59.646 7 19 25.875 7 40 27.922	10 10 11 11 11	+ 0.181 + 0.204 + 0.204 + 0.196 + 0.197	6 39 49.855 6 51 47.659 6 52 59.850 7 19 26.071 7 40 28.119	6 37 34.01 7 17 10.34 7 38 12.48	— 2 15.845 — 2 15.738 — 2 15.738 — 2 15.731 — 2 15.639	wallend
Febr. 29	Schulty	West	τ Leonis ν l.conis ☾ II B. A. C. 4200 21 Virginis	11 24 55.286 11 33 57.391 11 51 35.953 12 24 51.226 12 30 44.427	7 11 11 11 11	+ 0.117 + 0.130 + 0.148 + 0.147 + 0.154	11 24 55.403 11 33 57.530 11 51 36.101 12 24 51.373 12 30 44.581	11 22 37.60 11 31 39.61 12 22 33.57 12 28 26.72	— 2 17.803 — 2 17.910 — 2 17.844 — 2 17.803 — 2 17.861	wallend
März 23	Schulty	West	40 Geminor. 47 Geminor. ☾ I Mösting A B.D.+23°1866 π² Cancri	6 55 36.426 7 7 29.944 7 26 54.373 7 28 4.934 7 57 22.161 8 4 12.724	11 11 12 11 11 11	— 0ˢ050 — 0.046 — 0.024 — 0.024 + 0.012 + 0.026	6 55 36.376 7 7 29.898 7 26 54.397 7 28 4.910 7 57 22.173 8 4 12.750	6 53 4.39 7 4 57.86 7 54 50.27 8 1 40.72	— 2 31.986 — 2 32.038 — 2 31.989 — 2 31.989 — 2 31.903 — 2 32.030	gut sehr ruhig
März 24	Schulty	Ost	B.D.+23°1866 π³ Cancri ☾ I Mösting A d Cancri π³ Cancri	7 57 22.852 8 4 12.396 8 27 27.795 8 28 37.937 8 41 21.466 9 12 4.411	11 11 12 11 11 11	+ 0ˢ058 + 0.065 + 0.063 + 0.063 + 0.056 + 0.025	7 57 22.910 8 4 13.457 8 27 27.858 8 28 38.000 8 41 21.522 9 12 4.436	7 54 50.25 8 1 40.70 8 38 48.69 9 9 31.62	— 2 32.660 — 2 32.757 — 2 32.766 — 2 32.766 — 2 32.832 — 2 32.816	etwas wallend sehr gut
März 29	Schulty	Ost	B. A. C. 4261 o Virginis ☾ II B. A. C. 4531	12 36 48.037 12 51 35.884 13 14 19.512 13 31 47.920	11 11 11 11	+ 0.424 + 0.420 + 0.426 + 0.415	12 36 48.461 12 36 36.304 13 14 19.938 13 31 48.335	12 34 11.19 12 48 59.02 13 29 11.13	— 2 37.271 — 2 37.284 — 2 37.253 — 2 37.205	sehr unruhig sehr unruhig sehr unruhig sehr unruhig
April 22	Schulty	West	γ Leonis ε Leonis ☾ I Mösting A 45 Leonis ρ Leonis	9 34 10.726 9 40 56.353 9 58 17.561 9 59 25.069 10 25 1.664 10 30 12.432	9 10 11 11 8 10	+ 0.407 + 0.416 + 0.441 + 0.441 + 0.452 + 0.456	9 34 11.133 9 40 56.769 9 58 18.002 9 59 25.510 10 25 2.116 10 30 12.888	9 31 20.36 9 38 6.14 10 22 11.56 10 27 22.31	— 2 50.773 — 2 50.629 — 2 50.634 — 2 50.634 — 2 50.556 — 2 50.578	gut gut unter Wolken unter Wolken
Juli 20	Schulty	West	π Scorpii o Scorpii ☾ I Mösting A 43 Ophiuchi	15 56 23.683 16 18 42.346 16 31 8.062 16 32 32.755 17 20 39.713	8 10 9 6 9	+ 0.770 + 0.771 + 0.815 + 0.815 + 0.796	15 56 24.453 16 18 43.117 16 31 8.877 16 32 33.570 17 20 40.509	15 52 36.92 16 14 55.54 17 16 52.84	— 3 47.533 — 3 47.577 — 3 47.593 — 3 47.593 — 3 47.669	stark wallend unruhig
Juli 26	Schulty	West	a Capricorni e² Aquarii Mösting A ☾ II 67 Aquarii i Aquarii	21 51 31.787 22 8 53.146 22 16 9.672 22 17 2.835 22 41 42.448 22 51 5.204	11 10 8 11 10 10	+ 0.628 + 0.610 + 0.628 + 0.628 + 0.601 + 0.603	21 51 32.415 22 8 53.756 22 16 10.300 22 17 3.463 22 41 43.049 22 51 5.807	21 47 41.40 22 5 2.70 22 37 51.94 22 47 14.84	— 3 51.015 — 3 51.056 — 3 51.037 — 3 51.037 — 3 51.109 — 3 50.967	gut unruhig
Aug. 19	Schulty	West	ε Sagittarii u Sagittarii ☾ I Mösting A B. A. C. 6727 B. A. C. 6814	18 43 18.739 18 52 58.211 19 18 53.545 19 20 19.733 19 38 1.168 19 52 13.300	10 9 11 8 10 10	+ 0.702 + 0.697 + 0.717 + 0.717 + 0.698 + 0.678	18 43 19.441 18 52 58.908 19 18 54.262 19 20 20.450 19 38 1.866 19 52 13.978	18 39 13.78 18 48 53.19 19 33 56.39 19 48 8.70	— 4 5.661 — 4 5.718 — 4 5.533 — 4 5.533 — 4 5.476 — 4 5.278	wallend unruhig
Sept. 16	Schulty	Ost	☾ I Mösting A 4 Capricorni B. A. C. 7049	19 58 47.093 20 0 12.285 20 16 22.608 20 27 53.090	3, 6, 10 6	— 0.195 — 0.195 — 0.209 — 0.218	19 58 46.898 20 0 12.090 20 16 22.399 20 27 52.872	20 11 58.92 20 23 29.39	— 4 23.480 — 4 23.480 — 4 23.479 — 4 23.482	Beobachtung unter Wolken

Datum	Beobachter	Kreislage	*, ☾ und Krater	T	Zahl d. beob. Fäden	Reduction auf den Meridian	Red. T	α app. f. d. ☾ (Naut. Alm.)	ΔT	Bemerkungen
Oct. 18	Küppner	Ost	B. A. C. 8094 11 Piscium ☾ I 25 Piscium	23ʰ15ᵐ 3ˢ.126 23 28 57.014 23 42 40.403 23 52 35.585	10 10 11 11	− 2ˢ.325 − 2.283 − 2.229 − 2.202	23ʰ15ᵐ 0ˢ.801 23 28 54.731 23 42 38.174 23 52 33.383	23ʰ 10ᵐ16ˢ.85 23 24 10.76 23 47 49.18	− 4ᵐ43ˢ.95 − 4 43.971 − 4 44.042 − 4 44.203	
Oct. 21 1897	Küppner	Ost	105 Piscium ☾ II θ Arietis 26 Arietis	1 38 57.731 1 58 29.612 2 17 14.358 2 29 42.231	7 11 11 11	− 1.908 − 1.897 − 1.823 − 1.831	1 38 55.823 1 58 27.715 2 17 12.535 2 29 40.400	1 34 8.32 2 12 24.88 2 24 52.96	− 4 47.503 − 4 47.533 − 4 47.655 − 4 47.440	
April 10	Scheller Küppner	Ost	☾ I Mösting A α₁ Cancri ψ Cancri	7 56 20.496 7 57 26.240 8 23 47.030 8 32 2.530	11 6 11 10	− 0.469 − 0.469 − 0.442 − 0.437	7 56 20.027 7 57 25.771 8 23 46.588 8 32 2.093	8 17 30.09 8 25 45.50	− 6 16.546 − 6 16.546 − 6 16.498 − 6 16.593	
Dec. 28	Scheller	Ost	☾ I x Piscium	22 46 22.43 23 23 23.93	8 9	+ 0.42 + 0.32	22 46 22.85 23 23 24.25	23 21 42.70	− 1 41.55 − 1 41.55	
Dec. 29 1898	Scheller	Ost	B. A. C. 8017 x Piscium ☾ I J Piscium 36 Piscium	22 57 56.79 23 23 24.08 23 34 57.00 23 49 33.27 0 13 1.89	11 11 11 11 4	+ 0.40 + 0.34 + 0.33 + 0.32 + 0.26	22 57 57.19 23 23 24.42 23 34 57.33 23 49 33.59 0 13 2.15	23 21 42.70 23 47 51.87 0 11 20.27	− 1 41.76 − 1 41.72 − 1 41.77 − 1 41.72 − 1 41.88	etwas wallend
Febr. 3	Scheller	Ost	B. A. C. 2058 ☾ I DM.+23°1744	6 20 27.33 6 56 36.11 7 28 44.61	10 10 6	+ 0.01 + 0.04 + 0.15	6 20 27.34 6 56 36.15 7 28 44.76	6 18 29.40 7 26 46.84	− 1 57.94 − 1 57.93 − 1 57.92	
März 2	Scheller	West	3 Geminor. 8 Geminor. ☾ I 44 Geminor. 48 Geminor.	6 5 49.39 6 12 22.29 6 33 39.45 6 34 51.14 7 1 27.36 7 8 32.27	10 11 9 7 11 8	− 0.12 − 0.11 − 0.12 − 0.12 − 0.11 − 0.19	6 5 49.27 6 12 22.18 6 33 39.33 6 34 51.02 7 1 27.25 7 8 32.08	6 3 34.59 6 10 7.46 6 59 12.54 7 6 17.17	− 2 14.68 − 2 14.72 − 2 14.70 − 2 14.70 − 2 14.71 − 2 14.88	unruhig
März 4	Scheller	West	85 Geminor. Σ Cancri ☾ I Mösting A d Cancri B. A. C. 3029	7 52 1.59 8 8 40.52 8 19 10.00 8 20 16.06 8 41 12.33 8 51 57.11	10 10 10 5 11 11	− 0.14 − 0.16 − 0.18 − 0.18 − 0.19 − 0.19	7 52 1.45 8 8 40.36 8 19 9.82 8 20 15.88 8 41 12.14 8 51 56.92	7 49 45.52 8 6 24.44 8 38 56.20 8 49 41.08	− 2 15.93 − 2 15.92 − 2 15.91 − 2 15.91 − 2 15.94 − 2 15.84	
Mai 1	Scheller	West	43 Leonis ☾ I Mösting A p¹ Leonis B. A. C. 3873	10 20 42.34 10 51 32.55 10 52 31.51 11 11 34.71 11 21 7.16	11 11 5 11 9	+ 0.68 + 0.92 + 0.92 + 0.65 + 0.67	10 20 43.02 10 51 33.47 10 52 32.43 11 11 35.36 11 21 7.83	10 17 42.65 11 8 34.93 11 18 7.24	− 3 0.37 − 3 0.46 − 3 0.46 − 3 0.43 − 3 0.59	gut
Mai 2	Scheller	West	p² Leonis B. A. C. 3873 ☾ I Mösting A	11 11 35.31 11 21 7.93 11 42 2.08 11 43 1.69	11 11 11 6	+ 0.67 + 0.67 + 0.92 + 0.92	11 11 35.98 11 21 8.60 11 42 3.00 11 43 2.61	11 8 34.93 11 18 7.24	− 3 1.05 − 3 1.36 − 3 1.20 − 3 1.20	alternd alternd alternd alternd
Juli 31	Scheller	Ost	B. A. C. 6448 B. A. C. 6485 ☾ I Mösting A d Capricorni	18 53 57.47 18 59 35.96 19 32 26.00 19 33 48.32 20 17 37.74	5 10 11 7 11	+ 1.01 + 1.02 + 0.88 + 0.88 + 1.06	18 53 58.48 18 59 36.98 19 32 26.88 19 33 49.20 20 17 38.80	18 49 54.73 18 55 33.42 20 13 35.17	− 4 3.75 − 4 3.56 − 4 3.65 − 4 3.65 − 4 3.63	stark wallend, Wolken
Aug. 2 1899	Scheller	Ost	DM.−15°5848 29 Capricorni ☾ II B. A. C. 7717 θ Aquarii	20 57 10.93 21 14 25.27 21 38 5.55 22 8 14.89 22 15 35.02	8 10 11 10 11	+ 0.97 + 0.97 + 1.00 + 0.97 + 0.97	20 57 11.90 21 14 15.24 21 38 6.55 22 8 15.86 22 15 35.99	20 53 7.50 21 10 10.63 22 4 11.11 22 11 31.24	− 4 4.40 − 4 4.61 − 4 4.71 − 4 4.75 − 4 4.75	sehr stark wallend
Jan. 22	Herler	W O	r Tauri B. A. C. 1518 ☾ I B. A. C. 1801	4 35 0.01 4 49 55.52 5 13 12.42 5 37 0.94	9 7 7 7	+ 0.45 + 0.50 − 0.60 + 0.45	4 35 0.46 4 49 56.02 5 13 11.82 5 37 1.39	4 36 13.30 4 50 8.99 5 37 14.23	+ 0 12.84 + 0 12.97 + 0 12.88 + 0 12.84	

Datum	Beobachter	Kreislage	*, ☾ und Krater	T	Zahl d. beob. Fäden	Reduction auf den Meridian	Red. T	α app. f. d. ☉ (Naut. Alm.)	ΔT	Bemerkungen
Jan. 26	Hansen	w	ε Cancri	8ʰ 6ᵐ13ˢ.61	8	+ 0ˢ.75	8ʰ 6ᵐ14ˢ.36	8ʰ 6ᵐ28ˢ.03	+0ᵐ13ˢ.67	
			d¹ Cancri	8 17 23.81	10	+ 0.82	8 17 24.63	8 17 37.74	+0 13.11	
		o	☾ II	8 42 52.14	7	+ 0.03	8 42 52.17			
			θ Hydrae¹)	9 8 55.86	10	+ 0.11	9 8 55.97	9 9 9.25²)	+0 13.28	
			ω Leonis	9 22 52.39	10	+ 0.15	9 22 57.54	9 23 5.59	+0 13.05	

II. Beobachtungen am gebrochenen Passagen-Instrumente Pistor & Martins.

Datum	Beobachter	Kreislage	*, ☾ und Krater	T	Zahl d. beob. Fäden	Reduction auf den Meridian	Red. T	α app. f. d. ☉ (Naut. Alm.)	ΔT	Bemerkungen
1893										
März 27	Spitaler	o	γ Cancri	8ʰ45ᵐ37ˢ.287	7	+ 0ˢ.441	8ʰ45ᵐ37ˢ.728	8ʰ 37ᵐ 6ˢ.68	− 8ᵐ31ˢ.048	
		w	Mösting A	9 22 52.443	11	− 0.047	9 22 52.396		− 8 31.065	
			B. A. C. 3292	9 41 27.059	7	− 0.045	9 41 27.014	9 32 55.96	− 8 31.054	
März 28	Spitaler	o	B. A. C. 3292	9 41 26.560	4	+ 0.626	9 41 27.186	9 32 55.95	− 8 31.236	sehr schwach
			η Leonis	10 10 2.374	7	+ 0.628	10 10 3.002	10 1 31.41	− 8 31.592	
			Mösting A	10 16 32.574	11	+ 0.646	10 16 33.220		− 8 31.482	
			i Leonis	10 35 1.370	7	+ 0.632	10 35 2.002	10 26 30.52	− 8 31.482	
			l Leonis	10 52 10.384	7	+ 0.638	10 52 11.022	10 43 39.40	− 8 31.622	
März 29	Spitaler	o	i Leonis	10 35 1.599	7	+ 0.813	10 35 2.412	10 26 30.51	− 8 31.902	Luftzustand ausgezeichnet, Bilder sehr gut
			l Leonis	10 52 10.584	7	+ 0.862	10 52 11.446	10 43 39.39	− 8 32.056	
			☾ I	11 5 10.083	6	+ 0.920	11 5 11.103		− 8 32.002	
			B. A. C. 3837	11 17 0.726	7	+ 0.931	11 17 1.657	11 8 29.84	− 8 31.817	
			o Leonis	11 24 9.884	7	+ 0.946	11 24 10.830	11 15 38.60	− 8 32.230	
März 30	Spitaler	o	B. A. C. 3837	11 17 1.397	7	+ 1.063	11 17 2.460	11 8 29.84	− 8 32.620	
			o Leonis	11 24 10.328	5	+ 1.056	11 24 11.384	11 15 38.60	− 8 32.784	
		w	Mösting A	11 53 36.546	5	+ 0.534			− 8 32.706	
			10 Virginis	12 12 45.914	7	+ 0.518	12 12 46.432	12 4 13.79	− 8 32.642	
			η Virginis	12 22 59.573	7	+ 0.510	12 23 0.083	12 14 27.31	− 8 32.773	
April 2	Spitaler	o	m Virginis	13 44 34.597	7	+ 0.887	13 44 35.484	13 36 1.11	− 8 34.374	
			B. A. C. 4591	13 50 8.927	7	+ 0.880	13 50 9.807	13 41 35.46	− 8 34.347	
			Mösting A	14 9 43.063	6	+ 0.870	14 9 43.933		− 8 34.328	
			☾ II	14 10 40.050	3	+ 0.869	14 10 40.919		− 8 34.328	
		w	α Librae	14 48 38.831	7	+ 0.483	14 48 39.314	14 40 5.03	− 8 34.284	
1894										
Sept. 11	Schally	o	17 Capricorni	20 44 32.808	9	+ 2.390	20 44 35.198	20 40 4.92	− 4 30.278	ruhig
			☾ I	21 5 42.409	11	+ 2.947	21 5 45.356		− 4 30.332	ruhig
			γ Capricorni	21 38 45.000	11	+ 2.189	21 38 47.189	21 34 16.76	− 4 30.429	ruhig
			d Capricorni	21 45 43.194	11	+ 2.164	21 45 45.358	21 41 15.07	− 4 30.288	ruhig
Sept. 13	Schally	o	i Aquarii	22 5 15.357	7	+ 2.164	22 5 17.521	22 0 46.34	− 4 31.181	
			o Aquarii	22 29 35.027	11	+ 2.029	22 29 37.056	22 25 5.85	− 4 31.206	
			☾ I	22 40 48.270	7	+ 2.588	22 40 50.858		− 4 31.207	
			φ Aquarii	23 13 22.786	10	+ 1.839	23 13 24.625	23 8 53.39	− 4 31.235	
Sept. 14	Schally	o	λ Aquarii	22 51 38.327	7	+ 1.899	22 51 40.226	22 47 8.57	− 4 31.656	
			ψ Aquarii	23 13 23.199	7	+ 1.828	23 13 25.027	23 8 53.39	− 4 31.637	
			☾ I	23 26 19.183	7	+ 2.323	23 26 21.506		− 4 31.721	gut
			20 Piscium	23 47 3.064	8	+ 1.788	23 47 4.852	23 42 33.03	− 4 31.822	
			B. A. C. 8311	23 53 54.499	7	+ 1.569	23 53 56.068	23 49 24.30	− 4 31.768	unruhig
Sept. 15	Schally	w	20 Piscium	23 47 3.995	8	+ 1.818	23 47 5.813	23 42 33.03	− 4 32.783	ruhig
			B. A. C. 8311	23 53 55.319	11	+ 1.705	23 53 57.024	23 49 24.30	− 4 32.724	ruhig
			☾ II	0 13 47.493	11	+ 1.699	0 13 49.192		− 4 32.659	ruhig
			44 Piscium	0 24 32.401	11	+ 1.617	0 24 34.018	0 20 1.45	− 4 32.568	ruhig
			d Piscium	0 47 45.365	11	+ 1.386	0 47 46.751	0 43 14.19	− 4 32.561	ruhig

¹) Wurde aus Versehen an Stelle von α Cancri beobachtet. ²) α app. aus dem Berliner Astr. Jahrbuch 1899.

— 15 —

Datum	Beobachter	Ekuln	⊕, ☾ und Krater	T	Zahl d. Ltrb. Faden	Reduction auf den Meridian	Red. T	α app. f. d. ☉ (Naut. Alm.)	AT	Bemerkungen
Sept. 17		W	ζ¹ Piscium	1ʰ12ᵐ46ˢ.819	11	+ 1ˢ.624	1ʰ12ᵐ48ˢ.443	1ʰ 8ᵐ14ˢ.79	− 4ᵐ33ˢ.653	ruhig
	Schally		π Piscium	1 36 3.943	11	+ 1.434	1 36 5.377	1 31 31.91	− 4 33.467	ruhig
			☾ II	1 48 41.146	11	+ 1.407	1 48 42.553		− 4 33.622	ruhig
			19 Arietis	2 11 51.909	11	+ 1.270	2 11 53.179	2 7 19.48	− 4 33.699	ruhig
			27 Arietis	2 29 37.218	11	+ 1.150	2 29 38.368	2 25 4.70	− 4 33.668	ruhig
Sept. 18		o	19 Arietis	2 11 52.027	11	+ 1.842	2 11 53.869	2 7 19.50	− 4 34.369	
	Schally		27 Arietis	2 29 36.954	11	+ 1.750	2 29 38.704	2 25 4.72	− 4 33.984	
			☾ II	2 40 32.364	11	+ 1.749	2 40 34.113		− 4 34.155	unruhig
			ε Arietis	2 57 44.692	11	+ 1.694	2 57 46.386	2 53 12.09	− 4 34.296	
			ζ Arietis	3 13 23.948	11	+ 1.611	3 13 25.559	3 8 51.59	− 4 33.969	
Oct. 7		o	A⁴ Sagittarii	19 35 0.484	8	+ 3.746	19 35 4.230	19 30 18.39	− 4 45.840	
	Schally		☾ I	19 54 19.155	11	+ 3.903	19 54 23.058		− 4 45.846	gut
			c Sagittarii	20 0 53.638	11	+ 3.863	20 0 57.501	19 56 11.65	− 4 45.851	
Oct. 15		W	19 Arietis	2 12 10.454	11	+ 0.487	2 12 10.941	2 7 19.96	− 4 50.981	
	Schally		☾ II	2 22 12.983	11	+ 0.391	2 22 13.374		− 4 51.025	gut
			π Arietis	2 41 17.826	11	+ 0.197	2 41 18.023	2 36 26.95	− 4 51.073	
Nov. 9		o	☾ I	0 19 20.463	11	+ 0.519	0 19 20.982		− 5 9.785	gut
	Schally		60 Piscium	0 47 7.453	11	+ 0.418	0 47 7.871	0 41 58.04	− 5 9.831	
		W	ο Piscium	1 2 39.983	11	− 0.170	1 2 39.813	0 57 30.04	− 5 9.773	
Nov. 14		W	ρ Tauri	4 9 40.771	11	− 0.322	4 9 40.449	4 4 26.82	− 5 13.629	
	Schally		γ¹ Tauri	4 21 26.398	11	− 0.322	4 21 25.976	4 16 12.27	− 5 13.706	
			☾ II	4 58 28.870	11	− 0.340	4 58 28.530		− 5 13.656	große Scheibe
		o	β Tauri	5 24 53.400	11	+ 0.162	5 24 53.562	5 19 39.97	− 5 13.592	
			136 Tauri	5 51 57.920	11	+ 0.133	5 51 58.053	5 46 44.35	− 5 13.703	
Dec. 3		o	33 Capricorni	21 23 35.547	11	+ 0.186	21 23 35.733	21 18 11.64	− 5 24.093	unruhig
	Schally		γ Capricorni	21 39 39.764	11	+ 0.225	21 39 39.989	21 34 15.83	− 5 24.159	unruhig
			☾ I	21 43 35.538	11	+ 0.229	21 43 35.767		− 5 24.189	unruhig
			ε Aquarii	22 6 9.603	4	+ 0.241	22 6 9.844	22 0 45.53	− 5 24.314	unruhig
Dec. 9		o	B. A. C. 609	1 59 16.454	11	+ 0.587	1 59 17.041	1 53 49.17	− 5 27.871	ruhig
	Schally		19 Arietis	2 12 47.767	11	+ 0.583	2 12 48.350	2 7 20.20	− 5 28.150	ruhig
			☾ I	2 23 44.620	3	+ 0.587	2 23 45.207		− 5 27.930	ruhig
		W	δ Arietis	3 11 6.306	11	− 0.038	3 11 6.268	3 5 38.30	− 5 27.968	ruhig
			ζ Arietis	3 14 20.590	11	− 0.041	3 14 20.549	3 8 52.82	− 5 27.729	ruhig
Dec. 17		o	η Leonis	10 7 8.975	11	− 0.323	10 7 8.652	10 1 37.22	− 5 31.432	
	Schally		ι Leonis	10 49 16.482	11	− 0.372	10 49 16.110	10 43 44.69	− 5 31.420	
			☾ II	10 53 6.789	10	− 0.394	10 53 6.395		− 5 31.284	etwas wallend
			γ Leonis	11 5 7.350	5	+ 0.119	11 5 7.469	10 59 36.35	− 5 31.119	
		o	α Leonis	11 21 14.583	11	+ 0.113	11 21 14.696	11 15 43.53	− 5 31.166	
1886										
Febr. 10		W	ρ Leonis	10 33 18.250	9	− 0.359	10 33 17.891	10 27 18.84	− 5 59.051	unruhig
	Schally		☾ I	10 56 35.691	11	− 0.330	10 56 35.361		− 5 58.938	gut
			σ Leonis	11 21 44.184	8	− 0.280	11 21 43.904	11 15 45.08	− 5 58.824	unruhig
März 5		W	β Tauri	5 25 45.972	11	− 0.781	5 25 45.191	5 19 40.19	− 6 5.001	
	Schally		136 Tauri	5 52 50.497	11	− 0.795	5 52 49.702	5 46 44.83	− 6 4.872	
			☾ I	6 7 59.272	11	− 0.824	6 7 58.448		− 6 4.995	
		o	49 Aurigae	6 34 42.052	11	− 0.161	6 34 41.891	6 28 36.79	− 6 5.101	unruhig und schwach
			38 Geminor.	6 44 13.036	10	− 0.184	6 44 12.852	6 38 7.84	− 6 5.012	schwach
März 7			ν Geminor.	7 35 34.965	11	− 0.336	7 35 34.629	7 29 29.01	− 6 5.619	
	Schally		ε Geminor.	7 44 14.420	11	− 0.354	7 44 14.066	7 38 8.35	− 6 5.716	
			☾ I	8 20 42.938	11	− 0.401	8 20 42.537		− 6 5.713	nicht sehr scharf
			γ Cancri	8 43 20.857	11	− 0.388	8 43 20.469	8 37 14.68	− 6 5.789	
März 8		o	γ Cancri	8 43 20.656	11	+ 0.085	8 43 20.741	8 37 14.67	− 6 6.071	
	Schally		☾ I	9 23 40.650	11	− 0.040	9 23 40.610		− 6 6.093	sehr gut
			σ Leonis	9 58 42.565	11	− 0.020	9 58 42.545	9 52 36.59	− 6 5.955	
			α Leonis	10 8 55.201	11	− 0.028	10 8 55.173	10 2 48.92	− 6 6.253	

Datum	Beobachter	Kreisblatt	*, ☽ und Krater	T	Zahl d. beob. Fäden	Reduction auf den Meridian	Red. T	☽ app. f. d. ☉ (Naut. Alm.)	ΔT	Bemerkungen
März 12	Schally	o	28 Virginis	12ʰ42ᵐ41ˢ317	11	+ 0ˢ188	12ʰ42ᵐ41ˢ505	12ˢ 36ᵐ33ˢ72	− 6ᵐ 7ˢ785	
			ⱴ Virginis	12 55 2.935	11	+ 0.159	12 55 3.094	12 48 55.36	− 6 7.734	
			☽ II	13 10 6.208	11	+ 0.148	13 10 6.356		− 6 7.772	etwas wallend
			α Virginis	13 25 49.063	11	+ 0.125	13 25 49.188	13 19 41.39	− 6 7.798	
April 8	Schally	o	B. A. C. 4043	12 0 8.444	11	+ 0.445	12 0 8.889	11 53 42.99	− 6 25.899	
		w	☽ I	12 40 23.470	11	+ 0.036	12 40 23.506		− 6 25.830	leidlich
			ⱴ Virginis	12 55 21.401	11	+ 0.027	12 55 21.430	12 48 55.63	− 6 25.800	
		o	α Virginis	13 26 7.154	11	+ 0.376	13 26 7.530	13 19 41.74	− 6 25.790	
April 9	Schally	o	ⱴ Virginis	12 55 21.790	11	+ 0.395	12 55 22.185	12 48 55.63	− 6 26.555	
			α Virginis	13 26 7.835	11	+ 0.347	13 26 8.182	13 19 41.75	− 6 26.432	
			☽ II	13 36 37.133	10	+ 0.346	13 36 37.479		− 6 26.533	leidlich
		w	B. A. C. 4679	14 5 14.755	11	− 0.027	14 5 14.728	13 58 48.10	− 6 26.628	
			B. A. C. 4700	14 11 35.080	11	− 0.035	14 11 35.045	14 5 8.53	− 6 26.515	
April 13	Schally	o	A Ophiuchi	17 15 24.621	11	+ 0.006	17 15 24.627	17 8 55.47	− 6 29.157	sehr unruhig
			☽ II	17 29 16.256	11	− 0.009	17 29 16.247		− 6 29.106	wallend
		w	γ¹ Sagittarii	18 4 50.405	11	− 0.649	18 4 49.756	17 58 20.64	− 6 29.116	sehr unruhig
		o	d Sagittarii	18 20 47.103	11	+ 0.011	18 20 47.114	18 14 18.07	− 6 29.044	sehr unruhig
April 14	Schally	w	γ¹ Sagittarii	18 4 50.996	11	− 0.552	18 4 50.444	17 58 20.67	− 6 29.774	
			d Sagittarii	18 20 48.579	11	− 0.550	18 20 48.029	18 14 18.11	− 6 29.919	sehr flimmernd
			☽ II	18 28 33.469	11	− 0.564	18 28 32.905		− 6 29.852	gut
		o	σ Sagittarii	18 55 16.574	11	+ 0.130	18 55 16.704	18 48 46.84	− 6 29.864	
Mai 5	Schally	w	ⱴ Virginis	11 52 0.592	11	+ 0.039	11 52 0.631	11 45 15.55	− 6 45.081	
			B. A. C. 4043	12 0 28.149	11	+ 0.035	12 0 28.184	11 53 42.89	− 6 45.294	
		o	☽ I	12 18 9.827	11	+ 0.017	12 18 9.844		− 6 45.296	unruhig
			28 Virginis	12 43 18.835	11	+ 0.578	12 43 19.413	12 36 33.95	− 6 45.463	sehr schwach
			ⱴ Virginis	12 55 40.454	11	+ 0.561	12 55 41.015	12 48 55.67	− 6 45.345	
Mai 6	Schally	w	28 Virginis	12 43 19.801	11	+ 0.144	12 43 19.945	12 36 33.95	− 6 45.995	
			ⱴ Virginis	12 55 41.483	11	+ 0.131	12 55 41.614	12 48 55.67	− 6 45.944	
			☽ I	13 10 26.173	10	+ 0.536	13 10 26.709		− 6 45.905	etwas wallend
			B. A. C. 4531	13 35 53.317	11	+ 0.508	13 35 53.825	13 29 7.84	− 6 45.985	
			85 Virginis	13 46 43.613	11	+ 0.495	13 46 44.168	13 39 58.11	− 6 46.058	
Mai 9	Schally	o	B. A. C. 4984	15 10 33.806	11	+ 0.585	15 10 34.391	15 3 46.45	− 6 47.941	
			B. A. C. 5023	15 17 7.910	11	+ 0.587	15 17 8.497	15 10 20.48	− 6 48.017	
			☽ II	16 1 24.245	11	+ 0.602	16 1 24.847		− 6 48.000	sehr wallend
		w	σ Scorpii	16 21 39.016	11	+ 0.033	16 21 39.049	16 14 51.06	− 6 47.989	
			ϐ Scorpii	16 36 11.525	11	+ 0.019	16 36 11.544	16 29 23.49	− 6 48.051	
Mai 10	Schally	w	8 Scorpii	16 36 12.253	10	+ 0.402	16 36 12.555	16 29 23.51	− 6 49.045	
			☽ II	17 1 49.516	11	+ 0.415	17 1 49.931		− 6 49.077	sehr wallend
		o	3 Sagittarii	17 47 47.865	11	+ 0.945	17 47 48.810	17 40 59.70	− 6 49.110	
Mai 12	Schally	w	d Sagittarii	18 21 8.530	11	+ 0.693	18 21 9.223	18 14 19.01	− 6 50.213	flimmernd
			ε Sagittarii	18 45 57.838	11	+ 0.679	18 45 58.517	18 39 8.32	− 6 50.197	
		o	Mösting A	19 0 21.269	8	+ 0.693	19 0 21.962		− 6 50.215	
			☽ II	19 1 19.648	11	+ 0.693	19 1 20.341		− 6 50.215	gut
			γ Sagittarii	19 15 58.587	11	+ 0.116	19 15 58.703	19 9 8.47	− 6 50.233	
Juni 3	Schally	o	α Virginis	13 26 47.161	11	+ 0.826	13 26 48.007	13 19 41.80	− 7 6.207	
		w	☽ I	13 44 26.823	10	+ 0.378	13 44 27.200		− 7 6.207	etwas unruhig
Juni 6	Schally	o	B. A. C. 6127	18 8 38.158	6	+ 0.799	18 8 38.957	18 1 29.32	− 7 9.637	
			d Sagittarii	18 21 28.627	10	+ 0.815	18 21 29.442	18 14 19.71	− 7 9.732	unruhig
			☽ II	18 36 57.319	10	+ 0.819	18 36 58.138		− 7 9.685	wallend
Juli 3	Schally	o	42 Librae	15 34 13.946	11	+ 0.140	15 34 14.095	15 34 7.26	− 6 6.815	unruhig
			ϐ Scorpii	15 44 49.475	11	+ 0.168	15 44 49.643	15 44 42.72	− 0 6.923	unruhig
			☽ I	16 6 40.729	11	+ 0.186	16 6 40.915		− 0 6.857	
		w	τ Scorpii	16 29 31.144	11	− 0.232	16 29 30.912	16 29 24.08	− 0 6.832	
Juli 4	Schally	o	☽ I	17 5 57.520	11	+ 0.105	17 5 57.625		− 0 7.500	leidlich
			d Ophiuchi	17 20 49.939	11	+ 0.111	17 20 50.050	17 20 42.55	− 0 7.500	

III. Retascensionen des Mondmittelpunktes und des Kraters Mösting A.

Datum	Object	Instrument	M. Z. Prag	a_C resp. a_b	B—NA	Beobachter
1892						
Mai 4	☾ I	FS	$7^h\ 7^m\ 3^s47$	$9^h 59^m 23^s86$	$+ 0^s08$	Lieblein
Juni 10	☾ II	»	12 19 23.01	17 38 27.30	— 0.14	»
Juli 6	☾ I	»	9 19 32.52	16 20 37.79	— 0.04	»
Juli 7	☾ I	»	10 10 55.77	17 16 6.04	+ 0.12	»
Juli 9	☾ II	»	12 1 46.48	19 15 8.09	— 1.01	»
August 4	☾ I	»	8 53 42.80	17 49 3.99	— 0.05	»
August 5	☾ I Mösting A	»	9 49 27.58 9 49 28.33	18 48 54.49 18 48 55.25	— 0.03 + 0.05	»
August 6	☾ I Mösting A	»	10 46 21.11 10 46 23.15	19 49 53.93 19 49 55.98	— 0.10 — 0.02	»
August 11	☾ II	»	15 7 56.26	0 31 54.82	— 0.09	»
August 12	☾ II	»	15 56 55.19	1 24 28.35	— 0.42	»
Septemb. 2	☾ I Mösting A	»	8 31 57.04 8 31 57.45	19 21 34.76 19 21 35.17	+ 0.11 + 0.31	»
Septemb. 12	☾ II	»	17 28 44.71	4 59 16.14	— 0.28	»
October 1	☾ I Mösting A	»	8 9 1.48 8 9 2.41	20 52 55.49 20 52 56.42	+ 0.38 + 0.29	»
October 3	☾ I Mösting A	»	9 54 9.18 9 54 12.90	22 46 13.56 22 46 17.29	+ 0.10 + 0.16	»
October 4	☾ I Mösting A	»	10 45 2.19 10 45 6.91	23 41 11.48 23 41 16.22	+ 0.05 — 0.16	»
October 5	☾ I ☾ II	»	11 35 49.84 11 35 49.81	0 36 4.03 0 36 4.00	+ 0.06 + 0.03	»
October 28	☾ I	»	5 58 57.45	20 28 57.07	+ 0.09	»
October 29	☾ I	»	6 50 57.72	21 25 2.43	+ 0.13	»
November 26	☾ I	»	5 35 4.67	21 59 20.51	— 0.17	»
December 2	☾ I Mösting A	»	10 37 49.36 10 37 55.39	3 26 34.26 3 26 40.31	+ 0.16 — 0.27	»
December 28	☾ I Mösting A	»	7 29 22.41 7 29 25.68	2 0 6.88 2 0 10.16	+ 0.04 + 0.01	»
1893						
Januar 1	☾ I Mösting A	FS	11 27 5.20 11 27 15.75	6 14 14.97 6 14 25.55	— 0.24 — 0.41	Lieblein
Januar 7	☾ II	»	16 46 59.01	11 58 40.69	— 0.16	»
Januar 27	☾ I	»	8 8 39.38	4 37 47.06	+ 0.15	»
Februar 6	☾ II	»	16 43 16.37	13 53 14.15	0.00	»
Februar 24	Mösting A	»	7 2 58.48	5 22 18.92	— 0.02	»

— 18 —

Datum	Object	Instrument	M. Z. Prag	a_C resp. d_k	B—NA	Beobachter
Februar 25	☾ I Mösting A	FS	$8^h\ 4^m26^s90$ 8 4 37.88	$6^h27^m54^s00$ 6 28 5.01	− 0.05 + 0.13	Lieblein
Februar 27	☾ I Mösting A	»	10 3 6.75 10 3 19.27	8 34 46.47 8 34 59.02	+ 0.04 0.00	»
März 4	☾ II	»	13 56 11.78	12 48 12.54	− 0.21	»
März 25	☾ I	»	6 59 58.23	7 13 38.25	− 0.02	»
März 26	☾ I Mösting A	»	7 58 15.10 7 58 28.85	8 16 1.25 8 16 15.04	− 0.01 − 0.04	»
März 27	☾ I Mösting A Mösting A	» » PM	8 52 15.90 8 52 29.48 8 52 29.69	9 14 7.49 9 14 21.11 9 14 21.32	− 0.06 − 0.02 + 0.19	» » Spitaler
März 28	☾ I Mösting A Mösting A	FS » PM	9 41 52.36 9 42 5.17 9 42 5.42	10 7 48.65 10 8 1.49 10 8 1.74	+ 0.06 + 0.09 + 0.34	Lieblein » Spitaler
März 29	☾ I	»	10 27 43.23	10 57 43.60	+ 0.12	»
März 30	☾ I Mösting A Mösting A	FS » PM	11 10 50.08 11 11 0.48 11 11 0.34	11 44 54.08 11 45 4.51 11 45 4.37	+ 0.06 + 0.06 − 0.08	Lieblein » Spitaler
April 1	Mösting A ☾ II	FS	12 33 27.66 12 33 19.87	13 15 38.33 13 15 30.52	− 0.05 − 0.22	Lieblein
April 2	Mösting A Mösting A ☾ II ☾ II	» PM FS PM	13 14 55.66 13 14 55.57 13 14 49.44 13 14 49.56	14 1 9.70 14 1 9.61 14 1 3.46 14 1 3.58	+ 0.07 − 0.02 + 0.05 + 0.17	» Spitaler Lieblein Spitaler
April 3	☾ II	FS	13 57 41.13	14 47 58.74	− 0.15	Lieblein
April 7	Mösting A ☾ II	»	17 11 23.32 17 11 22.23	18 17 58.97 18 17 57.88	− 0.14 − 0.19	»
April 24	☾ I Mösting A	»	7 40 1.23 7 40 15.74	9 52 4.47 9 52 19.02	+ 0.23 + 0.30	»
April 25	☾ I Mösting A	»	8 26 37.59 8 26 50.79	10 42 45.04 10 42 58.27	+ 0.16 + 0.12	»
April 26	☾ I Mösting A	»	9 9 59.24 9 10 10.91	11 30 10.36 11 30 22.06	+ 0.11 − 0.04	»
April 28	☾ I Mösting A	»	10 31 54.22 10 32 2.87	13 0 11.90 13 0 20.57	+ 0.04 − 0.11	»
April 29	☾ I Mösting A	»	11 12 44.65 11 12 51.84	13 45 5.58 13 45 12.79	+ 0.11 − 0.01	»
Juni 22	☾ I Mösting A	»	7 11 1.61 7 11 11.67	13 15 36.96 13 15 47.04	+ 0.04 − 0.06	»
Juni 24	☾ I Mösting A	»	8 34 45.07 8 34 52.45	14 47 27.27 14 47 34.67	+ 0.03 + 0.05	»
Juli 24	☾ I Mösting A	»	8 51 14.51 8 51 19.94	17 2 16.17 17 2 21.62	+ 0.17 + 0.28	»
August 1	Mösting A ☾ II	»	15 22 36.03 15 22 33.25	0 6 14.44 0 6 11.66	− 0.21 − 0.50	»
August 25	☾ I	»	11 0 25.28	21 17 57.97	+ 0.22	»

— 19 —

Datum	Object	Instrument	M. Z. Prag	a_C resp. a_b	B—NA	Beobachter
August 29	Mösting A	FS	$14^h\ 5^m21^s38$	$0^s39^m10^s65$	— 0^s23	Lieblein
	☾ II		14 5 18.00	0 39 7.26	— 0.44	
September 1	Mösting A	»	16 34 51.42	3 20 54.91	— 0.51	»
	☾ II		16 34 47.71	3 20 51.19	— 0.27	
September 21	☾ I	»	8 51 4.83	20 54 43.23	+ 0.07	»
	Mösting A		8 51 8.67	20 54 47.09	+ 0.19	
September 25	Mösting A	»	11 58 46.91	0 18 42.35	— 0.10	»
	☾ II		11 58 43.62	0 18 39.05	— 0.31	
1894						
September 11	☾ I	»	9 38 56.37	21 2 20.14	+ 0.03	Spitaler
	☾ I	PM	9 38 56.92	21 2 20.69	+ 0.57	Schally
	Mösting A	FS	9 39 4.43	21 2 28.22	+ 0.38	Spitaler
September 13	☾ I	»	11 5 51.02	22 37 22.17	— 0.13	Spitaler
	☾ I	PM	11 5 51.51	22 37 22.66	+ 0.36	Schally
	Mösting A	FS	11 5 56.10	22 37 27.27	+ 0.21	Spitaler
September 14	☾ I	»	11 47 17.17	23 22 51.68	— 0.07	»
	☾ I	PM	11 47 17.83	23 22 52.34	+ 0.59	Schally
	Mösting A	FS	11 47 20.61	23 22 55.13	+ 0.08	Spitaler
September 15	☾ II	»	12 28 35.86	0 8 13.71	— 0.15	»
	☾ II	PM	12 28 35.84	0 8 13.69	— 0.17	Schally
	Mösting A	FS	12 28 38.13	0 8 15.98	+ 0.15	Spitaler
September 17	☾ II	»	13 55 18.14	1 43 3.33	— 0.11	»
	☾ II	PM	13 55 17.82	1 43 3.01	— 0.43	Schally
	Mösting A	FS	13 55 18.12	1 43 3.31	— 0.04	Spitaler
September 18	☾ II	»	14 43 1.79	2 34 51.37	— 0.37	»
	☾ II	PM	14 43 1.81	2 34 51.39	— 0.34	Schally
	Mösting A	FS	14 43 1.36	2 34 50.94	— 0.20	Spitaler
September 19	☾ II	»	15 35 2.83	3 30 57.50	+ 0.04	»
	Mösting A		15 35 2.16	3 30 56.83	— 0.10	
September 21	☾ II	»	17 32 21.69	5 36 28.76	— 0.14	»
	Mösting A		17 32 23.35	5 36 30.42	— 0.15	
October 7	☾ I	»	6 45 19.93	19 50 45.58	+ 0.20	Lieblein
	☾ I	PM	6 45 19.82	19 50 45.47	+ 0.11	Schally
October 15	☾ II	FS	12 38 18.18	2 16 14.22	— 0.37	Lieblein
	☾ II	PM	12 38 18.13	2 16 14.17	— 0.42	Schally
	Mösting A	FS	12 38 18.74	2 16 14.78	— 0.02	Lieblein
November 9	☾ I	»	8 59 20.54	0 15 14.51	— 0.02	»
	☾ I	PM	8 59 20.58	0 15 14.55	+ 0.02	Schally
	Mösting A	FS	8 59 21.63	0 15 15.60	+ 0.04	Lieblein
November 12	☾ I	»	11 19 22.59	2 47 29.22	— 0.18	»
November 14	☾ II	»	13 15 39.44	4 51 58.30	— 0.40	»
	☾ II	PM	13 15 39.48	4 51 58.34	— 0.36	Schally
	Mösting A	FS	13 15 42.03	4 52 0.90	— 0.35	Lieblein
December 3	☾ I	»	4 49 25.05	21 39 15.36	— 0.12	»
	☾ I	PM	4 49 25.21	21 39 15.52	+ 0.05	Schally
December 9	☾ I	»	9 5 14.46	2 19 26.13	+ 0.25	»
December 17	☾ I	»	16 59 25.02	10 46 27.07	— 0.25	»

3*

Datum	Object	Instrument	M. Z. Prag	n_c resp. a_l	B—NA	Beobachter
1896						
Januar 7	☾ I	FS	8ʰ37ᵐ23ˢ94	3°45′51″25	+ 0″11	Lieblein
	Mösting A		8 37 20.93	3 45 48.23	+ 0.26	
Februar 10	☾ II	»	13 26 8.76	10 49 26.48	— 0.14	»
	☾ II	PM	13 26 8.59	10 49 26.31	— 0.29	Schally
	Mösting A	FS	13 26 17.23	10 49 34.97	— 0.21	Lieblein
Februar 13	☾ II	»	15 54 23.14	13 29 54.86	— 0.06	»
März 4	☾ I	»	6 9 5.28	4 57 55.39	+ 0.07	»
	Mösting A		6 9 2.30	4 57 52.40	+ 0.05	
März 5	☾ I	»	7 10 13.27	6 3 9.98	+ 0.26	»
	☾ I	PM	7 10 13.45	6 3 10.16	+ 0.42	Schally
	Mösting A	FS	7 10 11.57	6 3 8.29	+ 0.14	Lieblein
März 7	☾ I	»	9 14 41.93	8 15 52.20	+ 0.10	»
	☾ I	PM	9 14 41.98	8 15 52.25	+ 0.16	Schally
	Mösting A	FS	9 14 44.48	8 15 54.76	+ 0.19	Lieblein
März 8	☾ I	»	10 13 31.44	9 18 47.95	+ 0.24	»
	☾ I	PM	10 13 31.26	9 18 47.76	+ 0.05	Schally
	Mösting A	FS	10 13 35.67	9 18 52.18	+ 0.23	Lieblein
März 9	☾ I	»	11 8 49.34	10 18 11.47	— 0.03	»
	Mösting A		11 8 54.87	10 18 17.02	— 0.11	
März 12	☾ II	PM	13 41 13.17	13 2 49.99	— 0.07	Schally
April 8	☾ I	FS	11 27 23.97	12 35 5.76	— 0.04	Lieblein
	☾ I	PM	11 27 24.09	12 35 5.88	+ 0.08	Schally
	Mösting A	FS	11 27 30.44	12 35 12.25	+ 0.03	Lieblein
April 9	☾ II	»	12 17 15.51	13 29 2.04	— 0.03	»
	☾ II	PM	12 17 15.48	13 29 2.01	— 0.05	Schally
	Mösting A	FS	12 17 23.05	13 29 9.60	+ 0.03	Lieblein
April 10	☾ II	»	13 8 41.05	14 24 32.58	— 0.05	»
	Mösting A		13 8 49.82	14 24 41.37	— 0.10	
April 13	☾ II	PM	15 53 26.28	17 21 34.54	— 0.03	Schally
April 14	☾ II	FS	16 48 37.56	18 20 51.44	— 0.20	Lieblein
	☾ II	PM	16 48 37.55	18 20 51.43	— 0.21	Schally
	Mösting A	FS	16 48 50.84	18 21 4.76	— 0.17	Lieblein
Mai 4	☾ I	»	8 30 52.10	11 20 35.33	— 0.05	»
	Mösting A		8 30 57.39	11 20 40.63	0.00	
Mai 5	☾ I	»	9 18 44.20	12 12 31.85	+ 0.03	»
	☾ I	PM	9 18 44.10	12 12 31.75	— 0.06	Schally
	Mösting A	FS	9 18 49.65	12 12 37.32	— 0.07	Lieblein
Mai 6	☾ I	»	10 6 56.60	13 4 48.72	+ 0.13	»
	☾ I	PM	10 6 56.37	13 4 48.49	— 0.09	Schally
	Mösting A	FS	10 7 2.67	13 4 54.80	+ 0.05	Lieblein
Mai 9	☾ II	»	12 43 17.18	15 53 24.64	— 0.13	»
	☾ II	PM	12 43 17.24	15 53 24.70	— 0.06	Schally
	Mösting A	FS	12 43 27.30	15 53 34.79	— 0.01	Lieblein
Mai 10	☾ II	PM	13 39 34.72	16 53 47.99	— 0.18	Schally
Mai 12	☾ II	FS	15 30 54.40	18 53 19.08	— 0.20	Lieblein
	☾ II	PM	15 30 54.49	18 53 19.17	— 0.10	Schally
	Mösting A	FS	15 31 6.84	18 53 31.55	— 0.24	Lieblein
	Mösting A	PM	15 31 7.04	18 53 31.75	— 0.04	Schally
Juni 3	☾ I	PM	8 50 25.68	13 38 28.82	— 0.14	»

Datum		Object	Instrument	M. Z. Prag	α_C resp. α_λ	B—NA	Beobachter
Juni	7	☾ II Mösting A	FS	12ʰ 24ᵐ 23ˢ.43 12 24 35.08	17ʰ 26ᵐ 47ˢ.97 17 28 59.65	— 0ˢ.07 — 0.07	Lieblein
Juni	8	☾ II ☾ II Mösting A	• PM FS	13 20 6.30 13 20 6.61 13 20 18.71	18 28 36.55 18 28 36.86 18 28 48.99	— 0.27 + 0.03 + 0.03	» Schally Lieblein
Juni	9	☾ II Mösting A	»	14 13 28.77 14 13 40.59	19 26 4.34 19 26 16.20	— 0.24 — 0.18	»
Juli	3	☾ I ☾ I	• PM	9 21 20.58 9 21 20.56	16 7 45.57 16 7 45.55	— 0.06 — 0.08	» Schally
Juli	4	☾ I ☾ I	FS PM	10 16 31.98 10 16 31.65	17 7 2.59 17 7 2.26	+ 0.30 — 0.02	Lieblein Schally
August	6	☾ II	FS	13 8 17.50	22 9 22.74	+ 0.13	»
August	7	☾ II	»	13 48 22.45	22 53 30.83	— 0.14	»
August	8	☾ II	»	14 27 19.94	23 36 31.27	— 0.07	»
August	29	☾ I	»	7 56 57.04	18 27 51.90	— 0.06	»
August	30	☾ I	»	8 49 18.37	19 24 18.39	— 0.06	»
September	3	☾ I Mösting A	»	11 47 53.37 11 48 0.17	22 39 8.95 22 39 15.77	+ 0.17 + 0.05	»
September	4	☾ II Mösting A	»	12 27 8.88 12 27 13.98	23 22 27.46 23 22 32.57	— 0.07 + 0.12	»
September	6	☾ II Mösting A	»	13 45 32.99 13 45 34.51	0 48 57.54 0 48 59.06	— 0.31 + 0.02	»
September	9	☾ II	»	15 58 35.28	3 14 11.33	— 0.01	»
September	25	☾ I	»	5 50 22.38	18 7 23.40	+ 0.36	»
September	27	☾ I	»	7 34 59.77	20 0 11.09	+ 0.19	»
September	28	☾ I	»	8 22 0.49	20 51 16.09	+ 0.15	»
September	29	☾ I Mösting A	»	9 5 45.43 9 5 56.11	21 39 4.78 21 39 15.48	+ 0.11 + 0.28	»
September	30	☾ I Mösting A	»	9 46 59.18 9 47 7.63	22 24 21.85 22 24 30.32	+ 0.19 + 0.25	»
October	1	☾ I Mösting A	»	10 26 36.91 10 26 43.22	23 8 2.64 23 8 8.97	+ 0.19 + 0.16	»
October	31	☾ I Mösting A	»	10 23 27.72 10 23 29.97	1 3 9.55 1 3 11.81	+ 0.13 + 0.30	»
November	1	☾ I Mösting A	»	11 6 18.25 11 6 18.96	1 50 3.67 1 50 4.38	+ 0.14 + 0.02	»
November	23	☾ I	»	5 39 37.14	21 49 13.17	+ 0.20	»
November	25	☾ I Mösting A	»	6 59 59.47 7 0 5.15	23 17 41.80 23 17 47.50	+ 0.12 — 0.25	»
November	29	☾ I Mösting A	»	9 45 21.69 9 45 21.76	2 19 17.40 2 19 17.47	+ 0.17 + 0.18	»
1896 Januar	1	☾ II	»	13 11 30.71	7 56 6.76	+ 0.08	»
Januar	24	☾ I Mösting A	»	7 2 0.06 7 1 57.50	3 16 16.22 3 16 13.66	+ 0.35 + 0.36	»

— 22 —

Datum		Object	Instrument	M. Z. Prag	α_C resp. α_λ	B—NA	Beobachter
Januar	27	☾ I Mösting A	FS	$9^h 52^m\ 7^s.64$ 9 52 6.32	$6^h 28^m 41^s.43$ 6 18 40.11	$+ 0^s.41$ $+ 0.38$	Schally
Februar	4	☾ II Mösting A	»	17 4 38.08 17 4 46.10	14 3 55.37 14 4 3.41	$+ 0.03$ 0.00	»
Februar	21	☾ I	»	5 43 49.31	3 48 16.20	$+ 0.40$	»
Februar	22	☾ I Mösting A	»	6 37 29.97 6 37 26.29	4 46 2.24 4 45 58.55	$+ 0.35$ $+ 0.29$	»
Februar	23	☾ I Mösting A	»	7 34 45.06 7 34 41.70	5 47 23.30 5 47 19.93	$+ 0.36$ $+ 0.34$	»
Februar	24	☾ I Mösting A	»	8 34 2.21 8 33 59.58	6 50 46.75 6 50 44.11	$+ 0.28$ $+ 0.16$	»
Februar	29	☾ II	»	13 10 55.97	11 48 8.76	$+ 0.10$	»
März	23	☾ I Mösting A	»	7 18 40.06 7 18 37.26	7 25 35.72 7 25 32.92	$+ 0.40$ $+ 0.41$	»
März	24	☾ I Mösting A	»	8 15 5.93 8 15 3.74	8 26 7.42 8 26 5.23	$+ 0.30$ $+ 0.12$	»
März	29	☾ II	»	12 39 4.02	13 10 31.63	$+ 0.20$	»
April	22	☾ I Mösting A	»	7 51 18.84 7 51 17.23	9 56 36.50 9 56 34.88	$+ 0.32$ $+ 0.32$	»
Juli	20	☾ I Mösting A	»	8 32 17.89 8 32 27.95	16 28 35.89 16 28 45.98	$+ 0.05$ $+ 0.17$	»
Juli	26	☾ II Mösting A	»	13 51 19.34 13 51 29.47	22 12 9.11 22 12 19.26	$- 0.05$ $- 0.03$	»
August	19	☾ I Mösting A	»	9 21 17.37 9 21 32.13	19 16 0.12 19 16 14.92	$+ 0.15$ $+ 0.26$	»
September	16	☾ I Mösting A	»	8 10 38.17 8 10 53.91	19 55 32.83 19 55 48.61	$+ 0.02$ $+ 0.18$	»
October	18	☾ I	»	9 47 34.80	23 38 55.11	$+ 0.14$	Köppner
October	21	☾ II	»	11 50 5.91	1 52 36.67	$- 0.54$	»
1897 April	10	☾ I Mösting A	»	6 34 22.30 6 34 19.50	7 51 11.92 7 51 9.12	$- 0.21$ $- 0.02$	»
December	28	☾ I	»	4 16 22.06	22 45 46.45	$+ 0.46$	Scheller
December	29	☾ I	»	5 0 51.20	23 34 19.45	$+ 0.31$	»
1898 Februar	3	☾ I	»	9 59 36.65	6 54 45.96	$- 0.08$	»
März	2	☾ I Mösting A	»	7 50 13.00 7 50 16.72	6 32 32.60 6 32 36.32	$+ 0.62$ $+ 0.54$	»
März	4	☾ I Mösting A	»	9 27 31.82 9 27 31.74	8 18 0.01 8 17 59.93	$+ 0.56$ $+ 0.23$	»
Mai	1	☾ I Mösting A	»	8 11 41.48 8 11 36.11	10 50 37.34 10 50 31.97	$+ 0.73$ $+ 0.79$	»
Mai	2	☾ I Mösting A	»	8 57 7.45 8 57 1.61	11 40 7.26 11 40 1.40	$+ 0.69$ $+ 0.71$	»

Datum	Object	Instrument	M. Z. Prag	α_C resp. $a_{\mathfrak{h}}$	B—NA	Beobachter
Juli 31	☾ I Mösting A	FS	$10^h 51^m 29\overset{s}{.}60$ 10 51 37.07	$19^h 29^m 38\overset{s}{.}08$ 19 29 45.57	$— 0\overset{s}{.}28$ $+ 0.03$	Scheller
August 2	☾ II	"	12 46 30.98	21 32 51.80	$— 0.58$	"
1899 Januar 22	☾ I	"	9 6 43.70	5 14 32.55	$+ 0.05$	Tievler
Januar 26	☾ II	"	12 16 55.85	8 41 2.18	$+ 0.02$	"

Beobachtung von Marsculminationen während der Opposition 1894.

Dieselbe wurde vom Adjuncten Dr. R. Spitaler (Sp), später vom Assistenten R. Lieblein (L) am geraden Passageninstrumente von Fraunhofer-Starke und vom Assistenten O. Schally (Sch) am gebrochenen Passageninstrumente von Pistor & Martins correspondierend um die Zeit der Opposition des Planeten Mars in der zweiten Hälfte des Jahres 1894 ausgeführt. Die Beobachtung, Berechnung und Vergleichung der erhaltenen Rectascensionen erfolgte auf Grund der bezüglichen Ephemeride des Nautical Almanac.*) Da die nachstehende Zusammenstellung analog zu jener bei den Mondculminationen ist, genügt es, auf das dort Gesagte zu verweisen. Die Beobachtungen geschahen durchwegs nach der Aug'- und Ohr-Methode unter Benützung der Sternzeituhr Hohwü.

I. Beobachtungen am geraden Passagen-Instrument Fraunhofer-Starke.

Datum	Beobachter	Kreislage	✱ und ♂	T	Zahl d. tamb. Fäden	Reduction auf den Meridian	Red. T	α app. f. d. a (Naut. Alm.)	ΔT	Bemerkungen
1894 Sept. 17	Sp	W	19 Arietis ♂ II 27 Arietis	$2^h 11^m 53\overset{s}{.}271$ 2 20 26.308 2 29 38.497	11 11 11	$— 0\overset{s}{.}190$ — 0.148 — 0.214	$2^h 11^m 53\overset{s}{.}081$ 2 20 26.160 2 29 38.283	$2^h 7^m 19\overset{s}{.}48$ 2 25 4.70	$— 4^m 33\overset{s}{.}601$ — 4 33.592 — 4 33.583	
Sept. 18	Sp	W	19 Arietis ♂ II 27 Arietis	2 11 53.716 2 20 16.554 2 29 38.906	11 11 11	— 0.217 — 0.159 — 0.234	2 11 53.499 2 20 16.395 2 29 38.672	2 7 19.50 2 25 4.72	— 4 33.999 — 4 33.976 — 4 33.952	
Oct. 15	L	W	o Piscium ♂ II	1 44 42.235 1 56 53.140	11 7	$+ 0.262$ + 0.286	1 44 42.497 1 56 53.426	1 39 51.30	— 4 51.197 — 4 51.203	leidlich
Oct. 23	L	W	96 Piscium ♂ I ξ^1 Ceti	1 28 32.007 1 46 18.844 2 12 23.969	11 11 10	+ 0.186 + 0.208 + 0.206	1 28 32.193 1 46 19.052 2 12 24.175	1 23 34.66 2 7 26.54	— 4 57.533 — 4 57.582 — 4 57.635	ziemlich gut
Nov. 1	L	O	96 Piscium ♂ I o Piscium	1 28 39.265 1 35 42.803 1 44 56.002	11 10 11	— 0.114 + 0.108 + 0.104	1 28 39.379 1 35 42.911 1 44 56.106	1 23 34.70 1 39 51.42	— 5 4.679 — 5 4.680 — 5 4.686	sehr unruhig
Nov. 2	L	O	♂ I o Piscium	1 34 42.229 1 44 56.591	11 10	+ 0.186 0.164	1 34 42.413 1 44 56.755	1 39 51.42	— 5 5.329 — 5 5.335	schleierhaft

*) Eine Ausnahme bilden die September-Beobachtungen, bei welchen an Mondculminations-Sterne angeschlossen wurde.

— 24 —

Datum	Beobachter	Kreislage	* und ☌	T	Zahl d. beob. Fäden	Reduction auf den Meridian	Red. T	α app. f. d. ⚹ (Naut. Alm.)	ΔT	Bemerkungen
Nov. 9	L	o	⚹ Piscium	1ʰ 2ᵐ39ˢ.856	11	— 0ˢ.142	1ʰ 2ᵐ39ˢ.714	0ʰ 57ᵐ30ˢ.04	— 5ᵐ 9ˢ.674	unruhig
			☌ I	1 28 52.065	11	— 0.118	1 28 51.947		— 5 9.729	
			o Piscium	1 45 1.319	11	— 0.096	1 45 1.223	1 39 51.44	— 5 9.783	
Nov. 12	L	o	⚹ Piscium	1 2 42.394	10	— 0.041	1 2 42.353	0 57 30.03	— 5 12.323	leidlich
			☌ I	1 27 6.228	11	— 0.042	1 27 6.186		— 5 12.320	
			o Piscium	1 45 3.810	11	— 0.046	1 45 3.764	1 39 51.45	— 5 12.314	
Nov. 26	L	o	⚹ Piscium	1 2 50.993	11	— 0.167	1 2 50.826	0 57 29.97	— 5 20.856	sehr unruhig
			☌ I	1 24 55.119	11	— 0.161	1 24 54.958		— 5 20.936	
			o Piscium	1 45 12.574	11	— 0.117	1 45 12.457	1 39 51.44	— 5 21.017	

II. Beobachtungen am gebrochenen Passagen-Instrument Pistor & Martins.

Datum	Beobachter	Kreislage	* und ☌	T	Zahl d. beob. Fäden	Reduction auf den Meridian	Red. T	α app. f. d. ⚹ (Naut. Alm.)	ΔT	Bemerkungen
1894										
Sept. 17	Sch	W	19 Arietis	2ʰ11ᵐ51ˢ.909	11	+ 1ˢ.270	2ʰ11ᵐ53ˢ.179	2ʰ 7ᵐ19ˢ.48	— 4ᵐ33ˢ.699	
			☌ II	2 20 24.619	11	+ 1.444	2 20 26.063		— 4 33.684	
			27 Arietis	2 29 37.218	11	+ 1.150	2 29 38.368	2 25 4.70	— 4 33.668	
Sept. 18	Sch	o	19 Arietis	2 11 52.027	11	+ 1.842	2 11 53.869	2 7 19.50	— 4 34.369	
			☌ II	2 20 14.210	7	+ 2.012	2 20 16.222		— 4 34.176	
			27 Arietis	2 29 36.954	10	+ 1.750	2 29 38.704	2 25 4.72	— 4 33.984	
Oct. 15	Sch	W	o Piscium	1 44 41.392	11	+ 0.805	1 44 42.197	1 39 51.30	— 4 50.897	
			☌ II	1 56 52.387	9	+ 0.802	1 56 53.189		— 4 50.897	
Oct. 23	Sch	W o	96 Piscium	1 28 29.267	11	+ 2.640	1 28 31.907	1 23 34.66	— 4 57.247	
			☌ I	1 46 15.927	11	+ 3.079	1 46 19.006		— 4 57.256	
Oct. 26	Sch	o W	96 Piscium	1 28 33.855	4	+ 0.587	1 28 34.442	1 23 34.68	— 4 59.762	
			☌ I	1 42 31.998	10	— 0.037	1 42 31.961		— 4 59.725	
			ε Ceti	2 12 26.280	4	— 0.014	2 12 26.266	2 7 26.57	— 4 59.696	
Nov. 1	Sch	o	96 Piscium	1 28 39.023	10	+ 0.109	1 28 39.132	1 23 34.70	— 5 4.432	gut
			☌ I	1 35 42.754	11	+ 0.080	1 35 42.834		— 5 4.434	
			o Piscium	1 44 55.799	11	+ 0.057	1 44 55.856	1 39 51.42	— 5 4.436	
Nov. 2	Sch	W	☌ I	1 34 42.574	11	— 0.593	1 34 41.981		— 5 4.921	minder gut
			o Piscium	1 44 56.947	3	— 0.600	1 44 56.347	1 39 51.42	— 5 4.927	
Nov. 9	Sch	W o	⚹ Piscium	1 2 39.983	11	— 0.170	1 2 39.813	0 57 30.04	— 5 9.773	undeutlich
			☌ I	1 28 51.099	11	+ 0.374	1 28 52.073		— 5 9.868	
			o Piscium	1 45 0.945	11	+ 0.457	1 45 1.402	1 39 51.44	— 5 9.962	
Nov. 12	Sch	o	⚹ Piscium	1 2 41.782	9	+ 0.570	1 2 42.352	0 57 30.03	— 5 12.322	ziemlich gut
			☌ I	1 27 5.763	11	+ 0.557	1 27 6.320		— 5 12.258	
			o Piscium	1 45 3.118	11	+ 0.545	1 45 3.663	1 39 51.45	— 5 12.313	
Nov. 22	Sch	W o	⚹ Piscium	1 2 49.074	11	— 0.741	1 2 48.333	0 57 29.99	— 5 18.343	sehr unruhig
			☌ I	1 24 32.083	11	— 0.737	1 24 31.346		— 5 18.356	sehr unruhig
			o Piscium	1 45 10.010	11	— 0.202	1 45 9.808	1 39 51.44	— 5 18.368	sehr unruhig
Nov. 26	Sch	W	⚹ Piscium	1 2 50.773	11	— 0.073	1 2 50.700	0 57 29.97	— 5 20.730	sehr unruhig
			☌ I	1 24 54.918	11	— 0.040	1 24 54.878		— 5 20.730	sehr unruhig

III. Rectascensionen des Marsmittelpunktes.

1894		Object	M. Z. Prag		α ♂		B—NA	
					Spinler	Schally		
September	17	♂ II	14ʰ 28ᵐ 1ˢ 20	1ˢ 03	2ʰ 15ᵐ 51ˢ 78	51ˢ 59	— 0ˢ 31	— 0ˢ 50
»	18	♂ II	14 23 55.20	54.82	2 15 41.63	41.26	— 0.36	— 0.72
					Lieblein	Schally		
October	15	♂ II	12 14 9.28	9.35	1 52 1.35	1.42	— 0.54	— 0.47
»	23	♂ I	11 32 4.69	4.97	1 41 22.32	22.60	— 0.41	— 0.13
»	26	♂ I	11 16 —	28.36	1 37 —	33.08	—	— 0.35
November	1	♂ I	10 46 0.00	0.17	1 30 39.04	39.21	— 0.45	— 0.28
»	2	♂ I	10 41 3.09	3.07	1 29 37.88	37.86	— 0.21	— 0.23
»	9	♂ I	10 7 37.79	37.78	1 23 42.98	42.97	— 0.41	— 0.42
»	12	♂ I	9 54 2.00	2.19	1 21 54.61	54.80	— 0.54	— 0.35
»	22	♂ I	9 12 —	2.34	1 19 —	13.65	—	— 0.47
»	26	♂ I	8 56 39.66	37.79	1 19 34.66	34.79	— 0.43	— 0.30

Polhöhen-Messungen nach der Horrebow-Talcott'schen Methode von 1895 bis 1899.

In den „Prager Astronomischen Beobachtungen 1888—1891" wurden aus den in Prag vom Februar 1889 bis incl. Mai 1892 erlangten Polhöhenmessungen provisorische Resultate veröffentlicht. Daselbst ist auch das Hauptsächlichste mit Bezug auf das Programm der Beobachtungen, das benützte Instrument und die angewandte Messungsmethode näher erörtert und zugleich eine Uebersicht des Erhaltenen gegeben worden. Im erwähnten Zeitraume beobachteten Adjunct Dr. G. Gruss und ich abwechselnd von klarem zu klarem Abend, wobei Ersterer auch im Falle meiner Verhinderung in die Messungen eintrat. Es wurde damals erhalten:

Jahr	Weinek		Gruss		Zusammen		
	Sternpaare	Nächte	Sternpaare	Nächte	Sternpaare	Nächte	
1889	436	39	686	59	1122	98	0.9
1890	339	30	536	51	875	81	1.0
1891	398	32	664	60	1062	92	1.0
1892	191	19	315	29	506	48	0.4
Summe	1364	120	2201	199	3565	319	3.3

Hiebei ist in der letzten Rubrik der Bruchtheil des Jahres, über welchen sich die Messung erstreckte, angeführt. Beide Beobachter erhielten sonach während 3.3 Jahren insgesammt: 3565 Sternpaare (d. i. Polhöhen) in 319 Nächten. Daraus folgen für die Periode 1889—1892 durchschnittlich pro Jahr: 1080.3 Sternpaare und 96.7 Nächte.

Diese Beobachtungen wurden mit Ende Mai 1892 d. i. zur selben Zeit abgeschlossen, als die Polhöhenmessungen der deutschen Expedition in Honolulu auf den Sandwich-Inseln zu Ende giengen. Hierauf ruhten dieselben in Prag für einige Zeit, woran theils der damalige

Adjunctenwechsel an der Sternwarte,*) theils die von Prag aus erfolgte Uebernahme umfänglicher Arbeiten auf Grund der vorzüglichen photographischen Mondaufnahmen der Lick-Sternwarte Schuld trug, wurden aber zu Anfang 1895 wieder aufgenommen und bis zur Gegenwart fortgeführt. In den fünf Jahren 1895—1899 fungierte bei den Prager Polhöhenmessungen abermals der Adjunct als Hauptbeobachter; neben ihm betheiligte sich an denselben noch der erste Assistent, entweder mit Ersterem abwechselnd, wie früher, oder für diesen einspringend, falls derselbe am Beobachten verhindert war. In der nachstehenden Uebersicht ist das während dieser zweiten Periode Erreichte zusammengestellt.

Uebersicht der Prager Polhöhenmessungen von 1895 bis 1899.

Jahr und Beobachter	Januar		Februar		März		April		Mai		Juni		Juli		August		September		October		November		December		Pro Jahr	
	Stp	N	Stp	N	Stp	N	Stp	N	Stp	N	Stp	N	Stp	N	Stp	N	Stp	N	Stp	N	Stp	N	Stp	N	Sternpaare	Nächte
1895 Spitaler	—	—	—	—	—	—	—	—	55	5	23	3	75	7	85	7	48	4	34	3	—	—	319	29
Lieblein	14	1	22	2	40	4	95	9	33	8	46	5	41	3	—	—	90	7	31	5	44	4	71	1	514	49
Summe:	14	1	22	2	40	4	95	9	88	8	123	10	63	6	75	7	185	14	70	9	78	7	71	1	863	78
1896 Weinek	—	—	—	—	—	—	—	—	—	—	—	—	—	—	—	—	15	1	8	1	—	—	—	—	23	2
Spitaler	28	3	40	5	39	4	9	1	17	1	63	4	42	3	24	2	—	—	60	5	39	4	30	3	391	35
Lieblein	21	2	54	5	51	4	25	2	53	5	59	3	57	4	8	1	13	1	17	1	17	1	—	—	366	30
Summe:	49	5	94	10	90	8	34	3	70	6	123	7	99	7	32	3	13	1	77	7	71	6	38	3	780	67
1897 Weinek	—	—	—	—	—	—	—	—	—	—	—	—	10	1	—	—	10	2	9	1	—	—	7	1	51	5
Spitaler	—	—	39	6	32	3	36	4	12	2	127	11	9	2	24	2	70	4	35	3	9	1	16	3	368	39
Lieblein	7	1	—	—	—	—	7	1	14	1	28	2	—	—	—	—	9	1	15	2	—	—	—	—	66	7
Summe:	7	1	39	6	32	3	43	5	12	2	155	13	25	3	24	2	45	6	53	5	24	3	23	2	485	51
1898 Weinek	—	—	23	3	8	1	—	—	—	—	—	—	—	—	—	—	—	—	—	—	—	—	—	—	31	4
Spitaler	8	1	5	2	25	4	21	3	20	2	30	4	12	1	45	6	52	6	2	2	33	4	—	—	255	37
Lieblein	—	—	10	1	12	1	—	—	8	1	—	—	—	—	—	—	—	—	—	—	—	—	—	—	30	4
Oppolzer	—	—	—	—	12	2	26	4	17	2	65	8	77	7	107	12	74	4	44	5	10	4	21	2	473	56
Summe:	8	1	38	6	57	8	47	7	40	5	103	13	80	8	152	18	126	10	50	7	51	8	21	3	798	104
1899 Weinek	—	—	—	—	15	1	—	—	—	—	—	—	—	—	—	—	—	—	—	—	—	—	—	—	15	1
Spitaler	16	4	55	7	8	1	—	—	29	3	36	3	7	1	—	—	2	1	44	5	3	1	16	2	207	28
Oppolzer	37	5	37	6	57	6	45	3	24	3	42	3	12	5	—	—	40	4	—	—	3	1	—	—	297	32
Summe:	53	9	90	13	80	8	45	3	53	6	78	6	12	6	—	—	42	5	44	5	6	2	16	2	519	61
																								Totalsumme für 5 Jahre:	3445	358

Hierzu ist zu bemerken: In den ersten 5 Monaten des Jahres 1895 beobachtete Assistent R. Lieblein allein, da Adjunct Dr. R. Spitaler durch ein Augenleiden verhindert war, diese Messungen zu beginnen. Als Lieblein später am 1. September 1896 die Sternwarte verließ, um eine Gymnasial-Professur in Prag zu übernehmen, setzte er trotzdem diese Beobachtungen bis zur Mitte des Jahres 1898 fort, wofür demselben Dank und Anerkennung gebürt. Im Jahre 1898 trat der erste Assistent Dr. E. v. Oppolzer in sehr wirksamer Weise in diese Messungen ein, wodurch die Jahres-Ausbeute wieder merklich erhöht wurde. Ich selbst nahm wegen anderer Arbeiten nur gelegentlich an diesen Polhöhenbeobachtungen theil. — Aus der angeführten Uebersicht ergibt sich als Summe des Erhaltenen während 5 Jahren: 3445 Sternpaare in 358 Nächten. Hieraus folgt für die Periode 1895—1899 als Durchschnitt pro Jahr: 608.9 Sternpaare und 71.6

---

*) Dr. G. Gruss, welcher zum a. o. Professor der Astronomie an der Prager čechischen Universität ernannt wurde, trat mit 1. Mai 1892 aus dem Verbande der Sternwarte, beobachtete aber trotzdem noch bis Ende dieses Monates. Mit 1. October 1892 wurde die freigewordene Adjunctenstelle durch den Assistenten der Wiener Sternwarte Dr. R. Spitaler besetzt.

Nächte. Dass derselbe nicht unbeträchtlich gegen den oben erwähnten für 1889—1892 zurücksteht, ist wesentlich durch die ungünstigeren Sternwarten-Verhältnisse im späteren Beobachtungsabschnitte zu erklären.

Was die Resultate der Beobachtungen 1895—1899 betrifft, so sind dieselben jährlich in provisorischer Form theils in den Berichten des Centralbureaus der Internationalen Erdmessung (Potsdam), theils im „Astronomical Journal" (Boston) publiciert worden. Da im Jahre 1894 die Positionen der Prager Polhöhensterne am großen Berliner Meridiankreis durch Herrn Observator Dr. H. Battermann neu bestimmt wurden, für welche Mühen die hiesige Sternwarte ihm großen Dank schuldet, da andererseits die Untersuchung der in Prag verwendeten Mikrometerschraube mittlerweile zum Abschlusse gelangte, konnte auch die definitive Bearbeitung des ganzen Polhöhenmateriales von 1889—1892 und von 1895—1899 einheitlich in Angriff genommen und zu Ende geführt werden. Die betreffende gesonderte Publication ist bereits im Frühjahr 1900 dem Drucke übergeben worden. Es möge deshalb hier auf diese eingehende Veröffentlichung hingewiesen werden.

Beobachtungen des Cometen Holmes (1892 III).

Instrument: Fraunhofer'sches Fernrohr von 97.6 Millimeter Oeffnung mit Stahlringmikrometer. Vergrößerung 48-fach.

Datum	M. Z. Prag	Δa	Δb	Vergl.	α app.	log. p.f	δ app.	log. p.f	Beobachter	*
1892 Nov. 18	$6^h32^m58^s$	$-1^m 0^s14$	$-13' 10\rlap{.}''2$	3:3	$0^h42^m41^s03$	9.428n	$+37°24'13\rlap{.}''6$	0.399	Weinek	1
" " 18	6 58 34	-1 3.72	-13 21.0	3:3	0 42 37.45	9.347n	$+37$ 24 1.9	0.364	Spitaler	1
" " 18	7 24 5	-1 3.75	-13 58.3	2:2	0 42 37.42	9.246n	$+37$ 23 25.6	0.332	Lieblein	1
" " 19	5 46 1	-2 50.96	-9 44.8	3:3	0 42 28.71	9.528n	$+37$ 18 3.1	0.468	Spitaler	2
" " 19	6 41 22	-2 52.09	-12 29.7	3:3	0 42 27.58	9.391n	$+37$ 15 18.2	0.384	Pin	2
" " 23	6 23 0	$+0$ 38.66	$+12$ 38.9	3:3	0 42 4.70	9.395n	$+36$ 54 15.0	0.396	Spitaler	3
" " 23	6 36 3	$+0$ 19.50	-11 51.7	2:2	0 42 10.10	9.353n	$+36$ 51 4.7	0.380	Spitaler	4
" " 24	5 49 6	$+2$ 42.21	-1 0.8	4:4	0 42 3.48	9.476n	$+36$ 46 57.1	0.442	Spitaler	5

Mittlere Oerter der Vergleichsterne für 1892.0.

*	Gr.	α 1892.0	Red. ad l. app.	δ 1892.0	Red. ad l. app.	Autorität
1	7.9	$0^h43^m38^s27$	-2^s90	$+37°36'56\rlap{.}''9$	$-26\rlap{.}''9$	½ (Paris 1020 + AG. Lund Z. 310 und 316)
2	7.3	0 45 16.76	-2.91	$+37$ 27 20.9	-27.0	½ (Paris 1056 + AG. Lund Z. 348 und 366)
3	8.9	0 41 23.20	-2.84	$+36$ 41 8.8	-27.3	AG. Lund Z. 335
4	8.9	0 41 47.76	-2.84	$+37$ 2 29.0	-27.4	½ (W, 0^h1029 + AG. Lund Z. 335)
5	7.8	0 39 18.46	-2.81	$+36$ 47 30.4	-27.5	AG. Lund Z. 73, 89 und 94

Bemerkungen.

1892 Nov. 18. Comet völlig rund mit hellerer Mitte. Ein eigentlicher Kern nicht zu erkennen. Comadurchmesser = 0.6 des inneren Ringdurchmessers = 14'. Im Cometen, praecedens zur Mitte, befindet sich ein Stern von etwa 9. Größe. Schwierige Auffassung des Lichtschwerpunktes. Der Comet ist so hell, dass er auch mit einem gewöhnlichen Theaterglase leicht wahrgenommen werden kann (Weinek).

" " Luft sehr rein. Comet sehr hell, Coma beiläufig 12' Durchmesser, verwaschener Kern, der das Pointieren sehr erschwert; in der Coma, nahe beim Cometenkern, steht ein Stern, der bei der Beobachtung etwas stört (Spitaler).

4*

1892 Nov. 19. Luft sehr rein; am Horizonte etwas Nebel. Comet für den 3.6-zölligen Fraunhofer recht hell; Coma beiläufig 15' Durchmesser, verwaschener Kern von fast 4' Durchmesser, so dass beim Beobachten dessen Mitte schwierig aufzufassen ist. In der Coma stehen zwei schwache Sterne (Spitaler).
» Nov. 23. Luft dunstig, später neblig. Comet leicht sichtbar als verwaschener Nebelball von 10' bis 12' Durchmesser. Kern unbestimmt, welcher Umstand kein scharfes Pointieren zulässt. In der Coma, nahe zum Kerne und ihm vorangehend, steht ein Stern. Sehr schlecht zu beobachten.
» Nov. 24. Luft gut, doch stark neblig. Schwacher Mondschein. Während der Comet an den vorangehenden Tagen mit freiem Auge erkennbar war, konnte dies heute nicht mit Sicherheit gesagt werden. Im Fernrohr erscheint er wohl blass, doch gut sichtbar, auch im Sucher. Coma ungefähr 8' Durchmesser, verwaschener Kern von fast 2' Durchmesser. Die Ein- und Austrittszeiten am Ringmikrometer dürften bis auf 2^s unsicher sein.

Beobachtungen des Cometen Gale (1894 II).

Instrument: Fraunhofer'sches Fernrohr von 97.6 Millimeter Oeffnung mit Ringmikrometer. Vergrößerung 48-fach.

Datum	M. Z. Prag	$\Delta\alpha$	$\Delta\delta$	Vergl.	α app.	log. p.f	δ app.	log. p.f	Beobachter	*
1894 Mai 6	9^{h}50^{m}37^s	+1^{m}17^{s}48	+3'43".0	2:2	8^{h}48^{m}27^{s}50	9.528	−4°6'28".0	0.817	Spitaler	1
» » 6	10 16 39	+0 45.29	−10 29.5	2:2	8 48 35.27	9.543	+4 7 58.7	0.818	Spitaler	2
» » 6	10 32 28	+0 51.65	−8 34.9	2:2	8 48 41.52	9.555	−4 9 52.1	0.820	Schally	2
» » 9	11 7 29	−0 30.74	−11 48.1	5:5	9 15 1.49	9.578	+13 22 0.5	0.798	Spitaler	3

Mittlere Oerter der Vergleichsterne für 1894.0.

*	Gr.	α 1894.0	Red. ad. l. app.	δ 1894.0	Red. ad. l. app.	Autorität
1	8.8	8^{h}47^{m}9^{s}29	+0^{s}73	+4°2'46".2	−1".2	AG. Albany 3568
2	8.3	8 47 49.26	+0.72	+4 18 29.3	−1.1	AG. Albany 3575
3	7.0	9 15 31.26	+0.97	+13 33 47.5	+1.1	Gl. 2410

Bemerkungen.

1894 Mai 6. Luft ziemlich gut. Coma des Cometen über 5' im Durchmesser; heller, verwaschener Kern von ungefähr 1' Durchmesser (Spitaler).
» Mai 9. Luft sehr gut. Der Comet ist trotz Mondscheins mit freiem Auge fast ebenso leicht wahrnehmbar, wie die Krippe im Krebs; letztere steht aber näher zum Mond, als der Comet. Coma ungefähr 5' Durchmesser, verwaschener Kern von mehr als 1' Durchmesser, dessen Helligkeit nahe jener des Vergleichsternes gleichkommt.

Beobachtung von Jupiterstrabanten-Erscheinungen.

In der folgenden Zusammenstellung sind für die beobachteten Trabanten-Erscheinungen die im Nautical Almanac gebrauchten Bezeichnungen angesetzt. Demnach bedeutet:

Ec. D. = Eclipse. Disappearance = Verfinsterung des Trabanten. Verschwinden.
Ec. R. = Eclipse. Reappearance = Verfinsterung des Trabanten. Wiedererscheinen.
Tr. E. = Transit. Egress = Vorübergang des Trabanten. Austritt,
wobei die vorangestellten Zahlen I, II, III die betreffenden Monde des Planeten Jupiter charakterisieren. — Ferner ist unter den Abkürzungen für die benützten Instrumente zu verstehen:

— 29 —

St. = Steinheil'scher Refractor. Oeffnung 162.6 Millimeter. Als Aequatoreal aufgestellt.
R. = Reinfelder'sches Fernrohr. Oeffnung 108.6 Millimeter. Transportabel.
Fr. = Fraunhofer'sches Fernrohr. Oeffnung 97.6 Millimeter. Transportabel.
fr. = Kleineres Fraunhofer'sches Fernrohr. Oeffnung 83.7 Millimeter. Transportabel.

Datum		Erscheinung	M. Z. Prag	Instr.	Vergr.	Beobachter	Bemerkungen	
1892								
Januar	2	I Ee. R.	7h 28m 27s	R.	196	Lieblein	Erstes Erscheinen	Luft unruhig, neblig
			30 36	»	196	»	Constante Helligkeit	
Mai	26	II Ee. D.	15 24 56	Fr.	160	Lieblein	Schwächerwerden	Ganz heiter. Jupiter wallend,
			25 22	»	160	»	Völliges Verschwinden	Trabanten sehr schwach
Juni	19	III Ee. R.	14 46 52	Fr.	160	Lieblein	Erstes Erscheinen	Ganz heiter, nur am Horizonte
			47 58	»	160	»	Volle Helligkeit	Wolken
Juli	22	II Ee. D.	12 14 47	Fr.	160	Lieblein	Schwächerwerden	Luft schlecht, Jupiter unruhig,
			15 21	»	160	»	Auslöschen	Trabanten flimmernd
Juli	29	II Ee. D.	14 50 34	Fr.	160	Lieblein	Schwächerwerden	Ganz heiter, Jupiterbild deutlich
			51 4	»	160	»	Auslöschen	
August	17	I Ee. D.	12 45 7	Fr.	160	Lieblein	Schwächerwerden	Ganz heiter, z. marker Wind,
			45 38	»	160	»	Auslöschen	Jupiterbild scharf
August	23	II Ee. D.	11 53 27	Fr.	160	Lieblein	Schwächerwerden	Ganz heiter. Scharfes Bild
			54 31	»	160	»	Auslöschen	
August	24	I Ee. D.	14 39 4	St.	139	Lieblein	Schwächerwerden	Jupiter unruhig, Trabanten flim-
			40 14	»	139	»	Auslöschen	mernd
August	27	I Tr. E.	9 38 5	Fr.	160	Lieblein	Erstes Hervortreten	Bild wallend
			41 10	»	160	»	Trennung v. d. Scheibe	
August	30	II Ee. D.	14 28 52	St.	139	Lieblein	Schwächerwerden	Beobachtung gut
			29 58	»	139	»	Auslöschen	
September	2	I Ee. D.	11 1 39	Fr.	160	Lieblein	Schwächerwerden	Jupiter unruhig, wallend
			3 5	»	160	»	Auslöschen	
September	16	I Ee. D.	14 51 33	Fr.	160	Lieblein	Schwächerwerden	Beobachtung gut
			52 44	»	160	»	Auslöschen	
September	18	I Ee. D.	9 20 21	Fr.	160	Lieblein	Schwächerwerden	
			21 6	»	160	»	Verschwinden	
September	20	III Ee. D.	16 38 23	Fr.	160	Lieblein	Auslöschen	
September	25	I Ee. D.	11 15 24	Fr.	160	Spitaler	Verschwinden	
			14 40	fr.	96	Lieblein	Schwächerwerden	
			15 2	»	96	»	Auslöschen	
October	4	I Ee. D.	7 38 36	Fr.	160	Lieblein	Auslöschen. Federwolken, Jupiter schlierhaft	
November	24	III Ee. D.	4 58 14	Fr.	160	Lieblein	Auslöschen. Dunstig, mattes Bild	
1893								
Januar	16	II Ee. R.	7 34 43	Fr	160	Lieblein	Erstes Erscheinen	Bild mittelmässig. Neblige Luft,
			38 8	»	160	»	Constante Helligkeit	sehr kalt
September	11	II Ee. R.	11 24 7	Fr.	160	Lieblein	Erstes Hervortreten	Unruhiges, wallendes Bild
			26 14	»	160	»	Volles Licht	
1894								
August	2	I Ee. D.	14 0 15	Fr.	115	Spitaler	Schwächerwerden	Jupiter tief, unruhig und verwaschen.
			1 35	»	115	»	Verschwinden	Anfangs die Monde nur zeitweilig
»		III Ee. D.	14 23 40	Fr.	115	»	Schwächerwerden	sichtbar. Luft sehr rein, doch Hori-
			24 50	»	115	»	Auslöschen	zont sehr dunstig
September	17	I Ee. D.	14 25 28	Fr.	160	Grünwald	Erstes Schwächerwerden	Beobachtung gut
			26 11	»	160	»	Völliges Erlöschen	
September	19	II Ee. D.	13 47 24	Fr.	160	Grünwald	Deutliches Schwächerwerden	
			48 9	»	160	»	Auslöschen	
1898								
Juni	11	I Ee. R.	11 0 11	Fr.	54	v. Oppolzer	Schwaches Aufblitzen	Luft ziemlich gut
			0 37	»	54	»	Deutlich sichtbar	
1899								
Mai	31	III Ee. D.	9 35 20	St.	152	Weinek	Feines Auslöschen	Rauchige u. zeitweilig schlier-
»		I Ee. R.	9 58 27	»	152	»	S. schwaches Erscheinen	hafte Luft
			59 16	Fr.	115	Dörr	Deutlich	

Beobachtung von Stern- und Planetenbedeckungen durch den Mond.

Im Nachstehenden bezeichnen (d. R.) und (h. R.) den dunklen bezw. den hellen Mondrand, an welchem der Ein- oder Austritt des Gestirnes erfolgt ist. Die Abkürzungen für die verwendeten Instrumente sind dieselben, wie im Abschnitte über die beobachteten Jupiterstrabanten-Erscheinungen.

Datum		Stern	Gr.	Ein- oder Austritt	M. Z. Prag	Instr.	Vergr.	Beobachter	Bemerkungen
1892									
Januar	19	γ Virginis	3.3	Eintritt (h. R.)	$17^h 12^m 32^s.1$	St.	139	Lieblein	Dupl., 1. Stern | Ganz heiter,
					42.8	»	139	»	2. Stern | Bilder gut
					31.7	Fr.	160	Pin	1. Stern
		»	»	Austritt (d. R.)	18 27 29.1	R.	62	Gruss	Mitte, wahrsch. zu spät | Bilder
					26.2	Fr.	54	Lieblein	Mitte beider Sterne | schlecht
März	16	ι Virginis	4.6	Eintritt (h. R.)	13 36 51.6	St.	139	Gruss	
				Austritt (d. R.)	53 42.8	St.	139	Lieblein	Vielleicht zu spät | Ganz heiter,
					41.8	Fr.	160	Pin	| jedoch neblig
		Uranus	—	Eintritt (h. R.)	13 49 21.8	St.	139	Gruss	Mondrand wallend, neblig
				Austritt (d. R.)	14 58 40.9	St.	139	Lieblein	Nebel
					46.9	Fr.	160	Pin	»
Mai	4	γ Leonis	3.3	Eintritt (d. R.)	7 51 35.9	St.	139	Lieblein	Stern unruhig. Lärm
Mai	11¹)	BD. — 19°.4091	8.3	Eintritt (d. R.)	11 36 18.5	St.	152	Weinek	Z. gut | Klar mit zartweiß-
		BD. — 19.4093	9.2	»	44 55.2	»	152	»	» | gem Schleier u. Wol-
		BD. — 19.4095	8.9	»	12 2 15.4	»	152	»	» | kenziehen. Mond
		BD. — 19.4099	8.2	Eintritt (h. R.)	33 56.2	»	152	»	Unsicher | tief
Juli	3	Uranus	—	Eintritt (d. R.)	10 29 36.6	Fr.	54	Weinek	Schwieherwerden | Mond un-
					38.3	»	54	»	Ausfischen, leidl. | ruhig
September	28	Anonyma	5.0	Eintritt (d. R.)	7 2 21.6	St.	139	Spitaler	Gut | Mond tief u.
					19.3	fr.	96	Lieblein	Wahrsch. zu früh | schleierhaft
October	3	τ¹ Aquarii	4.0	Eintritt (d. R.)	7 45 17.9	St.	152	Weinek	Z. gut, plötzl. Verlöschen, unruh.
					18.3	Fr.	160	Spitaler	Luft sehr gut
		»	»	»	16.7	fr.	96	Lieblein	Bild gut
1893									
Juni	17	BD. + 19°.2215	7.5	Eintritt (d. R.)	9 23 51.0	Fr.	160	Lieblein	Gut
September	1	d Arietis	4.1	Austritt (d. R.)	9 22 27.4	Fr.	54	Lieblein	Vielleicht zu spät. ☾ tief. Dunst
1894									
October	7	A Sagittarii	5.0	Eintritt (d. R.)	7 38 16.4	Fr.	48	Schally	Gut
					17.2	St.	60	Lieblein	Gut
1895									
Januar	7²)	23 Tauri	4.8	Eintritt (d. R.)	4 57 58.1	Fr.	48	Spitaler	Sehr gut
					58.2	R.	62	Lieblein	Gut
		24 p (Bessel)	7.8	»	5 33 1.1	Fr.	48	Spitaler	Gut
		η Tauri	3.0	»	35 9.6	»	48	»	Sehr gut
					9.6	R.	62	Schally	Gut
		23 Tauri	4.8	Austritt (h. R.)	6 3 54.7	Fr.	48	Spitaler	Gut
		η Tauri	3.0	»	42 38.0	»	48	»	Vielleicht σ¹) zu spät | Luft etwas dunstig,
					46.7	R.	62	Lieblein	Zu spät | am Horizont Nebel
		27 Tauri	4.0	»	7 21 19.4	Fr.	48	Spitaler	Sehr gut
		28 Tauri	5.5	»	31 12.1	»	48	»	Sehr gut
September	29	d Capricorni	3.0	Eintritt (d. R.)	10 4 55.6	St.	139	Lieblein	Gut
					55.1	Fr.	48	Schally	Sicher
		»	»	Austritt (d. R.)	11 19 58.3	St.	60	Lieblein	Zu spät
					55.3	Fr.	48	Schally	Sicher
1896									
März	19	21 k (Asterope)	7.8	Eintritt (d. R.)	9 15 26.1	Fr.	54	Schally	Federwolken | Die Austritte d.
		22 l (Asterope)	7.8	»	24 1.6	»	54	»	| Wolken verdeckt
1898									
März	13³)	α Scorpii	1.3	Eintritt (h. R.)	14 58 12.4	St.	152	Weinek	Sicher, Ausblick | Luft s. nerv-
					12.6	Fr.	160	v. Oppolzer	Sehr gut | big u. dunst,
		»	»	Austritt (d. R.)	16 8 50.4	St.	152	Weinek	Z. gut, plötzlich | Mond tief

Datum	Stern	Gr.	Ein- oder Austritt	M. Z. Prag	Instr.	Vergr.	Beobachter	Bemerkungen
Dec. 27 [1])	No. 34	9.2	Eintritt (d. R.)	11ʰ 58ᵐ 35ˢ.3	St.	152	Weinek	Leidl., Stern s. schwach u. schwer zu beob., optisch vielleicht ½ Gr. kleiner
"	39	9.2	"	12 6 37.7	"	152	"	Stern hell, gut zu beobachten
"	45	9.3	"	15 26.5	"	152	"	Z. gut. Erw. schwächer als 39
"	46	9.3	"	25 24.5	"	152	"	Gut, so hell wie 39, heller als 45
"	46	9.3	"	24.4	Fr.	115	v. Oppolzer	Sehr sicher
"	50	9.4	"	53 43.1	St.	152	Weinek	Sehr schwach, sehr unsicher
"	32	9.4	Austritt (d. R.)	58 8.4	"	152	"	Ziemlich gut, hell, plötzlich
"	53	9.0	Eintritt (d. R.)	13.10 48.3	"	152	"	Unsicher, schwach, s. schwaches Schneiden des Mondrandes
"	64	9.1	"	14 9.9	"	152	"	Ziemlich gut, ziemlich hell

[1]) Diese Bedeckungen wurden bei Gelegenheit der partiellen Mond-Finsternis vom 11. Mai 1892 (siehe dort) beobachtet.

[2]) Die Beobachtung dieser Plejaden-Bedeckung zeigte sich wegen der nicht sehr durchsichtigen Luft wenig günstig. Die schwächeren Sterne waren, zumal wenn ein Mondhof auftrat, schwer zu sehen. In der Nähe des hellen Mondrandes giengen sie ganz verloren. Die geringe Anzahl der am Reinfelder'schen 4-Zöller erhaltenen Sterne erklärt sich wesentlich aus dem Umstande, dass das Objectiv dieses Instrumentes mit der Zeit blind geworden ist, so dass auch bei klarer Luft im Gesichtsfelde der Himmelsgrund nicht dunkel, sondern milchig erscheint.

[3]) Antares trat zufolge meiner Beobachtung 3.8 Secunden vor dem Verschwinden auf die helle Mondscheibe. Die Zeitbestimmung für diese Bedeckung wurde von Dr. E. v. Oppolzer noch in derselben Nacht gemacht. Die nothwendigen Uhrvergleichungen fanden unmittelbar vor und nach der Erscheinung statt.

[4]) Diese Bedeckungen wurden während der totalen Mond-Finsternis vom 27. December 1898 (siehe dort) auf Anregung der Pulkowa-er Sternwarte beobachtet. Die Nummern der Sterne sind dem bezüglichen Kostinsky'schen Verzeichnisse, das sich auf photographische Aufnahmen gründet, entnommen.

Grosser Sonnenfleck im Februar 1892; Fleckenzählungen.

Am Nachmittage des 14. Februar 1892 lief an der Prager Sternwarte aus Tuschkau bei Pilsen von dem dortigen Pfarrer, Ludwig Kaschka, einem sehr eifrigen astronomischen Amateur, der leider wenige Jahre später am 17. März 1895 gestorben ist, ein Telegramm ein, welches lautete: „2 Uhr morgens starkes Nordlicht, jetzt riesige Sonnenflecken." Erst gegen Mittag des folgenden Tages klärte es in Prag genügend auf, worauf sofort an die Beobachtung der Sonnenscheibe mittelst des Steinheil'schen Aequatoreals gegangen wurde. An derselben betheiligten sich außer mir noch der Adjunct Dr. G. Gruss und Assistent R. Lieblein. Das Sonnenbild wurde theils mit 139-facher und 60-facher Vergrößerung durch Blendgläser betrachtet, theils auf einen geeigneten, am Fernrohr befestigten weißen Schirm projiciert und derart der Prüfung unterzogen.

Auffällig erschien zunächst eine sehr große Fleckengruppe in der Nähe des südwestlichen Sonnenrandes. Dieselbe war von einer gemeinschaftlichen Penumbra umgeben, deren Länge etwa ein Zehntel des Sonnendurchmessers, die Breite mehr als ein Drittel dieser Länge betrug. Ihre Längsrichtung fiel nahe mit dem Parallel zusammen. In diesem Penumbra-Areal wurden von mir 26 verschiedene Kernflecke gezählt; der größte stand im östlichen Theile derselben. — Indem gleichzeitig mit dem Sonnenbilde das Fadenkreuz des 139-fach vergrößernden Oculars auf den Schirm projiciert und der eine Faden in die Richtung des Declinationskreises gebracht worden, konnte durch Beobachtung der Passagedauer der einzelnen Flecke und des Sonnendurchmessers die relative Größe derselben zu letzterem, also zum Sonnenkörper ermittelt werden. Hiebei zählte Lieblein die Secunden der Bożek'schen mittleren Zeituhr, Gruss notierte und ich pointierte die Momente der Passage. Um 11ʰ 43ᵐ a. m. (15. Februar 1892) wurde derart erhalten:

a) Passagedauer der großen Penumbra = 12ˢ.60
b)   „   des großen Kernfleckes im östlichen Theile derselben = 1ˢ.45
c)   „   des Sonnendurchmessers = 2ᵐ 12ˢ.6

a) und b) sind die Mittel aus je zwei Beobachtungen. — Um aus diesen Daten die genäherte Größe der fraglichen Flecke zu finden, ist zu beachten, dass die Passagen-Beobachtung bloß die Projection derselben auf den Parallel bezw. Aequator ergab. Von dieser musste auf die Dimensionen der Flecke im Radiusvector und senkrecht dazu übergegangen werden. Für diesen Zweck wurde von mir noch eine Gesammtzeichnung des Fleckenbildes der Sonne mit 60-facher Vergrößerung angefertigt, welche hier reproduciert erscheint. In derselben sind die Flecke im Vergleiche zur ganzen Sonne wohl etwas zu groß dargestellt, dürften aber sonst hinsichtlich Position, Form und Aussehen ziemlich getreu der Natur entsprechen. In der Skizze ist der erwähnte große Fleck mit 1 bezeichnet. Indem der Abstand dieses Fleckes vom Sonnenmittelpunkte aus der, in „L'Astronomie" Mars 1892, pag. 113 gegebenen Fleckenbahn für den 15. Februar 1892 zu 50° entnommen wurde, konnte leicht der in der Richtung des Radiusvectors liegende, perspectivisch verkürzte Fleckendurchmesser (durch Multiplication mit sec 50°) auf seinen richtigen Betrag zurückgeführt werden, während der zum Radiusvector senkrechte Fleckendurchmesser im heliographischen Meridiane sich befindet und keiner weiteren Correction bedarf. Nachdem im Sinne des Bemerkten der Fleck zeichnerisch auf seine wahre Form gebracht worden, wurde um ihn ein Kreis beschrieben, welcher völlig gleiche Fläche mit dem unregelmäßigen Flecke besaß. Der Radius dieses Kreises wurde dann der weiteren Rechnung zu

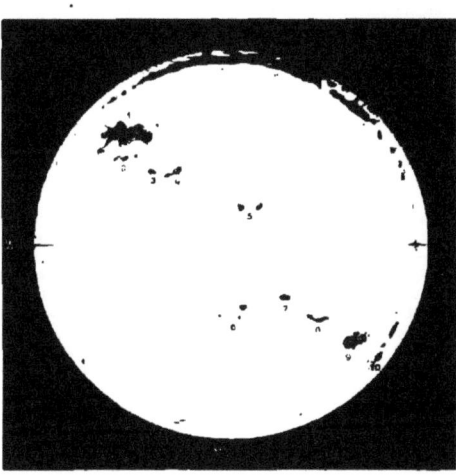

Grunde gelegt. Auf solche Weise wurde gefunden, wenn der lineare Sonnendurchmesser zu rund 187000 geogr. Meilen angenommen wird:

Mittlerer Penumbra-Durchmesser = 14124.3 g. M. = 8.2 Erd-Durchmesser.
Areal dieses Penumbra-Fleckes = 156.7 Millionen g. ☐M.*)
Großer östlicher Kernfleck, Durchmesser = 2538.5 g. M. = 1.5 Erd-Durchmesser.
Areal desselben = 5.1 Millionen g. ☐M.

Wie bemerkt, wurden 26 Kernflecke in Gruppe 1 gezählt. Außerdem wurden beobachtet: 9 Flecke in Gruppe 2, 4 in 3, 10 in 4, 3 in 5, 5 in 6, 2 in 7, 8 in 8, 12 in 9 und 1 in 10 d. i. zusammen 80 Kernflecke. Das ganze Areal der Fleckengruppe 1 erschien von grauvioletter Färbung und zeigte in seinem südlichen Theile eine intensive gelbgrünliche Lichtentwicklung. Der mächtige Fleck 1 am SW-Rande der Sonne wurde auch mit freiem Auge gesucht und sofort am rechten

*) In den Monthly Notices Vol. LII. No. 5, March 1892, p. 354 ist das Areal desselben Penumbrafleckes aus Greenwicher photographischen Aufnahmen für den 13. Februar zu 164.7 Mill. g. ☐M., für den 16. Februar zu 125.7 Mill. g. ☐M. gegeben. Hiernach scheint die Prager Schätzung etwas zu hoch gegriffen zu sein, was wohl der rohen Messungsmethode, die bloß ein allgemeines Bild der Fleckengröße geben sollte, zur Last fällt.

unteren Sonnenrande gefunden. Seine Wahrnehmung machte, obwohl dessen Charakter nur penumbraartig war, keine Schwierigkeit.

Da verschiedene Beobachtungen es sehr wahrscheinlich machen, dass jede starke Störung auf der Sonnenoberfläche sich auch auf den Erdmagnetismus überträgt, so war als Parallelphänomen des Auftretens dieses gewaltigen Sonnenfleckes ebenfalls ein sog. „magnetischer Sturm" auf unserer Erde zu erwarten, welcher sich in auffallenden Störungen der Magnetnadel und in Nordlichtbildungen äußern würde. In der That wurde an der Prager Sternwarte am Abende des 13. Februar 1892 um $10^h 18^m$ M. Z. Prag eine beträchtliche Aenderung der horizontalen Intensität des Erdmagnetismus gemessen. Während die mittlere Intensität sich aus den hiesigen Beobachtungen vom 1. bis 12. Februar für die angeführte Zeit zu 1.9733 Gauss'schen Einheiten ergibt, wurde am 13. Februar um diese Zeit der Wert 1.9546 beobachtet. Andererseits folgt für Prag um $10^h 15^m$ M. Z. Prag aus den Messungen vom 1. bis 12. Februar als mittlere magnetische Declination der Betrag $9°47'.6$, während am 13. Februar um $10^h 18^m$ abends der Wert $9°42'.4$ abgelesen wurde. Später stellten sich die mittleren Werte der Intensität und Declination wieder ein.

Eine weitere Sonnenbeobachtung gelang wegen anhaltend wolkigen Wetters erst am Mittage des 18. Februar. Der große Fleck war an diesem Tage nahe im Austreten begriffen. Er stand am südwestlichen Sonnenrande, hatte ziemlich das Aussehen der in „L'Astronomie" Avril 1892, p. 145 gegebenen Abbildung dieses Datums (ohne dass ich die dortige Ausbiegung des Sonnenrandes wahrnehmen konnte) und zeigte 4 Kernflecke (an Steinheil und mit 139-facher Vergrößerung). Ferner wurde gezählt: 1 Kernfleck in Gruppe 3, 4 in 4, 7 in 5, 1 in 7, 1 in 8, 15 in 9, 1 in 10 und 4 in einer neuen Gruppe, welche nordöstlich von 10 neu erschienen war d. i. zusammen 38 Kernflecke. Die Gruppen 2 und 6 der Skizze vom 15. Februar waren unsichtbar geworden. Gruppe 7 zeigte einen großen Kernfleck (Vereinigung der beiden vom 15. Februar) mit schöner Penumbra. Letztere benöthigte zur Passage durch den Declinationskreis $1'.4$, die große Gruppe 9 hingegen $7'.6$. Der Kernfleck 10 und dessen Penumbra besaßen eine völlig kreisrunde, concentrische Form. Um den austretenden Fleck 1 traten überdies noch gegen S, N und NO hin sehr schöne und ausgebreitete Fackeln auf.

An den folgenden Tagen wurden bis in den Monat September hinein, zumeist um die Mittagszeit, von Assistent R. Lieblein Zählungen der Sonnenflecken mit dem größeren Fraunhofer'schen Fernrohr und 115-facher Vergrößerung in Anwendung eines rothen Blendglases vorgenommen, welche nachstehend angeführt sind. Hierbei bedeutet: a = ante meridiem, p = post meridiem, G die Anzahl der Flecken-Gruppen, I. F. diejenige der isolierten Flecke und F. die gesammte Flecken-Anzahl.

1892	Zeit	G.	I.F.	F.	Bemerkungen	1892	Zeit	G.	I.F.	F.	Bemerkungen
Febr. 15	11.5 a.	8	1	80		März 18	2.75p	1	1	7	Zeitweilig schleierhaft
» 18	11.0	5	1	20		» 19	11.5 a	1	1	10	
» 19	11.5	2	5	24	Wolkenschleier vor der Sonne	» 21	11.75b	5		51	NO-Rand Fackeln
» 21	11.5	4	2	36	S-Rd und W-Rd Fackeln. Leichte Federwolken vor der Sonne	» 22	0.5 p	4	1	16	W-Rand Fackeln
						» 24	11.75a	3	1	42	O-Rand Fackeln
» 24	11.5	2	3	10	W-Rand Fackeln	» 26	11.5	4		36	Wolkenziehen vor der Sonne
März 3	11.5	3		7	Wolkenziehen vor der Sonne	» 27	9.5	3	1	42	Federwolken vor der Sonne
» 4	11.5	2		6	Ebenso	» 28	11.5	5	—	25	Ebenso
» 5	11.5	1	1	10	O-Rand Fackeln	» 31	11.5	4		14	Ebenso, O- u. SW-Rand Fackeln
» 6	11.5	1	—	10	Wolkenziehen vor der Sonne	April 2	11.5	2		5	NO-Rand Fackeln. Schleierhaft
» 9	11.5	2	1	10	Federwolken vor der Sonne	» 4	11.5	1		2	SW-Rand Fackeln
» 12	11.5	2		10		» 5	11.5	2	1	8	O-Rand Fackeln
» 13	9.5	2		17		» 6	11.75a	2	2	8	NO-Rand Fackeln. Federwolken vor der Sonne
» 16	11.5	1	2	14	SW-Rand Fackeln						
» 17	11.75	3	1	12		» 7	11.5	3	2	10	NO-Rand Fackeln

*) Meine Schätzung weicht hier von der Lieblein'schen ab, was seinen Hauptgrund in der Verschiedenheit der Instrumente haben dürfte.

1892	Zeit	G.	I.F.	F.	Bemerkungen	1892	Zeit	G.	I.F.	F.	Bemerkungen
April 10	2ʰ75ᵖ	2	3	10	O-Rand Fackeln	Aug. 11	11ʰ75ᵃ	5	5	22	SO-Rand Fackeln
» 12	11.5	2	4	21	O-Rand Fackeln	» 13	11.5	5	2	26	S-Rand Fackeln
» 13	11.75	4	—	20	NO-Rand Fackeln. Federwolken vor der Sonne	» 19	9.5	4	2	61	SO-Rand und W-Rand-Fackeln
» 21	3.5 p	4	1	69		» 22	9.25	6	3	30	W-Rand Fackeln
» 28	11.5 a	5	—	41	O- u. W-Rand Fackeln. Forts. Wolkenziehen vor d. Sonne.	» 23	11.5	5	3	29	N-Rand Fackeln. Leichte Federwolken vor der Sonne
Juni 9	11.5	2	1	16		» 25	11.5	4	—	28	
» 28	11.5	2	1	12	Wolkenziehen vor der Sonne	» 30	11.5	3	1	28	NW-Rand Fackeln. Federwolken
Juli 23	11.5	1	—	3	Ebenso	» 31	9.25	3	1	19	
» 30	11.5	5	—	48		Sept. 13	11.5	4	—	27	SO-Rand Fackeln. Federwolken
Aug. 5	11.5	3	3	24	SO-Rand u. W-Rand Fackeln	» 15	11.25	2	1	19	W-Rand Fackeln. Starker Nebel
						» 20	11.5	3	—	45	O-Rand Fackeln

Die partielle Mond-Finsternis am 11. Mai 1892.

Die Beobachtung dieser nahe totalen Finsternis gelang in Prag vollständig, da der Mond während der ganzen Dauer derselben klar und deutlich verblieb. Sie wurde nur in etwas beeinträchtigt durch die tiefen Stand der Mondscheibe und durch einen leichten Schleier, welcher zeitweilig den Himmelsgrund überzog. Erst gegen Ende der Erscheinung trat mehrfaches Wolkenziehen auf, das jedoch keinen störenden Einfluss auszuüben vermochte.

An den Beobachtungen nahmen theil: Director L. Weinek am 6-zölligen Steinheil'schen Refractor unter Anwendung 152-facher und 60-facher Vergrößerung und Assistent R. Lieblein am Reinfelder'schen Fernrohr mit 126-facher und am größeren Fraunhofer mit 54-facher Vergrößerung. Auch Assistent C. Pin betheiligte sich während der ersten Hälfte des Phänomens an der Beobachtung; doch ist dieselbe wegen dessen geringerer Geübtheit hier nicht angeführt. Adjunct Dr. G. Gruss machte zur selben Zeit Polhöhenmessungen nach der Horrebow-Talcott'schen Methode und war insoferne an der Betheiligung verhindert. — Eine complete Zeitbestimmung erfolgte noch in derselben Nacht; die Uhrvergleichungen geschahen unmittelbar vor und nach der Finsternis. Die Beobachtungszeiten sind in mittlerer Prager Zeit gegeben und beziehen sich bei den Ein- und Austritten auf die Passage der Kernschattengrenze.

Beobachter Weinek.

Eintritte				Austritte			
☾-Rand I	10ʰ 7ᵐ48ˢ	Erste Berührung			1. Rand	Mitte	2. Rand
	1. Rand	Mitte	2. Rand	Tycho	12ʰ17ᵐ46ˢ	12ʰ20ᵐ13ˢ	12ʰ22ᵐ10ˢ
Grimaldi	10ʰ13ᵐ59ˢ	10ʰ15ᵐ32ˢ	10ʰ16ᵐ57ˢ	Grimaldi	25 5	26 27	27 39
Aristarchus . . .	—	15 50	—	Gassendi	—	28 26	—
Cap Heraclides . .	10 11 15	—	—	Kepler	—	43 16	—
Kepler	—	10 22 16	—	Aristarchus . . .	—	47 5	—
Cap Laplace . . .	10 24 47	—	—	Copernicus . . .	12 50 53	52 17	12 53 13
Copernicus . . .	30 14	10 31 51	10 32 35	Cap Heraclides . .	13 0 28	—	—
Plato	30 52	31 35	32 27	Cap Laplace . . .	4 54	—	—
Gassendi	31 9	33 35	34 24	Dionysius	—	13 7 15	—
Archimedes . . .	—	35 29	—	Manilius	—	8 39	—
Manilius	—	47 32	—	Goclenius . . .	—	9 52	—
Plinius	—	54 30	—	Plato	13 11 17	11 56	13 12 24
Dionysius	—	56 26	—	Menelaus . . .	—	12 51	—
Proclus	—	11 5 49	—	Plinius	—	15 59	—
Tycho	11 5 59	9 2	11 10 24	Posidonius . . .	—	23 11	—
Picard	—	9 0	—	Proclus	—	24 43	—
Prom. Agarum . .	11 12 3	—	—	Picard	—	27 13	—
Goclenius	—	11 17 6	—	Prom. Agarum . .	13 28 33	—	—
				Einnmart	—	13 31 5	—
				☾-Rand II	13ʰ35ᵐ 9ˢ	Letzte Berührung	

— 35 —

Bemerkungen: 1) Eintritte. Bei C-Rand I wurde 152-fache Vergrößerung, bei den nachfolgenden Krater-Beobachtungen nur 60-fache Vergrößerung angewendet. Zur Zeit der ersten Kraterantritte war es etwas schleierhaft. Die Passagezeiten für Copernicus, Plato und Gassendi sind auch deshalb unsicher, weil sie nahe zusammenfielen. 2) Austritte. Bei diesen wurde durchwegs nur 60-fache Vergrößerung genommen. Die Zeit für Eimmart, ebenso jene für C-Rand II erschien unsicher. Letztere dürfte zu spät aufgefasst worden sein.

Beobachter Lieblein.

Eintritte				Austritte			
C-Rand I	$10^h\ 7^m 53^s$	Erste Berührung			1. Rand	Mitte	2. Rand
	1. Rand	Mitte	2. Rand	Tycho	$12^h 20^m 33^s$	—	$12^h 22^m 25^s$
Grimaldi	$10^h 13^m 10^s$	—	$10^h 17^m 9^s$	Grimaldi	24 58	—	—
Mayer	—	$10^h 24^m 4^s$	—	Kepler	41 36	—	12 42 45
Copernicus	10 29 48	—	—	Aristarchus	47 4	—	—
Gassendi	33 18	—	—	Copernicus	—	$12^h 51^m 25^s$	12 53 21
Plinius	53 4	—	—	Eratosthenes	—	57 33	—
Bessel	—	10 55 14	—	Timocharis	—	13 4 19	—
Menelaus	—	57 9		Goclenius	—	8 55	—
Tycho	11 7 7	—	—	Plato	—	12 1	—
Endymion	15 6	—	11 17 5	C-Rand II	$13^h 34^m\ 3^s$	Letzte Berührung	

Bemerkungen: Vom Anfang bis zum Austritte Keplers wurde das Reinfelder'sche Fernrohr mit 126-facher Vergrößerung, weiter der größere Fraunhofer mit 54-facher Vergrößerung benützt.

Zur Zeit der größten Phase und kurz nachher wurden von mir noch vier Sternbedeckungen am Ostrande des Mondes mittelst des Steinheil'schen Refractors und 152-facher Vergrößerung beobachtet, die ersten drei am beschatteten, jedoch deutlich wahrnehmbaren Rande, die letzte am wieder von den Sonnenstrahlen getroffenen Mondrande. In Ermanglung eines Positionskreises wurden die Positionswinkel des Eintrittes (gezählt vom Nordpunkte der Mondscheibe gegen Ost) nur roh geschätzt und dürften deshalb wenig genau sein. Andererseits sind die geschätzten Größen der beobachteten Sterne, theils wegen der nicht vollständigen Verfinsterung des Mondes, theils wegen des vorhandenen leichten Schleiers zu klein ausgefallen und zwar durchschnittlich um 0.8 einer Größenclasse, wie dies aus der nachträglichen Identificirung der Sterne hervorgeht. Die betr. Zeitnotierungen geschahen nach der Lepaute'schen Sternzeituhr, deren Schläge vom Assistenten Lieblein laut nachgezählt wurden.

Stern	Eintritte	M. Z. Prag	Pos. ∡	Gr.	Beobachter
1	d. R	$11^h 36^m 18^s 5$	$100°$	9.3	Weinek
2	d. R.	44 55.2	85	10.0	"
3	d. R.	12 2 15.4	65–70	9.5	"
4	h. R.	33 56.2	105	9.0	"

Die ersten drei Sterne waren ziemlich gut zu beobachten. Der letzte dagegen ergab ein unsicheres Resultat, da der Mondrand kurz vorher hell geworden und der Stern in der Nähe des Randes sehr schwach erschien.

Indem für die erste Eintrittszeit der scheinbare Ort des Mondmittelpunktes berechnet und nach Berücksichtigung der Praecession in die Schönfeld'sche Karte südlicher Declinationen eingetragen wurde, konnte unter Zuhilfenahme einer während der Beobachtung angefertigten Skizze der Nachweis dieser Sterne leicht geführt werden. Dieselben erscheinen in „Schönfeld, Bonner Sternverzeichnis", Vierte Section, S. 383 bezeichnet mit: — 19°.4091, 4093, 4095 und 4099. Ihre Positionen lauten nach diesem Kataloge für 1855.0:

Stern	BD.	Gr.	α 1855.0	δ 1855.0
1	— 19°.4091	8.3	$15^h 14^m 53^s 2$	— 19° 16'.0
2	— 19.4093	9.2	15 15 2.7	— 19 12.5
3	— 19.4095	8.9	15 15 23.2	— 19 13.8
4	— 19.4099	8.2	15 16 10.7	— 19 26.6 A.

Was die Färbung der Mondscheibe während ihrer Verfinsterung betrifft, so habe ich darüber die folgenden Aufzeichnungen gemacht. Die röthliche Färbung des beschatteten Theiles erschien diesmal nicht so intensiv, wie bei anderen, von mir beobachteten Finsternissen. Ich nahm eine solche zuerst um $10^h 41^m$ M. Z. Prag gegen den Ostrand hin wahr, welche einem matten Rothbraun glich. Um $10^h 56^m$ lagerte dieselbe über dem Sinus Iridum und ließ einiges Detail der Mondlandschaften erkennen; jedoch' blieb der sonst hervorragend leuchtende Aristarchus noch unsichtbar. Diese Färbung wanderte nun weiter am Nordrande des Mondes gegen dessen Westseite hin. Um $11^h 17^m$ zeigte sich dieselbe am lebhaftesten nördlich vom Mare Crisium. Der Ton war mehr rosa als braun. Um $11^h 37^m$ erschien das ganze Mare Crisium mit seiner nächsten Umgebung in ziemlich hellem, bläulichen Lichte. Jetzt wurde auch Aristarchus schwach sichtbar. Um $11^h 49^m$ trat im Süden und Westen von Tycho, wo das schmale Mondsegment unverfinstert blieb, innerhalb des Erdschattens ein noch intensiveres bläuliches Licht auf, während gleichzeitig das Mare Crisium in zartem Rosalichte erglühte, welches sich bis zum Mare Frigoris erstreckte.

Die Erdschattengrenze außerhalb der Mondscheibe wahrzunehmen gelang nicht. Zuweilen schien es mir zwar, als würde sich die Kernschattengrenze auf dem Monde über den Rand hinaus fortsetzen; doch, sobald der Mond aus dem Gesichtsfelde gebracht wurde, verlor sich wieder dieser Eindruck. Möglicher Weise trug daran der etwas verschleierte Himmelsgrund die hauptsächliche Schuld.

Die totale Mond-Finsternis am 4. November 1892.

Wegen lebhaften und dichten Wolkenziehens aus NW konnten in Prag nur wenige Momente der Erd-Kernschattenpassage über einzelne Mondformationen während der zweiten Hälfte der Finsternis beobachtet werden. Um $4^h 24^m$ M. Z. Prag sollte der Aufgang des total verfinsterten Mondes, um $5^h 5^m$ die erste Erhellung des nördlichen Mondrandes erfolgen; doch wurde dieser erst um $5^h 9^m$ blickweise durch Wolken sichtbar. Im Bereiche des Ostthüre des Sternwarten-Thurmes konnten nur drei Instrumente aufgestellt werden. Ich selbst beobachtete am größeren Fraunhofer mit 115-facher Vergrößerung, Adjunct Dr. R. Spitaler am Reinfelder mit 62-facher und Assistent R. Lieblein am kleineren Fraunhofer mit 60-facher Vergrößerung. Assistent C. Pin und der Diener A. Neubauer übernahmen abwechselnd das laute Zählen der Secundenschläge nach der Lepaute'schen Sternzeituhr. Die auf die Kernschattengrenze Bezug habenden Austrittszeiten sind hier in mittlerer Prager Zeit angegeben.

Beobachter Weinek.

Austritte	1. Rand	Mitte	2. Rand	Bemerkungen
Aristarchus	—	$5^h 21^m 21^s$	—	Durch Wolken, unsicher
Manilius	·	44 26	—	„ „ „
Menelaus	--	46 41	—	Luft klarer geworden
Plinius	$5^h 49^m 57^s$	—	$5^h 50^m 17^s$	Klar, gut
Dionysius	—	5 52 12	-·-	„ „
Tycho	5 54 12	54 57	5 55 31	„ „
Proclus	-·-	56 37	—	Durch Wolken, ziemlich gut
Picard	—	6 0 29	-	„ „ unsicher
Prom. Agarum . . .	6 1 44	—	-	„ „ ziemlich gut
Cap Azout A	3 0	·	-	Klar, ziemlich gut. Hierauf dichte Wolken
Goclenius	—	6 8 37	—	Durch Wolken, ziemlich gut
Langrenus	—	—	6 13 41	„ „ unsicher
⊙-Rand II	$6^h 18^m 48^s$.			Durch leichte Wolken, leidlich.

Beobachter Spitaler.

Austritte	1. Rand	Mitte	2. Rand	Bemerkungen
Copernicus	—	—	$5^h\ 36^m\ 1^s$	Wolken, ziemlich unsicher
Posidonius	—	$5^h\ 41^m\ 38^s$	—	Unsicher, vorüberziehende Wolken
Manilius	—	44 26	—	Klar, sehr gut
Menelaus	—	45 47	—	» ziemlich sicher
Cap Acherusia	$5^h\ 48^m\ 59^s$	—	—	» gut
Plinius	—	5 49 59	—	» sehr gut
Dionysius	—	52 49	—	» sehr gut
Tycho	5 53 29	54 49	5 55 20	Recht gut, zuweilen feine Wolken
Hell	—	54 54	—	Sehr gut
Proclus	—	57 6	—	Recht gut, darauf Wolken
Censorinus	—	6 0 21	—	Sehr gut
Goclenius	—	9 —	—	Bereits vorüber
Cook	—	12 38	—	Gut
Biot	—	14 28	—	Gut
Lapeyrouse b	—	15 54	—	Unsicher
ℭ-Rand II	$6^h\ 19^m$ —			Entschieden vorbei.

Beobachter Lieblein.

Austritte	1. Rand	Mitte	2. Rand	Bemerkungen
Vitello	—	—	$5^h\ 43^m\ 4^s$	
Manilius	—	$5^h\ 45^m\ 2^s$	—	
Menelaus	—	47 23	—	
Plinius	—	50 45	—	
Tycho	$5^h\ 52^m\ 44^s$	—	5 56 2	
Dionysius	—	5 55 18	—	Unsicher
Tarentius	—	6 1 36	—	
Langrenus	—	4 16	—	
ℭ-Rand II	$6^h\ 17^m\ 25^s$			Unsicher, vielleicht zu früh.

Von der Färbung des Mondes innerhalb seines verfinsterten Theiles war des ungünstigen Luftzustandes wegen kaum etwas Sicheres wahrzunehmen. Es zeigte sich nur um die Zeit der Schattenpassage über Cleomedes am NW-Rande der Mondscheibe ein leuchtender blaugrauer Ton, welcher in der Umgebung des Mare Crisium einiges Detail erkennen ließ.

Die partielle Mond-Finsternis am 14. September 1894.

Dieselbe wurde von dem Adjuncten Dr. R. Spitaler am größeren Fraunhofer mit 48-facher Vergrößerung und von dem Assistenten A. Grünwald am Reinfelder'schen Fernrohr mit 62-facher Vergrößerung beobachtet. Director Weinek war zu dieser Zeit von Prag abwesend. Der Adjunct notierte: „Anfangs sehr wolkig, so dass nur mit Unsicherheit erkannt werden konnte, dass um $16^h 34^m$ M. Z. Prag der Mond bereits in den Schatten eingetreten war. Später verloren sich allmählich die Wolken und die Luft wurde äußerst rein, so dass der Mond bis zu seinem Untergange ($17^h 12^m$) zu beobachten war." Von Eintritten erhielt Dr. Spitaler das Folgende: Um $16^h 46^m 41^s$ M. Z. Prag kommt die Erd-Kernschattengrenze an Plato (durch Wolken beobachtet), um $16^h49^m41^s$ verschwindet Plato im Schatten; um $16^h55^m5^s-20^s$ beginnt der Schatten Hercules zu berühren, um $16^h59^m9^s$ ist er über Hercules getreten; um $16^h58^m-59^m$ liegt die Schattengrenze am Nordrande, um $17^h3^m9^s$ in der Mitte des Caucasus; um $17^h6^m38^s$ befindet sich dieselbe am Nordrande des Mare Serenitatis und um $17^h8^m8^s-28^s$ am Nordrande des Apenninen-Gebirges. Derselbe Beobachter bemerkte noch: „Die Schattengrenze war sehr unbestimmt und verschwommen zu sehen, weshalb die notierten Zeiten keinen Anspruch auf Genauigkeit haben und auf Minuten abgerundet werden könnten." — Grünwald beobachtete den Eintritt von Condamine um $16^h52^m21^s$ M. Z. Prag, die Berührung der Schattengrenze mit dem Nordrande des Mare Serenitatis um $17^h3^m49^s$ und den Eintritt von Sharp um $17^h 8^m 8^s$. Bei der letzten Beobachtung war der untergehende Mond schon ganz nahe zum Horizonte, weshalb dieselbe als sehr unsicher zu bezeichnen ist.

Die totale Sonnen-Finsternis am 8. August 1896.

Diese Finsternis, welche für Prag partiell war, wurde hier von dem Adjuncten Dr. R. Spitaler und dem Assistenten O. Schally beobachtet. Director Weinek und Assistent Lieblein waren zur selben Zeit von Prag abwesend. Es wurde das Folgende erhalten:

Erscheinung	M. Z. Prag	Instr.	Vergr	Beobachter	Bemerkungen
Mond-Austritt	$17^h23^m54^s8$	Fr.	54	Spitaler	Nicht besonders sicher
" "	23 50.8	fr.	60	Schally	Feiner Ausschnitt
" "	24 11.8	"	60	"	Ausschnitt sicher verschwunden

Spitaler notierte: Ganz heiter bis auf einiges feines Federgewölk und schwachen Nebel am Horizont, so dass die Sonne ohne Schutzglas anzusehen war. Der Nebel wurde aber immer stärker, und gerade um die Zeit des Mondaustrittes zogen dichte Nebelmassen vor der Sonne vorüber, wodurch die Austritts-Beobachtung unsicher wurde. Schally bemerkte: Die Sonne gieng bereits verfinstert auf, weshalb nur der Mondaustritt zu beobachten war. Dichter Nebel. Die Sonne ist mit bloßem Auge ohne jedes Blendglas sehr gut zu betrachten. Die Güte der Austritts-Beobachtung wurde durch den Umstand, dass gerade um diese Zeit dichtere Nebelmassen vor der Sonne vorüberzogen und ihr Bild dunkler gestalteten, stark beeinträchtigt.

Die partielle Mond-Finsternis am 3. Juli 1898.

Diese nahezu totale Mond-Finsternis, bei welcher um die Zeit der größten Phase nur 0.066 des Monddurchmessers unbeschattet blieben, konnte in Prag in ihrem ganzen Verlaufe photographisch und optisch beobachtet werden.

Obwohl der Mond sehr verwaschen in Stratuswolken aufgieng und die erste Berührung mit dem Erd-Kernschatten, welche bald darauf stattfand, noch durch leichtere Schichtwolken beeinflusst war, besserte sich doch das Wetter zusehends und wurde nach kurzer Zeit vollständig klar. Wenn auch der Mondrand zumeist wallend und unbestimmt erschien, so zeigte doch die Luft im Allgemeinen große Durchsichtigkeit, weil des Sonntages wegen fast jeder Stadtrauch fehlte.

Zum Zwecke einer Untersuchung über das photometrische Verhalten der Schattengrenze nahm der erste Assistent Dr. Egon v. Oppolzer die Finsternis mit Hilfe eines Porträtobjectivs von 70 cm Brennweite, das der Prager Hofphotograph H. Eckert freundlichst der Sternwarte zur Verfügung gestellt hatte, photographisch auf. Die Camera war in Ermangelung eines geeigneten Platzes in der SO-Ecke der Thurmgallerie posticrt und auf dieser befestigt worden. Es wurden 43 Aufnahmen, darunter 27 mit vollständig gleicher Belichtungsdauer, in Intervallen von fünf zu fünf Minuten erhalten. Die Gleichheit der Expositionsdauer wurde durch einen eigens zu diesem Zwecke von Dr. v. Oppolzer construierten Verschluss verbürgt. Die Aufnahmen befinden sich auf sechs Platten, deren Hervorrufung Director Weinek besorgte. Dem Zwecke gemäß wurde auf möglichst gleichmäßige Entwicklung aller Platten Bedacht genommen. Ganz auffallend tritt auf den Photographien der Halbschatten der Erde in Wirkung, so dass zur Zeit der größten Phase sonst kaum sichtbare Spuren desselben erkennbar erscheinen.

Die optische Beobachtung der Finsternis erfolgte durch mich und Assistent A. Scheller. Ich selbst beobachtete mit dem größeren Fraunhofer'schen Standfernrohr und 54-facher Vergrößerung von der östlichen Thurmgallerie aus, Assistent Scheller mit dem kleineren Fraunhofer und 60-facher Vergrößerung ein Stockwerk tiefer von einem nach Süden gelegenen Rundfenster des Thurmes aus. Der niedrige Stand des Mondes, verbunden mit der Enge der Gallerie, und die ab und zu auftretenden Windstöße gestalteten meine Beobachtung ebenso unbequem als beschwerlich. Da von der Gallerie aus die Schläge der im Thurme befindlichen Lepaute'schen Sternzeituhr nicht zu hören waren, beobachtete ich nach meiner Taschenuhr und verglich diese dreimal, am Anfang, in der Mitte und am Ende der Erscheinung mit Lepaute. Die erhaltenen Ein- und Austritte sind nachstehend in mittlerer Prager Zeit gegeben.

Beobachter Weinek.

Eintritte				Austritte			
					1. Rand	Mitte	2. Rand
C-Rand I	$8^h 42^m 39^s$ Erste Berührung			Tycho	$10^h 36^m 9^s$	$10^h 38^m 21^s$	$10^h 40^m 34^s$
	1. Rand	Mitte	2. Rand	Grimaldi	38 23	—	40 31
Aristarchus . . .	$8^h 48^m 50^s$	—	—	Gassendi	41 44	—	44 3
Plato	57 43	—	$8^h 58^m 20^s$	Euclides	—	10 52 35	—
Grimaldi	—	$8^h 58^m 40^s$	—	Aristarchus	—	58 25	—
Copernicus . . .	9 2 38	—	9 4 32	Copernicus . . .	11 3 13	—	11 5 14
Apenninus O . . .	7 15	—	—	Ptolemaeus . . .	—	11 6 55	—
Euclides	—	9 10 7	—	Cap Heraclides . .	11 9 30	—	—
Gassendi	9 12 25	14 10	9 16 3	Eratosthenes . . .	—	11 11 21	—
Manilius	—	14 48	—	Cap Laplace . . .	11 14 3	—	—
Menelaus	—	17 9	—	Archimedes . . .	—	11 18 23	—
Ptolemaeus . . .	9 20 3	21 50	9 23 43	Plato	11 19 46	20 29	11 21 5
Plinius	—	20 23	—	Manilius	—	21 16	—
Dionysius	—	24 9	—	Dionysius	—	21 52	—
Mare Crisium NO	9 27 48	—	—	Menelaus	—	25 19	—
Proclus	—	9 28 33	—	Plinius	—	28 47	—
Torricelli	—	31 31	—	Goclenius	—	29 20	—
Mare Crisium S .	—	—	9 34 26	Posidonius . . .	—	33 25	—
Goclenius	—	9 40 52	—	Proclus	—	38 19	—
Tycho	9 45 19	47 53	9 49 45	Mare Crisium . .	11 39 17	11 41 50	11 43 54
				C-Rand II	$11^h 45^m 59^s$ Letzte Berührung		

Bemerkungen: 1) Eintritte. Ad C-Rand I: Mond in leichten Schichtwolken tief und stark wallend. Beobachtung ziemlich unsicher. Ad Aristarchus: Durch Wolken: hierauf dichte Strati, welche den Mond fast ganz auslöschen. Ad Grimaldi: Infolge der Streifenwolken, welche die Mondscheibe durchziehen, ist die Kernschattengrenze leicht wahrnehmbar. Um $9^h 1^m 24^s$ liegt die Schattengrenze einen Copernicus-Durchmesser östlich vom Copernicus-Ostrand. Ad Copernicus: Durch Wolken, leidlich. Ad Apenninus: Um die bemerkte Zeit lag die Schattengrenze in der Richtung des Ostabfalles der Apenninen. Ad Euclides: Ziemlich gut. Es wird nun fast ganz klar. Um $9^h 42^m 8^s$ lag die Schattengrenze eine Tycho-Breite nördlich von Tycho's N-Rand. 2) Austritte. Um $10^h 30^m 50^s$ lag die Schattengrenze eine Tycho-Breite südlich von Tycho's S-Rand. Mond sehr wallend. Ganz klar. Ad Aristarchus: Ziemlich gut. Ad Copernicus: Sehr wallend. Ad Eratosthenes: Mond sehr wallend. Ad Goclenius: Etwas unsicher. Ad C-Rand II: Ziemlich unsicher.

Beobachter Scheller.

Eintritte		Austritte	
Aristarch, Mitte	8ʰ47ᵐ37ˢ	Herschel, Mitte	11ʰ 8ᵐ24ˢ
Gassendi »	9 13 21	Manilius »	21 46
Moesting A »	15 43	Menelaus »	24 56
Menelaus »	16 34	Plinius »	29 50
Plinius »	19 49		
Proclus »	27 35	C-Rand II	11ʰ46ᵐ13ˢ
Goclenius »	9 39 32		

Bezüglich der Färbung der im Erdschatten liegenden Mondpartien machte ich die folgenden Notizen: Um 9ʰ19ᵐ röthet sich der dunkle Mond nördlich von Aristoteles und Plato in der Gegend des Mare Frigoris. Um 9ʰ30ᵐ zeigt sich in der südlichen Schattenecke bläuliche Färbung. Um 9ʰ36ᵐ röthet sich der Mond auch bei Grimaldi deutlich; im Kernschatten bleibt das Mare Crisium mit der röthlichen NO-Umgebung sichtbar, dagegen ist Aristarch nicht zu erkennen. Um 9ʰ43ᵐ ist die Färbung im Süden des Mare Crisium bläulich, nördlich davon röthlich, ähnlich südlich und nördlich von Grimaldi. Um 9ʰ50ᵐ wird Aristarch zuerst schwach, dann deutlich wahrnehmbar, während Copernicus in röthlichem Lichte erscheint. Um 9ʰ55ᵐ zeigt sich schönes bläuliches Licht südlich vom Mare Crisium und von Grimaldi, dagegen das nördlich lagernde röthliche Licht matt und wenig intensiv. Um 10ʰ3ᵐ befindet sich schöne rothe Färbung südlich vom Mare Serenitatis und bei Copernicus. Um 10ʰ9ᵐ ist Aristarch deutlich sichtbar; die Schattengrenze liegt drei Tycho-Breiten südlich von Tycho's S-Rand. Um 10ʰ18ᵐ ist im Kernschatten am deutlichsten Grimaldi, minder gut das Mare Crisium zu sehen. Um 10ʰ21ᵐ zeigt sich das rothe Licht am kräftigsten beim Mare Crisium, bei Aristarch und nordwestlich davon. Um 10ʰ42ᵐ erscheint die intensivste Röthe nördlich vom Sinus Iridum; Aristarch ist sehr gut, das Mare Crisium schwach zu sehen. Um 10ʰ51ᵐ befindet sich leuchtendes Roth (Kupfer in Blassrosa übergehend) nördlich vom Sinus Iridum.

Eine Fortsetzung der Schattengrenze über die Mondscheibe hinaus konnte von mir trotz aufmerksamster Nachforschung nicht wahrgenommen werden.

Die totale Mond-Finsternis am 27. December 1898.

Bei dieser Finsterniss wurde, da in Prag während der Erscheinung wolkenlose Klarheit herrschte, das Hauptaugenmerk auf die Beobachtung der von der Pulkowaer Sternwarte für die Dauer der Totalität berechneten Sternbedeckungen gerichtet. Die bezügliche, für Prag geltende Liste umfasste 20 Sterne, von denen 16 innerhalb der Totalität, 2 unmittelbar vor und 2 nach ihr lagen. Dieselben entstammen einem von S. Kostinsky für diese Finsterniss gebildeten Verzeichnisse (Astr. Nachr. No. 3533) von 103 Bedeckungssternen, die aus dessen umfangreicherem photographischen Sternkataloge unter Ausschließung von Helligkeitsgrößen unter 9.5 ausgewählt wurden.

Ich selbst beobachtete am Steinheil'schen Aequatoreal mit 152-facher Vergrößerung. Da der Mond während der Finsterniss sehr hoch stand ($\delta = +23\frac{1}{2}°$) und die Erscheinung sich knapp unter dem oberen Rande der südlichen Thurmthüre abspielte, war die Position des Beobachters in halb liegender, halb knieender Stellung eine ziemlich unbequeme. Indem auf solche Weise die Controle der Lepaute'schen Sternzeituhr bei dem Prager Stadtlärm (Wagenfahren, Anschlagen der vielen Thurmuhren etc.) erschwert wurde, übernahm Assistent Hevler für die ganze Dauer der Bedeckungen das Nachzählen der Secundenschläge. — Völlig unabhängig von mir beobachtete Assistent Dr. E. v. Oppolzer von der südwestlichen Thurmgallerie aus am größeren Fraunhofer mit 115-facher Vergrößerung und in Benützung eines Knoblich'schen, nach mittlerer Zeit gehenden Chronometers. — In der nachstehenden Zusammenstellung gehören die Stern-Nummern dem erwähnten Kostinsky'schen Verzeichnisse an; ferner sind die angeführten Größen der Sterne als photographische Größen zu verstehen.

Stern-No.	Gr.	Erscheinung	M. Z. Prag	Instr.	Vergr.	Beobachter	Bemerkungen
34	9.2	Eintritt	11ʰ56ᵐ35ˢ33	St.	152	Weinck	Leidlich, Stern ziemlich schwach und schwer zu beobachten, optisch vielleicht um ¼ Gr. kleiner
39	9.2	»	12 6 37.69	»	152	»	Stern hell, gut zu beobachten. Deutl. Aufblitzen
45	9.3	»	15 26.52	»	152	»	Ziemlich gut, etwas schwächer als 39
46	9.3	»	25 24.46	»	152	»	Gut, so hell wie 39, heller als 45
»	»	»	25 24.38	Fr.	115	v. Oppolzer	Sehr sicher
50	9.4	»	53 43.15	St.	152	Weinck	Sehr schwach, sehr unsicher
32	9.4	Austritt	58 8.41	»	152	»	Ziemlich gut, hell, plötzliches Erscheinen
53	9.0	Eintritt	13 10 48.30	»	152	»	Unsicher, weil schwach und sehr schräges Schneiden des Mondrandes
64	9.1	»	14 9.94	»	152	»	Ziemlich gut, ziemlich hell

Bemerkungen: No. 36 (Gr. 9.3), unmittelbar vor der Totalität, wurde zwar von mir gesehen, war jedoch zu schwach und zu unsicher zu beobachten. No. 51 (Gr. 9.4) wurde trotz schöner Klarheit weder von mir, noch von Dr. v. Oppolzer gesehen. Der Austritt von No. 34 (Gr. 9.2) wurde von mir verspätet wahrgenommen, da in Ermangelung eines Positionskreises der Austrittsort nur genähert bekannt war und die Aufmerksamkeit sich auf einen größeren Theil des Mondrandes erstrecken musste. Die betr. Zeit wurde nicht notiert. — Bei den Eintritten der helleren Sterne wurden diese 1 bis 2 Secunden auf der, während der Totalität matt beleuchteten, Mondscheibe gesehen; erst hierauf erfolgte das plötzliche Verlöschen, welches beobachtet wurde. Dieselbe Wahrnehmung geschah auch von Dr. v. Oppolzer. Derselbe bemerkte andererseits, dass wegen der kleinen Oeffnung des von ihm benützten Instrumentes bei den meisten Sternen ein Verschwinden schon vor der geometrischen Berührung stattfand, weshalb die betr. Zeiten als zu unsicher hier nicht angeführt wurden; nur für No. 46 war dessen Beobachtung sehr sicher, wobei die optische Sterngröße um einige Zehntel heller, als die angegebene photographische erschien. — Die für diese Beobachtungen nothwendige Zeitbestimmung erfolgte unmittelbar vor der Finsternis an beiden Passagen-Instrumenten der Sternwarte durch die Assistenten v. Oppolzer und Hevler, während sorgfältige Uhrvergleichungen vor und nach der Totalität vorgenommen wurden.

Von mir wurde ferner an Steinheil mit 152-facher Vergrößerung beobachtet:
    Beginn der Totalität 11ʰ55ᵐ34ˢ M. Z. Prag
    Ende » 13 23 52
Beide Momente sind wegen der Unbestimmtheit der Kernschattengrenze ziemlich unsicher.

Ueberdies wurden von Dr. v. Oppolzer und Hevler mehrere Krater-Ein- und Austritte in bezw. aus dem Erdkernschatten beobachtet. Letzterer benützte das kleinere Fraunhofer'sche Fernrohr mit 60-facher Vergrößerung und war auf der Thurmgallerie postiert. Die nachstehenden Zeiten sind in mittlerer Prager Ortszeit gegeben.

Eintritte, v. Oppolzer		Eintritte, Hevler		Austritte, Hevler	
Tycho, 1. Rand	11ʰ 5ᵐ19ˢ	Kepler, Mitte	11ʰ 0ᵐ47ˢ		
» 2. »	7 0	Aristarch, »	5 17		
Manilius, Mitte	26 5	Copernicus, 1. Rand	8 55	Copernicus, Mitte	13ʰ48ᵐ 7ˢ
Menelaus, »	29 56	» Mitte	10 12	Manilius, »	14 3 22
Plinius, »	33 39	Manilius, »	26 42	Menelaus, »	6 27
Calippus, »	35 34	Delambre, »	27 32	Plinius u.	14 11 2
Vitruvius, »	38 24	Menelaus, »	30 2	Delambre	
Posidonius, 1. Rand	39 46	Plinius, »	34 12		
» 2. »	11 41 40	M. Crisium, 1. Rand	11 45 42		

Dr. v. Oppolzer bemerkte hierzu, dass die Trennungslinie zwischen Schatten und beleuchtetem Monde ihm sehr unscharf erschienen ist.

Die Nacht blieb bis in den Morgen hinein klar; doch fand im Allgemeinen ein lebhaftes Sternscintilliren statt.

Die partielle Sonnen-Finsternis am 7. Juni 1899.

Für Prag sollte die Erscheinung am Morgen des 8. Juni (bürgl.) zwischen $5\frac{1}{4}^h$ und $6\frac{1}{4}^h$ stattfinden. Der Himmel war die ganze Zeit über von günstiger Klarheit. Einige Wolken, welche in der Umgebung der Sonne auftraten, störten nicht weiter. Ich selbst beobachtete am größeren Fraunhofer, der erste Assistent Dr. E. v. Oppolzer am kleineren Fraunhofer. Der zweite Assistent J. Dörr besorgte das laute Nachzählen der Secundenschläge der Lepaute'schen Sternzeituhr. Es wurde erhalten:

Erscheinung	M. Z. Prag	Instr.	Vergr.	Beobachter	Bemerkungen
Mond-Eintritt	$17^h 47^m 55\overset{s}{.}0$	Fr.	115	Weinek	Erste Wahrnehmung eines feinen Ausschnittes am rechten unteren Sonnenrande. Unruhiges, wallendes Bild
" "	48 17.9	fr.	96	v. Oppolzer	Mond sicher schon eingetreten, sehr stark undulierend
Mond-Austritt	18 32 33.6	Fr.	115	Weinek	Ziemlich gut. Bild ruhiger und besser
" "	32 18.8	fr.	60	v. Oppolzer	Gut

Die nothwendigen Zeitbestimmungen wurden am 4. und 8. Juni von Dr. v. Oppolzer ausgeführt.

Zur Leoniden-Erscheinung 1899.

Wegen anhaltend trüben Wetters um die Zeit der Leoniden-Sternschnuppen des November 1899 konnte in Prag nur wenig von diesem Phänomen gesehen werden. Assistent Dr. E. v. Oppolzer beobachtete am 11. November bei klarer, mondheller und sehr windiger Nacht in der Zeit von $10^h 20^m$ bis $11^h 15^m$ M. Z. Prag nur eine Leonide und zwar um $10^h 35^m 50^s$. Dieselbe war 1. Größe, hatte eine äußerst langsame Bewegung und kam, vom Horizonte vertical aufsteigend, aus dem eben aufgegangenen Radianten. Erst am 15. November gegen 17^h M. Z. Prag klärte es hier wieder etwas auf, wo ich von einem, nach Süden gelegenen Fenster meiner Sternwartenwohnung (Clementinum, II. Stock) aus die Umgebung von Regulus überwachte. Nach Circular 45 des Harvard College Observatory in Cambridge (Mass. U. S. A.) sollte für Prag das Maximum des Leonidenfalles am 15. November um etwa 19^h M. Z. Prag eintreten. Obwohl die Nacht vom 15. zum 16. (bürgl.) bei lebhaftem Wolkenziehen aus NW öfter Neigung zur Aufklärung zeigte, trat doch erst gegen $16^h 45^m$ eine brauchbare Wolkenlücke bei hellem Mondscheine auf, welche sich jedoch nach kurzer Zeit wieder schloss. Später, um $17^h 30^m$ wurde es abermals gut, aber nur für 22 Minuten. Von meinem Fenster aus konnte ich die folgenden Grenzen übersehen: Links Denebola (= β Leonis), oben λ Leonis über Regulus, rechts bis zur Mitte von Procyon-Sirius und unten bis etwa $\delta = -20°$, so dass auch Alphard (= α Hydrae) gut wahrnehmbar erschien. Von $16^h 45^m$ bis $16^h 50^m$ erblickte ich trotz hinreichenden Freiseins der bezeichneten Himmelsgegend von Wolken keine einzige Sternschnuppe, wobei zu bemerken ist, dass zur selben Zeit Sterne 4. Größe mit freiem Auge nur schwierig zu erkennen waren. Die spätere Aufhellung um $17^h 30^m$ erschien insofern günstiger, als nunmehr auch Sterne 4. Größe ohne Mühe zu beobachten waren. Von $17^h 30^m$ bis $17^h 52^m$ trat bloß eine einzige Sternschnuppe, doch entschieden eine Leonide, von 2. Größe und von röthlich-gelber Färbung, auf. Ihr Aufleuchten fand um $17^h 42^m$ statt. Sie zog ihre kurze Bahn westlich von der Verbindungslinie: Regulus-Alphard. Ihre Position lautet nach meiner Einzeichnung in Schurig's Himmels-Atlas:

$$\text{Anfang } \alpha = 9^h 32^m, \ \delta = -9°\!.5$$
$$\text{Ende } \alpha = 9 \ 6, \ \delta = 0$$

Hierauf bezog sich der Himmel wieder vollständig. — Ebenso, wie es am Morgen des 14. und 15. November (bürgl.) trübe gewesen, war es auch am Morgen des 17. und 18. November.

Selenographische Studien
auf Grund von photographischen Mondaufnahmen der Mt. Hamiltoner (Lick-) und Pariser Sternwarte.

Diese Studien bilden die Fortsetzung meiner bezüglichen, in den Prager Astronomischen Beobachtungen von 1888—1891 veröffentlichten Arbeiten und zerfallen in drei Theile: 1. In vergrößerte Zeichnungen bezw. Tuschierungen nach focalen Mond-Diapositiven, 2. in photographische Vergrößerungen nach focalen Mond-Negativen zur Herstellung eines Prager photographischen Mond-Atlas und 3. in Vergleichungen photographischer Mondaufnahmen mit Schmidt's zwei Meter großer Mondkarte.

I. Zeichnerische Vergrösserungen.

Nach derselben Methode, nach welcher Archimedes und Arzachel in 10-facher Vergrößerung und Petavius in 20-facher Vergrößerung gezeichnet wurden, erfolgte auch die 20-malige Vergrößerung der Wallebenen Vendelinus, Langrenus und Copernicus, deren Resultat im Nachstehenden eingehender besprochen werden soll. Außerdem wurden noch neben vielen anderen Zeichnungen kleineren Formates die Wallebenen Flammarion (nordöstlich von Herschel) und Eratosthenes, sowie der Westen des Riphaeus-Gebirges 20-mal, Capella und Taruntius *C* 40-mal vergrößert abgebildet. Die letzteren, welche einen mehr skizzenartigen Charakter besitzen, sollen dem erwähnten dritten Abschnitte angefügt und dort näher erörtert werden. Die Uebersicht dieser hauptsächlichsten vergrößerten Zeichnungen in den Jahren 1890, 1891, 1892 und 1893 lautet:

No.	Datum des Diapositives (L.O.)*)	Mondobject	Vergrösserung	Zeichen-Dauer in Stunden	Beginn des Zeichnens
1	1888, August 23 —	Mare Crisium	4-mal	$34\frac{3}{4}$	1890, Juni 12
2	» August 15 —	Archimedes	10 »	$44\frac{3}{4}$	» October 16
3	» August 27 —	Archimedes	10 »	43	» October 16
4	» August 15 —	Arzachel	10 »	$42\frac{3}{4}$	» November 23
5	» August 27 —	Arzachel	10 »	$49\frac{1}{4}$	» November 26
6	1890, August 31, $14^h 27^m$— P. s. t.	Petavius	20 »	$120\frac{1}{4}$	1891, Juni 23
7	» » » » »	Vendelinus	20 »	122	» November 24
8	» » » » »	Langrenus	20 »	$127\frac{1}{2}$	» December 7
9	1888, August 15 —	Flammarion	20 »	71	1892, Januar 18
10	» August 27 —	Eratosthenes	20 »	$25\frac{1}{4}$	» März 12
11	1891, Juli 28, $15^h 49^m 16^s$ »	W. v. Riphaeus	20 »	$10\frac{1}{2}$	1893, Februar 19
12	1888, August 27 —	W. v. Riphaeus	20 »	8	» Februar 19
13	1890, November 17, $6^h 8^m 35^s$ »	Capella	40 »	$20\frac{1}{4}$	» Mai 3
14	» August 31, $14^h 27^m$— »	Capella	40 »	25	» Mai 14
15	» Juli 20, $7^h 53^m$— »	Taruntius C	40 »	$1\frac{1}{4}$	» Mai 5
16	» August 31, $14^h 27^m$— »	Taruntius C	40 »	5	» Mai 5
17	» November 16, $5^h 53^m$— »	Taruntius C	40 »	4	» Mai 12
18	1891, Juli 28, $15^h 49^m 16^s$ »	Copernicus	20 »	$224\frac{3}{4}$	» Januar 4

*) L. O. = Lick Observatory (Mt. Hamilton, California). Wo in dieser Rubrik keine näheren Aufnahmezeiten angegeben sind, fehlen diese auch auf den Lick-Platten. Wo sie angeführt sind, ist darunter Pacific standard time (P. s. t.) = M. Z. Greenwich — $8^h 0^m 0^s$ zu verstehen.

Es soll gleich hier hervorgehoben werden, dass ich bei meinem Zeichnen stets bestrebt war, das Gesehene mit größter Sorgfalt und Treue wiederzugeben und Alles darzustellen, was die betreffende Diapositiv-Platte zeigt. Nur offenkundige Kratzer des Glases oder unzweifelhafte Verletzungen der Schicht wurden nicht mitabgebildet. Andererseits wurden, da mir die Wahl des Objectes vollständig überlassen war, nur solche Mondlandschaften zum Zeichnen herangezogen, in welchen nach genauester vorheriger Untersuchung nichts Fremdartiges oder Verdächtiges zu erkennen war. Immerhin kann noch eine Fehlerquelle darin gefunden werden, dass in Prag nach Diapositiven und nicht nach Original-Negativen gezeichnet wurde. Sind erstere als Contactcopien der Negative vollkommen, so fällt natürlich jene Fehlerquelle fort; im anderen Falle werden kleine Verschiedenheiten, namentlich Unschärfen und Undeutlichkeiten einzelner feinerer Objecte auftreten. Diese Vollkommenheit der Diapositive habe ich bei der Vorzüglichkeit der übrigen photographischen Arbeiten der Lick-Sternwarte zwar stets vorausgesetzt, es aber trotzdem für unerlässlich erachtet, dass meine vergrößerten Zeichnungen auch mit den, an der Lick-Sternwarte verbliebenen Original-Negativen eingehendst verglichen werden möchten. Es ist dies in vielen Fällen von Professor E. S. Holden selbst geschehen, und es sei mir gestattet, hier dessen Urtheil nur in einem Falle wörtlich anzuführen. Derselbe schrieb mir am 8. März 1893 betreff meiner Petavius-Zeichnung:

„I did not remember that you had asked me specifically to compare your drawing of Petavius (from a positive) with the original negative, from which the positive was made (August 31, 1890, 14^{h}27"), and to let you know the result. I, however, made the comparison long ago, and the result was in this case (as in every other one) that your drawing faithfully represents the original. You will remember, however, that these fine rills look very differently in a negative and in a positive. I found one or two of the finer rills hard to make out in the original negative. I therefore had another positive made here, and every essential feature of your drawing was verified, rills and all. There were some very difficult objects (I forget which ones now) that I was not quite sure of; but I came to the conclusion that if I spent more time on them, I should probably see them as you had drawn them. In this examination of your drawings, as in every other one which I have made, I was struck with the admirable and artistic way in which you have represented the various features (some of them elusive and difficult), and with the minute thoroughness of your examination. You had seen everything, and had represented it artistically, so that it was easy to verify. I have told you this before. I regret that I overlooked your request for specific information about Petavius."

Wie bemerkt, war es immer mein Bestreben, alles im Diapositive Gesehene mit vollkommener Treue darzustellen. Während des Zeichnens eine Auswahl zu treffen, was etwa nicht dem Monde, sondern den Zufälligkeiten der gekörnten photographischen Schicht (der am Berg Hamilton und in Paris verwendeten Gelatine-Emulsions-Trockenplatten) angehören könnte und letzteres einfach wegzulassen, hielt ich für ganz unwissenschaftlich, da eine solche Entscheidung erst nachträglich auf Grund der sorgfältigsten Vergleichung mit anderen photographischen Aufnahmen derselben Mondlandschaft getroffen werden darf. Bei der Discussion solcher Darstellungen pflege ich ausdrücklich anzuführen, was bereits durch andere Lick-Platten*) bestätigt erscheint, somit als gesichertes Monddetail zu betrachten sei, während ich das übrige, ohne Bestätigung gebliebene nur auf Grund meiner, auf diesem Gebiete erworbenen, Erfahrung dem Charakter nach interpretiere und dabei bloß die Absicht verfolge, die Selenographen auf diese Objecte aufmerksam zu machen. Letztere sollen also keineswegs den Anspruch auf Unfehlbarkeit erheben, vielmehr nur hypothetisch hingenommen werden. Um ferner in anderer Richtung Missverständnissen vorzubeugen, möge noch betont werden, dass, wenn photographische Objecte, welche auf Schmidt's Mondkarte fehlen, der Kürze halber als „neu" bezeichnet werden, dieselben keineswegs als „neu entstanden", sondern nur als „nicht vorhanden bei Schmidt" aufzufassen sind.

---

*) Hiebei genügen oft zwei Platten mit gleichgerichtetem Schattenwurfe nicht, wohl aber solche, die bei entgegengesetztem Sonnenstande aufgenommen wurden.

Was den Text zu den folgenden Capiteln betrifft, so ist derselbe fast wörtlich meinen „Selenographical Studies" im III. Bande der „Publications of the Lick Observatory", Sacramento 1894, entnommen, wurde aber für die spätere Zeit durch die Fortsetzung dieser Studien erweitert.

VENDELINUS.
(Siehe Taf. I.)

Diese 20-fach vergrößerte Zeichnung wurde, ebenso wie Petavius*) und Langrenus**), nach dem vorzüglichen Lick-Diapositive 1890, August 31, 14^{h}27^m P. s. t. in Anwendung eines Glasnetzes mit Quadratmillimeter-Theilung angefertigt. Dabei wurde darauf Bedacht genommen, dass die Bilder von Vendelinus und Langrenus derart aneinander stoßen, dass dieselben zusammengefügt ein einziges Bild von 12 cm Breite und 36 cm Höhe geben. Aus diesem Grunde erfolgte die Contour-Zeichnung innerhalb des Glasnetzes für Vendelinus und Langrenus unmittelbar hinter einander, und erst, nachdem beide vollendet waren, wurde das erwähnte Netz entfernt. Die gesammte Arbeitsdauer betrug für Vendelinus 122,0 Stunden.

Diese Zeichnung offenbart ein sehr mannigfaltiges und zartes Detail, welches auch in der trefflichen heliographischen Reproduction des k. u. k. militär-geographischen Institutes in Wien (Taf. I) zu guter Geltung kommt. Nebenbei möge erwähnt werden, dass ich dieselbe Landschaft bereits in kleinerem Maßstabe am 6-zölligen Refractor der Prager Sternwarte am 30. September 1890 in 1¾ Stunden gezeichnet habe (Vide: „Prager Astronomische Beobachtungen 1888—1891", 5. Tafel) und dass diese Abbildung in ihrem Charakter und allgemeinen Umriss gut mit dieser Photographie übereinstimmt. Dies kann hingegen von anderen Zeichnungen, die in den letzten Jahren in England und Deutschland von demselben Objecte nach der Natur angefertigt wurden, nicht gesagt werden. Der Grund ist darin zu suchen, dass bei denselben das Hauptgewicht auf das »Was« und nicht auf das »Wie« des Bildes gelegt wird, welch' letzteres andererseits eine gewisse künstlerische Begabung und Uebung des Zeichners voraussetzt, die in den meisten Fällen nicht angetroffen wird. Es entstehen dann, weil auch die gewählte Aufgabe das Können des Zeichners überstieg, willkürlich abschattierte, plastisch wirken sollende Zeichnungen, die maniriert und deshalb völlig unwahr erscheinen. Sie haben nur den Wert von Skizzen, während sie mit dem Anspruche naturgetreuer Abbildungen vor die Oeffentlichkeit treten.

Die Vergleichung meiner 20-fachen Vergrößerung geschehe hauptsächlich mit Schmidt's Sect. X und mit einer zweiten Lick-Aufnahme desselben Abends, welche 2 Minuten früher erfolgt ist, jedoch hinsichtlich der Feinheit des Kornes weniger günstig, als die spätere erscheint. Es werde ferner Bezug genommen auf die Zeichnung dieser Wallebene von Elger am 17. December 1891 (in »English Mechanic«, Jan. 15, 1892 und in »Memoirs of the British Astronomical Association« Vol. II, Part II), auf die Contour-Skizze des nördlichen Vendelinus-Innern von Maw, basierend auf dessen sämmtlichen Beobachtungen im Jahre 1892 (ebenfalls in den angeführten Memoirs), und auf die jüngste Vendelinus-Abbildung von Krieger vom 18. August 1893. Die Bezeichnung der einzelnen Objecte werde nach Schmidt gewählt.

1. Nach der Photographie befindet sich im westlichen Walle eine auffallende Ecke, im Ostwalle ein deutlicher Einschnitt. Verbindet man diese beiden Objecte mit einander, ebenso die Mittelpunkte der Ringebenen A (im Norden) und B (im Süden), so findet man, dass erstere Linie mit letzterer nach SW einen stumpfen Winkel bildet, während dieser nach Schmidt spitzig ist. Schmidt hat die westliche Ecke zu südlich, den östlichen Einschnitt zu nördlich gezeichnet. Ferner ist bei Schmidt der SW-Wall zu wenig breit und charakteristisch, der nördlichste Theil des Inneren, wo dasselbe in das äußere Plateau übergeht, zu schmal. Letzteres rührt daher, dass die Ringebene A bei Schmidt im Ganzen zu weit nach Westen gesetzt ist. Ihr Westwall soll die gekrümmte Fortsetzung des Vendelinus-Ostwalles sein. Dagegen ist ihre Form nahe richtig, was in der Elger'schen und Krieger'schen Darstellung nicht der Fall ist. — Am NW-Walle von Vendelinus liegen zwei größere, ovale vertiefte Formationen, welche von mehreren Selenographen

---
*) Vide: „Prager Astronomische Beobachtungen 1858—1891", S. 69—75.
** Siehe den nächsten Abschnitt.

»Erdstürze« (landslips) genannt werden. Diese Bezeichnungsweise erscheint nichts weniger als zutreffend und kann keineswegs auf die nördliche Formation angewendet werden, welche einen entschieden kraterartigen Eindruck macht. Beide gehören nach der Photographie zum Stocke des Walles und sind mit einander in Verbindung, während man dieselben nach Schmidt für getrennt halten möchte. — Der bekannte charakteristische Schatten des Ostwalles, welcher in seiner Grenzlinie die Form eines menschlichen, nach Osten gekehrten, Profils mit dem Auge im Krater E darstellt, ist in der Photographie sehr eclatant wahrzunehmen. Die Verbindungslinie des erwähnten Einschnittes im Ostwall mit der Unterlippe dieses Profils gibt sofort die Richtung nach der Sonne hin.

2. Das Innere ist nach der Photographie leicht convex und nirgends vollständig eben. Dasselbe wird von mehreren niedrigen Höhen durchzogen. Die hauptsächlichsten liegen am Westrande mit meridionaler Richtung und östlich der Mitte mit zuerst nordwestlicher, dann nördlicher Richtung. Dieselben fehlen bei Schmidt und Elger. Der deutliche Krater im nördlichen Innern heißt h. Er scheint im Süden eine westliche Wallsenkung zu besitzen, die nirgends angedeutet ist. Der südliche größere Krater E wird von Elger mit einem kurzen Höhenansatze am Nordwalle gezeichnet. Nach der Photographie dürfte dort eine Oeffnung im Walle und ein rillenartiges Höhenthal, das nach Norden geht, vorhanden sein. Der von E westliche Krater ist auf der Photographie nicht zu sehen, da er sich im Schatten von E befindet, wohl aber der nahe liegende nordwestliche Krater.

3. Was die anderen bekannten kleineren Krater des Inneren betrifft, ist gerade gegen dieses Bild von selenographischer Seite der Vorwurf erhoben worden, dass es einige eclatante Krater nicht enthalte, woraus der etwas eilige Schluss gezogen wurde, dass aus diesem Grunde das noch feinere Detail als nicht reell zu betrachten sei. — Beleuchten wir diese Frage hier etwas näher. — Bei Langrenus[*]) führe ich ein überzeugendes Beispiel dafür an, dass infolge ungünstiger Expositions-Verhältnisse der Platte der Kratercharakter selbst bei größeren Objecten leicht verloren gehen kann. Hiebei spielt naturgemäß der Untergrund des Objectes, die Leuchtkraft und Farbe desselben eine wesentliche Rolle. In den meisten Fällen bleibt aber doch eine Andeutung des Kraters, oft nur als schwache Contourzeichnung übrig, die freilich dem nicht geübten oder flüchtigen Interpreten der Photographie leicht entgehen kann. Und so ist es auch bei dieser Vendelinus-Aufnahme. Die einzelnen kleinen Krater erscheinen zufolge nicht ganz günstiger Expositions-Verhältnisse nicht deutlich genug ausgeprägt; doch finden sie sich bei aufmerksamem Studium fast sämmtlich vor, zu welchem Nachweis aber gleich dargethan werden soll, wie wenig die einzelnen Beobachter am Fernrohr, wie Schmidt, Elger, Krieger und Maw, hinsichtlich der Kraterpositionen unter einander übereinstimmen. — Nordöstlich von E, in etwa halber Distanz von E und dem Ostwalle zeichnet Elger zwei kleine Krater nahe zu einander, deren Verbindungslinie parallel zum Nordwalle von B liegt. Krieger setzt dieselben weiter östlich und zeichnet sie parallel dem NO-Walle von B. Bei Schmidt sieht man die Position noch näher an den Ostwall gerückt. Diese beiden Krater finden sich auf der Photographie völlig sicher in den Endorten der beiden, östlich vom Nordwalle von E, ziehenden Rillen wieder. Die Lage dieser Rillenknoten stimmt gut mit Elger's Beobachtung überein. Auf der Photographie befindet sich auch südlich davon eine kraterartige Vertiefung, deren Charakter als solche durch die einmündenden feinen Rillen bestätigt wird. — Nach Maw schließt an den Krater h nach Osten eine Höhengabel mit einem Aste nach NO, dem anderen nach SO an. Der erstere trägt zwei Krater (l und u), der letztere drei Krater (x, w und y). Die Photographie stellt die Krater l und u, besonders l, sehr deutlich dar und bestätigt vollständig die Maw'sche Wahrnehmung der erwähnten niedrigen Höhengabel. Auch x (besonders gut auf der Lick-Platte mit $14^h 25^m$ P. s. t.) und y sind erkenntlich. Bei Schmidt besteht betreff des Vorhandenseins der Krater l und u, sowie x kein Zweifel; derselbe zeichnet aber dort keinerlei Höhe. Dies thuen auch Elger und Krieger nicht. Krieger hat die Krater l und u überhaupt nicht, wohl aber einen nördlicheren Krater, welchen Maw mit s bezeichnet und von welchem nach beiden Beobachtern eine Rille nach Norden zieht. Elger hat nur einen einzigen Krater östlich von h, welcher seiner Lage nach der Krater l sein könnte. In diesem Falle

---

[*]) Siehe S. 48.

ist derselbe aber bei Elger zu südlich gesetzt. — Westlich von *h* haben Schmidt und Krieger zwei Krater, Elger nur einen, ebenso Maw (*q*), letzterer jedoch in viel größerer Entfernung als bei Elger. Nach der Photographie scheinen dort und zwar nahe zum NW-Walle zwei kleine Krater zu existieren. — Auch der bei Elger südlich vom Ostwalle von *h* gezeichnete Krater ist auf der Photographie erkennbar. Nach ihr scheint aber zwischen diesem und *h* noch ein kleinerer Krater vorhanden zu sein. — Es möge dies genügen, um zu zeigen, dass die optischen Beobachtungen noch viel sorgfältiger angestellt werden müssen, um auf Grund derselben ein Urtheil gegen die Photographie zu fällen. Im Allgemeinen wird es das richtigere sein, den umgekehrten Weg einzuschlagen und die subjectiven Zeichnungen am Fernrohr durch die objective photographische Aufnahme (natürlich mehrerer Platten) zu rectificieren.

4. Im Inneren von Vendelinus zeichnet Schmidt keine Rille, wohl aber am Nordrande eine Kraterrille, die theilweise parallel zum NW-Walle der Ringebene *A* in die Ringebene *e* mündet. Schmidt bemerkt diesbezüglich wörtlich: „1851, Febr. 17 (Bonn). W und NW bei Vendelinus *A* zeichnete ich eine deutliche Rille, die später vom Athener Refractor in eine Kraterreihe aufgelöst wurde." Ihr Zug und ihre kraterartigen Ausbiegungen sind auf der Photographie gut erkennbar. Nach Elger ist dieselbe mit dem Nordrande des Kraters *h* durch eine seichte Rille verbunden, während Schmidt an dieser Stelle einen meridionalen Höhenzug hat. Nach der Photographie scheint hier ein Rillenthal zu sein, welches zwischen niedrigen Höhen liegt, jedoch nicht so schematisch gerade wie Elger's Rille verläuft. Westlich von der Schmidt'schen Kraterrille hat Elger noch eine kräftige Rille. Ihr Zug, welcher auf einen größeren Krater führt, ist sehr deutlich auf der Photographie sichtbar; derselbe besitzt jedoch dieser gemäß noch einen östlichen, scharf markierten Rillenzweig, der parallel zur ersterwähnten Rille von Schmidt läuft. Zwischen letzterer und dem genannten Zweige liegt ein klarer Krater, der namentlich auf der um 2 Minuten früheren Lick-Platte ausgezeichnet wahrnehmbar ist, jedoch bei Elger fehlt.

5. Im nordwestlichen und nördlichen Inneren hat Krieger am 26. Juni 1891 zwei Rillen entdeckt. Die letztere wurde auch von Maw am 7. October 1892 unabhängig gefunden und ist oben sub 3 erwähnt worden. Dieselbe liegt auf der Photographie im Schatten des NO-Walles und kann deshalb auf dieser nicht gesehen werden. Wohl aber erkennt man auf ihr den nördlichen Theil der ersteren im SW des Kraters *h*, wo sie von dem südlichen der beiden besprochenen kleinen Krater nach Süden führt. Sie scheint an jenem kleinen Krater noch eine Abbiegung nach dem Krater *h* hin und in östlicher Nähe eine andere feine, ebenfalls auf *h* gerichtete Begleitrille zu haben.

6. Die Photographie zeigt dem Augenscheine nach noch mehrere rillenähnliche Formationen im Inneren, die theilweise großes Interesse darbieten. In erster Linie steht eine große ovale Formation mit Bruchrändern, welche in der östlichen Mitte des Inneren die Mundecke des Ostwall-Schattens umschließt und in ihrem Hauptzuge auch auf der anderen Lick-Platte desselben Abends (14^h25^m) erkennbar ist. Ferner sind zu erwähnen: Die Rillen östlich und nordöstlich vom Krater *E*, welche fast senkrecht zur Sonnenrichtung liegen; die Rille am inneren Westrande, deren südlicher Zweig die dortige Höhe durchschneidet, der nördliche sich weiter abzweigt und dann mit nordöstlichem Laufe den Eindruck einer niedrigen Höhe bis zum bemerkten Rillen-Oval macht. Nordwestlich von jenem Nordzweige liegt noch in der Distanz eines Meridian-Durchmessers von *h* eine andere feine Rille, die nach einem kleinen Krater zu führen scheint, und in etwa doppelter Distanz eine längere Rille senkrecht zur Sonnenrichtung, welche den Westwall, die Westecke des Inneren und den NW-Wall von Vendelinus durchzieht.

7. Nördlich vom Krater *E* führt die oben bemerkte thalartige Formation auf eine kleine ovale Figur mit der Längenaxe im Meridiane, mit deutlich convexer Innenfläche und mit dreifacher, nahezu paralleler, Grenzlinie auf der Ostseite. An dieselbe schließt im NO eine kurze Rille. — Bemerkenswert ist noch ein größeres längliches, geschlossenes Gebilde mit doppelter, ziemlich gleichlaufender Begrenzung südlich vom Krater *h* und in der Entfernung von etwa zwei meridionalen Durchmessern von *h*, dessen Wesen völlig räthselhaft erscheint.

8. Was die Umgebung von Vendelinus betrifft, so weist dieselbe ein reiches Detail auf, das jedoch nur in Kürze berührt werde. — Am Ostwalle liegt im Bilde in der Höhe des Kraters *E*

ein großer, sehr klarer Krater, den wohl Schmidt, nicht aber Elger hat. Nach der Photographie scheint westlich an diesen noch eine Kraterformation anzuschließen, die bei Schmidt nicht als solche aufgefasst ist. Von letzterer führen zwei feine Rillen nach NO, indem sie gegen einander convergieren. — Oestlich von dem Einschnitte im Ostwalle liegt ebenfalls ein Krater, dessen Größe jener von *h* nicht nachsteht. Derselbe ist sehr deutlich auf der Photographie wahrnehmbar, ebenso nordöstlich davon ein kleinerer Krater, welcher auch bei Schmidt, nicht aber bei Elger, ist. Durch diesen zieht auf der Photographie ein sehr bemerkenswertes langes Rillenthal nach NO und N mit kraterartigen Erweiterungen und geht im nördlichen Theile in eine parallel zur Ringebene *A* streichende Höhe über. Dieser Zug wird auch von mehreren Rillen durchschnitten. — Weitere Rillen finden sich fast in jedem Theile der östlichen Vendelinus-Umgebung.

LANGRENUS.
(Siehe Taf. II.)

Diese 20-fache zeichnerische Vergrößerung beruht auf demselben schönen Diapositive der Lick-Sternwarte vom 31. August 1890, 14^h27^m P. s. t. (es heiße hier kurz I), nach welchem, wie erwähnt, die Ringebenen Petavius und Vendelinus gezeichnet bezw. tuschiert wurden. Zum vergleichenden Studium ist abermals, in Ermanglung einer vortheilhafteren Platte, die bemerkte, um 2 Minuten früher fallende, Lick-Aufnahme (sie heiße II) herangezogen worden, obwohl dieselbe wegen ihrer zu intensiven Schwärzung und ihres sehr störenden, groben Kornes dafür wenig günstig erscheint. — Es soll hier gleich der vielfach verbreiteten Anschauung begegnet werden, als müssten zwei photographische Platten, welche kurz nach einander mit gleicher Zeitdauer exponiert worden sind, die gleichen feinsten Details darstellen. Dies wird in den meisten Fällen deshalb nicht zutreffen, 1. weil die Luftverhältnisse sich von Platte zu Platte geändert haben können, 2. weil für zwei verschiedene, aus dem Handel bezogene Trocken-Platten die Empfindlichkeit der chemischen Schicht im Allgemeinen als verschiedenartig anzunehmen ist, 3. weil beim Hervorrufen bezw. Verstärken des Bildes inconstante Momente auftreten, endlich 4. weil, sobald nach Diapositiven gearbeitet wird, beim Copieren des Negatives (das an der Lick-Sternwarte durch unmittelbaren Contact geschah) das Plattenkorn, die Beleuchtung, Expositionsdauer etc. ebenfalls Modificationen in der Schärfe und Güte des Resultates herbeizuführen vermögen. Als eclatantes Beispiel diene die folgende Wahrnehmung. Die vorliegende Langrenus-Zeichnung zeigt in der Mitte des oberen Bildrandes einen größeren Krater, von welchem rechts d. i. nach Osten ein kleinerer Krater gelegen ist. Der letztere erscheint auf I vollkommen klar und deutlich, während er auf II so unbestimmt ist, dass man ihn dort, ohne es zu wissen, kaum als kraterähnliches Object auffassen würde. Zugleich sei bemerkt, dass dieser Begleitkrater bei Schmidt zu nördlich gesetzt und fast um die Hälfte zu klein gezeichnet erscheint. — Dass die richtigen Expositionsverhältnisse auch bei der photographischen Krater-Darstellung eine wesentliche Rolle spielen, ist zweifellos. Im ungünstigen Falle wird das photographisch abgebildete Object flau; der Krater-Schatten hat an Tiefe und Schwärze eingebüßt, der helle Wall an dunkler Nuancierung gewonnen. Die Contraste haben sich ausgeglichen und der Kratercharakter ist völlig verloren gegangen.

Die auf diese, nach gleicher Methode wie bei Petavius und Vendelinus ausgeführte, Zeichnung verwendete Zeit betrug 12¾ Stunden. Es herrschte auch in diesem Falle das Bemühen, alles Gesehene möglichst sorgfältig und frei von Subjectivität d. i. in völlig treuer Weise zum Originale wiederzugeben. Die Vergleichung dieser Vergrößerung nehme hauptsächlich auf Schmidt's 2 Meter große Mondkarte Bezug, wo diese Wallebene am südlichen Rande von Sect. XI dargestellt wird.

1. Sehr bemerkenswert ist das System rillenartiger Objecte im südlichen Inneren von Langrenus. Wenn dasselbe auch keine deutlichen lichten Wälle zeigt, so passt es sich doch dem Terrain gut an und liegt senkrecht zur Sonnenrichtung, wodurch dessen Realität an Wahrscheinlichkeit gewinnt. Der östliche Zug, welcher im Bogen der dortigen Höhe ausweicht, kann völlig sicher auf II wieder erkannt werden. Eine optische Beobachtung C. M. Gaudibert's in Vaison vom

29. August 1893*) scheint den durch die Photographie dargestellten Charakter dieser Gegend direct zu bestätigen.

2. Im Inneren befindet sich noch im NW vom Centralgebirge ein deutliches Rillenthal mit kraterartigen Ausbiegungen und heller Wallzeichnung auf der, von der Sonne abgewandten Seite. Die mittelste Partie desselben findet sich auch auf II abgebildet.

3. Am Südwest-Ende des Central-Gebirges zeigt die Photographie ein kraterähnliches Object. Schmidt hat dort zwei parallele Höhen. C. M. Gaudibert glaubte zuerst, am 29. August 1893, mit seinem Reflector von 0.26 m Oeffnung einen solchen Krater am bezeichneten Orte sicher wahrzunehmen,**) ließ aber nach späteren wiederholten Beobachtungen diese Auffassung wieder fallen.***) Dieses Beispiel ist insoferne lehrreich, als es zeigt, dass weder eine einzige Photographie, noch eine einzige optische Beobachtung zureichend erscheint, um die Natur solcher, an der Lichtgrenze liegender Objecte mit Sicherheit festzustellen.

4. Am untersten Bildrande, nordwestlich von Langrenus C, gibt die Photographie abermals den Eindruck eines deutlichen Kraters, den Schmidt nicht hat. Möglicher Weise liegt hier wieder wie bei Punkt 3 eine Täuschung durch den Schatten zweier Höhen vor.

5. In dieser, von Langrenus nördlichen, Partie ist Vieles bei Schmidt arg verzeichnet. Zunächst liegen Langrenus x und B nicht in der Richtung des Langrenus-Ostwalles, sondern um mindestens eine x-Breite östlich davon: auch ist die Position derselben bei Schmidt zu nördlich. Andererseits ist C in Bezug auf x und B zu südlich gesetzt. Noch unrichtiger ist dieser Krater bei Mädler eingezeichnet. — Weitere grobe Verzeichnungen betreffen die Beziehung einzelner Abschnitte des Langrenus-Walles zum Central-Gebirge. Hiebei erkennt man, dass eine Identificierung der Objecte durch Alignement bei Schmidt unter Umständen durchaus nicht zum Ziele führt, vielmehr auf solche charakteristische Objecte gegründet werden muss, deren Identität zufolge ihrer Form unzweifelhaft festgestellt werden kann. Ad ex. Westlich von x liegt ein langes Kraterthal, das auf der Photographie gut erkennbar ist. Dasselbe führt nach Süden auf eine helle Höhe, diese auf den Ostwall, welcher südwärts in geschwungener, nach Osten convexer, Linie zu einem charakteristischen Einschnitt (er heiße e) zieht. Schmidt hat östlich von diesem Einschnitt einen größeren Krater. Gegenüber von e befindet sich am Westwalle in nahe gleicher selenographischer Breite eine Quer-Abbiegung desselben (sie heiße g), welche ebenfalls deutlich bei Schmidt markiert ist. Verbindet man nun e und g, so geht auf der Photographie diese Linie nahe durch die Mitte des Centralgebirges, während bei Schmidt das ganze Centralgebirge südlich davon liegt.

---

*) In „English Mechanic and World of Science" 1893, Dec. 1 äußert sich Gaudibert diesbezüglich folgend: „On August 29, 1893, 12ʰ45ᵐ to 1ʰ40ᵐ a. m., I was observing Langrenus for the purpose of obtaining a view of the clefts shown by Mr. Weinek on his beautiful drawing of this formation. I found that the Sun was still too high on that horizon to show those clefts; but the numerous cuttings along the inside of the southwest terrace, and the numerous ridges covering the south portion of the floor, made it very likely that under a lower Sun, when these ridges would cast their shadows, the scenery must be very much like the drawing of Mr. Weinek" und in einem Schreiben an mich unmittelbar nach der Beobachtung: „Ensuite mon attention s'est particulièrement portée sur la région où la photographie signale des rainures, et voici, pour le moment, ce que j'ai trouvé. La partie inférieure du talus intérieur du rampart SO. est couverte de rigoles comme si elles avaient été formées par de la lave liquide, qui aurait coulé du haut de la terrasse, en formant des sinuosités sans nombre, jusque près de la montagne centrale, particulièrement vers le sud. Cette partie du fond est couverte de petites collines sinueuses, formées elles-mêmes de petits monticules de différents hauteurs. On comprend alors qu'avec un soleil plus bas que celui sous lequel j'ai observé ce matin, sous un soleil tel que celui qui éxistait quand la photographie fut prise, les vallées entre les collines étant remplies d'ombres leur donne l'aspect de rainures."

**) In „English Mechanic" 1893 Dec. 1 schreibt nämlich Gaudibert: „While I was looking carefully at the central mountain I saw for the first time a crater on the SW-extremity of the top, and at once was impressed the idea that this crater is easier than the one on the central mountain of Capella. Now, this crater had been discovered by Mr. Weinek while enlarging the ringplain Langrenus, and had made known the fact in Sirius".

***) Gaudibert's Brief an mich vom 4. Januar 1896 lautet hingegen: „Langrenus. Je crois que nous devrons abandonner l'idée qu'il y a un cratère au sommet de la montagne principale. Ce que j'ai vu et ce que votre dessin montre, est simplement un effet d'ombre. Mon observation du 5. Sept. 1895, 11ʰ45ᵐ p. m. fait voir que la montagne à l'O. de la principale est entièrement séparée de celle-ci, et mon dessin du 1. janv. 1896, alors qu'aucune ombre n'était encore visible sur le fond, vient confirmer cette observation. Schmidt a cette montagne, mais il l'a placée un peu trop loin à l'O."

6. Der Krater, östlich von *e*, ist als solcher auf der Photographie nicht deutlich zu erkennen, wohl aber weiter östlich davon die gabelförmige Theilung des Höhenzuges. Beide Aeste dieser Gabel führen nach Süden auf je einen größeren Krater (der westliche heiße *a*, der östliche *b*), die auf der Photographie gleichfalls nur angedeutet sind. Möglicher Weise besitzen sie nach Osten hin wenig schroffe Abfälle nach Innen und erfordern zu ihrer Erkenntnis einen noch niedrigeren Sonnenstand oder aber, die Expositionsverhältnisse haben ihren Krater-Charakter verwischt. Am Beginne der Gabelung zeigt die Photographie auf beiden Armen Krater-Objecte, die bei Schmidt nicht gegeben sind. In diesem östlichen Bereiche von Langrenus, zwischen *e* und dem Südende dieser Wallebene, gibt Schmidt eine sehr große Menge kleiner Krater, die perlenschnurartig an einander gereiht, jedoch viel zu regelmäßig hinsichtlich Folge und Größe gezeichnet sind, um sie als treues Abbild der Wirklichkeit betrachten zu können. Die Photographie lässt diese Züge als lange Thäler sehr schön erkennen, jedoch die kleinen Krater nur stellenweise vermuthen.

7. Dagegen stellt die Photographie andere sehr kleine Krater mit großer Deutlichkeit dar, unter diesen einen winzigen, am mittleren Westwalle von Langrenus im Schatten einer Höhe liegenden Krater, welcher auf der 20-fachen Vergrößerung nur einen Durchmesser von 1 *mm*, also, seine Realität vorausgesetzt, einen wirklichen Durchmesser von 0.17 geogr. Meilen hat. Ebenso liegt am Südwalle des vorerwähnten Kraters *a* ein winziger klarer Krater mit hellem Westwalle, welcher auch auf II leidlich wiederzuerkennen ist. Dagegen zeigt das Diapositiv im transparent zerstreuten Lichte am Nordwalle von *x* einen besonders klaren feinen Krater, welchen ich wegen seiner zu großen Schärfe von vorneherein als nicht reell betrachtet, jedoch, um Alles zu zeichnen, mitabgebildet habe. Der Nachweis, dass dieses Object ein Platten-Fehler ist und zwar ein winziges Bläschen an der Oberfläche des Glases von nur 0.03 *mm* Durchmesser, gelang vollständig, einerseits, indem die Platte mit intensiver Flamme o h n e Lichtzerstreuung transparent beleuchtet und dabei die Lichtquelle seitlich verschoben wurde, andererseits indem auf die Platte nach Aufhebung der Transparenz v o n V o r n e schräge Strahlen gesandt wurden und gleichzeitig auch eine D r e h u n g derselben um 180° erfolgte. Diese Entscheidung wäre natürlich viel einfacher zu treffen gewesen, wenn ich heute das Negativ zu I in Prag besäße und auf demselben das Fehlen des fraglichen Kraterchens zu constatieren vermocht hätte.

8. Südlich von *x* liegt bei Schmidt gegen *e* hin ein kleiner Krater, welcher auf der Photographie sehr deutlich ist. Nordwestlich von diesem befindet sich auf der Photographie ein ähnliches, nur wenig kleineres Krater-Object, das jedoch Schmidt nicht hat. Auch am inneren Nordwest-Walle von Langrenus scheinen zwei neben einander liegende Kratervertiefungen vorhanden zu sein, die bei Schmidt fehlen.

Dies wäre nur das Wichtigste von dem überaus reichen Detail, das die Photographie gibt. Für die Realität der strichartigen Objecte spricht namentlich der Umstand, dass dieselben zumeist senkrecht zur Sonnenrichtung auftreten, eine Erscheinung, die ich bislang an a l l e n Platten, nach denen ich gezeichnet habe und welche die v e r s c h i e d e n s t e n Drehungen des Mondbildes gegen die Verticale aufweisen, beobachtete. Doch liesse man auch das feinste Detail des Bildes außeracht, welches stets eine gewisse Unsicherheit der Interpretation an sich tragen wird, wie dies ja auch bei der Beobachtung desjenigen, was im Fernrohr an der Grenze der Sichtbarkeit liegt, der Fall ist, so gibt es doch in seiner photographischen Plastik die Höhenzüge in ihrem Zusammenhange unvergleichlich treuer, als irgend eine Mondkarte wieder.

COPERNICUS.
(Siehe Taf. III u. IV.)

Ein ausgezeichnetes Diapositiv der Lick-Sternwarte nach einer focalen Aufnahme vom 28. Juli 1891, 15ʰ49ᵐ16ˢ P. s. t. hat mich veranlasst, meine lang gehegte Absicht, ein treues Bild der herrlichen Ringebene Copernicus anzufertigen, zur Ausführung zu bringen. Bei dem ungeheuren Detailreichthum des Diapositives verkannte ich keineswegs die große Mühe einer 20-fachen zeichnerischen Vergrößerung im Formate von 14:14 *cm* und war auf eine Arbeitsdauer von etwa 200 Stunden gefasst. Um die Vergrößerung möglichst vollkommen auszuführen, wurde nach meiner, in den „Prager Astronomischen Beobachtungen von 1888—1891", S. 51 beschriebenen, Zeichenmethode ein Strichnetz auf planparallelem Glase mit kleinen Quadraten von ½ mm Seitenlänge mit der Strichseite auf das Diapositiv gelegt und beides transparent betrachtet. Das 20-fach vergrößerte, auf das Zeichenpapier übertragene, Netz hatte Quadrate von 10 mm Seitenlänge, und innerhalb dieser erfolgte zunächst die genaue Einzeichnung und zarte Abschattierung des mannigfaltigen Details mit Bleistift, welche Arbeit allein 44.5 Stunden verlangte. Hierauf wurde das Glasnetz von dem Diapositive entfernt und sodann die schrittweise Uebermalung des Bildes mit Tusche vorgenommen, welche Vervollkommnung weitere 180.25 Stunden beanspruchte, so dass die gesammte Arbeit sich auf 224.75 Stunden an 141 Tagen in der Zeit vom 4. Januar 1893 bis zum 13. Januar 1894 erstreckte. Wenn auch die Interpretation des feinsten Details, da letzteres naturgemäß von dem störenden Korne der erwähnten Emulsions-Platte beeinflusst erscheint, in manchen Fällen schwierig gewesen, so glaube ich doch, dass die sehr lange Zeit meines Studiums dieses schönen Diapositives unter den verschiedensten Beleuchtungs-Verhältnissen wesentlich zur Sicherheit des dargestellten Resultates beigetragen hat. Ich zweifle jedoch nicht, dass das Original-Negativ, das an der Lick-Sternwarte verblieb, für ein solches Studium sich noch günstiger erwiesen hätte.

Die heliographische Reproduction dieser Copernicus-Zeichnung geschah wieder durch das k. u. k. militär-geographische Institut in Wien. Dieselbe ist meisterhaft gelungen, obwohl bemerkt werden muss, dass Einiges von dem zartesten Detail verloren gegangen und die linke obere Bildecke im Tone etwas zu licht gerathen ist. Um eine leichte Verständigung über das Copernicus-Detail zu ermöglichen, ist der Heliogravure noch eine Autotypie in gleicher Größe mit meinem ursprünglichen vergrößerten Netze gegenübergestellt worden (Siehe Taf. III). Letzteres ist in seinen horizontalen Intervallen mit Buchstaben, in seinen verticalen mit Zahlen bezeichnet worden, um die Orientierung des Bildortes, ähnlich wie bei den Feldern eines Schachbrettes, geben zu können.

Ein Blick auf die reiche und mannigfaltigst abgetonte Wallgliederung im Bilde lässt es begreiflich erscheinen, dass alle zeichnerischen Versuche am Fernrohr nur ein mangelhaftes Abbild der Wirklichkeit geben können. Der Zeichner am Teleskop braucht desto mehr Zeit zur Fixierung einer Mondgegend, je complicierter dieselbe ist. In dieser Zeit ändert sich aber fortwährend der Schattenwurf und mit ihm das Aussehen der Gebirgslandschaft. Es bleibt ihm daher nichts anderes übrig, als ein solches Bild auf mehrere skizzenhafte Zeichnungen verschiedener Beobachtungsabende zu gründen, aus welch' nothwendigem Vorgange, verbunden mit der vielfach unzureichenden künstlerischen Fertigkeit des Zeichners, sich die schließlichen Fehler des Resultates leicht erklären lassen. Die Photographie dagegen baut das ganze Bild in wenigen Secunden mit größter Treue auf. Sie würde ein völlig objectives Resultat liefern, wenn nicht viele Objecte der aufzunehmenden Gegend eine verschiedenartige Expositionsdauer verlangen würden. Deshalb kommt nur ein Theil des Bildes zu richtiger Anschauung; der übrige ist über- oder unterexponiert und zeigt Sichtbarkeits-Verschiebungen, die von dem Unkundigen leicht als Mängel des photographischen Verfahrens aufgefasst werden, während dieselben nur Consequenzen der hohen Empfindlichkeit desselben für die geringsten Unterschiede in der Färbung und im Leuchten der Objecte sind. Nimmt man aber mehrere Photographien derselben Landschaft hinter einander mit etwas modificierten Expositionszeiten auf, so erhält man eine Serie von Bildern, deren Wert selbst die Arbeit des besten Naturzeichners übertreffen muss.

Unter den bekannten Zeichnungen dieser Ringebene von Lohrmann, Mädler, Schmidt, Neison und Secchi ist diejenige von Schmidt die am besten mit der Photographie übereinstimmende, obwohl auch bei diesem Selenographen mehreres verbesserungsfähig erscheint. Schmidt äußert sich folgend über Copernicus, sowie über die Lohrmann'sche und Mädler'sche Darstellung desselben (Vide: „Charte der Gebirge des Mondes". Berlin 1878): „1851, Februar 10. Der Hauptwall ist im ganzen sehr nahe kreisförmig und die Anomalien betreffen zumeist den Ostwall. Mädler hat den großartigen Krater in seiner Charte sehr entstellt. Lohrmann hat ihn wenig besser gezeichnet. Auch meine Darstellung ist nicht genügend, denn die Regelmäßigkeit ist zu groß und die Verkürzung nicht hinreichend berücksichtigt". Zu bemerken ist aber, dass Lohrmann die drei centralen Berge gemäß der Photographie völlig richtig und den westlichsten besser als

7*

Schmidt aufgefasst hat. Secchi's Bild (in: „Le Soleil," 2. partie, p. 403, Paris 1877) ist zu maniriert gezeichnet, als dass demselben eine größere Bedeutung zugesprochen werden könnte. Auch Neison's Specialkarte des Copernicus in dessen Atlas steht nicht unbeträchtlich hinter der Wahrheit zurück. Sorgfältige Zeichnungen von Copernicus hat auch der treffliche französische Selenograph C. M. Gaudibert angefertigt, darunter eine der gelungensten am 27. Juni 1890, welche Abbildungen zufolge der Qualität dieses Beobachters von großem Werte sind.

Um diese verschiedenen Zeichnungen mit der photographischen Abbildung im Allgemeinen möglichst eingehend vergleichen zu können, habe ich außer dem bemerkten Diapositive noch 6 Negative mit Copernicus in einigermaßen günstiger Beleuchtung, deren Besitz ich der Güte des Herrn Prof. Holden verdanke, zum Studium herangezogen. Alle 7 Platten sollen für die folgende Discussion nachstehend bezeichnet und charakterisirt werden, wobei außer der Aufnahmezeit noch die Phase (durch ante und post d. i. vor und nach Vollmond), die Lage der photographischen Lichtgrenze und die Sonnenhöhe über Copernicus angeführt ist.

Platte		Datum		Alter	Lichtgrenze	Sonnenhöhe
I	Dia-Positiv	1891, Juli	28, 15^{h}49^{m}16^s	P. a. t.	post	durch Stadius und Pitatus	9° 40′ *)
II	Negativ	1891, Juli	28, 14 51 5.5	»	post	ebenso	10 11
III	Negativ	1891, Oct.	12, 7 29 9	»	ante	an Agatharchides	13 57
IV	Negativ	1891, Oct.	12, 7 30 54.5	»	ante	ebenso	13 57
V	Negativ	1893, Jull.	23, 8 27 53.2	»	ante	an Encke	17 16
VI	Negativ	1892, Nov.	10, 14 54 31	»	post	am Westwalle von Albategnius	27 8
VII	Negativ	1892, Nov.	10, 15 52 41	»	post	ebenso	26 39

Damit die Vergleichung dieser Negative mit meiner 20-fach vergrößerten Zeichnung und mit anderen Darstellungen bequem und sicher erfolgen könne, habe ich von den Negativen II—VII auf rein photographischem Wege scharfe 24-malige Diapositiv-Vergrößerungen hergestellt und letztere, welche vollkommen adaequat zu den Originalen sind, der transparenten Betrachtung unterzogen. Zu erwähnen ist dabei, dass das Negativ II für das feinere Detail keinen großen Wert besitzt, da dasselbe ziemlich stark verschleiert ist, während andererseits auf VI und VII Copernicus schon so weit von der Lichtgrenze entfernt und insoferne bei der von der Lick-Sternwarte gewählten Expositionsdauer im Allgemeinen bereits stark überexponirt ist, was jedoch nicht ausschließt, dass einige dunkler nuancirte Objecte richtig exponirt erscheinen. Am günstigsten präsentieren sich III und IV, welche von wundervoller Kraft und Plastik sind. Letztere Negative weisen nur den Uebelstand auf, dass ihre Schicht vielfach mit schwarzen Silberausscheidungen, deren Durchschnittsgröße 0.02—0.03 mm beträgt, überdeckt ist, welche im Positiv licht erscheinen und derselben, namentlich in der Vergrößerung, ein sehr grobkörniges Aussehen geben. Da jene Silberpunkte aber auf dem Originale etwa 10-mal größer, als das eigentliche Korn der Schicht sind, so vermag man sie leicht zu erkennen und sich von ihnen unabhängig zu machen. V hat feines Korn, ist aber weniger contrastreich, als III und IV. Am besten exponirt erscheint IV.

Gehen wir nun zur Discussion der Copernicus-Heliogravure über. Dieselbe werde eingetheilt 1. in diejenige der inneren Sohle, 2. des inneren Walles und 3. des äußeren Walles mit der Umgebung.

---

*) Die hier gegebenen Sonnenhöhen beruhen auf Rechnung und sind genauer als jene in den „Publications of the Lick Observatory" Vol. III, p. 83, welch' letztere nur roh aus dem Abstande der Copernicus-Mitte von der photographischen Lichtgrenze ermittelt worden sind.

Zur Orientierung über die Himmelsrichtungen im Bilde diene die folgende Betrachtung. Südlich von Copernicus liegt ein bekannter Doppelkrater, dessen nördlicher Krater A heißt. Er werde A (Cop.) genannt. Derselbe ist bei Schmidt auf Sect. VI abgebildet. Er würde auf meiner Zeichnung in dem an F, 1 nach oben schließenden Quadrate (d. i. in F, –1) liegen. Nördlich von Copernicus befindet sich ebenfalls ein auffälliger Krater A (bei Schmidt auf Sect. V), der an Gay Lussac im Süden anschließt und kurz A (Gay) heiße. Letzterer würde in der Zeichnung symmetrisch zur Trennungslinie der Quadrate K,15 und K,16 liegen. Verbindet man nun den Mittelpunkt von A (Gay) mit jenem von A (Cop), so geht diese Linie bei Schmidt durch die östliche Copernicus-Hälfte, im Abstande von etwa $\frac{1}{4}$ Copernicus-Durchmesser von dessen Centrum, während sie auf I und auf allen Photographien knapp östlich an dem Copernicus-Centrum vorbeigeht. Der Meridian bildet bei Schmidt mit dieser Linie einen Winkel von 9° und zwar so, dass er, gezogen durch das Copernicus-Centrum (welches völlig mit dem Mittelpunkte des Netzes zusammenfällt), westlich an A (Cop) und östlich an A (Gay) vorbeiführen würde. In der Zeichnung verbindet er sehr nahe den Trennungspunkt von D und E am oberen Bildrande mit dem Trennungspunkte zwischen K und L am unteren Rande und bildet mit der mittelsten verticalen Netzlinie den Winkel von $23\frac{1}{4}°$.

Die innere Sohle.

Schmidt schreibt darüber: „1846 Juli 3 zu Bonn am 5-füßigen Refractor sah ich in der inneren Fläche des Copernicus 24 Hügel, die Centralberge mitgerechnet" und weiter: „1853 Mai 17. Am Berliner Refractor ward ein Stück vom Ringwalle des Copernicus gezeichnet. Die innere Fläche ist nirgends eben." Der letzte Satz wird durch die Photographie völlig bestätigt.

Man sieht zunächst drei Centralberge. Der östliche liegt in H,7 und heiße a, der westliche in G,8 und heiße b. Der mittlere zwischen a und b ist der niedrigste. Schmidt zeichnet b als einen runden Kegelberg, während derselbe eine mehr dreieckige Form hat und sich weiter nach Süden erstreckt als bei Schmidt. Die Lohrmann'sche Darstellung dieser drei Berge stimmt gut mit der Photographie überein.

1. Der Berg a scheint nach I auf seinem südlichen Kamme 3—4 kleine Krater zu besitzen, von denen jedoch auf der Heliogravure (H) nur 2 zu erkennen sind. An seinem südöstlichen Fuße liegt in der rechten oberen Ecke von G,7 ein Rillen-Kreuzungspunkt, von welchem zwei Rillenzüge nach dem Kamm von a führen. Der westliche setzt sich auf der anderen Seite des Berges noch weiter durch den südlichen Theil des mittleren Hügels fort und scheint dort durch zwei kleine Kraterformationen zu gehen. Der bemerkte Rillenzug wird durch III bestätigt.

2. Der Berg b hat nach Gaudibert am nördlichen Rande einen kleinen Krater, welcher von diesem Beobachter am 30. März 1890 entdeckt wurde. Nach einer Zeichnung Gaudibert's vom 27. Juni 1890, welche derselbe mir freundlichst zusandte, liegt der Krater im westlichen Theile des bezeichneten Nordrandes. Er scheint identisch mit dem kleinen dunklen Objecte in der linken unteren Hälfte von G,8 zu sein, von welchem aus Schmidt in den Berg hinein eine Art Rille (Spalt), welche Gaudibert gleichfalls gezeichnet hat, führt. Ohne Schwierigkeit ist derselbe Krater auf III und IV wahrnehmbar, auf III mit westlichem Schatten im Inneren, auf IV als runde Contourzeichnung. Auf beiden Platten ist die nach Süden ziehende Kluft sichtbar, auf IV noch von diesem Krater ausgehend eine Rille nach NW als Fortsetzung jener südlichen nach NO und eine kurze Rille nach SO. Die Größe des Kraters ist nach VI gleich 1.27 km, welche sehr gut mit der angeführten Gaudibert'schen Zeichnung stimmt. — Gaudibert zeichnet diesen Berg b als ein nahe gleichschenkliges Dreieck, dessen Basis den erwähnten Nordrand bildet, die Richtung O-W hat und kürzer als jeder der beiden Schenkel ist. Diese Auffassung wird durch sämmtliche Photographien im Allgemeinen bestätigt. Einige zeigen aber ganz deutlich, dass der nördliche Theil dieses Berges ein ausgesprochener Kegelberg ist, dessen Anstieg von Mittelpunkte aus terrassiert zu sein scheint. Diese runden Terrassenzeichnungen sind auf I gut erkennbar. Auf III hingegen ist die etwas ovale Basiszeichnung des Kegels am besten ausgeprägt. Im westlichen Abstiege desselben zeigt I einen kleinen Krater, von welchem die vorbemerkte Rille zu Gaudibert's Krater führt. Von ersterem geht nach I noch ein rillenartiger Zug nach West bis zum Copernicus-

Wall (auf *H* fehlend, auf II sehr deutlich, weniger eclatant auf III) und ein dritter nach Süd (gemäß II auch einer nach Ost), wie denn überhaupt in diesem Krater ein Actions-Centrum gelegen zu haben scheint. — Ferner zeigt I auf dem Gipfel von *b* einen kleinen Krater (auf *H* undeutlich etwas nach links oben von der Mitte des Quadrates G,8) mit einer feinen Rille nach SO, der sich auch auf II, III, IV und V, am besten auf IV, wiederfindet. Wenn auch bei einem so kleinen Objecte, das nur einen Durchmesser von 0.7 *km* hat, in Anbetracht des Plattenkornes (das jedoch etwa 10-mal kleiner, als dieser erscheint) die Interpretation eine gewisse Unsicherheit an sich tragen muss, ist es doch sehr wahrscheinlich, dass der Kegelberg *b* einen Gipfelkrater trägt (nach den Photographien möglicher Weise noch 2—3 laterale Krater), weshalb es wünschenswert erschiene, nach diesem auch optisch mit kräftigen Instrumenten zu suchen.

3. Von dem südlichen Theile des Berges *b* geht zufolge I ein niedriger breiter Höhenzug mit südöstlicher Richtung durch das ganze südliche Copernicus-Innere. Er liegt am linken Rande der Quadrate G,7 und G,6. Sein nördlicher Theil ist auch bei Lohrmann verzeichnet.

4. Eine deutliche rillenartige Formation geht gemäß I, vom inneren SW-Walle des Copernicus kommend, in F,7 mit fast meridionaler Richtung auf den Berg *b* los. Nach II zieht dieselbe weiter am östlichen Rande dieses Berges bis in das dunkle Object an der unteren Mitte des Quadrates H,8. Auf den Platten der ersten Lunations-Hälfte ist dieser lange Zug wohl auch, doch schwierig zu erkennen.

5. Besonders interessant erscheint der deutliche Krater nördlich vom Berge *a* in H,8, welcher im Centrum noch einen winzigen Krater hat. Die Größe des Hauptkraters ist 2.2 *km*. In ihn münden mehrere feine Rillen. Am SW-Rande scheint derselbe noch 1—2 minimale Krater zu besitzen. Fast mit derselben Deutlichkeit, wie auf I, ist dieser Krater auch auf III, also bei entgegengesetzter Beleuchtung, als rundes gut begrenztes dunkles Object am richtigen Orte und in richtiger Größe zu sehen. Hier hat derselbe zweifellos am SW-Rande noch einen kleinen Krater. Auch auf II ist der größere Krater mit ziemlicher Sicherheit wahrzunehmen. — Oestlich an diesen schließt nach I eine etwas kleinere Kratergrube, während im SO (in der rechten oberen Ecke von II,8) noch eine ähnliche größere Grube zu liegen scheint. Westlich vom bemerkten Krater zieht eine kurze, scharf markirte Rille mit hellem Westufer. In der westlichen und nördlichen Umgebung der letzteren befinden sich 5 minimale Krater mit einer Durchschnittsgröße von 0.5—0.6 *km*.

6. In der rechten oberen Ecke von G,10 erkennt man am Nordrande des Inneren einen Krater, der etwas größer, wie der eben genannte, ist. Derselbe findet sich auch bei Schmidt vor, ebenso auf der Specialkarte von Neison, wo er besonders deutlich hervorgehoben ist.*)

7. Ein Krater von der Ordnung der vorigen beiden scheint nach I auch an dem NW-Rande des Inneren in F,9 zu liegen, ist aber auf *H* kaum wahrzunehmen.

8. In der oberen Mitte von H,10 befindet sich ein kleiner Krater, von welchem etwas nördlich noch ein gleicher Krater liegt. Letzterer ist aber auf *H* nur angedeutet. Beide dürften mit den, dort von Gaudibert am 27. Juni 1890 beobachteten, kleinen Kratern identisch sein. — Aehnliche winzige Objecte, die ich nicht einfach für Fehler der photographischen Schicht halten möchte, bis herab zur Größe von 0.38 *km* finden sich in G,6; H,6; F,7; G,7; H,7; J,7 (darunter einer am Schattenrand, der in der Heliogravure nur undeutlich erkennbar ist); F,8; H,8 (bereits bemerkt); J,8; G,9; J,9 (hier liegt in der rechten Mitte im Wallschatten eine Gruppe von 3 Kratern, die auf *H* sichtbar sind) und II,10 (schon angeführt), also eigentlich in jedem Quadrate.

9. Rillenartige Formationen erscheinen vornehmlich in H,6; F,7 (bereits bemerkt); F,8 und F,9; G,9 (in der Form eines Andreaskreuzes); G,10. In J,10 dürfte der dortige lange Zug der Schatten einer sehr niedrigen Höhe sein. Dagegen zeigt der unmittelbare Anblick hier am rechten Rande, scheinbar im Wallschatten,**) ein augenfälliges rillenähnliches Object mit deutlichem, hellerem Westufer.

---

*) Auf der Heliogravure ist nördlich davon in der Distanz eines Durchmessers desselben ein klares dunkles Pünktchen, welches ein Fehler von *H* und kein Mondobject ist.

**) Es wurde gesagt „scheinbar", weil nicht jede photographische Schwärzung als Schattenwurf anzusehen ist. — Diese rillenartige Formation war es namentlich, welche das Befremden von W. Prinz in Brüssel

Der innere Wall.

10. Am inneren Westwalle befindet sich ein optisch sehr deutlicher Krater, den Schmidt am 21. August 1866, indem er mit dem 6-füßigen Refractor der Athener Sternwarte beobachtete, folgend charakterisiert: „Auf der inneren West-Terrasse des Copernicus liegt ein sehr deutlicher kleiner Krater und zwar am östlichen Fuße des hohen Wallgipfels, wenigstens 1200 Toisen tiefer als dieser". Derselbe erscheint in E,8 wegen Ueberexposition des hellen Walles nur angedeutet, ist aber auf II der Contour nach ziemlich gut wahrnehmbar. Die Platte IV zeigt anschließend nach Norden eine sehr deutliche 3.4 km große runde Formation mit heller Wallzeichnung und anscheinend schwach convexem Inneren, in dessen Centrum ein winziger Krater sich befindet, welcher mit dem sehr kleinen Krater in der unteren Mitte von E,8 identisch sein dürfte. Letzterer findet sich auch auf V vor.

11. Auf dem inneren Nordwalle zeichnet Schmidt eine Rille, welche derselbe am 27. März 1855 in Rom mit dem 14-füßigen Refractor der Sternwarte des Collegio Romano entdeckte und am 6. Juli 1862 in Athen bestätigt fand. Neison zweifelt an dem Rillencharakter. Diese Rille mit nahe meridionalem Zuge ist in J,10 deutlich sichtbar. Nach I scheinen dort noch einige Abzweigungen vorhanden zu sein.

12. Am nördlichen Ende der genannten Rille in der unteren Mitte von J,10 dürfte eine größere Kraterformation sein, ebenso westlich von der Rille in der rechten Mitte von H,10 und ein kleinerer Krater am rechten oberen Rande von H,11.

13. Weitere Wallrillen finden sich besonders in F,10 und G,10; in E,10 wo dieselben den Kamm durchschneiden; in E,7, wo der Zug nach der rechten unteren Ecke geht und dort eine größere ovale Formation trifft, die dem Anscheine nach ein niedriger Kegelberg sein dürfte; in F,5 und G,4, wo der Kamm deutlich gekreuzt wird; in K,5 (am Kamme mit kleinem Krater); in J,6 auf der lichten Terrasse und in J,7 im Schatten, östlich von dem dortigen kleinen Krater.

14. Kleine Wallkrater findet man ebenfalls zahlreich, besonders am Süd- und Südost-Walle, letztere namentlich deutlich in H,5; J,5 und J,6.

15. Am Südkamme sieht man am oberen Rande von F,5 ein größeres, rundes Object mit zwei äußeren und einem inneren Ringe, welches die Verbindung einer Kegelformation mit einem centralen Krater zu sein scheint. Dasselbe ist auch auf II, III und IV erkennbar. Durch die beiden letztgenannten Platten wird d r Eindruck von I bestätigt, obwohl auf diesen das Object sich ziemlich dunkel darstellt. Auf III und IV nimmt man noch mehrere Rillen wahr, die vom Centrum ausstrahlen. Eine derselben, welche nach NO zieht, ist auch auf I erkennbar.

(Astr. Nachr. Bd. 137, S. 294) erregt hat. Um Missdeutungen vorzubeugen, wiederhole ich hier, was ich dem selben in den Astr. Nachr. Bd. 137, S. 382 geantwortet habe. Es lautet: „Was Herrn Prinz' Bezugnahme auf p. 87 des III. Bandes der Lick-Publicationen betrifft, so ist ihm hier ein Missverständnis unterlaufen. Wohl spreche ich a. a. O. von einer Rille oder Kluft mit deutlichem helleren Westufer „in the shadow of the wall", konnte dabei aber nur den photographischen Wallschatten d. i. die Mondrand-Schwärzung dieser Partie meinen. Es ist jedem praktischen Photographen bekannt, dass solche Schwärzungen willkürlich beim Exponieren und Copieren hervorgerufen werden können, ohne dass sie sich mit der Wirklichkeit zu decken brauchen. Bevor also Herr Prinz auf die Unmöglichkeit jener Rille schließt, wäre es nothwendig gewesen, sich vorerst ein möglichst vollkommenes optisches Bild des inneren Ostwalles von Copernicus bei gleicher Sonnenhöhe und gleichem Sonnenazimuthe zu verschaffen, um derart zu erkennen, wo auf dem fraglichen Gehänge wirklicher Schatten liegt, und auch den Nachweis zu liefern, dass die Photographie nicht mehr darzustellen vermöge, als das Auge des Beobachters am Fernrohr sieht, wobei ich an die mannigfachen möglichen Lichtreflexe in die Mondschatten hinein denke, deren Existenz wohl kaum angezweifelt werden kann. Ueberdies habe ich mehrfach ausdrücklich hervorgehoben, dass Objecte, welche nicht auf mindestens zwei verschiedenen Platten vorkommen, keineswegs als einwurfsfrei zu betrachten seien (siehe auch p. 111 des III. Bandes der Lick-Publicationen) und dass ich sie nur anführe, weil ich dieselben auf Grund meiner Erfahrungen für reell halte und insofern der Aufmerksamkeit der Selenographen empfehle. Jene Rille sah ich aber für reell an, weil sie senkrecht zur Sonnenrichtung zieht und in ihrem ganzen Verlaufe auf der von der Sonne abgewandten Seite einen helleren Rand zeigt. Für Herrn Prinz liegt natürlich kein Zwang vor, sich dieser Anschauung anzuschließen, da jenes Object bislang nur auf einer Platte wahrgenommen wurde."

16. Nördlich von dieser Formation liegen am Innen-Walle die sogenannten dunklen Punkte, welche bei hohem Sonnenstande nicht allein nicht verschwinden, sondern zumeist erst dann gut sichtbar werden. Dieselben sind von Schmidt entdeckt und später von Klein in Köln und Anderen vielfach beobachtet worden. Schmidt erwähnt ihrer zuerst am 16. Januar 1851, als er mit dem 5-füßigen Refractor der Bonner Sternwarte die Mondoberfläche durchmusterte. Er schreibt an diesem Tage: „In Copernicus Südwalle sind zwei kleine schwarze Flecken; der östliche ist der größere. Die Schatten waren dort längst verschwunden," ähnlich einen Monat später am 13. und 14. Februar, wo er jene Flecken als dunkelgrau bezeichnet und am 15. Februar, wo er anführt, außer den erwähnten beiden noch drei kleinere Flecken in der Nähe wahrgenommen zu haben. Schmidt hat dieselben nicht in seine Karte eingetragen. Sie finden sich aber in Klein's „Führer am Sternenhimmel," S. 323, wo die beiden auffälligsten in eine kleine Karte von Copernicus und seiner Umgebung, welche eine getreue Copie der Neison'schen ist, eingezeichnet sind. Daselbst ist auch eine Uebersicht der bezüglichen Klein'schen Beobachtungen und Wahrnehmungen gegeben. Den östlichen der beiden zuerst genannten Flecken vergleicht Klein seiner Größe nach mit dem inneren Durchmesser des außerhalb Copernicus im SW liegenden dunklen Kraters m, welcher weiter unten beschrieben werden wird und dessen Größe mindestens 3 km ist. Aus diesem Grunde kann die häufig angewandte Bezeichnung derselben als „dunkle Punkte" nur für kleinere Fernrohre gelten. — Soweit man aus der sehr kleinen Copernicus-Abbildung von Klein schließen kann, liegt der östliche Fleck in der Verbindungslinie vom Copernicus-Centrum und dem Westwalle von A (Cop), der westliche um einen Durchmesser von A (Cop) davon entfernt. Die Mitte des letzteren Fleckes dürfte mit dem kleinen Krater in der rechten unteren Ecke von F,5 zusammenfallen, wenn auch dort kein dunkler Nimbus wahrnehmbar ist. Ersterer hingegen ist in dem Quadrate G,5 zu suchen. Auf III und namentlich auf IV ist der westliche dunkle Fleck gut zu sehen. Nach IV, welche Aufnahme diese Gegend besonders scharf darstellt, liegt etwas südlich von der Mitte des Nimbus ein kleiner dunkler Krater von 1.0 km Durchmesser. Von diesem gehen vier deutliche Rillen strahlenförmig aus. Der dunkle Krater, welcher nach Lage und Größe mit jenem in F,5 identisch erscheint, ist umgeben von zwei concentrischen Kreisen, deren innerer den Durchmesser von 2.6 km, der äußere von 4.8 km hat. Dieses ganze Object dürfte nach seiner Abschattierung ein niedriger dunkler Kegelhügel sein, dessen Kuppe den erwähnten Krater trägt. Auf IV sicht man noch südöstlich und östlich von diesem, hauptsächlich in ersterer Richtung, im Bereiche von 11 km acht ähnliche dunkle Krater, deren Größe zwischen 1 und 0.4 km liegt und deren einige von Rillen durchzogen erscheinen. Ferner findet sich ein ebensolcher dunkler Krater von 1 km Durchmesser gegenüberliegend in halber Höhe des inneren Nordwalles von Copernicus, etwas westlich von der Schmidt'schen Rille, jedoch ohne dunklen Hof. — Der östliche dunkle Fleck ist vornehmlich auf VI gut zu sehen. Er zeigt in seinem Centrum ein winziges kraterartiges Object von 0.4 km mit einem Ring von 1.0 km Durchmesser, außerdem noch zwei äußere concentrische Ringe von 3.7 und 6.4 km Durchmesser, über welche sich aber der dunkle Nimbus noch hinaus erstreckt. Dieser Fleck erscheint somit größer, als der westliche. — Nach IV und VI ist die Lage der Flecken-Mitten die folgende: Der westliche liegt in der Verbindungslinie des Berges b (Mitte) mit dem Westwalle von A (Cop), der östliche in der Verbindungslinie des Berges a (Mitte) mit dem Centrum von A (Cop).

Der äussere Wall nebst Umgebung.

Es mögen zunächst zwei bekannte dunkle Krater der Copernicus-Umgebung, welche in der Zeichnung noch enthalten sind, besprochen werden. Der eine liegt südwestlich in etwas kleinerer Entfernung, als A (Cop) vom Kamme des Copernicus und wird m genannt, der andere befindet sich nördlich, in der Nähe von A (Gay), und heißt n. Beide sind von Klein am angeführten Orte verzeichnet und S. 323 und 324 näher beschrieben.

17. Der Krater m ist auf Schmidt's Sect. VI, westlich von A (Cop), durch seinen dunkelschattierten Hof leicht erkenntlich. Schmidt erwähnt denselben zuerst am 15. Februar 1851, wo er bemerkt, dass er (in Bonn) „gegen SW (von Copernicus), in der Richtung auf Gambart, einen

hellen Punkt, umgeben von einem dunkelgrauen Nimbus, der selbst in grauer Ebene liegt" gesehen habe und am 10. April 1873 (in Athen): „Der graue Fleck zwischen Copernicus und Gambart, m genannt, hatte einen weißen Kern, der zur anderen Zeit als Krater erkannt wurde." — Auf der Zeichnung befindet sich m unzweifelhaft in der rechten unteren Ecke von B,2, obwohl der Kratercharakter auf I nicht ganz deutlich ausgesprochen ist. Auf diese Lage wurde theils aus den Gebirgszügen, die dahin führen, theils aus dem Aufnahmen III, IV und V, welche entgegengesetzten Schattenwurf zeigen, mit Sicherheit geschlossen. Letztere Platten stellen die Kraternatur sehr deutlich dar und sind als Negative des ersten Viertels mit Positiven des letzten Viertels ohne Mühe vergleichbar, worauf bereits bei Arzachel*) hingewiesen wurde. Nach III, IV und V erscheint m fast ebenso eclatant, wie der Krater B im SO von Copernicus (im Quadrate L,1). Sein Durchmesser ist 0.5—0.7 desjenigen von B. — I zeigt in der Umgebung von m viele kleine Krater, am schönsten den östlichen am linken Rande von C,2 und zwei südliche nahe zur Mitte von B,2. Vom genannten östlichen kleinen Krater geht auf I eine feine Rille nach dem kleinen dunklen Krater am rechten oberen Rande von C,2, wendet sich dann nach der Mitte von D,1 (etwas unterhalb) und führt weiter nach der Mitte des Kraters A (Cop). Diese Rille ist leider in der Heliogravure verloren gegangen und dürfte in ihrem westlichen, an m anschließenden, Ende mit der von Klein gezeichneten identisch sein. Es sei noch bemerkt, dass auf I westlich von dem kleinen Krater am rechten oberen Rande von C,2, zwischen diesem und der Höhe in der Mitte desselben Quadrates, noch ein kleiner Krater im Rillenzuge liegt, welcher gleichfalls auf H fehlt. Der erwähnte ganze Rillenzug zwischen m und A (Cop) ist besonders eclatant auf IV zu sehen. — Westlich von m zeichnet Klein gleichsam in der Verlängerung der östlichen Rille eine Terrassenlinie, deren Zug in B,2 und B,3 wahrnehmbar ist und auf dem Diapositive I weit verfolgt werden kann. Nach I und IV zieht von m auch eine Rille nach Nord, ferner auf IV noch eine nach Süd, so dass m im Kreuzungspunkte von 3—4 Rillen liegt. Von dem kleinen östlichen Krater geht noch eine lange gekrümmte Rille durch die Quadrate C,2; C,3; D,3 bis in D,4, wo sie in eine kleine Kraterformation mündet. — Südlich von m liegt auch in B,2 ein Höhenzug mit west-östlicher Richtung, dessen Lauf sich auf dem Diapositive I noch durch die Mitte von C,1 verfolgen lässt, jedoch in der Reproduction verloren gegangen ist. — Der dunkle Nimbus um m ist auf den Platten III, IV, V, VI und VII mit großer Deutlichkeit zu sehen.

18. Der dunkle Krater n befindet sich auf Schmidt's Sect. VI, ist aber dort weder besonders kenntlich gemacht (keineswegs so, wie Krater m), noch mit dem bemerkten Buchstaben versehen. Hinsichtlich der Lage desselben führt Schmidt am 10. Juli 1868 an, dass ein starker schwarzgrauer Fleck nördlich von Copernicus „gegen Gay Lussac hin" und am 10. April 1873, dass dieser „südlich bei Gay Lussac" liege. Klein schreibt nur a. a. O. S. 324: „Der Krater n ist größer (als m) und bei ihm der graue Ring leichter zu sehen", hat aber denselben in die nach Nieson copierte Copernicus-Karte deutlich eingetragen, während Neison bloß den Buchstaben n ohne Krater anführt. — Es ist nun zu bemerken, dass schon nach den Beschreibungen von Schmidt und Neison der Klein'sche Krater n entschieden zu weit nach Osten gesetzt ist. Dies wird durch sämmtliche Photographien III—VII, wo dieses Object überall gut zu sehen ist, völlig bestätigt. Nach Klein ist die Entfernung n—A (Gay) nahe gleich m—A (Cop), während letztere in Wirklichkeit 2½-mal größer und n viel näher zu A (Gay) zu setzen ist. — Nach den Photographien des ersten Viertels stellt sich die Sachlage folgend dar. Südöstlich und nahe zu A (Gay) liegt ganz so, wie bei Schmidt eine große ovale muldenförmige Vertiefung, die nur sehr niedrige Wälle haben kann und welche an die tassenartige Vertiefung im Inneren von Ptolemaeus, nördlich von dem Krater A, erinnert. Dieselbe fehlt vollständig bei Neison und Klein; sie ist auf III, IV und V durch ihre, gegen die Umgebung dunklere und nach Westen etwas intensivere Abschattierung sehr deutlich als Mulde erkennbar. Am Südende hat dieselbe einen Krater, ebenso wie bei Schmidt, der aber etwas kleiner als m und nicht so tief, wie dieser, also auch nicht so auffällig ist. Letzterer ist auf IV am besten, weniger gut auf III und V wahrzunehmen und muss für den fraglichen Krater n angesehen werden, wofür namentlich der Umstand spricht, daß

---

*) Siehe „Prager Astr. Beob. 1888—1891" S. 64.

bei höherem Sonnenstande gerade dieser Ort, wie VI und VII es deutlich zeigen, der Mittelpunkt des großen dunklen Nimbus ist. Die Messungen an VI und VII einerseits, sowie an IV andererseits geben unter der gemachten Voraussetzung für den Winkel zwischen Gay Lussac (Mitte), A (Gay) und n den identischen Betrag von 112°. — Hienach ist n auf der Zeichnung in der linken unteren Ecke von L,13 zu suchen, wo eine scharfe Trennungslinie zwischen Licht und Schatten den Krater durchzieht. Nach Klein's Zeichnung hatte ich zuerst den dunklen Krater am oberen Rande von M,13 für n gehalten. Es ist dies aber nach den Photographien bei hohem Sonnenstande nicht richtig. Dieser Krater in M,13, welcher auch bei Schmidt ohne besondere Hervorhebung vorkommt, scheint nach VI auch einen dunklen Hof zu haben, welcher aber im Durchmesser nur $\frac{1}{4}$ so groß als jener um n ist. Letzterer dagegen kommt dem Durchmesser des Kraters A (Gay) ziemlich gleich.

19. Prof. Holden hat im Jahre 1890 beim Studium der Lick-Platten einen großen alten Kraterring von ovaler Form gefunden, welcher im SO an Copernicus schließt und am besten auf den Mond-Negativen mit hohem Sonnenstande wahrnehmbar erscheint. Ein solches Negativ ist unter anderen dasjenige vom 27. October 1890. Auf I ist dieser Kraterring, wenn man seine genaue Lage kennt, ziemlich gut zu erkennen, schwierig dagegen auf der Heliogravure, in welche nur der westliche, minder auffällige Theil des Ringes fällt. Gemäß der angeführten Vollmond-Platte geht der Ring durch die Quadrate H,3; II,2; H,1; dann im Bogen südlich und östlich am Krater B (in L,1) vorüber und durchzieht weiter die Quadrate N,1, N,2; N,3; N,4 (wo der dort befindliche Berg zu demselben gehört) und schließt in M,5 an den Außenwall von Copernicus. Der Mittelpunkt dieses Ringes liegt etwas westlich vom Krater B und fällt nach K,2.

20. Der Krater B im Südosten von Copernicus ist bei Neison und insofern auch bei Klein zu weit östlich gesetzt. Derselbe liegt so, dass seine Verbindungslinie mit A (Gay) den östlichen Kamm von Copernicus nahezu berührt. Neison und Klein haben ferner zwischen B und A (Cop), etwas näher zu B als zu A, einen fast ebenso großen Krater als B, den Schmidt nicht hat und welchen ich gleichfalls auf keiner der Lick-Platten finde. Es scheint deshalb, auch in Anbetracht der bemerkten fehlerhaften Position von B, bei Neison ein Irrthum vorzuliegen, der von Klein mit übernommen wurde. — Dagegen hat Schmidt nördlich von A (Cop) einen Krater, der nahe gleiche Größe mit m besitzt. Derselbe ist auf der Zeichnung am linken mittleren Rande von G,1 erkennbar, besser auf III und IV, am besten auf V. Auch Gaudibert hat diesen Krater am 26. März 1885 beobachtet. Doch fehlt er bei Neison und Klein vollständig.

21. Sehr bemerkenswert ist auf I die lange schöne Rillenformation, welche den Krater B mit der Richtung NO—SW durchzieht und die Quadrate N,3; N,2; M, 2; L,2; K,1 (hier ist sie breit und thalartig) und J,1 passiert. Nach III führt sie bis in die Mitte von A (Cop) und ist auf dieser Platte namentlich außerhalb des Ostwalles von A sehr eclatant. Ein dazu fast senkrechter Zug, welcher theils höhenartig, theils rillenartig erscheint, geht von B durch K,2; K,3 und J,4 bis zum SO-Kamme von Copernicus und setzt sich auf der entgegengesetzten Seite von B durch L,1 fort, so dass B gemäß I im Kreuzungspunkte von vier deutlichen Zügen sich befindet.

Was die weitere Umgebung von Copernicus betrifft, so spricht wohl das Bild für sich selbst. Es findet sich fast kein Quadrat, in welchem nicht dem Anscheine nach kleine Krater oder rillenartige Züge vorhanden sind. Letztere liegen fast durchwegs senkrecht zur Sonnenrichtung, was wieder als eines der Hauptargumente für die Wahrscheinlichkeit ihrer Realität zu betrachten ist. Schmidt äußert sich am 14. Januar 1867 (in Athen) wörtlich: „Im Westwalle des an der Phase liegenden Copernicus scheint jedes Thal, jede Schlucht, Rillen oder Kraterformen zu haben." Dies gilt nach der Zeichnung für den ganzen Aussenwall. Unter der Menge des Dargestellten möge deshalb im Folgenden nur das Wichtigste oder Eclatanteste hervorgehoben werden.

22. An kleinen kraterartigen Objecten, deren Nachweis zumeist noch offen steht,[*]) sind, wenn wir nach horizontalen Reihen fortschreiten, bemerkenswert diejenigen in:

C,1; F,1 (mit Rillenstrahlen); H,1.

---

[*]) Siehe die Bemerkung am Schlusse dieses Abschnittes.

E,2; F,2 (viele kleine Krater); H,2; K,2 (mit Rillenstrahlen); M,2; N,2; O,2 (ein größeres seichtes Object mit centralem Punkte, ferner nördlich ein kleiner Krater mit Strahlen).

D,3 (Verbindung von kleinen Kratern und Rillen); J,3 (großes Object in der rechten unteren Ecke); L,3 (großes ovales Kraterobject am oberen Rande).

C,4; E,4; F,4 (hier ist vornehmlich ein größeres Object an der oberen Mitte dieses Quadrates gemeint, das in das Quadrat F,3 übergreift und auf I nur undeutlich als Krater erscheint, jedoch auf III und IV als solcher gut erkennbar ist; sein Durchmesser beträgt nach IV 2.3 km); G,4 (zwei kleine Krater am Kamme, deren östlicher auf I sehr deutlich ist).

C,5; L,5 (mit Strahlen); O,5 (sehr deutlich mit Rillenstrahlen, in einer größeren Vertiefung liegend).

A,6 (mit Strahlen); C,6; D,6; L,6 (größere ringförmige Formationen und zwei kleine Krater mit Verbindungsrille.)

A,7; B,7; C,7; L,7 (mit Rillenstrahlen); M,7 (mehrere sehr kleine Krater); O,7 (kleiner Krater mit Strahlen, kegelbergartiger Eindruck).

C,8 (zwei größere Krater, der östliche besonders deutlich); L,8 (am Kamme von Copernicus und östlich davon).

B,9 (größeres Object); L,9 (sehr kleine Krater); M,9; N,9.

C,10 (deutlicher Krater mit Strahlen, welcher auf einem Kegelberge zu liegen scheint; in der Heliogravure nicht klar genug wiedergegeben. In der rechten unteren Ecke noch ein kleiner Krater, der inmitten eines größeren Kraters liegt, welch' letzterer auf II viel deutlicher als auf I erscheint); E,10; M,10; N,10; O,10.

A,B,11 (großes Kraterobject mit einmündenden Rillen und kleinen Kratern im Inneren); C,11 (großes ringförmiges Object); D,11; F,11; J,11; K,11; L,11 (größeres Object mit Rille); N,11.

C,12; E,12; F,12; G,12 (sehr kleiner Krater mit Rillenstrahlen); J,12; N,12 (deutlich); O,12 (deutlich mit Wallzeichnung).

A,13 (größeres Object); E,13 (deutlich); H,J,13; M,13 (dunkler Krater mit Rillen).

E,14; H,14 (deutlicher kleiner Krater im Laufe einer Rille und andere).

23. An rillenartigen Objecten möge angeführt werden:

E,1,2 (verbunden mit Kratern).

D,3; K,3; M,3 (mit lichtem Ufer).

E,4 (verbunden mit Kratern); F,G,4 (mit hellem Wall am Kamme von Copernicus; der Zug ist bis nach E,3 zu verfolgen; auch auf III deutlich wahrnehmbar); H,4,5 (mehrere Rillen, die den Kamm durchschneiden).

E,F,5 (diese Rille erscheint besonders interessant; sie dürfte ein passartiger Einschnitt im Südwalle sein und ist auch auf III und IV zu erkennen; auf letzterer Platte geht sie weiter nach G,5, macht dort in der linken unteren Ecke einen Bogen und durchzieht dann das ganze südwestliche Copernicus-Innere bis in das Quadrat F,8 hin; von G,5 bis zur Mitte von F,7 hat sie deutliches helles Ufer auf der von der Sonne abgewandten Seite); O,5 (mit hellem Ufer und kleinem Krater).

D,6; L,5,6; M,6; N,6.

A,7; D,7 (sehr kräftig); L,7; M,7 (deutlich); N,7 (deutlich).

C,8 (verbunden mit Kratern); M,8; N,8.

B,9; C,9 (sehr kräftig); D,E,9 u. 10 (kräftig am NW-Kamm von Copernicus); M,9 (durch einen kleinen Krater); N,9.

C,10; K,10 (mit hellem Ufer); M,10 (verbunden mit kleinen Kratern); N,10 (deutlich); O,10.

A,11; B,11; C,11; E,11; F,11 (am Kamme mit hellem Ufer) G,11; L,11 (verbunden mit Krater); M,11; O,11.

C,12; D,12; E,12; F,12 (deutlich); G,12; H,12; J,12; L,12; M,12 (deutlich); N,12; O,12.

B,13 (kräftig mit hellem Ufer); C,13; E,13; G,13; J,13; K,13; L,13 (sehr kräftig); M,13; N,13.

B,14; E,14 (verbunden mit Krater); F,14; G,H,14 (deutlich); J,14; L,14 (kräftig); N,14; O,14.

24. Es werde noch die Aufmerksamkeit auf das große dreieckige Thal in E,4 gelenkt, wo sich die Ecke von zwei Gebirgszügen, welche nach dem Krater A (Cop) führen, befindet. Dasselbe wird im SO und NW von zwei interessanten Rillen- bezw. Höhenzügen umschlossen, und scheint einen schrägen Abfall nach NW zu besitzen. Diese geneigte Fläche zeigt mehrere kleine krater- und rillenartige Objecte.

Außerhalb des SO-Walles von Copernicus zeichnet Schmidt einen achterförmigen Krater, den Neison und Mädler nicht haben. Derselbe dürfte identisch mit dem großen Objecte in der Ecke der vier Quadrate G,2; H,2 und G,3; H,3 sein.

Das sehr auffällige, doch wenig tiefe Kraterobject in A,B,11, dessen Rand ein Kranz von kleinen Kratern zu sein scheint, ist bei Schmidt nicht verzeichnet, kann aber auch auf den Platten des ersten Viertels nur mit Mühe wieder erkannt werden.

Wenn auch die vorstehende Copernicus-Discussion sich nur auf das Wichtigste dieser äußerst detailreichen, prächtigen Mondgegend beschränkt und deshalb keineswegs für erschöpfend gelten soll, so dürfte doch aus ihr zu erkennen sein, welch' großen Wert ein vergleichendes Studium der photographischen Aufnahmen der Lick-Sternwarte für die Topographie der Mondoberfläche besitzt.

Bemerkung. Von einigen Selenographen ist das hier angeführte Copernicus-Detail, auch wenn es durch zwei oder mehrere photographische Aufnahmen bestätigt erschien, kurzer Hand abgelehnt und als Zufälligkeit der photographischen Schicht hingestellt worden. Vornehmlich war es Dr. H. J. Klein in Köln, welcher diesen Standpunkt mehrfach vor der Oeffentlichkeit zur Geltung zu bringen versuchte. Ich habe demselben in meiner Brochure „Ueber das feinere selenographische Detail der focalen Mond-Photographien der Mt. Hamiltoner und Pariser Sternwarte" (Prag, Juni 1897) geantwortet und zugleich den Widerspruch zwischen dessen früheren und späteren Anschauungen hinsichtlich des Wertes der Mond-Photographie nachgewiesen. Das Wesentliche dieser Antwort werde hier zur Beleuchtung des Gegenstandes wiedergegeben. Auf S. 9 heißt es: „Ich gehe nun zu den speciellen Ausstellungen Klein's über. Zunächst ist diesem Kritiker das sonderbare Malheur passiert, daß er die Unvollkommenheiten des Copernicus-Heliogravure-Druckes und Papieres (vgl. Klein's „zerronnene Flocken" im „Sirius") als Eigenthümlichkeiten der Tuschierung aufgefasst hat, welche aber der Originalarbeit fremd sind. Die Heliogravure giebt dort, wo in der Zeichnung die zartesten Uebergänge stattfinden, oft zu helle Stellen oder auch fleckige und unklare Töne, welche einzelne, in diesem Bereiche liegende Objecte ganz unvermittelt zur Anschauung bringen oder dieselben ihrem Charakter nach fälschen. Der schnelle Schluss des Hrn. Klein, dass die Zeichnungen auf dem Südwalle von Copernicus nicht der plastischen Perspective der Landschaft entsprechen und nur einer ebenen Fläche angehören können, trifft für die Original-Tuschierung keineswegs zu — und ich glaube, dass mein künstlerisch geübtes Auge für die Beurtheilung solcher Fragen besonders geeignet erscheint. Freilich darf man dabei nicht mit vorgefassten Meinungen über die Structur des Mondbodens an die Interpretation herantreten, wovon Hr. Klein in den obigen Strebepfeilern*) eine lehrreiche Probe gegeben hat. — Hr. Klein hält sich nicht darüber auf, dass einzelne Kraterchen des Bildes nur contouriert erscheinen und stellt jedenfalls auf Grund seiner eigenen photographischen Erfahrung, den decidierten Satz auf: ‚Wirkliche Krater zeigen sich so nicht.' Leider muss ich ihm entgegenhalten, dass bereits Hr. Nielsen in Kopenhagen auf einer photographischen Thebit-Vergrößerung von mir einen kleinen optischen Doppelkrater der Lage und Größe nach nur als Contourierung wiedergefunden hat (vide ‚The Observatory', October 1893, p. 349–353), dass ich schon in meinem Berichte an die Akademie d. Wiss. in Wien vom 6. Juli 1893 (Akad. Anzeiger Nr. XVIII), worin von dem Centralberge in Capella und dessen Gipfelkratern die Rede ist (und welcher seinerzeit auch im ‚Sirius' abgedruckt wurde), ausdrücklich diese Abbildungsweise bekannter Krater, welche wohl mit der Kraterfärbung, sowie mit der Dauer der Exposition und des Hervorrufens zusammenhängen dürfte, hervorgehoben

---

*) Am a. O. S. 4,5 wird von mir eine wenig gelungene photographische Vergrößerung des Copernicus welche W. Prinz in Brüssel hergestellt und H. J. Klein in das VIII. Heft, 1893, der Zeitschrift ‚Gaea, Natur und Leben" aufgenommen hat, besprochen. Ich bemerke diesbezüglich: „Das Bildchen der Prinz'schen Vergrößerung ist viel zu diffus und unbestimmt, als dass dieser Copernicus das feinere Detail des Originales wiedergeben könnte; jenes erscheint mir stärker mitvergrößert, als es dem geometrischen Vergrößerungsfactor des Bildes entsprechen würde. Nichtsdestoweniger hat Hr. Klein sich bemüht, sehr feines Detail aus diesem, wie mit Flocken überzäeten Bilde herauszulesen, indem er sagt: »Auch mehrere sehr feine Details sind auf ihr erkennbar. So hatte ich vor Jahren am inneren Fuße des Südwalles bei gewisser Beleuchtung eine Reihe von schwarzen Punkten entdeckt, die ich für Krater erklärte. Auf der vorliegenden Photographie finde ich am Orte dieser kraterartigen Vertiefungen kurze Querwälle, die gewissermaßen wie Strebepfeiler dem Walle innen vorgelegt sind und Vertiefungen zwischen sich lassen. Es ist nun wahrscheinlich, dass eben diese Lücken zwischen den einzelnen Felspfeilern sich als kraterförmige Vertiefungen darstellen. Hier ergänzt die Photographie sehr erfolgreich die unmittelbare Beobachtung am Fernrohr und zwar bezüglich sehr feiner Details, die weder von Lohr-

und später aus solchen contourierten Kratern (mit einfachen und auch doppelten Umgrenzungslinien) mit Erfolg auf neue Krater geschlossen habe*)... Der obige Klein'sche Satz erscheint somit mehrfach widerlegt. — Herr Klein findet es anderseits unzulässig, dass das in den ganz dunklen Partien der Copernicus-Tuschierung abgebildete Detail reell sei und bezeichnet die Bergschatten als in ‚absoluter Nacht' liegend. Hiebei entgeht es ihm vollständig, dass nicht jede Schwärzung einer Photographie als Schatten zu interpretieren ist, da auch halbdunkle Stellen durch längeres Entwickeln oder Verstärken in schwarze umgewandelt werden können. Außerdem fallen in die wirklichen Krater- und Bergschatten mannigfache Lichtreflexe, wie ich dies schon seit längerer Zeit als wahrscheinlich betrachtet habe und wie es von W. Pickering in den oben citierten Annalen (der Harvard-Sternwarte in Cambridge U. S. A. Vol. XXXII, Part. I) seiner optischen Arequipa-Beobachtungen besonders hervorgehoben wird. Dort heißt es p. 81: „It is often stated that no twilight exists upon the Moon; that all the shadows are absolutely black; and that no light is found within them. This latter statement is unquestionably a mistake. We always see light inside of the lunar shadows in Arequipa, when the lunar crescent is sufficiently slender, so that the eye is not dazzled by its light. And this light is, moreover, by no means extremly faint..." Indem Hr. Klein in seinem Jahrbuche pro 1895, S. 49 hierüber berichtet, erinnert er sich selbst, am 9. November 1883 die folgende Beobachtung gemacht zu haben. Er sagt: ‚Hierin gehört wohl auch die seltsame Wahrnehmung, die Dr. Klein am 9. Nov. 1883 am Krater Birt (Thebit B) machte. Die Lichtgrenze des zunehmenden Mondes lag zwischen Stadius und Copernicus und über Pitatus: die angewandte Vergrößerung war die 300-fache eines sechszölligen Refractors. Das Innere von Birt war fast vollständig von tief schwarzen Schatten erfüllt, der Ostwall warf dagegen nach außen einen grauen Halbschatten, und in diesem letzteren sah er mit vollkommener Deutlichkeit den schwarzen Schatten der großen von Norden kommenden Rille, konnte jedoch von der südlichen Fortsetzung der letzteren, über den Schatten hinaus, nichts wahrnehmen.' Für Hrn. Klein gilt dasselbe, was ich Hrn. Prinz in den Astr. Nachr. No. 3286 S. 382 antwortete.**) Endlich findet noch Hr. Klein, dass die photographische Vergrößerung und namentlich das Tycho-Bild ***) im bemerkten III. Bande der Lick-Publicationen einen ganz anderen Charakter, als meine vergrößerte Copernicus-Zeichnung besitze und, wie der resonanzkräftige Klein'sche Satz lautet, dieser ‚geradezu ins Gesicht schlage'. Der Leser kann sich hiebei als unausgesprochenen Nachsatz denken, dass ich mir beim Zeichnen alles feinere Detail eingebildet hätte! Es gibt aber mancherlei Gründe, warum beide Darstellungen verschiedenartig wirken müssen und welche Hrn. Klein völlig entgangen sind. Dieselben sind: 1. Copernicus wurde nach einem Diapositive, Tycho nach einem Negative vergrößert. 2. Die Reproduction von Tycho erfolgte auf autotypischem Wege mit dem bekannten Rasternetze, wodurch das sonst scharfe Korn der Vergrößerung ein Pigmentkorn diffus und manches feine Detail verwischt erscheint. Trotzdem konnte in meinem Begleittexte zu Tycho auch auf solches hingewiesen werden. 3. Meine Zeichnung gibt eine Darstellung mit Hinweglassung des Kornes, während Tycho dasselbe in starkem Maße zeigt. 4. Der Umstand, dass Tycho in den schwarzen Stellen keinerlei Detailzeichnung aufweist, während dies bei Copernicus der Fall ist (eben diesen Unterschied bezeichnet Hr. Klein als besonders schwerwiegend für sich in ‚insgesichtschlagen') erklärt sich höchst einfach dadurch, dass die photographische Vergrößerung mit einer Expositionsdauer hergestellt wird, welche der durchschnittlichen Güte des Bildes entspricht, wodurch aber die ganz dunklen Partien völlig ohne Detail erscheinen müssen. Wollte man letzteres richtig erhalten, so müsste die Expositionsdauer für das zu Grunde gelegte Negativ viel kürzer genommen werden. In diesem Falle würde aber naturgemäß die treue Wiedergabe der dunklen Partien des Negatives d. i. der hellen des Positives leiden, so dass diese ohne jede plastische Abschattirung or Darstellung gelangen würden. 5. Die photographische Vergrößerung wird bei einer einzigen transparenten Beleuchtung der Originalplatte erhalten, während die Zeichnung sich auf die verschiedensten Beleuchtungsmodalitäten stützt. Aus diesem Grunde und zufolge des in vorhergehenden Punkte angeführten Mangels stelle ich die zeichnerische Vergrößerung, sobald nur der Zeichner die dazu nothwendige Qualification besitzt und derselbe vor der sehr langen Arbeitsdauer nicht zurückschreckt, höher, als die photographische. Die Subjectivität des Zeichnens wird dabei von der Subjectivität des Interpretirens der photographischen Vergrößerung, welche des Kornes wegen für den Ungeübten nicht ohne Schwierigkeit ist, aufgewogen. 6. Endlich ist nicht einzusehen, warum die Landschaft Tycho, welche dem Hochgebirge des Mondes angehört, in ihrem feinsten Detail durchwegs mit Copernicus, einer sich aus völlig differenter Umgebung erhebenden Ringebene, übereinstimmen soll?" —

---

mann noch von Mädler wahrgenommen wurden und auch von Schmidt nicht genauer gesehen werden konnten.« Hieraus erkennt man, auf wessen Seite die von Herrn Klein mir vorgehaltene Ueberschwenglichkeit zu suchen ist und dass derselbe dort, wo es ihm passt, auch sehr feines photographisches Monddetail, das der optischen Beobachtung überlegen wäre, zugibt."

*) Vgl. als eclatantes Beispiel meinen Akademie-Bericht vom 15. März 1896, welcher die photographische Auffindung eines größeren Kraters mit Doppelcontourirung am äußeren Ostwalle von Copernicus und dessen nachträgliche optische Bestätigung durch C. M. Gaudibert anführt.

**) Siehe S. 55 dieses Abschnittes. — Vgl. auch die neueren Beobachtungen von Ph. Fauth über Lichtreflexe in Bullial und Copernicus in Astr. Nachr. Bd. 151, No. 3614 unter dem Titel „Beleuchtungsphaenomene im Monde."

***) Siehe den betreffenden späteren Abschnitt (S. 70).

II. Photographische Vergrösserungen.

Bald nach den ersten gelungenen photographischen Mondaufnahmen der Lick-Sternwarte, welche für die mittlere Entfernung des Mondes einen focalen Bilddurchmesser von 13 *cm* ergaben und hinsichtlich Größe und Schärfe der Darstellung einen bedeutenden Fortschritt im Vergleich zu den bereits vorzüglichen Arbeiten von Warren de la Rue, Rutherfurd und Draper repräsentierten, machte sich das Bestreben geltend, den zunächst in Prag eingeschlagenen Weg des ebenso zeitraubenden, als mühsamen und schwierigen vergrößerten Zeichnens nach photographischen Platten durch den rein photographischen Vergrößerungsprocess zu ersetzen und derart möglichst objective Resultate bei einem Minimum von Zeit- und Arbeitsaufwand zu erhalten. In umfassendster Weise geschah dies wohl an der Lick-Sternwarte selbst, deren bezügliche Arbeiten mir fortlaufend durch die Güte des Herrn Prof. Edward S. Holden zugiengen. Proben derselben finden sich im III. Bande der Lick-Publicationen und zwar eine 2-malige Vergrößerung des Mare Crisium mit dessen Umgebung, ferner 7-malige Vergrößerungen des Mare Foecunditatis (mit Petavius, Vendelinus, Langrenus) und des Apenninen-Gebirges. Letztere entsprechen einem Monddurchmesser von einem Meter, besitzen also denselben Maßstab, wie die Mädler'sche und Lohrmann'sche Mondkarte. Bei diesen Experimenten zeigte es sich, dass die directe photographische Vergrößerung, um in derselben das hauptsächlichste Detail und eine möglichst günstige Plastik der Mondlandschaften zu erzielen, nicht zu weit getrieben werden darf, weshalb an der Lick-Sternwarte bei der erwähnten 7-fachen Vergrößerung stehen geblieben wurde. — Ich habe nun solche, 7-mal photographisch vergrößerte Diapositive unter 6-maliger Ocularvergrößerung untersucht und das Resultat mit jenem von Contact-Diapositiven nach denselben focalen Negativen unter 42-maliger Ocularvergrößerung verglichen und alsbald erkannt, dass in ersterem Falle fast alles feinere Detail verloren gegangen war, aus dem einzigen Grunde, weil das vergrößerte Korn einen viel zu verschwommenen Charakter angenommen hatte. Betreffs dieses feinsten Details konnte sich das photographisch vergrößerte Bild in keinem Falle mit einer treuen zeichnerischen Wiedergabe des Originales messen. In dieser Beziehung ist aber von keiner anderen Seite, wie beachtenswert auch die malerischen und plastischen Erfolge ihrer Darstellung sein mögen, Besseres als von der Lick-Sternwarte erreicht worden.

So lagen die Verhältnisse, als ich im April 1893 während des langsamen und höchst mühevollen Fortschreitens meiner 20-mal vergrößerten Copernicus-Zeichnung*) den Gedanken fasste, selbst photographische Vergrößerungs-Versuche an meinem Zeichen-Apparate**) vorzunehmen. Hiebei handelte es sich wesentlich darum, auf rein photographischem Wege im vergrößerten Bilde ein ebenso feines Korn zu erhalten, als dieses bei entsprechender Ocularvergrößerung optisch wahrgenommen wird.

Die ersten Versuche. — Am 19. April 1893 begannen diese Experimente nach einer von der gebräuchlichen abweichenden Methode, indem ich vorerst die, dem erwähnten Zeichen-Apparate beigegebenen astronomischen Mikrometeroculare von Reinfelder & Hertel***) als photographische Vergrößerungsobjective verwendete. Nach dem Principe der Telephotographie wurde das mit dem Oculare gesehene virtuelle Bild durch allmähliche Entfernung desselben von dem Negative in ein reelles umgesetzt und auf der Mattscheibe einer gewöhnlichen Camera, deren Objectivkopf abgeschraubt worden, aufgefangen. Da zeigte es sich zunächst, dass eine Einstellung auf das deutlichste Gesammtbild nur wenig Zufriedenstellendes ergab, und dass die Pointierung nicht auf dieses, sondern auf das Korn des Negatives selbst vorgenommen werden müsse. Aus diesem Grunde wurde die Mattscheibe ganz beseitigt und das vergrößerte Bild in der Luft aufgefangen, was schließlich dazu führte, an Stelle der Mattscheibe eine ganz durchsichtige

---

*) Siehe S. 51 und Taf. IV dieser Publication.
**) Siehe: „Astronomische Beobachtungen an der k. k. Sternwarte zu Prag in den Jahren 1888, 1889, 1890 und 1891, nebst Zeichnungen und Studien des Mondes" (Prag 1893) S. 50.
***) Dieselben besitzen die Aequivalent-Brennweiten von 1, ½, ¼ und ⅛ Pariser Zoll und ergaben für meine deutliche Sehweite von 28 *cm* die optischen Vergrößerungen von 11.3, 21.7, 32.0 und 42.4.

Glasplatte zu geben, diese in der Auffangebene mit einem Strichkreuze zu versehen und letzteres mit dem, hinter der transparenten Glasscheibe fest angebrachten, schwach vergrößernden Oculare scharf einzustellen. Um verschiedene Theile des Feldes hinsichtlich der Schärfe und Präcision des vergrößerten Kornes prüfen zu können, wurde endlich diesem Oculare eine analoge Führung in zwei zu einander senkrechten Coordinatenrichtungen gegeben, wie dies bei dem bemerkten Zeichen-Apparate der Fall ist. Zweckmäßig war es ferner, das Vergrößerungsobjectiv (hier eines der angeführten Mikrometeroculare) nicht an der Camera zu befestigen, da schon geringe Erschütterungen derselben merkbare Abstandsänderungen vom Negative und deshalb Unschärfen im vergrößerten Bilde herbeiführen mussten. Es wurde vielmehr das Objectiv mit dem Negative in constante Verbindung gebracht und die Camera von diesem Systeme ganz unabhängig gemacht. Andererseits wurde die scharfe Bild- d. i. Korneinstellung nicht durch Verschiebung der Cassettenebene, welche der bezüglichen Entscheidung einen zu großen Spielraum darbot, sondern durch Verschiebung d. h. Annäherung oder Entfernung des Vergrößerungsobjectives vom Negative bewerkstelligt. Die Beleuchtung des Negatives erfolgte ursprünglich durch künstliches Licht, später durch zerstreutes, nicht zu kräftiges Tageslicht, um Schattenwürfe des originalen Plattenkornes zu vermeiden und die Verhältnisse ganz so, wie bei meinem vergrößerten Zeichnen nach Diapositiven zu gestalten.

Die als Vergrößerungsobjective benützten Mikrometeroculare ergaben auf solche Weise in kurzer Zeit sehr günstige Resultate; doch galt dies nur für die Mitte des Feldes, wo das photographisch vergrößerte Emulsionskorn des Negatives völlig genau dem geometrischen Vergrößerungsfactor des Bildes entsprach und 9—10-mal feiner als dasjenige ähnlicher photographischer Vergrößerungen Anderer erschien. Für die nicht centralen Partien hingegen zeigten diese Oculare ungenügenden Anastigmatismus, indem dort die von einem Punkte ausgehenden Strahlen nicht mehr in einem Punkte vereinigt wurden; das vergrößerte Korn erhielt daselbst einen verschwommenen Charakter, war nicht mehr rund und bestand aus verwaschenen Korngruppen, welche das Bild flockig und unbestimmt gestalteten, um so mehr, je stärker die Vergrößerung genommen wurde. Während die centralen Partien Alles, was auf dem Originale unter gleicher Ocularvergrößerung erkannt werden konnte, mit minutiösester Genauigkeit wiedergaben, reproducierten die Randpartien nur das gröbere Detail und zeigten sich adaequat zu jenen photographischen Vergrößerungen, welche damals von Brüssel und vom Mt. Hamilton aus zur Versendung gelangten.

Zum Prüfstein für die absolut treue Wiedergabe des Originales nach der angeführten Methode wählte ich vornehmlich feine rillenartige Objecte in den Ringebenen Thebit und Eratosthenes, welche ich vor längerer Zeit auf Lick-Diapositiven des Mondes gefunden, eingehendst studiert und sorgfältigst gezeichnet hatte, indem ich diese unter successiver Steigerung der Vergrößerung photographierte und zusah, ob dieselben mehr oder weniger klar zur Anschauung kamen. Von besonderem Interesse waren hiebei eine gewundene rillenähnliche Formation auf dem inneren Nordwalle von Eratosthenes, sowie mehrere winzige Kraterobjecte innerhalb dieser Ringebene. Ich vergrößerte auf solche Weise Thebit der Reihe nach 12-, 20-, 29-, 50- und 62-mal, Eratosthenes 21-, 38-, 53- und 71-mal, wobei selbst die stärkste Vergrößerung ein auffallend feines Korn ergab, das dem gesehenen völlig gleichkam und das zarteste Detail, sei es, dass dieses dem Monde oder dem Plattenschicht angehört, mit vollständiger Klarheit zur Abbildung brachte. Abgesehen von der Kleinheit des scharfen Bildfeldes dieser Oculare, welcher Umstand beim Zeichnen wegen der Verschiebbarkeit desselben nicht in die Wagschale fällt, offenbarte sich bei der rein photographischen Vergrößerung insofern ein Mangel gegenüber der Zeichnung, als erstere für die gewählte Expositionsdauer keine gleichmäßige Güte in allen Theilen des mannigfaltig nuancierten Bildes zu geben vermag, welchem Uebelstande aber jederzeit durch verschiedenartige Expositionen, je nachdem man das eine oder andere Object des Bildfeldes vollkommen erhalten will, begegnet werden kann.

Das gewählte Vergrößerungsobjectiv. — Nachdem die Versuche mit den Reinfelder & Hertel'schen Ocularen so weit gediehen waren, wandte ich mich im September 1893 unter Vorlage einer 41-maligen photographischen Vergrößerung der Ringebene Capella (nach dem Lick-Diapositive vom 17. November 1890, 6ʰ 8ᵐ 35ˢ P. s. t.), deren Centralberg an der Spitze einen kleinen, von C. M. Gaudibert am 24. Mai 1890 optisch entdeckten Krater zeigt, an Herrn Prof. Dr. E. Abbe in Jena als Autorität auf dioptrischem Gebiete mit dem Ansuchen, ein geeignetes optisches System ausfindig zu machen, bezw. in Construction zu nehmen, das bei 30- bis 100-facher Vergrößerung ohne zu langen Cameraauszug auch für den Bildrand dieselbe Schärfe, wie diese bereits für die Bildmitte erreicht worden, geben würde. Herr Prof. Abbe kam mir bereitwilligst entgegen und machte mich auf ein photographisch corrigiertes Zeiss'sches Objectiv von 22 mm Brennweite aufmerksam, das für einen Bildwinkel von circa 30° im ganzen Felde ein gleichmäßig scharfes Bild zu geben versprach. Objective dieser Art von kleinerer Brennweite waren bislang nicht ausgeführt worden, konnten aber ohne große Schwierigkeit bald hergestellt werden. Das bemerkte Objectiv wurde mir Anfang October 1893 zugeschickt, und ich machte mit demselben eine Reihe von photographischen Versuchen, die immer mehr befriedigten. Um jedoch für starke Vergrößerungen kürzere Cameraauszüge und eventuell auch ein größeres scharfes Objectfeld zu erhalten, bestellte ich bei der optischen Werkstätte von Carl Zeiss in Jena ein zweites gleichartiges Objectiv von 14 mm Brennweite und 60° Bildwinkel. Dasselbe traf anfangs November 1893 in Prag ein. Die schwierigere Einstellung mit diesem wegen der geringeren Helligkeit des Bildfeldes und die längere Dauer der Exposition veranlassten mich jedoch bald, zum ersten Objective von 22 mm Brennweite zurückzukehren, mit welchem dann der ganze, von mir im Jahre 1897 heftweise veröffentlichte und 1900 vollendete photographische Mond-Atlas, bestehend aus 200 Tafeln in Lichtdruck, unter Anwendung 24-maliger Vergrößerung durchgeführt wurde.

Dieses Objectiv (f = 22 mm) hat das Oeffnungsverhältnis .¹⁄₁₁, gehört zu dem von Dr. P. Rudolph 1889 gefundenen anastigmatischen Constructionstypus und figuriert in dem Zeiss'schen photographischen Objectivkataloge unter dem Namen der „unsymmetrischen Anastigmat-Doublets". Unter Oeffnungsverhältnis ist der Bruch f/o zu verstehen, worin o den Durchmesser des in das Objectiv bei größter Blende eintretenden parallelstrahligen Bündels bezeichnet. Diesem Objective sind zwei Blenden von 2 mm und 1 mm Oeffnung beigegeben, welche nahe zum geometrischen Mittelpunkte des Liniensystems zwischen den Objectivlinsen eingeschaltet werden. Es wurde ausschließlich mit der größeren Blende gearbeitet, wesentlich deshalb, um keine zu langen Expositionen zu erhalten. Nach dem bemerkten Kataloge (1897, S. 25) besteht das Charakteristische dieser Doubletconstruction darin, „dass die beiden aus unter sich verkitteten Linsen zusammengesetzten Glieder des Systems zwar einzeln achromatisch sind, dabei jedoch der positive Theil (Sammellinse) in dem einen Gliede kleineren, in dem anderen Gliede dagegen größeren Brechungsindex besitzt, als der damit verbundene negative Theil (Zerstreuungslinse). Die Einführung für sich achromatisierter Glieder von derartig gegensätzlichen Verhältnissen ihrer Bestandtheile war möglich geworden durch angemessene Benutzung der Barium-Silicatgläser von relativ hohem Brechungsvermögen, welche das Jenenser Glaswerk (Schott & Genossen) seit dem Jahre 1886 den Optikern zur Verfügung gestellt hatte. Der Vortheil dieser gegensätzlichen Zusammensetzung der Theile eines Doublets besteht darin, dass durch sie eine **vollkommene Aufhebung der astigmatischen Abweichungen schiefer Büschel unbeschadet der Ebnung eines großen Bildfeldes erreichbar ist**". Für dasselbe Objectiv wurden auf mein Ansuchen hin von der Firma Zeiss im Herbste 1898 noch besondere genaue Messungen ausgeführt. Es wurde gefunden: f = 21.75 ± 0.07 mm, ferner, dass der erste Hauptpunkt 1.99 mm hinter dem Scheitel der Vorderlinse, der zweite Hauptpunkt 2.275 mm vor dem Scheitel der Hinterlinse liegt. Da der Abstand beider Scheitel 4.415 mm beträgt, so folgt daraus als Distanz der Hauptpunkte 0.15 mm mit einer Unsicherheit von ± 0.05 mm. Das zweitgenannte Objectiv hat das Oeffnungsverhältnis $\frac{1}{7}$ und, wie bemerkt, die Aequivalentbrennweite f = 14 mm.

Der zum photographischen Vergrößern benützte Apparat. — Derselbe besteht aus zwei wesentlichen Theilen, dem Rahmen, welcher das zu vergrößernde Negativ mit dem Vergrößerungsobjective aufnimmt, und der Camera, in welcher das vergrößerte Bild aufgefangen und photographiert wird. Ersterer ist auf einem stabilen Tische festgeschraubt, letztere dagegen in Verwendung eines sogenannten Salontischstatives mit Schienenführung beweglich.

Der Rahmen erscheint in der Hauptsache ebenso construiert, wie der auf S. 50 der Prager Astr. Beob. 1888—1891 beschriebene. Verschieden ist nur die Einrichtung, dass hier die beiden verticalen Rahmensäulen durchbrochen sind, und die beiden Horizontalleisten, welche das Negativ *n* (Siehe die Abbildung) aufnehmen, durch die Säulenschlitze hindurchgehen. Auf diese Weise wird ein großer Spielraum für die seitliche Verschiebung des Negatives über den Rahmen hinaus erreicht, so dass auch stark excentrische Partien des Negatives schnell und leicht in die Rahmenmitte gebracht werden können. Die Rückwand des Rahmens wird durch eine schwarze Tafel aus Pappendeckel gebildet, welche in der Mitte eine zureichend große Oeffnung besitzt und mit sehr fein mattiertem Glase gedeckt ist. Hinter dieser Oeffnung befindet sich der Beleuchtungsspiegel *s*. Das Vergrößerungsobjectiv *o* ist vor dem Rahmen bezw. Negative in ähnlicher Weise, wie beim citierten Zeichenapparate das Ocular, in verticaler und horizontaler Richtung verschiebbar; nur erhielt die Hülse, welche das Objectiv *o* aufnimmt, behufs größerer Stabilität statt einfacher doppelte Führung an zwei zu einander parallelen Horizontalstangen. Diese Hülse ist andererseits kein glatter Cylinder, sondern trägt an der Innenwand ein Schraubengewinde, in welchem das Objectiv *o* zur Annäherung oder Entfernung vom Negative *n* gedreht werden kann. Letzteres geschieht durch Vermittlung eines an das Objectiv *o* anschraubbaren, schwarzen Metalltrichters *t*, welcher mit sechs langen Speichen versehen ist. Die Drehung dieser Speichen, also auch des Objectives, ist leicht vom Cameraende aus mit Hilfe eines entsprechend langen Stabes zu bewerkstelligen. Der Trichter *t* trägt an seinem, der Camera zugewendeten Rande einen weichen Filzstreifen, an welchen die Vorderseite *a* der Camera, die einen kleineren Ausschnitt als die Trichteröffnung besitzt, leicht angeschoben wird. Ueberdies trägt der Kopf des Rahmens noch ein vorspringendes Gestell, über welches ein dichter schwarzer Vorhang zur Fernhaltung jedes störenden Seitenlichtes herabgelassen wird, um die Oeffnung von *a*, welche bereits der Trichter *t* nahezu vollkommen abschließt, noch weiter zu umhüllen. Trichter- und Cameraöffnung müssen natürlich so groß gewählt werden, dass der aus dem Objective *o* tretende Strahlenkegel dieselben unbehindert passiere.

Die Camera besteht aus dem Vorderrahmen *a*, dem Hinterrahmen *b* und dem dazwischen liegenden, sehr dehnbaren Balgauszuge. *a* und *b* haben separate Füße und können auf der Stativschiene unabhängig von einander verschoben werden. Diese Schiene ist dreitheilig, die Mitte fest, das Ende aber nach beiden Seiten herunterklappbar, um bei schwächeren Vergrößerungen nicht durch die Länge der Schiene geniert zu sein. Bei starken Vergrößerungen werden die Endschienen aufgeklappt und durch untergeschobene kurze Metallstücke noch besonders verstärkt. Der rückwärtige Theil *b* der Camera besitzt die Vorrichtung zum Einschieben des Visierrahmens mit durchsichtiger bezw. matticrter Glasscheibe und der Cassette mit der lichtempfindlichen Platte. Derselbe kann um 90° gedreht werden, um von oblongen zu Querbildern und umgekehrt übergehen zu können. Bei *v* befindet sich hinter der durchsichtigen Visierscheibe, welche in der Auffang- bezw. Durchsichtsebene liegt und mit einem Andreaskreuze und verschiedenen Centrierungsmarken versehen ist, ein Ocular (dasselbe, welches a. a. O. S. 51 als schwächstes mit der Vergrößerung 7.8 angegeben wurde), das auf dieses Kreuz scharf eingestellt wird und längs der ganzen Breite der Visierscheibe eine analoge horizontale Führung hat, wie das vor dem Negative *n* befindliche Objectiv *o*. Durch Drehung der Visierscheibe im Rahmen *b* um 90° wird diese in eine verticale Führung umgesetzt. Mit dem erwähnten, auf das Strichkreuz der durchsichtigen Visierscheibe focussierten Oculare wird nun, ohne es weiter zu verstellen, das vergrößerte Korn des Negatives auf das Genaueste betrachtet, während gleichzeitig am Speichen des Objectivtrichters *t* gedreht wird. Erscheint das Korn völlig scharf und punktartig, so ist die Drehung des Objectives beendet und dessen Abstand vom Negative fixiert.*) Bei 24-maliger Vergrößerung wurde die einmal ermittelte Entfernung *b n* constant beibehalten und für diese stets die entsprechende Objectivstellung durch Drehen der Speichen und gleichzeitiges Anvisieren des Kornes gesucht. Hiebei war die Gesammtvergrößerung für die optische Einstellung des Kornes $24 \times 7.8 = 187$-fach, wodurch ein sehr hoher Grad von Genauigkeit erreicht wurde. Erst nachdem diese Objectivein-

---

*) Verschiedene specielle Experimente um diese Lage herum zeigten nämlich, dass die optisch günstigste Einstellung auch das beste photographische Bild ergab.

stellung beendet worden, wurde die Mattscheibe in den Rahmen *b* gebracht, um einen Ueberblick des ganzen zu photographierenden Bildes zu erhalten, dessen gleichartige Beleuchtung in verschiedenen Theilen zu controlieren und die Orientierung des gewählten Mondobjectes in die Mitte der Mattscheibe durch geringfügige Verschiebungen von *o* in verticalem und horizontalem Sinne vorzunehmen.

Zu dem bekannten Stative *S* ist nichts weiter zu bemerken, als dass mittelst der im Bilde sichtbaren Kurbel die Höhe der Camera reguliert wird, dass die Schraube I eine Drehung der-

selben um eine verticale Axe, die Schraube II eine solche um eine horizontale Axe, also eine Kippung, und die Schraube III eine kleine seitliche Verschiebung der Camera auf dem Stativtische bewirkt.

Reihenfolge der Operationen beim Vergrößern.

1. Das zu vergrößernde Negativ wird in den Rahmen gegeben, die Schichtseite nach vorne d. i. nach der Camera hin gewendet, wobei durch Druckfedern, welche auf die Rückseite der

Platte wirken, und durch entsprechenden Widerhalt in den horizontalen Aufnahmeschienen eine constante Anstoßfläche für die Vorderseite erzielt wird. Sodann wird die zu vergrößernde Mondgegend mittelst dieser beweglichen Schienen und durch seitliche Verschiebung der Platte innerhalb derselben in die Mitte des Lichtausschnittes der Rückwand gebracht. Ist dies geschehen, so erfolgt die Festklemmung der beiden Horizontalschienen.

2. Der Träger der Objectivhülse wird als Ganzes vertical und an diesem das Objectiv so weit horizontal verschoben, bis letzteres genau über der gewählten Mondgegend steht. Hierauf wird der Träger gleichfalls festgeklemmt.

3. Das Objectiv wird nun in seiner Hülse so weit gedreht, bis es wie eine Lupe die in Frage kommende Mondgegend deutlich zeigt. Dann wird das ganze Gesichtsfeld des Objectives sorgfältig durchmustert und die Beleuchtung desselben durch entsprechende Drehung des hinter dem Rahmen befindlichen Spiegels regulirt. Diese Manipulation ist sehr wichtig und für die Durchschnittsgüte des vergrößerten Bildes mitentscheidend. Ist die betreffende Mondgegend gleichmäßig nuancirt, so hat auch der Spiegel diese Partie des Negatives gleichmäßig zu beleuchten. Zeigt sie aber nach dem einen oder anderen Feldrande hin dunkle Stellen, so muss dieser durch correspondierende Drehung des Spiegels etwas mehr Licht erhalten, damit die Contraste des Bildes nicht gesteigert werden, also der Charakter des Originales möglichst gewahrt bleibe. Da an und für sich die Randpartien im Objective weniger hell als das Centrum erscheinen, wird es stets zweckmäßig sein, die zu vergrößernde Mondgegend so auszuwählen, dass die dunkelste Stelle des Feldes (d. i. die hellste Stelle des späteren Positives) ins Centrum komme und die helleren Partien nach dem Rande hin fallen.

4. Nach dieser Regulirung der Beleuchtung wird das Objectiv durch abermalige Drehung in seinem Schraubengewinde vom Negative entfernt, bis annähernd dessen Lage für die beabsichtigte Vergrößerung erreicht ist. Dann wird an dasselbe der Trichter mit den Speichen geschraubt und der photographische Aufnahmeapparat ihm gegenüber gestellt, wobei bestimmte Marken einzuhalten sind, um die gewünschte Vergrößerung ohne zeitraubendes Experimentiren zu erhalten.

5. Das Camerastativ wird zunächst bei freier Durchsicht durch die Camera so verschoben, dass die vordere Cameraöffnung symmetrisch das Objectiv umfasse d. h. dass letzteres dem Augenscheine nach in die Mitte der Cameraöffnung zu liegen komme. Abweichungen in der Höhe können dabei leicht durch Drehung der Stativkurbel, wodurch die gezahnte Stativsäule höher steigt oder tiefer sinkt, beseitigt werden. Nunmehr bleibt das Stativ als Ganzes unverändert stehen, während die genaueren Einstellungen an der Camera selbst vorgenommen werden.

6. Weiter wird die durchsichtige Einstellscheibe mit dem, auf das Strichkreuz derselben focussirten Oculare in die Camera gegeben und der Cameraauszug so weit verschoben, dass einerseits die Auffangebene genau der erstrebten Vergrößerung entspricht, was durch Controle mit einem steifen Maßstabe in Bezug auf das Negativ erfolgen kann, anderseits die Cameraöffnung nahe an die Trichteröffnung herantritt, um seitliches Licht abzuhalten, wozu überdies noch ein schwarzer Tuchvorhang am Negativrahmen auf beiden Seiten herabgelassen wird. Nun erst wird das Feld im Einstellungsoculare aufmerksam betrachtet und gleichzeitig mittelst eines Stabes so lange an den Trichterspeichen gedreht, bis das Emulsionskorn des Negatives deutlich sichtbar wird.

7. Hierauf erfolgt das Senkrechtstellen der Auffangebene zur optischen Axe des Objectives durch Betrachtung des Lichtfeldes im Oculare. Da letzteres in Anwendung der Spiegelungsmethode genau senkrecht zur Auffangebene mit dem Strichkreuze gestellt ist, so soll das Lichtfeld, wenn Ocularmittelpunkt und Strichkreuzmittelpunkt zusammenfallen, centrisch innerhalb des Oculargesichtsfeldes liegen. Ist dies nicht der Fall, so wird mittelst der betreffenden Stativschrauben die Camera geneigt oder um die Verticale solange gedreht, bis jenes eintrifft. Zur Controle können noch die Ausschnitte des Lichtfeldes im Oculare, sobald dieses in gleiche Distanzen vom Cassettencentrum nach rechts und links bezw. oben und unten gebracht wird, beachtet werden, wobei deren symmetrische Gleichheit die vollendete Centrirung anzeigen würde.

8. Endlich wird ein zweiter Rahmen mit der Mattscheibe in die Camera gebracht und das vergrößerte Bild in seiner Gesammtheit betrachtet. Die genaue Verschiebung des gewählten Mondobjectes in die Mitte der Cassette geschieht erst jetzt durch minimale Verschiebungen des Objectives im horizontalen und verticalen Sinne. Hierauf wird die Centrierung wiederholt und die berechnete bezw. experimentell ermittelte Distanz der Auffangebene vom Negative für die gewünschte Vergrößerung mittelst eines Maßstabes thunlichst genau eingestellt. Der Lichteindruck des Bildes auf der Mattscheibe oder im Oculare hinter der durchsichtigen Einstellscheibe erscheint maßgebend für die Wahl der Expositionsdauer. Nachdem weiter Alles lichtdicht gemacht und die Schärfe des Kornes im Einstellsoculare abermals controliert worden, erfolgt die Einführung der Cassette mit der lichtempfindlichen Platte in die Camera und die Exposition.

Bemerkungen zur Exposition und zur photographisch-technischen Behandlung der Vergrößerungs-Platten. — Da die transparente Beleuchtung des Negatives mittelst eines Spiegels durch zerstreutes Tageslicht an einem nach Norden gelegenen Fenster geschah und diesem, wenn auch in größerer Entfernung, ein zwei Stock hohes Gebäude gegenüber lag, so war bei der Exposition ebensowohl auf die Färbung des Himmels (ob derselbe blau oder mit weissen, gelben, grauen Wolken bedeckt war), als auch auf jene der bemerkten Wand (ob diese beleuchtet oder beschattet war) zu achten. Am einfachsten erschien die Wahl der Expositionsdauer bei constant sonnigem oder constant trübem Wetter. Schwierig wurde sie bei wechselndem Sonnenscheine, wo dieselbe oft während der Aufnahme geändert werden musste. Gefühl und Erfahrung hatten in diesem Falle zusammenzuwirken, um das Richtige zu treffen. Beim Prager photographischen Mond-Atlas und durchschnittlich 24-maliger Vergrößerung variierte im Allgemeinen die Expositionsdauer zwischen 3 Minuten und 3 Stunden. Erstere galt für sehr durchsichtige Negative und Randpartien des Mondes an der Lichtgrenze bei hellem Wetter, letztere für die dunkelsten Stellen des Negatives bei trübem Regen- bezw. Winterwetter. Zweckmäßig war es, das Bild stets etwas überzuexponieren, 1. weil auf solche Weise das scharfe Korn sich auf dunkleren Untergrund projicierte und insofern nicht so aufdringlich erschien, als bei knapp bemessener Exposition, 2. weil die Reproduction stets härter und contrastreicher als das Original wird. Natürlich war ein stärkeres Ueberexponieren zu vermeiden, damit nicht die Vergrößerung durch völlige Ausgleichung der Contraste flau werde und das feinere Detail ganz verloren gehe. Auch ist durch möglichst richtige Exposition dem künstlerischen Eindrucke des Originals hinsichtlich der Schönheit seiner Plastik in treuester Weise Rechnung zu tragen. Eine künstliche Lichtquelle hätte zwar den Vortheil der Constanz und der einfacheren Beurtheilung der Expositionsverhältnisse mit sich gebracht. Doch standen weder ausreichende Mittel für die exacte Einrichtung einer solchen zur Verfügung, noch war es wünschenswert, das Negativ zu intensiv zu beleuchten, um nicht störende Schattenwürfe des Kornes und damit eine Fälschung des feineren Details zu erhalten. Besonders aus letzterem Grunde wurde bei der Benützung zerstreuten Tageslichtes verblieben, wie dieses auch bei meinen vergrößerten Zeichnungen zur Verwendung kam. Hiebei wurde es sogar für günstiger befunden, matte Tagesbeleuchtungen mit längerer Expositionsdauer an Stelle von hellen mit kürzerer zu wählen, vornehmlich dann, wenn das Negativ große Durchsichtigkeit besaß.

Zur Vergrößerung wurden durchwegs Bromsilber-Gelatine-Trockenplatten von Dr. C. Schleußner in Frankfurt a. M., welche sich allgemein recht gut bewährten, verwendet und zwar anfangs in den Größen 13:18 cm und 21:26 cm, später nur in der Größe 26:31 cm. Diesen entsprechend sind auch für die Cassette dreierlei Einsätze hergestellt worden. Das erstgenannte kleine Format diente nur zur Probe für die Ermittlung der richtigen Exposition und wurde bald nach ausreichend gesammelter Erfahrung in dieser Richtung ganz aufgegeben. Das zweite Format wurde dort gewählt, wo zufolge einer weniger günstigen Lichtvertheilung in der zu vergrößernden Mondlandschaft eine präcise Abbildung der Randpartien des Feldes nicht erwartet werden konnte. Das dritte Format endlich wurde ausschließlich meinem photographischen Mond-Atlas, dessen 1. Heft im November 1897 erschien, zu Grunde gelegt.

Die Entwicklung der exponierten Platten erfolgte mittelst Eisenoxalat nach dem Recepte: Lösung I = 200 g. neutrales oxalsaures Kali, 800 ccm destilliertes Wasser; Lösung II = 100 g.

Eisenvitriol, 300 ccm destilliertes Wasser, 5 Tropfen concentrierte Schwefelsäure. I und II wurden im Verhältnisse 3 : 1 gemischt. In seltenen Fällen wurden hierzu noch, um Verschleierung der Platte zu verhüten, einige Tropfen von Lösung III = 10 g. Bromkalium, 100 ccm destilliertes Wasser gegeben. Allgemein wurde ein langsames Hervorrufen einem schnellen vorgezogen und zu diesem Zwecke fast immer bei reichlicher Exposition alter Entwickler zur frischen Mischung von I und II mitverwendet. Dieses Eisenverfahren ergab, sobald nur auf die größte Reinlichkeit geachtet wurde, unfehlbar gute Resultate. Ein Verstärken war in keinem Falle nöthig. Das Fixieren geschah mit unterschwefligsaurem Natron. Noch sei bemerkt, dass vor dem Hervorrufen die exponierte Platte stets durch einige Zeit in destilliertem Wasser gebadet wurde, ebensowohl, um feinen Staub zu entfernen, als auch, um die Platte zur gleichmäßigen Annahme des Entwicklers geeignet zu machen.

Uebersicht der hergestellten photographischen Vergrößerungen. — Nach focalen Originalplatten der Mt. Hamiltoner und Pariser Sternwarte, sowie einigen der Arequipa-Station (Peru) der Cambridger Sternwarte (U. S. A.) wurde vom 19. April 1893 bis incl. 13. April 1900 die nachstehende photographische Vergrößerungsarbeit geleistet. Vom 19. April bis 1. December 1893 erfolgten gerade 100 photographische Mondvergrößerungen, zumeist im Formate 13 : 18 cm und vornehmlich nach focalen Monddiapositiven; dieselben tragen den Charakter von Experimenten der verschiedensten Art an sich. Vom 1. December 1893 bis 13. April 1900 (dem Tage der Fertigstellung der Grundlagen für das 10. Schlussheft des Prager Mond-Atlas) geschahen weiter 724 nahe 24-malige photographische Mondvergrößerungen, jedoch nur nach originalen Negativen (mit der einzigen Ausnahme von 7 Vergrößerungen nach zwei Arequipa-Diapositiven), welche für Mt. Hamilton einen durchschnittlichen Monddurchmesser von 10 Fuß, für Paris einen solchen von 4 Metern ergeben. Beim photographischen Vergrößern wurde deshalb bis 24 gegangen, um das feinere Detail des Mondbodens ohne Schwierigkeit dem unbewaffneten Auge sichtbar zu machen und zugleich die Plastik der Originale in noch völlig befriedigender Weise zur Anschauung zu bringen. Im ersten Drittel dieser Arbeiten, genauer bei den ersten 296 Aufnahmen, d. i. bis Ende September 1894 besorgte der Adjunct der Sternwarte, Herr Dr. R. Spitaler, in meinem Beisein das Hervorrufen und Fixieren der von mir exponierten Platten. Vom November 1894 an hingegen d. i. bei weiteren 528 Vergrößerungs-Aufnahmen wurde auch der photographisch-technische Theil von mir selbst übernommen, und durch eine solche einheitliche Behandlung derselben ein noch vollkommeneres Resultat erzielt. Ausschließlich auf letzterem Materiale, das auch im Allgemeinen günstigere Mond-Negative zur Grundlage hat, beruht der erwähnte Prager Mond-Atlas.

CLAVIUS, TYCHO, PTOLEMAEUS.
(Siehe Tafel V, VI, VII, XVI u. XVII.)

Als Proben meiner ersten photographischen Vergrößerungsversuche mögen die Tafeln V, VI und VII in phototypischer Reproduction (von der Wiener k. u. k. Hof-Photogr. Kunst-Anstalt C. Angerer & Göschl) gelten, welche 24-fache Vergrößerungen der Wallebenen Clavius, Tycho und Ptolemaeus nach einem Negative der Lick-Sternwarte vom 10. November 1892, $15^h 52^m 40^s — 42^\circ$ P. s. t. darstellen und am 3., 4. und 5. December 1893 mit einer Expositionsdauer von 100 bis 110 Minuten angefertigt wurden. Um den Fortschritt in der Güte der originalen Negative und der Prager Vergrößerungen zu erkennen, ist die Wallebene Clavius wiederholt auf Taf. XVI und XVII in Lichtdruck (vom dem Prager artistisch-typographischen Institute Carl Bellmann) gegeben. Erstere Tafel identisch mit Taf. 18 (Heft 1) meines photographischen Mond-Atlas, wobei nur das Format des Bildes etwas kleiner genommen wurde. Sie basiert auf einem vorzüglichen Negative der Lick-Sternwarte vom 9. October 1895, $16^h 20^m 2^s 0 — 2^s 5$ P. s. t., ist 24-mal vergrößert und wurde am 1. April 1896 mit einer Expositionsdauer von 90 Minuten hergestellt. Die letzte Tafel ist eine 16.1-fache Vergrößerung (Monddurchmesser = 2.63 Meter) nach einem trefflichen Pariser Negative vom 29. September 1896, $16^h 5^m 5$ M. Z. Paris und besitzt ausgezeichnete Kraft und Plastik. Dieselbe wurde von mir am 18. März 1899 mit einer Expositionsdauer von 12 Minuten gemacht. Eine 24.48-malige Vergrößerung (Monddurchmesser = 4.00 Meter) derselben Wallebene Clavius nach dem gleichen Pariser Originale, welche für das Format der vorliegenden Publication zu groß gewesen wäre, findet sich auf Taf. 182 (Heft X) des Prager photographischen Mond-Atlas. Letztere wurde am 26. Januar 1900 mit einer Expositionsdauer von 15 Minuten (bei Sonnenschein) ausgeführt und zeigt, zusammengehalten mit der 16.1-fachen Vergrößerung, die absolute Uebereinstimmung beider Bilder hinsichtlich jedes Kornpartikelchens, also auch des feinsten Details, nur dass im zweiten Falle Vieles dem freien Auge leicht wahrnehmbar erscheint, was im ersten die Benützung einer Lupe verlangt.

Tafel VI (Tycho) findet sich auch in dem III. Bande der Lick-Publicationen vor. Daselbst wurde zugleich eine eingehende Vergleichung dieser Mondgegend mit den bekannten, auf optischer Beobachtung beruhenden, Mondkarten gegeben, welche hier folgen möge. — Am a. O. habe ich außerdem noch eine Vergleichung der, von der Lick-Sternwarte ausgeführten 7-maligen photographischen Vergrößerung des Apenninen-Gebirges mit Schmidt's und Mädler's Mondkarten vorgenommen, welche ebenfalls im Nachstehenden unter Bezugnahme auf die von mir gezeichnete Indexkarte dieser Gegend (Taf. VIII) wiederholt werden möge.

TYCHO.

(Siehe Tafel VI.)

Das Bild ist die Reproduction einer directen 24-maligen photographischen Vergrößerung nach dem Original-Negative der Lick-Sternwarte vom 10. November 1892, $15^h52^m41^s$ P. s. t. und entspricht einem Monddurchmesser von nahe 10 Fuß (1 mm genähert = 1.1 Kilometer = 0.″6). Für dasselbe lag die photographische Lichtgrenze am Westwalle von Albategnius, und die Höhe der untergehenden Sonne betrug für die Mitte von Tycho $14°5'$*). Da die von der Lick-Sternwarte gewählte Expositionsdauer durchschnittlich jene Mond-Partien am ähnlichsten zur optischen Wahrnehmung darstellt, für welche die Sonnenhöhe $8°—10°$ beträgt, so erscheinen wohl in diesem Falle die hellen Wälle im Bilde überexponiert und können deshalb nur wenig Detail geben. Trotzdem ist die Plastik der gesammten Landschaft eine vorzügliche und gewährt einen Ueberblick über diese prächtige Gebirgsgegend, wie derselbe noch von keinem Zeichner zur Anschauung gebracht wurde. Immerhin enthält das Bild ein sehr störendes Element und zwar das mitvergrößerte Korn der Emulsions-Schicht des Original-Negatives, welches Korn demselben ein granuliertes Aussehen gibt. Eine schwächere Vergrößerung hätte natürlich das Aussehen günstiger gestaltet; doch müsste man in diesem Falle die Lupe zur Hand nehmen, um das feinere Detail zu erkennen, was vermieden werden sollte. Auf der 24-maligen Vergrößerung ist jenes Detail mit freiem Auge wahrzunehmen, sobald man nur gelernt hat, unabhängig vom Korne zu sehen, was auch dadurch erreicht wird, dass man das Bild zu seiner Betrachtung in größere Entfernung, als in die deutliche Sehweite, bringt oder aber, dass man auf dasselbe ein mehr oder minder durchsichtiges Pauspapier legt und derart den Anblick desselben generalisirt.

Die Reproduction geschah auf dem Wege der billigen Phototypie unter Anwendung des bekannten feinmaschigen Netzes und Uebertragung des Bildes auf Stein von der k. u. k. Hof-Photographischen Kunst-Anstalt C. Angerer & Göschl in Wien. Freilich steht dieselbe dem direct erhaltenen, 24-mal vergrößerten Diapositive etwas nach, indem halbdunkle Töne innerhalb oder am Rande von tiefen Schatten zu dunkel geworden und insoferne verloren gegangen sind, was aber auch zum Theil bei der, der Phototypie zu Grunde gelegenen, Copie auf Aristopapier der Fall war. Derart erscheinen die Schatten des Bildes allgemein nach Westen verbreitert, besonders in Pictet und in Pictet a, wo halbdunkle Höhen des Inneren, welche auf dem Diapositive gut erkennbar sind, in der Breite von 3—5 mm schwarz überdeckt wurden, andererseits einige Wallzeichnungen völlig ausgelöscht, wie am inneren SO-Walle von Tycho, am SO-Walle von Sasserides und am S-Walle von Orontius. Im Uebrigen jedoch ist die Reproduction von vollkommener

---

*) Dieser Wert folgt aus der Rechnung, während der im III. Bande der Lick-Publicationen angegebene (18') nur auf roher Schätzung beruhte.

Treue, wenn auch die Form der kreisrunden Kornpünktchen des vergrößerten Diapositives, welche durchschnittlich einen Durchmesser von 0.07 bis 0.10 mm besitzen, zufolge der Wirkungsweise des erwähnten Reproductions-Netzes etwas modificiert worden ist.

Eine plastische Darstellung derselben Gegend bei Sonnenuntergang hat auch Schmidt in seinem Buche „Der Mond" (Leipzig 1856) gegeben. Im Vergleiche zur Photographie erscheint dieses, etwa 3¼-mal kleinere, Schmidt'sche Bild höchst schematisch und lässt auch in den Umrissen viel zu wünschen übrig. Eine andere, sehr bestechend wirkende, plastische Abbildung von Tycho nach Sonnenaufgang findet sich in dem Nasmyth' und Carpenter'schen Werke über den Mond auf Tafel XV. Dieselbe offenbart jedoch, zusammengehalten mit der Photographie, mannigfaltige Unexactheiten und Willkürlichkeiten, wie es auch nicht anders sein kann, da Nasmyth und Carpenter ihre Tafeln nach einem Mondglobus, den sie auf Grund langjähriger Zeichnungen am Fernrohr hergestellt hatten, angefertigt haben. Ich selbst zeichnete Tycho zweimal am 6-zölligen Refractor der Prager Sternwarte, das erste Mal am 4. April 1884 mit östlichem Schattenwurfe (Vide: Prager Astr. Beob. v. 1884), das zweite Mal am 8. Januar 1885 mit westlichem Schattenwurfe (Vide: Prager Astr. Beob. v. 1885—1887). Die Uebereinstimmung dieser, wenn auch in kleinem Maßstabe ausgeführten, Bilder mit der Photographie kann im Allgemeinen eine gute genannt werden.

Unter den kartographischen Darstellungen von Tycho und seiner Umgebung ist wohl diejenige auf Schmidt's Sect. XXIII die eingehendste, weshalb mit dieser die Vergleichung der photographischen Aufnahme geschehen soll. Zugleich werde noch ein zweites Original-Negativ desselben Abends, das am 10. November 1892 um $14^h 54^m 31^s$ P. s. t. aufgenommen worden und ebenfalls nach Prag gelangt ist, zum Nachweise der Realität des feineren photographischen, auf Schmidt's Karte nicht vorhandenen, Details herangezogen. Letzteres Negativ heiße II, das ersterwähnte I. Die Vergleichung von I und II konnte in folgender Weise sehr sicher und strenge vorgenommen werden. Es wurde ebensowohl von II, wie von I ein 24-mal vergrößertes Diapositiv von gleicher Kraft und Schärfe zu I hergestellt. Beide Diapositive, auf welchen die einzelnen Objecte sehr nahe dieselbe Größe haben, wurden transparent aufgestellt und durch zerstreutes Tageslicht beleuchtet. Handelte es sich nun z. B. um die Identificierung von Rillen, die in der Nähe oder durch einen Krater ziehen, so wurden unabhängig von einander Paus-Copien des fraglichen Objectes und seiner Umgebung nach I und II angefertigt. Die Linien der einen Pause wurden hierauf mit schwarzer, diejenigen der anderen mit rother Tinte überzogen und sodann beide Pausen auf einander gelegt, wobei das Identische sich zu decken hatte. Auch im Falle einer nicht vollkommen gleichen Größe beider Diapositive ist diese Vergleichungsmethode anwendbar, sobald man nur auf die proportionalen Verschiebungen der Hauptcontouren gehörig Rücksicht nimmt. Allgemein ist zu bemerken, dass auf I die Kraterformen klarer und deutlicher als auf II, auf letzterem Bilde hingegen einige Rillenzüge besser als auf I ausgeprägt erscheinen.

Südlich von Tycho liegt in einer nur etwas größeren Entfernung, als der meridionale Tycho-Durchmesser beträgt, die Ringebene Street d, welche am SO-Walle einen größeren Krater hat. Dieselbe befindet sich im Bilde am linken oberen Rande. Verbindet man die Mittelpunkte von Street d und Tycho, so erhält man die Meridianrichtung der Tycho-Mitte. Dem entsprechend liegt nach der rechten oberen Bildecke hin Ost, nach der rechten unteren Ecke Nord und nach der linken unteren Ecke West.

1. Im Inneren von Tycho zeichnet Schmidt einen sich von West nach Ost erstreckenden Centralberg und nördlich vom Westende desselben ein Höhe. Anschließend an diese, welche auf I und II gut wahrnehmbar ist, hat Schmidt einen kleinen Krater nach Süden, der wohl auf der Phototypie nicht erkennbar ist, weil der Schatten des Centralberges dort verbreitet und zu kräftig erscheint, man jedoch auf I leidlich, auf II gut am Schattenrande wahrzunehmen vermag. Seine Größe ist nach II nahezu = 2 Kilometer, was mit dem Schmidt'schen Durchmesser gut übereinstimmt. Auf I sicht man nahe im Meridiane der Tycho-Mitte auf der südlichen Kuppe des großen Centralberges eine runde Formation, die ein Krater von 1.4 km Durchmesser sein dürfte. Derselbe findet sich auch auf II wieder. Am nördlichen Rande des Inneren von Tycho hat Schmidt einen sehr kleinen Krater, den derselbe zuerst am 27. August 1842 beob-

achtete. Dieser Krater liegt in der Verbindungslinie von Sasserides F und von dem Westrande des Centralberges. Derselbe ist auf I gut, weniger deutlich auf II erkennbar. Am NO-Fuße des Centralberges scheint nach I und II eine Rillenformation gegen den NO-Wall von Tycho hinzuziehen. Südöstlich von ihr dürften gemäß I mehrere kleine Krater sich befinden. Auch westlich vom Centralberge scheint nach I und II eine Rille das westliche Innere mit nordöstlicher Richtung zu durchziehen. Die Terrassen-Zeichnung des hellen westlichen Innenwalles von Tycho ist zum größeren Theile verloren gegangen. So viel man aber zu erkennen vermag, dürfte nach beiden Diapositiven eine Gruppe von kleinen Kratern am SW-Walle sich befinden. Am nördlichen Außen-Walle von Tycho sieht man gemäß I eine gewundene Bruch- oder Rillenlinie, die durch zwei deutliche Krater zieht und annähernd die Form eines gestreckten lateinischen w hat. Dieselbe ist auf II ebenfalls gut wahrnehmbar, wobei der westliche kleine Krater von besonderer Klarheit erscheint.

2. Im Westen von Tycho liegt die Ringebene Pictet (1^b bei Schmidt). An dieselbe schließt nach Süden die Ringebene Pictet *a*. Letztere ist bei Schmidt entschieden zu klein aufgefasst und auch zu weit westlich von Tycho gesetzt. Andererseits ist die Distanz zwischen Pictet *a* und Street (1^a bei Schmidt) auf Schmidt's Sect. XXIII zu groß. Schmidt füllt diesen Raum durch zwei Ringebenen, deren nördliche in die südliche hineingreift, aus. Nach der Photographie scheint daselbst nur eine Ringebene in der Größe von 0,7 der Ringebene Pictet *a* sich zu befinden, welche aber von einer niedrigen Höhe in zwei Theile getheilt wird. Nasmyth und Carpenter zeichnen dort nur eine Ringebene, während diese bei Mädler ganz fehlt.

3. Oestlich von Street *d* liegt eine große Ringebene, welche Schmidt mit *M*, Lohrmann mit 159 bezeichnet. Dieselbe hat nach Schmidt am nordwestlichen Außenwalle einen größeren Krater, an welchen nach Osten ein kleiner Krater anschließt. Letzterer ist nach der Photographie in den Wall selbst gebettet und dürfte kaum kleiner, als der westliche sein. Anschließend an den nördlichen Außenwall von *M* hat Schmidt eine ziemlich große, scheinbar tiefe Ringebene. Dieselbe kann aber nach beiden photographischen Aufnahmen nur eine geringe Tiefe haben. Nach I scheint letztere an ihrem nordwestlichen Außenwalle eine Kraterrille zu besitzen, in welcher man vier Krater, darunter zwei in ihm Durchmesser von je 2 km, zu erkennen vermag. Auf II ist dieses Object minder scharf wahrzunehmen.

4. Weiter nördlich befindet sich die, in eine große Ringebene eingesprengte, kleinere Ringebene Tycho *d*. Nach I zieht durch die Mitte derselben eine deutliche Rillenformation, ebenso am westlichen Innenrande. Beide scheinen bis zum SO-Walle von Tycho zu führen. Dies wird auch durch II bestätigt, wo jedoch die östliche Rille schwierig wahrnehmbar ist, während die westliche sich mit großer Deutlichkeit darstellt und völlig sicher zu identificieren ist. Auf I zieht in diesem Bereiche noch eine dritte klare Rille zwischen der bemerkten östlichen Rille und dem Krater Tycho *B* mit nordwestlicher Richtung bis zum Tycho-Wall. Dieselbe ist auch auf II zu erkennen. Nach letzterem Diapositive liegt in derselben, südlich von Tycho *B*, ein Knotenpunkt mit mehreren, nach allen Seiten ausstrahlenden Rillen, dessen Natur nach I unzweifelhaft kraterartig ist. Der kleine Schmidt'sche Krater am NW-Walle von Tycho *B* ist auf I gut zu sehen. Nach dieser Aufnahme und nach II befindet sich ein gleich großer Krater auch am Rande des N-Walles von Tycho *B*.

5. Gemäß I zieht eine deutliche Rillenformation in nahe meridionaler Richtung von Tycho *B* nach Tycho *f*, dem mittelsten der drei nordöstlich von Tycho neben einander liegenden Krater. Sie scheint mit dem, am Südwalle von *f* befindlichen kleinen Krater in Verbindung zu stehen und dort den Charakter einer Kraterrille zu haben. In östlicher Nähe liegen daselbst noch andere kleine Krater. Auf II ist diese Rille in ihrer nördlichen Hälfte ziemlich sicher zu sehen. Von dem bemerkten kleinen Krater am Südwalle von *f* führt gemäß II eine sehr deutliche Rille nach dem NO-Walle von Tycho, vor welchem sie sich in zwei Theile theilt. Ihr Hauptzug ist auch auf I ohne Schwierigkeit wahrzunehmen. Ferner ist außerhalb des SW-Walles von Tycho zwischen diesem und Pictet *a* auf I eine deutliche, nahe meridional laufende, Rillenformation zu sehen, die durch II vollkommen bestätigt wird.

6. Eine andere sehr sichere Rillenformation führt gemäß I und II vom nordwestlichen Außenwalle von Tycho durch den deutlichen Krater, nordöstlich von Pictet C, bis zum Südwalle der Ringebene Sasserides *a*. Nach II hat der angeführte Krater noch einen kleinen centralen Krater von 1.2 *km* Durchmesser, von welchem nach verschiedenen Seiten hin Rillenstrahlen ausgehen. Nordwestlich von demselben liegen nach Schmidt im Inneren der dortigen Ringebene zwei kleinere Krater, welche auf I als Contourzeichnungen gut erkennbar sind. An diesem Orte scheinen sich noch mehrere ähnliche Krater zu befinden.

7. Der centrale Kegelberg in Sasserides *A* ist auf I und II deutlich ausgeprägt. Nach I dürfte er am westlichen Abfalle einen Krater haben, von welchem 2—3 Rillen ausgehen. Auch in Sasserides *C* zeigt die Photographie einen hohen Centralberg, während Schmidt denselben nicht hat, sondern nur halbkreisförmige Höhenzüge, die nach Westen hin offen sind. In östlicher Nähe von Sasserides *F* sieht man auf I eine größere ringförmige Formation, die auch auf II angedeutet ist. Nach beiden Diapositiven scheint dieselbe mehrere kleine Krater zu umschließen.

8. Auf I erkennt man mehrere Rillen in Sasserides. Die eine geht vom Südrande des östlichen größeren Wallkraters aus und zieht, sich theilend, westlich. Die anderen strahlen von einem Punkte aus, welcher nordöstlich in geringer Entfernung von Sasserides *F* am Innenwalle von Sasserides liegt. An dieser Stelle befindet sich nach dem Diapositive II ein deutlicher kleiner Krater. Beide Systeme von Rillenformationen werden durch II bestätigt. Am südwestlichen Innenwalle von Sasserides hat Schmidt eine große Menge kleiner Krater. Dieselben sind auch auf I gut wahrnehmbar.

9. In Sasserides *a* erkennt man leicht eine große, blattförmige Rillenformation, deren Spitze nach NW gerichtet ist. Der Raum innerhalb derselben scheint eine convexe Form zu haben. Dieselbe findet sich auch, jedoch minder deutlich, mit gleichem Charakter auf II wieder.

10. Im nördlichen Inneren von Pictet ist auf I eine deutliche Rille von nahe meridionaler Richtung zu sehen, welche einige kleine Krater zu passieren scheint. Dieselbe ist auf II ebenfalls gut erkennbar. Oestlich liegt von ihr in geringer Entfernung eine ähnliche Rille, welche jedoch auf der Phototypie bereits in den schwarzen Schatten fällt, dagegen auf den Diapositiven I und II sicher zu identificieren ist. Es scheint hier überhaupt ein System von Rillen sich zu befinden. Auch am SO-Kamme von Orontius scheint nach I und II eine Rille längs desselben zu ziehen. Dieselbe ist besonders deutlich auf II.

Im Vorstehenden sind nur einige Vergleichungen der Aufnahmen I und II mit einander angestellt und citiert worden. Eine eingehendere Discussion würde, um sich verständlich machen zu können, eine besondere Nomenclatur für die einzelnen Objecte erfordern. Doch wird man schon hieraus erkennen, welche Bedeutung solchen photographischen Vergrößerungen nach Original-Negativen trotz des störenden Kornes und der von demselben verursachten, mannigfaltigen Verwirrung des Details in selenographischer Hinsicht zuzumessen ist.

DAS APENNINEN-GEBIRGE.
(Siehe Taf. VIII.)

Das Bild*) stellt hauptsächlich die Apenninen des Mondes in ihrem östlichen, mittleren und westlichen Laufe dar und reicht von Eratosthenes bis Cassini. Es ist die heliographische Reproduction einer etwa 7-maligen, von der Lick-Sternwarte ausgeführten, photographischen Vergrößerung nach dem vorzüglichen Lick-Negative 1891, Juli 14, $8^h 12^m 26^s.5$ P. s. t. und entspricht dem Maßstabe der Mädler'schen und Lohrmann'schen Karte. Die Aufnahme gehört einem Mondalter von $9^d 0^h.2$ an, fällt also einen Tag nach dem ersten Viertel. Die Lichtgrenze lag am Westwalle von Tycho und Timocharis.

---

*) Dasselbe findet sich in meinen „Selenographical Studies" im III. Bande der „Publications of the Lick-Observatory". Hier ist nur eine Contourzeichnung (= Taf. VIII) nach diesem Bilde zur allgemeinen Orientierung gegeben.

Ein Blick auf diese Monddarstellung zeigt, dass sie an Schönheit, plastischem Effect und Treue alle bisherigen Zeichnungen derselben Gegend weit übertrifft. Wenn auch die letzteren, wie jene von Lohrmann, Mädler und Schmidt einen bewundernswerten Fleiß bekunden, so haftet doch an allen der Mangel, dass sie wegen der äußersten Compliciertheit des grotesken Gebirgslandes mosaikartig aus verschiedenen Beobachtungsepochen zusammengetragen werden mussten, während die Photographie isochron arbeitet und für die feinsten Nuancierungen der Mondoberfläche empfänglicher als das menschliche Auge erscheint, besonders dort, wo letzteres durch das helle Licht der betrachteten Objecte geblendet und ermüdet wird. Mit Bezug auf die enorme Schwierigkeit der zeichnerischen Bewältigung des Apenninen-Gebirges schreibt Mädler („Der Mond", S. 242) wörtlich: „Lohrmann, der die außerordentliche Schwierigkeit einer Darstellung dieser Mondgegend richtig würdigt, begann hier seine ersten Versuche und stellt es (das Apenninen-Gebirge) auf Section IV seiner Mondkarte den Umrissen nach sehr getreu dar. Nur die Monotonie des nördlichen Randes in seiner Zeichnung ist nicht der Wirklichkeit entsprechend." — „Fast zahllos ist die Menge der Bergrücken, einzelner Gipfel und Hügel, welche das Hochland bedecken, und selbst der stärksten Augenbewaffnung und dem unbesiegbarsten Fleiße dürfte hier eine so ins Einzelne gehende Darstellung, wie sie z. B. in den großen Maren möglich ist, nicht gelingen. Unsere Karte enthält westlich vom Conon gegen 500 Gipfel, allein 2—3000 würden nicht hinreichen, wenn man alles darstellen wollte und könnte, was hier unter günstigen Umständen nach und nach gesehen werden kann. Ein dreimal so großer Maßstab als der unserer Karte, ein Riesenfernrohr und eine jahrelang fortgesetzte specielle Beobachtung dürfte erforderlich sein, um ein den besseren Gebirgskarten unserer Erde nahe kommendes Bild dieser Mondgegend zu Stande zu bringen."

Diese Mädler'schen Worte, welche 1837 gedruckt wurden, klingen jetzt gleichsam prophetisch, obwohl sie sich damals, wo erst zwei Jahre später Daguerre das nach ihm benannte Verfahren veröffentlichte, auf die photographische Abbildung nicht beziehen konnten. Das ersehnte Riesenfernrohr ist dasjenige der Lick-Sternwarte, und die Monddarstellung im Maßstabe eines Durchmessers von 10 Fuß ist bereits von mir auf Grund der, alles Vorangehende überragenden, focalen Mond-Aufnahmen mit diesem Instrumente, in Angriff genommen worden, nachdem es mir durch zahlreiche Versuche seit dem 19. April 1893 gelungen war, mehr als 20-malige photographische Vergrößerungen mit adaequater Schärfe von den originalen Negativen herzustellen.

Die, der heliographischen Reproduction zu Grunde liegende, 7-malige photographische Vergrößerung, von welcher ich der Güte des Herrn Professor Holden ein schönes Diapositiv auf Glas (es heiße D) verdanke, stellt zwar das originale Plattenkorn und insoferne das feinste Monddetail noch nicht mit genügender Schärfe dar, ist aber trotzdem eine treffliche, malerisch äußerst wirksame Leistung. Naturgemäß steht das heliographische Bild (H), obwohl es von anerkennenswerter Vollkommenheit ist, dem vergrößerten Diapositive und dieses wieder dem Original-Negative nach. Diese Umstände sind in Betracht zu ziehen, wenn im Folgenden eine Discussion des Bildes H im großen Ganzen unternommen wird. Noch sei bemerkt, dass ich in Prag auch zwei Original-Negative desselben Abends besitze, welche die Aufnahmezeiten $8^h16^m26^s.5$ (N_1) und $8^h28^m22^s$ (N_4) somit in der Lage bin, die Realität einzelner Objecte zu prüfen bezw. nachzuweisen. Dabei ist jedoch nicht außeracht zu lassen, dass jede Platte, wenn sie auch noch so rasch einer anderen folgt, ein besonderes Individuum vorstellt und stets wegen differenter Expositions- und Sensibilitäts-Verhältnisse Sichtbarkeits-Verschiebungen feinerer Objecte zeigt, die aber von dem kundigen und aufmerksamen Interpreten zumeist erkannt und unter Umständen auch verwertet werden können.

Die Vergleichung von H geschehe mit Mädler's Mappa Selenographica. Zu diesem Zwecke fertige ich nach der Heliogravure eine Contourzeichnung (Siehe Taf. VIII) an, trug namentlich alle auf der Photographie sichtbaren Krater oder kraterähnlichen (wegen ihres runden Schattens oder der Andeutung eines lichten Walles) Objecte ein und schrieb dazu die von Mädler angewandten Bezeichnungen. Auch wurde der null-te Mondmeridian, welcher vom Ostwalle des Aristillus östlich an Autolycus vorüberzieht, zur Orientierung über die vier Himmelsrichtungen besonders vermerkt.

Zunächst erkennt man, dass H nicht allein alle Mädler'schen Krater wiedergibt, sondern noch beträchtlich mehr zeigt. Unter letzteren, die bei Mädler fehlen, wohl aber bei Schmidt vorkommen, seien vornehmlich angeführt:

1. Am Westrande des Sinus Aestuum liegt der klare Krater C. Oestlich von diesem befindet sich in der Entfernung eines Eratosthenes-Durchmessers ein deutlicher kleiner Krater, der wohl bei Schmidt, nicht aber bei Mädler verzeichnet ist.

2. Nördlich vom Gebirge Wolf im östlichen Apenninen-Theile sind nach H drei Krater. Der mittlere fehlt bei Mädler.

3. In der südöstlichen Senkung des Apenninen-Hochlandes liegen die Krater c und A, welche mit dem vorgenannten Krater C ein bei c stumpfwinkliges Dreieck bilden. Nicht weit von der Mitte der Verbindungslinie cA und südlich von Marco Polo zeigt H einen eclatanten Krater, den Mädler nicht hat.

4. Ebenso fehlt bei Mädler der in der Verbindungslinie AC unweit von C liegende kleine Krater, welcher auf H als solcher nicht ganz deutlich, auf D jedoch recht gut erkennbar ist.

5. Am Nordrande des mittleren Apenninenstockes befindet sich das Cap Huygens A. Südöstlich und nahe zu diesem liegt auf dem Gebirgskamme ein Krater, der bei Schmidt, jedoch nicht bei Mädler vorkommt.

6. Westlich von der Vertiefung Marco Polo im Hochlande ist der Krater b. In nordwestlicher Nähe desselben zeigt H drei Kraterformationen nahe bei einander, die bei Mädler fehlen.

7. Nördlich vom Westrande der breiten Kraterrille λ im Apenninen-Vorlande zeichnet Schmidt einen länglichen Doppelkrater, der auf H wohl einfach, jedoch auf D richtig erscheint. Fehlt bei Mädler.

8. Nordöstlich von Aratus zeigt H außerhalb des Absturzes des westlichen Apenninen-Gebirges in der Entfernung eines Archimedes-Durchmessers einen klaren Krater, der bei Mädler nicht vorhanden ist.

9. Am westlichen Außenrande von Archimedes ist ein kleiner runder, dunkler Fleck zu erkennen, der einen kraterartigen Eindruck macht und den ich bei meiner 10-fach vergrößerten Archimedes-Zeichnung nach der Lick-Platte vom 15. August 1888 unter No. 20 (Siehe Prager Astr. Beob. 1888—1891, S. 59) speciell angeführt habe. Fehlt bei Mädler.

10. Südwestlich von Autolycus liegt die Höhe γ. Schmidt zeichnet am Nordabfalle derselben einen kleinen Krater, der auf D erkennbar, aber bei Mädler nicht vorhanden ist.

11. Außerhalb des Westkammes von Autolycus hat Schmidt einen Krater, der auf H, besser auf D, und besonders deutlich auf N, und N_2 wahrnehmbar ist. Nicht bei Mädler.

12. Westlich von Aristillus in der Distanz eines Durchmessers dieser Ringebene im Palus Putredinis zeigt H einen deutlichen Krater, der bei Mädler fehlt. Südlich davon scheinen gemäß D in unmittelbarer Nähe vier kleine Krater (auf Taf. VIII durch Punkte markiert) zu liegen, deren Realität jedoch nur durch die Untersuchung des Original-Negatives zu entscheiden wäre. Schmidt hat dort mehrere niedrige Höhen.

13. Am nördlichen Abhange von Cassini hat Mädler nur einen Krater, während dort, wie bei Schmidt, zwei solche Objecte sind, von denen aber das westliche gemäß H und D sehr seicht zu sein scheint.

Weiter ist noch anzuführen:

Die breite λ-Rille, welche zwischen Archimedes und dem Apenninen-Gebirge fast parallel zu dessen nördlichem Abfalle streicht, ist auf H ausgezeichnet zu sehen und auch ihr Krater-Charakter gut zu erkennen.

Die Rille χ, welche vom südlichen Archimedes-Ausläufer zunächst südlich und dann südwestlich nach λ hin zieht, ist auf D besser als auf H wahrzunehmen. Noch günstiger liegen die Verhältnisse auf den Original-Negativen N, und N_4.

Zwischen den Rillen λ und χ zeigt namentlich das Diapositiv D zwei rillenartige Züge in der Form eines Andreaskreuzes (vgl. Taf. VIII). Ihre wahre Natur wäre auf dem betreffenden Original-Negative zu studieren.

Westlich von der Höhe Autolycus γ zeichnet Schmidt eine breite Rille, die bei Mädler und Lohrmann fehlt. Die Heliogravure H gibt sie sehr gut wieder, lässt dagegen die langen Arme, welche nach SO ziehen, nicht deutlich erkennen. Dasselbe Rillensystem ist jedoch auf N_1 vorzüglich zu sehen.

Im westlichen Apenninen-Hochlande liegen die Krater Conon und Aratus, unter denen der letztere besonders leuchtend erscheint. In Conon hat bereits Schröter einen Centralberg gesehen, den Lohrmann nicht verzeichnet, welchen aber Mädler wieder beobachtet hat. Derselbe wird durch diese Lick-Aufnahme vollkommen bestätigt. Im Süden, anschließend an Conon, zeigt H einen größeren Krater, den Mädler ebenfalls hat und in dem Werke „Der Mond", S. 243, folgend beschreibt: „Dicht südlich über Conon liegt ein zweiter, aber nur wenig vertiefter Krater, und beide hängen durch ein gemeinschaftliches Plateau zusammen." Sonderbarer Weise fehlt dieser fast so große Krater wie Aratus ganz bei Schmidt.

Auf dem äußersten Gipfel vom M. Huygens liegt ein kleiner, nach Mädler „kaum sichtbarer" Krater. Die Heliogravure deutet ihn nur an, während er auf N_1 und N_2 völlig klar mit Schattenwurf im Inneren zu erkennen ist.

Der Krater d, nördlich von Archimedes, der auf der Lick-Platte vom 15. August 1888 trotz analoger Beleuchtungsverhältnisse des Mondes nur als heller Fleck erscheint (vgl. No. 23 der Erläuterung zu meiner Archimedes-Zeichnung*), ist hier sehr klar mit innerem Schatten abgebildet. Im Inneren des Archimedes sieht man die hellen Streifen der Sohle mit völliger Deutlichkeit.

Am Nordwalle von Aristillus zeigt H einen kreisrunden dunklen Fleck, der auf ein kraterartiges Object schließen lässt. Besonders schön präsentiert sich die Plastik dieses Ringgebirges mit den, vom Walle nach allen Seiten ziehenden, hellen Streifen und Bergadern, die sämmtlich nach dem Centrum von Aristillus hin convergieren.

In H. J. Klein's „Führer am Sternenhimmel", S. 318, heißt es mit Bezug auf den niedrigen Umgrenzungs-Wall von Cassini: „Endlich ist der Südwall durch einen Krater gesprengt, den man jedoch nur in besonderer Beleuchtung erkennen kann." Schmidt hat denselben nicht. Dagegen ist er auf der Heliogravure H ohne Mühe zu sehen, noch besser auf N_1, auf welchem Negative auch die Rille, die von diesem nach SO zieht, gut wahrnehmbar erscheint.

Das Angeführte möge ausreichen, um darzuthun, dass die vorliegende 7-malige photographische Vergrößerung auch hinsichtlich ihres Details von großem Werte für die Selenographie ist und dass es lohnend erscheint, sich noch weiter in das Studium dieses wunderbar plastischen Bildes zu vertiefen.

III. Einige, auf den Lick-Platten aufgefundene, Objecte, die in den bekannten Mondkarten fehlen bezw. unrichtig verzeichnet sind.

Beim vergrößerten Zeichnen beziehungsweise Photographieren nach den photographischen Lick-Aufnahmen des Mondes ebensowohl, als beim vergleichenden Studium verschiedener Platten unter einander traf ich auf zahlreiche rillen- und kraterartige Objecte, die in den bekannten Mondkarten nicht verzeichnet waren. Sobald ich auf ein solches gestossen bin, mußte zunächst entschieden werden, ob dasselbe dem Monde angehört oder nur als ein zufälliges Spiel in der Structur der photographischen Schicht zu betrachten sei. Diese Entscheidung erschien leicht und sicher, sobald dasselbe Object seiner Lage und seinen Dimensionen nach auf einer zweiten oder auf mehreren anderen Platten (namentlich auf solchen mit entgegengesetztem Schattenwurfe)

---
*) Vide Prager Astr. Beob. 1888—1891, S. 59 u. 61.

ungezwungen d. i. ohne künstliche Interpretation wieder aufgefunden werden konnte. In Fällen jedoch, wo dies nicht gelang, lag die Sache schwieriger, da rillenartige Züge und kraterähnliche Objecte auch in der, vom Lichte nicht getroffenen, gekörnten Schicht der Emulsions-Trockenplatten, welche von der Lick-Sternwarte verwendet wurden, auftreten. Unter solchen Umständen muss die Erfahrung des Interpreten, welche aus der Art und Weise der photographischen Darstellung bekannter Rillen und Krater gewonnen wird, den Ausschlag geben; trotzdem war stets zu betonen, dass das betreffende Object nur auf einer einzigen Platte gefunden wurde, also hinsichtlich seiner Realität nicht sicher constatiert erscheint. Eine spätere photographische Aufnahme oder optische Beobachtung hat dann den fehlenden Nachweis zu liefern.

Es war mir schon im Anfang meiner Studien nach den focalen Lick-Aufnahmen bekannt, dass auf diesen Platten ausserhalb der abgebildeten Mondscheibe ein gewisses störendes Spiel des Schichtkornes auftritt, das sich bald in gröberen verwaschenen Kornzügen, bald in absonderlichen Figuren von größerer Ausdehnung oder in kleinen dunklen Flecken äußerte. War es auch von Vornherein nicht feststehend, dass die vom Lichte getroffenen Partien der Platte dieselben Erscheinungen, wie jene außerhalb dieser, zeigen müssen, so konnte doch die Probe dort gemacht werden, wo beide Partien an einander stoßen d. i. an dem abgebildeten hellen Mondrande. Da zeigte es sich in der That, dass einzelne Kornzüge in der dunklen, vom Lichte nicht getroffenen Partie sich in den hellen Mondgrund hinein, wenn auch sehr schwach und unbestimmt, fortsetzen. Dies erschwert selbstverständlich die Entscheidung über die Realität eines, auf einer einzigen photographischen Platte gefundenen rillenartigen Objectes, macht sie indessen nicht unmöglich für den umsichtigen Interpreten. Werden nämlich die rillenähnlichen Objecte von dem Korne der Platte selbst gebildet, so treten sie als schmale Lücken zwischen den Kornpartikelchen auf, während sie, wenn ihr Ursprung im Monde liegt, sich allgemein auf diesen Theilchen abbilden, was aber bei entsprechend starker Ocular-Vergrößerung oder bei directer photographischer Vergrößerung nach den Original-Negativen wohl zu unterscheiden ist. Um noch weiter die Realität der fraglichen Rille zu prüfen, ist es auch zweckmäßig, das Negativ (nicht das Positiv) auf die verschiedenste Weise von der rückwärtigen und vorderen Seite aus zu beleuchten, weil dadurch so zahlreiche Variationen im Schattenwurfe des Kornes bewirkt werden, dass es möglich erscheint, aus dem Veränderlichen das Constante, also das vom Korne Unabhängige zu erkennen. Dazu treten noch bei wirklichen Mondrillen folgende wichtige und oft Ausschlag gebende Momente: 1. dass sie zumeist senkrecht zur Sonnenrichtung sich offenbaren, 2. dass sie oft helle Ufer auf der von der Sonne abgewandten Seite zeigen, 3. dass sie in Verbindung mit kleinen Kratern auftreten, indem sie diese durchziehen oder von solchen ausstrahlen und 4. dass sie sich dem Mondterrain und der photographischen Abtönung des Bildes völlig anpassen, wofür sich sehr bald ein künstlerisches Empfinden im Beobachter entwickelt. Erkennt man keine hellen Ufer, so bleibt es ebenso wie bei der Beobachtung am Fernrohr fraglich, ob man es mit einer wirklichen Rille oder mit dem Schatten einer niedrigen Höhe zu thun habe. In keinem Falle schadet es, auf ein rillenartiges Object aufmerksam gemacht zu haben, wenn man nur die unsicheren Fälle entsprechend beleuchtet und die Frage der Realität als eine offene hinstellt.

Gerade so, wie beim Zeichnen und photographischen Vergrößern ist auch für photographische Entdeckungen die Untersuchung der Schärfe der betreffenden Platte von größter Wichtigkeit. Diese Prüfung muss Allem vorangehen. Sie geschieht durch das Aufsuchen bekannter feiner Objecte auf der photographischen Platte (wobei aber der photographische Untergrund des Objectes und die Modification in der Sichtbarkeit desselben zufolge der Expositions-Verhältnisse wohl in Betracht zu ziehen ist) und durch die Betrachtung des voll beleuchteten Mondrandes in der Rectascensions- und Declinations-Richtung. Da wohl die erstere, nicht aber auch die Declinations-Bewegung des Mondes bei den focalen Aufnahmen der Lick-Sternwarte innerhalb der Expositionsdauer von 2—4 Secunden compensiert wurde*), ist namentlich letztere Prüfung von

---

*) Die späteren, mit 1895 beginnenden, Lick-Aufnahmen giengen ebenso wie die trefflichen Mond-Aufnahmen der Pariser Sternwarte von 1894 bis auf die Expositionsdauer von ¼ und 1 Secunde herab, wodurch naturgemäß noch günstigere Resultate erhalten wurden.

entscheidender Wichtigkeit. In allen Fällen sind nur solche Platten zu verwenden, welche die größte Schärfe in den dargestellten Objecten erkennen lassen.

Im Folgenden seien nun einige neue, auf photographischen Platten der Lick-Sternwarte gefundene, Objecte gruppenweise angeführt, wobei ich die Bezeichnung „Rillen" im allgemeinsten Sinne gebrauche und darunter auch seichte, gerade oder gewundene, Vertiefungen auf dem Monde von zumeist großer Länge, jedoch relativ geringer Breite verstehe. Bei jeder Gruppe ist zuerst die Platte der Lick-Sternwarte (L. O.) mit ihrer Expositionszeit in „Pacific standard time" (P. s. t.) und ihrem Mondalter (A), auf welcher die Wahrnehmung gemacht wurde, gegeben. Dann folgt in Klammern: 1+ oder 1, d. h. ob die Entdeckung auf mehr als einer Platte oder nur auf einer Platte allein erfolgt ist, weiter der allgemeine Mondort und die kurze Beschreibung der fraglichen Objecte unter hauptsächlicher Benützung der Schmidt'schen Bezeichnungen (in den meisten Fällen sind Zeichnungen oder Photographien derselben von mir angefertigt worden, die sich in den Tafeln dieser Publication reproduciert finden; endlich die optische Verificierung am Fernrohre, falls eine solche gelungen ist, und die Angabe des Datums, wann das betreffende neue Object von mir aufgefunden wurde.

Bezüglich der Objecte in Thebit, südöstlich von Chladni, in Cleomedes, südlich von Eimmart s und in der Umgebung von Picard soll hier bloß auf ihre ausführlichen Beschreibungen in den Prager Astronomischen Beobachtungen von 1888—1891, S. 76—85, verwiesen werden. Ergänzend sei nur das Folgende noch angeführt.

L. O. 1888, August 27, — P. s. t.; $A = 20^d$ (1+). In Thebit. Das in diesem Ringgebirge photographisch aufgefundene Rillenthal erscheint zunächst auf Taf. IX, No. 6 in 10-fach vergrößerter Zeichnung nach dem bemerkten Lick-Diapositive abgebildet. Dieses Bild ist dasjenige, welches ich zuerst an verschiedene Selenographen zur optischen Verificierung versandte. Taf. XIV, No. 1 zeigt hingegen eine 24-malige photographische Vergrößerung desselben Objectes von mir nach der gleichen Lick-Platte. — Der Hauptzug des erwähnten Thales wurde von mir am 31. März, 28., 29. Mai 1891 und am 18. Februar 1892, ebenso von C. M. Gaudibert in Vaison am 4. August und 2. September 1893 (Siehe „English Mechanic and World of Science", Dec. 1. 1893, p. 328), von A. S. Williams in West-Brighton am 2. September 1893 (Siehe „The Observatory", Dec. 1893, p. 411) und später auch von Anderen am Fernrohre gesehen. Williams beobachtete noch einen Rillenarm, der am Nordende des Thales nach SO zieht. Dieser Ast ist auf dem Diapositive vom 27. August 1888 schwierig zu erkennen, dagegen leicht auf anderen Platten. Ein kleiner Doppelkrater, welcher im östlichen Thebit-Innerer (westlich vom Westkamme von Thebit A in der Distanz etwa $\frac{1}{4}$ des Durchmessers von A) von V. Nielsen in Kopenhagen am 12. November 1891 entdeckt worden, wurde von demselben auf einer Prager photographischen Vergrößerung nach obigem Diapositive mit Sicherheit nachgewiesen (Vgl. „The Observatory", Oct. 1893, p. 352). Die beiden letzteren Objecte finden sich auch in L. Brenner's Abbildung dieses Ringgebirges vom Jahre 1894 (Siehe „Astronomische Rundschau", Lussinpiccolo 1899, Heft 7, S. 210) wieder.

L. O. 1888, August 15, — P. s. t.; $A = 8^d$ (1+). Bei Chladni. Das kraterartige Object südöstlich von Triesnecker A (— Chladni bei Lohrmann) findet sich auf Taf. IX, No. 1 in 10-facher Vergrößerung nach der angeführten Platte abgebildet. Diese Zeichnung ist diejenige, welche ich zuerst an Prof. E. S. Holden zur optischen Verificierung des fraglichen Objectes sandte. Taf. XV, No. 2 stellt dasselbe Object in 24-facher photographischer Vergrößerung nach demselben Diapositive dar. — Es sei mir hier gestattet, die Holden'sche optische Verificierung dieses Objectes, welche in den Prager Astr. Beob. 1888—1891, S. 80, 81 auszugsweise gebracht wurde, nunmehr ihrem Wortlaute nach und begleitet von der Holden'schen Skizze (Siehe hier die Facsimile-Abbildung) zu geben. Prof. Holden schrieb mir diesbezüglich am 11. October 1891: „On Friday night Oct. 9 the region of your nova was not visible. The next night (Oct. 10) was our Visitor's night, but I detained them long enough to make a hurried sketch (enclosed). The whole key to the riddle is that the walls of your nova (w) are low and the Sun has to shine in a special way in order to fill the cavity with shadow. It did shine in that direction Aug. 15, 1888. It did not on the times when I examined this region visually, and some of our negatives can not show it (*w*) for this reason. But whenever *w* is not seen *x* will be, for *x* shows when the shadows lie in another direction. There is no mystery here. The NW wall of *w* is half of an ampitheatre and when the shadows are parallel to I, then *w* must show. (The interior walls of Hyginus were visible Oct. 10)" und als speciellen Begleittext zur Skizze: „1891 Oct. 10 about 7" P. s. t. 36-inch Equat. power 350. Seeing very poor. — The craters etc. in violet ink are copied from a previous sketch June 15,

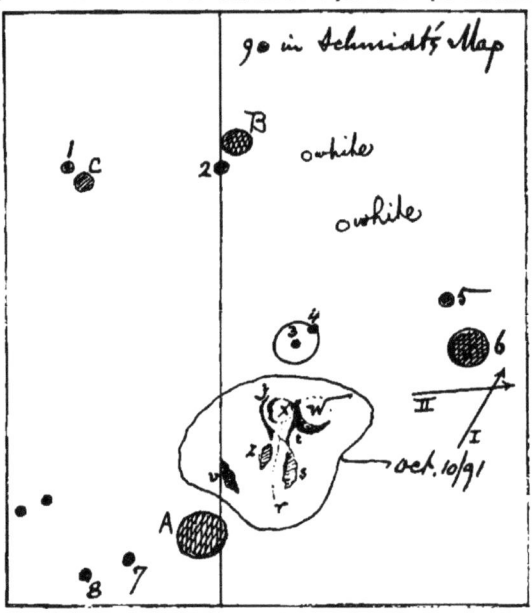

Skizze von E. S. Holden.

1891. The work of Oct. 10 is in red ink. *v*, *ʃ*, *s* are hills and show in most negatives. *y* and *x* are low mounds or ridges — *x* is this shape ⊂⊃. Between *y* and *x* is a narrow valley. Whenever the shadows lie in the direction II *x* is dark within and forms a dark spot — as it did Oct. 10. *w* is a semicircular low elevation ◡. Whenever the shadows lie in the direction I *w* is a dark spot as on Aug. 15, 1888. It is your nova. *t* is a low ridge. The line *x r* is low — as if a river bed. It is however crossed by a low streak *t y*. The semicircular *w* would have a profile like this (along a plane whose trace is parallel to I) ⌒*w*‾‾‾.*)

---

*) Man halte mit dieser bestimmten Beobachtung Holden's am genauen Orte des fraglichen Objectes die Bemerkungen J. N. Krieger's in dessen Mond-Atlas, 1. Band, S. 9 über dasselbe Object und die daselbst

L. O. 1890, August 31, 14^h27^m — P. s. t.; A = $16^d 18^h$ (1+). In **Cleomedes**. Das im südwestlichen Inneren gefundene Rillensystem ist in Taf. IX, No. 8, einer 20-fach vergrößerten Zeichnung nach dem angeführten Diapositive, dargestellt.

L. O. 1888, August 23, — P. s. t.; A = 16^d (1+). Im nordwestlichen Inneren des **Mare Crisium**. Dieses südlich von Eimmart s gelegene Rillensystem ist in der 20-fachen zeichnerischen Vergrößerung nach der bemerkten Lick-Platte auf Taf. IX, No. 4 abgebildet.

L. O. 1888, August 23, — P. s. t.; A = 16^d (1+). Im Westen von **Taruntius**. Die betreffende Abbildung, eine gleichfalls 20-fach vergrößerte Zeichnung von mir nach dieser Platte, befindet sich auf Taf. IV, No. 5.

L. O. 1890, August 31, 14^h25^m — P. s. t.; A = 16^d 18^h (1+)[1]. Im Norden und Westen von **Picard**. Die bezüglichen rillenartigen Objecte gibt die nach vorstehender Platte 20-fach vergrößerte Zeichnung auf Taf. IX, No. 7.

L. O. 1891, October 12, $7^h29^m 9^s$ P. s. t.; A = 10^d 2^h5 (1+)[2] In **Longomontanus**. (Siehe auf Taf. IX, No. 9 meine 20-fach vergrößerte Zeichnung nach diesem Diapositive.) Eine rillenähnliche Formation, jedoch von geringer Tiefe, zieht westlich vom Centralgebirge durch das ganze Innere dieser Wallebene. Ihre Richtung ist nahe meridional; dann biegt sie scharf um und geht mit nordöstlicher Richtung bis zum Nordwall. In ihrem ganzen Laufe zeigt sie helle Ufer. Ihre Breite ist im Durchschnitte $\approx$ 1 km. Eine zweite Rille beginnt an einem Krater des SW-Walles (desselben Kraters, auf welchen die Schmidt'sche Kraterrille β^1 führt) und zieht bis zum südlichen Centralberge, indem sie vorher den dort von Schmidt gezeichneten Krater passiert. Sie durchschneidet die erstgenannte Rille in deren südlichem Laufe nahe rechtwinklig. Von der Mitte des südlichen Centralberges geht ferner ein deutliches Rillenthal mit nordwestlicher Richtung an dem nördlichen Centralberge vorbei. Auch scheint eine kurze Rille im südöstlichen Inneren vorhanden zu sein, wo dieselbe die Schmidt'sche Reihe von vier kleinen Kratern mit nahe meridionaler Richtung schräg durchschneidet. — Aufgefunden: 1892, Januar 31.

L. O. 1888, August 27. — P. s. t.; A = 20^d (1). Im östlichen Inneren von **Walter**. (Siehe auf Taf. XII, No. 3 meine 20-fach vergrößerte Zeichnung nach diesem Diapositive.) Diese Photographie zeigt zwischen dem Krater e und der, an die Bergspitze β (Neison) schließenden, hufeisenförmigen Höhe zwei grubenartige, schattenerfüllte Vertiefungen. Die südliche heiße a, die nördliche b. a liegt in der Mitte zwischen e und der Höhe β, ist nahezu rund, hat einen Durchmesser von 2.8 km und zeigt einen centralen tiefschwarzen Punkt von der Größe $\approx$ 0.51 km. b liegt nahe zu β, ist oval mit der großen Axe nach $e \beta$ und etwas größer als a. In südwestlicher Nähe von a befinden sich noch zwei kleine Vertiefungen, deren Ausdehnung je 1.3 km beträgt und welche ebenso, wie a und b, mit feinen Rillen in Verbindung stehen, deren Richtung senkrecht zur Sonne liegt. Die deutlichste Rille in diesem Bereiche geht mit mehrfacher Krümmung zwischen a und b hindurch

---

gebrachte Tafel 6 zusammen. Gemäß der präcisen Positions-Angabe in den Prager Astr. Beob. 1888—1891 verzeichnet Krieger nahezu richtig den Ort von w, schreibt aber wörtlich: „Oefters habe ich die Gegend, wo der Weinek'sche Krater bezw. der tiefschwarze Fleck liegen soll, abgesucht und dabei die Kratergruben 4 und 5[*] (die zwischen 7—800 m Durchmesser haben und in der Aufnahme vom 5. August in doppelter Größe eingezeichnet sind [**]) mit Leichtigkeit und bei verschiedenen Beleuchtungsverhältnissen wiederholt gesehen, nicht aber ein einzigesmal ein Object bemerkt, das nur im Entferntesten an Größe dem Weinek'schen geglichen hätte." Jedenfalls ist es befremdend, dass Krieger am Orte, wo Holden die Objecte x und w beobachtet und beschrieben hat, gar nichts in seine Karte eingetragen hat.

[*] Krieger's Krater 5 dürfte mit Holden's Krater 3 identisch sein, obwohl ersterer ihn südlich von der Mitte des hellen Fleckes, letzterer ihn genau ins Centrum zeichnet. Dagegen liegt Krieger's Krater 4 westlich von dieser Mitte, Holden's Krater 4 südöstlich davon.

[**] Warum Hr. Krieger in seiner Tafel 6 für die Krater 4 und 5 einen anderen Maßstab als für die übrigen Objecte (für welche 1 mm = 810 m ist) einführt, ist unverständlich.

[1] Mit wenig sicherem Nachweis.
[2] Mit unsicherem Nachweis.

und nimmt sodann ihren Lauf nördlich von b und β. Auf letzterem Wege passiert sie einige kleine Krater. Nach der Lick-Platte 1892, November 10, $14^h54^m31^s$ P. s. t. ist die Kratergrube a noch durch eine klare Rille mit dem Schmidt'schen kleinen Krater am Ostwalle des Kraters e in Verbindung, von welchem Orte überhaupt mehrere Rillenformationen auszustrahlen scheinen. Nach dem Lick-Negative 1891, Juli 14, $8^h16^m26^s$ P. s. t. befindet sich ferner ein deutlicher Krater, mit innerem Schatten und hellem Walle, nahe zur Mitte zwischen dem Krater A (Mädler) und dem nördlichsten Krater der Kraterreihe, welche westlich von e liegt. Sein Durchmesser ist 2.8 km. Er würde auf Schmidt's Sect. VIII etwas links oben von der, in das Innere von Walter geschriebenen, Zahl 18 liegen. Südöstlich und nahe zu diesem befindet sich ein zweiter, etwas kleinerer Krater, endlich südöstlich von letzterem in der Distanz von fast einem Durchmesser von A ein dritter kleiner Krater, dessen Größe = 1.6 km ist und von welchem mehrere Rillenstrahlen ausgehen. Der erste Krater wird vollkommen sicher durch die bei Chladni angeführte Lick-Platte vom 15. August 1888 bestätigt, auf welcher derselbe gleichfalls mit innerem Schatten und beleuchtetem Walle dargestellt erscheint. — Aufgefunden: 1892, Februar 6; 1894, Mai 22.

L. O. 1890, August 31, 14^h27^m — P. s. t.; $A = 16^d18^h (1 +)^n$). Zwischen Petavius B und Santbech b im Mare Foecunditatis. (Siehe auf Taf. X, No. 2 die 20-fach vergrößerte Zeichnung nach diesem Diapositive). Eine lange Rille führt vom Ostwalle von Petavius B (etwas südlich von dessen Mitte) mit nahezu östlicher Richtung bis zum NW-Walle von Santbech b. Sie zieht dabei etwas südlich an der, in der Mitte zwischen Petavius B und Santbech b liegenden Höhe (von welcher weiter südlich ein deutlicher Krater sich befindet, der m heiße) vorüber und stellt sich zumeist nur als helle, jedoch im Allgemeinen gut begrenzte, Linie dar, da ihr Lauf in die Sonnenrichtung fällt. Ein Rillenzweig geht im NW von Santbech b durch die dortige Kraterreihe und weiter nahezu parallel zur ersten Rille gegen Westen. Eine dritte Rille hat denselben Ursprungsort, wie die erste Rille, am Ostwalle von Petavius B und zieht nach NO. Auch vom Krater m geht eine kurze Rille nach Norden zu. Im NO von Petavius B hat Schmidt eine zangenförmige Höhe und weiter östlich zwei Krater, die nur um weniges kleiner als m sind. Die Photographie zeigt in südöstlicher Nähe dieser beiden Krater noch einen dritten kleinen Krater, dessen Durchmesser 1.5 km beträgt. — Aufgefunden: 1892, Februar 11.

L. O. 1888, August 27, — P. s. t.; $A = 20^d (1+)$. In und bei Hell B. (Siehe auf Taf. X, No. 1 die 20-fach vergrößerte Zeichnung nach diesem Diapositive und auf Taf. XV, No. 1 die 24-fache photographische Vergrößerung derselben Gegend.) Durch die ganze östliche Hälfte von Hell B zieht eine Rille und zwar in der Verlängerung des Ostrandes der, im Süden an diese Ringebene schließenden, Höhe. Sie hat nach Westen hin leicht convexe Form. Nahe zur Mitte derselben liegt am östlichen Ufer ein deutlicher kleiner Krater. Südwestlich von Hell B in der Distanz von $\frac{1}{4}$ Durchmesser dieser Ringebene befindet sich ein klarer Krater mit ziemlich intensiven Schatten und hellem Walle, welcher die Größe von 1.6 km hat. Im NW von Hell B hat Schmidt in der Position $\lambda = -5^\circ.0$, $\beta = -29^\circ.7$ einen größeren Krater. Die angeführte Photographie gibt daselbst einen tiefdunklen Punkt mit abschattierter Umrandung, dessen Mittelpunkt eines deutlichen Kegelberges bildet. Dieses Object, welches von einer feinen Rille mit nahe meridionaler Richtung durchzogen wird, hat, seine Realität vorausgesetzt, die Größe von 0.5 km und scheint nach anderen Aufnahmen im Centrum eines größeren Kraters, dessen Durchmesser = 3.9 km ist, zu liegen.

Optische Verificierung. Der erwähnte Rillenzug quer durch Hell B wurde nach mehreren vergeblichen Versuchen von Gaudibert am 2. September 1893, $4^h - 5^h$ a. m. sicher gesehen. Dasselbe Object konnte am nächstfolgenden Tage nicht mehr wahrgenommen werden und ist im Allgemeinen als optisch schwierig zu bezeichnen. (Vide: English Mechanic. 1893, Dec. 1, p. 328.) — Aufgefunden: 1892, März 1.

---

*) Mit wenig sicherem Nachweis.

L. O. 1888, August 27, — P. s. t.; A = 20^d (1). Im NW von Hell. (Siehe Taf. X, No. 1 und Taf. XV, No. 1.) Westlich von der Mitte der Verbindungslinie der Ringebenen Hell und Hell B (dort liegt bei Schmidt ein größerer Krater, welcher c genannt werde) zeigt diese Photographie nahe zu der Stelle, wo Schmidt eine halbkreisförmige Höhe zeichnet, einen großen runden, dunklen Fleck mit wallartiger Umrandung. Derselbe macht den Eindruck eines Kraters und hat den Durchmesser von 3.7 km. Er heiße x. In der Mitte zwischen x und c befindet sich noch ein kleinerer Krater in der Größe von 1.3 km, östlich von diesem eine feine Rille. Zwischen c und x, doch näher zu c, zieht ferner von Hell B aus eine, auf allen Photographien gut hervortretende, lange Höhe, welche jedoch bei Schmidt fehlt.

Optische Verificierung. Das Object x wurde von Gaudibert, nachdem ich denselben darauf aufmerksam gemacht, nach einigen vergeblichen Bemühungen am 3. September 1893, 4^h 45^m a. m. als Vertiefung, umgeben von niedrigen Erhebungen, gesehen. (Vide: English Mechanic. 1893, Dec. 1, p. 328.) — Aufgefunden: 1892, März 1.

L. O. 1888, August 27, — P. s. t.; A = 20^d (1+). Südlich von Thebit B = Birt. (Siehe auf Taf. XII, No. 4 die 20-fach vergrößerte Zeichnung und auf Taf. XIV, No. 2 die 12.2-fache photographische Vergrößerung nach diesem Diapositive, ferner auf Taf. XIV, No. 3 die 10.3-fache photographische Vergrößerung nach dem Lick-Negative von 1892, November 10, 15^{h}52^{m}41^s P. s. t.) Zunächst liegt südöstlich von Birt in $\lambda = -10°.44$, $\beta = -25°.39$ (Schmidt's Sect. VIII) ein gut sichtbarer Krater, welcher 1 heißen möge. Nordöstlich von diesem befindet sich ein um nur weniges kleinerer Krater. Derselbe heiße 2. Endlich liegt südlich von 1 ein dritter Krater, welcher nur halb so groß als 1 ist. Dieser werde 3 genannt. Westlich von der Linie 1—3 zeigt die angeführte Photographie ein deutliches, kraterartiges Object x vom Durchmesser 1.78 km, mit innerem Schatten und hellem Walle. x ähnelt am meisten dem Krater 3, scheint aber weniger tief zu sein. Die genaue Lage von x ist derart, dass x, 3 und 1 ein gleichschenkliges Dreieck mit der Basis 1—3 bilden, wobei die Seite x—1 etwas größer, als die Distanz 1—2 ist. Schmidt hat an der Stelle von x völlig ebenes Terrain. Möglicher Weise repräsentiert die bei Schmidt nordöstlich davon gezeichnete niedrige Höhe dessen Auffassung von diesem Objecte. Die Realität von x wird durch ein zweites Lick-Negativ von 1892, November 10, 15^{h}52^{m}41^s P. s. t. (Taf. XIV, No. 2) völlig sicher bestätigt, wo das fragliche Object bei Abendbeleuchtung der Sonne wieder den Eindruck eines Kraters macht. Dagegen lassen die Verhältnisse bei Morgenbeleuchtung die Kraternatur von x mit Sicherheit nicht entscheiden. — Oestlich von x scheint eine schwach gekrümmte Rillenformation zu ziehen, welche sich bis zur Ringebene Birt fortsetzen dürfte. Auch von Krater 1 scheint eine Rille nach Birt hinzuführen und dabei mehrere kleine Krater zu passieren. Zwischen dem Krater 1 und der Linie, welche Birt mit dem Krater Birt b (Neison) verbindet, liegen nach obigem Diapositive vier nahe gleich große Krater (Durchmesser = 1.9 km) in der Form eines Trapezes (Siehe Taf. XIV, No. 2), von denen Schmidt nur zwei, jedoch an unrichtigem Orte, verzeichnet. Dieselben werden nahe richtig aufgefunden, indem man 1 mit Birt, dann 1 mit Birt b verbindet und jede dieser Linien in drei gleiche Theile theilt. Man erhält so vier Theilungspunkte. Geht man von den beiden Theilungspunkten der Linie 1 — Birt etwas westlich, von jenen der Linie 1 — Birt b etwas östlich, so trifft man auf die bemerkten vier kleinen Krater, welche auch von feinen Rillen durchzogen werden.

Optische Verificierung. Das Object x wurde von G. Witt in Berlin am 12. October 1892 beim letzten Viertel mit dem 12-Zöller der Urania-Sternwarte als Krater gesehen, worüber in den Astr. Nachr., Bd. 131, No. 3130, S. 161, 162 berichtet ist. Ebenso hat T. G. Elger in Bedford x am 27. December 1892 beim ersten Viertel als Krater beobachtet, welche Wahrnehmung auch von W. H. Maw in Kensington bestätigt wurde. Um diese Verificierungen, deren erste namentlich die Veranlassung zur Publication der photographischen Entdeckung eines neuen Kraters x im Mare Nubium war, möglichst klar zu beleuchten, sind hier die Fassimile-Skizzen von Witt (richtiger von Kellner in Auftrage Witt's) und Elger mit dem Wortlaute der betreffenden Zuschriften an mich gegeben, wobei zu bemerken ist, dass vorher an Beide Copien meiner 20-fach vergrößerten Zeichnung dieser Gegend auf Taf. XII, No. 4 gesandt worden sind.

Witt schrieb mir am 16. October 1892: „Oct. 12. Bei heiterem Himmel, aber sehr unruhiger Luft erschien zunächst Schmidt's Auffassung als im Allgemeinen zutreffend, wenngleich starke Verzeichnungen vorgekommen sein müssen. Ueberdies erkannte ich bald, dass Schmidt's Berg als Ausläufer des nahe in der Nord-Südrichtung verlaufenden Höhenzuges anzusehen sein dürfte; indessen werde ich zur Entscheidung dieser Frage das erste Mondviertel abwarten. Jener erwähnte Höhenzug steigt im nördlichsten Theile plötzlich steil an und verbreitert sich dabei ganz erheblich, während er anfangs nur sehr flach und niedrig verläuft. In Momenten größerer Luftruhe erscheint mir südwestlich, also ganz da, wo Ihr neuer Krater liegen soll, ein auf Schmidt's Karte nicht verzeichnetes Object, das ich allerdings noch nicht als Krater zu identificieren vermag. Erst als gegen Mitternacht die Luft auf eine Viertelstunde wunderbar ruhig wurde, erschien die Kraternatur unzweifelhaft, und zwar so deutlich selbst am Sechs-Zöller, dass man sich wundern dürfte, wie er anderen merklich kleineren Kratern gegenüber hat unbeachtet bleiben können, wenn nicht der grell beleuchtete Rücken des Höhenzuges, von welchem der Krater nur durch einen schmalen Streifen getrennt ist, und der von diesem westlich gehende Schatten die Wahrnehmung sehr erschwerten. Aus der Länge des Schattens muss übrigens auf eine beträchtliche Höhe Ihres neuen Kraters geschlossen werden..." „Trotzdem die Luft bald wieder unruhiger wurde, blieb der Krater noch einigermaßen gut sichtbar. Ich lege eine Skizze von Herrn Kellner bei, die dieser am Sechs-Zöller erlangt hat, über die ich zum Schluss noch einige Worte anfügen werde, weil ich mit der darin sich aussprechenden Auffassung nicht ganz einverstanden bin"... „N bezeichnet (in Kellner's Skizze) Ihren Krater; ich habe mit Tinte den langen spitzen Schatten und den Schatten der Verbreiterung des bei Meller (im Sirius) fehlenden Höhenzuges angedeutet, den übrigens auch Herr Kellner unzweideutig wiedergibt. Nach meiner Auffassung trifft die runde Ausbuchtung mit dem scharfen Winkel nicht zu, und der neue Krater liegt näher am Höhenzuge, als Herr Kellner angibt. Krater a (oben $=1$) ist überdies merklich größer als β (oben $= 2$), was auf der beigegebenen Skizze nicht zum Ausdruck kommt." — Elger schrieb mir am 29. December 1892 „I had a fine view of the region in which your crater is situated in the M. Nubium on December 27, 6ʰ to 6ʰ30ᵐ and send you a tracing of the sketch.*) I make the positions mere carefully verified with a micrometer. 1 was by far the largest and most conspicuous crater of the group. It was filled with shadow and cast a pronounced shadow, as shown. 2 next in size, also easily visible. 3 apparently smaller than 2, but an easy object. 4 small, apparently about half the diameter of 1. Easily seen. All these craters, except 1, are surrounded by a glistening light area, shown by the dotted lines. The ridge shown running from crater between Birt and Nicollet to the W of 4 was most carefully drawn. The oval hill X was the brightest part of it. I have seen all these craters before though I never took such great pains in fixing their positions as on this occasion. I am certain that no crater comparable in size to 4 was visible in this region on December 27. I used a power of 284 on my 8¼ inch reflector."

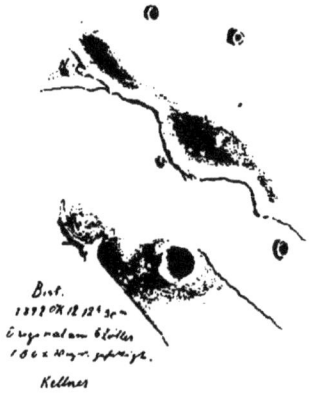

Ich glaube, dass diese beiden optischen Verificirungen von Witt und Elger so bestimmt ausgesprochen sind, dass ich mich berechtigt fühlen konnte, die Realität des Objectes x und seines Kratercharakters vor der Oeffentlichkeit zu vertreten. Trotzdem sind mir im

*) Siehe folgende Seite.

Laufe der Zeit über die Kraternatur von x Zweifel aufgestiegen, namentlich, nachdem C. M. Gaudibert in Vaison und L. Brenner in Lussinpiccolo, denen wohl die beste Absicht des Verificierens zugeschrieben werden konnte, sich vergeblich bemüht hatten, am Orte von x einen Krater zu erkennen. Sie erblickten vielmehr dort einige nahe Hügel, deren Schattenwurf bei nicht genügend ruhiger Luft möglicher Weise den Eindruck eines Kraters hervorrufen könnte. Dieser Anschauung stehen aber die obigen Bemerkungen von Witt („wunderbar ruhig") und Elger („fine view") entgegen. Die Brenner'sche Zeichnung der fraglichen Gegend ist hier gleichfalls abgebildet. Dieselbe wurde der Astr. Rundschau 1899, Bd. I, Heft 7, S. 210 entnommen. Jedenfalls sollte diesem Objecte noch einige Aufmerksamkeit am Fernrohre gewidmet werden. — Aufgefunden: 1892, März 1.

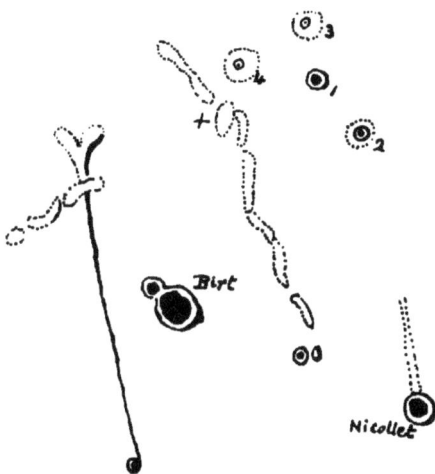

L. O. 1888, August 27. — P. s. t.; $A = 20^d (1+)$. In Ptolemaeus. (Siehe auf Taf. XII, No. 5 die 20-fach vergrößerte Zeichnung nach diesem Diapositive.) Der im nördlichen Inneren befindliche Krater A zeigt auf seinem SO-Walle einen kleinen Krater, welcher jedoch auf anderen Platten nicht wiedergefunden werden konnte. Oestlich und nahe zu A liegt eine große blattförmige Rillenformation, deren Spitze nach NW gerichtet ist. Die westliche Seite des Blattes, dessen Breitenausdehnung etwas größer, als 2 Durchmesser von A, die Längenausdehnung gleich 3 Durchmesser ist, erscheint parallel zum Meridiane. Die Axe des Blattes bildet mit dem Meridiane einen Winkel von etwa 40°. Das Lick - Negativ 1892, Nov. 10, $14^h 54^m 31^s$ P. s. t. zeigt nahe zum Centrum von Ptolemaeus einen großen kreisförmigen Ring, an dessen Peripherie sich mindestens vier Kratergruben befinden. Der Durchmesser dieses Ringes ist 14.3 km. Innerhalb desselben befindet sich ein kleinerer, nahezu concentrischer Ring von 5.3 km Durchmesser, in welchem excentrisch (etwas nördlich vom Centrum) ein Krater von 1 km Größe liegt und in dem sich mehrere feine Rillen kreuzen. Die Krater A, d und dieses Centrum bilden ein nahe gleichschenkliges Dreieck, dessen Basis A-d ist und dessen Höhe etwas mehr als den doppelten Durchmesser von A beträgt. Andeutungen des bemerkten Kraterringes und der dortigen Gruben finden sich auch auf anderen Platten. Gegen den Ostrand des Ptolemaeus-Inneren liegt eine ähnliche tassenförmige Vertiefung, wie nördlich von A. Dieselbe heiße e (wie in den Memoirs of the British Astronomical Association, Vol. II, Part II, plate I). Vom Centrum von e gehen 6 bis 8 Rillen nach allen Seiten aus. Eine derselben führt bis in den Krater d

und setzt sich auf der anderen Seite desselben mit nördlicher Richtung bis zum Walle fort. Diese Rille *r-d* wird auch durch andere photographische Platten bestätigt. Südlich und nahe zu *d* liegt ein Krater von 2.4 *km* Durchmesser. Nach den Photographien enthält das Innere noch viele ähnliche unbekannte Krater, sowie verschiedene Rillen- und Höhenzüge. Optische Verificierung. Gaudibert constatierte bei seiner Beobachtung des Inneren von Ptolemaeus am 14. März 1894, dass nahe zur Mitte dieser Ringebene mehrere seichte Vertiefungen existieren, deren Sichtbarkeit jedoch schnellen Veränderungen unterworfen ist. — Aufgefunden 1892. März 1; 1893, im December.

L. O. 1888, August 27. — P. s. t.; $A = 20^d (1)$. In Alphonsus. (Siehe auf Taf. IX, No. 3 die 20-fach vergrößerte Zeichnung nach diesem Diapositive.) Im westlichen Inneren von Alphonsus ziehen mehrere Rillen zwischen der bekannten Schmidt'schen Rille (am NW-Rande) und dem Centralberge. Die eine geht von der Stelle aus, wo die von Arzachel kommende Kraterrille den SW-Wall von Alphonsus durchbricht, läuft zunächst nach NO und biegt dann mit der Richtung nach dem Westfusse des Centralberges um, wo sie endet. Eine zweite Rille beginnt östlich von dem südwestlichen dunklen Fleck (hier zeigt sich auch eine

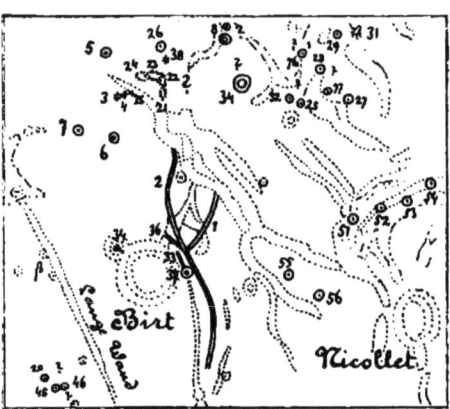

Skizze von L. Brenner.

schwache Verbindung mit der ersten Rille), geht nordwestlich und dann mit mehreren Abbiegungen im großen Ganzen fast parallel mit der Schmidt'schen Rille, doch näher zu dieser als zum Centralberge, nordwärts. In der Mitte zwischen letzterer und dem Centralberge, liegt eine dritte Rille, welche in nordwestlichem Zuge sich mit der zweiten Rille vereinigt. Dieselbe erscheint dadurch besonders interessant, dass sie sinusförmige Krümmungen besitzt und in ihrem Laufe einer niedrigen Höhe ausweicht. Nordöstlich von dem Centralberge befindet sich im Abstande des Bergdurchmessers ein kleiner Krater, der durch mehrere photographische Platten bestätigt wird. — Aufgefunden: 1892, März 1.

L. O. 1888, August 28. — P. s. t.; $A = 21^d (1+)$. In Eratosthenes. (Siehe auf Taf. XII, No. 2 die 20-fach vergrößerte Zeichnung, sowie auf Taf. XIV, No. 4 die 24-fache und auf Taf. XIV, No. 5 die 70.8-fache photographische Vergrößerung nach dem Lick-Diapositive vom 27. August 1888.) Am westlichen Fuße des Centralgebirges zieht eine deutliche Rille. Legt man durch diese Bergmitte den Meridian, so beginnt die Rille im Süden des Berges beim Meridiane, geht dann in halbkreisförmigem Bogen um den SW- und W-Rand des Berges und wird in ihrem nördlichen Laufe mit dem Berge langgestreckt. Sie endet nördlich vom Centralgebirge nächst der bemerkten Meridianlinie in einem kleinen Krater. Diese Rille scheint in ihrem südwestlichen Theile eine Abzweigung nach SW zu haben. Südlich von letzterer liegt am Rande der Sohle ein winziger Krater von 0.5 *km* Durchmesser, von welchem Rillenstrahlen ausgehen. Nach der Lick-Platte vom 27. August 1888 befindet sich am inneren

NW-Walle seiner ganzen Breite nach eine merkwürdige, wellenförmige Rille mit südöstlichem Zuge, (man vergleiche auch auf Taf. XIV das Bild No. 5, wo die photographische Vergrößerung sehr weit getrieben ist, mit No. 4, wo diese 3-mal geringer ist, namentlich mit Bezug auf diese interessante, gewundene Rillenformation), welche der Höhenformation des Walles ausweicht (indem sie die Grenze der Abschattierung der dortigen Querhöhen bildet) und am Fuße des Walles nach einer Abbiegung nach Süden in eine ovale Formation mündet, bis zu deren Mitte sie verfolgt werden kann. Die westliche Längsseite dieser Formation liegt am Innenrande des Walles und beträgt 1.6 km, die Breite 1.2 km. In der Richtung des Eintrittes der Rille in diese Formation zeigt sich noch eine kurze Rillenabzweigung nach Norden. Ein Theil der erwähnten geschlängelten Rille mit der ovalen Formation kann auch auf der Lick-Platte 1893, August 3, $15^h23^m13^s$ P. s. t. wieder erkannt werden. Das Innere zeigt mehrere winzige Krater, darunter einen am inneren Nordwalle, doch näher zum Kamme als zum Fuße, dessen Größe unter der Voraussetzung seiner Realität 0.5 km ist und von welchem südwärts zwei feine nahezu parallele Linien ausgehen. Nach der letztgenannten Platte befindet sich auch nördlich von Eratosthenes im Mare Imbrium ein bei Schmidt nicht verzeichneter Krater, welcher folgend charakterisiert werden möge. Zunächst ist nördlich von dem Berge Wolf (östliche Apenninen) die, einer Ringebene ähnliche, Bergformation x. Südlich von dieser liegen zwei klare Krater, deren westlicher A genannt wird. Der östliche heiße a. Südöstlich von Aa liegen drei, fast gleich große, kleinere Krater; der westlichste derselben heiße b. Halbiert man nun $a-b$ und trägt diese Distanz von a aus in derselben Richtung nach NW auf, so trifft man auf den bemerkten Krater, welcher einen Durchmesser von 2.5 km hat. Die Realität desselben wird durch eine zweite Lick-Platte 1891, Juli 14, $8^h16^m26^s$ P. s. t. bestätigt. — Aufgefunden: 1892, März 11; 1894, Mai 23.

L. O. 1890, Sept. 22, $8^h 3^m$ -- P. s. t.; $A = 8^d 20^h$ (1+). Im NW von Hyginus. (Siehe auf Taf. X, No. 3 die 20-fach vergrößerte Zeichnung nach diesem Diapositive.) Im Osten von Boscovich befindet sich in der Distanz eines Boscovich-Durchmessers ein klarer Krater von der Größe $= 4.2$ km. Derselbe heiße c. Mädler hat ihn am genau richtigem Orte. Bei Schmidt hingegen fehlt er. Südlich von ihm liegen in der Nähe der Hyginus-Rille die beiden, von Klein mit a und b bezeichneten, Krater. Nennt man deren Mitte m, so ist nach den Photographien und nach Mädler die Distanz m-Hyginus nahe gleich der Distanz $m-c$, und der Elongationswinkel für Hyginus und c, von m aus gesehen, $= 110°$. Nordöstlich von Hyginus liegt im Abstande von fast zwei Hyginus-Durchmessern am westlichen Ufer der großen Rille ein deutlicher Krater in der Größe von 2.1 km, von welchem mehrere Rillen ausgehen. Nach L. O. 1891, Juli 13, $8^h24^m57^s$ P. s. t. führt eine derselben zum Klein'schen Krater N. Diese zweigt jedoch vorher, in dem Abstande eines Hyginus-Durchmessers von der großen Rille, nach NW hin ab, durchzieht, südlich von der bei γ (Neison) liegenden λ-Rille (Vide: Himmel und Erde, October 1892, S. 40) mit westlicher Richtung die beiden langen, nahe parallel zur nördlichen Hyginusrille streichenden, Höhen, spaltet sich außerhalb der westlichen Höhe in zwei Theile, deren erster durch den Krater c, der zweite nördlich davon in der Entfernung eines Hyginusdurchmessers bis Boscovich geht. Dieser zweite Theil spaltet sich nördlich von c wieder und sendet noch einen sehr deutlichen Rillenzweig parallel zum NO-Walle von Boscovich aus. Der östliche Schenkel der λ-Rille zeigt eine rillenartige Verlängerung mit nordöstlicher Richtung, die bis zur großen Hyginusrille führt. Nordöstlich von Hyginus liegt außerhalb des östlichen Rillen-Ufers in der Distanz von 4 Hyginusdurchmessern ein deutlicher Kegelberg, dessen Gipfel einen Krater von 1.2 km Durchmesser zu besitzen scheint. — Aufgefunden: 1892, Juli 4; 1894, im März.

L. O. 1890, Sept. 22, $8^h 3^m$ -- P. s. t.; $A = 8^d 20^h$ (1+). Bei Birt. Auf der westlichen Abdachung der langen geraden Bergwand β liegen mehrere rillenartige Züge. Eine Formation bildet ein gleichschenkliges Dreieck, mit der Basis in der Wand β und der Spitze westlich davon in der Verbindungslinie von Birt und Thebit x. Die Basis desselben misst 3, die Höhe 1 Durchmesser von Birt. Die nördliche Seite des Dreieckes scheint eine Kraterrille zu sein, welche bis zu dem Doppelkrater, südöstlich von Thebit x, führt. Die südliche Seite macht den Eindruck eines seichten Thales. Letzteres führt nach Süden auf einen Krater am Rande der Bergwand, von welchem zahlreiche Rillen ausstrahlen. Oestlich von der Höhe H zieht eine Rille (oder niedrige Höhe, was sich nicht sicher entscheiden lässt) nach Süden, zuerst leicht convergierend gegen die Wand β, dann aber (in der Linie Thebit x—Nicollet) mit einem Knie nach SW umbiegend bis zu dem bemerkten Doppelkrater. In der Mitte zwischen H und der Wand β hat Schmidt einen Krater. Dieser zeigt sich durch eine Rille mit dem Krater D, am Nordende der Wand β, verbunden, welche in der Nähe von D am deutlichsten erscheint. Westlich von H in der Distanz von $\frac{1}{2}$ des Birt-Durchmessers befindet sich ein deutlicher Krater von der Größe = 3.7 km, den Schmidt nicht hat. Nach dem Lick-Negative 1891, Juli 14, $8^h16^m26^s$ P. s. t. schließt daran nach Süden noch eine ähnliche, doch mehr in die Länge gezogene, Kraterformation, so dass das Ganze den Eindruck eines Kraterthales gibt. Vom nördlichen Außenwalle von Birt geht eine klare gewundene Rille nordwärts und zweigt in der Distanz eines Birt-Durchmessers nach Westen hin ab. Dieser Arm durchschneidet die Wand β und führt zur nördlichen Seite des oben beschriebenen Dreieckes. Der Hauptzug kann bis in den Krater D verfolgt werden. Am Beginn dieser Rille und etwas westlich von ihr liegt am Nordwalle von Birt ein kleiner Krater. Nach dem Lick-Negative 1893, Aug. 3, $15^h23^m13^s$ P. s. t. zieht auch vom nordwestlichen Außenwalle von Birt eine Rille nach Westen, durchschneidet die Wand β und geht dann im Bogen südwärts durch die Oeffnung in jenem Höhenzuge, welcher sich westlich vom sogenannten Schwertgriffe erstreckt. Die südliche Fortsetzung der bekannten östlich an Birt ziehenden Rille wird durch die Photographien bestätigt, ebenso das Rillenthal, welches von dieser in der selenographischen Breite von Birt ostwärts zieht. Der nördliche Theil der erwähnten bekannten Rille nimmt seinen Hauptzug parallel zur Bergwand β, während derselbe von Schmidt und Klein (Führer am Sternenhimmel, S. 417) nach Norden convergierend gegen β, von Neison divergierend gezeichnet wird. Ferner endet derselbe nicht mit dem von Schmidt gezeichneten Doppelkrater in der Linie D-Nicollet, welchen die Photographien als längliches Kraterthal darstellen, sondern setzt sich dort mit zwei Abzweigungen in der Länge von 2 Birt-Durchmessern fort. Der östliche Zweig weicht nur wenig von der allgemeinen Rillenrichtung gegen Osten hin ab, der westliche hingegen hat nordwestliche Richtung. Nach der citierten Lick-Platte vom 3. August 1893 führt auch eine klare Rille vom bemerkten Kraterthale gegen den Nordwall von Birt. Auf dieser Platte erkennt man nicht allein den südöstlich vom Kraterthale liegenden kleinen Krater deutlich, sondern auch westlich vom Thale einen etwas größeren, unbekannten Krater, dessen richtige Position gefunden wird, indem man D und Birt b durch eine Gerade verbindet, diese Linie in drei Theile theilt und den ersten Theilungspunkt nächst D als Kraterort betrachtet. Derselbe Krater kann auch auf anderen Platten wahrgenommen werden. Nach der Lick-Platte 1892, Nov. 10, $14^h54^m31^s$ P. s. t. geht vom Südwalle von Nicollet eine leicht gekrümmte Rille nahe gleichlaufend mit dem westlichen Höhenzug nach Süden. Dieselbe hat an Nicollet noch eine westliche Abzweigung, welche durch einen kleinen Krater geht und mit der ersten Rille eine längliche Schlinge bildet. Diese Rille wird durch mehrere photographische Platten bestätigt.

Optische Verificierung. Das erwähnte, an die Bergwand β nach Westen schließende, Dreieck hat Gaudibert unabhängig am 13. April 1894 optisch gefunden und beobachtet. Derselbe fasst es als eine schwache Depression des Abhanges auf. Der westlich von H liegende Krater dürfte mit dem, dort von Klein (am citierten Orte, S. 417) gezeichneten kleinen Kreise identisch sein. Die vom Nordwalle von Birt ausgehende Rille wurde in ihrem nächst Birt gelegenen Theile von J. Krieger in Gern-Nymphenburg unabhängig am 15. Juli 1892 und 6. Juli 1893 gesehen. Ihr Lauf ist jedoch nicht so geradlinig, wie dies die Zeichnung in Sirius, 1893, September, Taf. IX darstellt. — Aufgefunden: 1892 Juli 6; 1894, im März.

L. O. 1888. August 15, — P. s. t.; $A = 8^d$ (1). In Flammarion. (Siehe Taf. XI.) Auf der Gaudibert'schen Mondkarte wird die große Ringebene, welche nordöstlich von Herschel liegt und auf

Ihrem Ostwalle den für Librations-Messungen wichtigen Krater Mösting A trägt, Flammarion genannt. Nordwestlich vom Westwalle von Mösting A befindet sich in der Distanz von 1.5 Durchmessern dieses Kraters ein kleiner dunkler Krater in der Größe von 0.9 km, von welchem drei Rillenzüge mit den allgemeinen Richtungen Ost, Nord und West ausgehen. Der letzte ist der längste und erstreckt sich über die Flammarion-Mitte hinaus. Vgl. L'Astronomie, Avril 1893, p. 133.

Optische Verificierung. Der bemerkte kleine Krater, von welchem die Rillen ausstrahlen, wurde von Gaudibert schon am 4. Dec. 1886 gesehen (Vide: L'Astronomie, Février 1894, p. 55). Die westliche Rille, sowie ein nach Süden gehender Zweig derselben, der etwas westlich von dem kleinen Krater liegt und auf meiner 20-fach vergrößerten Flammarion-Zeichnung (Taf. XI) gut sichtbar ist, wurde am 24. April 1893 von Nielsen mit dem Kopenhagener Refractor bestätigt. Vgl. auch: The Observatory, Dec. 1893, p. 410.— Aufgefunden: 1892, December 18.

L. O. 1888, August 15. — P. s. t.; A = 8^d (1+). Bei Flammarion. (Siehe Taf. XI.) Am Nordwalle von Herschel a liegt ein Krater von 7.0 km Durchmesser, der bei Schmidt fehlt. Er heiße x. Nordöstlich von diesem Orte zeichnet Schmidt zwei nahe gleich große Krater neben einander. Der nördliche heiße y. Die Photographien zeigen diesen Krater y von fast gleicher Größe mit x, und anschließend an y im Süden einen beträchtlich kleineren Krater. Südöstlich von Mösting A liegt in etwas größerer Distanz, als der Durchmesser dieses Kraters beträgt, westlich von dem Kreuzungspunkte der von Schmidt gezeichneten nach S offenen Höhengabel, ein längliches kraterartiges Object, das ζ heißen möge. Die große Axe von ζ ist nach dem Meridiane gerichtet und 8.3 km lang. Der Charakter dieses Objectes ist der eines nicht tiefen Kraterthales. Dasselbe fehlt ebenfalls bei Schmidt. Maw entdeckte westlich und nahe zu x einen scharf definierten kleinen Krater, dessen Durchmesser etwa ½ von x ist. Derselbe konnte auf vier verschiedenen Lick-Platten mit Sicherheit nachgewiesen werden. (Vgl. Memoirs of the B. A. A. Vol. II, Part II, p. 45, plate IV.) Vide: L'Astronomie, Février 1893, p. 57 und Avril 1893, p. 133; Bulletin de la Société astronomique de France, 1893, p. 121—127; The Observatory, 1893, p. 410.

Optische Verificierung. Dieselbe erfolgte für x und ζ von mir, Elger, Witt, Maw, Williams und Anderen, für den kleinen an y schließenden Krater von Witt und Maw. — Aufgefunden: 1892, December 18.

L. O. 1889, August 15. — P. s. t.; A = 8^d (1+). Oestlich von Reaumur. Am südlichen Ende einer östlich von Reaumur in der Distanz eines Durchmessers von Mösting A streichenden Höhe liegt ein größerer, sehr deutlicher Krater, dessen Durchmesser mindestens = 4.2 km ist. Derselbe fehlt bei Schmidt, was um so überraschender erscheint, als dieser Krater auf jeder photographischen Platte, deren Beleuchtungsverhältnisse einigermaßen günstig sind, zu finden ist. Die seine genäherte Position auf Schmidt's Sect. I wäre: λ = — 0°.6, β = — 3°.0. In der Nähe desselben befindet sich nach SO ein etwas kleinerer Krater (Größe = 3.2 km), der ebenfalls durch verschiedene Platten bestätigt wird. Ferner liegen nördlich von dem ersten Krater, am Westrande der erwähnten Höhe, in geringen Abständen zwei weitere Krater von der Ordnung des südöstlichen Kraters, die sich auf mehreren Platten des ersten Viertels wiederfinden.

Optische Verificierung. Der erstgenannte Krater wurde nach einer Mittheilung von Gaudibert von diesem bereits am 24. Februar 1874 und später am 15. Mai 1883 teleskopisch beobachtet. Die davon nördlich liegenden beiden Krater wurden am 25. März 1893 von Witt in Berlin unabhängig von mir mit dem 12-zölligen Refractor der Urania-Sternwarte entdeckt. — Aufgefunden: 1892, December 20.

L. O. 1891, Juli 28, 15^{h}49^{m}16^s P. s. t.; A = 23^d 8^h (1+). Im Westen vom Riphaeus-Gebirge. (Siehe auf Taf. XII, No. 1 und 2 die 20-fach vergrößerten Zeichnungen nach den Lick-Diapositiven vom 28. Juli 1891 und vom 31. August 1888). Westlich des Riphaeus-Gebirges befindet sich der Krater d mit einem Durchmesser von 7.6 km. Noch weiter westlich liegt ein nahe gleich großer Krater, welcher e heiße, während der, südöstlich von d, am südlichen Ende der Riphaeus-Kette befindliche Krater f genannt werde. Auf der bemerkten Platte (I) wurde anschließend an d im Norden ein kraterartiges Object von 2.3 km Größe gefunden, dessen Realität durch eine zweite Platte vom 17. August 1888 (II) mit entgegengesetztem Schattenwurfe bestätigt wird. Derselbe fehlt bei Schmidt. Gemäß I wäre noch als neu hervorzuheben: Eine größere Kratergrube östlich von d, durch welche ein Rillenzug mit der Richtung SW nach NO geht und von welcher ein Kraterthal von ansehnlicher Breite nach Norden führt. Auch südwestlich an d streicht eine deutliche Rillenformation mit dem Zuge SO nach NW. Krater f scheint am Nordwalle einen winzigen Krater zu haben, der auf II deutlich, jedoch auf f nur durch eine schwache Contourierung angedeutet ist. Nach beiden Platten ist e größer als d, während bei Schmidt das umgekehrte Verhältnis stattfindet.

Optische Verificierung. Der nördlich an d schließende Krater wurde von Gaudibert am 16. März 1894 in richtiger Lage und Größe gesehen; ohne dass jedoch wegen ungünstiger Luftverhältnisse die Kraternatur dieses Objectes optisch festgestellt werden konnte. Es geschah dies erst am 27. Juli 1894 um $3^h 45^m$ Morgens.*) (Vgl.: English Mechanic, Dec. 1893,

---

*) In No. 3310 der Astr. Nachr. S. 366 (Bd. 138) schreibt C. M. Gaudibert über dieses Object: »On sait que M. Weinek a découvert deux cratères au nord de d. Je ne saurais dire combien de fois j'ai observé cet objet au moment où il était près du terminateur. Quelquefois je n'ai absolument rien vu de ce que cherchais. D'autrefois une hauteur plus ou moins vague m'apparaissait en cet endroit, mais rien qui indiqua d'un vrai cratère. Finalement le 27 Juillet 1894 à $3^h 45^m$ du matin le cratère a au nord de d m'apparut rempli d'ombre d'une manière si nette que son existence ne pouvait laisser aucune doute. En même temps, mais pour un instant seulement, j'aperçus aussi b que la photographie révèle également.« — Man vergleiche mit dieser, allen Umständen einer ernsten Verificierung tragenden Aeußerung Gaudibert's, eines der erfahrensten und verdienstvollsten Selenographen der Gegenwart, die Negierung dieses Kraterobjectes durch Ph. Fauth in »Neue Beiträge zur Begründung einer modernen Selenographie und Selenologie II. Mit einem Atlas, enthaltend 25 topographische Specialkarten des Mondes« (Leipzig 1895) S. 24. Wenn derselbe bloß geltend machen würde, dass er das fragliche Object nicht als Krater am Fernrohr zu erkennen vermochte (wie dies auch L. Brenner in Astr. Rundschau, 1899, Heft 5, S. 149, 150 thut), so wäre dagegen nichts einzuwenden. Wenn dieser aber, ohne auch nur die Beobachtungs-Tage und -Verhältnisse anzuführen, einfach behauptet, dass dieses Kraterobject »absolut nicht existiere« und daran geringschätzige Bemerkungen über dessen photographischen Entdecker knüpft, so verstößt dies ebensowohl gegen die Gründlichkeit der Untersuchung als auch gegen den wissenschaftlichen Anstand. Da Ph. Fauth auch an anderen Stellen der erwähnten Publication in schwer begreiflicher Selbstüberhebung die maßlosesten persönlichen Angriffe gegen mich gerichtet hat, so erschien es natürlich, dass ich trotz mehrfacher sachlicher Unrichtigkeiten in derselben auf jede Erwiderung verzichtete. Hr. Fauth mag die Unqualificierbarkeit dieser Agression selbst eingesehen haben, indem er dieselbe in den »Mittheilungen der Vereinigung von Freunden der Astronomie und kosmischen Physik«, VI. Jahrg., Heft I, S. 11 öffentlich bedauert, ohne jedoch zu bekennen, dass ihm für eine berechtigte Kritik der Prager photo-selenographischen Resultate jede eingehendere Erfahrung auf diesem Gebiete fehlte. Im Uebrigen hat Fauth

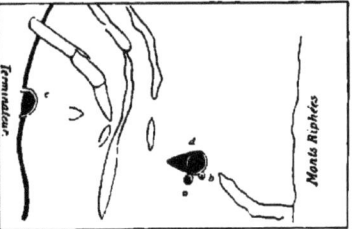

Skizze von C. M. Gaudibert.

gerade zufolge seiner häufigen scrupulösen Herabsetzung der selenographischen Verdienste Anderer in erhöhtem Maße die Kritik gegen sich selbst herausgefordert und dabei keineswegs Lorbeeren geerntet. Wenn ich auch den Tonfall in den Aeußerungen seiner vielen Gegner nicht gutzuheißen vermag, so sollen doch einige derselben zur Charakterisierung der selenographischen Wirksamkeit Fauth's in sachlicher und polemischer Beziehung, sowie seines wenig bescheidenen, wissenschaftlichen Auftretens hier Platz finden. Dr. H. J. Klein schreibt im »Sirius« 1896, Heft 9, S. 209 im Anschluss an eine wegwerfende Aeußerung Fauth's gegen Neison und Gaudibert: „Hr. Ph. Fauth ist Schullehrer in Landstuhl und es mag ihm daher von seinem Beruf in der Volkschule her ein schulmeisterlicher Ton in Fleisch und Blut übergegangen sein, aber die Art und Weise, wie er vorstehend die Mitglieder der »Mondabtheilung« (der Vereinigung von Freunden der Astronomie und kosmischen Physik in Berlin) behandelt, ist doch mindestens merkwürdig. Nicht minder wird der Fachmann erstaunt sein über den wegwerfenden Ton, in welchem Neison und Gaudibert von Fauth bezeichnet werden, hochverdiente Selenographen, neben denen dieser wahrlich nur die Rolle des Schülers spielen kann." Der Mondbeobachter J. N. Krieger in

p. 328 und Astr. Nachr. No. 3310, S. 366.) Die erwähnte rillenartige Formation am SW-Walle des Kraters d wurde ihrem Zuge nach durch Williams am 4. September 1893 als feine schwarze Linie mit dem Fernrohr verificiert. (Vide: The Observatory, December 1893, p. 411.) — Aufgefunden: 1893, Februar 19.
L. O. 1890, Nov. 17, $6^s 8^m 35^s$ P. s. t.; $A = 5^d 12^h (1+)$. In Capella. (Siehe auf Taf. XIII, No. 1 und 2 die 40-fach vergrößerten Zeichnungen nach den Lick-Diapositiven vom 17. November 1890 und 31. August 1890, sowie auf Taf. XV, No. 3 die 40.9-fache photographische Vergrößerung nach der erstgenannten Platte. Dieselbe geschah mittelst eines Reinfelder & Hertel'schen Oculars, weshalb die Randpartien verschwommen erscheinen.) Bezüglich dieser Ringebene legte ich den folgenden Bericht in der Sitzung der math. naturw. Classe der kais. Akademie der Wissenschaften in Wien am 6. Juli 1893 vor. Das Capellabild I basiert auf der oben angeführten Lick-Platte, das Bild II auf der Lick-Platte von 1890, Aug. 31, $14^s 27^m$ P. s. t., $A = 16^d 18^s$. Beide Abbildungen mit entgegengesetzter Sonnen-Beleuchtung sind bezüglich des Mondmeridians ganz gleich orientirt, so dass die verticalen Netzlinien die Meridianrichtung für diese Mondgegend darstellen. Diese Orientirung geschah durch Drehung der Glasplatten I und II derart, dass der Ostkamm von Capella und der östliche Rand des Kraters D, nördlich von Capella, welche Objecte nach Mädler nahe in demselben Meridiane liegen, mit einer der Verticallinien die zur Vergrößerung benützten Glasnetzes zusammenfielen. Auf die Zeichnung (Tuschierung) I wurden 20.5, auf II 25.0 Stunden verwendet. In Anbetracht dieser relativ kurzen Zeitdauer des Zeichnens konnte in beiden Fällen nur der Centralberg eine exacte Ausführung erfahren, während das Uebrige mehr skizzenhaft,

---

Triest, welcher sich im Jahre 1898 (Juni – September) veranlasst fühlte, mehrere Entgegnungen (I, II, III und IV) auf Fauth's Angriffe (Vide: »Hyginus N', Oeffentliche Antwort auf die Replik Joh. Nep. Krieger's. 18. April 1898.« Von Ph. Fauth) gegen ihn und dessen 1894 entdeckten Krater Hyginus N' in Circularform zu drucken und zu verschicken, schreibt in I: „Die Sachkenner werden vielleicht der Ansicht sein, es heiße den Leistungen dieses Mannes zu viel Ehre anthuen, wenn man sich so eingehend mit deren Qualität beschäftigt; allein das seitherige Verfahren desselben, die Arbeiten fast sämmtlicher Mondbeobachter im Vergleich zu seinen geringen Versuchen herabzusetzen, lässt es geboten erscheinen, diesen »Leiter der Mondbeobachtungen« (in der angeführten Berliner Vereinigung) einmal etwas genauer zu betrachten" und in III, nachdem Krieger mehrfach grobe Unrichtigkeiten in den Fauth'schen Mondzeichnungen durch nähere Beleuchtung der einzelnen Fälle nachgewiesen hat: „Und der nämliche Mann, der sich solche haarsträubende Oberflächlichkeiten und Nachlässigkeiten in seinen Arbeiten zu Schulden kommen lässt, bei dem die Unflathigkeit, das am Fernrohr Gesehene zeichnerisch wiederzugeben und der Mangel an Auffassungsgabe sich den Rang streitig machen, verlangt auf Grund dieser seiner, in wissenschaftlicher Beziehung völlig werthlosen Arbeit (Vide die oben citierten »Neue Beiträge etc. II«), dass man auf der Spitze des Feldberges eine Mondwarte erbaue und ihn, den Allerunfähigsten, zum Director derselben mache!", ferner weiter: „Was sollen nun solche »Specialkarten« nützen, in denen bald augenfällige Objecte fehlen, bald nicht vorhandene dargestellt sind? Offenbar kann Niemand mit derartigen höchst oberflächlichen Arbeiten etwas anfangen; dieselben sind nur geeignet, das wenige Sichere, was wir bezüglich der Mond-Topographie wissen, wieder in Frage zu stellen. Dazu kommt, dass Fauth sich gehütet hat, die genauen Zeiten, zu welchen er an seinen Specialkarten gearbeitet, anzugeben". . . „In meinen Entgegnungen II und III habe ich jetzt an der Hand von speciellen Beweisen die dem Kenner schon längst bekannte Thatsache klargelegt, dass dem Elementarlehrer Philipp Fauth in Landstuhl, dem sogenannten »Leiter der Mondsection« (V. A. P.), für den selenographischen Beruf die vornehmste aller Eigenschaften: Ehrlichkeit und Fähigkeit in gleich hohem Maße abgehen!" — Es möge hiemit noch Einiges zusammengehalten werden, was Hr. Fauth in seinem oben erwähnten, gegen Klein und Krieger gerichteten, Circular betreffend Hyginus N' vom April 1898 hervorheben für gut befunden hat, um den befremdenden, unschönen Ton zu kennzeichnen, der leider gegenwärtig in das Gebiet der selenographischen Arbeit eingedrungen ist. Hr. Fauth bemerkt im Abschnitte C: „Nachdem ich bereits Ende 1896 gezwungen war, die wissenschaftliche Qualität des großen Selenographen Dr. Herm. J. Klein unter die Lupe zu nehmen, und nachdem hoffentlich die Autorität dieses edlen Förderers der Mondkunde hiernach die rechte Beurtheilung und Wertschätzung erfahren haben wird, will ich auch diesmal klare Verhältnisse schaffen helfen, indem ich über Herrn Joh. Nep. Krieger, Besitzer der Pia-Sternwarte in Triest, Herausgeber eines Mond-Atlas von 28 Blättern und Mitglied der astronomischen Gesellschaft, eine Leuchte auf-thue, damit seine wissenschaftliche Wirksamkeit im richtigen Lichte stehe" und zum Schlusse derselben: „Ich hatte mehrfach Veranlassung, die Art, wie Hr. Krieger »entdeckt«, mit dem Ausdrucke »Raubbau« zu bezeichnen. Ich bleibe dabei, dass man zwar niemand vorschreiben kann, wie er am Fernrohre zu arbeiten habe, wenn dies dem privaten Ermessen nach geschieht, dass aber ein Beobachter nach einer »brutalen Methode« hübsch im zweiten Gliede zu bleiben hat, wenn Leute mit solideren Arbeitsprincipien auftreten!" — — —
Sapienti sat!

jedoch gleichfalls in richtiger Position und unter Hervorhebung alles wesentlichen Details dargestellt worden ist. — „Herr C. M. Gaudibert in Vaison (Vaucluse) machte mich in einem Schreiben vom 27. April 1893 auf einen kleinen, von ihm am 24. Mai 1890 auf dem Gipfel des Centralberges in Capella entdeckten Krater aufmerksam, welchen er in der »Revue mensuelle d'Astronomie populaire«, Février 1892, p. 64, für die Zeit der angeführten Beobachtung als »excessivement petit« bezeichnet, gegenwärtig jedoch ohne Schwierigkeit wahrzunehmen vermag, so dass Herr Gaudibert sich dem Gedanken zuneigt, als würde dieser Gipfelkrater sich mit der Zeit im Durchmesser vergrößert haben. — Diese freundliche Mittheilung erregte mein lebhaftes Interesse und veranlasste mich, nach diesem Gaudibert'-schen Krater gerade auf Lick-Platten vom Jahre 1890 zu forschen, um zu erkennen, ob die photographische Darstellung der optischen Beobachtung nachstehe oder ihr überlegen sei. Zu bemerken ist, dass, wie vom Entdecker a. a. O. selbst berichtet wird, Herr Gaudibert während des ganzen Jahres 1890 bis zum 20. September 1891, obwohl derselbe bei jeder Gelegenheit nach diesem Krater gesucht hat, im Unklaren blieb, ob seine erste Beobachtung nicht auf einer »Illusion« beruhe, woraus ohne Zweifel die große Schwierigkeit der optischen Wahrnehmung jenes Kraters für das Jahr 1890 hervorgeht. — Die Auffindung dieses Gipfelkraters gelang nicht allein ohne Mühe auf zwei Platten (I und II) mit entgegengesetztem Schattenwurfe vom Jahre 1890 (seine Größe ist nach den Photographien = 1.34 km), sondern führte auch noch zur Entdeckung mehrerer rillenartiger Züge und bedeutend kleinerer Krater in der nächsten Umgebung desselben, unter denen ein winziger, östlich liegender Krater von nur 0.8 mm Durchmesser auf der 40-fachen Vergrößerung, d. i. von 0.28 mm bei Schmidt (= 0.50 km) aus beiden Zeichnungen I und II sowohl der Lage als Größe nach völlig sicher nachgewiesen erscheint. Dabei ist hervorzuheben, dass die runde Contourierung dieses minimalen Kraters auf II von derselben Ordnung ist, wie die Linienzeichnung der feinsten, photographisch entdeckten Rillen, und dass das Plattenkorn unter 40-facher Ocularvergrößerung nach mehrfachen, von mir angestellten Messungen nur eine Größe von 0.10 bis 0.17 mm hat (was mit Prof. Eder's in »Die photographische Camera und die Momentphotographie 1892«, S. 698, wo das Korn von Rapid-Trockenplatten zu 0.003 bis 0.004 mm angegeben wird, gut übereinstimmt), also etwa acht- bis fünfmal kleiner, als der bemerkte Kraterdurchmesser ist. Man beachte ferner die große Klarheit jenes Gipfelkraters auf I, welche Aufnahme einem nahe gleichen Mondalter, wie die erwähnte optische Entdeckung vom 24. Mai 1890 und einer Sonnenhöhe von etwa 18° über dem Morgenhorizonte entspricht, während für II die Sonne etwa 28°*) hoch über dem Mondhorizonte stand. Die um 10°**) größere Höhe im zweiten Falle dürfte auch den Grund bilden, warum auf II der Gipfelkrater nicht so deutlich und in der Hauptsache nur als Contourzeichnung sichtbar ist. Natürlich kommt für die nicht mehr oder weniger günstige Wahrnehmbarkeit eines Kraters auch noch die innere Böschung desselben nach West bezw. Ost, die man fürs Erste nicht kennt, in Betracht. Im Allgemeinen erscheinen auch die Expositionsverhältnisse der Platte I für Capella günstiger, als jene der Platte II. — Der am westlichen Abhange des centralen Kegelberges von Gaudibert am 15. März 1891 entdeckte kleine Krater ist auf I und II gut zu erkennen, auf I als klare, runde Contourzeichnung ohne eigentlichen Schattenwurf, auf II mit einem solchen. (Seine Größe ist nach den Photographien = 0.76 km.) Die erstgenannte photographische Abbildungsweise von kleinen Mondkratern ist hochinteressant und wiederholt sich auf den photographischen Platten sehr häufig, offenbart sich aber zumeist erst unter sehr starker Ocularvergrößerung, wodann sie in vielen Fällen den Nachweis eines optisch bekannten, jedoch zufolge der nicht ganz günstigen Expositionsverhältnisse der Platte scheinbar verloren gegangenen Kraters in schönster Weise liefert. — Südöstlich vom Gipfel liegen am Fuße des Kegelberges drei größere Krater, von denen die beiden äußeren auf I und II unschwer zu identificieren sind. Der mittlere dagegen ist auf I nur andeutungsweise, auf II

---

*) Diese Sonnenhöhen, welche nur auf rohen Schätzungen beruhten, lauten der Rechnung gemäss genauer: 16°47' und 29°3'.

**) Richtiger »um 12°«.

jedoch sehr klar erkennbar. Unter den vielen kleinen Kratern bis herab zu $\tfrac{1}{4}$ Durchmesser des Gipfelkraters auf beiden Bildern, die hauptsächlich als kreisrunde Contourzeichnungen erscheinen und in einzelnen Fällen auf I und II nachweisbar sind (wobei zu beachten ist, dass bei I der Mond etwas weiter von der Erde abstand, als bei II), fällt namentlich auf II am südwestlichen Walle von Capella ein Kranz von vier deutlichen Kratern auf, deren östlichster auch auf I zu sehen ist. Auch eine sehr feine Rillenformation, die vom Gipfelkrater nach SW zieht und sich im weiteren Verlaufe gabelförmig theilt, ist auf beiden Platten mit Sicherheit zu identificieren. — I und II zeigen noch ungemein viele Züge feiner Terrainwellen, niedriger Höhen und zarter Rillen, deren allgemeine Richtung senkrecht zur Sonne liegt. Unter diesen sind vornehmlich die mehrfachen Züge am Kegelberge selbst hervorzuheben, welche nach dem Gipfelkrater hin convergieren und deshalb in diesem ihren Ursprung haben dürften." — Aufgefunden: 1893, Mai 1.

L. O. 1890, Nov. 16, $5^h 33^m$ — P. s. t.; $A = 4^d 12^h (1+)$. In Taruntius C. (Siehe auf Taf. XIII, No. 3, 4 und 5 die 40-fach vergrößerten Zeichnungen nach den Lick-Diapositiven vom 16. November 1890, $5^h 53^m$ — P. s. t., $A = 4^d 12^h$, vom 20. Juli 1890, $7^h 55^m$ — P. s. t., $A = 4^d 3^h$ und vom 31. August 1890, $14^h 27^m$ — P. s. t., $A = 16^d 18^h$.) In der, im vorigen Abschnitte erwähnten Sitzung der kais. Akademie d. Wiss. in Wien legte ich auch einen kurzen Bericht über eine Wahrnehmung in Taruntius C nach drei verschiedenen Photographien (die oben mit 3, 4 und 5 bezeichnet sind) vor und erläuterte diese durch die Abbildungen III, IV und V, welche bezüglich des Ortsmeridianes, der durch die verticalen Netzlinien charakterisiert erscheint, genau gleich orientiert sind. III und IV mit gleichem und V mit entgegengesetztem Schattenwurfe zeigen, dass dieser Krater in der Mitte seiner Sohle noch einen kleineren Krater (bezw. eine kraterartige Terrasse) hat, welcher nach V einen schwach convexen Eindruck macht und im Centrum noch eine feine Krateröffnung zu besitzen scheint. Die Größe und Form des inneren Kraters (Terrasse) stimmt in allen drei Fällen gut überein. Der meridionale Durchmesser ist auf der 40-fachen Vergrößerung $= 3.5$ mm $= 2.23$ km, während der Durchmesser der innersten Krateröffnung unter der Voraussetzung ihrer Realität $= 0.25$ km wäre.*) — Aufgefunden: 1893, Mai 5.

---

*) Diesen inneren Krater (oder diese innere Krater-Terrasse) in Taruntius C von 2.2 km Durchmesser hat J. N. Krieger im »Sirius« und in »English Mechanic« lebhaft angegriffen, indem er behauptet, das Object unter gleichen Beleuchtungsverhältnissen, wie bei den bemerkten Photographien, am Fernrohr gesucht, jedoch absolut nichts gefunden zu haben. Auf den betreffenden Artikel in »English Mechanic« No. 1536, p. 39 hat bereits C. M. Gaudibert in No. 1539 derselben Zeitschrift, p. 111 unter Anderem folgend richtig erwidert. »Of course, the negative results obtained so far by M. Krieger are no proof as yet that there is not one or more objects on the floor of Taruntius C. What M. Krieger has not seen he may yet see. Every experienced observer of the moon knows that some objects, for reasons difficult to account, besides their faintness or reduced sizes, remain invisible during several lunations.« Ich selbst antwortete in »English Mechanic« No. 1546 p. 274 in der Hauptsache folgendes: »In E. M. No. 1536 heißt es zunächst, dass Taruntius C im nördlichen Theile des Mare Foecunditatis liege und dass dieser Krater sich an der Lichtgrenze befinde, wenn der Mond zwischen 4 und 5 Tage alt ist. Ich ergänze, dass Taruntius C am Nordwalle von Taruntius liegt und constatiere, dass die weitere Behauptung total falsch ist. Man erreicht aus III und IV, dass bei einem Mondalter zwischen 4^d und 5^d die Sonnenhöhe nicht gleich $0°$, sondern beträchtlich größer ist. Ferner heißt es, dass nach Herrn Krieger's Beobachtung zur selben Zeit »the whole interior of Taruntius C was completely buried in the blackest night.« Dies ist absolut unrichtig... Nach III ist fast die Hälfte des Inneren von Taruntius C beleuchtet, nach V mehr als die Hälfte (0.6). Zum Ueberfluss habe ich noch am 6. und 7. Juli 1894 Taruntius C am 6-Zöller der Prager Sternwarte beobachtet. Am ersten Tage war das Mondalter $3^d 14^h$ und mindestens $\tfrac{1}{4}$ des Inneren von Taruntius C beleuchtet, am Ostwalle von Macrobius lag. Am zweiten Tage um 7^h M. Z. Prag gieng die Lichtgrenze über den Ostwall von Vlacq, also westlich von Fracastor (während sie für III östlich an Fracastor vorbeigeht), und es erschien durch Wolken mindestens $\tfrac{1}{4}$ des Inneren beleuchtet. Die Uebereinstimmung mit der Photographie war, wie nicht anders zu erwarten, eine sehr gute... Für mich liegt die Sache folgend. Ich entdecke das innere Kraterobject (es heiße kurz x) auf III in der Größe von $\tfrac{1}{4}$ des inneren Durchmessers von Taruntius C (diesen in der Richtung des Sonnenstrahles gemessen), während fast $\tfrac{1}{3}$ des Inneren beleuchtet erscheint. Es war somit fast die Hälfte von x im Lichte, während die andere Theil von x sich deutlich in den dunklen Schatten hinein fortsetzte. (Solche Fortsetzungen an der photographischen Schattengrenze habe ich sehr häufig wahrgenommen und gerade an diesen Stellen viele optisch bekannte Krater ihrer Größe und Form nach verificiert.) Ferner fand ich x bestätigt durch V, wo mehr als die Hälfte

L. O. 1891, Juli 14, — P. s. t.; A = 9^d $0^h(1+)$. In Schröter. (Siehe auf Taf. XII, No. 6 die 40-fach vergrößerten Zeichnungen nach den Diapositiven der Lick-Sternwarte von 1888, August 28 = I und 1891, Juli 14 = II.) Am Nordrande des Inneren von Schröter befinden sich zwei Kratergruben, welche auch auf zwei anderen Lick-Platten wieder zu erkennen sind. Die westliche heiße x, die östliche y. x liegt etwas südlicher als y und hat die Größe von 2.3 km, y die Größe von 1.9 km. Ihre Entfernung von einander ist etwas kleiner als der doppelte Durchmesser von x. An x schließt nach Süden eine deutliche Rillenformation, die in beträchtlicher Länge das Innere von Schröter mit allgemein südlicher Richtung und mit nach Osten leicht convexer Krümmung durchzieht. Auch diese Rille wird durch mehrere Platten bestätigt. Der Krater A im südwestlichen Inneren von Schröter scheint eine centrale Höhe zu besitzen. — Aufgefunden: 1893, Mai 18.

L. O. 1891, October 12, 7^h29^m 9^s P. s. t.; A = 10^d 2^h $(1+)$.*) Bei Mösting. Außerhalb des NW-Walles von Mösting geht nach diesem Lick-Diapositive eine kräftige Rille mit deutlichem Ufer zwischen dieser Ringebene und dem dortigen Krater (derselbe heiße m) hindurch, hat nahezu meridionale Richtung und theilt sich etwas nördlich von m in zwei kurze Aeste. In der selenographischen Breite der südlichen Hälfte des Kraters m biegt sie nach SW um und zieht bis zu dem Nordende der westlich von Mösting liegenden Höhe β, wobei dieselbe auf diesem Laufe zwei kurze Zweige nach SO und S aussendet. Außerhalb des Südwalles von Mösting befindet sich eine zweite lange Rille, welche dort durch den nördlichsten Krater der Schmidt'schen Kraterrille geht, daselbst convex gekrümmt gegen Mösting erscheint und sich mit westöstlichem Laufe einerseits bis zum Höhenzuge β, andererseits bis südlich von Sömmering erstreckt. Eine dritte Rillenformation zieht längs des östlichen Innenrandes von Mösting und geht durch einige kleine Krater. Der größte derselben befindet sich am inneren NO-Rande und hat die Größe von 1.5 km. Diese Rille scheint nicht der zweiten am Orte des gekreuzten Rillenkraters in Verbindung zu stehen. — Aufgefunden: 1893, Mai 18.

L. O. 1891, Juli 14, — P. s. t.; A = 9^d $0^h(1)$. In Schröter a. (Siehe auf Taf. XII, No. 7 die 40-fach vergrößerte Zeichnung nach diesem Diapositive.) Nördlich von Schröter liegt der Krater a, an dessen östlichem Innenrande Schmidt einen kleinen Krater zeichnet. Derselbe wurde nicht allein auf der bemerkten Platte als scharfe runde Contour-Zeichnung in der Größe von 1.4 km wiedergefunden, sondern auch am Südwalle ein deutlicher kreisrunder dunkler Krater von nahezu gleicher Größe wahrgenommen. Der Durchmesser desselben ist unter der Voraussetzung seiner Realität = 1.3 km. Drei kleinere, etwa halb so große, Kraterformationen liegen je am West-, Nord- und Ost-Walle. Auch scheinen einige Rillen den Krater a zu durchziehen. — Aufgefunden: 1893, Mai 30.

L. O. 1893, August 3. $15^h23^m13^s$ P. s. t.; A = 21^d22^h $(1+)$. Zwischen Reaumur und Mösting. Auf einer Prager 24-maligen photographischen Vergrößerung der Umgebung von Flammarion nach dieser Platte wurden die folgenden 10 Krater im N, NW und NO von Flammarion

---

des Inneren von Taruntius C beleuchtet ist. Wieder zeigte sich die Fortsetzung in den Schatten hinein. Endlich fand sich auch das Object x der Lage, Größe und Form nach ungekünstelt auf IV wieder, obwohl für diese Platte das Object x völlig im Schatten liegt. Des letzteren Umstandes war ich mir vollständig bewusst, als ich die Zeichnung nach IV in Angriff nahm. Ich hielt es aber für meine Pflicht, diese Wahrnehmung und mit ihr die Platte IV nicht zu verschweigen. Da ich von dem Vorhandensein von Reflexerscheinungen auf dem Monde überzeugt bin und eine absolute Schwärze aller Bergschatten nicht zugeben kann (Anm. Hr. Krieger trat für absolute Schwärze dieser Schatten ein, ist aber auch durch Prof. W. Pickering's Beobachtungen in Arequipa widerlegt worden. In der That muss sich der Erdlicht, wenn der Mond eine schmale Sichel ist, in den Mondschatten besonders bemerkbar machen, weil dann die Erdscheibe nahezu voll beleuchtet erscheint), hatte dieser Fall auch nichts Befremdendes für mich." — Mittlerweile hat J. N. Krieger selbst ein Kraterobject mit inneren Terrassen (concentrischen Ringen) am Fernrohr beobachtet. Dasselbe ist in dessen Mond-Atlas, Taf. 28 abgebildet und mit dem Namen Marth belegt worden. Diese Wahrnehmung geschah am 21. August 1897 und ist gewiss sehr interessant. Dieselbe dürfte auch einen optischen Beleg für die von mir schon wiederholt auf Mond-Photographien gefundenen contourierten Krater mit ein- und mehrfachen concentrischen Begrenzungslinien bilden.

*) Mit unsicherem photographischen Nachweis.

gefunden, welche bei Schmidt nicht vorhanden sind. Bei jedem Krater ist die selenographische Länge λ (westlich positiv), selenographische Breite β (nördlich positiv) nach Schmidt's Sect. I und der Durchmesser d desselben in Kilometern angegeben.

1. $\lambda = -3°95$; $\beta = -0°7$; $d = 3.5$. Derselbe liegt in der selenographischen Breite der Mitte von Mösting und zwar westlich davon im Abstande von 3 Mösting-Durchmessern.
2. $\lambda = -0°25$; $\beta = -0°5$; $d = 3.4$. Liegt südöstlich von Reaumur B.
3. $\lambda = -7°1$; $\beta = -1°8$; $d = 3.3$. Befindet sich in der Mitte zwischen Mösting und dem südöstlich liegenden Krater Mösting b.
4. $\lambda = -2°65$; $\beta = -0°7$; $d = 2.7$. Die Kraternatur ist wahrscheinlich, lässt sich aber nicht ganz sicher entscheiden.
5. $=$ Kratergrube, nördlich von dem Schmidt'schen Krater in $\lambda = -0°55$; $\beta = -1°45$ (außerhalb des NO-Walles von Reaumur). Der Durchmesser der Grube ist 2.4 km.
6. $=$ Kratergrube, nordwestlich von dem sub 5 angeführten Schmidt'schen Krater. $d = 2.4$ km.
7. Nördlich von dem Krater 1 und etwa einen Durchmesser dieses Kraters von 1 entfernt. $d = 3.2$ km.
8. $\lambda = -1°4$; $\beta = -1°3$; $d = 2.1$. Südlich davon scheint am Westabfalle der dortigen Höhe ein ähnlicher, gleich großer Krater zu liegen.
9. $\lambda = -1°7$; $\beta = -0°9$; $d = 1.8$.
10. $\lambda = -2°2$; $\beta = -0°4$; $d = 1.8$.

Die Krater 1, 2, 3, 4 sind auch auf der Lick-Platte 1891, Juli 14, 8^{h}16^{m}26^s P. s. t. gut zu erkennen. 1 und 2 werden außerdem noch durch viele andere Platten bestätigt. 1 ist sehr deutlich und steht an Größe nur wenig dem am inneren Nordrande von Flammarion liegenden Krater nach. Der Krater 8 ist auf der oben angeführten Platte schwierig, dagegen auf dem Lick-Negative 1892, November 10, 14^{h}54^{m}31^s P. s. t. sehr gut wahrzunehmen. — Aufgefunden: 1894, Mai 23.

L. O. 1893, August 3, 15^{h}23^{m}13^s P. s. t.; A $= 21^d22^h$ (1 ⌐). Im SW von Plato. Auf diesem Negative, nach welchem Plato mit seiner Umgebung in 24-maliger Vergrößerung photographiert wurde, finden sich mindestens 6 Krater im SW von Plato, welche auf Schmidt's Sect. XV nicht vorkommen. Ihre Position und Grösse werde ebenso, wie im vorigen Abschnitte charakterisiert.

1. $\lambda = -5°35$; $\beta = +47°45$; $d = 2.3$ km. Dieser Krater liegt südlich von dem Doppelkrater i.
2. $\lambda = -6°9$; $\beta = +47°2$; $d = 2.2$. Nördlich vom Krater c. Westlich anschließend scheint ein etwas kleinerer Krater mit $d = 2.0$ zu liegen. Zwischen c und z, ebenso nordöstlich von c, dürften mehrere kaum halb so große Krater sich befinden. Von c geht ferner eine Rillenformation nach Norden bis zu der Höhe K, eine andere nach NW in der Richtung gegen i.
3. $\lambda = -5°3$; $\beta = +46°25$; $d = 2.3$. Derselbe liegt südöstlich von der Schmidt'schen Gruppe von drei kleinen Kratern am Westabfalle der dortigen Höhe m.
4. $\lambda = -5°3$; $\beta = +46°55$; $d = 1.5$. Liegt nördlich von dem Objecte No. 3. gleichfalls am Westabhange von m. An diesen Krater scheint im Westen ein etwas größerer Krater mit $d = 2.3$ zu schließen.
5. $\lambda = -6°15$; $\beta = +45°65$; $d = 2.0$. Liegt am südlichen Kamme des östlichen Höhenzweiges von m.
6. $\lambda = -6°9$; $\beta = +45°2$; $d = 2.0$. Liegt ebenfalls am südlichen Kamme der unter 5 erwähnten Höhen-Abzweigung.

Die Krater 1, 2 und 3 sind auch auf dem Lick-Negative 1892, November 10, 14^{h}54^{m}31^s P. s. t. zu erkennen, besonders gut der Krater 1. — Aufgefunden: 1894, Mai 24.

Schlussbemerkung. — Für Entdeckungen auf dem Monde eignen sich die Prager 24-maligen photographischen Vergrößerungen (Monddurchmesser = 10 Fuß) in vorzüglicher Weise. Man hat dazu nur dieselbe Mondgegend nach verschiedenen Platten in der angeführten Weise vergrößert aufzunehmen und diese Bilder sorgfältig unter einander und mit der Schmidt'schen Karte unbewaffneten Auges zu vergleichen. Während vordem das Studium der Lick-Platten sich auf die mühsame Betrachtung mit vergrößernden Ocularen, die bloß ein verhältnismäßig kleines Gesichtsfeld von wünschenswerter Schärfe darboten, stützte, ist jetzt dasselbe auf die viel bequemere Durchmusterung eines ausreichend großen Mondgebietes mit freiem Auge zurückgeführt. Solche Ergänzungen bezw. Positions-Verbesserungen im Vergleich zu Schmidt's 2 Meter großer Karte beherbergt nun jede Vergrößerung in reicher Zahl. Hier möge bloß angeführt werden, dass auf diesem Wege nahe zur Archimedes-Mitte eine große grubenartige Vertiefung von 6 km Durchmesser gefunden wurde, welche durch Gaudibert's optische Beobachtung bestätigt wird, dass im Archimedes- und Plato-Inneren feine Rillenzüge vorhanden zu sein scheinen, die noch eines genauen Studiums bedürfen und dass nach dem Lick-Negative vom 3. August 1893, $15^h23^m13^s$ P. s. t. im Süden von Archimedes zwischen den Höhen y und l eine sehr interessante sinusartig gewundene Rillenformation, die zahlreiche Nebenarme besitzt, in einer Thalsenkung zieht. (Siehe auf Taf. XV, No. 4 und 5 die 24-fache und 40½-fache photographische Vergrößerung dieses Objectes nach dem erwähnten Negative, sowie meine skizzenartige Darstellung im »Bulletin de la Société Astronomique de France« 1895, p. 269.) Dieselbe scheint den gleichen Charakter, wie die bemerkten Rillen im südlichen Inneren von Petavius, im westlichen Inneren von Alphonsus und am inneren NW-Walle von Eratosthenes zu haben.

IV. Weitere vergleichende Studien.

Mit dem Vorstehenden schließen meine »Selenographical Studies« im III. Bande der »Publications of the Lick Observatory« ab. Weitere Mittheilungen derselben Art habe ich an die kaiserliche Akademie der Wissenschaften in Wien gerichtet, wo dieselben im akademischen Anzeiger veröffentlicht wurden. Das Hauptsächliche dieser Berichte möge im Folgenden wiedergegeben werden. Gleichzeitig sei es mir gestattet, auch einige Stellen aus den Pariser Comptes Rendus, welche sich auf diese späteren Prager Mondarbeiten beziehen, dem Wortlaute nach hier anzuführen. K. Akademie, Wien. Sitzung der math.-naturw. Cl. v. 10. Januar 1895.

»Anliegend sende ich noch günstigere photographische Resultate als vordem, und zwar fünf Vergrößerungen nach einem ausgezeichneten Pariser Negative von M. Loewy und P. Puiseux[*]) im Maßstabe eines Monddurchmessers von 4.0 Meter (d. i. in der genau doppelten Größe der Schmidt'schen Karte). Das Original wurde im Focus des großen Pariser Aequatoreal coudé in ⅛ Secunde aufgenommen. Sein Monddurchmesser beträgt 17 cm (bei Lick nur 13—14 cm). Das Objectiv von 60 cm Oeffnung[**]) ist von den bekannten Gebrüdern Henry in Paris hergestellt und für chemische Strahlen achromatisiert worden. (Näheres findet sich hierüber in den vorigjährigen Comptes Rendus vom Frühjahr.[***]) Meine sorgfältige Vergleichung mit den Lick-Platten (Vide No. 22, 26. Nov. 1894, der Comptes Rendus) hat die entschiedene Superiorität der Pariser Aufnahmen nachgewiesen. Letztere sind im Korne feiner und zeigen mehr Detail, beziehungsweise dieses klarer und präciser. Die heute gesandten Bilder sind: Apenninus, Caucasus, Alpes, Albategnius und Maurolycus. Ich bemerke noch, dass dieselben auch in photographisch-technischer Beziehung von mir allein ausgeführt wurden.« — In der Sitzung vom 24. Januar 1895 wurden ferner noch die photographischen Vergrößerungen von Linné und Triesnecker nach demselben Pariser Negative vorgelegt.

Académie, Paris. Comptes Rendus du 26. Novembre 1894. T CXIX, p. 875. »Études photographiques sur quelques portions de la surface lunaire« par M. M. Loewy et Puiseux.

»Conformément au désir qui nous a été exprimé par le Dr. Weinek, directeur de l'observatoire de Prague, connu par de beaux et nombreux travaux de Sélénographie, nous lui avons adressé deux de nos clichés, datant du 13 février†) et du 14 mars.††) Le Dr. Weinek a

---
[*]) Vom 14. März 1894, 7^h4^m8 M. Z. Paris.
[**]) Focallänge = 18.06 Meter.
[***]) Comptes Rendus v. 11. Juni 1894, T. CXVIII und »Description du grand équatorial coudé de l'observatoire de Paris« par M. P. Puiseux in »Annales de l'observatoire de Paris,« Mémoires, T. XXI.
†) 1894, Februar 13, 6^m30^s9 M. Z. Paris.
††) 1894, März 14, 7^h4^m5 M. Z. Paris.

exécuté d'après ces clichés plusieurs agrandissements photographiques sans aucune retouche. Je mets sous les yeux de l'Académie ces épreuves dont on peut apprécier à première vue l'excellente exécution et le grand effet artistique. Elles comprennent divers objets remarquables, portant sur les cartes de la Lune les noms d'Ariadaeus, d'Albategnius, de Triesnecker et de Linné«. . . . »It faut, pour en tirer tout le parti possible, posséder une certaine expérience et des moyens optiques appropriés. L'habileté reconnue acquise par le Dr. Weinek dans ce genre de travail donne un grand intérêt aux constatations faites par lui sur les clichés de Paris. On nous permettra de résumer les plus importantes.«

»Le nom de Linné a été appliqué par les premiers sélénographes à un cratère isolé situé au milieu de la mer de la Sérénité. Il est demeuré très distinctement visible jusqu'en 1866 d'après les témoignages et les dessins concordants de Lohrmann, Beer, Mädler et Schmidt. A cette date, il paraît avoir changé d'aspect, au point que son existence même a été contestée. M. Weinek le retrouve sur notre cliché du 14 mars, mais avec 1 km au plus de diamètre, soit le dixième de ce que lui attribuent les anciens auteurs. Ce cratère est également perceptible, malgré ses dimensions très petites, sur les clichés demeurés en notre possession. M. Schiaparelli à qui les épreuves du Dr. Weinek ont été soumises, y trouve également Linné bien reconnaissable et conforme à ses propres observations.«

»Dans la plaine qui s'étend au sud d'Ariadaeus, entre les cirques de Silberschlag et de Cayley, le Dr. Weinek signale quatre objets qui ne figurent encore sur aucune carte, et qu'aucune description ne mentionne. Trois sont de petits cratères, le quatrième semble plutôt une élévation isolée. L'existence de ces objets est confirmée par nos autres clichés, ainsi que par ceux de l'observatoire Lick, mais ces derniers en indiquent moins nettement la nature.«

»Le fond du cirque d'Albategnius était représenté par les cartes comme très uni et presque dénué d'accidents. Le Dr. Weinek n'y relève pas moins de dix cratères nouveaux. Nous devons dire que plusieurs d'entre eux nous ont semblé très peu profonds, à peine distincts des ondulations de terrain qui les entourent, et pour ce motif d'une identification difficile.«

»On remarque à l'ouest du cirque de Triesnecker, un réseau de fissures ou d'étroites vallées, qui constitue l'une des régions les plus curieuses de la Lune. Quatre ou cinq sont assez facilement visibles sous une illumination oblique. Les autres sont d'une observation très délicate. Le dessin le plus récent et le plus complet de ce système est dû à M. Krieger et a paru dans le journal Sirius. Il représente une trentaine de fissures entrecroisées entre Triesnecker et Hyginus. Dans une étendue moindre notre cliché a permis au Dr. Weinek d'en relever plus du double. Nous n'avons pas réussi à les retrouver toutes, mais nous sommes pleinement d'accord avec l'astronome de Prague pour dire que, dans ce cas particulier, une seule photographie permet de rectifier avec certitude toutes les représentations antérieures.[*]) L'examen d'autres clichés de notre collection, pris le 13 février et le 19 septembre de cette année, confirme l'opportunité des corrections indiquées par le Dr. Weinek. Il montre aussi que certaines rainures, un peu effacées par les remaniements ou les soulèvements ultérieurs du sol, peuvent néanmoins être suivies avec certitude sur des étendues considérables. Nous en avons figuré deux sur le diagramme ci-joint avec les lettres abc, $defg$. Les portions ab, ef ont déjà été signalées par le Rév. Webb et par M. Weinek.[**]) Les prolongements dont nous croyons être en mesure d'affirmer l'existence établissent une liaison entre les systèmes d'Ariadaeus, d'Hyginus et de Triesnecker.«

---

[*]) Vgl. Astr. Nachr. Bd. 137, No. 3261, S. 291 »Ueber die Verwendung photographischer Aufnahmen« von L. Weinek.

[**]) Die neuesten und wohl auch die ausführlichsten Abbildungen des Triesnecker-Rillensystems auf Grund von optischen Beobachtungen stammen von J. N. Krieger in Triest und haben das Datum des 5. August 1897, 8ʰ und des 20. December 1898, 10ʰ. Erstere findet sich als Tafel 24 in dessen Mond-Atlas, Bd. I, letztere im »Bulletin de la Société belge d'Astronomie« 1899. No. 4. In beiden sucht man trotz des großen Detailreichthums dieser Darstellungen vergeblich die Züge ab bezw. ef bezw. ihre Fortsetzungen. Vergleicht man beide Krieger'sche Zeichnungen unter einander, so fällt die wenig befriedigende Uebereinstimmung der feineren Aus-

»Les deux premiers se recommandent comme l'on sait, par leurs fortes dimensions et la facilité relative de leur étude. Mais les rainures de Triesnecker, si nombreuses et si étrangement enchevêtrées, sont certainement les plus instructives. Il n'est pas besoin d'examiner longtemps, soit nos clichés, soit le diagramme du Dr. Weinek pour démêler quelques lois simples au milieu de cette complication apparente.«

»Ainsi l'on remarquera que ces lignes ne s'arrêtent pas en général à leur confluent avec les autres, mais se prolongent des deux côtés, sans inflexion, à l'inverse de ce qui se passerait pour de simples vallées d'erosion.«

»On doit encore signaler la fréquence des élargissements circulaires formés sur le trajet des rainures ou à leur point de croisement. La grande fissure d'Hyginus en fournit un exemple bien connu. Plusieurs des étroites vallées notées par le Dr. Weinek dans le système de Triesnecker, d'après notre cliché du 14 mars, offrent le même caractére. Ces rainures ne conduisent pas, comme les rivières terrestres, à de vastes bassins de réception, et ne vont pas en s'élargissant progressivement d'un bout à l'autre. En les suivant à partir de leur origine, on les voit atteindre leur maximum de largeur en un point situé vers le milieu de leur parcours, et ordinairement marqué par un entonnoir. Il y a lieu de penser que les deux portions de la fissure ont leur pente dirigée vers cet entonnoir, et que les eaux qui ont pu s'y déverser à une époque antérieure pénétraient par cette voie dans les couches profondes de l'écorce lunaire.«

K. Akademie, Wien. Sitzung vom 7. März 1895.

»In mühsamer Arbeit, da ich nunmehr ohne Beihilfe photographiere, habe ich jetzt alle bemerkenswerten Partien des prachtvollen Pariser Negatives vom 14. März 1894 im Maßstabe eines Monddurchmessers von 4 Metern photographisch vergrößert. Von diesen Specialgegenden sandte ich bereits sieben an die kais. Akademie der Wissenschaften und ergänze dieselben heute durch weitere 27 Vergrößerungen, denen ich noch eine directe Copie der Originalplatte beifüge... Fortschreitend vom Nordrande zum Südrand stellen die heutigen Bilder dar (die eingeklammerten Zahlen betreffen meine frühere Einsendung nach derselben Platte): 1. Nordrand: Meton, Archytas. 2. Aristoteles, Eudoxus. (3. Alpes, Cassini.) (4. Caucasus.) 5. Posidonius. (6. Linné.) (7. Apenninus.) 8. Bessel. 9. Menelaus. 10. Plinius. 11. Manilius. 12. Hyginus. (13. Triesnecker.) 14. Agrippa, Godin. 15. Rhaeticus. 16. Hipparchus. 17. West von Hipparchus. (18. Albategnius.) 19. Theophilus, Cyrillus, Catharina. 20. Parrot, Airy. 21. West von Arzachel. 22. Geber, Abenezra, Azophi. 23. Sacrobosco. 24. Playfair, Apianus. 25. Apianus, Werner, Aliacensis. 26. Walter. 27. Gemma Frisius. 28. Aliacensis, Nonius, Fernelius. 29. Stöfler. (30. Manrolycus). 31. Ost von Licetus. 32. Licetus, Cuvier. 33. Jacobi, Zach, Pentland. 34. Südrand: Curtius, Simpelius, Schomberger.«

Von diesen Bildern habe ich 16 eingehend mit der Schmidt'schen Mondkarte verglichen und dabei 95 neue d. i. bei Schmidt nicht verzeichnete Krater in der Größe von 5 bis

---

biegungen und Krümmungen in den einzelnen, zumeist zitterig gezeichneten Rillen auf, so dass man geneigt wäre, diese Darstellungsform eher als Zeichenmanier, denn als getreues Abbild der Natur zu betrachten. Die überaus zahlreichen kleinen Wellen in den verschiedenen Rillenzügen würden sich auch kaum, wenn sie der Natur völlig entsprechen sollten, in einer einzigen Nacht mit dem Stifte bewältigen lassen, um so weniger, als außerdem noch von dem genannten Selenographen alle, mit einem 10.7-zölligen Refractor wahrnehmbaren, kleinen Krater ihrem Orte und ihrer Größe nach in dieselbe Karte eingetragen wurden.

1 km gefunden, welche ich Herrn Loewy in Paris mit dem Ansuchen mittheilte, dass dieselben auch durch andere Pariser Aufnahmen der gleichen Nacht hinsichtlich ihrer Realität geprüft werden möchten.*)

M. Loewy berichtete darüber in: Académie, Paris. Comptes Rendus du 1 Juillet 1895. T. CXXI p. 6. »Sur les photographies de la Lune et sur les objets nouveaux qu'elles ont permis de découvrir« par M. M. Loewy et Puiseux. »Il y a quelques mois, nous avons eu l'honneur d'entretenir l'Académie des clichés de la Lune obtenus à l'Observatoire de Paris, et de lui en présenter quelques amplifications photographiques. L'échelle des agrandissements sur papier**) exécutés par le Dr. Weinek, directeur de l'Observatoire de Prague, correspond à un diamètre de 4 mètres pour le disque entier de la Lune. La qualité de ces épreuves est remarquable; elles sont obtenues par impression directe à la lumière sur des papiers aux sels d'argent, et leur finesse, dans la partie centrale, est comparable à celle des épreuves sur verre. Depuis, le Dr. Weinek a poursuivi avec succès ses études dans la même voie. La collection que nous mettons aujourd'hui sous les yeux de l'Académie comprend un grand nombre de feuilles, dont trentequatre nouvelles sont tirées d'un seul de nos clichés, datant du 14 mars de l'année dernière. Presque toutes donnent lieu à des remarques intéressantes et paraissent susceptibles d'enrichir les notions acquises jusqu'à ce jour sur la topographie de la Lune.«

»Le Dr. Weinek s'est principalement attaché à la découverte d'objets nouveaux. Prenant pour base la grande Carte de Schmidt, qui demeure encore la plus fidèle et la plus complète entre toutes les représentations d'ensemble de la Lune, il a dressé la liste des accidents bien caractérisés, cratères ou fissures, qui pourraient lui être ajoutés d'après le témoignage de la photographie. Ces objets sont eux mêmes divisés en deux classes, suivant que leur existence paraît, sur les épreuves, manifeste ou seulement probable. La première catégorie comprend, à elle seule, 95 cratères nouveaux; un autre de nos clichés, datant du 13 février 1894, a paru également au Dr. Weinek devoir autoriser de nombreuses additions à la Carte de Schmidt. Nous avons entrepris, conformément à la proposition qui nous a été faite par le Dr. Weinek lui-même, de vérifier la réalité de ces découvertes sur les clichés demeurés entre nos mains«. . .

»Sur 95 cratères nouveaux que le Dr. Weinek signale comme bien visibles dans notre cliché du 14 mars, 67 nous semblent sûrement confirmés; 28 ne se retrouvent pas sur nos plaques, ou n'offrent pas le caractère qui leur est attribué.«***) . .

»Cependant, en présence d'un document unique, un sélénographe consciencieux ne peut mieux faire que de signaler tous les objets remarquables qu'il croit apercevoir. C'est ainsi qu'a procédé le Dr. Weinek, attendant de notre part le contrôle indispensable, et, sachant certainement que toutes ses constations ne se vérifieraient pas«. . . .

---

*) Mein bezügliches Schreiben vom 16. Februar 1895 an Herrn Loewy lautete: »Bei 16 Bildern habe ich mich der großen Mühe unterzogen, diese mit den betreffenden Sectionen von Schmidt sorgfältig zu vergleichen. Was auf letzteren nicht zu finden war, wurde auf den Rückseiten der Bilder (Anm. dieselben waren Papiercopien und nicht aufgezogen) als neu bezeichnet. Würde man diese rückwärtige Skizze auf durchsichtiges Pauspapier copieren und dieses dann umdrehen, so hätte man sofort die Skizze für die Vorderseite. Die blau markierten Objecte halte ich für besonders interessant und auch für völlig sicher, soweit ich aus meinen Erfahrungen zu schliessen berechtigt bin. Nur in einzelnen Fällen habe ich auch das feinere Detail hervorgehoben. Im Ganzen überrascht es, wie viele relativ große Krater von Schmidt übersehen worden und wie viele Positionsfehler und Verzeichnungen auf seiner großen Karte vorhanden sind. Nach der anliegenden Zusammenstellung enthalten die angeführten 16 Blätter 95 neue Krater (im Vergleiche zu Schmidt) in der Größe von 5.4 bis 1.2 km. Ich bitte, Alles auf Grund Ihres Pariser Materiales eingehendst zu prüfen, und zweifle nicht, dass die Mehrzahl der Angezeichneten als schuldhältig erweisen wird.«

**) Auf Chlorsilber-Gelatine-Papier = sog. Minerva-Papier von Trapp & Münch in Friedberg bei Frankfurt am Main.

***) Ich habe später die Herren Loewy und Puiseux um freundliche Mittheilung der 28, von ihnen nicht bestätigten Krater ersucht, um denselben meine weitere Aufmerksamkeit zuzuwenden, konnte aber leider wegen des Fehlens bezüglicher genauer Aufzeichnungen deren Position nicht erfahren.

»Parmi les traits que nos clichés mettent en évidence il en est qui paraissent offrir un intérêt spécial au point de vue géologique. La liste des cratères de sommet, analogues par leur situation à ceux des volcans terrestres, se trouve accrue de plusieurs objets par les recherches du Dr. Weinek. Presque tous sont très petits, et il est à croire que cette catégorie deviendrait beaucoup plus nombreuse si l'on disposait de moyens optiques plus parfaits. Nous en trouvons notamment deux dans le groupe du Caucase.«

»Un cas fréquent est celui d'ouvertures parasites créées sur les parties élevées du bourrelet qui environne un cirque plus ancien. Le Dr. Weinek en signale un exemple très net sur le rempart de Walter *b*. Cette circonstance indique, comme l'a fait observer récemment le professeur Suess, que les forces éruptives ont trouvé plus de facilité pour se faire jour dans les régions saillantes que dans les régions déprimées de l'écorce. Les surfaces isothermes suivraient donc toutes les inflexions de la périphérie, et la solidification marcherait aussi vite, ou même davantage, sous les parties déprimées que sous les massifs montagneux. On remarquera l'entière conformité de ces vues avec celles qu'a émises M. Faye au sujet de la consolidation progressive de la croûte tenestre.«

K. Akademie, Wien. Sitzung vom 9. Mai 1895.

In dieser Sitzung legte ich 9 photographische Vergrößerungen nach einem vorzüglichen Pariser Negative der Astronomen Loewy und Puiseux vom 13. Februar 1894, 6^h30^m9 M. Z. Paris, aufgenommen im Focus des großen Aequatoreal coudé mit $\frac{1}{4}^s$ Expositionsdauer vor. Da der Durchmesser des focalen Mondbildes 170.5 mm betrug, wurde eine 23.46-malige Vergrößerung gewählt, um ebenso, wie bei dem Pariser Negative vom 14. März 1894, einen schließlichen Monddurchmesser von 4 Metern zu erhalten. Die bemerkten Vergrößerungen stellten dar: 1. Aristillus, Autolycus. 2. Archimedes. 3. Apenninus. 4. Ptolemaeus. 5. Albategnius. 6. Alphonsus. 7. Arzachel. 8. Walter und 9. Maginus.

K. Akademie, Wien. Sitzung vom 4. Juli 1895.

„Die heute der kais. Akademie übersandten 17 photographischen Mondvergrößerungen beziehen sich auf zwei verschiedene Systeme von Platten. Das erste (*A*) verdanke ich der Güte des Herrn Prof. Edward C. Pickering, Director des Harvard College-Observatory in Cambridge (Mass. U. S. A.), das zweite dem fortgesetzten liebenswürdigen Entgegenkommen des Herrn Prof. Edward S. Holden, Director der Lick-Sternwarte am Berg Hamilton (Santa Clara-County, California). — *A* betrifft zwei Glas-Diapositive des Mondes um die Zeit des ersten Viertels, welche Contactcopien zweier Negative sind, die auf der Arequipa-Station der Cambridger Sternwarte mittelst des dortigen 13-zölligen Refractors von Prof. Bailey durch Ocularvergrößerung hinter dem Fernrohrfocus erhalten wurden. Dieselben sind mit No. 6098 (Lichtgrenze am Ostwalle von Archimedes) und No. 6107 (Lichtgrenze am Ostwalle von Clavius) bezeichnet. Ihre Aufnahmezeiten erschienen nicht notiert, dürften mir aber bald bekannt gegeben werden.*) Zu bemerken ist, dass das Observatorium von Arequipa (Peru) sich in einer Höhe von 2457 Metern befindet und bezüglich der atmosphärischen Verhältnisse zu den günstigst situierten der Welt gehört.**) — Beide Diapositive (Plattengröße 20.2 : 25.3 cm) stellen nicht den ganzen Mond, sondern etwa zwei Drittel desselben dar und sind zufolge der erwähnten Ocularvergrößerung nur in ihren centralen Partien von zureichender Schärfe. Durch Vergleichung mehrerer Kraterobjecte dieser Positive mit dem Pariser Negative vom 14. März 1894 fand ich den Monddurchmesser für No. 6098 gleich 16.15 cm, für No. 6107 gleich 16.39 cm. Hieraus folgen die Vergrößerungen 24.76 bezw. 24.40, um einen schließlichen Monddurchmesser von 4.0 Metern zu erhalten. Nach No. 6098 wurden derart die nordwestlichen Apenninen und die Alpen mit dem bekannten großen Thale, nach No. 6107

---

*) Nach einem freundlichen Schreiben des Herrn Prof. E. C. Pickering vom 31. October 1896 erfolgte die Aufnahme von No. 6098 am 5. November 1894, $9^h 8^m$ M. Z. Arequipa (Exp. 2^s) und von No. 6107 am 6. November 1894, $8^h 17^m$ M. Z. Arequipa (Exp. $1^s 5$).

**) Die geographischen Coordinaten desselben lauten zufolge den Astr. Nachr. No. 3079 (Bd. 129): Breite $= -16°24'$, Länge $= 4^h 45^m 30^s$ westlich von Greenwich.

Clavius, Tycho und Pitatus photographisch vergrößert. Als Resultat ergab sich, dass die Mondaufnahmen von Arequipa wohl eine schöne Plastik besitzen, jedoch an Schärfe und Detail denjenigen von Paris (Loewy und Puiseux) und Mt. Hamilton nachstehen. Hiebei wirkt jedoch der ungünstige Umstand mit, dass mir zur photographischen Vergrößerung nur Positive, und nicht die originalen Negative, zur Verfügung standen. — B bezieht sich auf zwei treffliche Negative, welche mit dem 36-Zöller der Lick-Sternwarte im Focus desselben am 8. November 1894 um $10^h\ 16^m\ 52^s$ (I) und $10^h\ 21^m\ 1^s.5$ (II) Pacific Standard Time aufgenommen wurden. I und II wurden 24-mal photographisch vergrößert, so dass der resultierende Monddurchmesser nahe 10 Fuß beträgt. Auf I basieren die Bilder: Condamine, Bouguer, Horrebow; Sinus Iridum; Cap Heraclides und SO; Diophantus, Delisle; Kepler; Wichmann (NW von Letronne); Gassendi; Vitello; Hainzel; Schiller; auf II (nochmals) Sinus Iridum und Gassendi. Diese Resultate lassen einen weiteren Fortschritt in den photo-selenographischen Arbeiten der Lick-Sternwarte erkennen und stehen hinsichtlich Schärfe der Zeichnung und Feinheit des Kornes kaum den besten Pariser Mondaufnahmen nach.«

K. Akademie, Wien. Sitzung vom 19. December 1895.

»Dem großen Entgegenkommen der Pariser Astronomen, Herren Loewy und Puiseux verdanke ich den Besitz zweier ausgezeichneter Mondnegative vom 5. und 6. März d. J.,*) nach welchen ich in der Zeit vom 20. bis 23. November d. J. 19 photographische Vergrößerungen einzelner Speciallandschaften im Maßstabe eines Monddurchmessers von genau 4 Metern angefertigt habe. Aus dieser Serie gestatte ich mir gegenwärtig 9 Bilder in Copien auf Chlorsilber-Gelatinepapier vorzulegen und zwar nach dem Negative vom 5. März die Gegenden: 1. Plato, 2. Gauricus, Wurzelbauer, Pitatus, 3. Tycho, 4. Archimedes — nach dem Negative vom 6. März: 5. Copernicus, 6. Mercator, Campanus, Hippalus, 7. Capuanus, 8. Longomontanus und 9. Clavius. Sehr bemerkenswert ist auf dem unter 6 angeführten Bilde die klare Wiedergabe der bekannten, schönen Hippalus-Rillen γ (zwischen Campanus und Hippalus), δ (durch Hippalus gehend) und ε (zwischen γ und δ). Deutlich erscheint auch, wie die Rille δ die südlich von Hippalus gelegenen Höhenzüge durchschneidet. Weniger deutlich ist der kraterartige Charakter einiger Partien der bemerkten Rillen, da derselbe durch die Zufälligkeiten der Kornlagerung in der Emulsionsschicht des Originals verwischt wird; immerhin verräth sich dieser mühelos dem geübten, erfahrenen Auge.«

K. Akademie, Wien. Sitzung vom 13. Februar 1896.

Als weitere Fortsetzung meiner photographischen Mondvergrößerungen legte ich in dieser Sitzung 10 Mondlandschaften vor und zwar:

»Nach Paris 1895 März 5: Eratosthenes, Guerike-Parry, Tycho; nach Paris 1895 März 6: Das Riphaeus-Gebirge mit Euclides; nach Lick 1895 Juni 27, $8^h21^m1^s$ P. s. t. (Exp. 3^s): Posidonius, Capella-Isidorus, Fabricius, Theophilus-Cyrillus-Catharina; nach Lick 1895, August 2, $11^h44^m41^s$ P. s. t. (Exp. 2^s): Aristarch-Herodot; nach Lick 1895 August 7. $15^h25^m11^s$ P. s. t. (Exp. $0^s.51$: Mare Crisium. — Von besonderer Schönheit erscheint das letztgenannte Bild. Dasselbe zeigt mit großer Klarheit den langen terrassenförmigen Abfall des Mare Crisium-Inneren längs der Ostküste, auf den ich bereits in der Prager Astr. Beob. 1888—1891, S. 33, hingewiesen habe und welcher von Schmidt und anderen Selenographen irrthümlich als niedriger Höhenzug aufgefasst worden. Anderseits lässt das Bild mit Theophilus auf der Lichtinsel im Inneren von Cyrillus ein kleines rundes, kraterartiges Object erkennen, das mir am 10. Januar d. J. auffiel und von welchem ich sofort dem französischen Selenographen C. M. Gaudibert in Vaison (Vaucluse) behufs optischer Verificierung desselben Mittheilung machte. In der That gelang es diesem am Abende des 20. Januar 1896, zwischen 5 und 7 Uhr abends, den fraglichen Gipfelkrater auf dem Centralberge in Cyrillus mit seinem Spiegelteleskope von 260 mm Oeffnung völlig sicher zu beobachten; um 5^h war das Object noch zur Hälfte im Schatten, um 7^h jedoch frei davon und deutlich als Krater wahrzunehmen. Nach der angeführten Lick-Aufnahme ist der Durchmesser (d) desselben $= 1\cdot 1$ km. Andere Bergkrater ähnlicher Art, die ich auf

---

*) Für ersteres lautet die Zeit der Aufnahme 1895, März 5, 7^h54^m1 M. Z. Paris (Exp. 0^s9), für letzteres 1895, März 6. 7^h16^m8 M. Z. Paris. (Exp. 0^s9).

Photographien ausmessen gekonnt, sind: Krater am Gipfel des Centralberges in Capella mit $d = 1.3$ km, am westlichen Abhange desselben mit $d = 0.7$ km (vide: Akad. Anzeiger 1893, Nr. XVIII), am Centralberge in Albategnius mit $d = 0.85$ km (derselbe wurde von C. M. Gaudibert am 1. Mai 1895 optisch entdeckt und von mir auf dem Pariser Negative vom 13. Februar 1894, 6^{h}30^{m}9 M. Z. Paris photographisch verificiert; vide: Astr. Nachr. No. 3310, S. 366) und im Centrum von Linné mit $d = 0.95$ km (vide: Comptes Rendus, 26. Nov. 1894, p. 878). Bemerkenswert ist, dass auf den photographischen Abbildungen nicht allein die Größe dieser Kraterchen, sondern auch ihre runde Form richtig zur Darstellung gelangt.«

K. Akademie, Wien, Sitzung vom 19. März 1896.

»Am 6. Januar d. J. trafen vom Lick Observatory (Mt. Hamilton, California) an der Prager Sternwarte als wertvolles Geschenk für dieselbe sieben neue focale Mondnegative, aufgenommen mit dem 36-zölligen Lick-Refractor in der Zeit vom 8. bis 28. August 1895, ein. Unter diesen wurden zunächst zwei ausgezeichnete Platten vom 13. August, 13^{h}10^{m}26^s.0 $-$26^s.8 P. s. t. (I) und vom 14. August, 16^{h}17^{m}26^s.0$-$27^s.0 P. s. t. (II), welche hohen Declinationen des Mondes entsprechen, der photographischen Vergrößerung unterzogen. Im Folgenden erlaube ich mir, einige Resultate vorzulegen und zwar nach I: Die große Ringebene Copernicus bei Sonnenuntergang, die Mond-Karpathen von Gay-Lussac bis Mayer, das Riphaeus-Gebirge mit Euclides, die große Rille zwischen Mercator und Cichus, die Wallebenen Longomontanus und Wilhelm I — nach II: Sinus Iridum bei Sonnenuntergang, Delisle und Diophantus, Kepler, Gassendi, Schiller. Das Copernicusbild, welches ebenso wie das daran schließende Karpathenbild von bemerkenswerter plastischer Wirkung erscheint, zeigt am äußeren Ostwalle von Copernicus eine deutliche, fast kreisrunde Doppelcontourierung, die von mir alsbald auf Grund meiner bezüglichen seleno-photographischen Erfahrungen als Krater interpretiert wurde. Da jedoch ein solcher, obwohl er relativ groß zu nennen ist, weder bei Schmidt, noch bei Neison, Mädler oder Lohrmann vorkommt, wandte ich mich abermals an den hervorragenden französischen Selenographen C. M. Gaudibert mit der Anfrage, ob er nicht etwa im Laufe der Zeit am angeführten Orte ein kraterähnliches Object wahrgenommen habe. Derselbe antwortete umgehend am 10. d. M., dass dies am 20. Februar 1888 der Fall gewesen, und legte seinem Schreiben eine Copernicus-Skizze bei, aus welcher unzweifelhaft die Existenz des fraglichen Kraters seiner Position und Größe nach hervorgeht. — Auf der Vergrößerung von Mercator-Capuanus-Cichus ist die dort ziehende große Rille vorzüglich zu sehen. Zwischen dem westlichen Theile derselben und der Ringebene Kies (am rechten unteren Bildrande) liegt der Krater Kies A, welcher am südlichen Walle einen kleineren Begleitkrater trägt. Westlich hiervon zeigt die Photographie einen eclatanten Krater, der etwa halb so groß als A ist und auf den Mondkarten allgemein mit b bezeichnet wird. Während nun die Selenographen Lohrmann, Mädler und Neison dieses Object gleichfalls als Krater anführen, zeichnet Schmidt (Sect. VII) daselbst eine niedrige runde und nach SW offene Höhe. Die erstere Auffassung dürfte somit die richtigere sein. — Mit Bezug auf das Delisle-Diophantus-Bild bemerke ich, dass ich dieselbe Gegend bereits früher nach dem Lick-Negative vom 8. November 1894, 10^{h}16^{m}52^s P. s. t. bei entgegengesetztem Schattenwurfe vergrößert und der kais. Akademie überreicht habe (vide: Akad. Anzeiger, 1895, Nr. XVII). Auf der letztgenannten Aufnahme (dieselbe heiße a, die heute vorgelegte b) entdeckte ich am 22. Juni 1895 beim Vergleich mit Schmidt's großer Mondkarte (Sect. V), welche diese Gegend allgemein richtig und mit vielem Detail darstellt, einen kleinen Krater am Fuße des südlichen Außenwalles von Diophantus, der in westlicher Nähe des dortigen Schmidt'schen kleinen Kraters (letzterer findet sich nicht bei Lohrmann, Mädler oder Neison) liegt, jedoch diesem an Größe etwas nachsteht. Der erstere wurde von C. M. Gaudibert in Vaison am 25. Januar 1896 optisch verificiert und außer Zweifel gestellt, da der erwähnte Beobachter gleichzeitig beide Kraterchen, den Schmidt'schen und den photographisch gefundenen, zu sehen vermochte. Dieser neue Krater ist auch auf dem Bilde b, doch weniger gut als auf a, zu erkennen. Bei Neison steht ferner die südöstlich von Delisle streichende Höhe mit Delisle in Verbindung, was den Photographien *a* und *b* und auch der Schmidt-Mädler'schen Darstellung nicht entspricht. Jene Höhe ist vielmehr, selbst an ihrem nördlichen Ende, von Delisle um einen halben Durchmesser dieses Kraters entfernt.«

K. Akademie, Wien, Sitzung vom 7. Mai 1896.

»Nach einem ausgezeichneten Negative der Lick-Sternwarte vom 9. October 1895, $16^h20^m2^s.0—2^s.5$ P. s. t., welches bei sehr hoher Declination ($\delta = +28\frac{1}{4}°$) aufgenommen worden, vergrößerte ich in der Zeit vom 30. März bis 2. April d. J. 18 der hauptsächlichsten, in der Nähe der Lichtgrenze liegenden Objecte auf photographischem Wege und gestatte mir, diese Bilder anliegend zu überreichen. Dieselben stellen, im Meridiane von N nach S fortschreitend, dar: 1. Plato, 2. Archimedes, 3. Apenninus, 4. Triesnecker, Pallas, 5. Flammarion, Moesting *A*, 6. Hipparchus, 7. Albategnius, 8. Alphonsus, Ptolemaeus, 9. Arzachel, 10. Birt, Thebit, 11. Regiomontanus, Purbach, Thebit, 12. Walter, 13. Lexell, Hell, 14. Nasireddin, Saussure, Orontius, 15. Tycho, 16. Maginus, 17. Clavius, 18. Cysatus, Moretus, Newton. Zu einzelnen dieser Bilder sei das Folgende bemerkt.«

»Ad 1. Im SW von Plato liegt der Doppelkrater *i* (Schmidt, Sect. XV). Südlich davon entdeckte ich auf der Lick-Negative vom 3. August 1893, $15^s23^s13^s$ P. s. t. am 24. Mai 1894 einen kleinen Krater (vergl. »Selenographical Studies« im III. Bande der »Publications of the Lick Observatory«, p. 129: $\lambda = -5°.35$, $\beta = +47°.45$, Durchmesser $= 2.3\ km$), welcher auf dieser Vergrößerung gleichfalls zu erkennen ist. Dieselbe stellt auch die von L. Brenner in Lussinpiccolo am 14. Mai 1894 optisch gefundene, lange Rille (vide: »English Mechanic«, Februar 22, 1895), welche in fast geradlinigem Laufe den NW-Wall von Plato unter einem Winkel von etwa $28°$ durchschneidet, deutlich dar. Ebenso ist dies auf der erwähnten Lick-Platte vom 3. August 1893 der Fall. Diese Rille macht außerhalb des Nordwalles von Plato auf den Photographien den Eindruck einer Kraterrille.«

»Ad 2. Norwestlich vom dem kleinen Krater Archimedes *d* befindet sich nach Schmidt (Sect. IV) eine niedrige Doppelhöhe. In nordwestlicher Nähe der letzteren zeigen die Photographien der Lick-Sternwarte vom 3. August 1893 (mit westlichem Schattenwurfe) und der Pariser Sternwarte vom 13. Februar 1894 (mit östlichem Schattenwurfe) einen kleinen Krater, dessen Durchmesser 2.5 km betragen dürfte und welcher bei Schmidt, sowie bei anderen Selenographen fehlt. Derselbe ist auf der in Rede stehenden Lick-Platte vom 9. October 1895 (mit westlichem Schattenwurfe) ebenfalls gut wahrzunehmen und wurde außerdem noch von C. M. Gaudibert in Vaison am 23. Januar 1896, 5^h p. m. mittelst seines Spiegeltelescopes von 26.0 cm Oeffnung optisch verificiert. — Die im Akad. Anzeiger 1894, Nr. X, Sitzung vom 12. April 1894, von mir angeführte, am Fuße des südlichen Außenwalles von Archimedes ziehende Kraterrille ist hier ihrem Charakter nach noch besser als auf der Lick-Platte vom 10. November 1892 zu erkennen.«

»Ad 4. Dieses Bild bietet im Vergleich zu Schmidt's Sect. I viel Neues, dessen vollständige Aufzählung jedoch hier zu weit führen würde. Es seien nur ein kleiner Krater (Größe $= 3.2\ km$) am südwestlichen Außenwalle von Triesnecker und ein anderer (Größe $= 2.6\ km$) in geringem Abstande nördlich von Bode erwähnt. Das Convergieren der von Triesnecker nördlich ziehenden *d*-Rille gegen den östlichen Arm der Hyginus-Rille hin ist auf diesem Bilde besonders gut und deutlich zu sehen.«

»Ad 5. Diese Vergrößerung zeigt mit vorzüglicher Klarheit den von mir am 20. December 1892 auf der Lick-Platte vom 15. August 1888 entdeckten eclatanten Krater im Osten von Réaumur (vide den oben citierten III. Band, p. 125). Es ist in der That überraschend, dass Schmidt diesen auffälligen Krater von 4.2 km Durchmesser ($\lambda = -0°.6$, $\beta = -3°.0$ nach Sect. I), welcher auf keiner Photographie von einigermaßen günstiger Phase fehlt, völlig übersehen, hingegen feineres Detail in der Nähe eingetragen hat. Da solche Fälle sich zufolge meiner zahlreichen Vergleichungen von Mondphotographien mit Schmidt's großer Mondkarte mehrfach wiederholen, erweist sich die Methode der Nachweisung von Neubildungen auf dem Monde auf Grund der vorhandenen, durch Handzeichnung entstandenen, Mondkarten als wenig zuverlässig.«

»Ad 7. Schmidt zeichnet im Inneren von Albategnius (Sect. VIII), etwas unterhalb der Mitte zwischen dem großen Krater Albategnius A (Ostwall von Albategnius) und dem kleineren Krater Albategnius E (am Westwalle), einen Krater, der auf dem Pariser Negative vom 14. März 1894, $7^h 4^m 5$ M. Z. Paris (mit östlichem Schattenwurfe) leicht zu erkennen ist. Diese Platte zeigt außerdem in geringer südlicher Entfernung davon noch eine zweite, nahezu ebenso große kraterartige Vertiefung (Durchmesser $= 4$ km), welche bei Schmidt fehlt und die mir zuerst am 4. October 1894 aufgefallen ist. Ueber dieses Object wurde (in Verbindung mit anderen Entdeckungen von mir innerhalb Albategnius) von Loewy und Puiseux in den Comptes Rendus No. 22 (26. Novembre 1894) p. 878 berichtet. Dasselbe erscheint nunmehr durch die Lick-Aufnahme vom 9. October 1895 (mit westlichem Schattenwurfe), wie man sich leicht bei aufmerksamer Betrachtung der photographischen Vergrößerung zu überzeugen vermag, vollkommen bestätigt.«

»Ad 12. Am 22. Mai 1894 entdeckte ich in Walter auf der Lick-Platte vom 14. Juli 1891, $8^h 16^m 26^s$ P. s. t. nahe zur Mitte zwischen dem Krater A (Mädler) und dem nordöstlichsten der westlich von e in einer Reihe liegenden Krater einen kleinen Krater von 2.8 km Durchmesser (vide den obigen III. Band, p. 117), welcher durch eine zweite Lick-Platte vom 15. August 1888 bestätigt wurde. Dieser Krater findet sich auch auf der vorliegenden Lick-Aufnahme vom 9. October 1895 (mit entgegengesetztem Schattenwurfe) und wurde überdies von C. M. Gaudibert am 11. September 1895, 5^h a. m. optisch verificiert.«

»Schließlich möchte ich noch auf die hervorragend schöne Plastik der Tycho- und Clavius-Vergrößerung aufmerksam machen. Diese beiden Bilder dürften das Beste unter dem bis jetzt Erreichten darstellen.«

K. Akademie, Wien. Sitzung vom 9. Juli 1896.

»In Fortsetzung meiner Arbeiten zur Herstellung eines photographischen Mondatlas im Durchmesser des Mondes von 10 Fuß fertigte ich im April d. J. nach einem vorzüglichen Negative der Lick-Sternwarte vom 6. September 1895, $15^h 38^m 22^s 0 - 22^s 5$ P. s. t. (Mondalter $= 17^d 22^h$) fünfzehn 24-malige Vergrößerungen einzelner Mondgegenden an und erlaube mir, dieselben anliegend vorzulegen und zu überreichen. Diese Bilder stellen, von nördlicher zu südlicher selenographischer Breite fortschreitend, dar: 1. Atlas, Hercules, Bürg, 2. Macrobius u. N, 3. Maraldi, Vitruvius, Littrow, Römer, 4. Palus Somnii, Proclus, 5. Taruntius u. O, 6. Messier, 7. Censorinus u. SW, 8. Capella, Isidorus, Mädler, 9. Guttemberg, Magelhaens, Colombo, 10. Santbech, 11. Fracastor, 12. Piccolomini, 13. Rheita, Neander, 14. Metius, Fabricius, 15. Vlacq, Pitiscus. Außer diesen Blättern lege ich noch drei Vergrößerungen in demselben Maßstabe von dem interessanten, fast kreisförmigen Plateau Wargentin und der prächtigen großen Wallebene Schikard (nach den Lick-Negativen vom 29. Juni 1890, $10^h 10^m$ und $10^h 23^m$ P. s. t. und vom 14. August 1895, $16^h 20^m$ $6^m - 7^m$ P. s. t.), ferner eine weitere Vergrößerung von Aristarch und Herodot mit westlichem Schattenwurfe (als Gegenstück zu dem am 13. Februar 1896, Akad. Anzeiger, Nr. V, überreichten Bilde der gleichen Gegend mit östlichem Schattenwurfe) nach der letztgenannten Lick-Aufnahme vor. Auf den beiden zuerst angeführten Wargentin-Vergrößerungen ist der, das Wargentin-Plateau nahe meridional durchquerende Höhenzug und eine Abzweigung desselben nach NO deutlich zu erkennen.«

»Im Anschlusse an meine früheren Berichte gestatte ich mir noch, eine Reihe von Verificierungen bezw. Entdeckungen des Selenographen C. M. Gaudibert bekannt zu geben, die sich auf meine photographischen Mondarbeiten gründen.«

»Auf der am 19. März 1896 (Akad. Anzeiger 1896, Nr. IX) vorgelegten Vergrößerung, von Longomontanus und Wilhelm I sieht man im westlichen Inneren von Longomontanus, zwischen den centralen Höhen und dem inneren Westrande, einen einzelnen Berg, welcher den Eindruck eines Kegelberges macht. Auf der Photographie zeigt diese Photographie ein kraterartiges Object von etwa 1.1 km Durchmesser, das mir am 5. April d. J. zuerst auffiel, und von welchem ich alsbald Herrn Gaudibert Kenntnis gab. Derselbe sandte mir kurz darauf drei Skizzen des Inneren von Longomontanus, die er am 30. März 1890, 28. December 1892 und 22. April 1896 am Telescope gezeichnet hat, und welche die Kraternatur des fraglichen Objectes vollkommen bestätigen. Gaudibert schreibt dazu am 24. April d. J.: »Il est bien étonnant que Schmidt l'ai oublié car il n'est pas difficile à voir, sinon comme cratère au moins comme une montagne. J'ai pu le voir même comme cratère, le 22 Avril 1896 à 8ʰ alors que le vent agitait le télescope, et avec un grossissement faible. Ce que je trouve de particulier concernant ce cratère c'est que ses bords sont hauts et épais tandis que son ouverture est comparativement petite. C'est à cause de cela qu'on peut le voir plus facilement comme montagne que comme cratère.«

»In meinem Berichte vom 19. März 1896 (Akad. Anzeiger 1896, Nr. IX) bemerkte ich zu dem Bilde: Mercator, Capuanus, Cichus, dass das von Kies A westlich liegende Object b nach der Photographie ein eclatanter Krater sei, während Schmidt dasselbe nicht so auffasst und es nach SW hin offen zeichnet. Gaudibert beobachtete diese Gegend am 22. April d. J. und constatierte dabei, dass der Wall von b sich im Einklange mit der photographischen Vergrößerung als völlig geschlossen darstellt. Zugleich entdeckte er, dass der Krater Kies A an der Ostseite, gerade dort wo Schmidt einen kleinen Krater verzeichnet, offen sei. Ich füge dem hinzu, dass auf der erwähnten Photographie eine Einbuchtung des östlichen Außenwalles von Kies A an der angeführten Stelle deutlich wahrnehmbar erscheint, während auch eine solche bei Schmidt fehlt.«

»Am 7. März 1895 (Akad. Anzeiger 1895, Nr. VII) erlaubte ich mir der kais. Akademie (unter 28 Bildern) zwei photographische Vergrößerungen im Maßstabe eines Monddurchmessers von 4.0 Metern nach einem Pariser Negative vom 14. März 1894, 7ʰ 4ᵐ5 M. Z. Paris vorzulegen, welche die Gegenden: Geber, Abenezra, Azophi (No. 22) und Sacrobosco (No. 23) darstellen. Am 20. December 1894 und am 4. Februar 1895 entdeckte ich auf diesen beiden Blättern mehrere neue Krater im Vergleich zu Schmidt's Sect. VIII und IX, zeichnete dieselben auf den Rückseiten der Papiercopien an und sandte letztere an den Selenographen Gaudibert, sowie an die Pariser Astronomen Loewy und Puiseux. Ersterer hat nun am 20. April und 19. Mai d. J. einige der bemerkten neuen Krater optisch verificiert. Dieselben sind in der folgenden Uebersicht gegeben.

No.	Object	Position nach Schmidt		Allgemeine Lage	Durchmesser in km	
		Selenogr. Länge λ	Selenogr. Breite β			
1	Doppelkrater	+ 15°69	− 22°43	Am südlichen Ende der an Sacrobosco im NO schließenden Doppelringebene A	2.7	2.7
2	Doppelkrater	+ 11.27	− 21.77	Am äußern SO-Walle von Abenezra β	2.7	2.2
3	Doppelkrater	+ 15.90	− 20.61	SW von Geber. Distanz etwas größer als der halbe Azophi-Durchmesser	4.0	2.2
4	Krater	+ 13.43	− 22.30	Nahe zur Mitte des Azophi-Innern	2.7	
5	Doppelkrater	+ 12.81	− 19.08	Oestlich von Geber B; Distanz = ein Durchmesser dieses Kraters	4.5	4.0
6	Doppelkrater	+ 18.00	− 20.94	NW von Sacrobosco P, einen Durchmesser dieses Kraters entfernt	4.6	3.1
7	Krater	+ 13.00	− 20.65	Am nördlichen Innenrande von Abenezra	4.9	

»Bemerkungen: Ad 1. Die Position bezieht sich auf den nördlichen der beiden Krater. Die Axe des Doppelkraters liegt meridional. Ad 2. Die Position bezieht sich auf den nördlichen Krater, dessen Durchmesser auch der größere ist. Axe nahe meridional. Ad 3. Ebenso. Axe meridional. Ad 4. Schmidt hat nördlich davon einen ähnlichen kleinen Krater. Vielleicht nur ein Positionsfehler bei Schmidt. Ad 5. Die Position bezieht sich auf den nördlichen, etwas größeren Krater. Schmidt hat nur diesen letzteren, nicht aber auch den südlichen Begleitkrater. Axe meridional. Ad 6. Die Position bezieht sich wieder auf den nördlichen und größeren Krater. Die Axe des Doppelkraters hat südöstliche Richtung. Bei Schmidt ist daselbst ganz ebenes Terrain. Ad 7. Dieser größere Krater befindet sich bei Schmidt in falscher Position, und zwar auf dem nördlichen Abenezra-Walle anstatt am nördlichen Rande des Abenezra-Inneren. Auch hat Schmidt diesen Krater zu klein aufgefasst.«

»Nachzutragen ist noch, dass Gaudibert die Objecte 1, 2, 3, 6. 7 am 20. April d. J., hingegen 4 und 5 am 19. Mai d. J. verificierte. Zieht man die Größe dieser Krater in Betracht, so ist es in der That überraschend, dass Schmidt dieselben entweder ganz übersehen oder unrichtig in seine Karte eingetragen hat.«

»Zum Schlusse seien noch zwei photographische Entdeckungen angeführt, welche von Gaudibert selbst auf Grund meiner photographischen Vergrößerungen von Mercator, Campanus, Hippalus nach dem Pariser Negative vom 6. März 1895, 7^h16^m8 M. Z. Paris (Akad. Anzeiger 1895, Nr. XXVII, Sitzung vom 19. December 1895) und von Archimedes nach dem Lick-Negative vom 9. October 1895, $16^h20^m2^s.0-2^s.5$ P. s. t. (Akad. Anzeiger 1896, Nr. XII, Sitzung vom 7. Mai 1896) gemacht wurden. Die erstere bezieht sich auf eine neue Rille am Fuße des nordöstlichen Außenwalles von Campanus, welche nahezu parallel zu den östlicher liegenden Rillen y, d und ε zieht, die zweite auf einen kleinen Krater am Fuße des östlichen Außenwalles von Archimedes. Beide Objecte wurden von Gaudibert in der zweiten Junihälfte d. J. optisch verificiert. Die erwähnte Rille zwischen Campanus und der bekannten Rille y scheint bislang von keinem Selenographen gesehen worden zu sein, was um so befremdender ist, als Gaudibert dieselbe am Fernrohre trotz sehr ungünstiger Luftverhältnisse wahrzunehmen vermochte.«

Académie Paris. Comptes Rendus du 10 Août 1896, T. CXXIII, p. 349:

»Sur les photographies lunaires offertes à l'Académie par M. Weinek directeur de l'Observatoire de Prague. Note présentée par M. Loewy.«

»On sait que, depuis plusieurs années, le Dr. Weinek a entrepris de reproduire, sous une forme très maniable et très avantageuse pour l'étude, les clichés de la Lune, successivement obtenus à l'Observatoire Lick et à l'Observatoire de Paris. Plusieurs fois déjà, nous avons eu occasion de mettre sous les yeux de l'Académie d'importantes collections d'agrandissements sur papier, exécutés avec une très grande habileté par le Dr. Weinek et qui lui ont permis de signaler de nombreux objets qui ont échappé à l'attention des sélénographes.«

»La série que nous avons aujourd'hui entre les mains marque encore un progrès nouveau réalisé dans cette voie. On remarquera, en effet, que la netteté des bords des images est, cette fois, presque égale à celle du centre. Quelques-uns des sujets représentés sont empruntés aux clichés de l'Observatoire de Lick, mais le plus grand nombre sont des agrandissements partiels de deux clichés obtenus à l'Observatoire de Paris le 5 et le 6 mars 1895.«

»Sans doute dans le but de conserver à son oeuvre un caractère d'unité, le Dr. Weinek a continué à se servir du procédé d'impression photogénique sur papier aux sels d'argent. Cette méthode laborieuse, appliquée dans certaines conditions, assure d'ailleurs une finesse extrême et permet de reproduire non seulement les détails les plus ténus enregistrés sur l'épreuve originale mais aussi le grain de la couche sensible. La dimension des feuilles a été limitée à 24 cm sur 30 cm, et l'amplification choisie varie entre 20 fois et 24 fois, donnant ainsi du disque lunaire entier un diamètre de 3 m à 4 m. Chaque région n'embrasse, par suite, qu'une région assez restreinte: cette circonstance, préjudiciable pour certaines recherches spéciales, n'est pas sans avantage au point de vue de l'effet artistique, en permettant d'isoler certaines grandes formations lunaires et concentrer sur elles l'attention du spectateur.«

»On en jugera par les agrandissements qui représentent Platon, Copernic, Longomontanus, Clavius. Ce dernier cirque est bien visible à la fois sur les clichés des 5 et 6 mars; la comparaison des deux épreuves est très instructive en montrant comment se modifie en vingt-quatre heures l'éclairement d'un paysage lunaire et en facilitant l'interprétation correcte du relief. D'autres épreuves montrent la curieuse terrasse rectiligne connue sous le nom de mur droit et le système de fissures concentriques et parallèles formé au voisinage d'Hippalus.«

»Le choix judicieux fait par le Dr. Weinek permet ainsi de passer en revue des cirques d'aspect très varié depuis les fosses profondes avec montagne centrale comme Tycho, jusqu'aux enceintes submergées telles que Guéricke dont le rempart à demi effacé subsiste seul pendant que la dépression intérieure a disparu.«

K. Akademie, Wien. Sitzung vom 3. December 1896.

»Anliegend gestatte ich mir 25 weitere, von mir ausgeführte photographische Mondvergrößerungen nach drei verschiedenen focalen Negativen des Lick Observatory und der Pariser Sternwarte zu überreichen. No. 1—18 basieren auf der Lick-Aufnahme vom 7. October 1895, $13^h 56^m 8^s - 8^s.5$ P. s. t., No. 19—21 auf dem Lick-Negative vom 14. August 1895, $16^h 17^m 26^s - 27^s$ P. s. t. und No. 22—25 auf der Pariser Aufnahme (Loewy und Puiseux) vom 5. März 1895, $7^h 54^m$:1 M. Z. Paris. Letztere vier Blätter bilden die Ergänzung zu meinen in der Sitzung vom 19. December 1895 (Akad. Anzeiger 1895, Nr. XXVII) vorgelegten Arbeiten. Die Vergrößerung derselben ist 23.39, während jene der Lick-Bilder 24 beträgt. No. 1—25 stellen, von nördlicher zu südlicher selenographischer Breite fortschreitend, die folgenden Mondlandschaften dar: 1. Eudoxus, Aristoteles, 2. Posidonius, 3. Palus Putredinis u. W, 4. Linné, 5. Bessel, 6. Plinius, Menelaus, 7. Julius Caesar, Agrippa, 8. Delambre, 9. Kant, Alfraganus, Delambre, 10. Abulfeda, 11. Theophilus, Cyrillus, Catharina, 12. Sacrobosco, 13. Lindenau, Zagut, Pons, 14. Rabbi Levi, Zagut, 15. Gemma Frisius, 16. Maurolycus, 17. Baco, Jacobi, 18. Zach, Curtius, Moretus, ferner 19. Mersenius, 20. Hippalus, Vitello u. O, 21. Montes Leibnitz, endlich 22. Schröter, 23. Davy, Lalande, 24. Alphonsus, Alpetragius, 25. Lexell, Hell. Zu einigen dieser Bilder sei das Nachstehende bemerkt.«

»Ad 1. Nordwestlich von Eudoxus liegt der Krater Eudoxus A (Schmidt, Sect. XIV). Nördlich davon und zwar im Abstande eines Durchmessers von A fand ich im Februar v. J. auf der Pariser Aufnahme vom 14. März 1894 (vide Akad. Anzeiger 1895, Nr. VII, Sitzung v. 7. März 1895, Bild No. 2) einen kleinen, bei Schmidt und Anderen nicht vorkommenden Krater, dessen Realität durch dieses Bild, welches entgegengesetzten Schattenwurf zeigt, bestätigt wird. Seine Größe ist 2.7 km. Weiter nördlich, in der Distanz von etwa zwei A-Durchmessern von A, dürfte noch ein zweiter ähnlicher Krater liegen.«

»Ad 2. Nach Schmidt, Sect. III, befinden sich nordöstlich von Posidonius zwei größere Krater P und C, deren relative Größe jedoch daselbst nicht richtig angegeben ist. Ziehen wir noch zum Vergleiche den Krater A im Inneren und den Krater B am Nordwalle von Posidonius heran, so wachsen bei Schmidt die Durchmesser im Sinne der Reihe A, B, P, C, auf dieser photographischen Vergrößerung hingegen im Sinne C, A, P, B. Jedenfalls ist $P > C$ nicht aber $P < C$, wie bei Schmidt. Die photographischen Durchmesser der erwähnten Krater lauten genähert in Kilometern: $A = 11.3$, $B = 15.8, P = 14.7$ und $C = 9.8$. Dass $P > C$ sei, wird auch durch meine Zeichnung dieser Gegend am sechszölligen Refractor der Prager Sternwarte vom 4. April 1885, $15\frac{1}{2}^h - 16\frac{1}{4}^h$ M. Z. Prag (vide Astron. Beob. an der k. k. Sternwarte zu Prag in den Jahren 1885, 1886 und 1887, Taf. I) vollkommen bestätigt.«

»Ad 5 und 6. Auf diesen Photographien ist südwestlich von Bessel, und zwar im rechten Winkel des von Bessel, Menelaus und dem fraglichen Object gebildeten rechtwinkeligen Dreieckes, eine große kreisförmige Formation mit niedrigem Hügel im Centrum zu sehen, welche im Durchmesser größer als Plinius ist und vielleicht die Ueberreste einer ehemaligen Ringebene des Mondes darstellt. Dieser Eindruck wiederholt sich auf fast allen Lick-Negativen mit Abendbeleuchtung, während derselbe auf jenen mit Morgenbeleuchtung verloren geht.«

»Ad 7. Auf der Pariser Aufnahme vom 14. März 1894 (vide Akad. Anzeiger 1895, Nr. VII, Bild No. 14) entdeckte ich im December 1894 in der westlich von Godin liegenden und nach NO offenen Ringebene (Schmidt's Sect. II), welche Lohrmann mit 98 bezeichnet, einen deutlichen Krater, der bei Schmidt und anderen Selenographen fehlt. Derselbe wird durch diese Lick-Vergrößerung bestätigt. Seine Größe ist 3.3 km. Ebenso findet sich auf den angeführten beiden Platten übereinstimmend ein kleiner Krater von etwa 2,7 km Größe am Westfuße und nahe zur Mitte des nördlich von der Verbindungslinie Agrippa und Agrippa b (= No. 99 bei Lohrmann) streichenden meridionalen Höhenzuges.«

»Ad 17. Im nordwestlichen Inneren von Baco zeigt diese photographische Vergrößerung einen deutlichen, keineswegs minimalen Krater von 5,2 km Durchmesser, welcher wohl bei Schmidt, Sect. XXIV, vorhanden ist, jedoch bei Mädler, Lohrmann und Neison nicht vorkommt.«

»Ad 19. Im centralen Inneren von Mersenius zeichnet Schmidt (Sect. XX) mehrere kleine Krater, welche ihrer Hauptrichtung nach meridional angeordnet sind. Dieselben finden sich auch auf diesem Bilde vor, sind aber hier noch durch eine rillenartige Formation mit einander verbunden, welch' letztere sich bis zum inneren Süd- und Nordrande von Mersenius verfolgen lässt. Herr C. M. Gaudibert in Vaison, dem ich davon Mittheilung machte, bestätigte aus seinen Zeichnungen vom 15. April 1886, 26. December 1887 und 15. October 1891, deren Copien er mir freundlichst zusandte, das Vorhandensein jener Formation (von ihm crevasse genannt) in ihrem mittleren Theile und in der Ausdehnung von etwa ½ des Mersenius-Inneren.«

»Ad 21. Dieses Blatt zeigt die nördlich von den Leibnitz-Bergen liegende Landschaft bis Segner und Kircher in hervorragender Plastik.«

»Ad 22. Nördlich von Schröter liegt der Krater a. Bezüglich desselben schrieb der bekannte englische Selenograph T. Gwyn Elger in »English Mechanic und World of Science«, June 19, 1896 am Schlusse seines Artikels »Gruithuisen's City in the Moon«: »I may add, that Schmidt draws a minute crater on the eastern inner slope of a, which I have not seen. It is, probably, a difficult object, and a good test.« Hierzu wäre zu bemerken, dass ich diesen optisch schwierigen Krater bereits auf einem Lick-Diapositive vom 14. Juli 1891 (vide »Publications of the Lick Observatory« Vol. III, 1894, p. 127) ohne Mühe gefunden und seinen Durchmesser zu 1,4 km bestimmt habe, dass derselbe ferner auch auf dieser Photographie gut wahrzunehmen ist. Ueberdies wurde dieser kleine Krater auch von C. M. Gaudibert am 17. Juni 1880 (vide »English Mechanic« July 3, 1896, p. 447) optisch beobachtet.«

»Ad 24. Auf diesem Bilde sind die bekannten dunklen Flecken im Inneren von Alphonsus besonders schön und deutlich zu sehen.«

»Endlich sei noch zweier neueren optischen Verificierungen C. M. Gaudibert's Erwähnung gethan. Nach dem Pariser Negative vom 14. März 1894 wurde von mir auch Manilius und dessen Umgebung (vide Akad. Anzeiger 1895, Nr. VII, Bild No. 11) photographisch vergrößert. Auf diesem Bilde fand ich im Februar v. J. unter Anderem einen kleinen neuen Krater nordöstlich von Manilius A, dessen Position nach Schmidt's Sect. IV lauten würde: $\lambda = +\ 8°.87$ (westlich), $\beta = +\ 17°.64$ (nördlich). Schmidt hat an dieser Stelle ganz ebenes Terrain. Der bemerkte Krater besitzt eine Größe von 3,2 km und wurde von C. M. Gaudibert am 14. October d. J. optisch bestätigt. — Ferner ist von mir beim Lick-Negative vom 8. November 1894, $10^h 16^m 52^s$ P. s. t. die Landschaft um Wichmann, im NW von Letronne (vide Akad. Anzeiger 1895, Nr. XVII, Sitzung vom 4. Juli 1895, S. 159), vergrößert worden. Auf letzterem Bilde fand ich im Juni v. J., dass der westlich von Wichmann, etwa drei Durchmesser desselben entfernte kleine Krater auffallend nach SW in die Länge gezogen ist und schloss daraus, dass dieser in Wirklichkeit ein Doppelkrater sein könnte. Diese Vermuthung wurde durch C. M. Gaudibert's Beobachtung vom 16. September d. J., $10^h 30^m$ M. Z. Vaison an dessen 9¼-zölligem Spiegeltelescope zur Evidenz erhoben, indem derselbe den erwähnten Krater in Momenten der größten Luftruhe vollkommen deutlich als doppelt erkannte, wobei die Axe beider Krater (der südwestliche ist 2—2½-mal kleiner als der nordöstliche) mit der Photographie gut übereinstimmt.«

K. Akademie, Wien. Sitzung vom 8. April 1897.

»In Fortsetzung meiner photographischen Arbeiten für den Prager Mond-Atlas habe ich in den Monaten Januar und Februar d. J. nach acht verschiedenen focalen Negativen der

Lick-Sternwarte zahlreiche Vergrößerungen im Maßstabe eines Monddurchmessers von 10 Fuß angefertigt. Beifolgend erlaube ich mir, 30 derselben zu überreichen. Jene Negative lauten in der Reihenfolge ihrer Heranziehung:

    A. L. O. 1896,   Juni   17, 8^h27^m $2!0-2!8$ P. s. t.
    B. » »   Juni   17,   8 28 14.0—14.8 »
    C. » 1895 October   8, 14 41 2.0— 2.5 »
    D. » »   Juli   31,   9 16 48 — 50 »
    E. » »   Juli   30,   8 22 53 — 55 »
    F. » » October   9, 16 20 2.0— 2.5 »
    G. » » October 10, 16 6 2.0— 2.5 »
    H. » » November 8, 10 16 51 — 53 »

»Die bemerkten Bikler stellen die folgenden Mondlandschaften dar. Nach A wurde 1. Triesnecker, Hyginus vergrößert, nach B gleichfalls 2. Triesnecker, Hyginus, sowie 3. Caucasus, nach C · 4. Maurolycus, 5. Licetus, Cuvier, 6. Stöffler, 7. Gemma Frisius, 8. Albategnius, 9. Sacrobosco, Azophi, 10. Agrippa, Godin, 11. Triesnecker, Hyginus, 12. Manilius, 13. Alpes, Cassini, 14. Plato, 15. Hipparchus, 16. Caucasus, nach D: 17. Plato, nach E: 18. Plato, 19. Eratosthenes, 20. Tycho, 21. Clavius. Maginus, nach F: 22. Eratosthenes, 23. Epigenes, Fontenelle, nach G: 24. Copernicus, 25. Tycho, 26. Clavius, endlich nach H: 27. Gassendi, 28. Schiller, 29. Vitello, Doppelmayer, 30. Delisle, Diophantus.«

»Im Anschlusse hieran sei es mir gestattet, einige weitere optische Verificierungen von Kratern und Rillen, die von mir auf bereits früher eingesandten photographischen Vergrößerungen entdeckt wurden, anzuführen. Dieselben erfolgten durchwegs durch den verdienten französischen Selenographen C. M. Gaudibert in Vaison (Vaucluse), welcher erfreulicherweise fortdauernd lebhaftes Interesse der Photoselenographie zuwendet. Diese Objecte, die sämmtlich auf Schmidt's großer Mondkarte fehlen, sind:

No.	Object	Position nach Schmidt Selenogr. Länge λ	Selenogr. Breite β	Allgemeine Lage	Durchmesser in km	
1	Krater	+ 10°.5	+ 36°.7	Südlich von Calippus (in der Breite von Theaetetus a) am SO-Abfalle der Höhe des Caucasus	1.8	
2	Krater	+ 10.3	+ 36.8		2.5	
3	Krater	+ 9.7	+ 35.0	Südlich von 1 und 2 auf dem in nordöstlicher Richtung streichenden Gebirgszuge	2.9	
4	Krater	+ 9.5	+ 35.0		2.7	
5	Krater	+ 15.0	+ 46.4		3.5	
6	Krater	+ 14.9	+ 45.7	Im NO von Eudoxus	3.3	
7	Doppelkrater	+ 14.2	+ 45.8		2.2	2.1
8	Doppelkrater	— 41.7	— 3.2		2.4	1.3
9	Krater	— 41.7	— 2.8	Nordwestlich von Flamsteed	2.9	
10	Krater	— 41.2	— 2.4		3.5	
11	Krater	+ 0.2	+ 3.9	Nordöstlich von Chladni	2.5	
12	Höhe	0.0	+ 4.7	Im nordwestlichen Innerem der Ringebene (Murchison bei Neison), welche zwischen Chladni und Pallas liegt	—	
13	Krater	— 1.0	+ 6.4	Außerhalb des Nordwalles von Pallas	1.7	
14	Doppelkrater	— 3.4	+ 7.3	Im NO von Bode, einen Bode-Durchmesser entfernt, auf einer niedrigen Höhe	2.2	1.7
15	Rille	—	—	Zwischen Triesnecker und Ukert, nördlich von dem dortigen kleinen Krater. Zieht von SW nach NO, nahezu in der Verbindungslinie der Mitten von Triesnecker und Ukert		
16	Rille	—	—	Am Fuße des äußeren NO-Walles von Posidonius		

»Die Objecte 1—4 finden sich auf dem Caucasus-Bilde, welches im Akad. Anzeiger 1895 Nr. 1 (Sitzung vom 10. Januar 1895) auf Grund des Pariser Negatives vom 14. März 1894 7^h 4^m5 M. Z. Paris angeführt erscheint, 5 - 7 auf Aristoteles-Eudoxus (Akad. Anzeiger 1895, Nr. VII, Sitzung vom 7. März 1895, Pariser Negativ vom 14. März 1894, 7^h 4^m5 M. Z. Paris), 8—10 auf Wichmann im NW von Letronne (Akad. Anzeiger, 1895, Nr. XVII, Sitzung vom 4. Juli 1895, Lick-Negativ vom 8. November 1894, $10^h16^m52^s$ P. s. t.), 11—15 auf Triesnecker-Pallas (Akad. Anzeiger 1896, Nr. XI—XII, Sitzung vom 7. Mai 1896, Lick-Negativ vom 9. October 1895, $16^h20^m2^s$ P. s. t.) und 16 auf dem Posidonius-Bilde (Akad. Anzeiger 1895, Nr. VII, Pariser Negativ vom 14. März 1894, 7^h 4^m5 M. Z. Paris).«

»Ad 1—4. Die photographische Entdeckung dieser Objecte erfolgte am 18. December 1894, die optische Verificierung am 9. Februar 1897. Zu Krater 1 notierte Gaudibert: »eben noch sichtbar«.

»Ad 5—7. Entdeckung am 7. Februar 1895, optische Verificierung am 9. Februar 1897. Die unter 7 gegebene Position bezieht sich auf den östlichen, etwas größeren Krater. Die Axe des Doppelkraters ist südwestlich, nach dem Nordrande von Eudoxus, gerichtet. Beide Krater erscheinen auf der Photographie bloß als runde, dunkle Contourierungen ohne die gewohnte Beleuchtungscharakteristik und würden bei ungenügender Uebung im Interpretieren des feineren photographischen Details leicht übersehen werden. Gaudibert's Identificierung ist völlig sicher.«

»Ad 8—10. Entdeckung am 22. Juni 1895, optische Verificierung am 14. Januar 1897. Position 8 bezieht sich auf den östlichen größeren Krater. Dieser hat nach NW ein kleines Begleitobject, welches Gaudibert wegen Luftunruhe nicht mit Sicherheit als Krater erkennen konnte; doch hatte er den Eindruck eines solchen. Südwestlich von dem Objecte 10 liegt auf Schmidt's Sect. XIX ein Berg A. Auf diesem entdeckte Gaudibert am genannten Tage einen bei Schmidt nicht vorhandenen Krater und schrieb mir diesbezüglich am 16. Januar 1897: »On le voit sur la photographie. Il était très-aisé ce soir-là au telescope.« Nach der erwähnten Photographie dürfte dieser Krater am Kamme des Berges A ein Doppelkrater sein, dessen Axe fast meridionale Richtung besitzt.«

»Ad 11—14. Entdeckung am 11. April 1896, optische Verificierung am 13. November 1896. Die ziemlich ausgedehnte Höhe 12 fehlt bei Schmidt (Sect. I) vollständig. Die Position 14 bezieht sich auf den östlichen größeren Krater; der kleinere Krater liegt südwestlich. Da beide Krater auf der Photographie nicht klar getrennt erscheinen, so ist die angeführte Durchmesserbestimmung ziemlich unsicher. Zu 11 und 12 bemerkte Gaudibert: »Le cratère 11 ainsi l'élevation 12 bien visibles. Le cratère 11 est peu profonde« und zu 13: »Le cratère 13 entre Bode et Pallas, je l'ai vu très-distinctement au commencement, mais je n'ai plus pu le revoir après à cause de l'instabilité de l'air. Son existence, néanmoins, n'est pas douteuse.«

»Ad 15. Entdeckung am 11. April 1896. Herr Gaudibert, welchem ich von derselben alsbald Mittheilung machte, constatierte, dass diese Rille reale Existenz habe, indem er sie bereits zweimal, am 11. Juni 1879, 4^h30^m a. m. und am 15. September 1881, 5^h a. m. optisch beobachten konnte.«

»Ad 16. Entdeckung am 3. Februar 1895, optische Verificierung am 10. December 1896. Herr Gaudibert schrieb mir diesbezüglich am 21. December v. J.: »Le temps ici a été si mauvais pendant cette lunaison, que je n'ai pu faire qu'une seule observation. C'est celle de l'objet situé au NNE de Posidonius. C'est une crevasse avec des bords relevés, juste au pied extérieur de Posidonius à l'endroit où ce cirque est ouvert. Cette crevasse doit s'étendre plus au Sud et sous la terrace qui se trouve là. Au moment de mon observation cette terrace disparaissait dans l'ombre.« Diese Rille wurde schon, wie Herr Gaudibert mich aufmerksam machte, von Dr. H. J. Klein in Köln am 3. März 1884 gesehen. Der Letztere schreibt nämlich in seinem »Führer am Sternenhimmel«, S. 402, mit Bezug auf Posidonius: »Im NO ist der niedrige Wall gegen das Mare hin durchbrochen, so dass eine breite Scharte dort sichtbar ist. Außerhalb dieser, ganz dicht am äußeren Fuße des Walles sah ich am 13. März 1884 eine tiefe, rillenartige Schlucht, wie ein Graben den Wall begleitend, die eine Anzahl von kurzen Seitenarmen senkrecht zu ihrer Streichungsrichtung in das Mare sendet.« Nach der bemerkten Photographie scheint diese Rille in ihrem südlichen Theile kraterartige Ausbuchtungen zu besitzen. Auch dürfte dieselbe in der selenographischen Breite von $+31°$ (Schmidt, Sect. III) von einer zweiten rillenartigen Formation gekreuzt werden, so dass beide ein Andreaskreuz bilden. Die westlichen, nach•dem Posidoniuswalle hin liegenden Schenkel scheinen dabei in kleine Krater zu münden; auch dürfte ein solcher im Rillenkreuzungspunkte vorhanden sein.«

»In meinem letzten Berichte vom 19. November 1896 (Akad. Anzeiger 1895, Nr. XXV) erwähnte ich eines neuen Kraters nordöstlich von Manilius A in $\lambda = +8°87$, $\beta = +17°64$, welcher von Gaudibert am 14. October 1896 optisch verificiert wurde. Dieser Krater ist auch auf dem heute vorgelegten Manilius-Bilde (12) sehr gut zu erkennen. — In dem citierten Berichte lenkte ich zugleich die Aufmerksamkeit auf eine große kreisförmige Formation südwestlich von Bessel (d. i. nördlich von Taquet), welche größer als Plinius ist und in Anbetracht ihrer photographischen Abschattierung, sowie des centralen matthellen Fleckes dem Ueberreste einer ehemaligen Ringebene des Mondes ähnelt. Wie Herr Gaudibert mir freundlichst mittheilte, hat Schmidt bereits am 5. December 1866 eine analoge Wahrnehmung am Fernrohr gemacht. In der That führt Letzterer in seinem Werke »Charte der Gebirge des Mondes«, Berlin 1878, S. 143, wörtlich an: »1866, Dec. 5 lag im Norden von Taquet ein großer, matter Lichtring, größer als Plinius; eine Reihe von Lichtflecken im Mare, die solche Figur bilden, ohne einem wirklichen Ringgebirge anzugehören.« Da die Photographie mit dieser Auffassung nicht ganz übereinzustimmen scheint, dürfte es sich empfehlen, dieses Object noch weiter mit leistungsfähigen Fernröhren zu studieren.«

Der Prager photographische Mond-Atlas.

1. Entstehung, Plan und Durchführung bezw. Veröffentlichung des Atlas.

Ueber die Entstehung, den Plan und die Durchführung des Prager photographischen Mond-Atlas ist das Hauptsächliche in meinem Atlas-Prospecte vom 18. April 1897 bemerkt worden, weshalb vorerst dessen Inhalt hier wiedergegeben werden möge.

»Mein langjähriges Zeichnen von Mondlandschaften, theils nach der Natur am Teleskope, theils nach vorzüglichen photographischen Mondaufnahmen der Lick-Sternwarte (Mt. Hamilton, Californien) in vergrößertem Maßstabe, welche Arbeiten in den ‚Astronomischen Beobachtungen an der k. k. Sternwarte zu Prag' von 1884, 1885—87, 1888—91 und im III. Bande der ‚Publications of the Lick Observatory' (Selenographical Studies p. 1—130) niedergelegt sind, schaffte die Prämissen, mich mit zureichender Aussicht auf Erfolg einer künstlerisch treuen Abbildung des ganzen Mondes zu unterziehen. Dass dieselbe nur auf rein photographischem Wege zu bewerkstelligen sei, ebensowohl, um die Subjectivität des Beobachters mit allen Mängeln der Auffassung, Interpretation und schrittweisen manuellen Fixierung des Gesehenen zu eliminieren, als auch, um jenes umfangreiche Vorhaben in relativ kurzer Zeit durchführen zu können, war selbstverständlich. Dieser Absicht kamen zugleich meine reichen photographischen Erfahrungen seit 1873, wo ich mit der Leitung der Schweriner Versuchsstation zur photographischen Beobachtung des 1874-er Venusdurchganges betraut war, sowie im darauf folgenden Jahre, als ich diese Erscheinung am 9. December mit vollständigem Gelingen auf der Kerguelen-Insel im südlichen indischen Ocean astronomisch und photographisch beobachtete, zugute.«

»Am 19. April 1893 begann ich, da die damals von Einzelnen unternommenen mannigfaltigen Versuche der photographischen Vergrößerung nach focalen Mondaufnahmen mich nicht befriedigten, Experimente zur Ausfindigmachung einer geeigneten Methode, welche absolute Treue zum Originale hinsichtlich des feinsten, auf diesen vorkommenden Details mit vollkommener plastischer Schönheit der dargestellten Objecte verbinden würde, anzustellen, und ich glaube sagen zu können, dass ich das mir gesteckte Ziel auch wirklich erreicht habe. Die bezügliche Methode werde ich im Laufe der nächsten Zeit veröffentlichen*) und beschränke mich hier bloß darauf, einige Aeußerungen competenter Kritiker über meine, auf Chlorsilber-Gelatine-Papier copierten und an einzelne Akademien und Sternwarten verschickten, photographischen Mondvergrößerungen anzuführen.«

»Professor E. S. Holden, Director der Lick-Sternwarte, welcher die bislang von verschiedenen Selenographen veröffentlichten photographischen Mondvergrößerungen einer sorgfältigen vergleichenden Prüfung unterzog, kommt in den ‚Publications of the Astronomical Society of the Pacific' Vol. VIII, N. 53, 1896, p. 321 zu dem Schlusse: ‚It (this comparison) appears to show conclusively that the silver-prints of Professor Weinek (X-foot scale) come nearer to technical perfection than any other, in that they most successfully reproduce the grain of the original

---

*) Es ist dies in einer, der Wiener Akademie der Wissenschaften am 22. Juni 1899 vorgelegten, Abhandlung mit dem Titel: »Ueber die beim Prager photographischen Mond-Atlas angewandte Vergrößerungsmethode« geschehen. Siehe: Sitzungsberichte derselben, math. naturw. Cl., Bd. CVIII, Abth. IIa, Juli 1899, sowie S. 63 bis 69 der vorliegenden Publication.

negative and therefore are best fitted to show the finer details of the lunar surface' und p. 323: ‚The effort of Professor Weinek has been to reproduce the minutest particularities of the original negative; and he has certainly accomplished this end.' — M. Loewy, Director der Sternwarte in Paris, bespricht in den Comptes Rendus vom 10. August 1896, p. 349, meine der Pariser Akademie überreichten photographischen Mondvergrößerungen und bemerkt unter Anderem:*) ‚Plusieurs fois déjà, nous avons eu occasion de mettre sous les yeux de l'Académie d'importantes collections d'agrandissements sur papier, exécutés avec une très grande habileté par le docteur Weinek et qui lui ont permis de signaler de nombreux objets qui ont échappé à l'attention des sélénographes.' — Dr. A. A. Common, Präsident der Royal Astronomical Society in London, hob in der Sitzung dieser gelehrten Gesellschaft vom 10. April 1895 (The Observatory, May 1895, p. 179) wörtlich hervor: ‚The enlargements of the Paris photographs made by Dr. Weinck appear to me to be the most wonderful things which have been done in lunar topography up to the present time. They surpass everything yet done.« —

»Was die Grundlagen des von mir im Jahre 1894 in Angriff genommenen und nunmehr nahezu vollendeten photographischen Mond-Atlas betrifft, so stammt das dafür benöthigte Material in erster Linie von der Lick-Sternwarte her. Dasselbe besteht aus 94 exquisiten, die successiven Phasen einer Lunation umfassenden Negativen des Mondes, welche im Focus des 36-zölligen Refractors dieses Observatoriums in den Jahren 1890 – 1896 aufgenommen worden, und aus etwa 140 Diapositiven der gleichen Größe, welch' sämmtliche Platten ich dem hochherzigen, vom lebhaftesten Interesse für die Förderung der Selenographie getragenen, Entgegenkommen des Herrn Professor E. S. Holden verdanke. Zu diesen treten noch 4 ausgezeichnete Mondnegative, aufgenommen von Loewy und Puiseux im Brennpunkte des großen Équatorial Coudé der Pariser Sternwarte (von 60 cm Oeffnung und 18 m Focallänge) und 2 treffliche Monddiapositive, welche auf der Arequipa-Station (Peru) der Cambridger Sternwarte von Prof. Bailey an einem 13-zölligen Refractor durch Ocularvergrößerung hinter dem Fernrohr-Focus erhalten worden. Erstere verdanke ich der großen Freundlichkeit des Herrn Director M. Loewy, letztere der Güte des Herrn Professor E. C. Pickering. Zufolge dieser Sachlage ist es natürlich, dass mein photographischer Mond-Atlas sich wesentlich auf die Mondnegative der Lick-Sternwarte stützen musste, während die demselben außerdem noch beigegebenen Vergrößerungen nach Pariser und Arequipa-Aufnahmen **) in der Hauptsache dem vergleichenden Studium gewidmet erscheinen.«

»Für die Monddarstellungen nach den Lick-Negativen wurde von mir durchgehends eine 24-malige, für jene nach den Pariser Negativen und Arequipa-Diapositiven eine nahezu 24-malige Vergrößerung gewählt. Bei ersteren blieb der gewählte Vergrößerungsfactor constant, indem der Abstand zwischen Original und Auffangebene der photographischen Vergrößerung bei demselben optischen Systeme stets gleich genommen wurde, und entspricht bei mittlerer Mondentfernung von der Erde einem linearen Monddurchmesser von 10 Fuß (= 3.1 Meter, 1 mm = 1.1 km = 0.″6)***); bei letzteren erfolgte von Platte zu Platte eine kleine Modification des Vergrößerungsfactors, derart, dass in jedem Falle das Resultat einen Monddurchmesser von 4 Metern (1 mm = 0.9 km = 0.″5) d. i. der doppelten Größe der Schmidt'schen Karte†) ergab. Beim photographischen Vergrößern wurde deshalb bis 24 gegangen, um das feinere Detail des Mondbodens ohne Schwierigkeit dem unbewaffneten Auge sichtbar zu machen und zugleich die Plastik der Originale in noch völlig befriedigender Weise zur Anschauung zu bringen, ferner im zweiten Falle, um auch eine einfache Beziehung zu den Dimensionen der Schmidt'schen Karte zu erhalten. Zur Illustration des Bemerkten diene der folgende Fall (vide: K. Akademie d. Wiss. in Wien, Sitzung der math.-naturw. Classe vom 13. Februar 1896).††) Auf einer 24-fachen photographi-

---

*) Siehe S. 105 dieser Publikation.
**) Von der Verwendung der Arequipa-Diapositive für den Atlas wurde schließlich ganz abgesehen, um diesen möglichst einheitlich zu gestalten und ihn durchwegs nur auf focale Original-Negative zu gründen. Der fertige Atlas umfasst 128 Vergrößerungen nach Lick-Negativen und 72 nach Pariser Negativen.
***) Genauere Werte werden später im Abschnitte über den Maßstab der einzelnen Atlas-Tafeln gegeben.
†) Genau ist der Monddurchmesser derselben = 1.949 m, also der doppelte Betrag = 3.898 m.
††) Siehe S. 100 dieser Publikation.

schen Vergrößerung nach dem Lick-Negative vom 27. Juni 1895, 8ʰ21ᵐ1ˢ P. s. t. entdeckte ich am 10. Januar 1896 auf der Spitze des im nordwestlichen Inneren von Cyrillus sich erhebenden Berges ein kleines rundes, kraterartiges Object von 1.1 km Durchmesser. Ich benachrichtigte sofort den französischen Selenographen C. M. Gaudibert in Vaison (Vaucluse) von dieser Wahrnehmung unter gleichzeitiger Uebersendung des betreffenden Bildes, und derselbe konnte schon am 20. Januar 1896 mit seinem Spiegelteleskope von 260 mm Oeffnung die Realität dieses Gipfelkraters unzweifelhaft bestätigen. Die lineare Größe desselben im Bilde beträgt 1 mm und würde bei kleinerem Maßstabe der Vergrößerung kaum mehr ohne Mühe mit freiem Auge erkennbar sein.«

»Nach den erwähnten focalen Originalplatten wurde bis Ostern 1897 die nachstehende Vergrößerungsarbeit geleistet. Vom 19. April bis 1. December 1893 erfolgten gerade 100 photographische Mondvergrößerungen, zumeist im Formate 13:18 cm und vornehmlich nach Monddiapositiven; dieselben tragen den Charakter von Experimenten der verschiedensten Art an sich. Vom 1. December 1893 bis Ostern 1897 geschahen weiter 485 photographische Mondvergrößerungen, ausschließlich nach originalen Negativen (mit der einzigen Ausnahme von 7 Vergrößerungen nach 2 Arequipa-Diapositiven) und im Formate 21:26 oder 26:31 cm. Von diesen wurden die ersten 196 Aufnahmen von mir unter photographisch-technischer Beihilfe fürs Hervorrufen der exponierten Platten etc., die letzteren 289 Aufnahmen von mir allein (seit November 1894) in allen Stadien der Herstellung ausgeführt. Erst diese letztgenannten, welche auch auf günstigeren Original-Negativen basieren, befriedigten nach jeder Richtung hin. Das für diese große, mühsame Arbeit nothwendige Plattenmaterial und alles dazu Erforderliche wurde durch Unterstützungen, theils von Seiten der Regierung und der Wiener Akademie der Wissenschaften, theils von privater Seite, namentlich von Herrn Baron Albert von Rothschild in Wien und Miss Catherine W. Bruce in New-York gedeckt.«

»Es liegt nun die Absicht vor, da die Vorarbeiten in der Hauptsache beendet sind, einen Prager photographischen Mond-Atlas im Maßstabe des Monddurchmessers von 10 Fuß bezw. von 4 Meter, vorläufig im Umfange von 200 Bildern des Formates 26:31 cm, welcher die hauptsächlichsten Mondformationen unter den verschiedensten Beleuchtungsverhältnissen umfassen würde, herauszugeben und später, falls dieser Atlas Anklang fände, noch eine zweite Serie von 200 Bildern als Ergänzung der ersten folgen zu lassen. Die zuerst genannten 200 Bilder sollen wesentlich den Vergrößerungen seit November 1894 entnommen werden und das beste bislang Erreichte repräsentieren. Die Reihenfolge der erscheinenden Bilder soll zunächst nicht mit der wachsenden bezw. abnehmenden Mondphase Schritt halten, sondern der besseren Güte und Schönheit der vorhandenen Vergrößerungen entsprechen, wobei jedoch der Kopf eines jeden Bildes die selenographische Länge und Breite der Bildmitte*) und auch die selenographische Länge der Lichtgrenze für die Breite 0° tragen wird, mit welchen Daten schließlich jedermann in der Lage ist, die Bilder nach den Positionen der Objecte oder nach der Lage der Lichtgrenze zu ordnen. Die Reproduction der Prager Vergrößerungen soll in möglichst vollkommener Weise auf phototypischem Wege (Lichtdruck), um an Schärfe nichts zu verlieren, direct nach meinen Vergrößerungs-Diapositiven auf Glas durch das hiesige renommierte artistisch-typographische Institut Carl Bellmann unter meiner beständigen persönlichen Controle erfolgen. Nach beiliegendem Probeblatte der interessanten ruinenartigen Wallebene Maginus (L. O. 1895, Oct. 9, 16ʰ20ᵐ 2ˢ—2ʰ5 P. s. t.)**) wird jedes Bild auf starkem Cartonpapier im Formate 33:43 cm gedruckt, damit es bequem am Fernrohr gehandhabt oder auch für wissenschaftliche Sammlungen eingerahmt werden könne. Insoferne sollen auch die Blätter lose und zwar in einzelnen Heften von je 20 Bildern in Intervallen von 2 Monaten***) erscheinen, so dass die allmähliche Beschaffung des ganzen Werkes

---

*) λ = Selenographische Länge, + = westlich vom Centralmeridian.
β = Selenographische Breite, + = nördlich vom Aequator.
**) Dieses Bild findet sich auch im Atlas als Taf. 14 vor.
***) Verschiedene Umstände brachten es leider mit sich, dass dieses Intervall zuweilen selbst 3 Monate überschritt.

von Seiten der Sternwarten, Akademien, wissenschaftlichen Institute und Gesellschaften etc. kaum irgendwelchen Schwierigkeiten begegnen dürfte. Leider bin ich darauf angewiesen, um den hohen Kostenpunkt des ganzen Werkes im Umfange von 10 Heften mit zusammen 200 einzelnen Mondlandschaften*) zu decken und die Publication jener langwierigen, mit größter Hingebung und Entsagung von mir geleisteten Atlasarbeit überhaupt bewerkstelligen zu können, in erster Linie die Unterstützung der Sternwarten der Welt anzurufen und dieselben zu einer recht zahlreichen Subscription auf die bemerkten 10 Hefte zu je 20 Mondblättern einzuladen, was ich hiemit angelegentlichst thue.«

»Da ich bei meinen Vergrößerungen andere Zwecke als der plastisch sehr effectvolle Pariser Mond-Atlas (in etwas größerem Maßstabe als die Schmidt'sche Karte; der Pariser Monddurchmesser beträgt nahe 2½ Meter) und der fein abgetonte Mt. Hamilton-er Atlas (in der Größe der Mädler'schen Karte; Monddurchmesser = 1 Meter) verfolge (vide: ‚Publications of the Astronomical Society of the Pacific' Vol. VIII, N. 53, 1896, p. 319—324), so dürfte der Prager Atlas wohl gleichfalls die Berechtigung der Publication in sich tragen und ein treues Abbild des mit Ende des 19. Jahrhunderts auf photo-selenographischem Gebiete Erreichten geben.«

In Ergänzung dieses Prospectes ist noch anzuführen, dass meine, dem Prager photographischen Mond-Atlas gewidmete Vergrößerungsarbeit erst am 13. April 1900, d. i. nach 7 Jahren, ihren Abschluss erreichte. Zu den bemerkten 94 focalen Mond-Negativen der Lick-Sternwarte traten noch 10 weitere Negative von Herrn Professor E. S. Holden, welche mir im März und Juni 1897 zugingen, ferner 4 Negative der Pariser Sternwarte von Herrn Director M. Loewy, die im Januar und November 1898 in Prag eintrafen, endlich 1 Negativ des Lick-Observatoriums vom 4. Juli 1899 mit sehr schmaler Mondsichel kurz vor Neumond, dessen Aufnahme und Zusendung ich der besonderen Freundlichkeit des neuen Directors der Lick-Sternwarte, Herrn Professor James E. Keeler**) verdanke. Hiedurch ist die Anzahl der im Prospecte erwähnten 98 focalen Original-Negative, welche mir für Atlas-Zwecke zur Verfügung standen, auf 113 erhöht worden. Zu den im Prospecte hervorgehobenen 100 Versuchsvergrößerungen und 485 Atlas-Vergrößerungen kamen bis Mitte April 1900 noch 239 weitere Vergrößerungen hinzu, so dass die gesammte geleistete Vergrößerungsarbeit 824 Platten, zumeist in der Größe 26:31 cm, umfasst, deren letzte 528 Platten von mir allein ohne jede Assistenz hergestellt wurden.

Meinem Appell zur Subcription auf den Prager photographischen Mond-Atlas wurde von vielen Sternwarten des In- und Auslandes, von anderen Instituten und auch von Privaten in entgegenkommendster Weise entsprochen. Miss Catherine Wolfe Bruce in New-York, die bekannte hochherzige Gönnerin der Astronomie, ***) welche bereits zu Anfang 1897 die Atlas-Publication durch eine Spende von 1000 Dollars unterstützt hatte, subscribierte allein mit 500 Dollars auf 12 Atlas-Exemplare, welche hauptsächlich an amerikanische Sternwarten und Astronomen vertheilt wurden. Derart konnte auch der Verleger, Herr Bellmann in Prag (Firma: Carl Bellmann), welcher zugleich der Hersteller der 200 Lichtdruck-Tafeln war, ohne pecuniäre Bedenken die Herausgabe des Atlas in Angriff nehmen und dieselbe durch volle Hingabe an die Sache in erfreulichster Weise fördern bezw. zu gutem Ende führen.

Bei allen 200 Atlas-Tafeln verfolgte ich das Princip, jede Mondgegend in doppelter und entgegengesetzter Beleuchtung darzustellen, so dass dieselben nur 100 verschiedene Mondlandschaften repräsentieren. Es wurde dieses Arrangement für wertvoller gehalten, als 200 verschiedene Mondgegenden in einseitiger Beleuchtung abzubilden. Durchwegs gehören die Atlas-Tafeln

---

*) Derselbe wurde auf 100 fl. = 200 Kronen festgesetzt.

**) Dieser übernahm die Leitung der Mt. Hamilton-er Sternwarte am 1. Juni 1898, nachdem Professor E. S. Holden am 1. Januar 1898 als Director resigniert hatte. Sehr beklagenswert ist Keeler's frühzeitiger Tod (im Alter von 43 Jahren) am 12. August 1900.

***) Ihr am 13. März 1900 im Alter von 84 Jahren erfolgter Tod kann von der astronomischen Wissenschaft, welche von ihr so reichlich (mit 174275 Dollars) unterstützt worden, nur beklagt werden. Eine Biographie derselben findet sich in No. 3639 der Astr. Nachrichten.

mit laufenden ungeraden Zahlen der I. Lunationshälfte (zunehmender Mond), jene mit geraden der II. Lunationshälfte (abnehmender Mond) an. — Das I. Heft (Tafel 1—20) erschien im November 1897, das II. (Tafel 21—40), III. (Tafel 41—60) und IV. Heft (Tafel 61—80) im April, Juli und December 1898, das V. (Tafel 81—100), VI. (Tafel 101—120) und VII. Heft (Tafel 121—140) im März, Juni und November 1899, das VIII. (Tafel 141—160), IX. (Tafel 161—180) und X. Heft (Tafel 181—200) im Februar, Juni und November 1900.

2. Ueber die angewandte Vergrösserungs-Methode.

Die von mir gewählte Methode der photographischen Vergrößerung ist in einer besonderen Abhandlung, welche am 22. Juni 1899 der Wiener Akademie der Wissenschaften unter dem Titel »Ueber die beim Prager photographischen Mond-Atlas angewandte Vergrößerungsmethode« vorgelegt wurde, ausführlich beschrieben und durch eine erläuternde Abbildung des benützten Apparates illustriert worden, weshalb auf dieselbe verwiesen werden möge.[*] In Kürze bestand diese Methode in Folgendem: Das Vergrößerungsobjectiv war ein sog. unsymmetrischer Anastigmat-Doublet der Firma Zeiss in Jena mit dem Oeffnungsverhältnis 1:7.2 und der Brennweite $f = 22$ mm. Der Vortheil dieser Systeme besteht in einer vollkommenen Aufhebung der astigmatischen Abweichungen schiefer Büschel unbeschadet der Ebnung eines großen Gesichtsfeldes. Eine genauere, von der Firma Zeiss im Herbste 1898 ausgeführte, Brennweiten-Bestimmung ergab $f = 21.75$ mm und als Distanz der beiden Hauptpunkte den Wert 0.15 mm. Dieses Objectiv wurde vor einem senkrechten Rahmen, in welchen das zu vergrößernde Original-Negativ bei transparenter Beleuchtung mittelst eines Spiegels und diffusen Tageslichtes kam, in eine Hülse geschraubt, welch' letztere vor dem Negative leicht in horizontalem und verticalem Sinne verschoben werden konnte. Dabei war die Einrichtung ähnlich derjenigen, welche ich bei meinem, in den Prager Astr. Beob. 1888—1891, S. 50, beschriebenen Apparate zum vergrößerten Zeichnen nach transparenten Photographien getroffen habe. Der erwähnte verticale Rahmen, welcher auf einem schweren Tische fest verschraubt worden, bildete mit dem Negative und dem Vergrößerungsobjective ein System für sich. Dasselbe heiße I. Diesem wurde eine geeignete Stativ-Camera, deren Objectivkopf entfernt worden, gegenübergestellt, und an Stelle der gewöhnlichen mattierten Auffangsscheibe eine durchsichtige Scheibe mit einem Strichkreuze in der Aufnahme-Ebene gegeben. Dieses System werde mit II bezeichnet. Hinter dem bemerkten Strichkreuze wurde ein 7.8-mal vergrößerndes Ocular derart angebracht, dass es nach erfolgter Focussierung auf dasselbe in constantem Abstande von der durchsichtigen Visierscheibe verblieb und zugleich beliebig nach rechts oder links bewegt, sowie oben oder unten bewegt werden konnte. Das Arrangement ähnelte hiebei demjenigen des Vergrößerungsobjectives in System I. Beide Systeme I und II waren völlig getrennt von einander, so dass die unvermeidlichen Erschütterungen der Camera beim Einstellen, Centrieren und Einfügen der, die empfindliche Platte enthaltenden, Cassette sich nicht auf das Objectiv übertragen und dessen Distanz vom Negative modificieren konnte. Das vergrößerte Bild wurde im Oculare hinter der durchsichtigen Visierscheibe aufgefangen und dabei das Objectiv durch Vermittlung eines an dasselbe geschraubten und mit Speichen versehenen Aluminium-Trichters (welcher die Camera-Oeffnung zu umschließen hatte), sowie eines langen Stabes so lange gedreht, bis nicht das vergrößerte Emulsions-Korn die größte Schärfe zeigte. Diese Einstellung auf das Korn war für den Erfolg ebenso wichtig, als die Trennung beider Systeme I und II von einander. Da allgemein die Original-Negative 24-mal vergrößert wurden, so war die optische Vergrößerung des Kornes im angeführten Oculare 187-fach, wodurch ein sehr hoher Genauigkeitsgrad beim Einstellen erreicht wurde. Erst, nachdem letzteres beendet worden, wurde auch eine matte Visierscheibe in das System II gegeben, um das Bild in seiner Gesammtheit zu überblicken, den gewünschten Krater oder Berg in die Mitte der Platte zu bringen und die Beleuchtung in allen Theilen des Bildes durch entsprechende Drehung des Spiegels möglichst gleichartig zu gestalten. — Als empfindliche Platten wurden durchwegs Bromsilber-

---

[*] Siehe S. 64—68 dieser Publication.

Gelatine-Emulsionsplatten von Dr. C. Schleußner in Frankfurt a. M., welche sich vorzüglich bewährten, verwendet. Die Expositionsdauer für die Vergrößerungsaufnahme variierte bei 24-maliger Vergrößerung je nach der Durchsichtigkeit bezw. Klarheit des focalen Negatives und der Helligkeit des Himmels zwischen 3 Minuten und 3 Stunden. Die Entwicklung der exponierten Platten erfolgte mit Eisenoxalat, das Fixieren mit unterschwefligsaurem Natron.

3. Der Maasstab der Vergrösserungen.

Was den Maßstab der Vergrößerungen betrifft, so ist das Folgende anzuführen. Wie im Prospecte bemerkt, wurde bei den Lick-Negativen ein constanter Vergrößerungsfactor, welcher gleich 24 war, angewandt, bei den Pariser Negativen hingegen ein von Platte zu Platte verschiedener, der aber in jedem Falle so gewählt wurde, dass stets ein constanter Monddurchmesser von 4 Metern resultierte. Zur Erreichung einer bestimmten Vergrößerung konnte der rechnerische oder der experimentelle Weg betreten werden. Heißen in der Figur: F_1 und F_2 der erste und zweite Hauptbrennpunkt des Vergrößerungsobjectives, H_1 und H_2 dessen Hauptpunkte, welche, da zu beiden Seiten des Vergrößerungssystems dasselbe Medium sich befindet, mit den Knotenpunkten zusammenfallen, G die Größe des Gegenstandes, B diejenige des vergrößerten Bildes, a die Gegenstandsweite vom ersten Hauptpunkte H_1, b die Bildweite vom zweiten Hauptpunkte H_2, f die photographische Brennweite des Objectives, λ die Distanz der Hauptpunkte, c der Abstand von Bild und Gegenstand und V der Vergrößerungsfactor, so bestehen die Beziehungen:

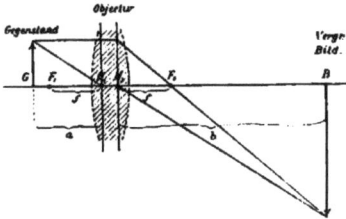

$$\begin{cases} \frac{1}{a} + \frac{1}{b} = \frac{1}{f} \\ \frac{B}{G} = \frac{b}{a} = V \\ c = a + b + \lambda \end{cases}$$

Hieraus folgt, indem man in der ersten Formel b durch $a\,V$ ersetzt:

$$a = f \frac{1 + V}{V},$$

also

$$c = a(1 + V) + \lambda = f \frac{(1 + V)^2}{V} + \lambda.$$

c ist im vorliegenden Falle der Abstand der Schichtseite des Negatives von der Auffangebene der Vergrößerungs-Camera. Aus dieser Formel ergibt sich sofort, dass der Abstand c, also auch der Cameraauszug, für eine bestimmte Vergrößerung V um so kleiner wird, je kleiner die Brennweite f des Vergrößerungsobjectives gewählt wird.

Bei dem, für den Atlas gebrauchten Objective war $f = 2.2$ cm. Dieser Brennweite entspricht somit, wenn λ vernachlässigt wird, für

$V = 24 \quad c = 57.3$ cm
$V = 40 \quad c = 92.4$ cm u. s. w.*)

Anstatt sich völlig an die berechnete Größe $c = 57.3$ cm zu halten, deren Verwendung wegen der nur genäherten Kenntnis der photographischen Acquivalent-Brennweite des Vergröße-

---

*) Für das zweite, in Prag befindliche analoge Objectiv mit $f = 1.4$ cm wäre für
$V = 24 \quad c = 36.5$ cm
$V = 40 \quad c = 58.8$ cm.

rungsobjectives, der Vernachlässigung von λ und der Schwierigkeit, gegebene Maße vollkommen exact auf die zur Verfügung gestandene, etwas primitive Vergrößerungs-Camera (bei welcher unter Anderem die Visierscheibe nicht in die Aufnahme-Cassette eingelegt werden konnte, sondern sich in einem besonderen Rahmen befand) zu übertragen, nicht einwurfsfrei erschien, wurde es vorgezogen, in der Nähe dieser berechneten Distanz c Ausmessungen am vergrößerten Bilde vorzunehmen und diese mit den Dimensionen des Originales zu vergleichen. Derart wurde gefunden, dass für $V = 24$ der Abstand der rechten rückwärtigen Seite des Rahmens mit der durchsichtigen Visierscheibe nach erfolgtem Senkrechtstellen derselben zur optischen Axe des Objectives von der rechten, der Camera zugekehrten Rahmenseite des Apparates, welcher das Original-Negativ trägt, 56.1 cm beträgt. Diese Distanz wurde sodann in Benützung eines steifen Maßstabes bei allen, nach Lick-Negativen vorgenommenen Vergrößerungen sorgfältig eingehalten. Reduciert man dieselbe mit 1.1 cm, weil das Negativ um 0.7 cm, die Visierscheibe um 1.8 cm gegen die erwähnten Rahmenflächen zurücklag, auf die Größe c, so folgt dafür 55.0 cm. Die gegen den obigen berechneten Wert sich ergebende Differenz dürfte ausreichend aus dem bereits Angeführten und den Unvollkommenheiten des verwendeten Vergrößerungsapparates, welcher mit nur geringen Mitteln herzustellen war, zu erklären sein. Schiebt man dieselbe nur auf die Größe f und beachtet, dass eine spätere, unter vollständig gleichen Verhältnissen am 21. Februar 1897 aufgenommene, photographische Vergrößerung eines Glasnetzes mit kleinen Quadraten von $\frac{1}{4}$ mm Seitenlänge und deren umfassende Ausmessung nach zwei zu einander senkrechten Richtungen für V statt 24 den genaueren Betrag 23.766 ergab, so resultiert, wenn abermals λ außeracht gelassen wird, $f = 2.131$ cm. Diese Verminderung des Wertes von f wurde in November 1898, als die Firma Zeiss in Jena auf mein Ansuchen hin sich in entgegenkommendster Weise bereit erklärte, eine scharfe Bestimmung von f durchzuführen, zum Theil bestätigt, indem dafür experimentell 2.175 ± 0.007 cm gefunden wurde. Die noch übrig bleibende Abweichung erscheint für den Atlas ohne Belang, da, wie bemerkt, die für 24-fache Vergrößerung gewählte Distanz der Ebenen des Original-Negatives und der Vergrößerungsplatte von einander möglichst constant eingehalten und für diese der Vergrößerungsfactor empirisch zu 23.766 ermittelt wurde.

Um den Maßstab der einzelnen Atlas-Tafeln*) nach focalen Mond-Negativen der Lick-Sternwarte auf Grund dieses experimentellen Vergrößerungsfactors zu erhalten, ist vorerst der Durchmesser des Mondbildes im photographischen Brennpunkte des 36-zölligen Lick-Refractors bei mittlerer Entfernung des Mondes von der Erde zu eruieren. Gleichzeitig mögen hier einige nothwendige Zahlenwerte in Bezug auf den Mond Platz finden. Es heiße:

J_0 = Mittlere geocentrische Entfernung des Mondmittelpunktes.
p_0 = Aequatoreal-Horizontal-Parallaxe des Mondes für J_0.
s_0 = Geocentrischer Winkelhalbmesser des dunklen Mondes für J_0.
σ_0 = Geocentrischer Winkelhalbmesser des hellen Mondes für J_0.
J = Geocentrische Mondentfernung zur Aufnahmezeit der Platte.
J' = Topocentrische (d. i. vom Beobachtungsorte aus gerechnete) Mondentfernung zur Aufnahmezeit der Platte.
p = Aequatoreal-Horizontal-Parallaxe des Mondes für J.
s = Geocentrischer Winkelhalbmesser des dunklen Mondes für J.
s' = Topocentrischer Winkelhalbmesser des dunklen Mondes für J'.
a_δ = Aequatoreal-Halbmesser der Erde in Längenmaß.
$a_☾$ = Kugelhalbmesser des Mondes in Längenmaß.

Die Bedeutung dieser Größen wird auch durch die nebenstehende Figur veranschaulicht. — Beachtet man noch, dass

$$a_\delta = J_0 \sin p_0 \atop a_☾ = J_0 \sin s_0 \Big\} \quad \frac{a_☾}{a_\delta} = \frac{\sin s_0}{\sin p_0} = k$$

---

*) Dieselben wurden derart hergestellt, dass zunächst von dem originalen, vergrößerten Glas-Diapositive durch Contact (im Copierrahmen) ein gleich großes Glas-Negativ angefertigt und weiter dieses für den Lichtdruckprocess verwendet wurde.

ist, so dürften die folgenden numerischen Werte als die zuverlässigsten zu betrachten sein:

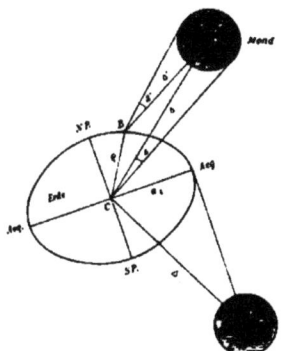

$P_0 = 57' \; 2''27$ (Hansen)
$s_0 = 15' 32''59$ (Peters)*)
$\sigma_0 = 15' 34''09$ (Hansen)**)
$k = 0.2725178$ [9.4353949]
$\dfrac{J_0}{a_\delta} = 60.274097$ [1.7801307] (Hansen)
$a_\delta = 6377.39715 \; km$ [3.8046435] (Bessel)
$J_0 = 384391.86 \; km$ [5.5847742]
     $= 51801.774 \; g. M.$ [4.7143446] } (Hansen)
$a_{\mathbb{C}} = 1737.9544 \; km$ [3.2400384]
     $= 234.21183 \; g. M.$ [2.3696088] } (Peters)

Hierin sind die Ausdrücke in den eckigen Klammern Logarithmen, welche im Allgemeinen etwas genauer als die beigesetzten Numeri erscheinen; km bedeutet Kilometer, $g. M.$ geographische Meilen. — Endlich folgt für den Wert einer Bogensecunde des hellen photographierten Mondes in mittlerer Mondentfernung

$$1'' = \dfrac{a_{\mathbb{C}}}{a_0} = 1.8606 \; km \; [0.2696497].$$

Betrachten wir nun die Verhältnisse in der Focalebene des Lick-Refractors unter Zuhilfenahme der hier gegebenen Figur. $H_1 H_2$ seien die Hauptpunkte bezw. Knotenpunkte des Lick-Objectives, F die photographische Brennweite desselben. Letztere ist

$$F = 570.2 \; \text{engl. Fuß} = 14.48295 \; \text{Meter.}***)$$

Nehmen wir ferner an, dass in einem bestimmten Momente für den Beobachtungsort (Mt. Hamilton) die der Parallaxenwirkung unterliegende Mondentfernung J' gleich J_0 wäre. Für diesen Fall heiße der lineare Monddurchmesser in der Focalebene d_0. Dann ist

$$d_0 = 2 F \tan \sigma_0 = 13.11757 \; cm \; [1.1178535],$$

somit

$1 \; mm = 14''24181$ [1.1535652]   } für J_0 und die
     $= 26.49811 \; km$ [1.4232149] } Focalebene

Wird nach Hansen die mittlere Excentricität der Mondbahn zu $e = 0.05491$ angenommen, so resultiert als größtmögliche geocentrische Mondentfernung $J_0 (1 + e)$, als kleinste $J_0 (1 - e)$. Diesen würden entsprechen

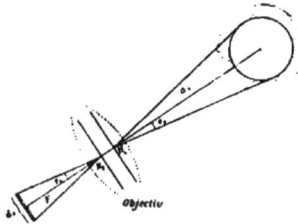

$$d_{\text{Min.}} = 12.44 \; cm, \; d_{\text{Max.}} = 13.88 \; cm.$$

Focalebene

Eine ganz analoge Betrachtung für das große »Équatorial coudé« der Pariser Sternwarte, dessen photographische Brennweite

$$F = 18.06 \; \text{Meter}†)$$

---

*) Vide Astr. Nachr. Bd. 138, S. 147. Dieser Wert ist das Mittel aus vier Bestimmungen von Küstner-Peters, Küstner, Struve und Battermann und stützt sich ausschließlich auf Sternbedeckungen durch den Mond. Derselbe wird auch im Berliner Astronomischen Jahrbuche für Sternbedeckungen angewendet.
**) Dieser Wert ist aus Greenwich'er Meridianbeobachtungen hergeleitet, wird in Hansen's Mondtafeln verwendet und auch im Nautical Almanac gebraucht.
***) Siehe »Prager Astr. Beob. 1888—1891«, S. 58.
†) Nach einer brieflichen Mittheilung des Directors der Pariser Sternwarte, Herrn M. Loewy vom 8. November 1896.

ist, gibt
$$d_0 = 16.35740 \text{ cm } [1.2137142]$$
$$1 \text{ mm} = 11''42101 \text{ } [1.0577045]$$
$$= 21.24977 \text{ km } [1.3273542]$$ für d_0 und die Focalebene
$$d_{\text{Min.}} = 15.51 \text{ cm}, \quad d_{\text{Max.}} = 17.31 \text{ cm}.$$

Aus den letzten Werten folgen für ein Mondbild von 4 Metern die Vergrößerungen $V = 25.79$ bezw. 23.11.

Für die Vergrößerungs-Ebene ergibt sich hieraus, wenn der lineare Monddurchmesser in derselben für $\varDelta_0$ mit D_0, für $\varDelta'$ mit D und der Wert eines Millimeters im ersten Falle mit μ_0, im zweiten mit μ bezeichnet wird, für die durchwegs 23.766-mal vergrößerten Lick-Aufnahmen:

$$D_0 = d_0 \times 23.776 = 3.117522 \text{ m } [0.4938096]^*)$$
$$D_{\text{Min.}} = 2.96 \text{ m}, \quad D_{\text{Max.}} = 3.30 \text{ m}$$
$$\mu_0 = 1.114959 \text{ km } [0.0472588]$$
$$= 0''599252 \text{ } [9.7776091]$$
$$\text{Maßstab} = \frac{D_0}{2 \, a_{\mathbb{C}}} = \frac{1}{1114958.7}$$

und wegen

$$D = D_0 \frac{f_0}{f'}, \quad \mu = \mu_0 \frac{f'}{f_0}, \quad \text{sowie } \varDelta' = \frac{a_{\mathbb{C}}}{\sin s'}:$$
$$D = D_0 \frac{f_0}{a_{\mathbb{C}}} \sin s' \quad \mu = \mu_0 \frac{a_{\mathbb{C}}}{f_0} \operatorname{cosec} s',$$

daher
$$\begin{cases} D = [2.8385454] \sin s' \text{ in Metern} \\ \mu = [7.7025230] \operatorname{cosec} s' \text{ in Kilometern} \end{cases}.$$

Diese Größen variieren somit von Lick-Platte zu Lick-Platte und finden sich in der weiter unten folgenden Tabelle der Platten-Constanten für jede einzelne Lick-Platte berechnet vor.

Bei der relativ geringen Anzahl von Pariser Negativen, die mir zur Verfügung gestanden, war es leicht zu bewerkstelligen, in jedem Falle den focalen Monddurchmesser zu messen**) und denselben durch Modification des Vergrößerungsfactors auf die Größe von 4 Metern zu bringen. Da das bemerkte photographische Experiment mit dem Halbmillimeter-Glasnetze eine Reduction des angenommenen Vergrößerungsfactors $V = 24$ auf 23.766 anzeigte, so war auch in diesem Falle, wo der Vergrößerungsfactor stets nahe zu 24 lag, das Resultat im Verhältnisse 23.766:24 zu rectificieren. Für die Prager Vergrößerungen nach Pariser Negativen ist deshalb durchwegs zu nehmen:

$$\begin{cases} D = 3.961001 \text{ } [0.5978049] \text{ in Metern} \\ \mu = 0.877533 \text{ } [9.9432635] \text{ in Kilometern} \end{cases}$$
$$\mu_0 = 0''471643 \text{ } [9.6736138]$$
$$\text{Maßstab} = \frac{1}{877533.1}.$$

4. Die Constanten der zu den Vergrösserungen herangezogenen Mond-Platten.

Im Folgenden ist eine Reihe von Constanten für diejenigen Original-Negative bezw. -Positive des Lick-Observatory, der Pariser und Arequipa-Sternwarte gegeben, nach welchen von mir seit April 1893 überhaupt Vergrößerungen ausgeführt wurden. Darunter gehören 39 Platten der ersten Lunationshälfte d. i. dem zunehmenden Monde und 27 Platten der zweiten d. i. dem abnehmenden Monde an. Von diesen sind jene focalen Negative, welche dem Prager photogra-

---
*) Dieser Wert ist nahe gleich 10 Fuß (10 Pariser Fuß = 3.248 m, 10 engl. Fuß = 3.048 m, das Mittel = 3.148 m), weshalb im Atlas für die Lick-Vergrößerungen allgemein die Bezeichnung $D_{\mathbb{C}} = $ 10 Fuß gebraucht wurde.

**) Es geschah dies durch Anfertigung einer Papiercopie im Copierrahmen und durch Construction zweier geeigneter Mond-Sehnen, sowie ihrer Halbierungs-Perpendikel auf dieser Copie, bevor dieselbe irgend eine feuchte Behandlung erfahren hatte.

phischen Mond-Atlas zu Grunde liegen, mit einem Sternchen bezeichnet. Nach den übrigen Platten, unter denen sich bloß vier Diapositive (I, 13, 18 und II, 2, 21)*) befinden, während alle anderen originale Negative sind, wurden vornehmlich in der Zeit von 1893 bis 1897 zahlreiche photographische Vergrößerungen auf Chlorsilber-Gelatine-Papier (sog. Minerva-Papier) angefertigt und an die verschiedenen Sternwarten und Gesellschaften, hauptsächlich an die Lick-Sternwarte, die Royal Astronomical Society in London, die Académie des Sciences in Paris und an die kais. Akademie der Wissenschaften in Wien gesandt.

Die Berechnung der Platten-Constanten $c_\odot$ bis P verdanke ich für die Mehrzahl der Platten dem gefälligen Entgegenkommen des verdienten Mond- und Planeten-Ephemeriden-Rechners, Herrn A. Marth, Directors der Sternwarte zu Markree Castle (Co. Sligo, Irland), und nach dessen, leider am 5. August 1897 erfolgten, Tode für weitere 17 Platten**) der Freundlichkeit des Directors des Berliner kgl. astronomischen Recheninstitutes, Herrn Prof. Dr. J. Bauschinger. Die Berechnung der Größe P hingegen wurde für alle Platten von Herrn Andrew C. D. Crommelin in Blackheath (London) bereitwilligst übernommen und durchgeführt, wofür ich demselben ebenso, wie den Herren Marth und Bauschinger großen Dank schulde. Endlich wurden die Werte von $D_{\mathbb{C}}$ und μ für sämmtliche Platten von mir selbst gerechnet. — Es bedeuten:

λ_t = Selenographische Länge der Lichtgrenze (Terminator) für die Breite 0°, wobei die Beziehung besteht: $\lambda_t = -c_\odot$ für die I. Lunationshälfte und $\lambda_t = 180° - c_\odot$ für die II. Lunationshälfte.

$c_\odot = 90 - \lambda_\odot$ = Colongitude der Sonne (nach Marth) d. i. das Complement der selenographischen Länge der Sonne.

I. Photographische Platten

No.	λ_t	Ort und Aufnahmezeit der Platte				$c_\odot$	$P_\odot$
1*	+ 42°07	Paris	1897, März	7.	6 25.6 M. Z. Paris	317°93	+ 0°85
2	+ 40.77	L. O.	1890, Juli	30.	7 53 —	P. s. t.	319.23	+ 0.88
3*	+ 30.30	L. O.	1890, Novemb.	16,	5 53 —	»	329.70	+ 0.55
4*	+ 21.34	L. O.	1895, Juni	27,	8ʰ21ᵐ 0ˢ — 3ˢ	»	338.66	+ 1.43
5*	+ 17.99	L. O.	1890, Novemb.	17,	6 8 33.0—36.5	»	342.01	+ 0.53
6*	+ 17.93	L. O.	1890, Novemb.	17,	6 12 54.0—56.5	»	342.07	+ 0.52
7	+ 1.67	L. O.	1896, Juni	17,	8 27 2.0— 2.8	»	358.33	+ 1.33
8	+ 1.66	L. O.	1896, Juni	17,	8 28 14.0—14.8	»	358.34	+ 1.33
9	— 0.58	L. O.	1893, Juli	20,	8 22 44.0—46.5	»	0.58	+ 1.52
10*	— 2.61	Paris	1894, März	14,	7 4.5 M. Z. Paris	2.61	— 0.46
11	— 3.60	L. O.	1891, Juli	13.	8 24 55—59	P. s. t.	3.60	+ 1.13
12*	— 5.36	L. O.	1897, April	9,	8 25 43.5—44.7	»	5.36	+ 1.42
13	— 6.55	Arequipa	1894, Novemb.	9,	9 8 — M. Z. Arequipa	6.55	— 1.06
14*	— 9.28	Paris	1894, Februar	13.	6 30.9 M. Z. Paris	9.28	— 1.14
15	— 14.28	L. O.	1897, Januar	17,	8 49 35.5—37.0	P. s. t.	14.28	— 0.63
16	— 16.40	L. O.	1891, Juli	14,	9 33 28—31	»	16.40	+ 1.15
17	— 16.42	L. O.	1891, Juli	14,	9 35 32—35	»	16.42	+ 1.15
18	— 18.39	Arequipa	1894, Novemb.	6,	8 17 — M. Z. Arequipa	18.39	— 1.08
19	— 21.98	L. O.	1895, Juli	30,	8 22 53 —55	P. s. t.	21.98	+ 0.93
20*	— 23.04	Paris	1895, März	5,	7 54.1 M. Z. Paris	23.04	— 0.21
21	— 26.71	L. O.	1890, August	21,	7 38.5	»	26.71	+ 1.45
22	— 33.97	L. O.	1891, October	12,	7 29 7—11	»	33.97	+ 0.97
23	— 33.98	L. O.	1891, October	12,	7 30 53—56	»	33.98	+ 9.97

*) Nach den letzten beiden wurden meine 20-fachen zeichnerischen Vergrößerungen von Petavius, Vendelinus, Langrenus und Copernicus hergestellt.

**) Die Berliner Rechnung bezieht sich auf die Platten: I, 1, 6, 12, 15, 28, 32, 36, 39 und II, 1, 3, 8, 17, 19, 21, 22, 24, 27. Das Uebrige stammt von A. Marth.

$\beta_\odot$ = Selenographische Breite der Sonne.
l' = Topocentrische Libration in Länge.⎫
b' = Topocentrische Libration in Breite.⎭ *)
s' = Topocentrischer (mit Parallaxe behafteter) dunkler Mondhalbmesser.
P = Positionswinkel der Mondaxe (Rotationsaxe) in Bezug auf den scheinbaren Declinationskreis (+ heißt, das erstere westlich von letzterem liegt).
ϑ = Winkel zwischen der Schattenhypothenuse der Mondberge (gelegen in der Richtung: Bergspitze-Sonne) und ihrer Projection senkrecht zur Visurlinie nach der Erde.
$D_{\mathbb{C}}$ = Monddurchmesser der Vergrößerung in Metern.
μ = Wert eines Millimeters der Vergrößerung in Kilometern.
$L. O.$ = Lick Observatory (Mt. Hamilton, California).
$M. Z.$ = Mittlere Ortszeit.
$P. s. t.$ = Pacific standard time = $M. Z.$ Greenwich — 8^h 0^m 0^s.
$M. Z.$ Paris = $M. Z.$ Greenwich + 0^h $9^m 21^s$.
$M. Z.$ Arequipa = $M. Z.$ Greenwich — $4^h 45^m 30^s$.

Im nachstehenden Verzeichnisse sind die Platten nach dem Fortschreiten der Lichtgrenze bei zu- und abnehmendem Monde d. i. nach der Größe λ_t, welche auf jeder Atlas-Tafel am rechten oberen Bildrande gegeben ist, geordnet. Mit diesem Argumente ist es dann leicht, die betreffende Platte und ihre Constanten im Verzeichnisse, wo überdies die Atlas-Platten durch ein, der laufenden Nummer beigesetztes Sternchen gekennzeichnet sind, aufzufinden.

der ersten Lunations-Hälfte.

l'	b'	s'	P	ϑ	$D_{\mathbb{C}}$	μ	No.
— 0°.98	— 6°.28	894".1	— 19°.88	42° 5'.87	3.9610 [0.5978049]	0.8775 [9.9432635]	1*
— 4.56	— 5.89	893.6	+ 23.02	44 49.25	2.9872 [0.4752621]	1.1636 [0.0658063]	2
— 2.49	+ 4.88	973.2	— 10.71	32 5.41	3.2533 [0.5123208]	1.0684 [0.0287476]	3*
+ 3.68	+ 1.00	987.6	+ 21.39	18 16.65	3.2847 [0.5164954]	1.0582 [0.0245730]	4*
— 1.42	+ 6.09	976.2	— 15.85	18 48.34	3.2633 [0.5136574]	1.0652 [0.0274110]	5*
— 1.45	+ 6.08	976.4	— 15.86	18 45.98	3.2640 [0.5137464]	1.0649 [0.0273220]	6*
— 2.75	+ 3.30	978.0	+ 21.91	3 48.96	3.2693 [0.5144575]	1.0632 [0.0266100]	7
— 2.75	+ 3.30	978.0	+ 21.91	3 48.31	3.2693 [0.5144575]	1.0632 [0.0266100]	8
+ 4.64	+ 1.92	903.1	+ 18.47	5 24.32	3.0189 [0.4798547]	1.1514 [0.0612137]	9
— 2.45	— 6.18	983.3	— 7.13	0 23.34	3.9610 [0.5978049]	0.8775 [9.9432635]	10*
— 4.04	— 3.85	901.9	+ 20.82	0 20.36	3.0149 [0.4792773]	1.1529 [0.0617911]	11
— 6.64	— 2.45	924.4	+ 6.76	1 46.59	3.0901 [0.4899787]	1.1248 [0.0510897]	12*
— 2.05	+ 4.25	899.7	— 17.00	4 57.11	3.9610 [0.5978049]	0.8775 [9.9432635]	13
— 5.27	— 4.54	977.8	— 11.81	4 14.93	3.9610 [0.5978049]	0.8775 [9.9432635]	14*
+ 0.10	— 6.26	898.3	— 19.38	14 8.09	3.0029 [0.4775403]	1.1575 [0.0635281]	15
— 5.25	— 2.61	908.6	+ 18.45	11 19.62	3.0373 [0.4824916]	1.1444 [0.0585768]	16
— 5.26	— 2.60	908.6	+ 18.45	11 20.59	3.0373 [0.4824916]	1.1444 [0.0585768]	17
— 2.97	+ 3.22	906.8	— 19.39	15 28.06	3.9610 [0.5978049]	0.8775 [9.9432635]	18
+ 6.69	+ 7.51	929.4	+ 10.16	28 32.71	3.1069 [0.4923215]	1.1188 [0.0487469]	19
— 6.41	— 6.38	979.8	+ 0.43	16 39.20	3.9610 [0.5978049]	0.8775 [9.9432635]	20*
— 6.38	+ 1.02	972.3	+ 1.92	20 21.33	3.2503 [0.5119180]	1.0694 [0.0291495]	21
— 5.84	+ 7.51	981.8	— 18.61	28 10.65	3.2820 [0.5161416]	1.0591 [0.0249268]	22
— 5.85	+ 7.51	981.8	— 18.61	28 11.62	3.2820 [0.5161416]	1.0591 [0.0249268]	23

*) Diese Größen geben die selenographische Länge und Breite desjenigen Punktes, welcher zur Zeit der photographischen Aufnahme, vom betr. Orte aus gesehen, die Mitte der Mondscheibe einnahm, und zwar in Bezug auf den Mädler'schen Mondmittelpunkt bei mittlerer Libration.

— 122 —

No.	λ_t	Ort und Aufnahmezeit der Platte					$c_{\odot}$	$\beta_{\odot}$
24	— 34°63	L. O.	1895, Juli	31,	9 16 48—50	P. a. L.	34°63	+ 0°91
25	— 34.64	L. O.	1895, Juli	31,	9 17 48—50	»	34.64	+ 0.91
26*	— 34.89	Paris	1895, März	6,	7 16.8 M. Z. Paris		34.89	— 0.19
27*	— 37.25	L. O.	1893, Juli	23,	8 27 52.5—54.0	P. a. L.	37.25	÷ 1.52
28*	— 41.29	L. O.	1895, August	30,	9 39 10—12	»	41.29	+ 0.15
29*	— 45.27	L. O.	1894, Novemb.	8,	10 16 51—53	»	45.27	— 1.14
30	— 45.30	L. O.	1894, Novemb.	8,	10 21 0—3	»	45.30	— 1.14
31	— 46.08	L. O.	1890, Juli	27,	10 27 —	»	46.08	+ 1.05
32*	— 55.14	L. O.	1897, April	13,	10 28 11.5—12.3	»	55.14	+ 1.46
33	— 59.41	L. O.	1895, August	2,	10 1 36.0—36.25	»	59.41	+ 0.86
34*	— 60.27	L. O.	1895, August	2,	11 43 2—4	»	60.27	+ 0.86
35	— 60.28	L. O.	1895, August	2,	11 44 40—42	»	60.28	+ 0.86
36	— 61.55	L. O.	1896, October	18,	11 25 41—42	»	61.55	— 1.38
37	— 63.70	L. O.	1890, Juni	29,	10 10 —	»	63.70	+ 0.40
38*	— 63.81	L. O.	1890, Juni	29,	10 23 —	»	63.81	+ 0.40
39*	— 78.20	L. O.	1891, März	23,	13 1 —	»	78.20	— 1.38

II. Photographische Platten

No.	λ_t	Ort und Aufnahmezeit der Platte					$c_{\odot}$	$\beta_{\odot}$
1*	+ 70°63	L. O.	1895, August	6,	12 21 2—3	P. a. L.	109°37	+ 0°75
2	+ 64.57	L. O.	1890, August	31,	14 27 —	»	115.43	+ 1.51
3*	+ 64.36	L. O.	1895, Septemb.	5,	12 9 18.0—18.8	»	115.64	— 0.02
4*	+ 62.52	L. O.	1893, October	26,	10 50 51.0—52.5	»	117.48	— 0.41
5	+ 59.88	L. O.	1893, October	26,	16 3 13—15	»	120.12	— 0.42
6*	+ 56.90	L. O.	1895, August	7,	15 25 11.0—11.5	»	123.10	+ 0.73
7*	+ 50.43	L. O.	1895, Septemb.	6,	15 38 22.0—22.5	»	129.57	— 0.06
8	+ 49.12	L. O.	1896, Septemb.	24,	15 22 56.5—57.4	»	130.88	— 0.99
9	+ 48.57	L. O.	1893, August	29,	13 13 48—49	»	131.43	+ 1.07
10*	+ 33.23	L. O.	1895, October	7,	13 56 8.0—8.5	»	146.77	— 0.87
11*	+ 20.68	L. O.	1895, October	8,	14 41 2.0—2.5	»	159.32	— 0.89
12*	+ 7.66	L. O.	1895, October	9,	16 20 2.0—2.5	»	172.34	— 0.91
13	+ 7.57	L. O.	1892, Novemb.	10,	14 54 30—32	»	172.43	— 0.35
14*	+ 7.08	L. O.	1892, Novemb.	10,	15 52 40—42	»	172.92	— 0.35
15*	+ 5.07	L. O.	1893, August	15,	15 23 12—14	»	174.93	+ 1.44
16	+ 5.01	L. O.	1893, August	3,	15 30 44.0—46.5	»	174.99	+ 1.44
17*	+ 0.96	Paris	1898, Septemb.	7,	16 24.6 M. Z. Paris		179.04	— 1.33
18	— 4.33	L. Q.	1895, October	10,	16 2 2.0—2.5	P. a. L.	184.33	— 0.93
19*	— 8.02	Paris	1896, Septemb.	29,	16 5.5 M. Z. Paris		188.02	— 1.09
20	— 9.91	L. O.	1891, Juli	28,	14 51 4—7	P. a. L.	189.91	+ 1.37
21	— 10.42	L. O.	1891, Juli	28,	15 49 16	»	190.42	+ 1.37
22*	— 16.21	L. O.	1895, August	13,	15 7 12.0—12.8	»	196.21	+ 0.58
23	— 16.21	L. O.	1895, August	13,	15 10 26.0—26.8	»	196.21	+ 0.57
24	— 27.06	Paris	1897, Juli	23,	15 22.6 M. Z. Paris		207.06	— 0.13
25*	— 29.00	L. O.	1895, August	14,	16 17 26—27	P. a. L.	209.00	+ 0.54
26*	— 29.02	L. O.	1895, August	14,	16 20 6—7	»	209.02	+ 0.54
27*	— 58.77	L. O.	1899, Juli	4,	16 19 —	»	238.77	— 0.38

Bemerkung. Wie Herr Crommelin auf mein specielles Ansuchen aus A. Marth's hinterlassenen Papieren constatierte, hatte dieser seiner Berechnung des topocentrischen Winkelhalbmessers des Mondes den L. Struve'schen Wert $s_1 = 15' 32''65$ zu Grunde gelegt, welcher mit dem oben gegebenen Peters'schen Werte

p'	b'	s'	P	θ	π_C		μ		No.
+ 6°23	+ 7°55	918.′′8	+ 4°92	40°42′93	3.0714	[0.4873398]	1.1317	[0.0537286]	24
+ 6.23	+ 7.55	918.8	+ 4.92	40 43.42	3.0714	[0.4873398]	1.1317	[0.0537286]	25
− 5.02	− 5.90	992.1	+ 6.33	29 29.78	3.9610	[0.5978049]	0.8775	[9.9432635]	26*
+ 0.94	+ 5.51	891.4	+ 7.82	38 4.91	2.9798	[0.4741915]	1.1665	[0.0668769]	27*
+ 4.94	+ 5.95	899.5	− 9.20	46 12.17	3.0069	[0.4781201]	1.1560	[0.0629483]	28*
− 5.41	+ 0.76	922.5	− 21.89	40 19.94	3.0838	[0.4890852]	1.1272	[0.0519832]	29*
− 5.42	+ 0.76	922.4	− 21.19	40 21.93	3.0835	[0.4890381]	1.1273	[0.0520303]	30
− 7.56	0.00	978.9	+ 5.52	39 41.69	3.2723	[0.5148569]	1.0622	[0.0262115]	31
− 6.34	+ 3.79	985.8	+ 21.15	48 35.18	3.2954	[0.5179074]	1.0548	[0.0231610]	32*
+ 4.84	+ 6.59	904.0	− 3.60	63 50.77	3.0219	[0.4802873]	1.1502	[0.0607811]	33
+ 4.46	+ 6.48	902.9	− 6.02	64 38.04	3.0183	[0.4797586]	1.1516	[0.0613098]	34*
+ 4.46	+ 6.48	902.9	− 6.02	64 38.80	3.0183	[0.4797586]	1.1516	[0.0613098]	35
+ 2.72	− 3.54	896.0	− 22.28	64 9.33	2.9952	[0.4764269]	1.1605	[0.0646455]	36
− 5.72	− 1.22	982.6	+ 8.40	57 49.87	3.2847	[0.5164954]	1.0582	[0.0245730]	37
− 5.75	− 1.20	982.7	+ 8.37	57 56.99	3.2850	[0.5165396]	1.0581	[0.0245288]	38*
− 0.66	− 6.11	895.8	+ 23.06	76 15.07	2.9945	[0.4763300]	1.1607	[0.0647384]	39*

der zweiten Lunations-Hälfte.

p'	b'	s'	P	θ	π_C		μ		No.
− 0°15	+ 1°81	892.′′0	− 19°86	70° 44′37	2.9818	[0.4744838]	1.1657	[0.0665846]	1*
+ 5.62	+ 6.66	992.3	− 22.20	58 24.77	3.3171	[0.5207616]	1.0479	[0.0203068]	2
− 2.98	− 2.17	897.9	− 21.95	67 13.54	3.0016	[0.4773469]	1.1580	[0.0637215]	3*
+ 0.01	− 4.13	1003.7	− 10.75	62 42.49	3.3552	[0.5257225]	1.0360	[0.0153459]	1*
− 0.27	− 4.60	1004.1	− 9.97	59 42.75	3.3566	[0.5258056]	1.0356	[0.0151728]	5
− 2.13	+ 0.09	893.1	− 21.37	58 34.33	2.9855	[0.4750190]	1.1643	[0.0660494]	6*
− 4.80	− 3.82	903.1	− 21.19	54 37.80	3.0189	[0.4778547]	1.1514	[0.0612137]	7*
− 2.53	− 6.21	896.9	− 18.21	51 27.29	2.9982	[0.4766629]	1.1593	[0.0642055]	8
− 3.77	+ 1.25	966.7	− 16.67	51 27.59	3.2315	[0.5094104]	1.0756	[0.0316580]	9
− 5.81	− 6.45	933.9	− 10.28	39 2.92	3.1219	[0.4944192]	1.1134	[0.0466402]	10*
− 5.94	− 6.48	943.9	− 5.00	26 46.02	3.1553	[0.4990447]	1.1016	[0.0420237]	11*
− 6.01	− 6.12	956.0	+ 0.94	13 48.17	3.1958	[0.5045766]	1.0877	[0.0364918]	12*
+ 8.58	− 6.50	935.5	+ 18.68	0 17.02	3.1272	[0.4951626]	1.1115	[0.0459058]	13
+ 8.43	− 6.49	937.0	+ 18.76	0 45.77	3.1323	[0.4958584]	1.1097	[0.0452100]	14*
− 4.06	− 0.70	972.6	− 18.54	9 18.39	3.2513	[0.5120530]	1.0691	[0.0290154]	15*
− 4.07	− 0.72	972.8	− 18.55	9 14.35	3.2519	[0.5121423]	1.0689	[0.0289261]	16
+ 3.54	− 2.67	902.8	− 6.53	2 18.64	3.9610	[0.5978049]	0.8775	[9.9432635]	17*
− 5.35	− 5.36	966.2	+ 6.57	1 28.90	3.2299	[0.5091857]	1.0762	[0.0318827]	18
− 6.79	− 4.35	933.6	+ 2.76	0 48.55	3.9610	[0.5978049]	0.8775	[9.9432635]	19*
+ 6.59	+ 1.88	955.1	− 13.13	15 53.61	3.1928	[0.5041675]	1.0887	[0.0369909]	20
+ 6.49	+ 1.74	957.4	− 12.99	16 23.94	3.2005	[0.5052121]	1.0861	[0.0358563]	21
− 7.00	− 6.19	940.9	− 12.04	8 41.05	3.1453	[0.4976622]	1.1051	[0.0434062]	22*
− 7.01	− 6.19	941.2	− 12.03	8 42.67	3.1463	[0.4978006]	1.1048	[0.0432678]	23
+ 0.67	− 5.67	804.5	− 13.49	70 10.30	3.9610	[0.5978049]	0.8775	[9.9432635]	24
− 6.83	− 6.46	957.6	− 6.83	21 33.38	3.2011	[0.5053028]	1.0858	[0.0357656]	25*
− 6.84	− 6.45	957.7	− 6.83	21 34.77	3.2014	[0.5053482]	1.0857	[0.0357202]	26*
+ 5.64	− 0.89	906.9	+ 6.81	63 44.15	3.0316	[0.4816783]	1.1465	[0.0593901]	27*

nahe übereinstimmt. Da die analogen Berliner Rechnungen mit dem Werte $\epsilon_0 = 15'34''09$ von Hansen (Nautical Almanac) erfolgten, sind durchwegs in der Columne s' die Berliner Resultate mit − 1.″4 auf die Marth'schen Werte d. i. auf den dunklen, mit Parallaxe behafteten, Mondhalbmesser zurückgeführt worden.

5. Bestimmung der Höhe der Mondberge auf Grund des Atlas.

In dem Verzeichnis der Platten-Constanten sind die Columnen mit ϑ, $D_{\mathbb{C}}$ und μ wesentlich zum Zwecke der Bestimmung der Höhen der Mondberge aus deren, auf den Vergrößerungen zu messenden, Schattenlängen gegeben. Die bezügliche Methode wurde in meiner, am 5. Januar 1899 der Wiener Akademie vorgelegten Abhandlung »Berghöhenbestimmung auf Grund des Prager photograghischen Mond-Atlas« näher ausgeführt. Dieselbe setzt die genaue Kenntnis der selenographischen Länge (λ) und Breite (β) des in Betracht gezogenen Berges aus einer, für mittlere Libration entworfenen Mondkarte, wozu sich besonders die Mädler'sche eignet, voraus. Es dürfte hier genügen, die betreffenden Formeln, erläutert durch die nebenstehende Figur, anzuführen. Heißt die auf der Atlas-Tafel gemessene Schattenlänge in Millimetern l_0, die Schattenhypothenuse l, der ihr entsprechende Winkel am Mondcentrum ψ, die Winkelhöhe der Sonne an der Bergspitze h und die lineare Höhe des Berges H, so hat man:

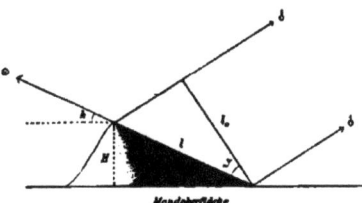

$$\begin{cases} \sin h = \sin \beta \sin \beta_{\odot} + \cos \beta \cos \beta_{\odot} \sin (c_{\odot} + \lambda) \\ l = l_0 \sec \vartheta \\ \sin \psi = \frac{2l}{D_{\mathbb{C}}} \cos h \\ H = a_{\mathbb{C}} [\cos (h - \psi) \sec h - 1] \end{cases}$$

$D_{\mathbb{C}}$ ist hiebei in Millimetern einzuführen. Will man H in Metern erhalten, so ist μ gleichfalls in Meter umzusetzen, wodann

$$a_{\mathbb{C}} = \tfrac{1}{2} \mu D_{\mathbb{C}}$$

wird. Selbstverständlich muss für jede Platte das Product $\mu D_{\mathbb{C}}$ identische Werte ergeben.

Zu den Tafelwerten von $D_{\mathbb{C}}$ wäre noch die folgende Bemerkung zu machen. Dieselben geben den mit Parallaxe behafteten linearen Monddurchmesser für Vergrößerung und nehmen auf die Refraction keine Rücksicht. Da die Güte der photographischen Aufnahmen es nothwendiger Weise verlangt, diese in möglichst großen Höhen des Mondes zu bewerkstelligen, so kann für die durch Refraction bewirkte Contraction des horizontalen Monddurchmessers allgemein der Betrag von $\tfrac{1}{4}$ Bogensecunde (für Zenithdistanzen, die kleiner als 85° sind) angenommen werden. Diesem entspricht bei mittlerer Mondentfernung und 24-maliger Vergrößerung des originalen Lick-Negatives 0.8 Millimeter. Um so viel wäre also $D_{\mathbb{C}}$ zu vergrößern, um daraus strenge den horizontalen Monddurchmesser, auch mit Rücksicht auf die Strahlenbrechung, zu erhalten. Diese kleine Größe kann aber im vorliegenden Falle füglich vernachlässigt werden. Anders verhält es sich mit der Contraction des verticalen Monddurchmessers. Nehmen wir ad ex. die Höhe des Mondes zur Zeit seiner photographischen Aufnahme zu bloß 14°[*]) an, welche Höhen namentlich bei Aufnahmen kurz nach oder vor Neumond, wo der Mond als schmale Sichel nahe zur

---

[*]) Diese Höhe findet sich thatsächlich bei dem Lick-Negative von 1890, Juli 4, 16ʰ19ᵐ P. s. t. (II, 37 des Verzeichnisses) vor. Nach einer bezüglichen Rechnung des Herrn Crommelin, welche das ganze Prager Plattenmaterial (I, 1—39 und II, 1—27) umfasste, ist diese das Minimum unter allen Aufnahme-Höhen des Mondes, während gleichzeitig der Winkel zwischen der Schattenrichtung und der Verticalen 38° betrug. Die nächstkleinste Höhe fand bei I, 35 (L. O. 1895. Aug. 2, 11ʰ44ᵐ41ˢ P. s. t.) statt und war 22½°, während der bemerkte Winkel 68° betrug. Andererseits zeigte es sich, dass das Minimum dieses Winkels bei II,14 (L. O. 1892, Nov. 10, 15ʰ52ᵐ41ˢ P. s. t.) stattfand und 17° betrug, wobei aber der Mond in einer Höhe von 53° stand.

Sonne steht, vorkommen können, so beträgt die verticale Contraction $8''2$ d. i. in 24-maliger Vergrößerung 13.6 Millimeter. Nimmt man weiter für den ungünstigsten Fall an, dass die gemessene Schattenlänge l_0 in diese verticale Richtung fiele und dass dieselbe im Maximum $\frac{1}{14}$ des Monddurchmessers beträgt, so wäre jene wegen Refraction nur um $0''1$ d. i. um 0.17 Millimeter in der Vergrößerungsebene zu vermehren, welche Correction indessen wegen der Unsicherheit in der Schattenlängen-Messung, die mindestens auf 0.5 mm veranschlagt werden kann, gleichfalls zu vernachlässigen ist. Diese Nichtberücksichtigung der Refraction erscheint im Allgemeinen noch durch den Umstand begründet, dass zumeist die Mondaufnahmen in der Nähe des Meridianes geschehen und dort die Schattenrichtung der Mondberge einen nur geringen Winkel mit dem horizontalen Monddurchmesser, einen großen jedoch mit dem verticalen bildet.*)

Ferner ist anzuführen, dass die Crommelin'schen, im obigen Verzeichnisse gegebenen, Werte von θ sich auf die Rectascensionen und Declinationen des Mondes im Nautical Almanac gründen, welche bekanntlich die Newcomb'schen Correctionen zu Hansen's Tafeln enthalten und insofern etwas genauer sind, als meine, in der erwähnten Abhandlung berechneten θ, welch' letztere sich auf die uncorrigierten, den Hansen'schen Tafeln direct entnommenen Längen und Breiten des Nautical Almanac stützen.

6. Ueber einige Unvollkommenheiten der Reproduction.

Dass im Allgemeinen jede Reproduction durch den Druck hinter dem Originale zurücksteht, besonders dort, wo es sich um feine Töne und Uebergänge handelt, ist eine bekannte Thatsache. Auch für den Lichtdruck gilt dieser Uebelstand, da unter Anderem ein nicht völlig gleichartiges Anfeuchten bezw. Schwärzen der Druckplatte leicht geringe Modificationen in der relativen Helligkeit des Bildes, selbst Flecke und Verschwommenheiten herbeiführen kann, welche dem Originale fremd sind. Wenn auch von mir die oft recht mühsamen und umständlichen Correcturen mit größter Aufmerksamkeit gelesen und vom Bellmann'schen artistisch-typographischen Institute, das anerkannt Ausgezeichnetes auf dem Gebiete des Lichtdruckes leistet, mit peinlichster Sorgfalt berücksichtigt wurden, so blieben doch noch einige kleine Reproductionsfehler übrig, welche, so weit sie mir bei der Durchsicht mehrerer, von mir versendeter Atlas-Exemplare auffielen, hier erwähnt werden mögen.**)

---

*) Bekanntlich ist, wenn die durch Refraction verursachte Verkürzung des verticalen Mondhalbmessers Δa_v, diejenige des unter dem Winkel q gegen die Verticale geneigten Halbmessers Δa_q heißt:

$$\Delta a_q = \Delta a_v \cos^2 q.$$

**) Trotz der erwähnten Unvollkommenheiten der Reproduction dürfte eine Vergleichung des Prager Atlas mit dem Pariser («Atlas photographique de la Lune, publié par l'Observatoire de Paris, exécuté par M. M. Loewy et M. Puiseux«. Premier fascicule, Paris 1896) hinsichtlich Plastik und Treue zu den focalen Originalen nicht zu Ungunsten des ersteren ausfallen. Gehen wir hierauf etwas näher ein. Um das Korn der Pariser Vergrößerungen mit jenem der Prager zu vergleichen, wählen wir irgendeine Mondgegend in beiden Atlanten aus, welche beiderseits auf Pariser Negativen derselben Nacht mit wenig differierender Aufnahmezeit beruhen. Ad ex. Betrachten wir die Ringebene Maurolycus auf Pl. II des ersten Pariser Heftes und auf Taf. 49 des dritten Prager Heftes. Ersteres Bild basiert auf dem Pariser Negative vom 14. März 1894, 6^h9 M. Z. Paris und ist eine 15-malige Vergrößerung, letztere auf dem Pariser Negative vom 14. März 1894, 7^h4^m5 M. Z. Paris und ist eine 23-malige Vergrößerung. Schon der unmittelbare Anblick zeigt, dass die Töne des Prager Atlas feiner als jene des Pariser sind. Besieht man aber beide Bilder mit der Lupe, so erkennt man auf das Genaueste, dass das Pariser Korn bei Weitem präciser als das Pariser ist — trotz der ersten Pariser Heftes und auf Taf. 49 gabe die feineren Details vollkommener als Pl. II. — Ein anderes Beispiel bietet die Ringebene Archimedes auf Pl. V des ersten Pariser Heftes und auf Taf. 5 des ersten Prager Heftes. Ersteres Bild ist eine 14-malige Vergrößerung nach dem Pariser Negative vom 14. Februar 1894, 6^h5 M. Z. Paris, letzteres eine 23-malige Vergrößerung nach dem Pariser Negative vom 13. Februar 1894, 6^h30^m9 M. Z. Paris. Auch hier dürfte derselbe Eindruck, wie im vorigen Falle, gewonnen werden. — Allgemein kann, wie ich glaube, aus jeder aufmerksamen Vergleichung beider Atlanten geschlossen werden, dass der Prager Atlas für die Constatierung feinerer Monddetails günstiger als der Pariser ist, obwohl jener viel stärkere Vergrößerungen aufweist. Zudem erscheinen

Taf. 6: Dieser Druck ist namentlich im unteren Theile des Bildes zu dunkel gerathen, weshalb ihm dort die Klarheit des Originales fehlt. Archimedes zeigt dabei in seinem nördlichen Inneren einen matthellen Fleck, welcher falsch ist. — Taf. 22: In der linken unteren Bildecke zeigt der Druck einen dunklen Streifen von schräger Richtung, welcher auf dem Originale nicht vorhanden ist. — Taf. 23: Am mittleren unteren Bildrande befindet sich ein falscher dunkler Fleck. Der äußere Ostwall von Aristoteles ist zu schwarz geworden, weshalb dort die schöne Plastik des Originales verloren gieng. — Taf. 25: Der untere Theil des Bildes wurde zu dunkel gedruckt. Casini erscheint zu hart im Vergleich zum Originale. — Taf. 27: Rechts oben im Bilde sind die niedrigen Höhen am SO-Abfalle des Caucasus zu licht geworden. Links oben ist der Grund des Mare Serenitatis zu dunkel und zu fleckig. Ueberhaupt erscheint die westlich vom Caucasus liegende Ebene wegen unreinen Druckes und zufolge des Verlustes von feinerem Detail nicht exact genug wiedergegeben. — Taf. 28: Auch hier ist die Ebene westlich vom Caucasus weniger klar und rein, als auf dem Originale. Der rechte Bildrand ist allgemein zu licht gerathen. — Taf. 30: Links unten ist der Druck zu schwarz geworden, weshalb dort viel Detail und die Plastik des Originales verloren gieng. — Taf. 31: Rechts oben ist das Bild zu hart, links oben zu grob im Drucke geworden. — Taf. 33: Rechts unten erscheint das Bild zu dunkel und zu fleckig. Die dortige Rille ist auf dem Originale deutlicher zu erkennen. — Taf. 34: Die Rille westlich von Reaumur ist auf dem Originale besser zu sehen. Das nordwestliche Innere von Hipparchus wurde etwas zu dunkel. Die Plastik der linken oberen Ecke (Albategnius) und der rechten oberen Ecke (Ptolemaeus) steht jener des Originales nach. — Taf. 36: Das nordwestliche Innere von Albategnius ist zu dunkel gerathen. — Taf. 37: Südwestlich von Gassendi liegt im Mare Humorum der Krater *I* (Mädler; = 99 (Lohrmann). Der östlich davon befindliche kleine Krater ist auf dem Originale deutlich sichtbar, gieng aber in der Reproduction vollständig verloren. Rechts davon ist überdies der Boden des Mare zu fleckig geworden; namentlich stört dort ein falscher, langer thalartiger Streifen von SO nach NW, welcher dem Originale fremd ist. — Taf. 38: Westlich von Gassendi zeigt der Druck dunkle Stellen, wie niedrige Höhen, welche unrichtig sind. — Taf. 39: Der Schatten des nordwestlichen Schikard-Walles ist im Drucke viel weniger deutlich, als auf dem Originale, wo er sich völlig exact vom Grunde des Inneren abhebt. In Wargentin sieht man auf dem Originale ganz klar eine von der Mitte nach Osten streichende Höhe, die in der Reproduction kaum wahrnehmbar erscheint. — Taf. 44: Die linke obere Bildecke sollte völlig schwarz sein. Im Uebrigen ist die Reproduction gut gelungen. — Taf. 45 besitzt allgemein geringere Plastik als das Original, da in den hellen Wällen einzelne Abschattierungen verloren gegangen sind. — Taf. 52: Der Druck ist etwas zu dunkel gerathen. Ebenso bei 58. — Taf. 63: Im nördlichen Inneren des Mare Crisium zeigt der Druck eine große lichte, wie im Nebel liegende Stelle, welche falsch ist. — Taf. 75: Hievon existieren lichte und dunkle Drucke. Bei letzteren verschwindet die große Rille östlich von Hesiodus fast vollständig, während sie im vergrößerten Diapositive sehr klar erscheint. Andererseits ist die rechte untere Bildecke zu dunkel geworden. — Taf. 87: Die rechte obere Bildecke präsentiert sich unrein. Die dortigen Objecte liegen hart an der Gränze; deshalb sollte daselbst ein allmähliches Dunklerwerden des Grundes bis zu tiefem Schwarz stattfinden. — Taf. 88: Dieses Bild ist im Ganzen zu dunkel gehalten. Links oben befinden sich zwei falsche matthelle Streifen. — Taf. 89: Die Reproduction ist zu weich, der Druck zu dunkel gerathen. — Taf. 94 zeigt auf mehreren Abdrücken im unteren Drittel des Bildes der ganzen Breite nach eine Querschattierung, die, würde dort ein Terrainabfall sein, noch nicht richtig ist. Auch die rechte untere Ecke ist zu dunkel. — Taf 98 erscheint im Ganzen zu hart und zu grobkörnig gegen das vergrößerte Diapositive. — Taf. 101: In Furnerius befindet sich der Krater *B*. Im Drucke erhielt derselbe im rechten unteren Theile zwei helle Flecke, die wie zwei kleine Wallkrater aussehen, jedoch Fehler der Reproduction sind, da sie auf dem Originale nicht vorkommen. — Taf. 115: Nordwestlich von Hyginus sind auf dem vergrößerten Diapositive die beiden, nahe zu einander liegenden kleinen Krater im Abstande von etwa 3 Hyginus-Durchmessern vom westlichen Hyginus-Rande) sehr deutlich zu sehen. In der Reproduction erscheinen dieselben ganz matt und schwer erkennbar, während ein kleiner, östlich davon sich befindender Krater ebenso gut wie auf dem Originale wahrzunehmen ist. Im Ganzen macht dieser Druck einen gröberen

im Pariser Atlas, welcher durch seine sehr großen und zahlreiche Mondformationen auf Einmal darbietenden Tafeln überaus bestechend wirkt, die Lichtcontraste mehrfach übertrieben und die hellen Kraterwälle fast ohne jede Schattierung bezw. Plastik. Ohne Zweifel ist in Prag die getroffene Wahl des optischen Vergrößerungssystems und die Beschränkung auf kleinere Mondpartien von besonderem Vortheil für das Resultat gewesen. — Ein anderes vergleichendes und maßgebendes Urtheil rührt von dem hervorragenden französischen Selenographen C. M. Gaudibert in Vaison (Vaucluse) her, welches hier mit dessen Zustimmung Platz finden möge. Derselbe schrieb mir am 13. Juni 1896 mit Bezug auf den Pariser Atlas: „J'ai reçu il y a quatre ou cinq jours le premier fascicule de l'Atlas photographique de la Lune . . . C'est certainement un beau travail qui laisse bien loin derrière lui celui que M. Prinz avait entrepris. Il est agrandi 14—15 fois sur verre d'après les négatifs de Paris et puis imprimé sur papier. A distance c'est un tableau magnifique, mais vu de près le fond en est grossier et ne pourra jamais représenter les objets d'un faible diamètre. Sous ce rapport, le travail que l'on fait à Paris est bien inférieur à vôtre dont l'agrandissement est presque double et le fond beaucoup plus fin" und am 25. Mai 1899 in Bekräftigung seiner, vor 3 Jahren gefällten Kritik: „Ma pensée depuis lors n'a pas varié un instant et je continue à penser que plus on les comparera l'une avec l'autre plus en sentira convaincu que c'est là un fait incontestable."

Eindruck als das feingekörnte Diapositiv. — Taf. 128: Auf dem Originale ist das Innere von Endymion klarer; auch trennt sich dort der Wallschatten besser vom beleuchteten Grunde. Der Druck ist überdies etwas zu dunkel gehalten worden. Dies ist auch bei 129 der Fall. — Taf. 131 und 132 sehen grobkörniger als die Originale aus. — Taf. 144: Der Druck ist im südwestlichen Theile von Archimedes zu dunkel gerathen, wodurch mehrfaches feineres Detail verloren gieng. — Taf. 145 steht an Klarheit und Plastik dem Originale nach und ist in einzelnen Partien zu dunkel gedruckt worden. — Taf. 163: Die Reproduction zeigt westlich vom Nordrande des Aristillus im Abstande eines Aristillus-Durchmessers einen kleinen hellen Fleck, welcher falsch d. h. auf dem Originale nicht vorhanden ist. — Taf. 165 ist im Vergleich zu den übrigen Drucken zu bläulich gerathen, ebenso 173. — Taf. 166: Südlich vom Sacrobosco zeigt der Druck einen falschen schrägen dunklen Streifen. — Taf. 168: Westlich von Sulpicius Gallus und südlich davon (auf der Höhe des Haemus-Gebirges) zeigen mehrere Drucke zwei helle Flecke, welche falsch sind. — Taf. 171: Nordwestlich von Hypatia liegen vier Krater eng beisammen. Nördlich davon ist im Drucke der Grund des Mare Tranquillitatis (östlich von dem Krater C am unteren Bildrande) zu schwarz geworden. Ueberhaupt ist die ganze linke untere Bildecke zu dunkel gerathen, so dass man daselbst den Eindruck einer Art Terrasse im Mare erhält, welche aber nicht existiert. Auf dem Diapositive verläuft an diesem Orte der Grund des Mare von oben nach unten völlig gleichmäßig. — Taf. 181: Auf dem hell beleuchteten Walle von Blancanus ist in der Reproduction ein großer Theil der Wallzeichnung verloren gegangen, weshalb hier die Plastik eine mangelhafte ist. — Taf. 182: Am Ostwalle von Clavius sind einige matt beleuchtete Höhen, welche von schwarzem Schatten umgeben erscheinen, im Drucke fast ganz verschwunden, während sie sich deutlich auf dem vergrößerten Diapositive präsentieren. — Taf. 185: Im Süden von Copernicus, wo der Doppelkrater A liegt, zeigen einzelne Drucke ein zu starkes Abflauen bezw. unrichtige Querstreifen, während andererseits im Norden von Copernicus die Töne zu dunkel gerathen sind. Auch die Plastik des hellen Ostwalles von Copernicus ist nicht so vollkommen, wie auf dem Originale. — Taf. 189: Der Druck ist in der rechten oberen Ecke zu dunkel geworden. — Taf. 190: Im Inneren von Colombo trennt sich in der Reproduction der Wallschatten kaum vom Grunde. Auf dem Originale ist er in seinem ganzen Verlaufe deutlich erkennbar. — Taf. 191: Im unteren Theile des Bildes zeigen einzelne Drucke lange mattbelle Streifen von horizontaler Richtung, welche unrichtig sind. — Taf. 193: In der rechten oberen Ecke sollte der Grund völlig schwarz sein, was nicht ganz erreicht wurde. — Taf. 196: Die Reproduction zeigt an der Lichtgrenze in der Breite der Mitte von Hevel einen matthellen Fleck, welcher falsch ist. — Taf. 197: Bei einigen Abdrücken ist der untere Theil des Bildes zu dunkel gerathen. — Taf. 200: Einzelne Drucke zeigen südlich von Fontenelle (am oberen Bildrande) ein helles Fleckchen, das wie eine beleuchtete Höhe aussieht, jedoch ein Reproductionsfehler ist.

7. Graphische Uebersicht der im Atlas dargestellten Mondgegenden.

(Siehe Taf. XVIII.)

Dem X. Schlusshefte des Atlas wurde ein Uebersichtsbild des Mondes in ortographischer Meridianprojection beigegeben, in welches die Mitten der einzelnen Atlas-Blätter durch Punkte oder kleine Kreise eingetragen erscheinen. Ein schwarzer Punkt oder schwarzer Kreis zeigt Blätter mit Mondgegenden in Morgenbeleuchtung (= zunehmender Mond = I. Lunationshälfte), ein rother Kreis solche bei Abendbeleuchtung (= abnehmender Mond = II. Lunationshälfte) an. Im Allgemeinen fällt der rothe Kreis symmetrisch um den schwarzen Punkt d. h. beide Atlasblätter mit entgegengesetztem Schattenwurfe haben dieselbe oder sehr nahe gleiche Mitte. Wo den schwarzen Punkt ein schwarzer Kreis, sodann diesen zwei rothe Kreise umschließen, ist dieselbe Mondgegend in den Tafeln zweimal mit östlichem (I) und zweimal mit westlichem (II) Schattenwurfe, also viermal, dargestellt. In der Mondmitte umfasst ein Atlasbild nach Lick-Negativen durchschnittlich 10 Quadratgrade, nach Pariser Negativen 8 Quadratgrade. Gegen den Mondrand hin fällt naturgemäß eine größere Anzahl von Mondgraden in den Bereich der betreffenden Atlasblätter. — Aus dieser graphischen Uebersicht ist erkenntlich, dass insbesondere die centralen und die gebirgigen Partien des Mondes im Atlas reich vertreten sind, während dies bei den Randgegenden und den Mare-Flächen weniger der Fall ist. Dieser Umstand wurde ebensowohl durch die begrenzte Anzahl der nach Prag gelangten Negative, als auch durch deren ungleichmäßige Vertheilung auf die einzelnen Lunations-Tage bedingt. Auch musste hiebei die Güte und plastische Schönheit der Platten als wesentlicher Factor mit Betracht gezogen werden. Trotzdem dürfte der Prager photographische Mond-Atlas, bestehend aus 128 Vergrößerungen nach Lick-Platten und 72 Vergrößerungen nach Pariser Platten, welcher eigentlich nur 100 verschiedene Mondgegenden, dafür aber in jede in doppelter und entgegengesetzter Beleuchtung abbildet, das Hauptsächliche und Wichtigste der Mondoberfläche zur Darstellung bringen.

8. Alphabetisches Inhalts-Verzeichnis sämmtlicher, auf den Atlas-Tafeln 1—200 ganz oder zum Theil vorkommenden, Mondobjecte.

(Die hier angeführten Bezeichnungen sind ausschließlich der Beer-Mädler'schen Mappa Selenographica von 1834 entnommen. Die neben denselben stehenden ungeraden Tafel-Zahlen gehören durchwegs der I. Lunationshälfte, die geraden der II. Lunationshälfte an.)

```
Tafel   1— 20  =  Heft  I
    "  21— 40   "    "  II
    "  41— 60   "    "  III
    "  61— 80   "    "  IV
    "  81—100   "    "  V
    " 101—120   "    "  VI
    " 121—140   "    "  VII
    " 141—160   "    "  VIII
    " 161—180   "    "  IX
    " 181—200   "    "  X
```

A.

Abenezra	165, 166.
Acherusia Prom.	69, 70, 192.
Aenarium Prom.	55, 56, 153, 154.
Agarum Prom.	81, 82, 85, 86.
Agrippa	91, 92, 115, 116.
Albategnius	16, 33, 34, 35, 36.
d'Alembert Montes	198.
Alfraganus	171, 172.
Alhazen	81, 85.
Alhazen S	81, 82.
Aliacensis	77, 147, 148.
Alpes	25, 26.
Alpetragius	11, 12, 16.
Alpetragius d	153, 154.
Alphons	11, 12, 15, 16, 35, 36, 139, 140.
Anaxagoras	199, 200.
Apenninus	29, 30, 144, 183, 184.
Apianus	147, 148, 166.
Apollonius	86.
Aratus	183, 184.
Archimedes	5, 6, 143, 144, 163, 164.
Archytas	199.
Ariadaeus	92.
Aristarch	3, 4.
Aristillus	6, 28, 143, 163, 164.
Aristoteles	23, 24.
Arzachel	11, 12, 16, 56, 96, 139.
Atlas	87, 88, 127, 128.
Autolycus	6, 144, 163, 164.
Azophi	165, 166.
Azout	85, 86.

B.

Baco	50.
Baily	87.
Barocius	49, 50.
Barrow	199.
Bayer	99, 100.
Beaumont	41, 42, 109, 110.
Bernoulli	125, 126.
Berosus	84.
Berzelius	125, 126.
Bessel	192.
Bettinus	160.
Bianchini	1, 2, 117, 118.
Biela	121.
Billy	151, 152.
Biot	104.
Blancanus	17, 18, 159, 160, 181, 182.
Bode	51, 52.
Bohnenberger	189, 190.
Bonpland	129, 130.
Boscovich	91, 92, 115, 116, 167, 168.
Bouguer	1, 2, 117, 118.
Bradley M.	183, 184.
Buch	49, 50, 89, 90, 170.
Bürg	87, 88.
Büsching	50, 169, 170.
Bulliald	137, 138.
Burckhardt	123, 124.

C.

Cabeus	180.
la Caille	12, 95, 96.
Calippus	27, 28.

— 129 —

Campanus	73, 74, 76.
Capella	173, 174.
Capuanus	74, 76, 133, 149, 150.
Carpatus	93, 94.
Cassini	25, 26, 27, 28.
Catharina	41, 42.
Caucasus	27, 28.
Cavalerius	195, 196.
Cavendish	135, 136.
Clehus	75, 76, 149, 150.
Clairaut	45, 46, 49, 50.
Clavius	17, 18, 159, 160, 181, 182.
Cleomedes	63, 64, 84, 123, 124
Colombo	189, 190.
Condamine	117, 118.
Condorcet	82, 85, 86.
Conon	30, 183, 184.
Cook	106, 189, 190.
Copernicus	9, 10, 94, 185, 186.
Cordilleras	198.
Crisium Mare	61, 62, 63, 64, 65, 66, 81, 82, 83, 84, 85, 86
Curtius	179, 180.
Cuvier	45, 46, 47, 48.
Cyrillus	41, 42, 172.
Cysatus	179, 180.

D.

Damoiseau	197, 198.
Davy	16, 153, 154.
Delambre	172.
Delisle	157, 158.
Deluc	13, 14.
Dionysius	92.
Diophantus	157, 158.
Dollond	172.
Doppelmayer	193, 194.
Drebbel	39, 40.

E.

Egede	23, 25, 26.
Eimmart	82, 83, 84.
Encke	21, 22.
Endymion	127, 128.
Epigenes	199, 200.
Eratosthenes	31, 32.
Euclides	71, 72.
Eudoxus	23, 24, 28.

F.

Fabricius	43, 44.
Fermat	68, 165.
Fernelius	47, 48, 77

Firmicus	85, 86.
Fontenelle	200.
Fracastor	109, 110.
Fra Mauro	129, 130.
Franklin	126.
Frauenhofer	101, 102.
Furnerius	101, 102.

G.

Gassendi	37, 38, 135, 136.
Gauricus	75, 80, 161, 162.
Gay Lussac	9, 10, 93, 94, 185, 186.
Geber	165, 166.
Geminus	124, 125, 126.
Gemma Frisius	50, 89, 90.
Goclenius	173, 189, 190.
Godin	91, 92.
Grimaldi	195, 196, 197, 198.
Gruemberger	18, 179, 180.
Guerike	129, 130.
Guttemberg	173, 174, 189, 190.

H.

Hadley M.	183, 184.
Haemus	167, 168, 191, 192.
Hagecius	121, 122.
Hahn	123.
Hainzel	133, 134.
Hansen	81, 85.
Hansteen	151, 152.
Harpalus	1, 2.
Hase	103.
Helicon	155, 156.
Hell	79, 80.
Heraclides Prom.	1, 2, 119, 120.
Hercules	87, 88, 128.
Herodot	3, 4.
Herschel	15, 16, 139, 145, 146.
Hesiodus	75, 149, 150, 161, 162.
Hevel	195, 196, 197, 198.
Hippalus	73, 74, 138.
Hipparchus	33, 34, 35, 36.
Hommel	121, 122.
Hook	125, 126.
Hortensius	131.
Huygens M.	29, 30.
Hyginus	52, 113, 114, 115, 116.
Hypatia	171, 172.

I, J.

Jacobi	45, 46.
Jansen	70.

17

Inghirami . . . . . 40.
Iridum Sinus . . . 1, 2.
Isidorus . . . . . 173, 174.
Julius Caesar . . 91, 92.

K.
Kant . . . . 41, 171, 172.
Kepler . . . . . . 21, 22.
Kies . . . . 73, 74, 76, 138.
Kircher . . . . . . 160.
Klaproth . . . . . 159, 160.

L.
Lalande . . . . . . 146.
Landsberg . . . . . 131, 132.
Langrenus . . . . . 106, 107, 108.
Laplace Prom. . . . 1, 2, 117, 118, 155, 156.
Legendre . . . . . 103.
Lehmann . . . . . 39.
Letronne . . . . . 37, 38, 152.
Lexell . . . . . . 77, 78, 79, 80, 141, 142.
Licetus . . . . . . 45, 46, 47, 48.
Lilius . . . . 45, 46.
Lindenau . . . . . 67, 68, 169, 170.
Linné . . . . 53, 54.
Lohrmann . . . . . 195, 196, 197, 198.
Longomontanus . . 97, 98.
Louville . . . . . . 120.
Lubiniezky . . . . 137, 138.

M.
Macrobius . . . . . 62, 64.
Magelhaens . . . . 189, 190.
Maginus . . . . . . 13, 14, 20, 142.
Mairan . . . . . . 119, 120.
Manilius . . . . . . 167, 168.
Marco Polo . . . . 29, 30.
Marius . . . . . . 177, 178.
Mason . . . . . . 88.
Maupertuis . . . . 1, 117, 118.
Maurolycus . . . . 47, 48, 49, 50, 90.
Mayer . . . . 93, 94.
Menelaus . . . . . 168, 191, 192.
Mercator . . . . . 73, 74, 76, 149.
Mersenius . . . . . 135, 136.
Messala . . . . . . 125, 126.
Messier . . . . . . 57, 58.
Metius . . . . . . 43, 44.
Meton . . . . . . 199.
Mösting . . . . . . 145, 146.
Mösting A . . . . . 145, 146.
le Monnier . . . . 59, 60.
Moretus . . . . . . 179, 180.

N.
Nasireddin . . . . 47, 48, 141, 142.
Neander . . . . . 112, 187, 188.
Nearch . . . . . . 121, 122.
Newton . . . . . . 179, 180.
Nicolai . . . . . . 169.
Nonius . . . . . . 47, 48, 77, 148.

O.
Oersted . . . . . . 127, 128.
Oriani . . . . 83.
Orontius . . . . . . 20, 80, 141, 142.

P.
Palitzsch . . . . . 103.
Pallas . . . . 51, 52.
Parrot . . . . 35, 36.
Parry . . . . 129, 130.
Petavius . . . . . . 103, 104.
Philolaus . . . . . 200.
Phocylides . . . . . 39, 40, 100.
Picard . . . . . . 61, 62, 65, 66, 82.
Piccolomini . . . . 67, 68, 111, 112, 187.
Pico . . . . 7, 8.
Pictet . . . . 14, 19, 20, 141, 142.
Pitatus . . . . . . 75, 161, 162.
Pitiscus . . . . . . 121, 122.
Plana . . . . 88.
Plato . . . . 7, 8, 200.
Playfair . . . . . . 147, 148, 166.
Plinius . . . . . . 69, 70.
Poisson . . . . . . 89, 90, 147, 148.
Polybius . . . . . . 111.
Pons . . . . 67, 68, 165.
Pontanus . . . . . 90, 165, 166.
Posidonius . . . . . 59, 60.
Proclus . . . . . . 61, 62.
Ptolemaeus . . . . 15, 16, 35, 36, 139, 140, 145, 146.
Purbach . . . . . . 12, 95, 96.

R.
Rabbi Levi . . . . 67, 169, 170.
Ramsden . . . . . 73, 76.
Reaumur . . . . . 33, 145, 146.
Regiomontanus . . 77, 78, 80, 95, 96, 148.
Reichenbach . . . . 102, 187, 188.
Reinhold . . . . . 131, 132.
Rhaeticus . . . . . 34, 113, 114.
Rheita . . . . . . 102, 187, 188.
Riccioli . . . . . . 195, 196, 197, 198.
Riccius . . . . . . 169, 170.

Riphaeus	71, 72.	Taruntius	65, 66.
Rosenberger	121, 122.	Taylor	172.
Ross	69, 70.	Theaetetus	26, 27, 28, 163, 164.
Rost	97, 98, 99, 160.	Thebit	11, 12, 55, 56, 95, 96.
		Thebit B	55, 56.
S.		Theon junior	172.
Sacrobosco	165, 166.	Theophilus	41, 42, 171.
Sasserides	19, 20, 142.	Timaeus	199, 200.
Saussure	14, 20, 47, 141, 142.	Timocharis	175, 176.
Scheiner	18, 159, 160.	Tralles	123, 124.
Schikard	39, 40.	Triesnecker	51, 52, 113, 114, 115, 116.
Schiller	99, 100.	Tycho	14, 19, 20, 142.
Schumacher	125, 126.		
Scoresby	199.	**U.**	
Segner	100.	Ukert	51, 52, 113, 114, 116.
Sharp	1, 2, 120.		
Short	179, 180.	**V.**	
Silberschlag	91, 92.	Vendelinus	105, 106.
Sirsalis	152.	Vitello	193, 194.
Snellius	102, 103, 104.	Vitruvius	70.
Sömmering	145.	Vlacq	121, 122.
Somnii Palus	62.		
Sosigenes	92.	**W.**	
Steinheil	43, 44.	Walter	77, 78, 79, 80, 96.
Stevinus	101, 102.	Wargentin	39, 40.
Stiborius	67, 68, 111, 112, 169, 170.	Weigel	99, 100.
Stöfler	45, 46, 47, 48, 49, 50.	Werner	77, 78, 96, 147, 148.
Street	13, 14, 19, 20.	Wilhelm I	97, 98.
Struve	125.	Wilson	160.
Sulpicius Gallus	168, 191, 192.	Wolf M.	30, 31, 32.
		Wurzelbauer	75, 169, 150, 161, 162.
T.		**Z.**	
Tacitus	41, 42.	Zagut	67, 68, 90, 169, 170.
Taquet	70, 191, 192.	Zupus	151, 152.

Taf. I.

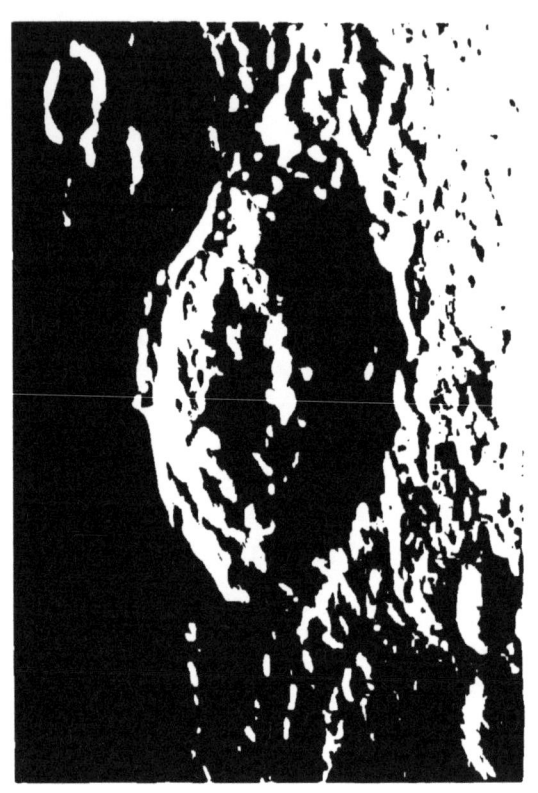

Taf. II.

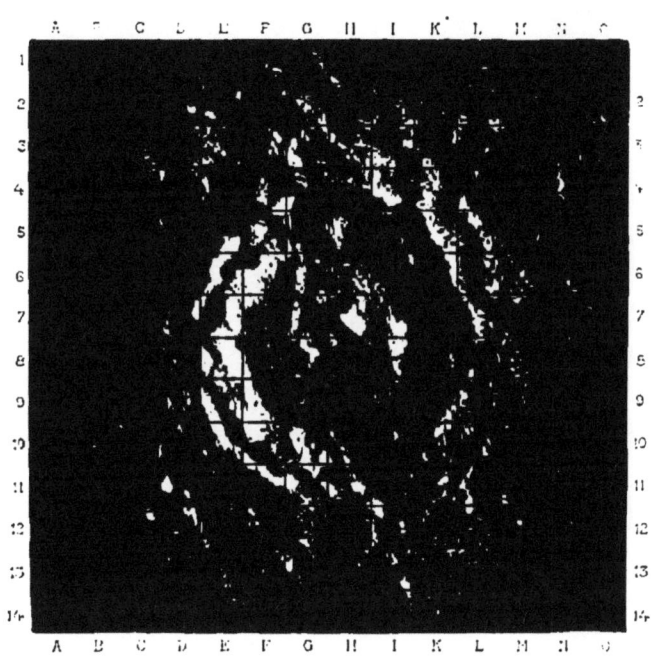

INDEX - KARTE
ZUR 20-FACH VERGRÖSSERTEN ÖSTERREICH-TUSCHIRUNG
VON L. WEINEK

9⁷
Taf. IV.

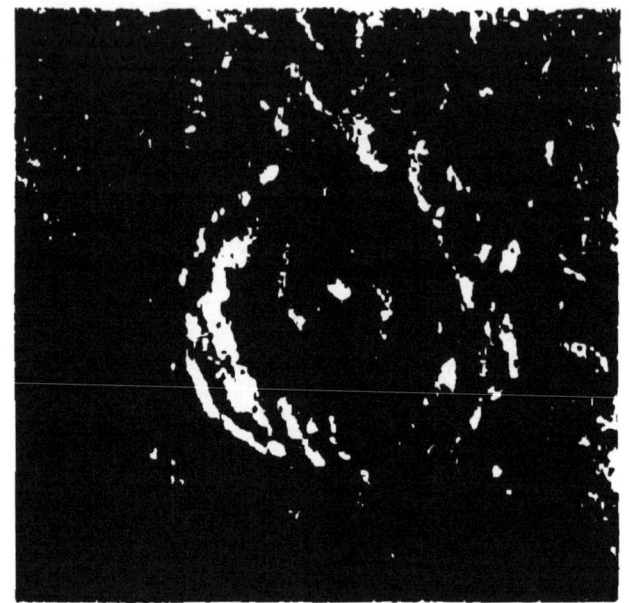

JUPITER.

TOTAL ECLIPSE IN ZWANZIGFACHER VERGROSSERUNG NACH DER ORIGINAL-AUFNAHME VOM 26. FEB. 1889, 15ʰ 40ᵐ m. Z. GR. VON PROF. DR. E. DOBERCK, WARWICK IN N-ZEAL.

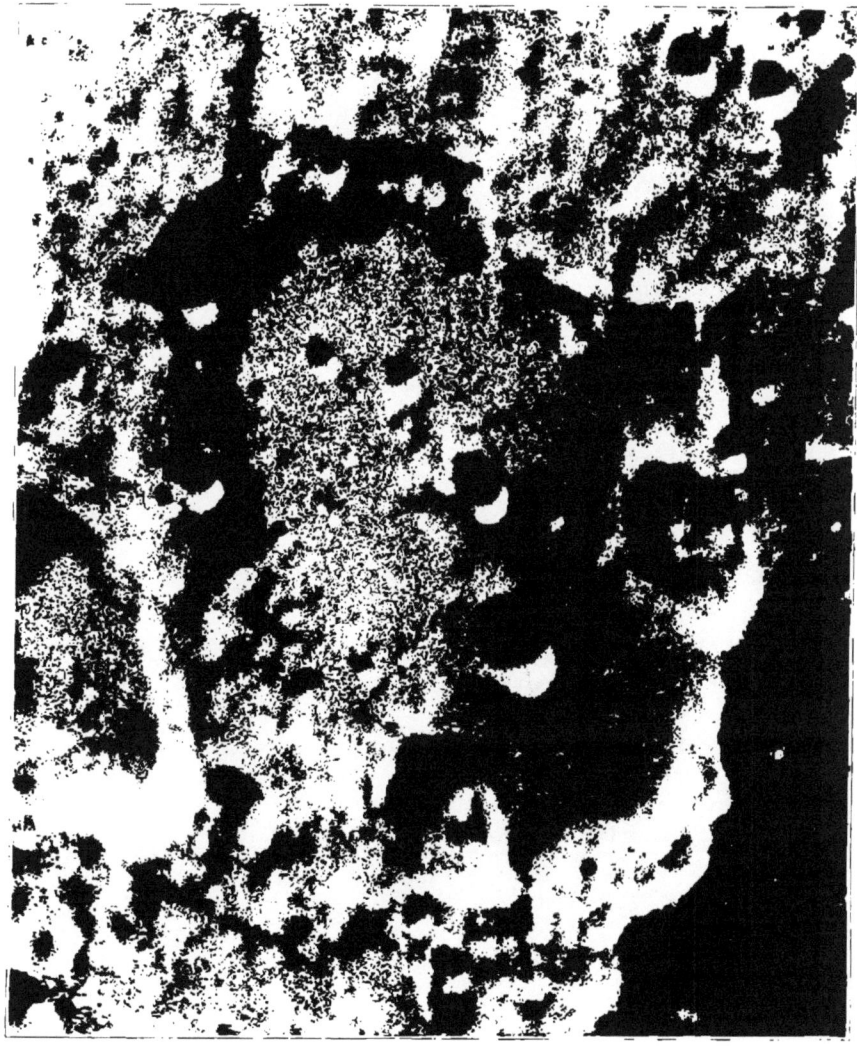

Taf. VI.

Taf. VII

Taf. VIII.

MOND-APENNINEN

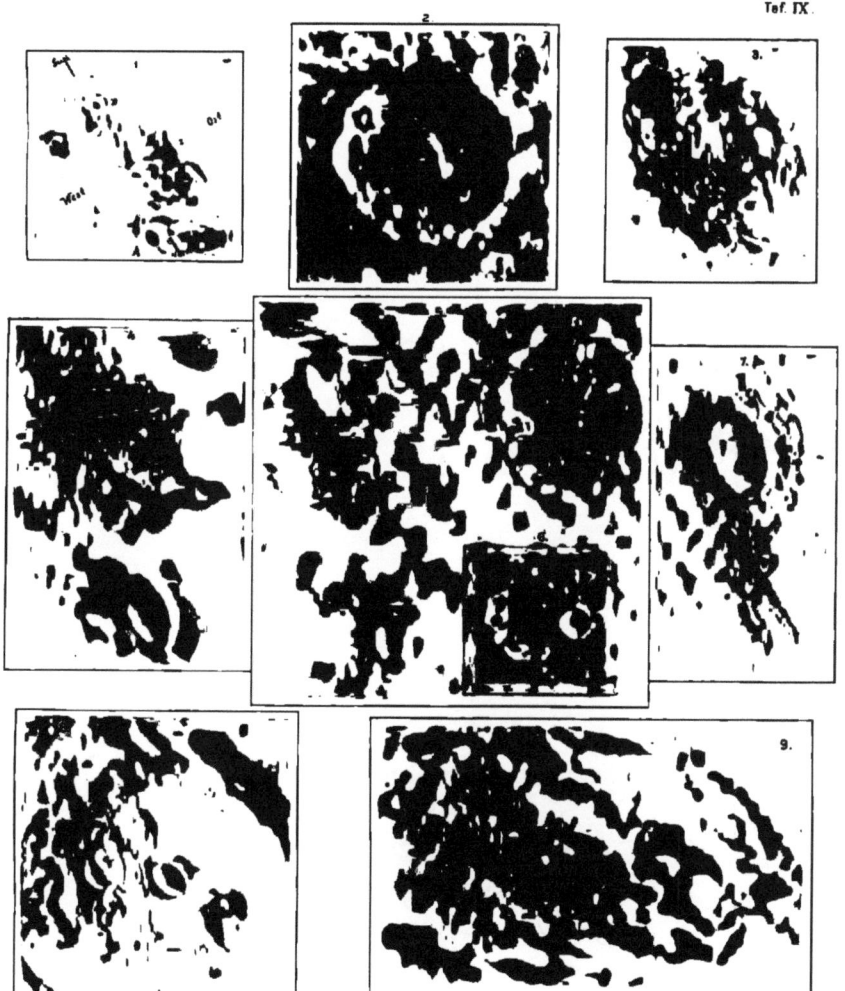

VERGRÖSSERTE ZEICHNUNGEN NACH FOCALEN MOND-DIAPOSITIVEN DER LICK-STERNWARTE

Taf. X.

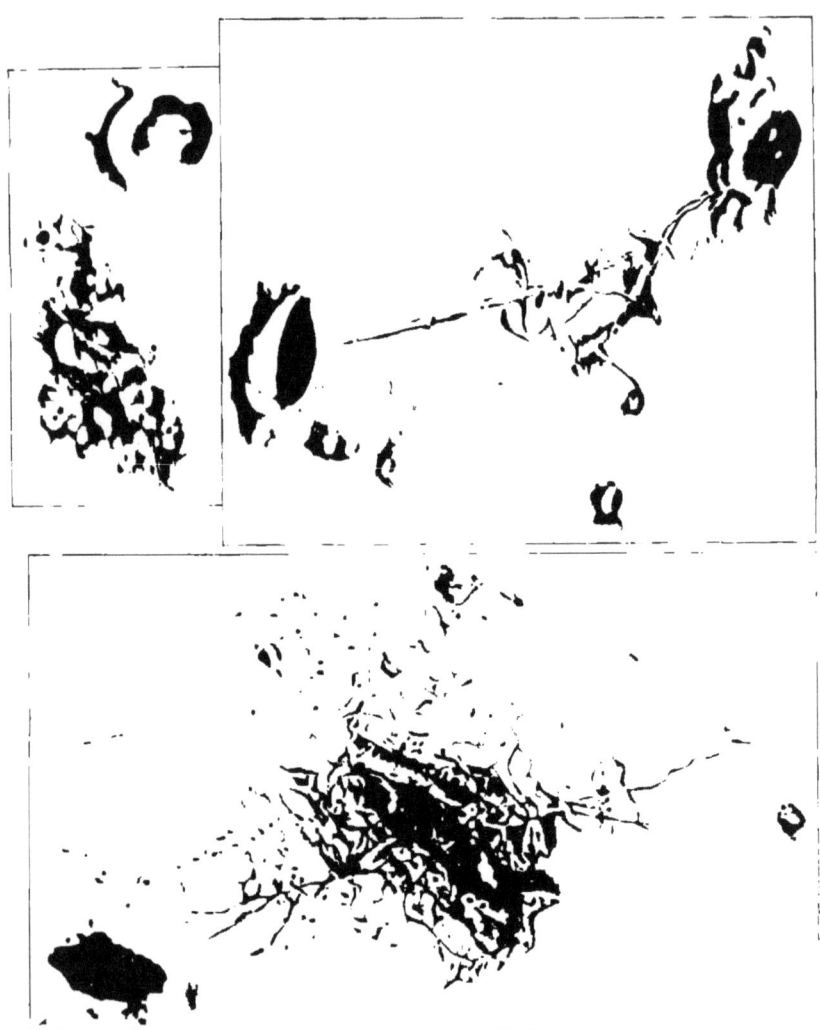

VERGRÖSSERTE ZEICHNUNGEN NACH FOCALEN MOND DIAPOSITIVEN DER LICK STERNWARTE

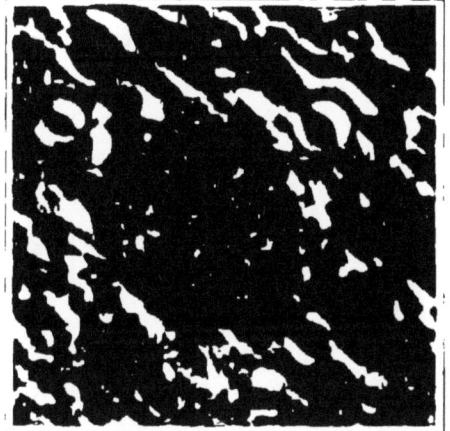

Taf. XI.

FLAMMARION, MOESTING A.

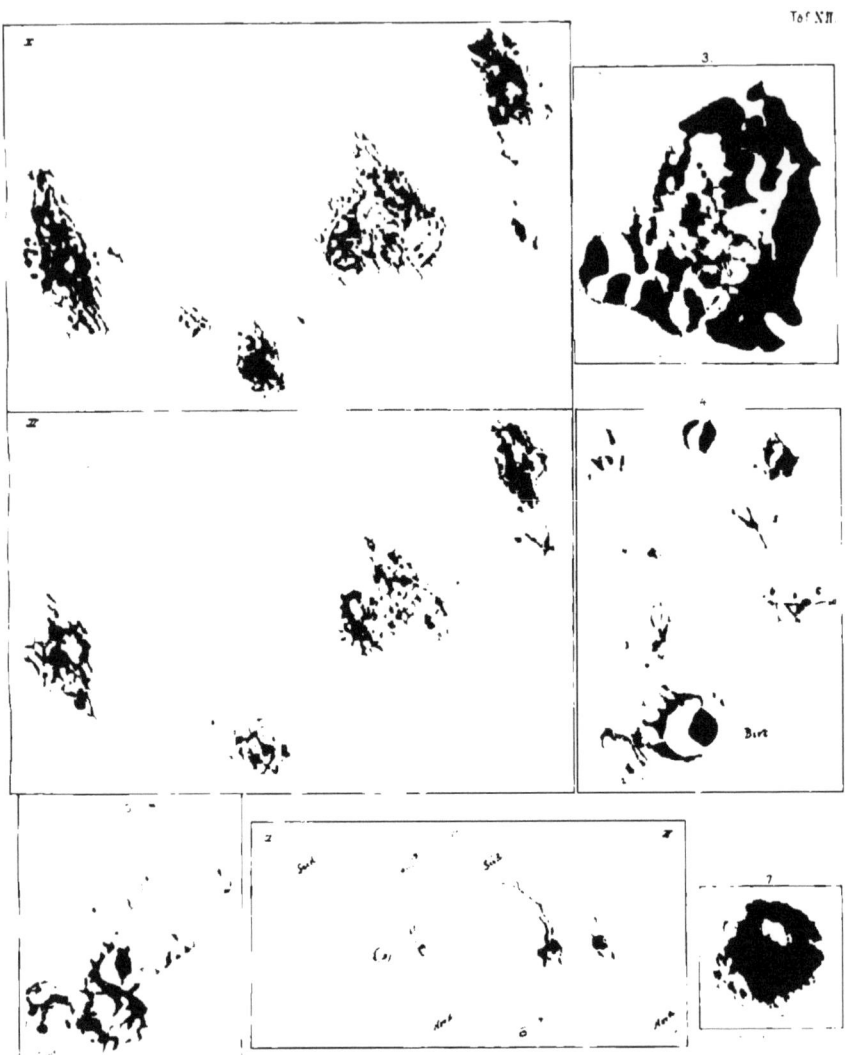

VERGRÖSSERTE ZEICHNUNGEN NACH FOCALEN MOND DIAPOSITIVEN DER LICK STERNWARTE

Taf. XIII.

40-FACH VERGRÖSSERTE ZEICHNUNGEN NACH FOCALEN MOND-DIAPOSITIVEN
DER LICK-STERNWARTE VON L. WEINEK IN PRAG.
I. CAPELLA, L.O. 1890 Nov 17. 6ʰ 8ᵐ 35ˢ P.o.T. II. CAPELLA, L.O. 1890 Aug 31,
14ʰ 27ᵐ P.o.T. III. TARUNTIUS C. L.O. 1890. Nov 16. 5ʰ 53ᵐ P.o.T. IV. TARUNTIUS C.
L.O 1890 Jul: 20. 7ʰ 53ᵐ P.o.T. V. TARUNTIUS C, L.O. 1890. Aug 31. 14ʰ 27ᵐ P.o.T.

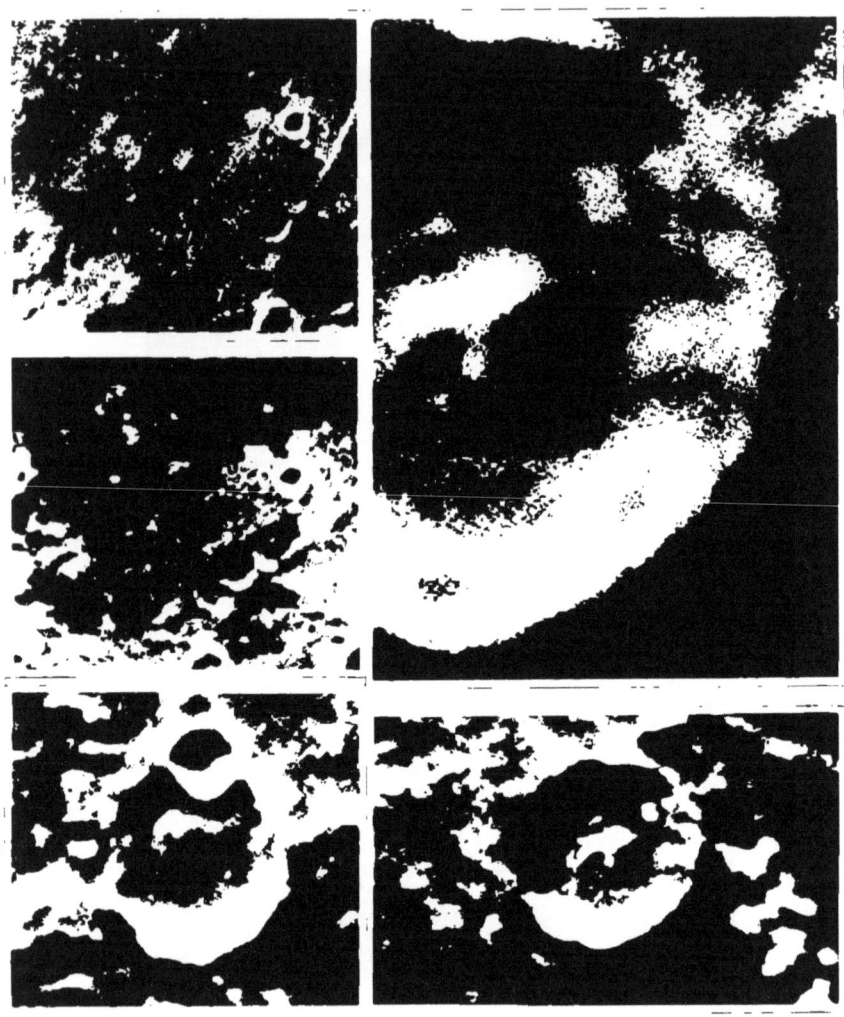

Vergrösserte Photographien nach focalen Mond-Aufnahmen der Lick Sternwarte

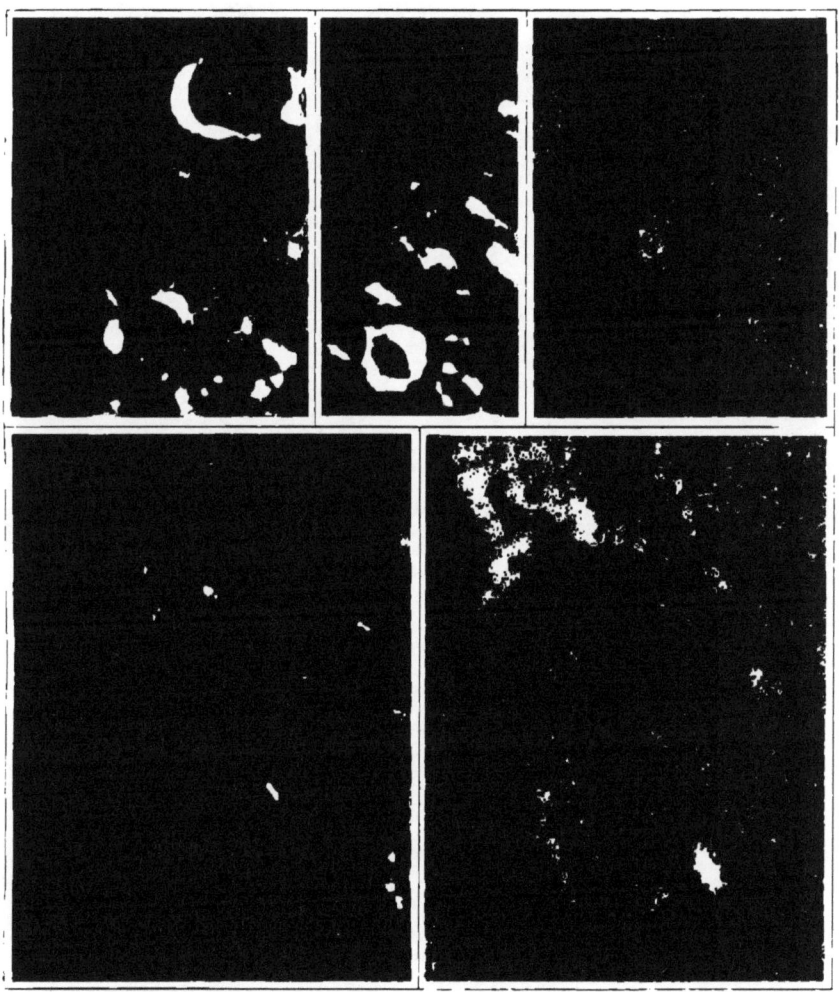

VERGRÖSSERTE PHOTHOGRAPHIEN NACH FOCALEN MOND AUFNAHMEN DER LICK-STERNWARTE

CLAVIUS.

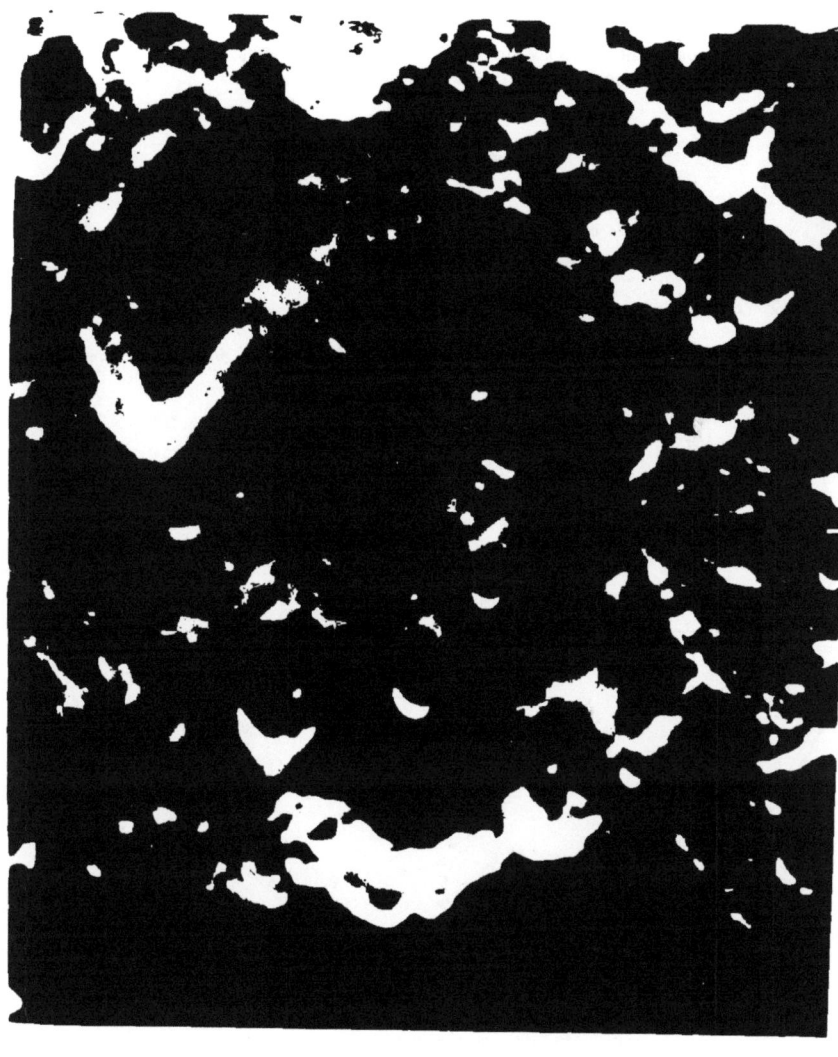

Taf. XVIII.

Uebersicht der in L.Weinek's photographischem Mond-Atlas auf 200 Tafeln dargestellten Mondgegenden.

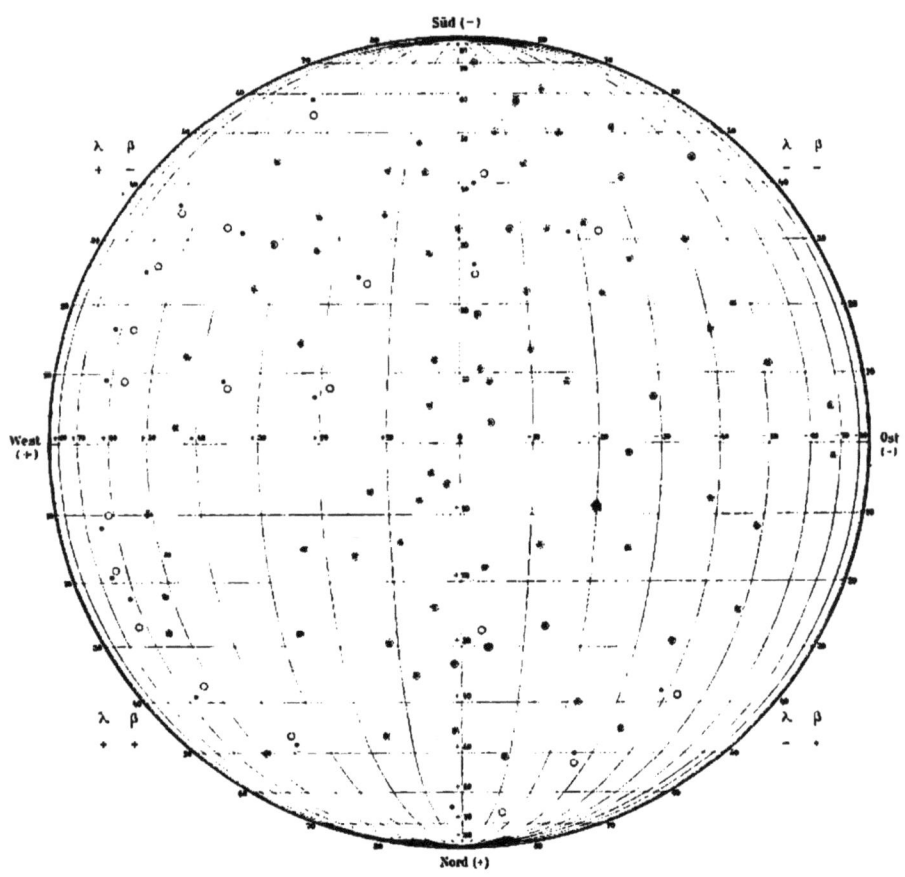

● (o) = Position der Bildmitte, zunehmender Mond-erste Lunations-Hälfte (I).
○ = Position der Bildmitte, abnehmender Mond-zweite Lunations-Hälfte (II).